Emil Rathenau und die AEG

Manfred Pohl

Emil Rathenau und die AEG

v. Hase & Koehler

Umschlaggestaltung: Grandpierre & Partner Design
unter Verwendung einer Lithographie von Max Liebermann
mit freundlicher Genehmigung von Dr. Leonard Ringwald, Basel

Gesamtherstellung: JCS v. Hase & Koehler, Mainz
Printed in Germany · ISBN 3-7758-1190-7

Inhalt

Vorwort

Emil Rathenau hätte am 11. Dezember dieses Jahres seinen 150. Geburtstag feiern können. Dies war der Anlaß, die Person und das Wirken des Gründers eines der größten deutschen Elektro-Konzerne neu zu betrachten und zu untersuchen. Die bislang vorliegenden Biographien wurden zumeist von Zeitgenossen Emil Rathenaus verfaßt. Sie haben ihn zum Teil persönlich gekannt. Ihre Darstellung ist an vielen Stellen stark subjektiv gefärbt. Aus diesem Grunde schien es lohnenswert, aus dem heutigen zeitlichen Abstand heraus das Bild der Persönlichkeit Emil Rathenaus durch die Auswertung von Archivmaterial zu ergänzen und gegebenenfalls neu zu bewerten. Dabei wurde schnell deutlich, daß die Person Emil Rathenaus fast nur über sein Werk, die AEG, zu erfassen ist. Das Leben Rathenaus war geprägt von der Arbeit für sein Unternehmen. Für Hobbies und ein Engagement in Kunst oder Politik blieb daneben keine Zeit; zudem bestand offensichtlich nur wenig Interesse für diese Gebiete. Hierin liegt wohl auch begründet, daß Emil Rathenau im Gegensatz zu seinem Sohn Walther, der nicht nur als Präsident der AEG, sondern auch als Schriftsteller und Politiker an die Öffentlichkeit trat, bislang vergleichsweise wenig Publizität erhalten hat. Zu Unrecht wie ich meine.

Dieses Defizit auszugleichen, hat sich das vorliegende Buch zur Aufgabe gestellt. Es wird herausgearbeitet, daß Emil Rathenau nicht nur die elektrische Beleuchtung und die ersten zentralen Stromversorgungsanlagen in Deutschland initiierte und durchsetzte, sondern einen Konzern schuf, dessen differenzierte Organisationsstruktur Vorbildcharakter besaß. Das Suchen, Aufgreifen und Weiterentwickeln, nicht das Erfinden technischer Neuerungen, machten ihn in Verbindung mit dem Einsatz moderner Werbe- und Finanzierungsstrategien zum ersten Unternehmensmanager in Deutschland. Der Einfluß Emil Rathenaus auf die deutsche Wirtschaftsentwicklung und damit auf die deutsche Wirtschaftsgeschichte ist bislang unterschätzt worden.

Das ausgewertete, gerade für die Gründerphase ausreichend vorhandene Quellenmaterial enthielt nur wenig Konkretes zur Person Rathenaus. Die schriftlichen Quellen, vor allem die Briefe, geben einen Einblick in die klare und unkomplizierte Denkweise Rathenaus. Die Bilder ergänzen die Dokumente, so daß der Leser einen ausgewogenen Eindruck von der Persönlichkeit Emil Rathenaus, seinem Lebenswerk, der AEG, und dem Umfeld erhält.

Die Materialbasis für die vorliegende Veröffentlichung wurde sehr breit angesetzt. Die abgebildeten Dokumente und Fotos stammen von einer Vielzahl von Archiven und Bilderdiensten. Zu nennen sind hier vor allem das AEG-Archiv, Frankfurt am Main, das Siemens-Archiv, München, das Historische Archiv der Deutschen Bank, Frankfurt am Main, und die Edison National Historic Site, West Orange/New Jersey. Ihren Mitarbeitern danke ich für die bereitwillige und freundliche Hilfe bei der Erschließung des Archivmaterials.

Zahlreiche Privatpersonen haben Abbildungen zur Verfügung gestellt und wertvolle Hinweise auf vereinzelte interessante Dokumente gegeben. Mein besonderer Dank gilt Brigitte Hatke für die Koordination und ihre Mithilfe bei der Aufarbeitung des umfangreichen Materials sowie Eva-Maria Demuth, der Leiterin der Zentralabteilung Öffentlichkeitsarbeit der AEG, für wertvolle Anregungen bei der inhaltlichen und graphischen Gestaltung.

Frankfurt am Main, im Oktober 1988

Manfred Pohl

Das Rauschen gebändigter Wasserläufe

Dem Entschluß, Material über das Leben und Wirken eines Unternehmers zusammenzutragen, müssen Überlegungen vorausgehen, die keineswegs selbstverständlich sind. Will man mehr erreichen als einen dubiosen Ahnenkult oder ungelenke werbliche Effekte, müssen nämlich allerhand Methoden- und Theorieprobleme der Geschichtsschreibung bedacht werden. Dem Endprodukt, sofern es gelungen ist, sieht man das nicht unbedingt an. Deshalb mag es helfen, die Ambition des hier vorgelegten Beitrags zur Geschichte der Industrialisierung in Deutschland ein wenig zu erläutern. »Commovent homines non res sed de rebus opiniones.« Zumindest seit diesem Diktum von Epiktet wird erörtert, ob es tatsächlich die herausragenden Charaktere sind, die die Verhältnisse oder wenigstens die Meinungen über sie bestimmen und verändern. Auch eine Debatte über wirtschaftshistorische Zusammenhänge kann sich solchen Fragen nicht entziehen.

Eher theoretisch ausgerichtete Wirtschaftshistoriker schenken Einfluß und Prägekraft von Unternehmerpersönlichkeiten in der Regel nur wenig Beachtung. Das mag daran liegen, daß volkswirtschaftliche Theorien dem Wirken des einzelnen Unternehmers in der Regel keine zentrale Bedeutung zumessen, weil die Strukturen wirtschaftlicher Abläufe im Mittelpunkt des Interesses stehen. Oft genug erscheinen solchem Denken die wirtschaftlichen Prozesse als weitgehend determiniert. »Der stumme Zwang der ökonomischen Verhältnisse« (Karl Marx) läßt die Entscheidungen von Unternehmern vor allem als abhängige, eher unbewußt vollzogene Variable von Strukturbedingungen wie Marktchancen, technischen Neuerungen oder Verfügbarkeit von Produktionsfaktoren erscheinen. Im Unterschied zu Persönlichkeiten der Politik, der Wissenschaft und der Kunst gelten aus dieser Sichtweise selbst herausragende Namen der Wirtschaft kaum als nennenswerter Bestandteil geschichtlicher Erinnerung.

Bis zum Beginn der Industriellen Revolution bedarf es darüber tatsächlich keiner Kontroverse, denn die Betriebe waren zu klein und unbedeutend, um ihren Leitern herausragenden Einfluß zu verschaffen. Als Ausnahmen sind allenfalls Fernkaufleute bekannt, doch auch hier erreichten nur selten einzelne Personen oder Familien eine so einflußreiche Stellung wie die Fugger in Deutschland oder die Tripp in den Niederlanden. Erst durch die Einführung der industriellen Produktionsweise und die sich entwickelnde Massenproduktion in zentralisierten Fabriken ungeahnter Größe mit Tausenden von Beschäftigten gewinnt der alte Disput über die Rolle der Persönlichkeit in der Geschichte nun auch für die Wirtschaft reale Bedeutung.

Mir erscheint es kaum bezweifelbar, daß spätestens in der Zeit des noch nicht sozial gebändigten Kapitalismus Entscheidungen bedeutender Unternehmensleiter oftmals eine vergleichbare Tragweite wie die der Politiker erhielten. Wer dem subjektiven Wirken einzelner Menschen Einfluß auf die geschichtliche Entwicklung zuschreibt, darf sich also nicht damit bescheiden, idealtypische Unternehmer zu beschreiben.

Ob ein Unternehmer eher technische Neuerungen entwickelte, neue Organisationsformen einführte oder Märkte erschloß, ob er eher kaufmännischen

Weitblick, technisches Wissen oder unternehmerisches Durchsetzungsvermögen hatte, oder ob er nach ökonomischem Erfolg, gesellschaftlichem Ansehen oder Selbständigkeit strebte, kann nur in einer konkreten Person erkannt und gewürdigt werden. Erst die individuellen Unterschiede machen die Fragestellung fruchtbar. Insoweit haben Wissenschaftler wie Fritz Redlich, Max Weber und Jürgen Kocka, die sich mit der Person des Unternehmers in der Epoche der Industrialisierung auseinandergesetzt haben, zwar Typologien und Merkmale von Unternehmergruppen herausarbeiten, aber letzten Endes doch nur Trends und keine unverrückbaren Charakteristika angeben können.

Ich weiß, daß eine derartige Bewertung vielleicht ein wenig ungerecht ist. Wissenschaft muß systematisieren, und erst vor solchem Hintergrund kann man, etwa bei der Abfassung von Biographien, das Originäre, das Besondere einer Persönlichkeit erfassen. Insoweit mag die Geschichtswissenschaft tatsächlich erst mit einigem zeitlichen Abstand die ganze Wirklichkeit einer Epoche erfassen können. Historiker wie Fritz Stern etwa beweisen in glänzender Manier, wieviel eine Integration der unterschiedlichen methodischen Ansätze zu erbringen vermag. Darum sei hier noch ein wenig dargelegt, welche strukturellen Gemeinsamkeiten die Unternehmer der Frühindustrialisierung aufwiesen.
In Deutschland pflegt man sie vor allem nach ihrer regionalen, sozialen, beruflichen und religiösen Herkunft einzuordnen. Man fand heraus, daß Unternehmer in alten Gewerbegebieten wie dem Rheinland, in Sachsen, Thüringen und Westfalen häufig auch aus diesen Gebieten stammten, während Unternehmer in Gebieten ohne starke Gewerbetradition, etwa in Brandenburg, meist zugewandert waren. Unternehmer kamen eher aus der Stadt als vom Land und entstammten zum überwiegenden Teil der sozialen Mittelschicht. Während es Arbeitern, Gesinde und Bauern zumeist an Ausbildung, Kenntnissen, Motiven und Kapital für einen Aufstieg in eine selbständige Unternehmerposition fehlte, betrachteten der Adel und das Bildungsbürgertum in Deutschland eine gewerblich-kaufmännische Tätigkeit als nicht standesgemäß. Nur die adligen Großgrundbesitzer in Schlesien, Böhmen und Sachsen beuteten die unter ihren Gütern lagernden Kohle- und Erzvorkommen selbst aus und Bürgersöhne schlugen, nach entsprechendem Studium an einer Bergakademie, die Laufbahn des staatlichen Bergbaubeamten ein.

Der größte Teil dieser Unternehmer verfügte – so zeigen die Studien – über einen gewerblich-kaufmännischen Hintergrund. Die Herkunft aus einer Handwerker- oder Kaufmannsfamilie oder die berufliche Tätigkeit in den Wirtschaftsbereichen, in denen später die eigene Fabrik gegründet wurde, trug ihnen die erforderlichen gewerblich-technischen oder kaufmännischen Fähigkeiten, meist auch die finanziellen Mittel ein, die für die eigene Unternehmertätigkeit grundlegend wurden.

Es waren vor allem Kaufleute, die in der Textilindustrie und in Teilen der metallverarbeitenden Industrie die kontinuierliche Entwicklung vom Handwerk über den Verlag zur Industrie vorantrieben. Friedrich Harkort etwa, einer der ersten Maschinenbau-Unternehmer, war Kaufmann; im Bergbau und in der Eisen- und Stahlherstellung bauten die Kohlenhändler Franz Haniel und Matthias Stinnes große Unternehmen auf; Friedrich Krupp war von Hause aus Kaufmann.

Aus den Handwerk stammten Unternehmer wie der Kompagnon von Werner v. Siemens, der Mechaniker Georg Halske. Quantitativ mag diese Gruppe größer gewesen sein als die der Kaufleute, aber den ehemaligen Handwerker fand man als Unternehmensleiter vorwiegend in Klein- und Mittelbetrieben. Dabei handelte es sich am häufigsten um den Maschinenbau und die zunächst meist kleingewerbliche Metallverarbeitung.
Solche Gründungen entstanden oft aus einer Erfindung oder einer Verbesserung. Aber auch Umbrü-

che, wenn sich etwa ein junger Handwerker selbständig machte oder das neue Unternehmen einen Sparten- oder Ortswechsel erforderte, sind nicht allzu selten. Im Vergleich dazu waren kontinuierliche Entwicklungen vom Handwerks- zum Industriebetrieb seltener und nahmen meist mehrere Generationen in Anspruch. Der partnerschaftliche Aufbau einer Fabrik durch einen Kaufmann und einen Handwerker oder Techniker dagegen findet sich in nicht wenigen Fällen.

Eine weitere Gruppe von Unternehmern brachte eine technische Fach- oder Hochschulbildung mit oder verfügte über langjährige Erfahrungen in leitender Position. Außerdem diente das während einer gut dotierten Angestelltentätigkeit erworbene Kapital oftmals zur Gründung eines neuen Unternehmens.

Wieder andere Unternehmer kann man als frühe Vorläufer der heutigen Angestellten-Unternehmer, der Manager, bezeichnen. In den Betrieben adliger oberschlesischer Magnaten, etwa aus den Familien von Donnersmarck, Hohenlohe-Ingelfingen und Ballestrem, wurden die Bodenschätze unter der Leitung von Generaldirektoren gefördert.

Daß die frühindustriellen Unternehmer in überproportionalem Maße Protestanten waren, hängt wohl zum einen mit dem Bewährungs- und Erfolgsstreben sowie dem ausgeprägten Arbeitsethos dieses religiösen Selbstverständnisses zusammen. Zum anderen mag die Minderheitensituation eine Rolle gespielt haben: Den Protestanten waren häufig – wie übrigens auch, wenngleich in anderem Maß, den Juden – in vielen Gebieten Deutschlands traditionelle Berufs- und Karrierewege verschlossen.

Der Fortschritt der Industrialisierung hat dann das ursprüngliche Bild nachhaltig verändert. Regionale und religiöse Herkunft verloren zunehmend an Bedeutung, die Zahl der Unternehmenserben sowie der fachspezifisch ausgebildeten und der angestellten Unternehmer nahm zu. Die technische Entwicklung, die ständige betriebliche Expansion und, damit verbunden, der wachsende Kapitalbedarf verlangten mehr und mehr arbeitsteilige Spezialisierung und trugen zur Herausbildung der Aktiengesellschaften bei. Mindestens ebenso wie bei den Eigentümer-Unternehmern hing auch bei den Angestellten-Unternehmern der Aufstieg in Führungspositionen nicht mehr wie im Feudalstaat allein von der sozialen Herkunft ab.

In solche Typologie läßt sich Emil Rathenau, zu dessen 150. Geburtstag das vorliegende Buch erscheint, ohne Schwierigkeiten einordnen: aus einer Kaufmannsfamilie der jüdischen Mittelschicht stammend, gründete er nach einer praktischen und theoretischen Ausbildung sein erstes Unternehmen. Er ging dabei eine Partnerschaft ein, in die der andere, Julius Valentin, einen Teil des Startkapitals sowie seine kaufmännischen Kenntnisse einbrachte. Dieses Engagement Rathenaus scheiterte in der Gründerkrise. Seine zweite Unternehmensgründung erfolgte aus Mangel an ausreichendem eigenen Kapital als Aktiengesellschaft. Er selbst war angestelltes Vorstandsmitglied, jedoch mit starkem patriarchalischem Gewicht, denn er wollte sogar seine Nachfolge in der Unternehmensleitung innerhalb der Familie geregelt wissen.

Trotzdem kann man der Persönlichkeit von Emil Rathenau und dem Rang seiner historischen Leistung nur gerecht werden, wenn neben den gruppentypischen Merkmalen auch die individuelle Charakteristik in seinem Lebenswerk deutlich herausgearbeitet wird: sein Weitblick, sein technisches Verständnis und seine kaufmännische Begabung befähigten ihn, die Bedeutung der Elektrotechnik früh zu verstehen, die dadurch erfüllbaren Konsumbedürfnisse zu erkennen und dafür einen Markt zu schaffen.

Auch eine Entscheidung wie die, die Edison-Patente zu erwerben, kann glänzender Beweis unternehmerischer Befähigung sein. Insgesamt wurde daraus eine gewaltige Aufbauleistung. Die von Emil Rathenau geschaffene Organisation setzte sich im Ergebnis rasch als eines der größten Unternehmen der Elektroindustrie durch und schrieb deutsche Wirtschaftsgeschichte.

Das schönste Denkmal für dieses Lebenswerk stammt folglich nicht aus einer theoretischen Feder. So bedeutsam der Einklang persönlichen Schaffens mit den Tendenzen der Zeit und so unentbehrlich der anonyme Fleiß der Vielen für den Unternehmenserfolg auch sein mag – ohne eine Würdigung, worin die spezifische Leistung des Unternehmers besteht, kann Geschichtsschreibung nicht zur ganzen Wahrheit finden. Walther Rathenau, der spätere Chef der AEG, dessen vielschichtige Begabungen den Namen Emil Rathenaus zu Unrecht haben in Vergessenheit geraten lassen, erklärte in seiner Grabrede das Erfolgsgeheimnis seines Vaters damit, daß er nur das Einfache habe begreifen können und deshalb zeitlebens seinen Kampf um jene Klarheit geführt habe, die zu neuen, echten Antworten befähige. Seine Vision sei »das Rauschen der gebändigten Wasserläufe (gewesen), die ihre Kraft in den Dienst der Menschheit zwingen«, und sein Werk »die Einheit von Technik, Finanzkraft und Kaufmannsgenie«.

Edzard Reuter

»Nein, wie verkennen Sie den unersättlichen Elektrizitätshunger der Menschheit, der in wenigen Jahren sich einstellen wird. Statt dieser Kellerräume mit ihrem ohrenbetäubenden Lärm sehe ich hohe luftige Riesenhallen und vieltausendpferdige Maschinen, die automatisch und geräuschlos die Millionenstadt mit Licht und Kraft versorgen.«

Emil Rathenau zu Adolf Slaby bei einem Besuch des ersten Kraftwerkes in Berlin, kurz nach dessen Fertigstellung 1885.

Einleitung

Wohl kaum eine Unternehmerpersönlichkeit im Zeitalter des beginnenden industriellen Aufbruchs in Deutschland nach 1835 und in der anschließenden Hochphase der Gründungs- und Emissionsgeschäfte nach 1870 ist in ihrer Gesamtheit so schwer zu erfassen wie Emil Rathenau, der Gründer der Allgemeinen Elektricitäts-Gesellschaft (AEG). Diese Zeitspanne grundlegender Veränderungen im politischen, wirtschaftlichen und sozialen Umfeld umrahmt das Leben dieses Prototyps einer neuen Unternehmergeneration.

Als er am 11. Dezember 1838 in Berlin geboren wurde, war die Dampfmaschine von Watt zwar bereits 68 Jahre alt und hatte sich in England durchgesetzt, in Deutschland dagegen hatte ihr Siegeszug eben erst begonnen. Im Geburtsjahr Emil Rathenaus war die erste preußische Eisenbahn gerade fertiggestellt worden und unternahm ihre Jungfernfahrt vom Potsdamer Tor nach Steglitz: sehr langsam nach heutigem Ermessen, aber ein gewaltiger Fortschritt gegenüber der Postkutsche und dem Pferdewagen. Die Städte waren im Vergleich zu ihrer heutigen Größe noch klein, die Menschen lebten und arbeiteten überwiegend auf dem Land, und die Industriezentren an der Ruhr, in Schlesien und an der Saar befanden sich noch am Anfang ihrer Entwicklung. Berlin zählte 1838 knapp vierhunderttausend Einwohner, 1915 waren es über zwei Millionen. In Dortmund erhöhte sich die Einwohnerzahl im gleichen Zeitraum von rund achttausend auf mehr als das Fünfundzwanzigfache. Erfindungen auf allen Gebieten der Technik, der Chemie, der Medizin usw. und die gesellschaftlichen Reformen der Französischen Revolution sprengten die Gebundenheit der Menschen aus jahrhundertealten traditionellen Lebensbahnen.

Die Bauernbefreiung und die Gewerbefreiheit als Ergebnisse der Stein-Hardenbergschen Reformen zu Beginn des 19. Jahrhunderts und die landwirtschaftliche Revolution mit den ersten Landmaschinen und den künstlichen Düngemitteln bildeten eine unabdingbare Ergänzung zur Industriellen Revolution und eine wesentliche Voraussetzung für die Freisetzung von Arbeitskräften in der Landwirtschaft und deren Wechsel in die aufblühende Industrie sowie die Versorgung der rasch wachsenden Industriezentren und Städte mit Lebensmitteln.

Emil Rathenau wurde geboren, als die Industrielle Revolution in Deutschland Fuß faßte; als er 1915 starb, hatte sie sich durchgesetzt und Wirtschaft und Gesellschaft in Deutschland ein neues Gesicht gegeben: Eisenbahnen verbanden die wichtigsten Städte Deutschlands und des Kontinents; auf den Straßen fuhren die ersten Autos und elektrischen Straßenbahnen, die chemische und pharmazeutische Industrie drang mit ihren Produkten in alle Lebensbereiche ein, und die Elektroindustrie hatte den Alltag der Menschen grundlegend verändert. Aus einem Agrarstaat war ein hochentwickelter Industriestaat geworden, in dem neue Lebensformen langfristig mehr Lebensqualität versprachen. Produktion und Absatz von Massengütern bestimmten die Geschäftstätigkeit in der Industrie. Neue Organisationsstrukturen in der Wirtschaft, wie z. B. die Aktiengesellschaft, schufen vielfältige Möglichkeiten der Finanzierung, Investition, Produktion und des Absatzes.

Hier liegen erste Ansätze für eine Darstellung der Persönlichkeit Emil Rathenaus. Er war weder ein Erfinder, der vor allem an Forschungs- und Entwicklungsarbeiten interessiert war, noch ein Hersteller, der ausschließlich auf Forderungen des

1 Die erste dampfgetriebene Eisenbahn in Preußen unternahm am 30. Oktober 1838 ihre Jungfernfahrt vom Potsdamer Tor in Berlin nach Steglitz.

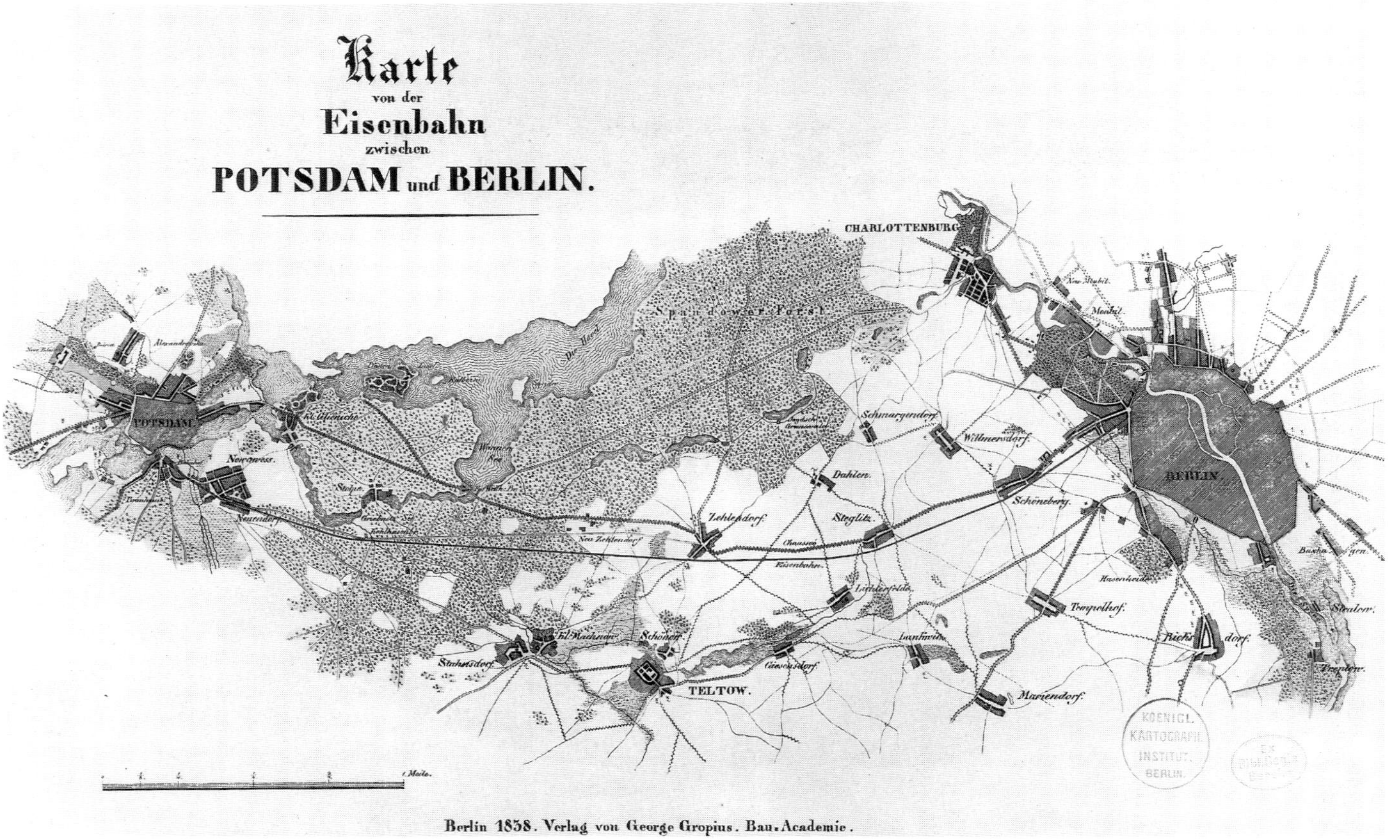

2 Karte vom Streckenverlauf der ersten preußischen Eisenbahnlinie, die 1838, im Geburtsjahr Emil Rathenaus, fertiggestellt wurde und von Berlin nach Potsdam führte.

Marktes reagierte. Er beobachtete und verfolgte die Entwicklung der Technik und der Wirtschaft sehr genau und griff Ideen auf, von denen er sich große Zukunftsmöglichkeiten versprach. Er besaß die Fähigkeit, bereits sehr früh zu erkennen, in welcher Weise und in welchem Umfang Neuerungen das Leben der Menschen verändern könnten und bemühte sich dann, die Möglichkeiten zur realisieren. Er war damit der erste Unternehmensmanager, d. h. er beobachtete die Menschen und überlegte sich, welche Innovationen den Wirtschaftsablauf modernisieren und das tägliche Leben der Menschen positiv verändern könnten. Wenn er solche Produkte gefunden hatte, nahm er sie in sein Fertigungsprogramm auf und bemühte sich, sie durch für seine Zeit moderne Werbemethoden bekannt zu machen, um sie dann in großen Mengen herzustellen und gewinnbringend zu verkaufen. In einer Zeit, in der Änderungen am Markt immer schneller und häufiger auftraten, erkannte er eine Grundeigenschaft des Managers, die bei vielen Gelegenheiten heute wieder hervorgehoben wird: Der Unternehmer muß den Markt selbst machen, um einkaufen und um verkaufen zu können. »Sales and Trading« war bei Rathenau bereits ein grundlegendes Managementprinzip. Institutionalisierung, Technisierung, Internationalisierung und die Öffnung der Märkte waren Orientierungsgrößen für Rathenaus unternehmerische Denkweise.

Flexible Anpassung an die Marktkräfte, die Suche nach zukunftsorientierten Produkten und Verfahren anstelle aufwendiger eigener Grundlagenforschung und die konsequente Verfolgung unternehmenspolitischer Ziele – Strategische Unternehmensplanung – zeichneten Rathenau aus. Nur aus dieser Grundhaltung heraus ist der doch eigenartige Werdegang

3 Am 21. Oktober 1879 brannte die erste Glühlampe im Laboratorium von Thomas Alva Edison (3. von links) in Menlo Park und verlosch erst nach 13½ Stunden (Gemälde von H. K. Flemming).

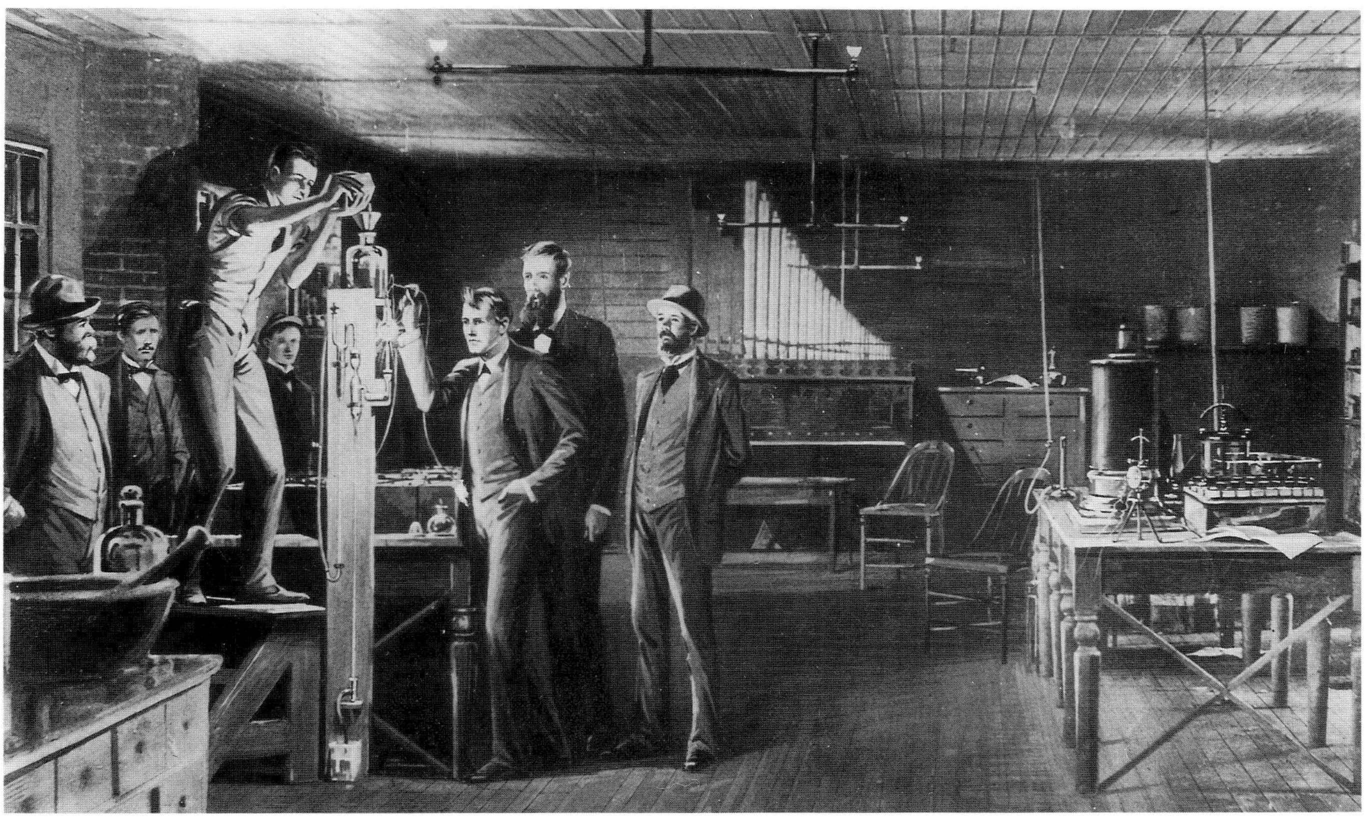

eines Unternehmers zu verstehen, der erst nach seinem 40. Lebensjahr sein wirkliches Tätigkeitsfeld fand: Ausgehend von der Glühbirne von Thomas Alva Edison über die Herstellung und Installation von Beleuchtungsanlagen schuf er ein Unternehmen, das alle Bereiche der Starkstromtechnik umfaßte.

Rathenau begann sein Lebenswerk im Spannungsfeld zweier bedeutender Persönlichkeiten, mit denen er sich über ein Jahrzehnt in hartem Ringen auseinandersetzen mußte: Werner von Siemens war lange vor Rathenau in der Elektroindustrie etabliert, ein genialer Erfinder und überragender Unternehmensleiter der industriellen Gründergeneration. Georg von Siemens, Vetter und ehemaliger Angestellter Werner von Siemens', verfügte als führende Persönlichkeit der Deutschen Bank über die Mittel, die Emil Rathenau für seine großangelegten Pläne und Unternehmungen benötigte. Die harten, oft die Grenzen unternehmerischer Fairneß überschreitenden Auseinandersetzungen mit Werner von Siemens prägten die ersten fünfzehn Jahre der Entwicklung der AEG. Nur die vermittelnde Tätigkeit Georg von Siemens' und dessen Überzeugung, daß die unternehmerische Vorgehensweise Emil Rathenaus Erfolg haben würde, halfen der AEG, jene Jahre zu überstehen. Georg von Siemens und Emil Rathenau glichen sich in ihrer unternehmerischen Denkweise, der eine als der erste Bankmanager, der andere als der erste bedeutende Unternehmensmanager. Daß beide sich trennen mußten, lag an den komplizierten vertraglichen Beziehungen zwischen den Firmen Siemens und AEG während der ersten Jahre, die der jungen und rasch expandierenden AEG nicht genügend Entwicklungsraum boten. Als die Deutsche Bank sich im Konflikt Siemens & Halske und AEG für einen der beiden Konkurrenten entscheiden mußte, wählte Georg von Siemens nicht zuletzt aufgrund der familiären Beziehungen die Firma Siemens. Doch in der Person von Carl Fürstenberg, nach dem Tod von Georg von Siemens im Jahre 1901 neben Arthur von Gwinner und Adolph von Hansemann die dominante Persönlichkeit im deutschen Bankwesen, fand Rathenau den idealen Ersatz als Finanzberater. Auch hier trafen sich zwei Geister gleicher unternehmerischer Veranlagung, Manager, die organisatorische Strukturen schufen, die richtungweisend für nachfolgende Unternehmergenerationen wurden. Beide eigenwillig in ihrer Auffassung von unternehmerischem Handeln und in ihrer Originalität kaum erreicht. Die Berliner Handels-Gesellschaft wurde nun die »Hausbank« der AEG, während die Deutsche Bank sich auf die Firma Siemens & Halske konzentrierte.

Neben diesen drei Persönlichkeiten aus dem Industrie- und Bankenbereich spielten die beiden Söhne Walther und Erich eine zentrale Rolle im Leben von Emil Rathenau. Beide traten nach Abschluß des Studiums – Walther hatte Chemie und Erich Elektrotechnik studiert – in die AEG ein und wurden einige Jahre später in den Vorstand berufen. Beide schienen in die Fußstapfen des Vaters zu treten, doch zog sich Walther, dessen Verhältnis zum Vater aufgrund ihrer völlig unterschiedlichen Persönlichkeiten problematisch und distanziert war, im Jahre 1902, nach dem Scheitern ehrgeiziger Pläne, aus der Leitung der AEG zurück. Aber nach dem frühen Tod seines jüngeren Bruders im Jahre 1903, dem der Vater sehr viel näher gestanden hatte und dessen Tod für Emil Rathenau einen Bruch in seinem Leben bedeutete, stellte sich Walther wieder an die Seite seines Vaters. Er übernahm bis zum Tode Emil Rathenaus einen Teil der Verantwortung, indem er dem Vater bei geschäftlichen Verhandlungen half, seine Ideen und Entscheidungen erläuterte, in Diskussionen und Auseinandersetzungen vermittelnd eingriff und ihm Termine und Entscheidungen abnahm. Die Beziehung von Emil zu Walther Rathenau ist sicherlich eine der interessantesten Vater-Sohn-Beziehungen, die in der deutschen Wirtschaftsgeschichte noch nicht ausreichend erforscht ist.

Neben den Söhnen gab es eine kleine Gruppe von Mitarbeitern, die den Aufbau der AEG entscheidend mitprägten. Felix Deutsch trat 1883 auf Wunsch des Gründerkonsortiums als Prokurist in die soeben errichtete Deutsche Edison Gesellschaft ein und übernahm die Organisation des Großabsatzes, des in- und ausländischen Filialsystems und der ausländischen Tochtergesellschaften. Nach dem Tod Emil Rathenaus folgte ihm Felix Deutsch im Amte des Vorstandsvorsitzenden der AEG, während Walther Rathenau Aufsichtsratsvorsitzender blieb. Wie von Emil Rathenau gewünscht, erhielt sein Sohn zusätzliche weitgehende Weisungsbefugnisse für die Leitung der AEG, und um diese herausgehobene Position zu dokumentieren, verlieh man ihm den Titel ›Präsident‹.

Paul Mamroth, Paul Jordan und Georg Klingenberg' brachten neben Emil Rathenau und Felix Deutsch Kontinuität in die Führungsspitze der AEG. Ein vorzeitiges Ausscheiden dieser Persönlichkeiten aus der AEG wäre nicht denkbar gewesen. Lediglich der Münchner Ingenieur Oskar von Miller, den Rathenau auf der Elektrizitätsausstellung in München kennengelernt hatte, schied nach sechsjähriger Tätigkeit (1884 bis 1889) wieder aus dem Vorstand aus, da sein bevorzugtes Arbeitsgebiet, der Kraftwerksbau, durch die Verträge mit Siemens seiner Ansicht nach zu sehr eingeschränkt wurde. Darüber hinaus hat Emil Rathenau es verstanden, bedeutende Wissenschaftler und Ingenieure in die Forschungsabteilungen der AEG zu holen, wie z. B. Michael von Dolivo-Dobrowolsky, Adolf Slaby und Georg Graf von Arco.

Wie schwierig die Persönlichkeit Emil Rathenau zu erfassen ist, zeigt auch die bisher über ihn erschienene Literatur. Die ersten umfassenden Werke über ihn wurden von Autoren geschrieben, die Emil Rathenau selbst noch gekannt und mit ihm entweder geschäftlich oder privat in Beziehung gestanden hatten. Hier sind zu nennen Artur Fürst, Alois Riedler und Felix Pinner.

Die erste umfassende Biographie erschien im Todesjahr von Emil Rathenau und war von Artur Fürst verfaßt; wegen ihrer Zeitnähe bietet sie jedoch keine kritische Auseinandersetzung mit der Persönlichkeit des Gründers der AEG. Dennoch zeigt sich hier bereits eine Grundbedingung für die Beurteilung der Persönlichkeit Emil Rathenaus, die auch in den nachfolgenden Biographien ganz deutlich wird, daß nämlich die Persönlichkeit Emil Rathenaus eng mit seinem Werdegang und seinen Aktivitäten in der AEG verbunden war und fast nur hierüber zu erfassen ist. Die Arbeit von Artur Fürst gibt einen ersten Überblick über die Entwicklung der AEG und die Bedeutung Emil Rathenaus für das Unternehmen und die Elektroindustrie. Das Privatleben ebenso wie kulturelles, religiöses oder soziales Engagement werden nur am Rande erwähnt.

Der Wert der Darstellung Alois Riedlers, der Professor für Maschinenbau an der Technischen Hochschule in Berlin war und lange Jahre mit Emil Rathenau zusammengearbeitet hatte, liegt insbesondere darin, daß er auf den ersten dreißig Seiten die von Emil Rathenau begonnene Selbstbiographie veröffentlichte. Trotz der Kürze und der zeitlichen Begrenzung – Rathenau schildert nämlich lediglich seine Kindheit, Jugend und seine ersten beruflichen Tätigkeiten in Berlin und in England – gibt sie einen Einblick in die Denkweise von Emil Rathenau und zeigt vor allem, wie er selber seinen Werdegang beurteilte. Leider endet die Autobiographie bereits im Jahre 1876 und gibt damit über die Gründung der Deutschen Edison Gesellschaft und deren Umwandlung in die AEG keine Aufschlüsse. Im Anschluß daran dominieren bei Riedler mehr unternehmensgeschichtlich-technische Probleme bei der Entwicklung der AEG zum Großbetrieb.

Felix Pinner wiederum, von Beruf Journalist und Autor einer ganzen Anzahl von Unternehmerbiographien, machte aus dem Lebenslauf Emil Rathenaus mehr eine Art Heldenepos, das in seiner etwas übertrieben geschriebenen Art nur schwer lesbar ist. Dennoch ist diese Biographie die ausführlichste und detailreichste Arbeit über Emil Rathenau. Viele Angaben und Beurteilungen von Felix Pinner finden sich in den nachfolgenden Werken über Emil Rathenau wieder. In einem abschließenden Kapitel bemüht er sich, ein Bild des Charakters von Emil Rathenau zu geben, das allerdings stark subjektiv beeinflußt und nicht frei von Verzerrungen ist. In den nachfolgenden Jahren erschienen eine Reihe kürzerer Lebensbeschreibungen sowie in den verschiedensten Zeitschriften und Zeitungen Artikel über Emil Rathenau, die entweder seine jüdische Herkunft, seine berufliche Leistung in der AEG oder seine Bedeutung in der Elektroindustrie hervorheben.

Die ersten Arbeiten über Emil Rathenau, die ihn mit Distanz betrachten, sind jene von Jürgen Kocka, 1972 in der Zeitschrift für Firmengeschichte und Unternehmerbiographie erschienen, und die Arbeit von Ernst Schulin über die Rathenaus in der Schriftenreihe wissenschaftlicher Abhandlungen des Leo Baeck-Instituts. Jürgen Kockas Aufsatz untersucht die Gründe für den schnellen Aufstieg der AEG und kommt zu dem Ergebnis, daß dieser nur deshalb möglich war, weil Siemens & Halske »interner historisch bedingte, aber nicht unvermeidbare Struktur –, Organisations- und Führungsschwächen« gezeigt hätte. Hierbei kristallisieren sich an einigen Stellen des Aufsatzes Charaktermerkmale der beiden großen Persönlichkeiten der deutschen Elektroindustrie, Werner von Siemens und Emil Rathenau, heraus. Ernst Schulin hingegen, der sich im wesentlichen mit Walther Rathenau befaßt hat, gelangt über diesen zu einer Reihe von Erkenntnissen über die Person Emil Rathenaus und dessen Einfluß auf seinen Sohn. Schulin arbeitet deutlich die große Vermittlungs- und Verbreitungsaufgabe der von Rathenau geschaffenen Organisation heraus und kennzeichnet ihn im Gegensatz zu Werner von Siemens, der die Elektroindustrie experimentell und wissenschaftlich vorangebracht hatte, als denjenigen, der sie industriell, kommerziell und organisatorisch durchsetzte. Gleichzeitig weist er nach, daß Emil Rathenau zwar kein technischer Erfinder, aber anders als viele amerikanische Unternehmer in jener Zeit auch kein Industriebankier war. Vielmehr war er nach Ansicht von Schulin ein »organisatorischer Erfinder und Unternehmer großen und vielseitigen Stils«.

Neben diesen Publikationen, die sich direkt mit Emil Rathenau befassen, gibt es zahlreiche Abhandlungen über die Entstehung der Allgemeinen Elektricitäts-Gesellschaft, wie etwa die ausgezeichnete Festschrift zum 50jährigen Bestehen, deren Autoren noch auf im Zweiten Weltkrieg zerstörtes Material zurückgreifen konnten.

Aus der Zusammenstellung der Dokumente aus den Archiven der AEG, der Siemens AG, der Deutschen Bank und der Edison National Historic Site sowie des vorhandenen Bildmaterials geht deutlich hervor, daß die Persönlichkeit Emil Rathenaus als Unternehmensgründer und Manager lediglich über seine Aktivitäten im beruflichen Werdegang zu erfassen ist. Aus diesem Grunde soll die vorliegende Arbeit vor allem eine Ergänzung zu den in neuerer Zeit erschienenen Aufsätzen über Emil Rathenau sein und einer breiten Öffentlichkeit anhand von Dokumenten und Bildern seine Persönlichkeit näherbringen. Denn Emil Rathenau hat gewiß nicht weniger Publizität verdient als sein berühmter Sohn Walther.

Herkunft und beruflicher Werdegang

Emil Rathenau stammte aus einer wohlsituierten jüdischen Kaufmannsfamilie. Sein Großvater mütterlicherseits, Josef Liebermann, besaß die Wilhelmshütte bei Sprottau in Niederschlesien, ein Eisenwerk mit Hochofen, Walzwerk und Maschinenbauanstalt. In dieser Fabrik wurden landwirtschaftliche Maschinen nach englischem Muster, Pumpen, Wasserstationen, Weichen, Radsätze für Eisenbahnwagen, Apparate für Gasanstalten, Einrichtungen für Brennereien, Mühlen und vieles mehr hergestellt. Liebermann hatte während der Kontinentalsperre als erster in Preußen Kattun-Stoffe mechanisch hergestellt und so das englische Monopol auf Baumwollverarbeitung gebrochen. Bei einem Empfang König Friedrich Wilhelms IV. soll er sich mit folgenden Worten vorgestellt haben: »Ich bin der Liebermann, der die Engländer vom Kontinent verjagt hat.«

Der Vater von Emil Rathenau betätigte sich zunächst als Getreidehändler, zog sich jedoch früh als Rentier aus dem Geschäftsleben zurück. Er war ein strenger und gewissenhafter Mann und wohlhabender Kaufmann aus der jüdischen Mittelschicht. Seine Mutter war eine kluge, geistreiche und elegante Frau. Während die Vorfahren der Rathenaus mehr den Handel mit Waren betrieben, konzentrierten sich die Liebermanns stärker auf das Fabrikwesen. Berühmt jedoch wurde die Familie Liebermann durch zwei Persönlichkeiten, die nicht im Wirtschaftsleben tätig waren: den Maler Max Liebermann und den Chemiker Karl Liebermann. Beider Großvater war Josef Liebermann; somit war Emil Rathenau ihr Vetter.

4 Stammbaum Emil Rathenaus zusammengestellt nach Unterlagen aus dem AEG Firmenarchiv.

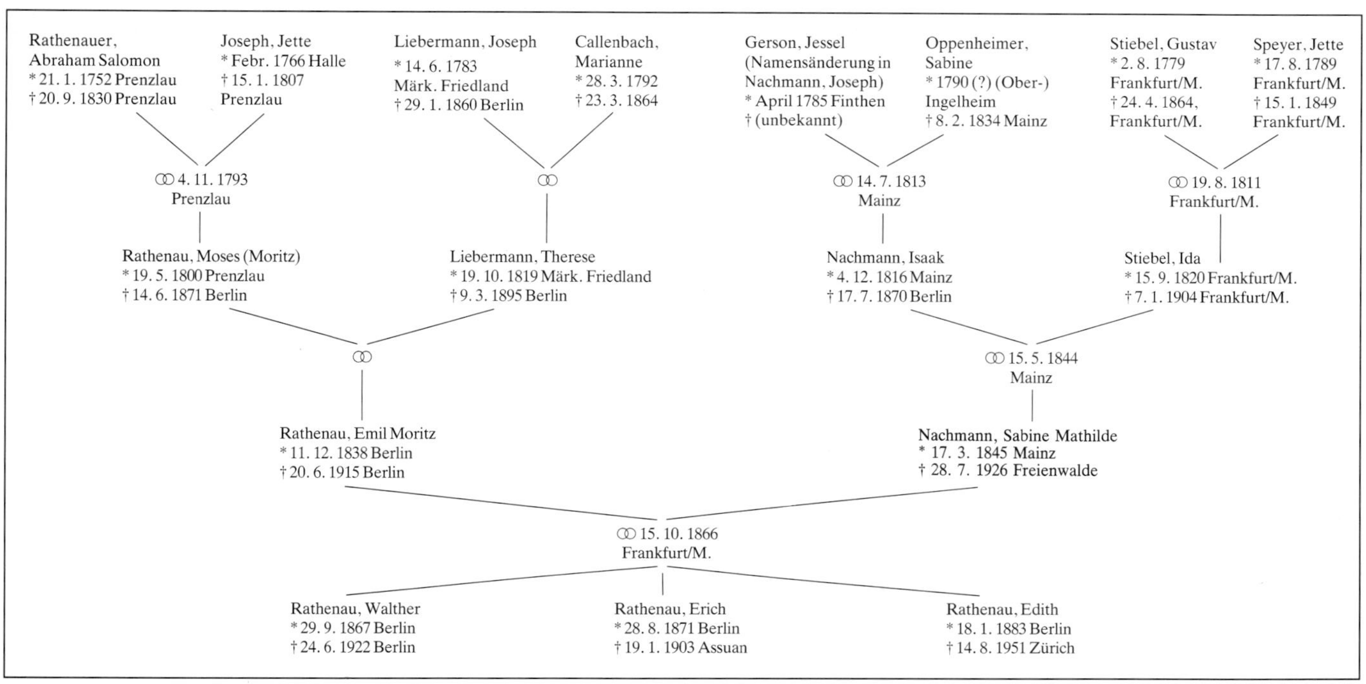

Emil Rathenau wurde am 11. Dezember 1838 als zweiter von drei Söhnen in Berlin geboren. Er erhielt seine Schulausbildung an der Berliner Knabenschule von Marggraf in der Sophienstraße und am Gymnasium »Zum grauen Kloster«, in dem er

5 Moritz Rathenau und (von rechts nach links) seine Söhne Albert (1800–1871), Emil (1838–1915) und Oscar (1840–1926).

leidlich gute Schulleistungen erbrachte. Vermutlich lag hierin der Grund, daß er bereits nach der Obersekunda die Schule verließ. Der oft als Argument angeführte Geldmangel der Eltern kann höchstens als nachträglich erfundene Entschuldigung gelten, da seine Großeltern leicht die wenigen Taler Schulgeld hätten aufbringen können. Emil Rathenaus Neigung entsprach damals schon mehr den technisch praktischen Dingen als schöngeistiger Allgemeinbildung.

Anfang 1855 begann er eine Lehre in der bereits erwähnten Wilhelmshütte bei Sprottau, die er nach viereinhalbjähriger Lehrzeit als Maschinenbauer aus Anlaß der Mobilmachung im italienischen Krieg beendete, da er zum 2. Garde-Regiment eingezogen werden sollte. Der Friede von Villafranca im Juli 1859 enthob ihn jedoch dieser Verpflichtung. Im gleichen Jahr schrieb er sich am Polytechnikum in Hannover ein. Seine Unabhängigkeit vom Elternhaus und seine Entscheidung, sich einer weiterführenden technischen Ausbildung zuzuwenden, erleichterte ihm die Erbschaft von 5000 Talern seines Großvaters Josef Liebermann. Seine theoretischen Studien setzte er an der Technischen Hochschule in Zürich fort und schloß seine Ausbildung 1862 mit dem Examen zum Diplomingenieur ab.

Zunächst nahm er eine Anstellung in der Lokomotivfabrik von A. Borsig an, wo er sich mit der Konstruktion von Gitterbrücken und später auch von Lokomotiven befaßte. Da er hier jedoch keine eigenen Ideen einbringen konnte, befriedigte ihn diese Tätigkeit nicht. Nach sechs Monaten ging er nach England und arbeitete in der Maschinenfabrik von John Penn in Greenwich, wo er sich mit der Konstruktion von Schiffsmotoren auf der Basis einer 1000-PS-Expansionsdampfmaschine, einer der ersten dieser Art, beschäftigte. Weitere Stationen seines Englandaufenthalts waren die Unternehmen Easton & Amos in London, wo er sich mit Tunnelbohrmaschinen und hydraulischen Aufzügen befaßte, sowie die British and Continental Steam Improvement Co., wo er einen Kesselsteinreinigungsapparat sowie eine Rauch verzehrende Lokomotivfeuerung konstruierte. Durch diese Beschäftigung mit verschiedenartigen technischen Aufgaben und die Aneignung gründlicher Kenntnisse auf dem Gebiet des Maschinenbaus gewann er einen erheblichen Vorsprung vor seinen nur auf dem Kontinent geschulten Kollegen.

Eine erste Eigeninitiative zeigte Emil Rathenau im Jahre 1865, als er nach zwei Jahren Englandaufenthalt nach Berlin zurückkehrte und die Maschinenfabrik M. Webers in der Chausseestraße für 75 000 Taler erwarb. Er glaubte, dort die bei Borsig und in England erworbenen Kenntnisse und Erfahrungen praktisch umsetzen zu können. Da Emil Rathenau keine kaufmännischen und finanztechnischen Erfahrungen besaß, nahm er Julius Valentin, einen ehemaligen Schulfreund, mit in das Unternehmen auf. Dieser brachte einen Teil des Anfangskapitals in das Unternehmen ein; ein weiterer Teil des Startkapitals stammte aus der Mitgift von Mathilde Nachmann, der Tochter eines wohlhabenden Frankfurter Bankiers, die Emil Rathenau am 15. Oktober 1866 heiratete. Die Verbindung mit Mathilde Nachmann öffnete Emil Rathenau die Tür zu der wohlhabenden westdeutschen jüdischen Bürgerschicht und damit zu einflußreichen Finanzkreisen. Sie überschritt die damals noch deutlich spürbare Trennungslinie zwischen den jüdischen Gemeinden im deutschen Westen und in den östlichen Provinzen Preußens. Die Bemühungen beider Gruppen des aschkinasischen Judentums um ihre bürgerliche Gleichstellung hatten unterschiedliche Entwicklungen erfahren. Die westdeutschen Juden hatten sich anders als die preußischen Judenfamilien schon seit Generationen in den Spitzengruppen von Handel und Industrie behaupten können und besaßen daher ein viel ausgeprägteres Selbstbewußtsein. Die Aufnahme von Emil Rathenau in eine Familie, die schon lange in ererbtem bürgerlichem Wohlstand lebte, war ein Zeichen des ihm entgegengebrachten Vertrauens und seines persönlichen Ansehens.

6 Emil Rathenau mit seiner, aus einer wohlhabenden Frankfurter Bankierfamilie stammenden, Frau Mathilde kurz nach ihrer Hochzeit im Jahre 1866.

Die Webersche Maschinenfabrik stellte, wie bei den frühen, noch sehr handwerklich ausgerichteten Maschinenbauanstalten üblich, eine Reihe von ganz verschiedenen Produkten her, u. a. Maschinen für die königlichen Bühnen, ferner Dampfmaschinen und Apparate für Gasanstalten und Wasserwerke. Emil Rathenau erweiterte das Produktionsprogramm der kleinen Maschinenfabrik, indem er die Fertigung von transportablen Dampfmaschinen sowie Dampfheizungen für Wohnungen und Waggons aufnahm. Dabei setzte er erfolgreich seine Idee einer serienmäßigen Produktion von Dampfmaschinen in die Praxis um und erregte damit das Erstaunen vieler Fachleute, die eine Einheitsdampfmaschine für nicht verkaufbar hielten. Einen großen Teil dieser Produkte entwarf er selbst als Ingenieur am Reißbrett, wobei er die technischen Grundlagen von anderen Erfindern und Konstrukteuren übernahm und sie dann für seine Zwecke abwandelte.

Zu Beginn des deutsch-französischen Krieges 1870, als die zivile Produktion zum Erliegen kam, stellte Rathenau seine Fabrik auf Rüstungsgüter wie Minentorpedos und Panzertürme um. Nach Beendigung des Krieges 1871, getragen vom Gründungsboom der siebziger Jahre, errichtete er eine neue Fabrik in Martinikenfelde, für die er ein Grundstück im Wert von 70 000 Taler in der Hüttenstraße kaufte. Auf diesem Grundstück entstanden eine Eisengießerei, eine Kesselschmiede und eine Dreherei.

Auf Drängen der Banken, insbesondere der Preußischen Boden-Kredit-Aktienbank, wurde die Fabrik M. Webers im gleichen Jahr in eine Aktiengesellschaft unter dem Namen »Berliner Union Actien-Gesellschaft für Eisengiesserei und Maschinen-Fabrikation« mit einem Grundkapital von 1 Mio. Taler umgewandelt. Emil Rathenau hatte sich dagegen gesträubt, konnte sich allerdings gegen seinen Kompagnon und die Bank nicht durchsetzen. Beide folgten dem Zeitgeist und sahen in der Aktiengesellschaft die weitaus ertragreichere Unternehmensform, was im Prinzip stimmte, aber in der nachfolgenden Krise zu erheblichen Problemen und Verlusten führte. Da Emil Rathenau skeptisch blieb, ließ er sich bei der Umwandlung in die Aktiengesellschaft auszahlen und blieb lediglich als angestellter Direktor in diesem Unternehmen. Als die Preußische Boden-Kredit-Aktienbank in der Krise und dem Gründerkrach von 1873 selbst in erhebliche Schwierigkeiten geriet und die dem jungen Unternehmen zugesicherten 200000 Taler Obligation für den Bau der neuen Fabrik nicht mehr zur Ausgabe gelangten, mußte die Berliner Union 1875 in Liquidation gehen.

Weil Emil Rathenau rechtzeitig, d. h. vor der Umwandlung in eine Aktiengesellschaft, sein Kapital aus dem Unternehmen zurückgezogen hatte, erlitt er durch die Liquidation der Berliner Union keine Verluste. Gleichzeitig mußte er in den vergangenen Jahren gut verdient haben, da sich sein Vermögen zu diesem Zeitpunkt auf 900000 Mark belief. Während der Liquidationsphase wurde ihm der Kauf der Fabrik verschiedentlich angeboten, was er jedoch ablehnte.

Emil Rathenau hatte durch seine Tätigkeit als Unternehmer und Mitbesitzer einer Maschinenfabrik eine Reihe von Erfahrungen gesammelt, die für seinen weiteren Lebenslauf von großer Bedeutung waren. Einmal rührte sein Mißtrauen gegenüber Aktienbanken und der Aktie selbst aus dieser Zeit. Sein vorsichtiges Verhalten gegenüber den Banken und ihren Finanzierungsmethoden ist auch in späterer Zeit, als die AEG bereits ein großes Unternehmen war, festzustellen. Ferner war sein Ruf als Geschäftsmann durch die Liquidation seiner Firma doch erheblich geschädigt, und es dauerte eine gewisse Zeit, bis der junge, ehrgeizige Unternehmer diesen Rückschlag verkraftet hatte. Zudem hatte Emil Rathenau erkannt, daß seine berufliche Zukunft nicht in der Konstruktion von einfachen Maschinen in einer kleinen Maschinenfabrik bestehen konnte. Aus diesem Grunde zog er sich aus dem aktiven Berufsleben zurück und verbrachte die nachfolgenden Jahre damit, nach einem neuen beruflichen Aufgabenfeld zu suchen, das seinen ehr-

7 1865 kaufte Emil Rathenau sein erstes Unternehmen, eine Maschinenfabrik, die 1871 in eine Aktiengesellschaft, die Berliner Union, umgewandelt wurde. Nach der Gründerkrise 1873 mußte dieses Unternehmen jedoch bereits wieder liquidiert werden.

geizigen Ansprüchen genügte und in der Entwicklung eine große Zukunft versprach.
Das letzte Drittel des 19. Jahrhunderts war eine Zeit vieler Erfindungen. Um einen Überblick über den technischen Stand der industriellen Produktion in der Welt zu bekommen, reiste Rathenau Anfang 1876 zusammen mit seinem ehemaligen Kompagnon Valentin in die USA und besuchte Fabriken und Unternehmen in verschiedenen Städten. Entscheidende Anstöße erhielt er während dieser Reise auf der Weltausstellung in Philadelphia, wo er den Bellschen Fernsprechapparat kennenlernte. Im Telefon sah er eine Erfindung, der er große Entwicklungsmöglichkeiten zusprach, und er entwickelte Pläne zur Einführung eines Fernsprechsystems in Deutschland.
Bei diesen, wie bei allen weiteren Projekten, die Rathenau in den folgenden Jahren in Angriff nahm, zeigte er sich von Neuerungen im Bereich der Elektrotechnik und deren Anwendungsmöglichkeiten fasziniert. Er ging dann so vor, daß er sich zunächst um die Verkaufsrechte eines Produktes und erst in zweiter Linie um dessen Produktionslizenzen bemühte. Möglicherweise läßt sich dies auf seine früheren Erfahrungen mit den Schwierigkeiten eines Produktionsbetriebes zurückführen. Zugleich ist zu

8 Der Polizeipräsident von Berlin, von Madai, lehnte 1880 den Genehmigungsantrag Emil Rathenaus für den Aufbau eines Fernsprechnetzes in Berlin ab, da das Telefon ein Staatsmonopol bleiben sollte.

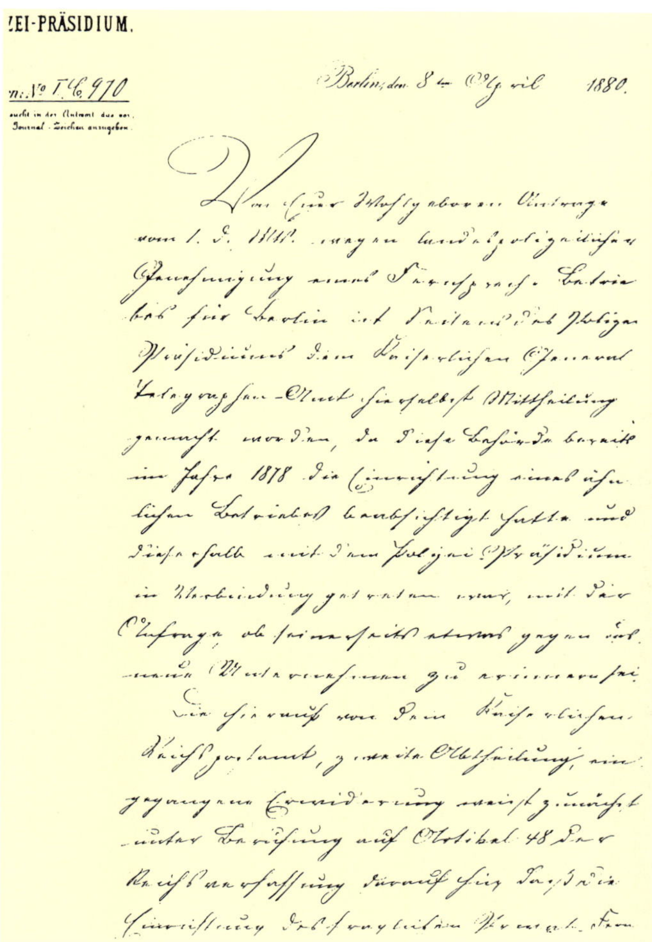

Polizei-Präsidium an Emil Rathenau, 8. April 1880

Von Euer Wohlgeboren Antrage vom 1. d. Mts. wegen landespolizeilicher Genehmigung eines Fernsprech-Betriebes für Berlin ist Seitens des Polizei-Präsidiums dem Kaiserlichen General-Telegraphen-Amt hierselbst Mittheilung gemacht worden, da diese Behörde bereits im Jahre 1878 die Einrichtung eines ähnlichen Betriebes beabsichtigt hatte und dieserhalb mit dem Polizei-Präsidium in Verbindung getreten war, mit der Anfrage, ob seinerseits etwas gegen das neue Unternehmen zu erinnern sei.
Die hierauf von dem Kaiserlichen Reichspostamt, zweite Abtheilung, eingegangene Erwiderung weist zunächst unter Berufung auf Artikel 48 der Reichsverfassung darauf hin, daß die Einrichtung des fraglichen Privat-Fernsprech-Betriebes, welch eine für den öffentlichen Verkehr bestimmte telegraphische Verbindung verschiedener Lokalitäten bezweckt, in das dem Reiche vorbehaltene Telegraphen-Regal eingreife und verfassungsmäßig nur mit Genehmigung der Reichs-Telegraphen-Verwaltung zulässig sei.
Sodann aber erklärt die genannte Behörde, daß Euer Wohlgeboren die Genehmigung zu der beabsichtigten Einrichtung aus wichtigen principiellen Gründen nicht würde ertheilt werden können und daß, wenn das Bedürfniß zu Fernsprechverbindungen zwischen verschiedenen Geschäftshäusern pp. in Berlin eintreten sollte, die Reichstelegraphen-Verwaltung es sich angelegen sein lassen würde, die Ausführung und den Betrieb solcher Anlagen auf ihre Kosten selbst zu bewirken.
Unter solchen Umständen bedauert das Polizei-Präsidium Euer Wohlgeboren Antrage nicht entsprechen zu können.

Königliches Polizei-Präsidium

An
den Ingenieur Herrn
E. Rathenau
Wohlgeboren
hier

9 Heinrich von Stephan (1831–1897), seit 1876 Generalpostmeister des Deutschen Reiches, organisierte und vereinheitlichte das Deutsche Postwesen. Er führte die Postkarte und das Telefon bei der Reichspost ein.

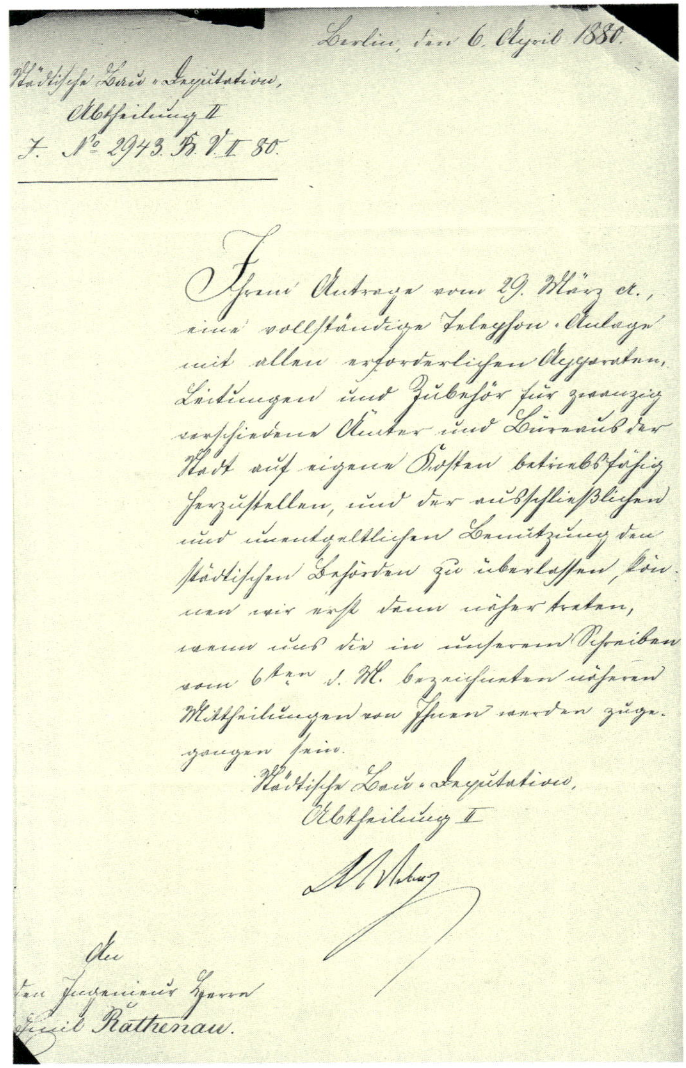

10 Um die Möglichkeiten und Vorteile des Telefons deutlich zu machen, bot Emil Rathenau dem Berliner Magistrat an, auf eigene Kosten in der Stadtverwaltung eine Telefon-Anlage mit 20 Anschlüssen zu installieren.

Städtische Bau-Deputation Berlin, den 6. April 1880.
Abtheilung II
J. N⁰ 2943. B.V. II 80.

Ihrem Antrage vom 29. März cr., eine vollständige Telephon-Anlage mit allen erforderlichen Apparaten, Leitungen und Zubehör für zwanzig verschiedene Ämter und Büreaus der Stadt auf eigene Kosten betriebsfähig herzustellen, und der ausschließlichen und unentgeltlichen Benutzung den städtischen Behörden zu überlassen, können wir erst dann näher treten, wenn uns die in unserem Schreiben vom 6ten d. M. bezeichneten näheren Mittheilungen von Ihnen werden zugegangen sein.

Städtische Bau-Deputation,
Abtheilung II

An
den Ingenieur Herrn
Emil Rathenau

bedenken, daß der Aufbau einer Fabrik sehr viel mehr Kapital erfordert als der eines Vertriebssystems. Zudem standen die Banken Investitionen in neuen Bereichen der Technik eher ablehnend gegenüber.
Wie Rathenau später selbst berichtete, gab er den Gedanken, eine Telefonfabrik zu errichten, aus verschiedenen Gründen bald wieder auf und konzentrierte sich auf die Installation des Telefons in Berlin. Leider versagten sowohl der damalige Berliner Polizeipräsident von Madai wie auch der Generalpostmeister Stephan ihm ihre Unterstützung. Beide waren der Ansicht, daß das Telefon ein Staatsmonopol sei und bleiben sollte. Trotz dieses negativen

Votums versuchte Rathenau in den nachfolgenden Monaten und Jahren, mit dem Telefonprojekt weiter voranzukommen. Ein Konzessionsgesuch vom 1. März 1880, dreieinhalb Jahre nach der Weltausstellung, wurde jedoch erneut mit der Begründung abgelehnt, daß die Errichtung von Stadtfernsprechämtern eine Angelegenheit des Reiches sei. Um die städtischen Behörden mit der neuen Technik vertraut zu machen, erbot sich Rathenau, eine vollständige Telefonanlage mit allen erforderlichen Apparaten, Leitungen und Zubehör für zwanzig verschiedene Ämter und Büros der Stadt auf eigene Kosten zu erstellen und der Stadt zur kostenlosen Benutzung zu überlassen.

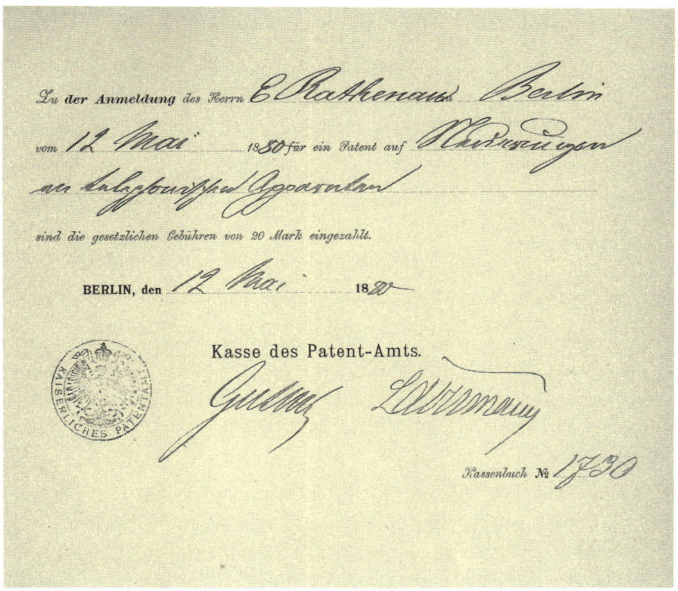
Zu der Anmeldung des Herrn E. Rathenau Berlin

vom 12 Mai 1880 für ein Patent auf

sind die gesetzlichen Gebühren von 20 Mark eingezahlt.

BERLIN, den 12 Mai 1880

Kasse des Patent-Amts.

KAISERLICHES PATENTAMT

Kassenbuch № 1730

11

Zwei Monate später, im Mai 1880, ließ sich Emil Rathenau dann zwei Verbesserungen für das Telefon patentieren. Im Februar 1880 hatte er versucht, Werner von Siemens für eine Beteiligung an einer Gesellschaft zur Finanzierung des Telefonbaus zu gewinnen, blieb jedoch erfolglos. Auch den kurz zuvor von Rathenau an Siemens gerichteten Vorschlag, die Vermarktung und den Betrieb der von Siemens entwickelten elektrischen Eisenbahnen zu übernehmen, beantwortete Siemens abschlägig.

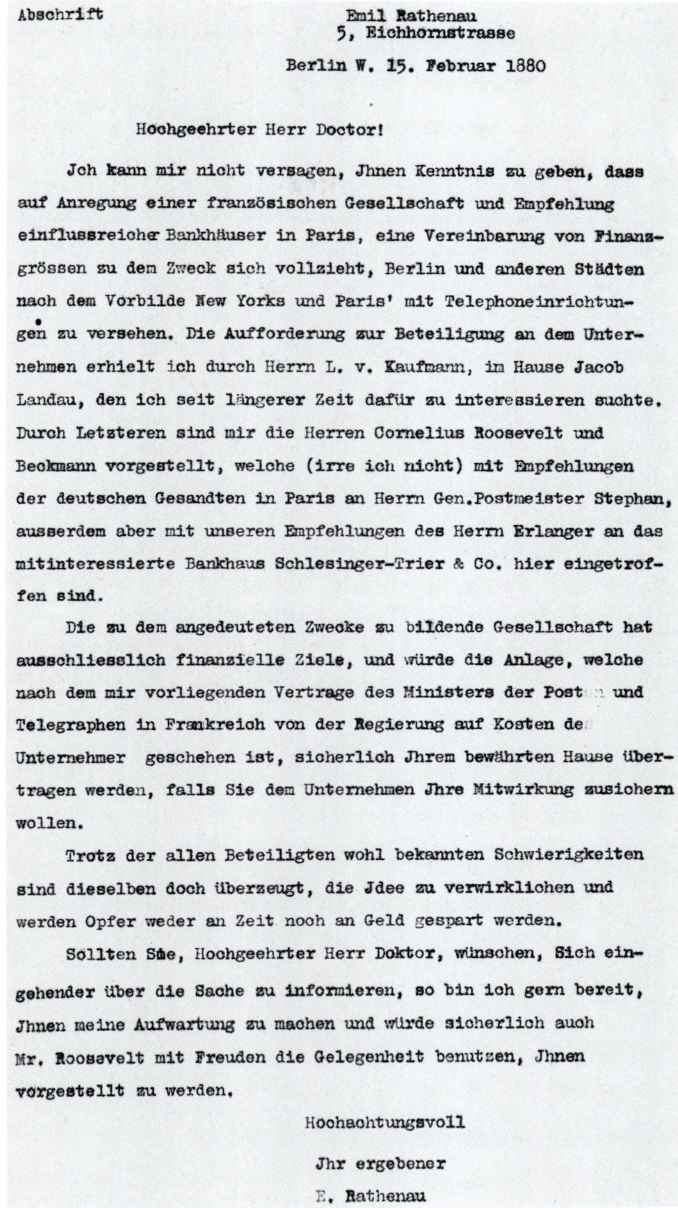
Abschrift

Emil Rathenau
5, Eichhornstrasse

Berlin W. 15. Februar 1880

Hochgeehrter Herr Doctor!

Joh kann mir nicht versagen, Jhnen Kenntnis zu geben, dass auf Anregung einer französischen Gesellschaft und Empfehlung einflussreicher Bankhäuser in Paris, eine Vereinbarung von Finanzgrössen zu dem Zweck sich vollzieht, Berlin und anderen Städten nach dem Vorbilde New Yorks und Paris' mit Telephoneinrichtungen zu versehen. Die Aufforderung zur Beteiligung an dem Unternehmen erhielt ich durch Herrn L. v. Kaufmann, im Hause Jacob Landau, den ich seit längerer Zeit dafür zu interessieren suchte. Durch Letzteren sind mir die Herren Cornelius Roosevelt und Beckmann vorgestellt, welche (irre ich nicht) mit Empfehlungen der deutschen Gesandten in Paris an Herrn Gen.Postmeister Stephan, ausserdem aber mit unseren Empfehlungen des Herrn Erlanger an das mitinteressierte Bankhaus Schlesinger-Trier & Co. hier eingetroffen sind.

Die zu dem angedeuteten Zwecke zu bildende Gesellschaft hat ausschliesslich finanzielle Ziele, und würde die Anlage, welche nach dem mir vorliegenden Vertrage des Ministers der Post und Telegraphen in Frankreich von der Regierung auf Kosten der Unternehmer geschehen ist, sicherlich Jhrem bewährten Hause übertragen werden, falls Sie dem Unternehmen Jhre Mitwirkung zusichern wollen.

Trotz der allen Beteiligten wohl bekannten Schwierigkeiten sind dieselben doch überzeugt, die Jdee zu verwirklichen und werden Opfer weder an Zeit noch an Geld gespart werden.

Sollten Sie, Hochgeehrter Herr Doktor, wünschen, Sich eingehender über die Sache zu informieren, so bin ich gern bereit, Jhnen meine Aufwartung zu machen und würde sicherlich auch Mr. Roosevelt mit Freuden die Gelegenheit benutzen, Jhnen vorgestellt zu werden.

Hochachtungsvoll

Jhr ergebener

E. Rathenau

12

11 Patentanmeldung Emil Rathenaus vom 12. Mai 1880, durch die er sich beim Kaiserlichen Patentamt die Rechte an von ihm entwickelten Neuerungen für das Telefon bestätigen ließ (genaue Patentbeschreibung im Anhang, S. 215).

12 1880 machte Emil Rathenau Werner von Siemens erstmals mit den Plänen für den Aufbau eines Telefonnetzes in Berlin bekannt.

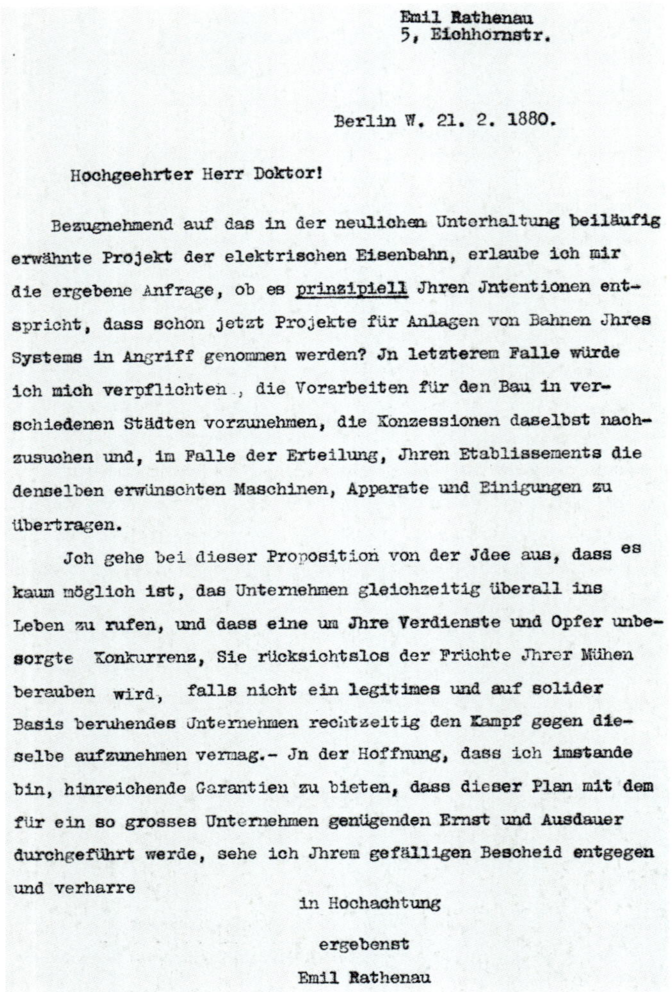

Emil Rathenau
5, Eichhornstr.

Berlin W. 21. 2. 1880.

Hochgeehrter Herr Doktor!

Bezugnehmend auf das in der neulichen Unterhaltung beiläufig erwähnte Projekt der elektrischen Eisenbahn, erlaube ich mir die ergebene Anfrage, ob es prinzipiell Jhren Jntentionen entspricht, dass schon jetzt Projekte für Anlagen von Bahnen Jhres Systems in Angriff genommen werden? Jn letzterem Falle würde ich mich verpflichten , die Vorarbeiten für den Bau in verschiedenen Städten vorzunehmen, die Konzessionen daselbst nachzusuchen und, im Falle der Erteilung, Jhren Etablissements die denselben erwünschten Maschinen, Apparate und Einigungen zu übertragen.

Joh gehe bei dieser Proposition von der Jdee aus, dass es kaum möglich ist, das Unternehmen gleichzeitig überall ins Leben zu rufen, und dass eine um Jhre Verdienste und Opfer unbesorgte Konkurrenz, Sie rücksichtslos der Früchte Jhrer Mühen berauben wird, falls nicht ein legitimes und auf solider Basis beruhendes Unternehmen rechtzeitig den Kampf gegen dieselbe aufzunehmen vermag.- Jn der Hoffnung, dass ich imstande bin, hinreichende Garantien zu bieten, dass dieser Plan mit dem für ein so grosses Unternehmen genügenden Ernst und Ausdauer durchgeführt werde, sehe ich Jhrem gefälligen Bescheid entgegen und verharre

in Hochachtung

ergebenst

Emil Rathenau

13 Parallel zu den Bemühungen um die Erlaubnis zur Installation eines Fernsprechnetzes interessierte sich Emil Rathenau bereits für den Bau von elektrisch betriebenen Bahnen und schlug Werner von Siemens eine Zusammenarbeit auf diesem Gebiet vor.

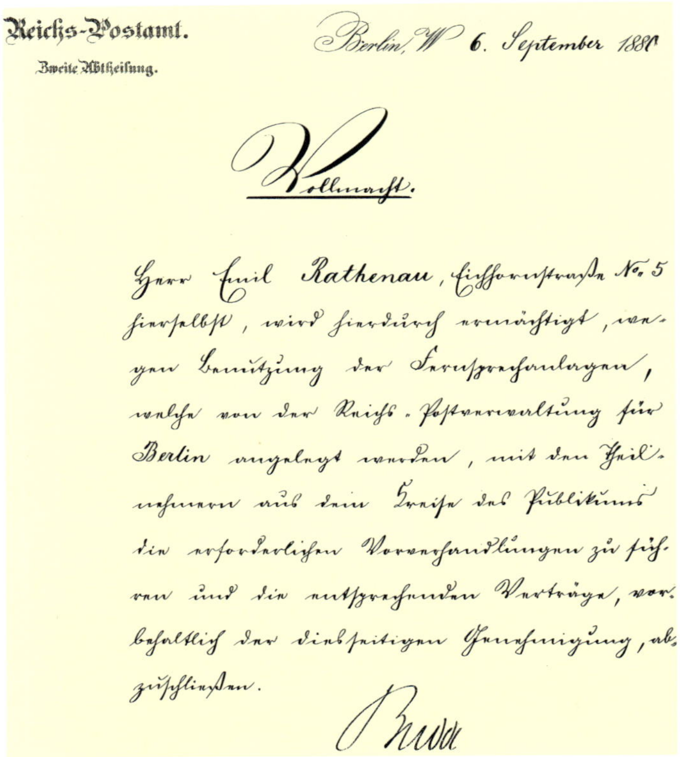

Reichs-Postamt
Zweite Abtheilung — Berlin W, 6. September 1880

Vollmacht.

Herr Emil Rathenau, Eichhornstraße N°. 5, hierselbst, wird hierdurch ermächtigt, wegen Benutzung der Fernsprechanlagen, welche von der Reichs-Postverwaltung für Berlin angelegt werden, mit den Theilnehmern aus dem Kreise des Publikums die erforderlichen Vorverhandlungen zu führen und die entsprechenden Verträge, vorbehaltlich der diesseitigen Genehmigung, abzuschließen.

Budde

14 Im Herbst 1880 erhielt Emil Rathenau vom Reichs-Postamt den Auftrag, den Aufbau des ersten Berliner Telefonnetzes zu organisieren. Da dies jedoch unter staatlicher Leitung geschehen mußte, gab Rathenau, nachdem er die ersten Fernsprechteilnehmer gewonnen hatte, den Auftrag zurück.

Im Herbst des gleichen Jahres erhielt Emil Rathenau von Generalpostmeister Stephan dann den Auftrag, einen Telefonkundenstamm in Berlin aufzubauen. Die Konzession für das Telefon und das gesamte Fernsprechwesen blieb damit in staatlicher Hand, während die Vermarktung Emil Rathenau übertragen wurde. Daraufhin begann er mit der Werbung der ersten Fernsprechteilnehmer in Berlin, gab jedoch, da wesentliche Teile seiner ursprünglichen Zielsetzung beschnitten waren, trotz guter Erfolge nach knapp einem Jahr diese Tätigkeit wieder auf. Er hatte erkannt, daß er mit dem Telefon keine Organisation aufbauen konnte, die seinen Vorstellungen entsprochen hätte. Das Telefon selbst blieb Staatsmonopol, und die reine Installation und der Vertrieb reizten ihn nicht.

Noch während sich Rathenau mit der Einführung des Telefons in Deutschland beschäftigte, und lange bevor er die Edisonsche Glühlampe kennenlernte, setzte er sich bereits mit der Erzeugung von elektrischem Licht auseinander.

15 Die erste zentrale Fernsprechvermittlung in Berlin in der Französischen Straße Nr. 33, mit deren Einrichtung Emil Rathenau 1881 begonnen hatte, um 1890 (Gemälde von K. Knüttel).

Emil Rathenau an Werner von Siemens, 24. Juli 1878

Emil Rathenau z. Z. Schlangenbad 24. 7. 78

Hochgeehrter Herr Doktor!
Bei meiner jetzigen Anwesenheit in Paris erfuhr ich durch die Unterhaltung mit dem Präsidenten der Soc. Gén. d'électricité (Jablochkoff), dass seitens Ihres werten Hauses ein vorläufiges Abkommen mit jener Gesellschaft getroffen sei, auf welche Mitteilung hin ich jede fernere Unterhandlung von der Hand wies, unter ausdrücklicher Bemerkung, dass auch die seit einem Jahre schwebenden, auf meinem Impuls von H. Kommerz. Rat L. Gerson persönlich geführten, als nicht mehr existent zu betrachten seien.
Ich schicke das voraus, da ich aus derselben Quelle erfahren habe, dass Sie, geehrter Herr, nach dem Besuch Ihres Herrn Bruders aus London, in Paris demnächst erwartet werden, nur weil die Herren ermutigt, wie es scheint, durch die schwebenden oder abgeschlossenen Verhandlungen mit dem Banquier Springer in Wien eine mehr sanguinische Darstellung unseres Verhältnisses als opportun ansehen werden; eine Vermuthung, die ich auszusprechen nicht wagen würde, wenn nicht der entschiedene Wunsch, die Unterhandlungen mit uns, trotz Ihres Abkommens, fortzuführen sichtbar gewesen wäre. Wir hielten die Forderungen sowohl des Syndikates (L. Denayreuze) als auch die der jetzigen Gesellschaft zu exorbitant, um bindende Gegenvorschläge zu machen.
Meiner Meinung nach wird die Bemühung der Jabl. Kerze der elektr. Beleuchtung ein ausgezeichnetes Feld eröffnen und mit Anwendung Ihrer magnet-elektrischen Maschinen sehr bald die Gramme'sche Gesellschaft zurückdrängen, welche wohl zumeist durch die geschickte Reklame H. Fontaines ihre glänzenden numerischen Erfolge erzielt hat. Gerade weil ich die, vielleicht durch die neue Maschine beseitigten, Mängel der Gramme-'schen Maschine in Etwas wie den englischen Versuchen vorausgesehen, habe ich von der Offerte der Gramme'schen Gesellschaft, Maschinen in Deutschland einzuführen, keinen Gebrauch gemacht; aber durch den soeben in Paris neuerdings erhaltenen Impuls möchte ich doch einer Frage nähertreten, *über die ich schon im verflossenen Herbst Ihre prinzipielle Meinung zu erforschen Herrn Ing. Mehlis vergebens gebeten* hatte: Würden Sie geneigt sein, die gesamten zur elektrischen Beleuchtung gehörigen Maschinen und Apparate unter gewissen Bedingungen auf mich zu übertragen, welche die Ausdehnung zu einem umfangreichen Geschäftsbetriebe und die erfolgreiche Bekämpfung jeder Konkurrenz herbeiführt, vorausgesetzt, dass ich technisch, kaufmännisch und finanziell ausreichende Garantien zu bieten vermag?
Ich zweifle nicht, dass Ihnen als Fabrikant weit mehr an den umfangreichen und sicheren Absatz Ihrer Erzeugnisse gelegen ist als dass Sie, von diesem Standpunkt aus, wünschten, den mehr oder weniger schwerfälligen Unterhandlungen mit Industriellen obzuliegen, die bis zur völligen Abwickelung doch stets berechtigte und zuweilen auch unberechtigte Anforderungen stellen und nicht immer genügendes Verständnis besitzen, das Beste zu wählen, vielmehr den Reklamen minderer Fabrikanten zugänglich sind.
Obwohl ich mir schmeichle, dass Sie, hochgeehrter Herr Doktor, sich meiner noch erinnern (meine frühere Firma M. Webers dürfte Ihnen eher noch erinnerlich sein), so würde ich doch bezüglich meiner finanziellen Stellung auf Referenzen der Deutschen Bank, bezüglich meines Charakters auf H. Geh. R. B. Silbermann, meines Onkels, verweisen; bezüglich meiner technischen und kaufmännischen Leistungen dürfte Ihnen mancherlei Gelegenheit, Informationen einzuziehen, in Berlin geboten sein.
Sollten Sie demnach ein Arrangement nach dieser Richtung für annehmbar erachten, so würde ich mich sehr freuen, Ihre gefällige Nachricht zu erhalten, und werde ich dann nicht unterlassen, Ihnen meine Aufwartung zum Zweck einer Besprechung zu machen.
Ich empfehle mich hochachtungsvoll!

Ihr ergebener
E. Rathenau.

16a

Werner von Siemens an Emil Rathenau, 29. Juli 1878

Berlin, 29. 7. 78.

Sehr geehrter Herr!
Auf Ihr gefl. Schreiben vom 24. d. M. erwidere ich ergebenst, dass bereits getroffene Arrangements es uns z. Z. leider nicht möglich machen, Ihnen, Ihrem Antrage gemäss, die gesamten zur elektrischen Beleuchtung gehörigen Maschinen und Apparate unter gewissen Bedingungen zu übertragen. Ob dies bei weiterer Entwickelung der Sache *teilweise* möglich werden wird, lässt sich augenblicklich noch nicht übersehen. Jedenfalls werde ich Ihr freundliches Anerbieten im Auge behalten.

Hochachtungsvoll
Ihr ergebenster
Dr. W. Siemens

16b

Emil Rathenau an Werner von Siemens, 16. November 1880

Emil Rathenau Ingenieur Berlin W 16. 11. 1880

Hochgeschätzter Herr Geheimrat!
Infolge Ihrer neulichen Aeusserung habe ich mit einem befreundeten Bankhause das Projekt der Anlage zur Erzeugung elektrischen Lichtes etc. besprochen. Dasselbe ist geneigt, in Verbindung mit den leitenden Financiers (man nannte mir die Namen der Welthäuser, mit denen die Firma notorisch in Beziehungen steht, aber ich überlasse die ausdrückliche Nennung späterer Besprechung), eine Versuchsanlage herzustellen, um später bei hervortretendem Bedürfnisse weitere ähnliche Anlagen zu schaffen. Natürlich gehen die Herren davon aus, diese Unternehmungen später zu gründenden Gesellschaften zur Exploitierung zu übertragen und rechnen darauf, dass die weiteren Anwendungen der elektro-dynamischen Maschine auf den verschiedenen Gebieten der Industrie denselben eine Handhabe zur Rentabilitätssteigerung bieten wird.
Mein Freund, Herr L. von Kaufmann, Mithinhaber des in Rede stehenden Hauses Jacob Landau, bittet mich, Sie geehrter Herr Geheimrat, zuvörderst zu befragen, ob Sie prinzipiell mit diesem Hause zu dem besagten Zweck in Verbindung zu treten geneigt sind, und würde ich im Falle bejahender Antwort, mich beehren, denselben Ihnen vorzustellen.
In Erwartung Ihrer geneigten Antwort empfehle ich mich

Hochachtungsvoll
Ihr ergebener
E. Rathenau.

16c

16a Schon 1878, im ersten erhalten gebliebenen Schreiben, bot Emil Rathenau Werner von Siemens eine Art Arbeitsteilung an: er selbst wollte die Vermarktung und den Vertrieb der neuen Jablochkoffschen Kerze übernehmen, während Siemens & Halske die Produktion überlassen bleiben sollte.

16b Dieses Angebot lehnte Werner von Siemens jedoch ab.

16c Zwei Jahre später hatten sich die Pläne Emil Rathenaus zur Produktion von elektrischen Beleuchtungsanlagen offenbar konkretisiert, denn Rathenau hatte erste Verhandlungen mit den Banken aufgenommen.

17 Emil Rathenau als junger Unternehmer zu Beginn der 80er Jahre des 19. Jahrhunderts.

18 Werner von Siemens nahm den ehrgeizigen Plänen Emil Rathenaus gegenüber eine zögernde und abwartende Haltung ein.

Werner von Siemens an Emil Rathenau, 20. November 1880

Geehrtester Herr Rathenau!

Auf Ihr freundliches Schreiben vom 16. d. M. erwiedere ich ergebenst, dass ich weder principiell, noch speciell abgeneigt bin, mit dem ehrenwerten Hause Jacob, Landau, in nähere Beziehung zu treten. Den Associé dieser Firma, Herrn L. v. Kaufmann persönlich kennen zu lernen, wird mir sehr angenehm sein.
Dies vorausgeschickt kann ich aber mein Ihnen mündlich geäußertes Bedenken nicht unterdrücken daß sich das Gebiet der Anwendung der dyn. el. Maschinen zur Exploitation durch eine große Gesellschaft in seiner Allgemeinheit nicht eignet. Keine Gesellschaft würde im Stande sein ein ausreichendes und geeignetes technisches Personal dafür zu beschaffen und bei dem schnellen Fortschritt in diesen Dingen würden auch erworbene Patente, Ankauf von Fabriken etc. keine dauernde Grundlage für sie bilden. Ich halte, wie gesagt, für jetzt nur kleine Kapitalgesellschaften die eine bestimmte technische Aufgabe sich stellen und auf deren Rentabilität nach geschehener Ausführung sie rechnet, für geeignet. Eine solche glücklich und mit Erfolg durchgeführte Anlage wird dann weiter ähnliche in natürlichem Gefolge haben – wie z. B. bei der englischen Gasgesellschaft in Dessau die ohne Monopol mit einer Anlage anfing und später Hunderte hatte. – Ich sage dies nochmals weil ich nicht wünsche falsche Erwartungen zu erregen da wir (S. & H.) uns nicht dazu verstehen könnten einer etwa zu bildenden grossen Kapitalgesellschaft Zusicherungen zu geben die ihnen quasi Alleinberechtigung für gewisse Anwendungen der Dynamo Maschine gäbe. Jetzt ist wenigstens dafür die geeignete Zeit noch nicht da.

Mit besten Empfehlungen
Ihr ergebenster
Dr. Wr. Siemens.

18

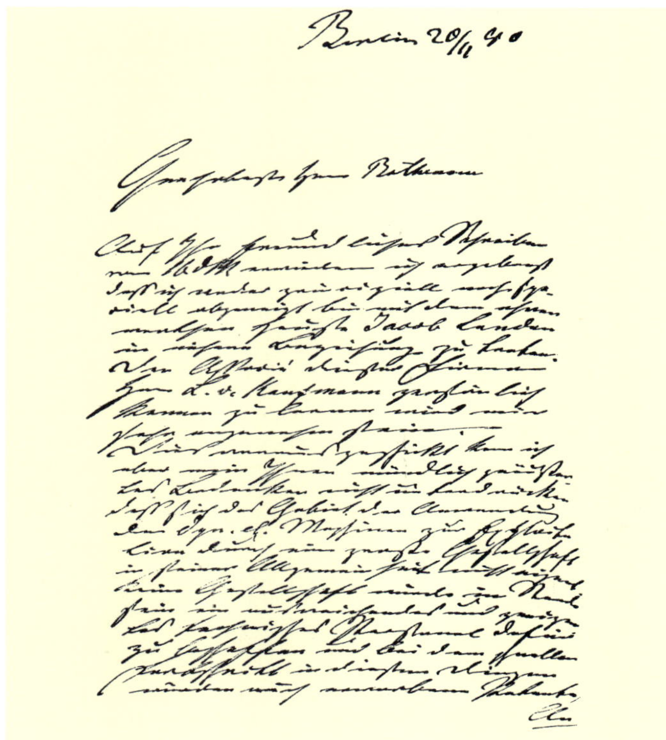

Berlin 20/11 80

Seit 1877 bemühte er sich offenbar, die Rechte zur Vermarktung der Jablochkoff-Kerze, die im Bogenlicht Verwendung fand, in Deutschland zu erhalten. Nachdem er 1878 bei einem Besuch in Paris erfahren mußte, daß Siemens & Halske ein vorläufiges Abkommen mit der für dieses Patent zuständigen Société Générale d'Electricité abgeschlossen hatten, bat er Werner von Siemens um die Übertragung der Vertriebsrechte für alle in seiner Firma hergestellten Maschinen und Apparate zur elektrischen Beleuchtung. In seinem Schreiben an Siemens wies er auf die Webersche Maschinenfabrik hin, um sich dem bereits anerkannten Erfinder und Fabrikanten ins Gedächtnis zu rufen. Gleichzeitig gab er eine Reihe von Referenzen an. Dieser Brief kann somit als erster geschäftlicher Kontakt zwischen den späteren Vertragspartnern angesehen werden.

19 Die Kohlenstäbe in den Bogenlampen der elektrischen Straßenbeleuchtung von Berlin mußten jeden Morgen ausgewechselt werden (Zeichnung von C. W. Allers).

20 Dennoch gab Emil Rathenau nicht auf, sondern verfolgte insbesondere seine Pläne zur Installation einer elektrischen Beleuchtungsanlage in Berlin weiter.

Emil Rathenau an Werner von Siemens, 6. Juli 1881

Berlin den 6. Juli 1881.

Sehr geehrter Herr Geheimrath!
Anknüpfend an die neulich stattgehabte Unterhaltung möchte ich zunächst erwähnen, dass meine Freunde von Ausführung des Projectes einer electrischen Beleuchtung einestheils wegen der voraussichtlichen Schwierigkeit der Concessionserlangung, andrentheils aus Besorgniss, eine angemessene Verzinsung der Kapitalien zu erzielen, bisher abgehalten wurden. Endlich fürchteten sie noch, dass der knappe Gewinn, welchen die Calculation ergiebt, durch das gewöhnlich bei neuen Einrichtungen in Berlin bekundete Misstrauen und Vorurtheil weitere Schmälerung erleiden möchte. Günstiger würde die Sache sich gestalten, wenn ein ähnliches Unternehmen die Beurtheilung auf grund positiver Ergebnisse zuliesse und der Augenschein lehrte, dass es sich hier um ein lebensfähiges, aus dem Stadium des Versuches bereits hervorgetretenes Unternehmen handle. – Freilich dass man nach dem absprechenden Berichte des Director Fischer, welcher den Schwerpunct der electrischen Beleuchtung allerdings in der Jablochkoff'schen Kerze erblickte und den Vervollkommnungen der Maschinen und Lampen in vollem Umfange nicht gerecht wurde, kaum sympathisches Entgegenkommen der städtischen Verwaltung erwarten; aber der Hinweis auf die Wichtigkeit der Frage, ob nicht gerade Seitens der Stadt, als Besitzerin der Gasanstalt, mit Vortheil Stellung zu der neuen Beleuchtung zu nehmen sei, die Aussicht ohne materielle Opfer aus eigener Wahrnehmung ein Unternehmen beurtheilen zu können, dessen Erzeugniss von tief einschneidendem Interesse nicht nur für die Bewohner der Stadt, sondern auch für den Haushalt derselben werden kann, die Uebernahme endlich gewisser Leistungen werden wenigstens zur Genehmigung einer zeitlich und räumlich beschränkten Versuchsanlage führen, welche als erster aber wesentlicher Schritt zur Erreichung des Zieles zu betrachten ist. Aber auch darüber glaube ich mich nicht zu täuschen, dass hierin die alleinigen Schwierigkeiten nicht beruhen werden. Sollte selbst das Reichs-Postamt durch das Polizei-Präsidium nicht gerade Einspruch gegen die Legung von Leitungen erheben, welche den Betrieb der Telegraphen und Telephone störend beeinflussen könnten, so werden zweifellos Vorschriften für die Anbringung der Stützpuncte erlassen werden, welche bei der ohnehin herrschenden Abneigung der Hausbesitzer, die Verhandlungen mit denselben bedenklich erschweren, wenn nicht gar unmöglich machen.
Ungeachtet aller dieser Schwierigkeiten, welche ich mit Mühe und Geduld zu besiegen hoffe, will ich meine Tätigkeit der Durchführung des Projectes widmen, wenn Sie geneigt sein sollten, die Anlage auf Ihre Kosten herzustellen und zwar unter Bedingungen, die der Vereinbarung vorbehalten bleiben würden. Betreffs der Grösse solcher Anlage bemerke ich indessen schon jetzt, dass die Einrichtung mindestens auf 100 Flammen von Hause aus herzustellen sei, falls nicht die zu erzielenden

21 Der Stand der Edison-Gesellschaft auf der ersten Elektrizitäts-Ausstellung in Paris 1881, wo Emil Rathenau zum ersten Mal die Edison-Lampe sah.

Resultate geradezu entmuthigen sollen, und dass jedenfalls Vorkehrungen getroffen werden müssten, um den anfangs vielleicht mehr provisorischen Betrieb in einen definitiven von zwei- bis dreifachem Umfange zu verwandeln.

Nach meiner unmassgeblichen Meinung wird die electrische Beleuchtung von dem Augenblick als mächtiger Rival des Gaslichtes auftreten, in dem die Entlastung von den Unkosten gelingt, welche Verzinsung und Amortisation des Kapitals sowie der auf wenige Stunden des Jahres beschränkte Dienst verursachen. Aber weit mehr als diese ist durch die Transmission mechanischer Arbeit zu erlangen, ja ich bin überzeugt, dass hierin die Rentabilität des Unternehmens liege, da der Haus- und Gewerbebetrieb der Grossstädte nicht nur jetzt schon enorme Mengen von Arbeit in kleinen Portionen zu consumiren vermag, sondern auch Preise dafür zu bewilligen im Stande ist, welche zu den Erzeugungskosten als exorbitant zu betrachten sind. Aber auch in grösseren Mengen ist für das Heben und Bewegen von Lasten, Ventilation etc., bei intermittirenden Betrieben überhaupt, auf die Verwendung mechanischer Arbeit zu rechnen, welche trotz hohem Gewinn um Vieles billiger als das zu gleichen Zwecken benutzte Wasser der städtischen Leitung hergegeben werden kann.

Indem ich Ihrer geneigten Erklärung entgegensehe, ob Sie, geehrter Herr Geheimrath, auf dieser oder ähnlicher Basis der Sache näherzutreten wünschen, zeichne ich

mit bekannter Hochachtung
ergebenst
20 E. Rathenau.

22 Thomas Alva Edison (1847–1931) mit seinem berühmten Phonographen.

23 Das Laboratorium von Thomas Alva Edison in Menlo Park um 1881.

24 Verschiedene Größen und Ausführungen der Edison-Glühfadenlampe.

Ein weiteres Schreiben an Werner von Siemens zwei Jahre später beweist, daß Rathenau den Gedanken der umfassenden Verbreitung der elektrischen Beleuchtung trotz der ablehnenden Haltung von Siemens' nicht aufgab. Werner von Siemens äußerte starke Bedenken gegen eine Verwertung im großen Stil. Hier zeigt sich deutlich, daß die Stärke von Emil Rathenau nicht auf dem Gebiet der Erfindung von Neuerungen lag, sondern in deren unternehmerischer Umsetzung und Vermarktung. Werner von Siemens hingegen war gleichzeitig Erfinder und Unternehmer, der die Produktion und den Vertrieb seiner Waren vorsichtig betrieb. Bereits zu diesem Zeitpunkt erkannte Emil Rathenau deutlich die

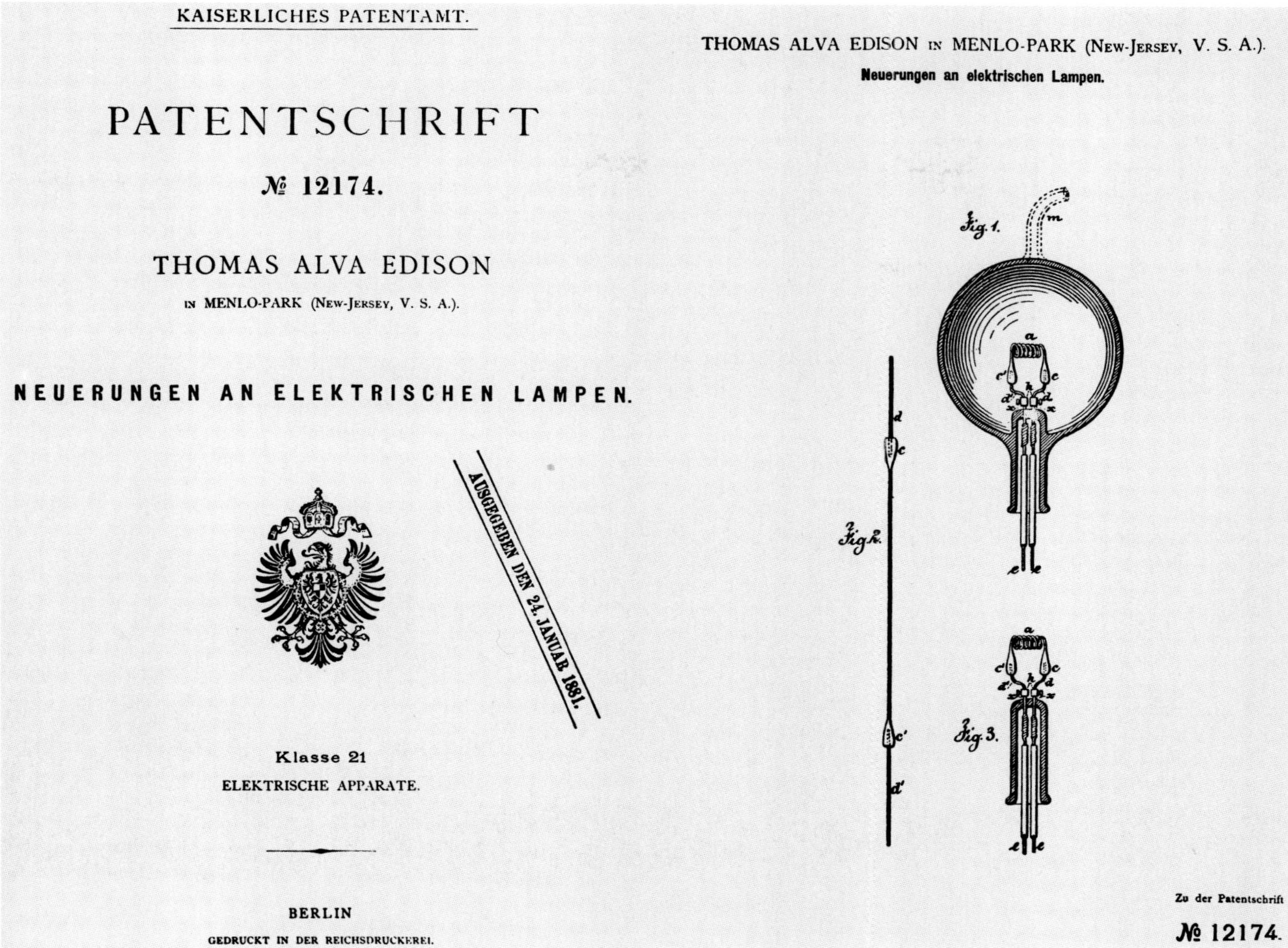
KAISERLICHES PATENTAMT.

PATENTSCHRIFT

№ 12174.

THOMAS ALVA EDISON

IN MENLO-PARK (NEW-JERSEY, V. S. A.).

NEUERUNGEN AN ELEKTRISCHEN LAMPEN.

AUSGEGEBEN DEN 24. JANUAR 1881.

Klasse 21

ELEKTRISCHE APPARATE.

BERLIN

GEDRUCKT IN DER REICHSDRUCKEREI.

THOMAS ALVA EDISON IN MENLO-PARK (NEW-JERSEY, V. S. A.).

Neuerungen an elektrischen Lampen.

Zu der Patentschrift

№ 12174.

25 Patentschrift des Kaiserlichen Patentamtes für die Edisonsche Glühlampe aus dem Jahre 1879 (vollständiger Abdruck im Anhang, S. 216).

Zukunftschancen der Elektrizität als Energielieferant für Beleuchtungskörper und Maschinen. Seine Ideen und Vorstellungen über die Anwendungsmöglichkeiten des elektrischen Lichts in der Zukunft reichten weit über die seiner Zeitgenossen hinaus. Als er 1881 auf der Pariser Elektrizitätsausstellung Edisons Kohlefadenlampe, die dort zum ersten Mal in Europa im großen Rahmen vorgeführt wurde, kennenlernte, sah er sofort die Überlegenheit dieser Erfindung gegenüber den bisherigen elektrischen Beleuchtungsmöglichkeiten, z. B. dem Bogenlicht. Die Edisonlampe war langlebiger und vielseitiger verwendbar als die Bogenlampe, deren Kohlestäbe verbrannten und regelmäßig ausgewechselt werden mußten und die aufgrund ihrer großen Helligkeit nicht in kleineren Räumen eingesetzt werden konnte. Sie besaß eine geringere Wärmeabstrahlung und war weniger explosionsgefährlich als Gasbeleuchtung. Da sie jedoch zunächst weniger Leuchtkraft besaß als das Gaslicht, standen die Fachwelt und das breite Publikum der Glühlampe eher skeptisch gegenüber.

Der 1847 in Milan/Ohio geborene Thomas Alva Edison leistete als Autodidakt auf den verschieden-

26 Laborbuch-Skizze der Kohlefadenglühlampe vom November 1879.

sten Gebieten der Technik Pionierarbeit und meldete mehr als tausend Patente an. Er war zunächst als Telegraphist tätig, 1868 begann er mit Erfindungen auf dem Gebiet der Telegraphie. 1873 richtete er sich in Menlo-Park in New Jersey ein Laboratorium ein und entwickelte 1877/78 das Kohlekörnermikrophon, wodurch das 1876 patentierte Telephon von A. G. Bell auch auf großen Entfernungen einsetzbar wurde. Versuche, den Telegraphen zu verbessern, führten ihn zur Erfindung des Phonographen, eines Vorläufers des Grammophons. 1878 begann er an der Entwicklung der Glühlampe zu arbeiten, da die bisher bekannte Bogenlampe erhebliche Mängel aufwies. Ein Jahr später hatte er sein Ziel erreicht: Die Konstruktion einer Kohlefadenglühlampe, der ersten brauchbaren Glühlampe, die bereits alle wesentlichen Bestandteile der heutigen Glühlampe enthielt: eine durchsichtige Glashülle mit eingeschmolzenen Stromzuführungsdrähten, die so beschaffen waren, daß die Einschmelzung auch bei höhreren Temperaturen luftdicht blieb. Die Lampe war mit einem Röhrchen versehen, durch das die Lampe ausgepumpt und das anschließend zugeschmolzen wurde, denn die Kohlefäden mußten im luftleeren Raum brennen, da sie sonst sofort zerstört worden wären. Die von Edison entwickelte Lampe wurde im Deutschen Reich am 27. November 1879 patentiert, das amerikanische Patent erhielt Edison im Januar des folgenden Jahres.

Zur Verwertung seiner Patente hatte Edison die Edison Electric Light Co. in New York gegründet, die für das gesamte europäische Geschäft die Edison Electric Light Co. of Europe in New York errichtete. Diese wiederum gründete für England die Edison Electric Light Co., London, während für das kontinentale Geschäft die Compagnie Continentale Edison in Paris mit dem Recht der Patentverwertung und der Errichtung von Zentralstationen ins Leben gerufen wurde. Sie wiederum gründete eine Fabrikations- sowie eine Vertriebs- und Installationsgesellschaft. Hier wird deutlich, daß die patentrechtliche Situation in Europa äußerst unübersichtlich war. Aus diesem Grunde wandte sich Emil Rathenau in einem Telegramm direkt an Edison in New York und bat ihn, nach Europa zu kommen, um mit ihm über die Verwertung der Edison-Patente zu sprechen. Edison jedoch verwies ihn an die französische Gesellschaft, die Compagnie Continentale Edison in Paris, die für die Verwertung der Patente in Europa zuständig sei. Um sein Ziel, die Edisonsche Erfindung für Deutschland auszunutzen, in die Tat umzusetzen, war Emil Rathenau gezwungen, sich an diese Gesellschaft zu halten. Zudem mußte er ein Bankhaus finden, das seine großangelegten Pläne verwirklichen half.

27 Zu Beginn der achtziger Jahre des 19. Jahrhunderts lösten die ersten elektrischen Lampen die alte Gasbeleuchtung in den Straßen Berlins ab, wie hier die Differential-Bogenlampen am Potsdamer Platz in Berlin 1882.

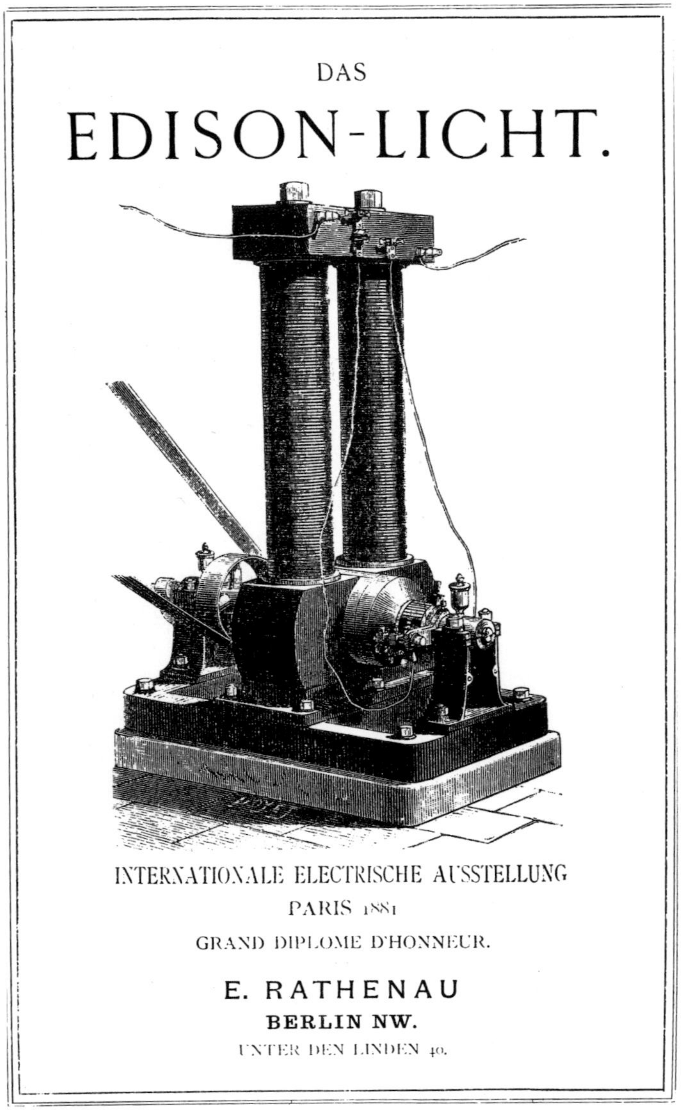

28 Die erste deutschsprachige, von Emil Rathenau verfaßte Veröffentlichung über das Edison-Licht aus dem Jahre 1882, die neben einer kurzen Beschreibung des Edisonschen Beleuchtungssystems auch eine Preisliste für vollständige Beleuchtungsanlagen enthielt.

29 Gleichzeitig schrieb Emil Rathenau eine 83 Seiten umfassende, für Fachleute bestimmte Broschüre mit ausführlichen Erklärungen und einer Vielzahl von Abbildungen der Lampen und technischen Anlagen. Bereits in dieser Schrift wies er auf die Einsatzmöglichkeiten von Strom als Kraftquelle hin.

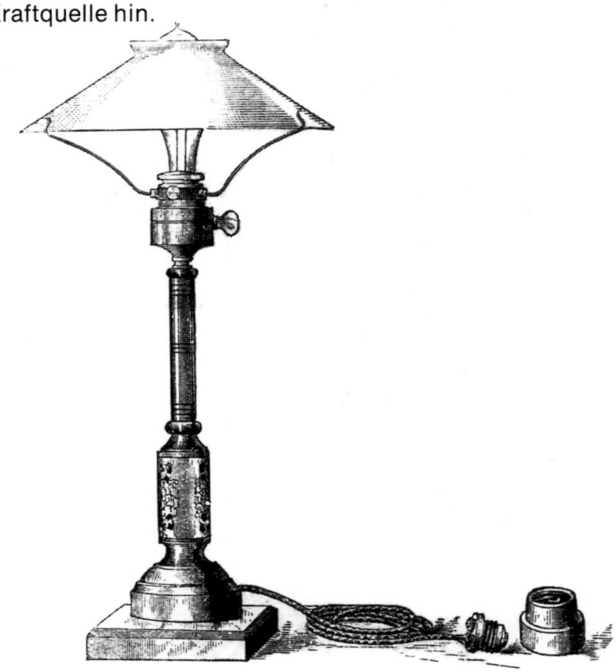

Die Deutsche Edison Gesellschaft

Bei seinem Bemühen, die Edison-Patente für Deutschland zu erhalten, war Emil Rathenau vor allem mit der Schwierigkeit konfrontiert, Geldgeber für seine Pläne zu finden. Trotz einer seit der Gründerkrise in Bankkreisen bestehenden Skepsis gegenüber Industriefinanzierungen gelang es ihm, Ludwig von Kaufmann vom Bankhaus Jakob Landau sowie die Nationalbank für Deutschland für sein Projekt zu gewinnen. Zusammen mit den französischen Edison-Gesellschaften und dem Bankhaus Gebr. Sulzbach gründeten sie im Frühjahr 1882 eine Studiengesellschaft mit einem Grundkapital von 225 000 Mark und der Aufgabe, die Möglichkeiten des elektrischen Lichtes aufzuzeigen und bekannt zu machen (s. Anhang, S. 218). Schon bei den Gründungsverhandlungen wurde deutlich, daß Emil Rathenau die treibende Kraft der Studiengesellschaft war und daß er weiterreichende Pläne für die Vermarktung der Edison-Patente hatte. Zielstrebig begann er mit dem Bau von Beleuchtungsanlagen, die zu Versuchs- und Demonstrationszwecken besonders geeignet schienen, u. a. im Böhmischen Brauhaus, im Union-Club und in der Ressource von 1794. Trotz anfänglicher Schwierigkeiten – während der Einweihungsfeier in der Ressource drohte das Licht zu verlöschen, da die Maschinen heißliefen, und Emil Rathenau übernahm persönlich die Aufsicht über ihre Kühlung mit Eis – waren beide Anlagen ein großer Erfolg. Begleitet wurden diese Pilotprojekte von Veröffentlichungen Emil Rathenaus, in denen das Prinzip der Edisonschen Beleuchtungsanlagen erklärt und vorgestellt wurde.

Im September 1882 fand in München eine Internationale Elektrizitäts-Ausstellung statt, die für die Studiengesellschaft äußerst erfolgreich verlief. Sie konnte dort die zahlreichen Anwendungsmöglichkeiten des elektrischen Lichts vorführen, indem sie die Beleuchtung repräsentativer Ausstellungsräume übernahm sowie eine Straßen-, eine Zug- und eine Bühnenbeleuchtung vorführte. Als Folge der Ausstellung erhielt die Studiengesellschaft den Auftrag, im königlichen Residenztheater in München eine elektrische Beleuchtungsanlage zu installieren.

Siemens & Halske, die auf dem Gebiet der Elektrotechnik bis zu diesem Zeitpunkt nahezu konkurrenzlos gewesen waren, hatten sich in München zurückhaltend gezeigt. Werner von Siemens bezeichnete die Ausstellung als »Reklameeinrichtung zur Hebung des Aktienkurses der teilnehmenden Gesellschaften«. Dennoch sah er sich gezwungen, auf die Aktivitäten der Edison-Gesellschaft zu reagieren und bemühte sich, ebenfalls einen Auftrag zur Beleuchtung eines Theaters zu erhalten.

Als er die eigenen Versuche zur Entwicklung einer Glühlampe als gescheitert betrachten mußte, nahm er 1882 Verhandlungen mit der Compagnie Continentale Edison auf. Als Ergebnis dieser Verhandlungen wurde im März 1883 die »Deutsche Edison Gesellschaft für angewandte Elektricität« mit einem Grundkapital von 5 Mio. Mark gegründet. Diese erhielt die ausschließlichen Nutzungsrechte für die Edison-Patente in Deutschland, und zwar sowohl für den Verkauf wie auch für die Fabrikation. Einen Teil der Fabrikationsrechte trat sie daraufhin an Siemens & Halske gegen Zahlung von Lizenzgebühren und Lieferung an die Edison-Gesellschaft zu meistbegünstigten Preisen ab. Erstaunlich ist, daß Werner von Siemens im Gründungsvertrag zugunsten der Deutschen Edison Gesellschaft auf das Recht verzichtete, Zentralstationen zu bauen, was sich auf die Entwicklung des neuen Unternehmens entschieden positiv auswirken sollte. Es ist häufig spekuliert worden, daß Siemens die Tragweite dieser Entscheidung nicht richtig eingeschätzt hat.

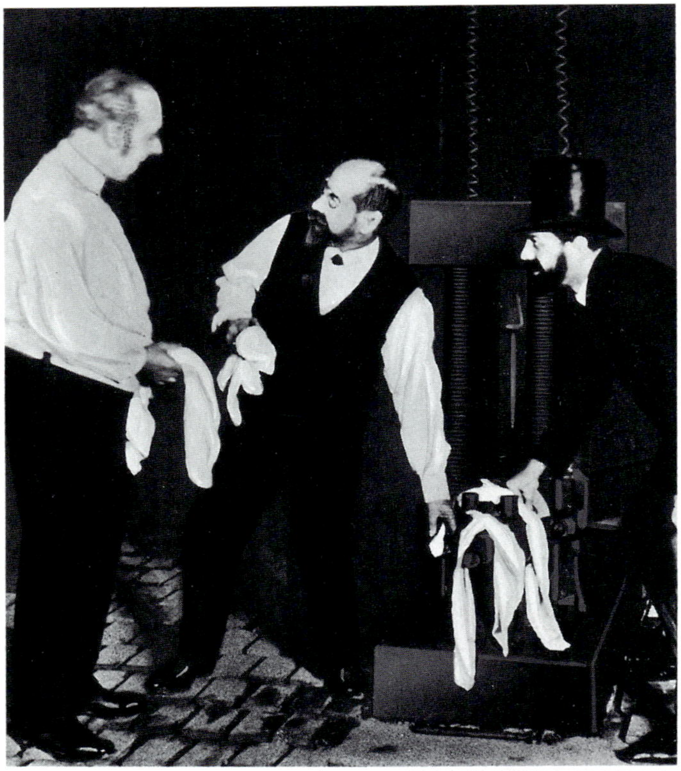

30 Emil Rathenau in der »Ressource« beim Kühlen der ersten Dynamomaschine, deren Lager während der Einweihungsfeier der neuen Beleuchtungsanlage heißzulaufen drohten.

31 Während der Münchner Elektrizitäts-Ausstellung 1882 beleuchtete die Deutsche Edison Gesellschaft einen Bühnenraum mit Edison-Glühlampen.

32 Der Glaspalast auf der Internationalen Elektrizitäts-Ausstellung in München wurde durch Bogenlampen erhellt.

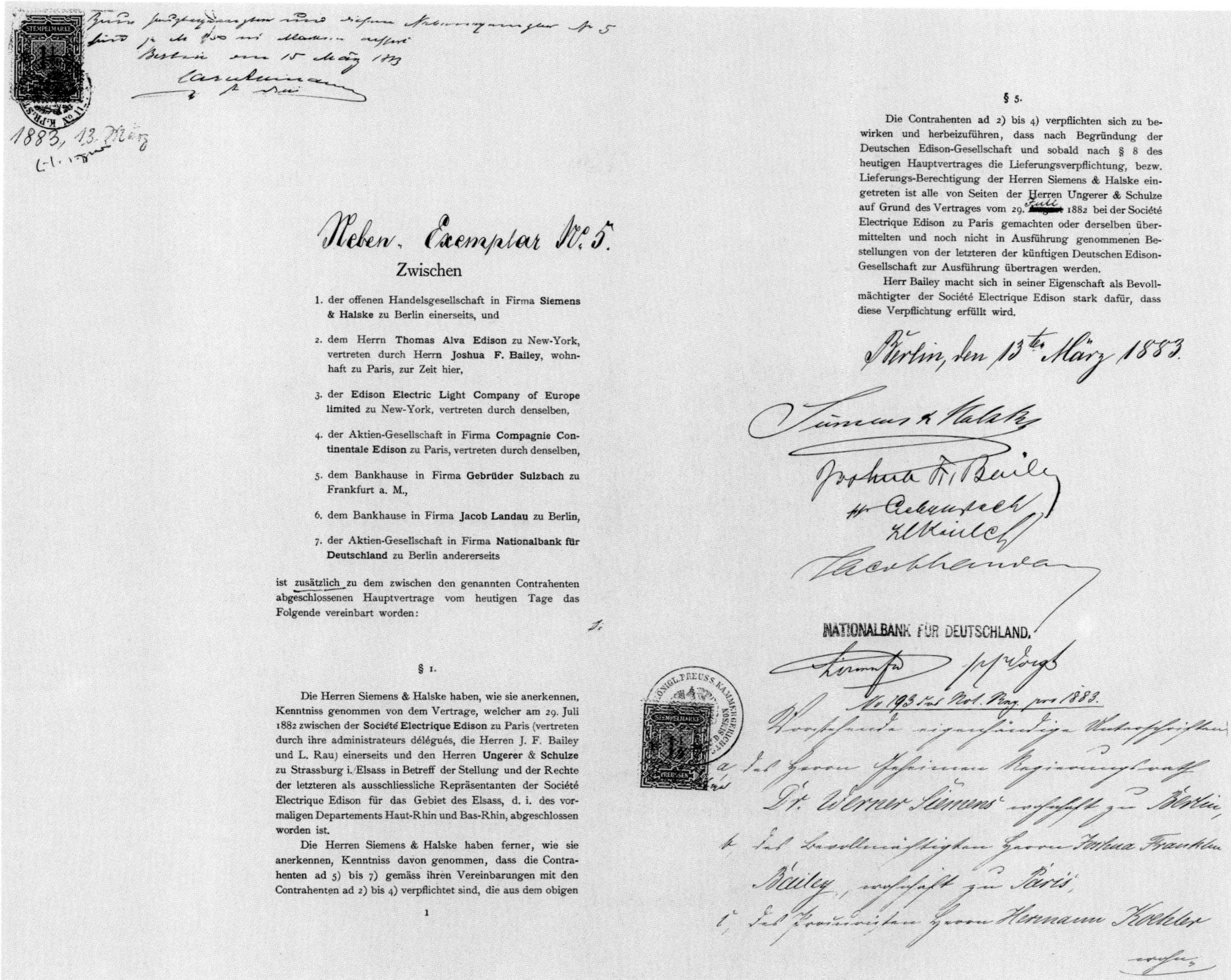

Neben-Exemplar No. 5.

Zwischen

1. der offenen Handelsgesellschaft in Firma **Siemens & Halske** zu Berlin einerseits, und
2. dem Herrn **Thomas Alva Edison** zu New-York, vertreten durch Herrn **Joshua F. Bailey**, wohnhaft zu Paris, zur Zeit hier,
3. der **Edison Electric Light Company of Europe limited** zu New-York, vertreten durch denselben,
4. der Aktien-Gesellschaft in Firma **Compagnie Continentale Edison** zu Paris, vertreten durch denselben,
5. dem Bankhause in Firma **Gebrüder Sulzbach** zu Frankfurt a. M.,
6. dem Bankhause in Firma **Jacob Landau** zu Berlin,
7. der Aktien-Gesellschaft in Firma **Nationalbank für Deutschland** zu Berlin andererseits

ist zusätzlich zu dem zwischen den genannten Contrahenten abgeschlossenen Hauptvertrage vom heutigen Tage das Folgende vereinbart worden:

§ 1.

Die Herren Siemens & Halske haben, wie sie anerkennen, Kenntniss genommen von dem Vertrage, welcher am 29. Juli 1882 zwischen der **Société Electrique Edison** zu Paris (vertreten durch ihre administrateurs délégués, die Herren J. F. Bailey und L. Rau) einerseits und den Herren **Ungerer & Schulze** zu Strassburg i. Elsass in Betreff der Stellung und der Rechte der letzteren als ausschliessliche Repräsentanten der Société Electrique Edison für das Gebiet des Elsass, d. i. des vormaligen Departements Haut-Rhin und Bas-Rhin, abgeschlossen worden ist.

Die Herren Siemens & Halske haben ferner, wie sie anerkennen, Kenntniss davon genommen, dass die Contrahenten ad 5) bis 7) gemäss ihren Vereinbarungen mit den Contrahenten ad 2) bis 4) verpflichtet sind, die aus dem obigen

1

§ 5.

Die Contrahenten ad 2) bis 4) verpflichten sich zu bewirken und herbeizuführen, dass nach Begründung der Deutschen Edison-Gesellschaft und sobald nach § 8 des heutigen Hauptvertrages die Lieferungsverpflichtung, bezw. Lieferungs-Berechtigung der Herren Siemens & Halske eingetreten ist alle von Seiten der Herren Ungerer & Schulze auf Grund des Vertrages vom 29. Juli 1882 bei der Société Electrique Edison zu Paris gemachten oder derselben übermittelten und noch nicht in Ausführung genommenen Bestellungen von der letzteren der künftigen Deutschen Edison-Gesellschaft zur Ausführung übertragen werden.

Herr Bailey macht sich in seiner Eigenschaft als Bevollmächtigter der Société Electrique Edison stark dafür, dass diese Verpflichtung erfüllt wird.

Berlin, den 13ten März 1883.

NATIONALBANK FÜR DEUTSCHLAND.

33 Gründungsvertrag der Deutschen Edison Gesellschaft vom 13. März 1883, in dem die Bankhäuser Gebrüder Sulzbach, Jacob Landau und die Nationalbank für Deutschland, die Vertreter der französischen Edison-Gesellschaften sowie Siemens & Halske die Bedingungen ihrer zukünftigen Zusammenarbeit und die Geschäftstätigkeit der Deutschen Edison Gesellschaft festlegten (vollständiger Abdruck im Anhang, S. 219).

Wahrscheinlicher ist jedoch, daß Werner von Siemens, der gegen Aktiengesellschaften und risikoreiche Unternehmungen eine Abneigung hatte, sich ganz bewußt mit den Fabrikationsaufträgen zufrieden gab und den kapitalintensiven Bau von Zentralstationen gerne anderen überließ. Für Siemens & Halske bedeutete der abgeschlossene Vertrag, daß man sich das ausschließliche Recht zur Herstellung von Maschinen und Material nach dem Edison-System sowie einen bedeutenden Pflichtabnehmer für diese Fabrikate wie für die eigene Bogenlampe gesichert und damit einen erstarkenden Konkurrenten in seiner Entwicklung eingeschränkt hatte. Die Deutsche Edison Gesellschaft andererseits hatte durch den Abschluß des Vertrages eine für sie möglicherweise mörderische Konkurrenz vermieden und gleichzeitig einen leistungsfähigen Produzenten und renommierten Geschäftspartner gewonnen.

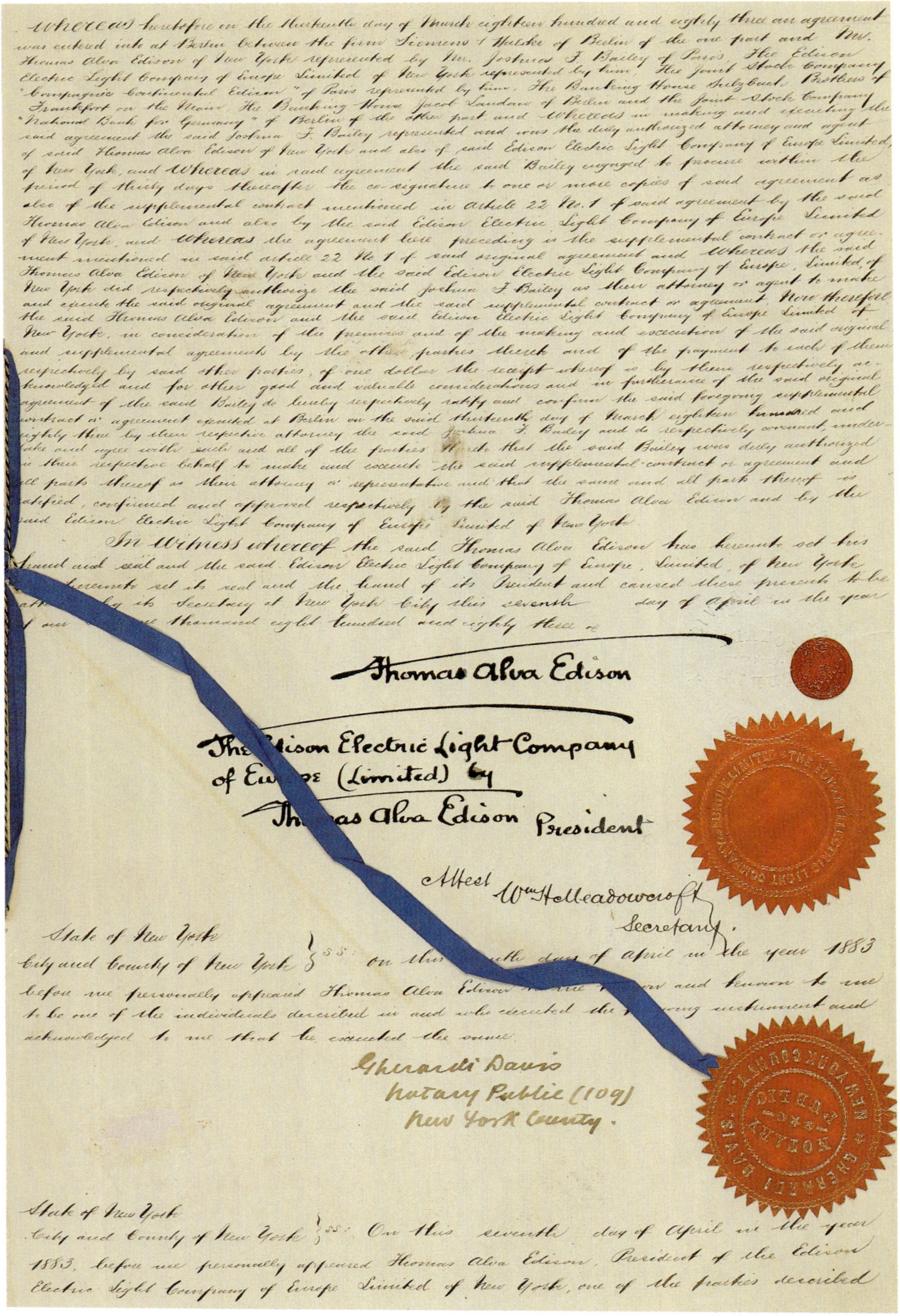

Whereas heretofore on the thirteenth day of March eighteen hundred and eighty three an agreement was entered into at Berlin between the firm Siemens & Halske of Berlin of the one part and Mr. Thomas Alva Edison of New York represented by Mr. Joshua F. Bailey of Paris, The Edison Electric Light Company of Europe Limited of New York represented by him, The Joint Stock Company "Compagnie Continentale Edison" of Paris represented by him, The Banking House Sulzbach Brothers of Frankfort on the Main, The Banking House Jacob Landau of Berlin and the Joint Stock Company "National Bank for Germany" of Berlin of the other part, and Whereas in making and executing the said agreement the said Joshua F. Bailey represented and was the duly authorized attorney and agent of said Thomas Alva Edison of New York and also of said Edison Electric Light Company of Europe Limited of New York, and Whereas in said agreement the said Bailey engaged to procure within the period of thirty days thereafter the co-signature to one or more copies of said agreement as also of the supplemental contract mentioned in Article 22 No. 1 of said agreement by the said Thomas Alva Edison and also by the said Edison Electric Light Company of Europe Limited of New York, and Whereas the agreement here preceding is the supplemental contract or agreement mentioned in said article 22 No 1 of said original agreement and Whereas the said Thomas Alva Edison of New York and the said Edison Electric Light Company of Europe, Limited, of New York did respectively authorize the said Joshua F. Bailey as their attorney or agent to make and execute the said original agreement and the said supplemental contract or agreement. Now therefore the said Thomas Alva Edison and the said Edison Electric Light Company of Europe Limited of New York, in consideration of the premises and of the making and execution of the said original and supplemental agreements by the other parties thereto and of the payment to each of them respectively by said other parties, of one dollar the receipt whereof is by them respectively acknowledged and for other good and valuable considerations and in furtherance of the said original agreement of the said Bailey do hereby respectively ratify and confirm the said foregoing supplemental contract or agreement executed at Berlin on the said thirteenth day of March eighteen hundred and eighty three by their respective attorney the said Joshua F. Bailey and do respectively covenant, undertake and agree with each and all of the parties thereto that the said Bailey was duly authorized in their respective behalf to make and execute the said supplemental contract or agreement and all parts thereof as their attorney or representative and that the same and all parts thereof is ratified, confirmed and approved respectively by the said Thomas Alva Edison and by the said Edison Electric Light Company of Europe Limited of New York.

In Witness whereof the said Thomas Alva Edison has hereunto set his hand and seal and the said Edison Electric Light Company of Europe, Limited, of New York has hereunto set its seal and the hand of its President and caused these presents to be attested by its Secretary at New York City this seventh day of April in the year of our Lord one thousand eight hundred and eighty three.

Thomas Alva Edison

The Edison Electric Light Company of Europe (Limited) by
Thomas Alva Edison President

Attest Wm H Meadowcroft
Secretary.

State of New York
City and County of New York } ss: On this seventh day of April in the year 1883 before me personally appeared Thomas Alva Edison to me known and known to me to be one of the individuals described in and who executed the foregoing instrument and acknowledged to me that he executed the same.

Gherardi Davis
Notary Public (109)
New York County.

State of New York
City and County of New York } ss: On this seventh day of April in the year 1883, before me personally appeared Thomas Alva Edison, President of the Edison Electric Light Company of Europe Limited of New York, one of the parties described

34 Dem Gründungsvertrag vom 13. März 1883 angehängte Bestätigung der Vertragsklauseln durch Thomas Alva Edison.

Die Eintragung der Deutschen Edison Gesellschaft ins Handelsregister erfolgte am 5. Mai 1883. Ihre Gründer waren elf natürliche und vier juristische Personen. Sie übernahmen zunächst das gesamte Aktienkapital, wobei die Nationalbank für Deutschland und die Bankhäuser Landau und Sulzbach mehr als vier Fünftel des Gesamtbetrages zeichneten. Emil Rathenau erwarb ebenfalls ein größeres Aktienpaket, nämlich 660 Aktien im Nominalwert von 330 000 Mark. Noch im selben Monat bereitete das Bankenkonsortium den Verkauf von 7000 Aktien zum Kurs von 112 Prozent vor. Der zehnköpfige Aufsichtsrat des Unternehmens bestand überwiegend aus Bankiers. Den Vorsitz führte Rudolph Sulzbach, stellvertretender Vorsitzender war Ludwig von Kaufmann. Einziges Vorstandsmitglied war zunächst Emil Rathenau, der mit der Gründung der Deutschen Edison Gesellschaft der Verwirklichung seiner weitgespannten Pläne einen Schritt näher gekommen war. Für die kaufmännischen Belange bestellte der Aufsichtsrat als Prokurist Felix Deutsch, der aufgrund seiner vielseitigen bisherigen Tätigkeit als Kaufmann und Techniker in der Zuckerindustrie das Vertrauen der Banken besaß. Ende 1883 wurde ein weiteres Mitglied in den Vorstand aufgenommen: Oskar von Miller, den

35 Die Eintragung der »Deutschen Edison Gesellschaft für angewandte Elektricität« in das Berliner Handelsregister erfolgte am 5. Mai 1883.

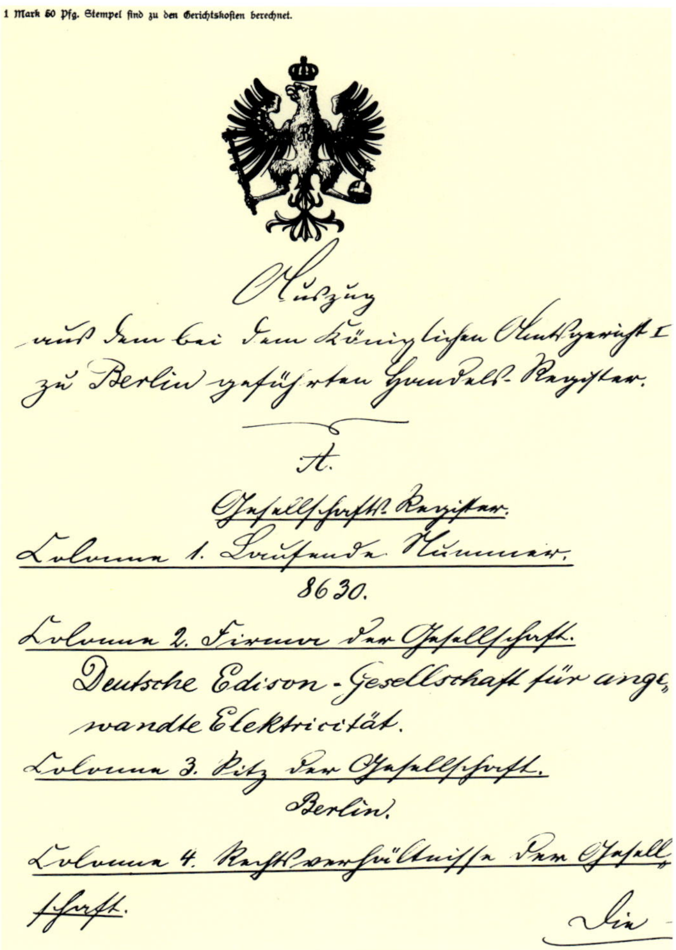
1 Mark 60 Pfg. Stempel sind zu den Gerichtskosten berechnet.

Auszug
aus dem bei dem Königlichen Amtsgericht I
zu Berlin geführten Handels-Register.

A.

Gesellschafts-Register.
Colonne 1. Laufende Nummer.
8630.
Colonne 2. Firma der Gesellschaft.
Deutsche Edison-Gesellschaft für angewandte Elektricität.
Colonne 3. Sitz der Gesellschaft.
Berlin.
Colonne 4. Rechtsverhältnisse der Gesellschaft.
Die

36 Am 24. März 1883 wurde Emil Rathenau als zunächst einziges Mitglied des Vorstandes der Deutschen Edison Gesellschaft vom Aufsichtsrat unter Vertrag genommen (vollständige Transkription im Anhang, S. 225).

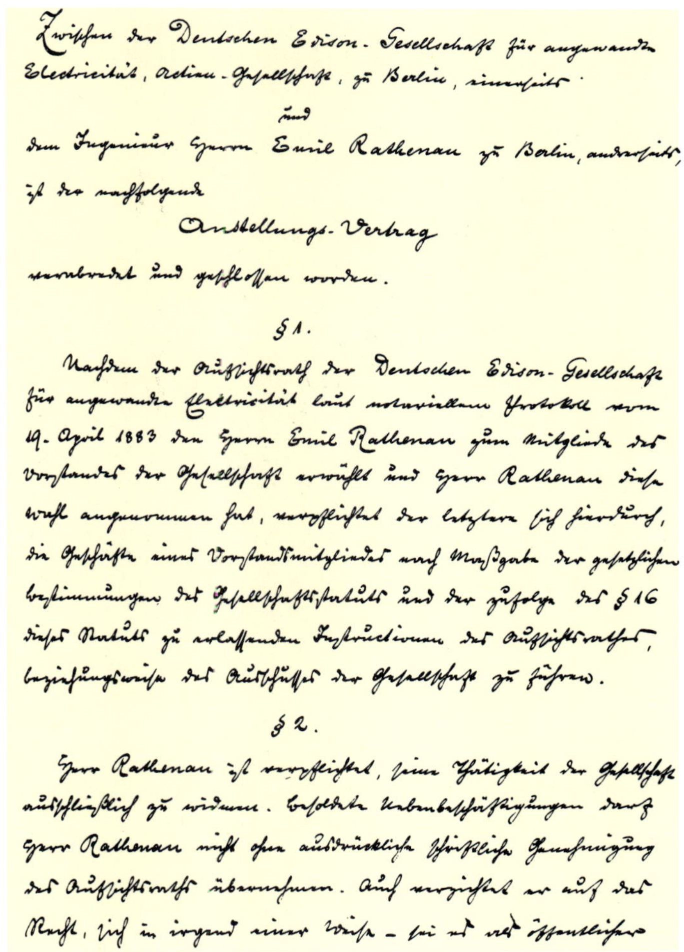
Zwischen der Deutschen Edison-Gesellschaft für angewandte Electricität, Actien-Gesellschaft, zu Berlin, einerseits
und
dem Ingenieur Herrn Emil Rathenau zu Berlin, andererseits,
ist der nachfolgende
Anstellungs-Vertrag
verabredet und geschlossen worden.

§ 1.

Nachdem der Aufsichtsrath der Deutschen Edison-Gesellschaft für angewandte Electricität laut notariellem Protokoll vom 19. April 1883 den Herrn Emil Rathenau zum Mitgliede des Vorstandes der Gesellschaft erwählt und Herr Rathenau diese Wahl angenommen hat, verpflichtet der Letztere sich hierdurch, die Geschäfte eines Vorstandsmitgliedes nach Maßgabe der gesetzlichen Bestimmungen des Gesellschaftsstatuts und der zufolge des § 16 dieses Statuts zu erlassenden Instructionen des Aufsichtsraths, beziehungsweise des Ausschusses der Gesellschaft zu führen.

§ 2.

Herr Rathenau ist verpflichtet, seine Thätigkeit der Gesellschaft ausschließlich zu widmen. Besoldete Nebenbeschäftigungen darf Herr Rathenau nicht ohne ausdrückliche schriftliche Genehmigung des Aufsichtsraths übernehmen. Auch verzichtet er auf das Recht, sich in irgend einer Weise – sei es als öffentlicher

37 Oskar von Miller (1855–1934) hatte 1882 die Internationale Elektrizitäts-Ausstellung in München organisiert und trat Ende 1883 als zweites Mitglied in den Vorstand der Deutschen Edison Gesellschaft ein. Sein Fachgebiet war der Bau von Elektrizitätszentralen.

38 Felix Deutsch (1858–1928) begann 1883 als Prokurist in der Deutschen Edison Gesellschaft zu arbeiten. Er war im Unternehmen für kaufmännische Fragen zuständig und baute dessen in- und ausländisches Vertreter- und Filialnetz auf. 1886 wurde er zum Vorstandsmitglied ernannt und folgte Emil Rathenau nach dessen Tod im Amt des Vorstandsvorsitzenden.

39 Der erste Aufsichtsrat der Deutschen Edison Gesellschaft bestand überwiegend aus Bankiers sowie zwei Delegierten der französischen Edison-Gesellschaften, Rau und Bailey. Der Ausschuß des Aufsichtsrates war jedoch das eigentliche Entscheidungsgremium, mit dem Emil Rathenau in enger Zusammenarbeit stand. ▷

40 Emil Rathenau, der Initiator und Leiter der Deutschen Edison Gesellschaft, der die spätere AEG von einer kleinen Vertretergesellschaft für ein ausländisches Produkt zu einem weitverzweigten Elektrokonzern entwickelte.

41 Rudolph Sulzbach (1827–1904) war Geschäftsinhaber des Bankhauses Gebr. Sulzbach und wurde 1883 zum ersten Aufsichtsratsvorsitzenden der Deutschen Edison Gesellschaft gewählt.

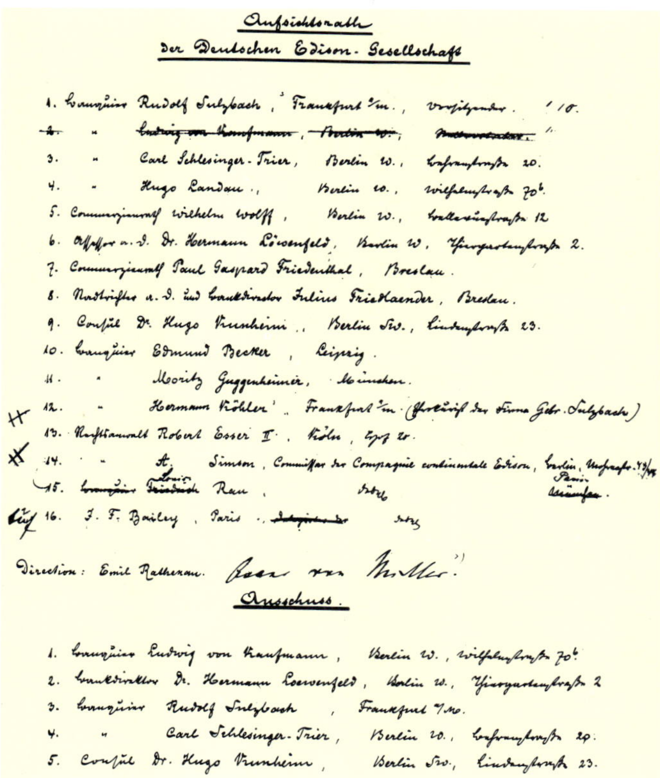

Aufsichtsrath
der Deutschen Edison-Gesellschaft

1.	Banquier Rudolf Sulzbach, Frankfurt a/M.,	Vorsitzender.
2.	" Ludwig von Kaufmann, Berlin W.,	Stellvertreter.
3.	" Carl Schlesinger-Trier, Berlin W.,	Behrenstraße 20.
4.	" Hugo Landau, Berlin W.,	Wilhelmstraße 70b.
5.	Commerzienrath Wilhelm Wolff, Berlin W.,	Bellevuestraße 12.
6.	Assessor a. D. Dr. Hermann Löwenfeld, Berlin W.,	Thiergartenstraße 2.
7.	Commerzienrath Paul Gaspard Friedenthal,	Breslau.
8.	Stadtrichter a. D. und Bankdirector Julius Friedlaender,	Breslau.
9.	Consul Dr. Hugo Kunheim, Berlin SW.,	Lindenstraße 23.
10.	Banquier Edmund Becker,	Leipzig.
11.	" Moritz Guggenheimer,	München.
12.	" Hermann Köhler, (Prokurist der Firma Gebr. Sulzbach)	Frankfurt a/M.
13.	Rechtsanwalt Robert Esser II.,	Köln, Hof 20.
14.	" A. Simson, Commissar der Compagnie continentale Edison, Berlin,	Mohrenstr. 43/44.
15.	Louis Rau, Deleg	Paris.
16.	J. F. Bailey, Paris Deleg	

Direction: Emil Rathenau. Oscar von Miller.

Ausschuss

1.	Banquier Ludwig von Kaufmann, Berlin W.,	Wilhelmstraße 70b.
2.	Bankdirektor Dr. Hermann Loewenfeld, Frankfurt a/M.	Thiergartenstraße 2.
3.	Banquier Rudolf Sulzbach, Frankfurt a/M.	
4.	" Carl Schlesinger-Trier, Berlin 20.,	Behrenstraße 20.
5.	Consul Dr. Hugo Kunheim, Berlin SW.,	Lindenstraße 23.

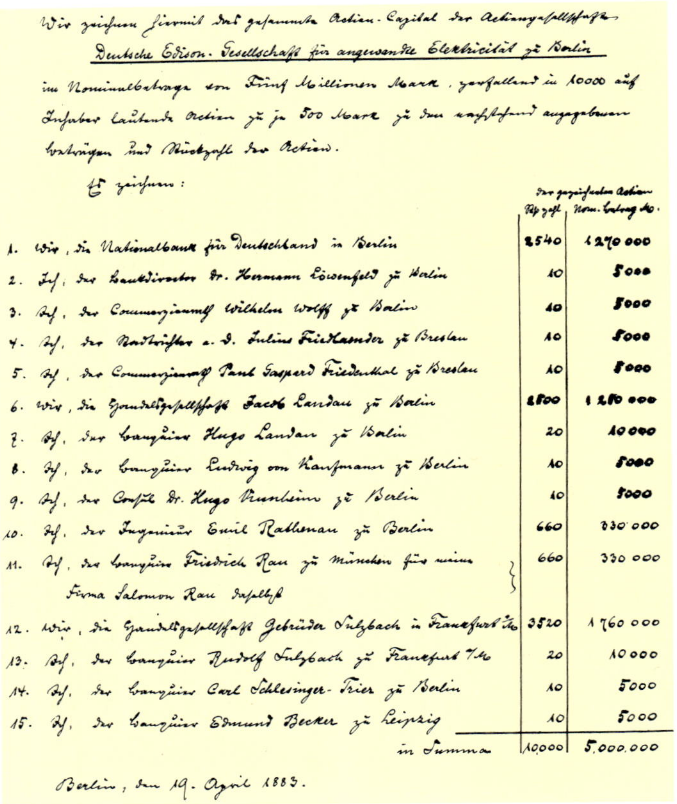

42 Liste der ersten Zeichner der Aktien der Deutschen Edison Gesellschaft vom 19. April 1883.

Wir zeichnen hiermit das gesamte Actien-Capital der Actiengesellschaft *Deutsche-Edison-Gesellschaft für angewandte Elektricität zu Berlin* im Nominalbetrage von Fünf Millionen Mark, zerfallend in 10 000 auf Inhaber lautende Actien zu je 500 Mark zu den nachstehend angegebenen Beträgen und Stückzahl der Actien.

Es zeichnen:

	der gezeichneten Actien Stkzahl	Nom. Betrag M.
1. Wir, die Nationalbank für Deutschland in Berlin	2 540	1 270 000
2. Ich, der Bankdirector Dr. Hermann Löwenfeld zu Berlin	10	5 000
3. Ich, der Commerzienrath Wilhelm Wolff zu Berlin	10	5 000
4. Ich, der Stadtrichter a. D. Julius Friedlaender zu Breslau	10	5 000
5. Ich, der Commerzienrath Paul Gaspard Friedenthal zu Breslau	10	5 000
6. Wir, die Handelsgesellschaft Jacob Landau zu Berlin	2 500	1 250 000
7. Ich, der Banquier Hugo Landau zu Berlin	20	10 000
8. Ich, der Banquier Ludwig von Kaufmann zu Berlin	10	5 000
9. Ich, der Consul Dr. Hugo Kunheim zu Berlin	10	5 000
10. Ich, der Ingenieur Emil Rathenau zu Berlin	660	330 000
11. Ich, der Banquier Friedrich Rau zu München für meine Firma Salomon Rau daselbst	660	330 000
12. Wir, die Handelsgesellschaft Gebrüder Sulzbach in Frankfurt a/M	3 520	1 760 000
13. Ich, der Banquier Rudolf Sulzbach zu Frankfurt a/M	20	10 000
14. Ich, der Banquier Carl Schlesinger-Trier zu Berlin	10	5 000
15. Ich, der Banquier Edmund Becker zu Leipzig	10	5 000
in Summa	10.000	5.000.000

Berlin, den 19. April 1883.

Rathenau von der Elektrizitäts-Ausstellung in München kannte. Die Büroräume der Deutschen Edison Gesellschaft befanden sich anfänglich in der Leipziger Straße 96 in Berlin.

An größeren Installationsaufträgen waren im ersten Geschäftsjahr auszuführen: Die beiden königlichen Theater in München, das Opernhaus und das Residenztheater, sowie das Königliche Hoftheater in Stuttgart. Insgesamt wurden 27 Anlagen mit 33 Maschinen hergestellt, unter deren Auftraggebern sich Maschinen-, Zucker- und Papierfabriken, Spinnereien, Webereien, Geschäftshäuser und Restaurants befanden. Am Jahresende 1883 konnte die Deutsche Edison Gesellschaft auf ein erfolgreiches erstes Geschäftsjahr zurückblicken, das mit einem Reingewinn von 17 Mio. Mark abschloß und den Aktionären eine Dividende von 4 Prozent erbrachte.

Neben der Herstellung und Installation von Beleuchtungsanlagen betrachtete Emil Rathenau den Bau von Zentralstationen als zweite Hauptaufgabe der Deutschen Edison Gesellschaft. Dabei ging er von der Idee aus, möglichst große Bezirke zentral von einem großen Kraftwerk aus mit elektrischem Strom zu versorgen, statt jeden Abnehmer mit einer eigenen Versorgungsanlage zu versehen, oder, wie

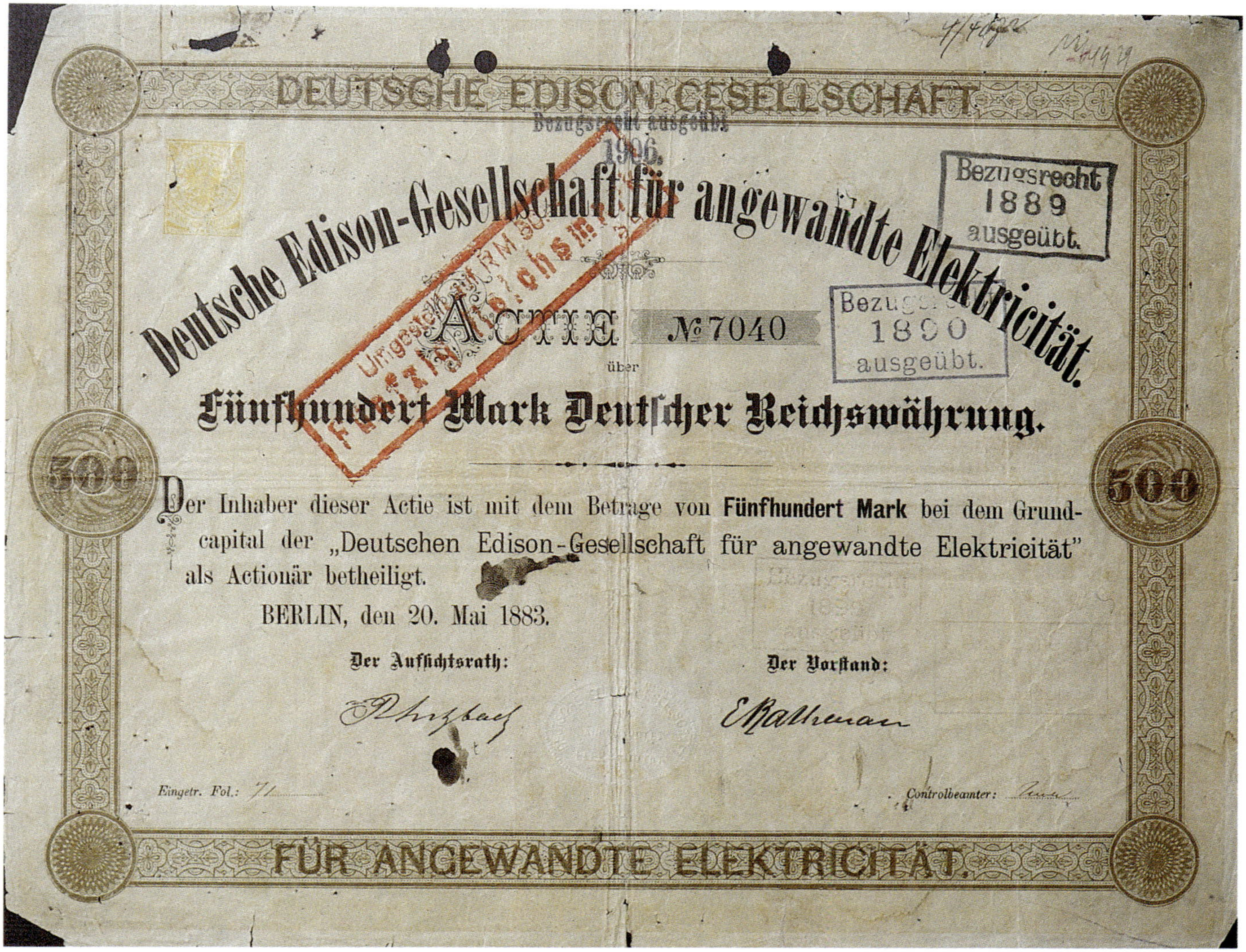

43 Gründeraktie der Deutschen Edison Gesellschaft für angewandte Elektricität, die sich wie ihre Vorläufergesellschaft, die Studiengesellschaft, die Herstellung und Verbreitung des Edisonschen Beleuchtungssystems zur Aufgabe gestellt hatte. Die Aktie hat einen Nennwert von 500 Mark und ist unterschrieben vom ersten Aufsichtsratsvorsitzenden der Deutschen Edison Gesellschaft, Rudolph Sulzbach, sowie ihrem ersten Vorstandsmitglied Emil Rathenau.

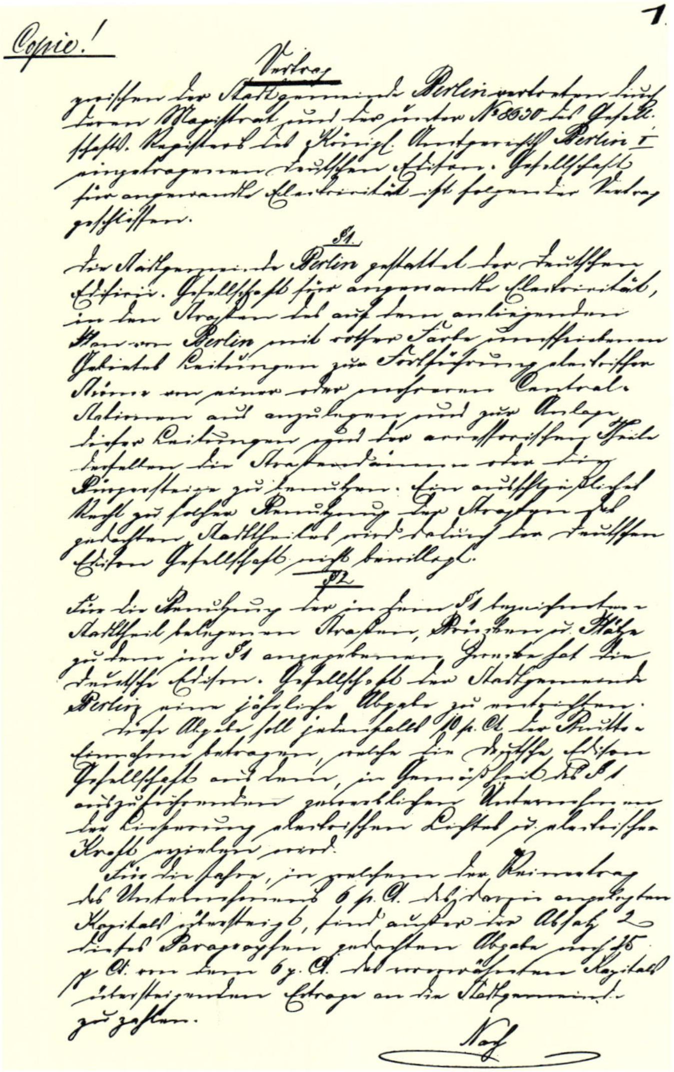
Copie!

1.

Vertrag

§1

§2

44 Vertrag zwischen der Stadtgemeinde Berlin und der Deutschen Edison Gesellschaft vom 19. Februar 1884. In diesem Vertrag wurden die Bedingungen für den Aufbau eines Stromversorgungsnetzes in bestimmten Teilen der Stadt festgelegt (vollständige Transkription im Anhang, S. 226).

im Fall von geschlossenen Häuserblocks, Blockstationen einzurichten. Langfristig arbeitete Rathenau darauf hin, nicht nur vorhandenen und vor dem Bau einer Stromerzeugungsanlage artikulierten Bedarf zu befriedigen, sondern zentrale Versorgungsanlagen ohne eine wie auch immer geartete Beteiligung des späteren Abnehmers zu errichten und erst dann dem Konsumenten Strom zu festgelegten Bedingungen anzubieten. Er schuf damit die Grundlage für das Arbeitsprinzip der städtischen Elektrizitätsunternehmen.

Die Entwicklung des ersten Elektrizitätswerkes mit öffentlichem Auftrag im Deutschen Reich vollzog sich in enger Anlehnung an die Deutsche Edison Gesellschaft bzw. AEG, teilweise sogar in personeller Übereinstimmung der Führungsspitzen. Um bei der Stadt Berlin die Genehmigung für die Verlegung der Stromkabel längs der Straßenzüge – die im Vergleich zur Verlegung der Leitungen durch Privatgrundstücke einzig praktikable Alternative – zu erhalten, hatte Rathenau kurz nach Gründung der Deutschen Edison Gesellschaft Verhandlungen mit dem Magistrat der Stadt aufgenommen. Im Februar 1884 konnte das Unternehmen mit der Stadt Berlin einen Vertrag abschließen, in dem ihm in einem rund 2 Quadratkilometer großen Konzessionsgebiet das Recht zugesprochen wurde, Kabel zu verlegen und eine Straßenbeleuchtung zu installieren. Für diese Konzessionserteilung hatte die Deutsche Edison Gesellschaft u. a. jährlich 10 Prozent des Bruttogewinnes aus den Stromlieferungen an die Stadt abzuführen. Außerdem behielt sich der Magistrat das Recht vor, die Stromversorgungsanlagen zu einem späteren Zeitpunkt zu günstigen Bedingungen zu erwerben.

Um das Grundkapital der Deutschen Edison Gesellschaft durch die hohen Investitionskosten für den Aufbau eines Stromversorgungsnetzes nicht langfristig festzulegen, gründete Rathenau am 4. Mai 1884 die »Städtische Elektricitätswerke AG« mit einem Kapital von 3 Mio. Mark. Die Städtischen Elektrizitätswerke traten in die Rechte und Pflichten der Edison Gesellschaft gegenüber der Stadt Berlin ein und verpflichteten sich, ihre Maschinen und andere Betriebsmittel von der Deutschen Edison Gesellschaft zu beziehen und dieser alle einkommenden Aufträge für Hausinstallationen zu übertragen. Zunächst zeichnete die Deutsche Edison Gesellschaft das Grundkapital in voller Höhe. Das beteiligte Bankenkonsortium hatte jedoch zugesagt, entweder ⅘ des Betrages beim Publikum unterzubringen oder selbst zu übernehmen. Zum Leiter des

Das Gebäude der Berliner Elektricitätswerke.

45 Hauptverwaltung der Berliner Städtischen Elektricitäts-Werke am Schiffbauerdamm 22, dahinter die Zentralstation Luisenstraße.

46 Erstes öffentliches Elektrizitätswerk in Deutschland, von der Deutschen Edison Gesellschaft 1885 in der Markgrafenstraße in Berlin errichtet.

neuen Unternehmens ernannte man den Geheimen Postrat Julius Ludewig, während Oskar von Miller und Julius Valentin in den Aufsichtsrat, der unter dem Vorsitz von Hugo Landau stand, berufen wurden.

Die ersten Zentralstationen, mit deren Bau sofort begonnen wurde, standen in der Markgrafen- und in der Mauerstraße. Bei den Bau- und Installationsarbeiten traten jedoch immer wieder unerwartete technische Probleme auf, für die es, da es sich hierbei um Pionierarbeiten handelte, keine vorgefertigten Lösungen gab. Dennoch gelang es, beide Anlagen termingerecht fertigzustellen. Eine Verzögerung des Bauabschlusses hätte nicht nur Gewinnausfall und Prestigeverlust, sondern auch hohe Konventionalstrafen mit sich gebracht, da z. B. die Beleuchtung des Berliner Schauspielhauses mit elektrischen Lampen für den Beginn der neuen Spielzeit im Spätsommer 1885 zugesagt war. Da sich der Einsatz von Elektrizität zunächst auf Beleuchtungszwecke beschränkte, wurde Strom nur am Abend geliefert.

Elektrisches Licht war anfangs vergleichsweise teuer. Die fixen Kosten beliefen sich auf 250 Mark für den Hausanschluß, 15 bis 40 Mark jährliche Miete für den Zähler sowie 6 Mark für einen Ausschalter mit drei Lampen. Dazu kamen die variablen Kosten von 80 Pfennig pro Kilowattstunde. Zu dieser Zeit verdiente ein Arbeiter bei den Elektrizitätswerken etwa 25 Pfg. und ein Monteur 40–45 Pfg. pro Stunde. Somit ist es nicht verwunderlich, daß elektrische Beleuchtung überwiegend im geschäftlichen Bereich Verwendung fand und daß unter den 28 Stromabnehmern, die die Städtischen Elektrizitätswerke Ende 1885 aufwiesen, nur wenige Privathaushalte waren.

Außer den Zentralstationen für die Städtischen Elektrizitätswerke baute die Deutsche Edison Gesellschaft kleinere Kraftstationen für private Auftraggeber und 1884 auf eigene Rechnung eine kleine Blockstation in der Friedrichstraße. Diese übernahm u. a. die Stromversorgung des bekannten Café Bauer sowie anderer Gaststätten und Läden.

Im gleichen Jahr konnte die Fertigstellung der ersten Glühlampenfabrik der Deutschen Edison Gesellschaft in der Schlegelstraße gefeiert werden. Dorthin wurden auch die Büroräume der Firma verlegt. In den folgenden Jahren baute die Gesellschaft ihre Geschäftstätigkeit trotz zeitweiliger Rückschläge kontinuierlich weiter aus. Der Auftragseingang für den Bau von Zentralstationen wie für Einzelanlagen entwickelte sich positiv und blieb nicht auf Berlin beschränkt. Die Glühlampen eigener Fabrikation erwiesen sich als qualitativ besser und zuverlässiger als die Edisonschen Originallampen und man begann mit der Herstellung von Installationsmaterial.

47 Die erste elektrische Zentralstation, d. h. das erste öffentliche Kraftwerk von Berlin, stand in der Markgrafenstraße 44 und wurde 1885 in Betrieb genommen. Von hier aus konnte das umliegende Stadtgebiet über unterirdisch verlegte Kabel mit Strom versorgt werden.

48 In Berlin, Friedrichstraße Ecke Unter den Linden, befand sich das erste mit Edison-Lampen beleuchtete Café, das Café Bauer.

49 Am 13. September 1884 wurde die erste »Blockstation« in Berlin, Friedrichstraße 85, zur Versorgung des Café Bauer sowie einer größeren Anzahl von Gaststätten und Läden in Betrieb genommen.

50 Die Installation einer elektrischen Beleuchtungsanlage im Café Bauer war eines der ersten Projekte der Deutschen Edison Gesellschaft.

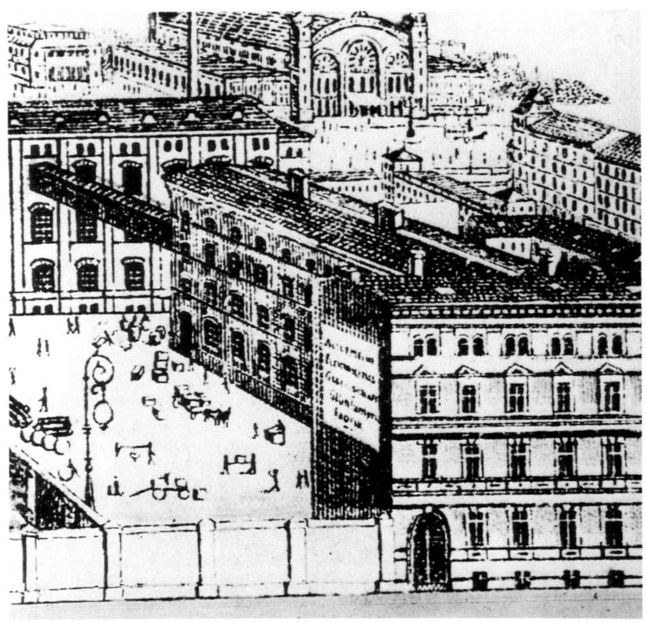

51 Die erste Fabrik der Deutschen Edison Gesellschaft befand sich in der Schlegelstraße 26 und nahm 1884 den Betrieb auf. Produziert wurden zunächst vor allem Glühbirnen, später auch Installationsmaterialien.

1886 wurde Felix Deutsch zum stellvertretenden Vorstandsmitglied ernannt. Er hatte den inneren Aufbau der Gesellschaft übernommen und war zunächst bemüht, eine Vertreterorganisation aufzubauen. Er griff dabei in erster Linie auf die bewährten und mit dem Aufgabenfeld der elektrischen Beleuchtung vertrauten Vertreter von Siemens & Halske zurück. Als die lediglich am Gewinn interessierten Vertreter mit der technischen Entwicklung kaum Schritt halten konnten und daher die technische Qualität der Anlagen nicht ausreichend sichergestellt war, begann er in Absprache mit Emil Rathenau, 1885 durch die Errichtung eines Installationsbüros in München eigene Filialen zu gründen.

52 Um eine Vertreterorganisation für die Deutsche Edison Gesellschaft aufzubauen, griff Felix Deutsch zunächst auf die bewährten Vertreter von Siemens & Halske zurück.

Siemens & Halske an C. Krimping, 20. März 1883

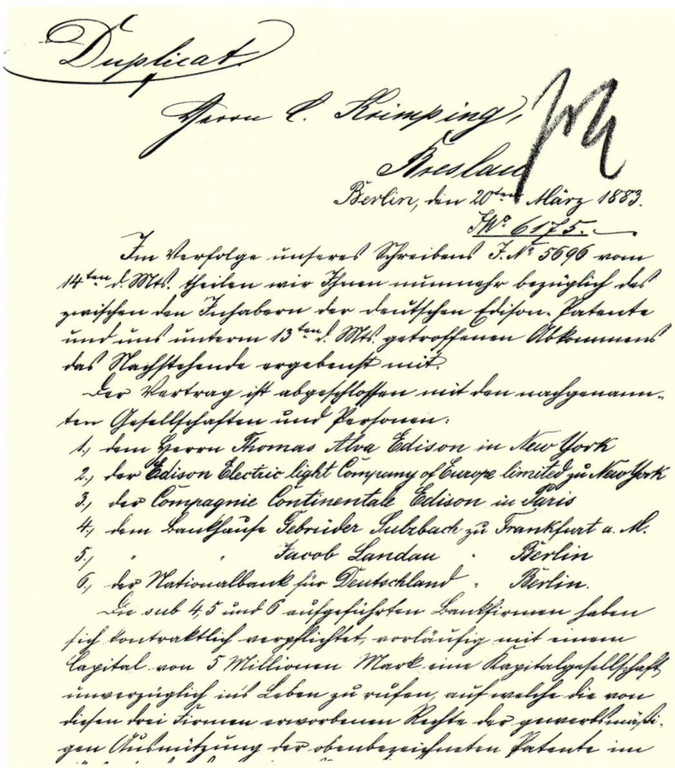

53 Siemens & Halske machte seinen Vertretern im März 1883 Mitteilung von den Bedingungen des Vertrages mit der Deutschen Edison Gesellschaft und gab Anweisungen, wie Aufträge und Geschäfte in Zukunft abzuwickeln seien. (Vollständige Transkription im Anhang, S. 230).

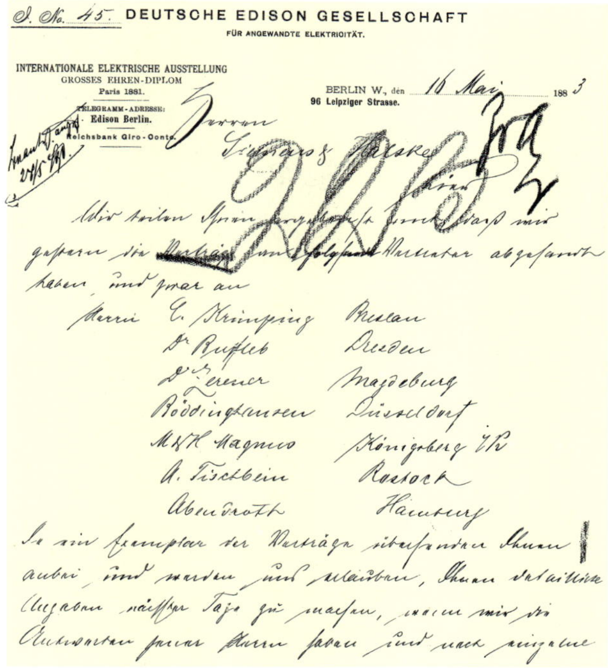

Deutsche Edison Gesellschaft an Siemens & Halske, 16. Mai 1883

Herren Siemens & Halske
hier

Wir teilen Ihnen ergebenst mit, daß wir gestern die Verträge an folgende Vertreter abgesandt haben und zwar an

Herrn	C. Krimping	Breslau
	Dr. Ruffleb	Dresden
	Dr. Zerener	Magdeburg
	Röddinghausen	Düsseldorf
	M & H Magnus	Königsberg i/Pr
	A. Tischbein	Rostock
	Abendroth	Hamburg

Je ein Exemplar der Verträge übersenden Ihnen anbei und werden uns erlauben, Ihnen detaillirte Angaben nächster Tage zu machen, wenn wir die Antworten jener Herren haben und noch einzelne kleine Anweisungen, die ev. erforderlich sind, erfolgt sind.
Wir entbehren noch Bestätigung unsrer Ordre auf Fassungen und bitten Sie höfl uns dieselbe gefl umgehend zukommen zu lassen.
Ferner ersuchen wir Sie die Reflectoren für die Brücken Laternen W. Gasanstalt, gefl recht bald zu liefern: damit wir die Arbeiten daselbst fertig stellen können.
Schließlich möchten wir Sie noch ergebenst bitten, uns das Ihnen übergebene Exposé in Betreff electr. Bahn, Marienbad – Königswart mit Ihrer gefl Antwort retourniren zu wollen und begrüßen Sie

mit Hochachtuang
Deutsche Edison-Gesellschaft
für Angewandte Elektricität
2 Verträge E. Rathenau ppa F. Deutsch

DEUTSCHE EDISON GESELLSCHAFT

FÜR ANGEWANDTE ELEKTRICITÄT

(VOLLEINGEZAHLTES CAPITAL: 5,000,000 MARK.)

BERLIN W.

96. Leipziger Strasse 96.

Telegramm-Adresse: **Edison Berlin.**

Telegramm-Adresse: **Edison Berlin.**

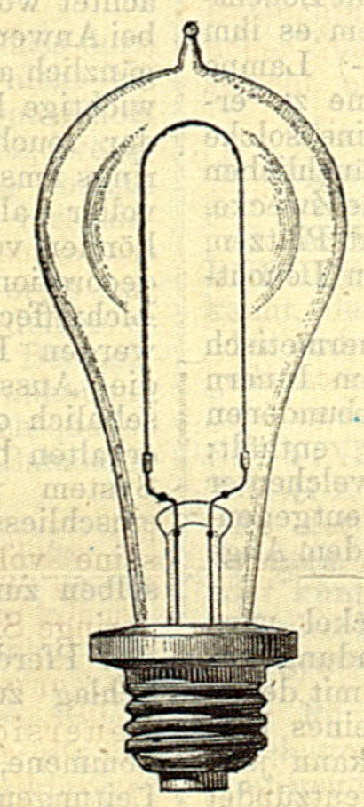

EHREN-DIPLOM

PARIS 1881.

GOLDENE MEDAILLE

LONDON 1882.

ELEKTRISCHE BELEUCHTUNG

von

Städten, Strassen, öffentlichen und Privat-Gebäuden,

Theatern, Concertsälen, Waarenhäusern, Werkstätten, Bergwerken, submarinen Bauten, Bahnhöfen, Hôtels, Cafés, Krankenhäusern, Häfen, Leuchtthürmen, Werften, Schiffen u. s. w.

EINRICHTUNG

VON CENTRALSTELLEN ZUR LIEFERUNG VON ELEKTRISCHEM LICHT.

ELEKTRISCHE KRAFTÜBERTRAGUNG.

Betrieb von landwirthschaftlichen und Werkzeugmaschinen, Ventilatoren, Hämmern, Aufzügen, Krahnen, Pumpen u. s. w. Maschinen und Apparate für elektrische Eisenbahnen.

NUTZBARMACHUNG VON WASSERKRÄFTEN.

54 Einer der ersten Prospekte der Deutschen Edison Gesellschaft, in der die Gesellschaft sich und ihre Produkte vorstellte (vollständige Transkription im Anhang, S. 232).

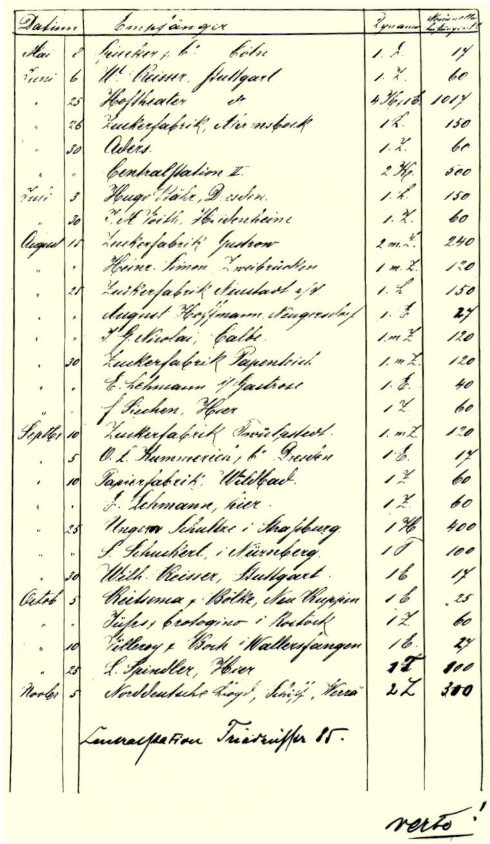

Datum		Empfänger	Dynamo	[illegible]
Mai	8	Gücker & Co Cöln	1. L.	17
Juni	6	Wl. Reisser, Stuttgart	1. Z.	60
"	25	Hoftheater do	4 H. 1 L.	1017
"	26	Zuckerfabrik Aarensbock	1 L.	150
"	30	Aders.	1. Z.	60
"	"	Centralstation II.	2 H.	500
Juli	3	Hugo Bähr, Dresden.	1. L.	150
"	30	J. M. Voith, Heidenheim	1. Z.	60
August	15	Zuckerfabrik Gustrow	2 m. Z.	240
"	"	Heinr. Simon Zweibrücken	1 m. Z.	120
"	25	Zuckerfabrik Neustadt a/H.	1. L.	150
"	"	August Hoffmann, Neugersdorf	1. E.	27
"	"	J. G. Nicolai, Calbe	1. m. Z.	120
"	30	Zuckerfabrik Papenteich	1. m. Z.	120
"	"	E. Lehmann i/Gastrose	1. E.	40
"	"	J. Siechen, Hier	1 Z.	60
Septbr	10	Zuckerfabrik Twülpstedt.	1. m. Z.	120
"	5	O. L. Kummerein; Co Dresden	1 E.	17
"	10	Papierfabrik Wildbad.	1 Z.	60
"	"	F. Lehmann, hier	1 Z.	60
"	25	Ungerer Schultze i Straßburg	1 H.	400
"	"	S. Schuckert, i Nürnberg	1 T.	100
"	30	Wilh. Reisser, Stuttgart.	1 E	17
Octob	5	Reissner & Bölke, Neu Ruppin	1 E	25
"	"	Jüpes & Crotogino i Rostock	1 Z.	60
"	10	Villeroy & Boch i Wallerfangen	1 E.	27
"	25	L. Spindler, Hier	1 T.	100
Novbr	5	Norddeutscher Lloyd, Schiff, "Werra"	2 Z	300

Centralstation Friedrichstr. 85.

verte!

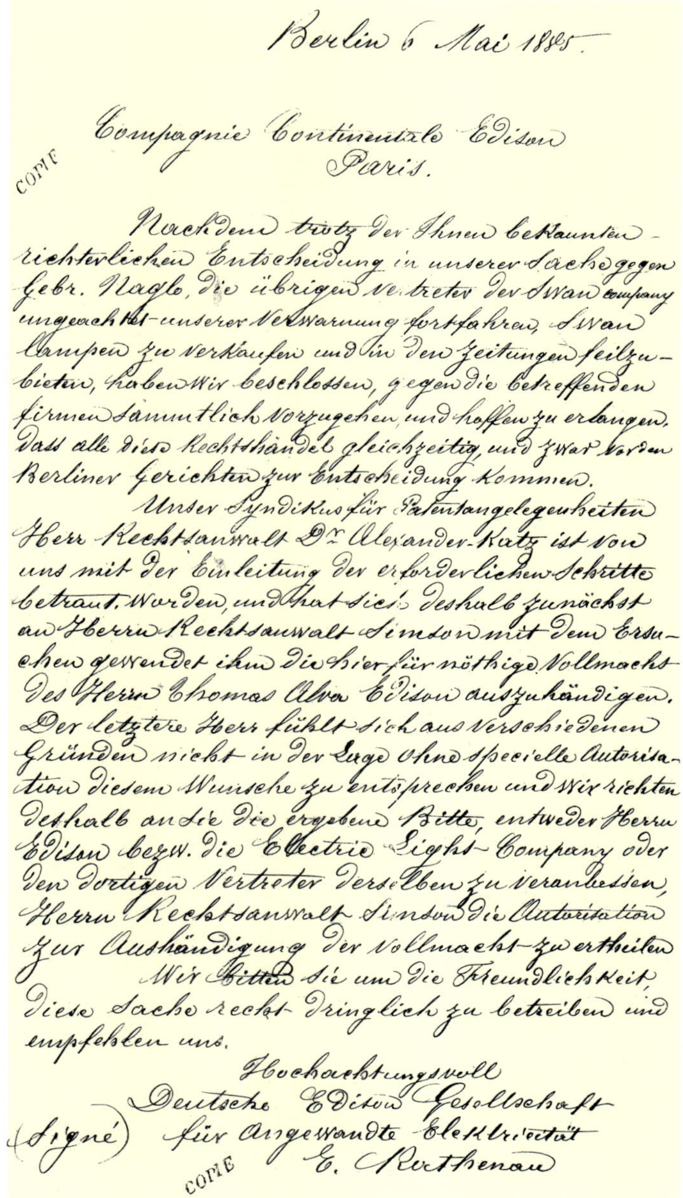

Berlin 6 Mai 1885.

Compagnie Continentale Edison
Paris.

COPIE

Nachdem trotz der Ihnen bekannten richterlichen Entscheidung in unserer Sache gegen Gebr. Nagle, die übrigen Vertreter der Swan Company ungeachtet unserer Verwarnung fortfahren, Swan Lampen zu verkaufen und in den Zeitungen feilzubieten, haben wir beschlossen, gegen die betreffenden Firmen sämmtlich vorzugehen, und hoffen zu erlangen, dass alle diese Rechtshändel gleichzeitig, und zwar vor den Berliner Gerichten zur Entscheidung kommen.

Unser Syndikus für Patentangelegenheiten Herr Rechtsanwalt Dr. Alexander-Katz ist von uns mit der Einleitung der erforderlichen Schritte betraut worden, und hat sich deshalb zunächst an Herrn Rechtsanwalt Simon mit dem Ersuchen gewendet ihm die hier für nöthige Vollmacht des Herrn Thomas Alva Edison auszuhändigen. Der letztere Herr fühlt sich aus verschiedenen Gründen nicht in der Lage ohne specielle Autorisation diesem Wunsche zu entsprechen und wir richten deshalb an Sie die ergebene Bitte, entweder Herrn Edison bezw. die Electric Light Company oder den dortigen Vertreter derselben zu veranlassen, Herrn Rechtsanwalt Simon die Autorisation zur Aushändigung der Vollmacht zu ertheilen.

Wir bitten Sie um die Freundlichkeit, diese Sache recht dringlich zu betreiben und empfehlen uns.

Hochachtungsvoll
Deutsche Edison Gesellschaft
für angewandte Elektricität
(Signé) E. Rathenau

COPIE

55 Liste der ersten Empfänger von Lieferungen der Deutschen Edison Gesellschaft.

56 Das Edisonsche Glühlicht erhielt schnell Konkurrenz, u. a. von der englischen Swan Electric Light Company. Sie umging mit eigenen, der Glühlampe von Edison jedoch sehr ähnlichen Beleuchtungskörpern dessen Patente auf elektrisches Licht. Trotz zahlreicher Prozesse, die sowohl Edison wie auch Rathenau gegen die Konkurrenzfirmen führten und gewannen, konnte ein Monopol auf Herstellung und Vertrieb von Glühlampen nicht durchgesetzt werden.

Nicht nur auf technischem Gebiet mit der Projektierung von Zentralstationen, sondern auch auf verwaltungsorganisatorischem Gebiet bewies Emil Rathenau damit, daß er weiter dachte als seine Zeitgenossen und neue Wege zur Bewältigung von Problemen suchte.

Trotz der insgesamt positiven Geschäftsentwicklung ließen eine Reihe von Schwierigkeiten die Anfangsjahre der Deutschen Edison Gesellschaft für Emil Rathenau zu einer harten Zeit werden. So gab er sich nie mit der Optimierung des einmal erreichten technischen Standards zufrieden, sondern suchte ständig nach neuen geschäftlichen Möglichkeiten und betrieb den Ankauf neuer Patente. So erwarb die Edison-Gesellschaft ein Patent, das die große Lücke zwischen den Anwendungsbereichen der Glühlampe und der Bogenlampe zu schließen vermochte. Der Ankauf der Verkaufs- und Produktionsrechte dieser Pieperschen Bogenlampe brachte

Rathenau jedoch in Gegensatz zu Siemens & Halske, die sich auf den Standpunkt stellten, daß die Deutsche Edison Gesellschaft verpflichtet sei, ausschließlich Siemenssche Bogenlampen zu vertreiben. Gleichzeitig empfand es Rathenau bei ständig wachsendem Konkurrenzdruck als immer beschwerlicher, durch die vertragliche Bindung an Siemens & Halske von deren Preisen abhängig zu sein. Auch die Beziehungen zu den Edison-Gesellschaften in Amerika und Frankreich waren belastet. Schon im Oktober 1883 beklagte Rathenau, daß ihre unzuverlässigen Informationen und ihre mangelnde Hilfestellung es ihm unmögich machten, das Geschäft der Deutschen Edison-Gesellschat erfolgreich aufzubauen (s. Anhang, S. 234). In der Folgezeit verschlechterte sich das Verhältnis zur Compagnie Continentale zusehends, da der patentrechtliche Schutz der Edison-Erfindungen trotz zahlreicher teurer Prozesse unwirksam blieb und die rege Geschäftstätigkeit der Gesellschaft, die sich über die Grenzen des Deutschen Reiches ausdehnen wollte, durch die Einspruchs- und Genehmigungsrechte der französischen Edison-Gesellschaft empfindlich beeinträchtigt wurde. Gleichzeitig traten auch innerhalb des Unternehmens Unstimmigkeiten auf. Obwohl die Deutsche Edison Gesellschaft jährlich steigende Gewinne verzeichnen konnte, entsprach deren Höhe aber nicht den Erwartungen der Geldgeber. Die Position von Emil Rathenau den Banken gegenüber wurde so schwierig, daß er Anfang April 1886 seine Kündigung einreichte. Vor allem Hermann Löwenfeld von der Nationalbank für Deutschland warf Rathenau vor, das neue Unternehmen nicht mit dem Ziel möglichst hoher Gewinn- und Renditeerzielung zu führen, sondern die erzielten Einnahmen für den Aufbau von modernen Fabrikanlagen zu verwenden. Erst als Löwenfeld seinen Aufsichtsratsposten niederlegte, nahm Rathenau seine Entscheidung zurück.

Im gleichen Jahr gerieten die Städtischen Elektrizitätswerke in eine ernste Krise. Die hohen Personal- und Betriebskosten der Zentralstationen konnten durch die geringen Einnahmen nicht gedeckt werden. Trotz der bahnbrechenden technischen Erfolge der ersten Stromversorgungseinrichtungen gelang es der Unternehmensleitung nicht, die Gesellschaft auch zu kommerziellem Erfolg zu führen. Dafür waren einerseits die hohen Investitionsausgaben verantwortlich, andererseits versäumte es Geheimrat Ludewig, Werbung zu betreiben. Obgleich Emil Rathenau dieses Defizit durch eine Werbeausstellung in den Räumen der Deutschen Edison Gesellschaft – dort wurden verschiedenartig beleuchtete Wohnräume und erste elektrische Hausgeräte und Antriebsmotoren gezeigt – sowie durch die Installation einer Straßenbeleuchtung auf einem zentralen Teil der Straße »Unter den Linden« auszugleichen suchte, waren seine Bemühungen wenig erfolgreich. Da es nicht gelang, den Betrieb der Zentralstationen rentabel zu gestalten, mußte die öffentliche Emission der Aktien auf einen späteren Zeitpunkt verschoben werden und die Banken begannen unruhig zu werden. In dieser Situation forderte der Berliner Magistrat die Städtischen Elektrizitäts-Werke auf, das Versorgungsgebiet auf das Gebiet um das Rathaus und die Dorotheenstadt auszudehnen. Die Kosten für den Bau der hierzu erforderlichen Zentralstationen wurden auf 3 Mio. Mark geschätzt. Diese Investitionsgelder konnten aufgrund der schlechten finanziellen Situation der Gesellschaft jedoch weder auf dem Kapitalmarkt noch von den um ihr bereits eingesetztes Kapital fürchtenden Banken beschafft werden. Eine Ablehnung der Wünsche des Magistrats hätte jedoch den Rücktritt der Stadt von den bestehenden Verträgen zur Folge gehabt. Da die Edison Gesellschaft aus ihren vorhandenen Mitteln nicht ausreichend Kapital zur Verfügung stellen konnte und Rathenau gegen eine »Verstadtlichung« der Städtischen Elektrizitätswerke votierte, beschloß die Unternehmensleitung, das eigene Kapital zu erhöhen und das Geld den Berliner Elektrizitätswerken zu überlassen. Hierfür benötigte man jedoch die Unterstützung kapitalkräftigerer Banken als der bisher beteiligten Bankhäuser.

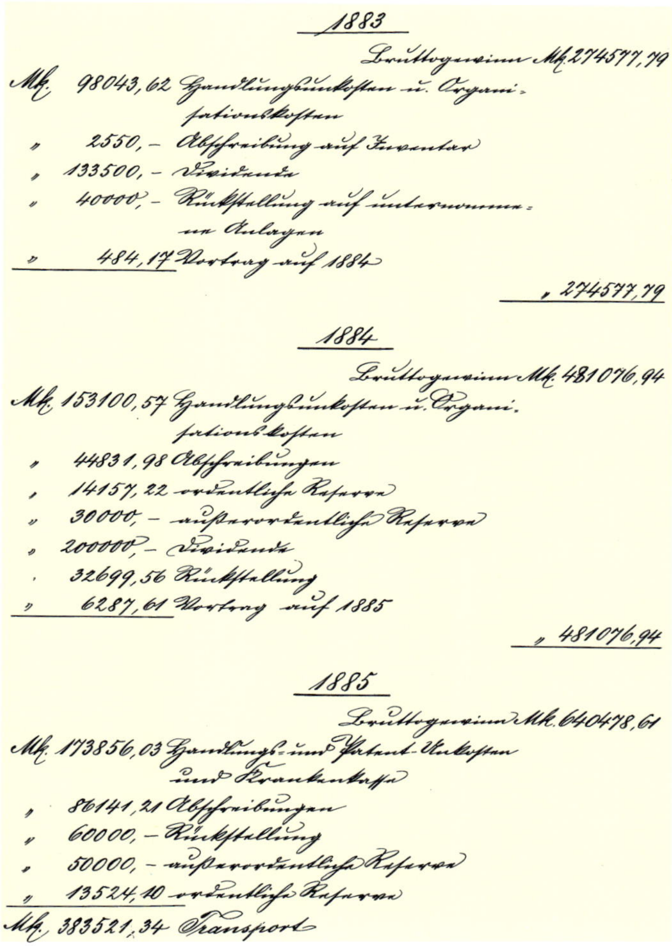

1883

Bruttogewinn Mk. 274577,79

Mk. 98043,62 Handlungsunkosten u. Organisationskosten
" 2550,– Abschreibung auf Inventar
" 133500,– Dividende
" 40000,– Rückstellung auf unternommene Anlagen
" 484,17 Vortrag auf 1884

" 274577,79

1884

Bruttogewinn Mk. 481076,94

Mk. 153100,57 Handlungsunkosten u. Organisationskosten
" 44831,98 Abschreibungen
" 14157,22 ordentliche Reserve
" 30000,– außerordentliche Reserve
" 200000,– Dividende
" 32699,56 Rückstellung
" 6287,61 Vortrag auf 1885

" 481076,94

1885

Bruttogewinn Mk. 640478,61

Mk. 173856,03 Handlungs- und Patent-Unkosten und Krankenkasse
" 86141,21 Abschreibungen
" 60000,– Rückstellung
" 50000,– außerordentliche Reserve
" 13524,10 ordentliche Reserve
Mk. 383521,34 Transport

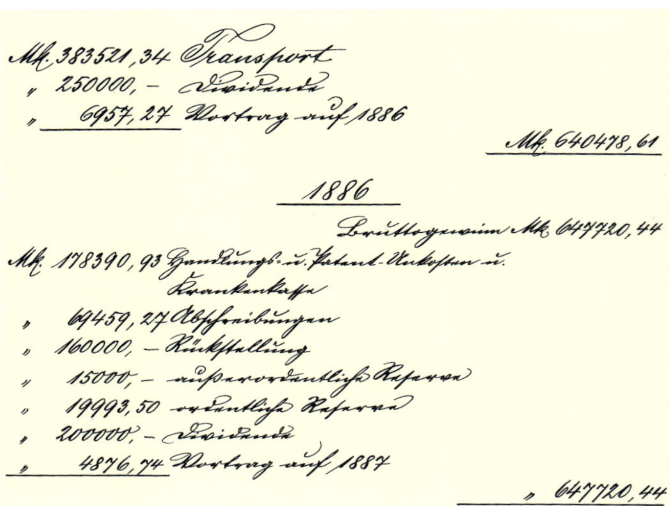

Mk. 383521,34 Transport
" 250000,– Dividende
" 6957,27 Vortrag auf 1886

Mk. 640478,61

1886

Bruttogewinn Mk. 647720,44

Mk. 178390,93 Handlungs- u. Patent-Unkosten u. Krankenkasse
" 69459,27 Abschreibungen
" 160000,– Rückstellung
" 15000,– außerordentliche Reserve
" 19993,50 ordentliche Reserve
" 200000,– Dividende
" 4876,74 Vortrag auf 1887

" 647720,44

57 Aufstellung der in den ersten Geschäftsjahren der Deutschen Edison Gesellschaft erzielten Bruttogewinne.

1883

Bruttogewinn MK. 274 577,79

Mk. 98 043,62	Handlungsunkosten u. Organisationskosten
" 2 550,—	Abschreibung auf Inventar
" 133 500,—	Dividende
" 40 000,—	Rückstellung auf unternommene Anlagen
" 484,17	Vortrag auf 1884

Mk. 274 577,79

1884

Bruttogewinn Mk. 481 076,94

Mk.153 100,57	Handlungsunkosten u. Organisationskosten
" 44 831,98	Abschreibungen
" 14 157,22	ordentliche Reserve
" 30 000,—	außerordentliche Reserve
" 200 000,—	Dividende
" 32 699,56	Rückstellung
" 6 287,61	Vortrag auf 1885

Mk. 481 076,94

1885

Bruttogewinn Mk. 640 478,61

Mk.173 856,03	Handlungs- und Patent-Unkosten und Krankenkasse
" 86 141,21	Abschreibungen
" 60 000,—	Rückstellung
" 50 000,—	außerordentliche Reserve
" 13 524,10	ordentliche Reserve
" 250 000,—	Dividende
" 6 957,27	Vortrag auf 1886

Mk. 640 478,61

1886

Bruttogewinn Mk. 647 720,44

Mk.178 390,93	Handlungs- und Patent-Unkosten u. Krankenkasse
" 69 459,27	Abschreibungen
" 160 000,—	Rückstellung
" 15 000,—	außerordentliche Reserve
" 19 993,50	ordentliche Reserve
" 200 000,—	Dividende
" 4 876,74	Vortrag auf 1887

Mk. 647 720,44

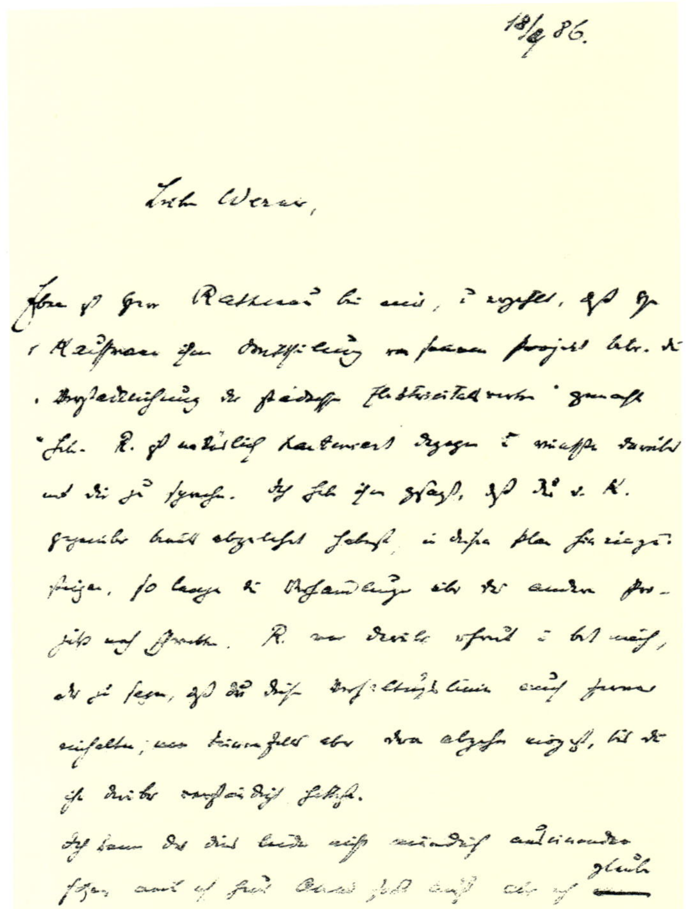

58 Werner von Siemens (1816–1892) gründete 1847 zusammen mit dem Mechaniker Johann Georg Halske die Telegraphenbauanstalt Siemens & Halske. Ausgehend von seiner Erfindung des Zeigertelegraphen mit Selbstunterbrecher, erschloß Werner von Siemens dem Unternehmen bald immer neue Gebiete der Elektrotechnik und machte es damit zum Marktführer in der jungen deutschen Elektroindustrie.

59 1886 gerieten die Städtischen Elektrizitätswerke in eine finanzielle Krise und die beteiligten Banken und Firmen erwogen eine Reihe von Auswegen. Dabei wurde die Möglichkeit, die Elektrizitätswerke an die Stadt Berlin zu übergeben, sowohl von Emil Rathenau wie auch Werner von Siemens abgelehnt.

Georg von Siemens an Werner von Siemens,
18. September 1886

Lieber Werner,
Eben ist Herr Rathenau bei uns, u. erzählt, daß Hr v Kauffmann ihm Mittheilung von seinem Projekt betr. die »Verstadtlichung der städtischen Elektrizitäswerke« gemacht habe. R. ist natürlich [. . .] dagegen und wünschte darüber mit dir zu sprechen. Ich habe ihm gesagt, daß Du v. K. gegenüber bereits abgelehnt habest, in diesen Plan hin einzusteigen, so lange die Verhandlungen über das andere Projekt noch schwebten. R. war darüber erfreut u. bat mich, Dir zu sagen, daß Du diese Verhaltungslinie auch ferner einhalten, keinenfalls aber davon abgehen mögest, bis Du ihn darüber verständigt hattest.
Ich kann Dir dies leider nicht mündlich auseinandersetzen, weil ich heut Abend fort muß, aber ich glaube daß es ganz billig ist, diesem Vorschlag Folge zu geben u. würde Dich bitten, falls Du anders darüber denkst, Herrn R. zu veranlassen, daß er Dir seine Geschäfte auseinandersetzt. Er ist bereit auf Dein Ersuchen in nächster Zeit zu Dir zu kommen. Natürlich ist die Sache sehr verständlich.

Mit bestem Gruß
Dein
Georg Siemens

58

Außerdem mußte das gesamte Vertragsgebäude dann neu strukturiert werden. Henry Villard, ein deutschstämmiger amerikanischer Finanzmakler, maßgeblicher Finanzberater Edisons und in die Auseinandersetzungen mit den Edison-Gesellschaften eingeschaltet, konnte Georg von Siemens von der Deutschen Bank und Adalbert Delbrück, Seniorchef des Bankhauses Delbrück, Leo & Co. und Aufsichtsratsvorsitzender der Deutschen Bank, für das Vorhaben interessieren. Emil Rathenau versicherte sich für seine Pläne auch der Unterstützung des Aufsichtsratsvorsitzenden der Deutschen Edison Gesellschaft, Rudolf Sulzbach, der sich sogar bereit erklärte, seinen Posten für eine Umbildung des Bankenkonsortiums zur Verfügung zu stellen. Damit waren die Voraussetzungen geschaffen, der Deutschen Bank eine Führungsrolle bei den weiteren Transaktionen zukommen zu lassen.

60 Georg von Siemens (1839–1901) trat 1870 in den Vorstand der gerade gegründeten Deutschen Bank ein, dem er bis kurz vor seinem Tode als dessen erster Sprecher angehörte. Seiner Initiative und seinem Engagement verdankt die Deutsche Bank den schnellen Aufstieg. Neben der Finanzierung des inländischen Industriegeschäftes schuf er die Basis für zahlreiche Engagements der Deutschen Bank im Ausland. 1887, bei der Umwandlung der Deutschen Edison Gesellschaft in die AEG, trat die Deutsche Bank in das Finanzkonsortium des Unternehmens ein, und Georg von Siemens wurde Mitglied des Aufsichtsrates.

61 Adalbert Delbrück (1822–1890) errichtete 1854 das Bankhaus Delbrück, Leo & Co., das zu den angesehensten Privatbanken in Berlin gehörte. Zur Förderung der Industriefinanzierung erfolgte 1870 auf seine Initiative die Gründung der Deutschen Bank. Als ihr erster Aufsichtsratsvorsitzender besaß er bis zu seinem Rücktritt 1889 maßgeblichen Einfluß auf die Geschicke der Bank.

Siemens & Halske
Berlin SW.
94 Markgrafenstr.

Berlin, 20. Juni 1885

J.No. 15619.

An

die Deutsche Edison-Gesellschaft

für angewandte Elektrizität

H i e r .

Wir empfingen seinerzeit Ihr wertes Schreiben vom 8.d.M. (No. 11364), in welchem Sie uns Ihre Absicht mitteilen, die Firmen Einstein & Comp. in München und Theodor Wechsler in Neumarkt unter Ihre Licenzträger aufzunehmen. Nach dem Jnhalt der in Aussicht genommenen Verträge sollen diese Licenzträger auch verpflichtet werden, Dynamomaschinen - soweit sie solche nicht selbst anfertigen dürfen, und ihren ganzen Bedarf an Glühlampen ausschliesslich von Jhnen zu beziehen.

Wir widersprechen der Zulässigkeit einer solchen Abmachung und müssen beanspruchen, dass Sie durch Verallgemeinerung solcher Licenzerteilungen an kleinere Fabrikanten offenbar beabsichtigen, den von uns fabrizierten Glühlampen den deutschen Markt möglichst zu verschliessen.

Jene Abmachung ist gegen Wortlaut und Geist des Vertrages vom 13. März 1883, insbesondere gegen § 13 desselben. Wenn uns dort 20 % des gesamten Betrages, welcher Ihnen durch die Erteilung von Licenzen auf Anwendung und Ausnutzung der Edison'schen deutschen Glühlichtpatente an dritte Personen zufliessen wird, zugesichert sind, so sind Sie nicht berechtigt, den hiernach anteilig uns zustehenden Nutzen dadurch künstlich zu vermindern, dass Sie die Licenzerteilung an Jhnen vorteilhafte, zugleich aber für uns nachteilige Nebenabreden knüpfen.

Hochachtungsvoll

gez. Siemens & Halske.

62

Deutsche Edison-Gesellschaft
für angewandte Elektricität-

Berlin W. 26. Juni 1885
96, Leipzigerstr.

Herren

Siemens & Halske

H i e r .

Auf Ihr Geehrtes vom 20. cr. J.No. 15619 erwidern wir ergebenst, dass wir uns nicht bewusst sind gegen den Geist oder Wortlaut des bestehenden Vertrages durch die Licenzerteilung an die Firmen Einstein & Wechsler zu verstossen. Wir finden in dem die Befugnisse beider Kontrahenten sehr genau feststellenden Vertrage nirgends einen Passus, welcher uns die von Jhnen bezeichnete Verpflichtung auferlegt, und können eine solche besonders aus Paragr. 13 nicht herleiten. Ein von uns eingeholtes Rechtsgutachten bestätigt unsere Ansicht.

Hochachtungsvoll

Deutsche Edison-Gesellschaft
für angewandte Elektricität

gez. E. Rathenau.

63

62/63 1885 traten erste geschäftliche Differenzen zwischen der Deutschen Edison Gesellschaft und Siemens & Halske in bezug auf die Auslegung des 1883 geschlossenen Vertrages auf.

Schon 1885 war deutlich geworden, daß in einer Zeit verstärkter, ungehemmter Konkurrenz die Deutsche Edison Gesellschaft nicht ohne dauernde Beeinträchtigung ihrer Position und Entwicklungsmöglichkeit in der Form weiter existieren konnte, wie sie gegründet worden war, d. h. gebunden durch Beschränkungen nach verschiedenen Richtungen, belastet durch Abgaben, die bei einem wirksamen Monopol gerechtfertigt gewesen wären, bei einem de facto dennoch vorhandenen scharfen Wettbewerb jedoch ihren Sinn verloren hatten. Die erstrebenswerte Lösung für Emil Rathenau wäre wohl schon damals die Befreiung von allen hemmenden Verträgen gewesen, sowohl von denen mit der Compagnie Continentale als auch mit Siemens & Halske. Die völlige Selbständigkeit nach allen Seiten hätte jedoch finanzielle Anforderungen an die Gesellschaft gestellt, denen sie zu dieser Zeit, in der sie

64 Henry Villard (1835–1900). Geboren als Heinrich Hilgard in Deutschland wanderte Henry Villard 1853 in die USA aus. Er stieg dort in große Finanzgeschäfte ein und vermittelte Kontakte zwischen deutschen und amerikanischen Investoren, u. a. spielte er eine wichtige Rolle bei der Finanzierung verschiedener amerikanischer Eisenbahnlinien. In diesem Zusammenhang lernte er Georg von Siemens von der Deutschen Bank kennen und führte schließlich als einflußreicher Finanzberater Edisons die Verhandlungen mit der Deutschen Edison Gesellschaft.

Siemens & Halske an die Deutsche Edison-Gesellschaft,
5. Februar 1886

An
die deutsche Edison Gesellschaft für angewandte
Elektrizität
hier.

Wir ersahen aus Ihren beiden Schreiben vom 3. d. M. zu unserem Leidwesen, dass auch die Fragen der Preise unserer Maschinen und Ihrer Maschinenbestellung in Frankreich sich zu einer richterlichen resp. schiedsgerichtlichen Entscheidung zuspitzen. Da Ihr Bezug von Bogenlichtlampen von anderen Fabrikanten uns bereits genötigt hat richterlichen Schutz anzurufen und Ihre Nichtbeantwortung unserer Klage über die Höhe der uns berechneten Lizenzgebühr für Glühlampen so wie die von Ihnen Ihren Concessionären auferlegte Verpflichtung, Glühlampen nur von Ihnen zu beziehen, uns zu dem gleichen Schritte nötigt, so stehen wir einer langen Reihe von Processen gegenüber, welche nicht nur höchst widerwärtig, kostspielig und zeitraubend sein werden, sondern auch die beiderseitigen kommerziellen Interessen empfindlich schädigen werden. Wir ziehen es unter diesen Umständen vor auf unsere früheren Besprechungen über Auflösung unseres kontraktlichen Verhältnisses zurückzukommen und den von uns gemachten Vorbehalt der Beibehaltung Ihrer Verpflichtung, Ihren Kabelbedarf künftig von uns zu beziehen, der Ihre Genehmigung nicht fand, fallen zu lassen.
Wir schlagen Ihnen also vor, den zwischen uns bestehenden Kontrakt gänzlich aufzuheben oder wenn dem formelle Schwierigkeiten entgegenstehen sollten, ihn durch einen besonderen Vertrag wirkungs-los zu machen und gleichzeitig festzusetzen, dass Ihre bei Abschluss unseres Vertrages bestandenen deutschen Reichspatetente [sic!] uns gegenüber, sowie auch unsere derzeitig bestandenen deutschen auf elektrische Beleuchtung Bezug habenden Patente Ihnen gegenüber wirkungslos sein sollen, wobei wir uns verpflichten, Ihnen die von Ihnen jeweils der Pariser Edisongesellschaft nachweislich zu zahlende Abgabe für von uns gefertigte und in Deutschland zur Verwendung kommende Glühlampe zu ersetzen.
Es sollte uns sehr freuen, wenn Sie durch Annahme dieses Vorschlages dem jetzigen unerquicklichen Verhältnisse ein Ende machen würden und geben uns der Hoffnung hin, dass sich demnächst auf freier rein kommerzieller, Grundlage ein angenehmes geschäftliches Verhältnis anbahnen wird, welches uns beiderseitig Nutzen bringt.

Hochachtungsvoll
Siemens & Halske.

65 1886 häuften sich die geschäftlichen Auseinandersetzungen zwischen der Deutschen Edison Gesellschaft und Siemens & Halske. Werner von Siemens warf Emil Rathenau vor, entgegen der vertraglichen Vereinbarungen Bogenlichtlampen nicht ausschließlich von seiner Firma zu beziehen. Um lange Prozesse zu vermeiden, bot er an, die bestehenden Verträge aufzulösen.

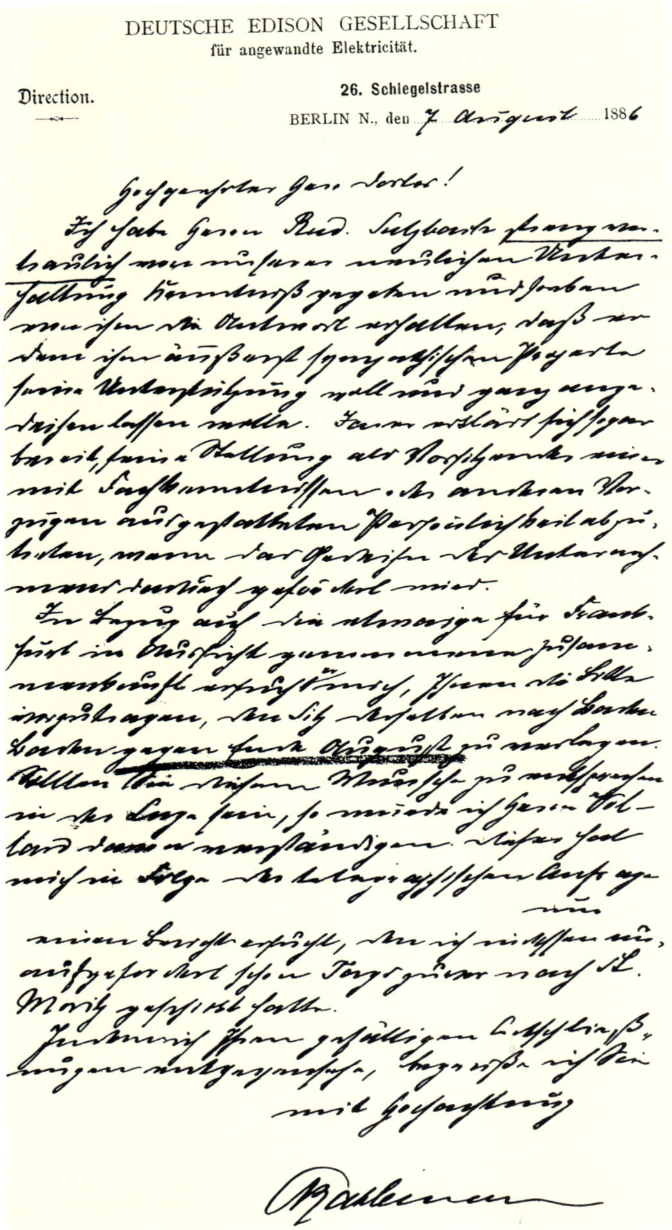

Emil Rathenau an Georg von Siemens — 7. August 1886

Hochgeehrter Herr Doctor!
Ich habe Herrn Rud. Sulzbach *streng vertraulich* von unserer neulichen Unterhaltung Kenntniß gegeben und soeben von ihm die Antwort erhalten, daß er dem ihm äußerst sympathischen Projecte seine Unterstützung voll und ganz angedeihen lassen wolle. Jener erklärt sich sogar bereit, seine Stellung als Vorsitzender einer mit Fachkenntnissen oder anderen Vorzügen ausgestatteten Persönlichkeit abzutreten, wenn das Gedeihen des Unternehmens dadurch gefördert wird.
In Bezug auf die etwaige für Frankfurt in Aussicht genommene Zusammenkunft ersucht er mich, Ihnen die Bitte vorzutragen, den Sitz derselben nach Baden Baden gegen Ende August zu verlegen. Sollten Sie diesem Wunsche zu entsprechen in der Lage sein, so würde ich Herrn Villard davon verständigen. Dieser hat mich in Folge der telegraphischen Anfrage um einen Bericht ersucht, den ich indessen unaufgefordert schon Tags zuvor nach St. Moritz geschickt hatte.
Indem ich Ihren gefälligen Entschließungen entgegensehe, begrüßte ich Sie

mit Hochachtung
E. Rathenau

66 Die Forderung des Berliner Magistrats an die Städtischen Elektrizitätswerke, ihr Versorgungsgebiet auszudehnen, brachte das Stromversorgungsunternehmen in große Schwierigkeiten, da seine finanziellen Reserven für die damit verbundene hohe Investition nicht ausreichten. Emil Rathenau entschloß sich daraufhin, das Kapital der Deutschen Edison Gesellschaft zu erhöhen und einen Teil des Geldes den Städtischen Elektrizitätswerken zur Verfügung zu stellen. Sulzbach, der Aufsichtsratsvorsitzende der Deutschen Edison Gesellschaft, erklärte sich mit diesem Vorgehen einverstanden, und war sogar bereit – falls notwendig – seinen Posten zur Verfügung zu stellen. Er wurde 1887 von Adalbert Delbrück im Amt des Aufsichtsratsvorsitzenden abgelöst.

Werner von Siemens an Carl von Siemens, 24. Juni 1886

Lieber Bruder!

Ich dachte Du müsstest in diesen Tagen wohl von Chmelewo nach Petersburg zurück sein und telegraphirte daher dahin, erhielt aber bisher keine Antwort. Nach Mitteilung Deiner Kinder deren – wenn auch nur sehr kurzer – Besuch uns grosse Freude machte – wolltest Du nach Maruschas Rückkehr nach Chm. gleich nach Pet. und einige Tage später hierher kommen. Hoffentlich bleibt es bei dieser Disposition. Ich sehne mich sehr darnach mit Dir mal wieder etliche Zeit zusammen zu leben! Natürlich nimmst Du gleich Billet nach Station Zoologischer Garten–Stadtbahn und telegraphirst Ankunftzeit.
Es sind jetzt schwere geschäftliche Fragen zur Entscheidung stehend die ich Dir gern zuschanzen möchte. Einmal Friedensverhandlungen mit den Edison Gesellschaften in Paris und Berlin wobei Mr. Villard als Vollmachtträger Edisons jetzt vermittelt. Es handelt sich um ein Abkommen welches uns die Controlle der Edison Patente in Oesterreich und Russland giebt wogegen wir Frankreich und Belgien Preis geben und eine Abgabe pro Lampe zahlen. Ferner soll unser Vertrag mit der hies. Edison Ges. wesentlich modificirt werden so dass wir ungehindert Centralen bauen und betreiben können. Daran hängt jetzt das ganze Beleuchtungsgeschäft! – Die zweite Angelegenheit ist die Aufl. des Pariser Geschäftes die natürlich zu Differenzen mit L. geführt hat. Er will unser Mitrecht bei der liquidation nicht anerkennen, will à tout prix auflösen und verkaufen und geht auf keine Vorschläge ein. Er behauptet das Lond. Geschäft sei Miteigenthümer unserer französischen Patente die stets auf S. & H. Namen gestanden haben und noch stehen. Ich habe ihm letzt eine Verlustquote von 200 000 frcs vorgeschlagen die wir London zahlen wollen wenn London allein auf seine Kosten liquidirt oder die London uns zahlen muss wenn London uns (S. & H.) die liquidation auf eigene Rechnung überlässt. Ich glaube aber nicht dass L. annimmt. Er fürchtet dass S. & H. sich dann doch in Paris noch wieder festsetzen ohne London am Bein zu haben was ihm nicht passt! Die Situation wird wirklich nachgrade unerträglich!
Wir haben bisher die Absicht am 8. oder 10. July – ferien der Kinder – nach Sylt zu gehen um dort 3 Wochen zu bleiben. Kommst Du dann nicht mit? Ich vermuthe Sylt wird Dir sehr gut bekommen. Mitte September ist hier Naturforscher Versammlung (Man rechnet auf 5000 Mitglieder). Dazu muss ich hier sein, wahrscheinlich sogar einen Vortrag halten. Wie wäre es wenn wir dann Ende September nach Kedabeg reisten? Ich habe grosse Lust dazu aus sachlichen und persönlichen Gründen. Letztere bestehen darin dass ich meinen 70. Geburtstag gern »weit weg von Berlin« begehen möchte! – Es wird Dich übrigens der neue Kupfergewinnungsprocess interessiren der jetzt in Ausbildung begriffen ist. Brennmaterial ist abgeschafft wenn Kraft für Dyn. Machine da ist! Das Neue besteht darin dass mit Kohlen oder platinirten Kupferplatten als Anoden *ohne Polarisation* das Kupfer aus der Lösung niederschlagen kann und dabei Eisenoxydul in Oxyd verwandelt. Dies E. Oxydsalz in der Lösung dient dann zur Auflösung des Einfach Schwefelkupfers der gerösteten Erze.
Doch ich will Zeit und Dinte sparen da Du ja doch bald hier bist. – Mit herzlichem Gruss

Dein
Werner.

67 Nicht nur die Deutsche Edison Gesellschaft war durch die bestehenden Verträge in ihrer Geschäftstätigkeit eingeschränkt, auch Siemens & Halske empfanden ihren Verzicht auf den gewinnbringenden Zentralstationenbau als immer negativer. Beide Vertragspartner strebten daher nach einer Neufassung des gesamten Vertragsgebäudes im Zuge der Kapitalerhöhung der Deutschen Edison Gesellschaft.

infolge der Stützung der Berliner Städtischen Elektrizitäts-Werke stark belastet war, nicht gewachsen gewesen wäre. Eine Lösung ließ sich nur durch eine erneute vertragliche Bindung an Siemens & Halske erreichen. Also nahm Emil Rathenau Verhandlungen mit Werner von Siemens auf, der inzwischen seinerseits wegen der wachsenden Bedeutung des Zentralstationenbaus ebenfalls an einer Lösung des bisherigen Vertrages interessiert war.
Nach langwierigen und z. T. stürmischen Verhandlungen zwischen den beteiligten Firmen und Banken, in deren Verlauf der Syndikus von Siemens & Halske, der ehemalige Bürgermeister Rosenthal, bei der Compagnie Continentale Edison völlig überraschend die Übernahme der Edison-Patente durch Siemens & Halske durchsetzen konnte, einigte man sich schließlich darauf, einen Vertrag abzuschließen, der den gemeinsamen Erwerb der Patente durch Siemens & Halske und die Deutsche Edison Gesellschaft ermöglichte. Letztere wurde damit aus sämtlichen Rechtsbeziehungen zu den Edison-Gesellschaften und Edison selbst entlassen, die Lizenzabgaben wurden durch die Zahlung einer einmaligen Summe abgelöst. Der Vertrag zwischen der Deutschen Edison Gesellschaft und Siemens & Halske wurde aufgehoben und durch einen neuen ersetzt.

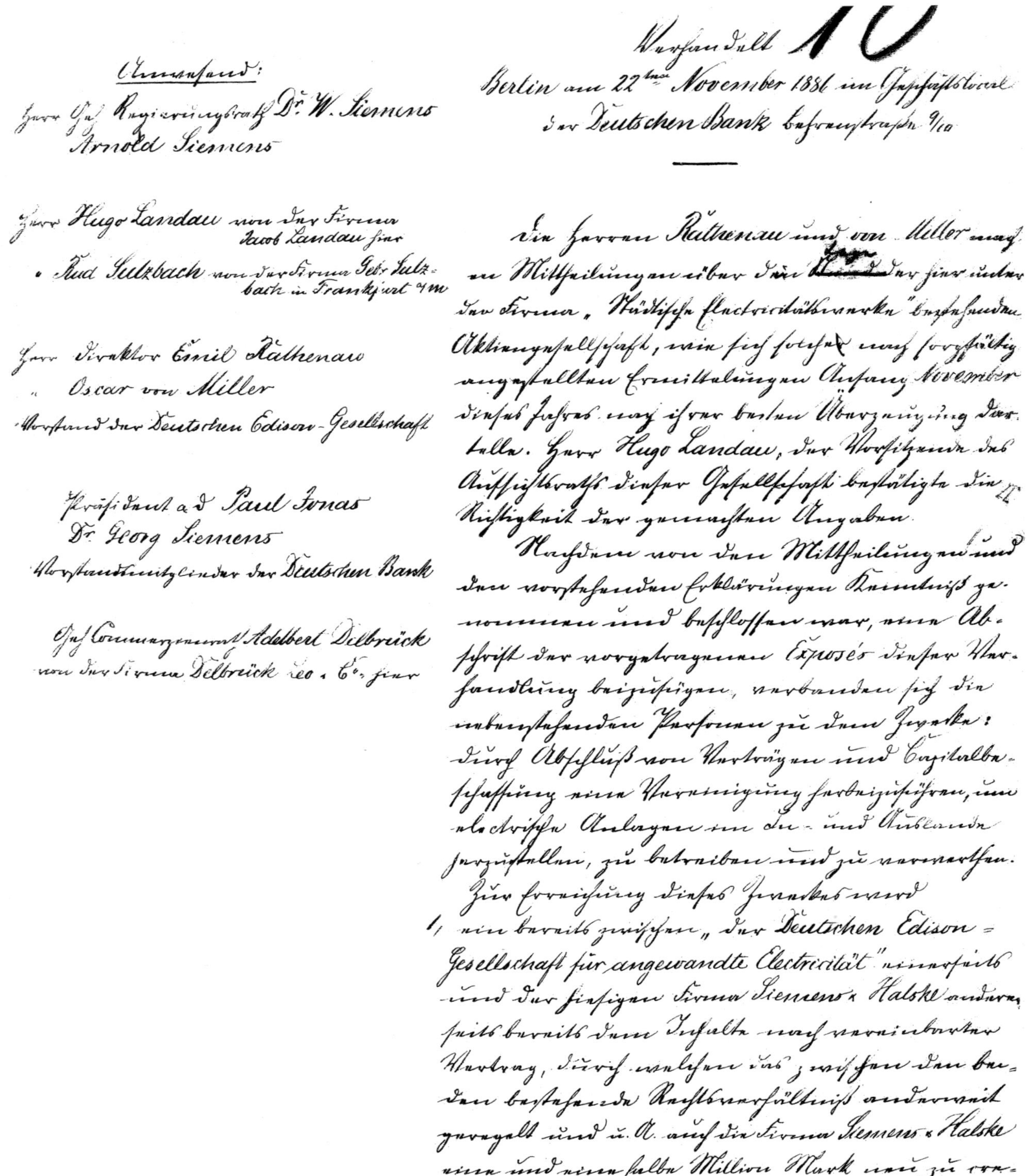

Verhandelt 10

Berlin am 22ten November 1886 im Geschäftslocal der Deutschen Bank Behrenstraße 9/10

Anwesend:
Herr Geh. Regierungsrath Dr. W. Siemens
Arnold Siemens

Herr Hugo Landau von der Firma Jacob Landau hier
" Rud. Sulzbach von der Firma Gebr. Sulzbach in Frankfurt a/M

Herr Direktor Emil Rathenau
" Oscar von Miller
Vorstand der Deutschen Edison-Gesellschaft

Präsident a. D. Paul Jonas
Dr. Georg Siemens
Vorstandsmitglieder der Deutschen Bank

Geh. Commerzienrath Adelbert Delbrück von der Firma Delbrück Leo & Co. hier

Die Herren Rathenau und von Miller machten Mittheilungen über die [illegible] der hier unter der Firma „Städtische Electricitätswerke" bestehenden Aktiengesellschaft, wie sich solche nach sorgfältig angestellten Ermittelungen Anfang November dieses Jahres nach ihrer besten Überzeugung darstellen. Herr Hugo Landau, der Vorsitzende des Aufsichtsraths dieser Gesellschaft bestätigte die Richtigkeit der gemachten Angaben.

Nachdem von den Mittheilungen und den vorstehenden Erklärungen Kenntniß genommen und beschlossen war, eine Abschrift des vorgetragenen Exposés dieser Verhandlung beizufügen, verbanden sich die unterstehenden Personen zu dem Zwecke: durch Abschluß von Verträgen und Capitalbeschaffung eine Vereinigung herbeizuführen, um electrische Anlagen im In- und Auslande herzustellen, zu betreiben und zu verwerthen.

Zur Erreichung dieses Zweckes wird

1, ein bereits zwischen „der Deutschen Edison-Gesellschaft für angewandte Electricität" einerseits und der hiesigen Firma Siemens & Halske andererseits bereits dem Inhalte nach vereinbarter Vertrag, durch welchen das zwischen den beiden bestehende Rechtsverhältniß anderweit geregelt und u. A. auf die Firma Siemens & Halske eine und eine halbe Million Mark neu zu ver-

68 Die neuen Verträge wurden in zahlreichen, gelegentlich hitzig verlaufenden Sitzungen ausgehandelt, deren vorläufige Ergebnisse in Protokollen festgehalten wurden (vollständige Transkription im Anhang, S. 235).

Die Allgemeine Elektricitäts-Gesellschaft

Mit dem Vertrag vom 23. März 1887 wurden die Beziehungen zwischen Siemens & Halske und der Deutschen Edison Gesellschaft auf eine völlig veränderte Basis gestellt (s. Anhang, S. 236). Durch ihn sollte die Gleichberechtigung beider Firmen in technischer und kommerzieller Hinsicht auf dem von ihnen gemeinschaftlich vertretenen Arbeitsfeld anerkannt werden. Die Grundlage dieses neuen Abkommens sah wie folgt aus: Auf dem Gebiet des Zentralstationenbaus wurde eine Kooperation der beiden Firmen vereinbart, jedoch sollte die Deutsche Edison Gesellschaft ihre vorrangige Stellung beibehalten. Ferner wurde der Grundsatz, daß die Edison-Gesellschaft die Konzessionen übernehmen sollte, aufrecht erhalten, die Bauausführung dagegen hatte in Gemeinschaft mit Siemens & Halske zu erfolgen.
Alle Aufträge für Stromerzeugungsanlagen von mehr als 100 PS, die Siemens & Halske erhielt, mußte Siemens der Deutschen Edison Gesellschaft gegen Erstattung der Unkosten und eine Provisionszahlung in Höhe von 2 Prozent der Auftragssumme anbieten. Der Deutschen Edison Gesellschaft war bei Ausführung des Auftrags der Bau und die Einrichtung der Zentrale überlassen, während Siemens & Halske hierzu Maschinen und Kabel lieferte. Verzichtete die Edison-Gesellschaft auf den Auftrag, so blieb ihr das Recht, gegen Zahlung einer 10prozentigen Provision an Siemens die Hausinstallationen auszuführen. Die Vereinbarungen bezogen sich nicht auf Konzessionen für elektrische Anlagen für den Betrieb von Eisenbahnen. In der Ausführung von Anlagen unter 100 PS waren beide Firmen frei. Diese Bestimmung war für die Deutsche Edison Gesellschaft von großer Bedeutung, da sie hierdurch ihr Fabrikationsgebiet auf fast alle Bereiche der Starkstromtechnik ausdehnen konnte. Ausgenommen blieben nur Kabel, Transformatoren und Generatoren über 100 PS. Für den Absatz der Glühlampen waren Preisabsprachen geplant.

Die Trennung von den ausländischen Edison-Gesellschaften, die Ausdehnung des Arbeitsgebietes auf die gesamte Welt, die Erweiterung des Fabrikationsprogramms auf fast alle Bereiche der Starkstromtechnik und die vorgesehene Stärkung der Finanzkraft ließen es angebracht erscheinen, den Namen der Deutschen Edison Gesellschaft in »Allgemeine Elektricitäts-Gesellschaft« umzuändern.
Die neuen Verträge wurden von der Generalversammlung der Deutschen Edison Gesellschaft am 23. Mai 1887 bestätigt und somit in Kraft gesetzt. Um eine ausreichende Präsenz der Aktionäre bei dieser wichtigen Generalversammlung und somit eine beschlußfähige Mehrheit zu garantieren, regte Emil Rathenau bei den beteiligten Banken an, sich von ihren Depotkunden eine Vollmacht zur kostenlosen Vertretung auf der Generalversammlung geben zu lassen. Diese Überlegungen Rathenaus sind bislang der erste überlieferte Hinweis auf die Einführung eines Depotstimmrechts. Wie sehr die Banken selbst diese Vorgehensweise ablehnten, zeigt die Haltung des Bankhauses Landau, das eine derartige Möglichkeit als provozierend ablehnte. Obwohl die Aktie zu diesem Zeitpunkt noch kein »Massenpapier« war, hatte Rathenau deren zukünftige Entwicklung erkannt. Er kann daher mit Recht als einer der ersten bezeichnet werden, der die Vorteile des Depotstimmrechtes nicht nur erkannte, sondern auch einsetzte.

Zum Haupt-Exemplar sind 1 M. 50 Pf. }
Zum Neben-Exemplar sind 1 M. 50 Pf. } Marken cassirt.

BERLIN, den 7. April 1887

Sekret!

Seit geraumer Zeit schweben Verhandlungen zwischen verschiedenen Bankfirmen und den Kontrahenten des nachstehenden Vertrages zum Zweck der Gründung einer Aktien-Gesellschaft, welche mit dem Sitze zu Berlin und unter der Firma „Allgemeine Elektrizitäts-Gesellschaft" den Zweck haben soll, elektrische Anlagen im In- und Auslande herzustellen, zu betreiben und zu verwerthen.

Nach Maassgabe dieser Verhandlungen, welche zuletzt an der Hand eines schriftlichen Protokoll-Entwurfes am 13. Januar d. Jahres stattfanden, sollten die Aktiva und Passiva der Deutschen Edison-Gesellschaft für angewandte Elektrizität zu Berlin von der neu zu bildenden Aktien-Gesellschaft übernommen werden und es sollte ferner durch einen vor der Bildung dieser Gesellschaft seinem Inhalte nach festgestellten und sofort nach Bildung derselben zu vollziehenden Vertrag zwischen letzterer und der Firma Siemens & Halske zu Berlin eine Vereinbarung getroffen werden, welche die geschäftlichen Beziehungen zwischen der Firma Siemens & Halske und der unter ihrer Kapitalbetheiligung zu bildenden neuen Gesellschaft regeln sollte.

Die obigen Verhandlungen gelangten bisher zu keinem Abschluss, weil eine hierzu unerlässliche Verständigung zwischen der Firma Siemens & Halske und der Deutschen Edison-Gesellschaft nicht zu erzielen war.

Nachdem diese Verständigung nunmehr erzielt wurde, ist zwischen den Unterzeichneten, nämlich:

1. der Firma Siemens & Halske zu Berlin, vertreten durch ihren Mitinhaber Herrn Geheimrath Dr. Werner Siemens,
2. der Deutschen Edison-Gesellschaft für angewandte Elektrizität zu Berlin, vertreten durch ihren Vorstand, die Herren Direktoren Emil Rathenau und Oscar von Miller

heute folgender **Vertrag** abgeschlossen worden:

1

69 Der neue Vertrag zwischen Siemens & Halske und der Deutschen Edison Gesellschaft wurde am 23. März 1887 unterzeichnet (vollständige Transkription im Anhang, S. 236).

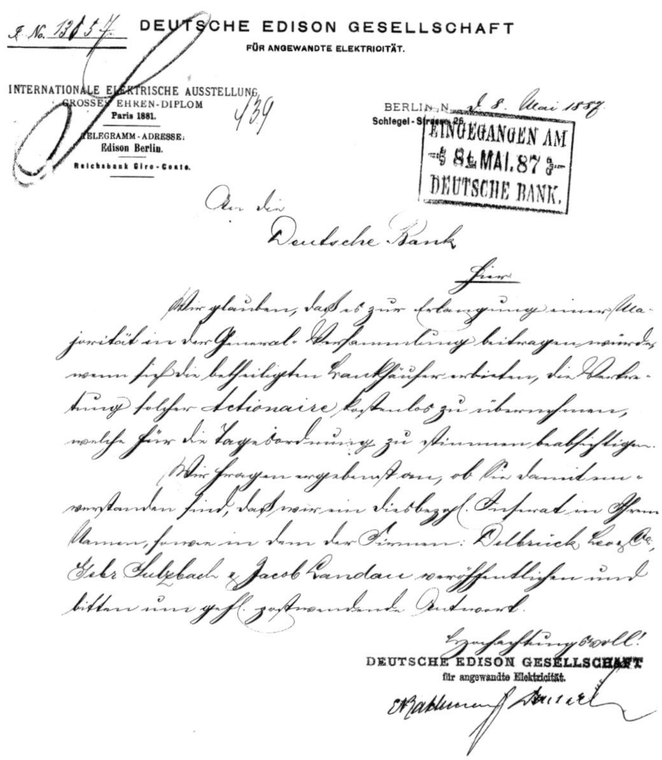

J. No. 13154. DEUTSCHE EDISON GESELLSCHAFT
FÜR ANGEWANDTE ELEKTRICITÄT.

INTERNATIONALE ELEKTRISCHE AUSSTELLUNG
GROSSES EHREN-DIPLOM
Paris 1881.
TELEGRAMM-ADRESSE:
Edison Berlin.
Reichsbank Giro-Conto.

439

BERLIN N., 8. Mai 1887
Schlegel-Strasse 26.

EINGEGANGEN AM 8 MAI.87 DEUTSCHE BANK.

An die
Deutsche Bank
hier

Wir glauben, daß es zur Erlangung einer Majorität in der General-Versammlung beitragen würde, wenn sich die betheiligten Bankhäuser erbieten, die Vertretung solcher Actionaire kostenlos zu übernehmen, welche für die Tagesordnung zu stimmen beabsichtigen.

Wir fragen ergebenst an, ob Sie damit einverstanden sind, daß wir ein diesbezgl. Inserat in Ihrem Namen, sowie in dem der Firmen: Delbrück Leo & Co, Gebr. Sulzbach u. Jacob Landau veröffentlichen und bitten um gefl. postwendende Antwort.

Hochachtungsvoll!
DEUTSCHE EDISON GESELLSCHAFT
für angewandte Elektricität.
ERathenau Deutsch

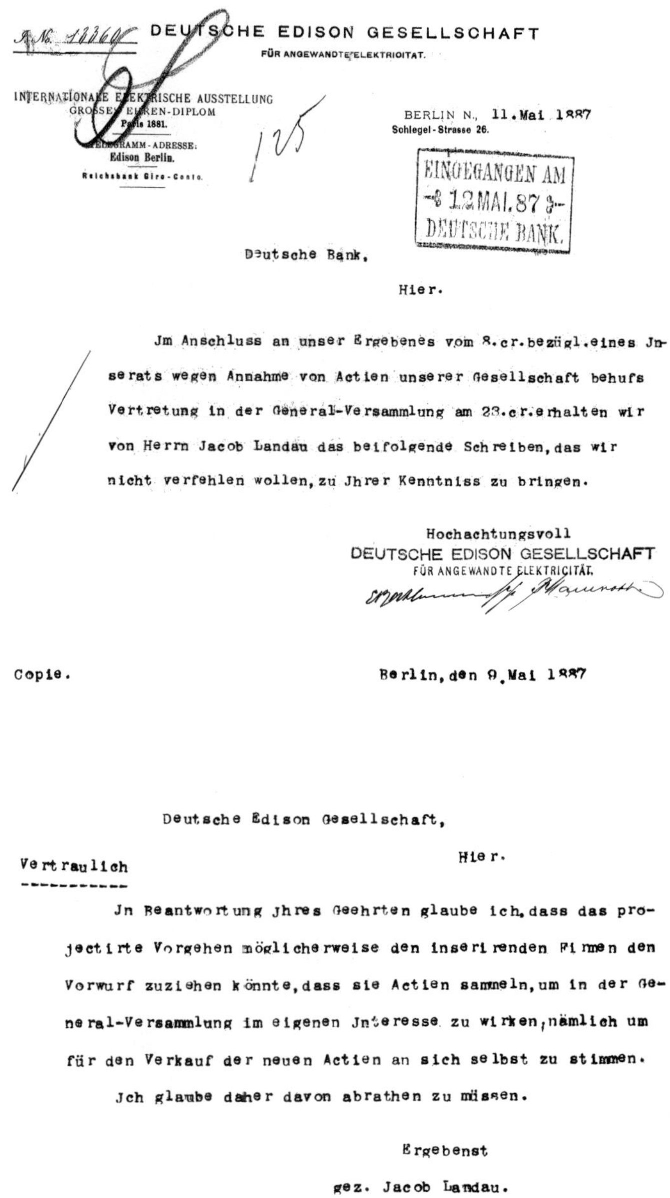

J. No. 13360. DEUTSCHE EDISON GESELLSCHAFT
FÜR ANGEWANDTE ELEKTRICITAT.

INTERNATIONALE ELEKTRISCHE AUSSTELLUNG
GROSSES EHREN-DIPLOM
Paris 1881.
TELEGRAMM-ADRESSE:
Edison Berlin.
Reichsbank Giro-Conto.

125

BERLIN N., 11. Mai 1887
Schlegel-Strasse 26.

EINGEGANGEN AM 12 MAI.87 DEUTSCHE BANK.

Deutsche Bank,

Hier.

Jm Anschluss an unser Ergebenes vom 8.cr.bezügl.eines Jnserats wegen Annahme von Actien unserer Gesellschaft behufs Vertretung in der General-Versammlung am 23.cr.erhalten wir von Herrn Jacob Landau das beifolgende Schreiben, das wir nicht verfehlen wollen, zu Jhrer Kenntniss zu bringen.

Hochachtungsvoll
DEUTSCHE EDISON GESELLSCHAFT
FÜR ANGEWANDTE ELEKTRICITÄT.
ERathenau Deutsch

Copie.

Berlin, den 9. Mai 1887

Deutsche Edison Gesellschaft,

Vertraulich

Hier.

Jn Beantwortung Jhres Geehrten glaube ich, dass das projectirte Vorgehen möglicherweise den inserirenden Firmen den Vorwurf zuziehen könnte, dass sie Actien sammeln, um in der General-Versammlung im eigenen Jnteresse zu wirken, nämlich um für den Verkauf der neuen Actien an sich selbst zu stimmen.

Jch glaube daher davon abrathen zu müssen.

Ergebenst

gez. Jacob Landau.

E. Rathenau und F. Deutsch an die Deutsche Bank, 8. Mai 1887

Wir glauben, daß es zur Erlangung einer Majorität in der General-Versammlung beitragen würde, wenn sich die betheiligten Bankhäuser erbieten, die Vertretung solcher Actionaire kostenlos zu übernehmen, welche für die Tagesordnung zu stimmen beabsichtigen.
Wir fragen ergebenst an, ob sie damit einverstanden sind, daß wir ein diesbezgl. Inserat in Ihrem Namen, sowie in dem der Firmen: Delbrück Leo & Co, Gebr. Sulzbach u. Jacob Landau veröffentlichen und bitten um gefl. postwendende Antwort.

Hochachtungsvoll
E. Rathenau Deutsch

70

70–72 Zur Sicherstellung einer beschlußfähigen Mehrheit in der Generalversammlung der Deutschen Edison Gesellschaft, in der die neuen Verträge bestätigt werden sollten, regte Emil Rathenau bei den Banken an, ihren Depotkunden die kostenlose Vertretung auf der Versammlung anzubieten. Dieses Vorgehen wurde von einigen Banken sehr kritisch beurteilt und abgelehnt.

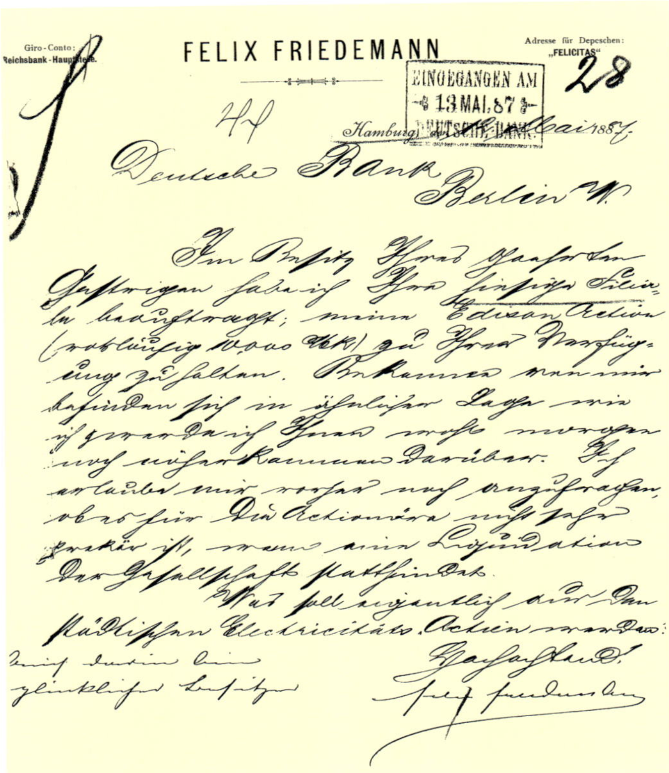

Felix Friedemann an die Deutsche Bank, 12. Mai 1887

Im Besitz Ihres geehrten Gestrigen habe ich Ihre hiesige Filiale beauftragt; meine Edison Actien (vorläufig 10 000 MK) zu Ihrer Verfügung zu halten. Bekannte von mir befinden sich in ähnlicher Lage wie ich u. werde ich Ihnen morgen noch näher kommen darüber. Ich erlaube mir vorher noch anzufragen, ob es für die Actionäre nicht sehr prekär ist, wenn eine Liquidation der Gesellschaft stattfindet.
Was soll eigentlich aus den städtischen Electricitäts-Actien werden?
Auch darin kein glücklicher Besitzer

Hochachtend.
Felix Friedemann

73a

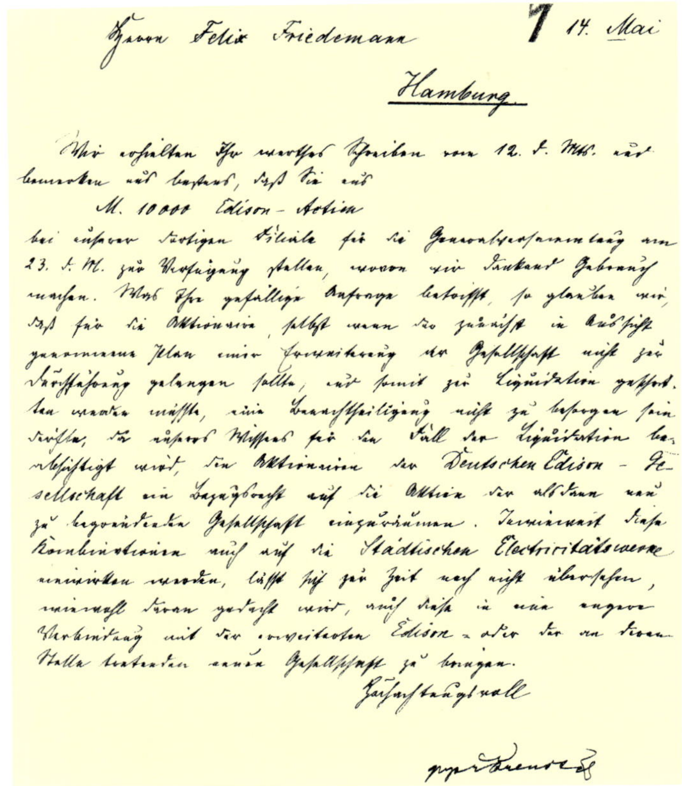

Deutsche Bank an Felix Friedemann, 14. Mai 1887

Wir erhielten Ihr werthes Schreiben vom 12. d. Mts. und bemerken uns bestens, daß Sie uns

M. 10 000 Edison-Actien

bei unserer dortigen Filiale für die Generalversammlung am 23. d. M. zur Verfügung stellen, wovon wir dankend Gebrauch machen. Was Ihre gefällige Anfrage betrifft, so glauben wir, daß für die Actionaire, selbst wenn der zunächst in Aussicht genommene Plan einer Erweiterung der Gesellschaft nicht zur Durchführung gelangen sollte, und somit zur Liquidation geschritten werden müsste, eine Benachtheiligung nicht zu besorgen sein dürfte, da unseres Wissens für den Fall der Liquidation beabsichtigt wird, den Aktionairen der Deutschen Edison-Gesellschaft ein Bezugsrecht auf die Aktien der alsdann neu zu begründenden Gesellschaft einzuräumen. Inwieweit diese Kombinationen auch auf die Städtischen Electricitätswerke einwirken werden, lässt sich zur Zeit noch nicht übersehen, wiewohl daran gedacht wird, auch diese in eine engere Verbindung mit der erweiterten Edison- oder der an deren Stelle tretenden neuen Gesellschaft zu bringen.

Hochachtungsvoll
ppa Breustedt

73b

73a + b Die kostenlose Vertretung der Aktienbesitzer durch die Depotbanken traf im Kreise der Aktionäre auf Zuspruch. Die abgedruckten Briefe sind der erste überlieferte Hinweis auf die Einführung des Depotstimmrechtes in Deutschland.

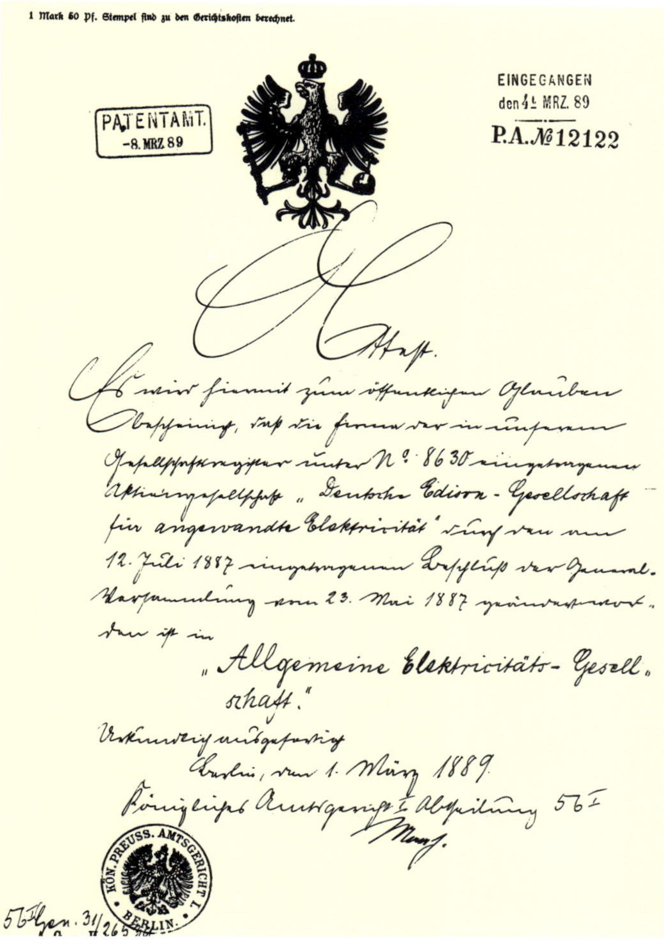

Attest

Es wird hiermit zum öffentlichen Glauben bescheinigt, daß die Firma der in unserem Gesellschaftsregister unter N° 8630 eingetragenen Aktiengesellschaft »Deutsche Edison-Gesellschaft für angewandte Elektricität« durch den am 12. Juli 1887 eingetragenen Beschluß der General-Versammlung vom 23. Mai 1887 geändert worden ist in

»Allgemeine Elektricitäts-Gesellschaft.«

Urkundlich ausgefertigt

Berlin, den 1. März 1889

Königliches Amtsgericht I
Abtheilung 56I

74 Im Zuge der vertraglichen Umstrukturierungen und der Lösung aus der engen Bindung an die Edison-Gesellschaften wurde der Name der Deutschen Edison Gesellschaft in Allgemeine Elektricitäts-Gesellschaft umgewandelt.

Nr. 6151. A. 293. **Allgemeine Elektricitäts-Gesellschaft,** Berlin NW., Schiffbauerdamm 22. Anmeldung vom 6. 10. 94/24. 6. 92. Eintragung am 7. 5. 95. **Geschäftsbetrieb:** Herstellung und Vertrieb elektrischer und zugehöriger Maschinen, Apparate und Materialien. **Waarenverzeichniß:** Dynamomaschinen, Elektromotoren, Maschinen und Apparate mit elektrischem Antrieb, Transformatoren, Motoren für den Antrieb elektrischer Maschinen, wie Dampfmaschinen, Gas- und Petroleummotoren, Einrichtungen für elektrisch betriebene Bahnen und Schiffe, Installationsmaterial, wie Drähte, Kabel, Fassungen, Schalter, elektrische Beleuchtungsgegenstände, Meßapparate, Isolirmaterial, endlich buchhändlerische Waaren aller Art, namentlich Beschreibungen, Abhandlungen, Photographien.

75 Am 7. Mai 1895 erfolgte die Eintragung des AEG-Warenzeichens in die Warenzeichenrolle.

Seit dem Jahr 1887 und der Gründung der AEG kann von einer pluralistischen Elektroindustrie in Deutschland gesprochen werden. Innerhalb von fünf Jahren war es Emil Rathenau gelungen, die bis dahin unangefochtene Monopolstellung von Siemens & Halske zu brechen. Er hatte die Deutsche Edison Gesellschaft und die aus ihr hervorgegangene AEG zum zweitgrößten Elektrounternehmen in Deutschland aufgebaut. Emil Rathenaus persönlicher Einsatz bei den Umwandlungsverhandlungen, sein geschicktes Taktieren zwischen Werner von Siemens, Georg von Siemens und den übrigen Banken zeigen, daß er Kompromisse eingehen konnte,

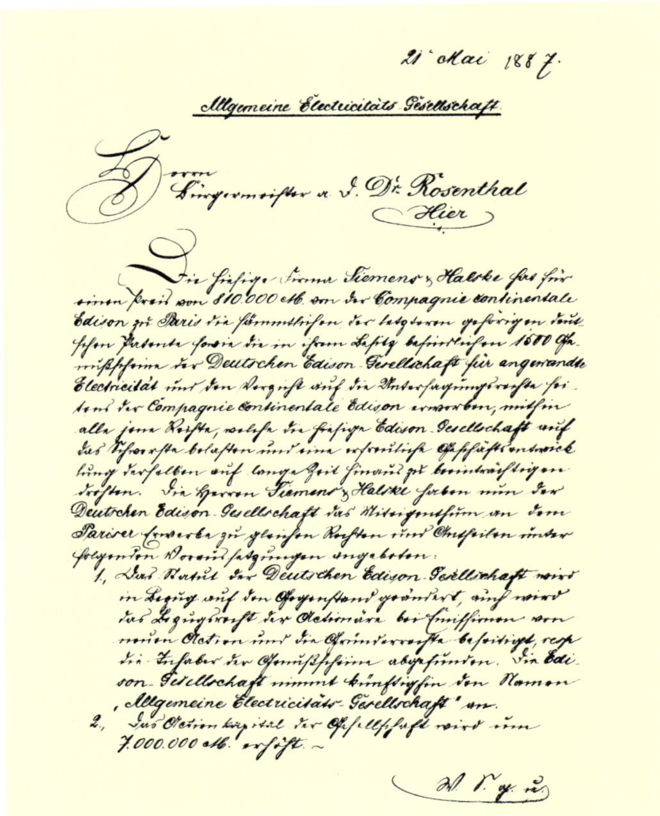
21 Mai 1887.

Allgemeine Electricitäts Gesellschaft

Herrn
Bürgermeister a. D. Dr. Rosenthal
Hier

76 Kurz nach Abschluß des neuen Vertrages faßte Georg von Siemens für Dr. Rosenthal, den Syndikus von Siemens & Halske, noch einmal die grundlegenden Bestimmungen des neuen Vertrages zusammen und bat um eine schnelle Übersendung der Annahmeerklärung.

Deutsche Bank an Rosenthal, 21. Mai 1887

Allgemeine Electricitäts-Gesellschaft

Herrn
Bürgermeister a. d. Dr. Rosenthal
Hier

Die hiesige Firma Siemens & Halske hat für einen Preis von 810.000 M. von der Compagnie continentale Edison zu Paris die sämmtlichen der letzteren gehörigen deutschen Patente sowie die in ihrem Besitz befindlichen 1500 Genußscheine der Deutschen Edison-Gesellschaft für angewandte Electricität und den Verzicht auf die Untersagungsrechte seitens der Compagnie continentale Edison erworben, mithin alle jene Rechte, welche die hiesige Edison-Gesellschaft auf das Schwerste belasten und eine erfreuliche Geschäftsentwicklung derselben auf lange Zeit hinaus zu beeinträchtigen drohten. Die Herren Siemens & Halske haben nun der Deutschen Edison-Gesellschaft das Miteigenthum an dem Pariser Erwerbe zu gleichen Rechten und Antheilen unter folgenden Voraussetzungen angeboten:

1. Das Statut der Deutschen Edison-Gesellschaft wird in Bezug auf den Gegenstand geändert, auch wird das Bezugsrecht der Actionäre bei Emissionen von neuen Actien und die Gründerrechte beseitigt, resp die Inhaber der Genußscheine abgefunden. Die Edison-Gesellschaft nimmt künftighin den Namen »Allgemeine Electricitäts-Gesellschaft« an.
2. Das Actienkapitel der Gesellschaft wird um 7.000.000 M. erhöht.
3. Die Gesellschaft verpflichtet sich, die technische Ausführung der größeren, von ihr projectirten und finanzirten Unternehmungen der Firma Siemens & Halske zu übertragen.
4. Siemens & Halske tragen zu den Kosten der Pariser Erwerbungen und zu denjenigen, die mit den oben beschriebenen Umwandlungen verbunden sind, einen Betrag von circa 270.000 M. bei.

Sollten nicht sämmtliche Genußscheine erworben werden können, so ist die Liquidation der Edison-Gesellschaft und die Bildung einer neuen Gesellschaft auf die oben erwähnte Grundlage in Aussicht genommen. Die diesbezüglichen Verträge sind sämmtlich geschlossen und werden perfect, sobald die Generalversammlung der Deutschen Edison-Gesellschaft die dazu nöthige Genehmigung gegeben hat.
Durch das Zustandekommen dieses Abkommens würde die Deutsche Edison-Gesellschaft dann frei von allen Abgaben und unbeengt in ihren ferneren Unternehmungen sein. Es würde damit ferner nicht nur eine Lösung der Verwicklung zwischen Siemens & Halske und der französischen und der Deutschen Edison-Gesellschaft bewirkt, sondern auch, nachdem die Haupthindernisse der allgemeinen Einführungen des electrischen Lichtes beseitigt sein werden, der Allgemeinen Electricitäts-Gesellschaft, welche sich einen maßgebenden Einfluß bei der Städtischen Electricitäts-Gesellschaft hierselbst gesichert hat, das weiteste Feld für electro-technische Unternehmungen, namentlich auf dem Gebiete der Lichtlieferung, eröffnet sein.
Da nun der technische und finanzielle Erfolg von Centralstationen in der letzten Zeit unzweifelhaft geworden ist, so wird dies Arrangement allerseits nur mit Freude begrüßt werden. Ein unter der Führung unserer Gesellschaft und der Firma Delbrück, Leo & Co. stehendes Consortium hat die neu auszugebenden 7.000.000 M. Actien der Allgemeinen Electricitäts-Gesellschaft al pari übernommen mit der Verpflichtung, zu den Kosten der Pariser Erwerbungen beizusteuern. Das Consortium hat hierfür circa 350.000 M. aufzuwenden. Die Actien werden mit 4 % Bauzinsen bis zum 1. Juli 1888 ausgestattet werden.
Von den 7.000.000 M. hat eine 1.000.000 M. die Firma Siemens & Halske übernommen und bleiben diese vom Verkauf ausgeschlossen. Der Rest d. h. 6.000.000 M. wird in einen Verkaufs-Syndikat gelegt, das spätestens am 1. Juli 1888 aufgelöst wird. Es wird beabsichtigt, die Actien mit einem angemessenen Agio aufzulegen.
Für die Emission gehen zu Lasten des Syndikats 1 % Provision. Wir erlauben uns Ihnen von diesem Geschäfte, falls es perfect wird, eine Betheiligung von nom M. 25.000 (Fünfundzwanzigtausend Mark) zu Originalbedingungen zuzüglich ½ % Provision mit der Maßgabe anzubieten, daß Sie sich allen Bestimmungen des Consortialvertrages zu unterwerfen haben, denen auch wir beitreten.
Wir bitten Sie, uns Ihre Annahmeerklärung baldmöglichst zukommen zu lassen und zeichnen

Hochachtungsvoll
G. Siemens ppa. Breustedt

77 Titelseite eines Kataloges aus dem Jahre 1892.

ohne sein Endziel aus den Augen zu verlieren, ein starkes und unabhängiges Unternehmen aufzubauen.

Die Eröffnungsbilanz der AEG wies noch 5 Mio. Mark als Grundkapital aus, doch wurde die Abwicklung der geplanten Kapitalerhöhung in Höhe von 7 Mio. Mark, von denen die Deutsche Bank und Delbrück & Co. zusammen 4 Mio., Sulzbach und Landau zusammen 2 Mio. und Siemens & Halske 1 Mio. Mark übernahmen, bald in Angriff genommen. Da die an dem Bankenkonsortium der AEG beteiligten Bankhäuser nicht daran interessiert waren, sich in ihren jeweiligen geschäftlichen Beziehungen zur AEG gegenseitig Konkurrenz zu machen, wurde vom Bankhaus Delbrück, Leo & Co. der Vorschlag für ein einheitliches Vorgehen unterbreitet. Der Entwurf wurde zunächst der Deutschen Bank als Konsortialführerin übersandt, bevor man sich an die anderen beteiligten Banken wandte.

Im August 1887 trat Carl Fürstenberg an Emil Rathenau und Georg von Siemens mit der Bitte um Beteiligung der Berliner Handels-Gesellschaft an dem Konsortium heran.

Ihm wurden vom Bankenkonsortium 18 Prozent,

Debet. Bilance per

An Cassa-Conto						24378	86
" Effecten-Conto.							
im Besitz u. als Caution bez. Staatsschuldscheine							
Reichsanl. + Bayr. 4 % St. Oblig.			Nom	95100			
Städtische Elektricitäts-Werke Actien			"	560000	.		
			Nom.	655100	Kurs	647498	35
" Wechsel-Conto abzügl. Diskont						59325	16
" Inventarien-Conto							
I Mobilien				12436	58		
II Büreau-Utensilien				2786	83		
III Technische Instrumente, Apparate				3837	18		
IV Bücher, Pläne, Karten				3667	20		
				22727	79		
" Modelle				7130	49		
" Werkzeuge				10140	10		
" Fabriks-Utensilien				11648	99	51647	37
" Immobilien-Conto							
a. Friedrichstr. 85							
Grundstücks-Cto	235.286.	81					
Gebäude-Cto	116.176	58		351463	39		
b. Schlegelstr. 26.							
Grundstücks-Cto	109769	76					
Gebäude-Cto	371233	69		481003	45	832466	84
" Centralstation Friedrichstr. 85						137917	04
" " Schadowstr. 9.						50102	18
" Patent-Conto Maxim Weston						3996	.
" Maschinen- + Apparate-Conto						175500	71
" Laboratorium-Anlage-Conto						8865	.
" Conto-Corrent-Conto							
a. Banquier Guthaben				1781152	59		
b. Guthaben a. Forderungen f. lfdr. Rechng.				1198027	32	2979179	91
" Waaren-Conto						338120	28
" Procefskosten-Conto						3568	03
" Fabriks-Unkosten-Conto						19746	75
" Werkstatt-Conto						31944	97
				Transport Mk		5364257	45

78 Eröffnungsbilanz der AEG zum 1. Juli 1887.

1. Juli 1887. Credit

Per Actien-Capital-Conto	5000000	
" Dividenden-Conto		
Unerhobene Dividende v. 1884	220	.
" " " 1885	75	.
" " " 1886	27100	.
" Rückstellungs-Conto	45743	15
" Reservefonds-Conto	47674	82
" Conto-Corrent-Conto Creditoren	300737	72
Transport Mk	5421550	69

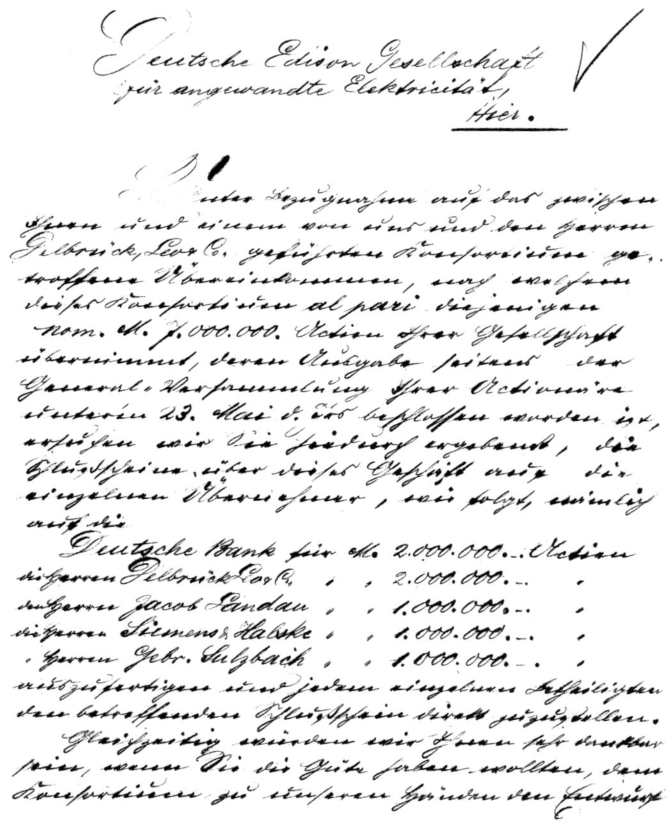

Deutsche Bank an Deutsche Edison Gesellschaft, 26. Mai 1887

Unter Bezugnahme auf das zwischen Ihnen und einem von uns und den Herren Delbrück, Leo & Co. geführten Konsortium getroffene Übereinkommen, nach welchem dieses Konsortium al pari diejenigen nom M. 7 000 000 Actien Ihrer Gesellschaft übernimmt, deren Ausgabe seitens der General-Versammlung Ihrer Actionäre unterm 23. Mai d. Jes beschlossen worden ist, ersuchen wir Sie hiedurch [sic!] ergebenst, die Schlußscheine über dieses Geschäft auf die einzelnen Übernehmer, wie folgt, nämlich auf die

Deutsche Bank	für M.	2 000 000.- Actien
die Herren Delbrück Leo & Co.	" "	2 000 000.- Actien
die Herren Jacob Landau	" "	1 000 000.- Actien
die Herren Siemens & Halske	" "	1 000 000.- Actien
" Herren Gebr. Sulzbach	" "	1 000 000.- Actien

auszufertigen und jedem einzelnen Betheiligten den betreffenden Schlußschein direkt zuzustellen.
Gleichzeitig würden wir Ihnen sehr dankbar sein, wenn Sie die Güte haben wollten, dem Konsortium zu unseren Händen den Entwurf eines von Ihnen zu vollziehenden Prospekts zu übersenden, auf Grund dessen das Konsortium mit der Emission Ihrer neuen Actien vorgehen könnte, sowie, wenn Sie ferner die Anfertigung der neuen Stücke nach Kräften beschleunigen wollten.

Hochachtungsvoll
Deutsche Bank
79 (gez.) G Siemens (gez.) pp E Breustedt

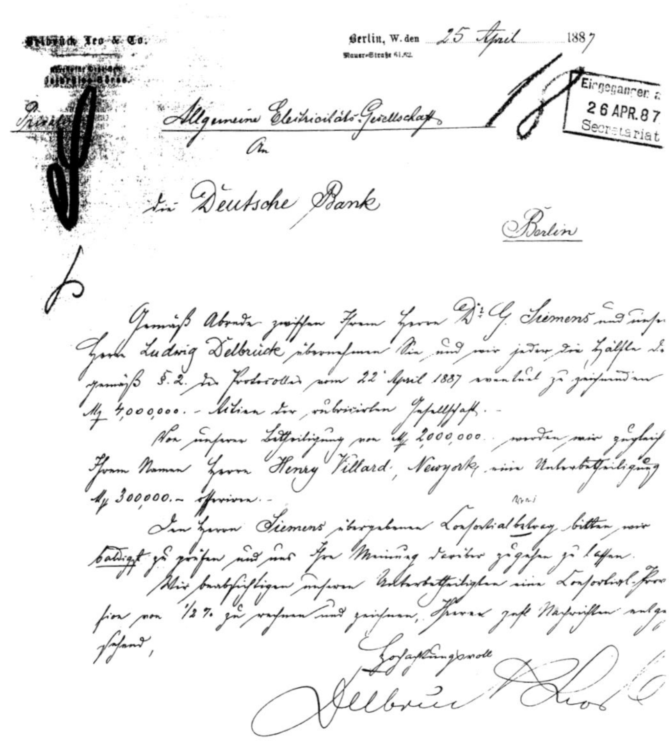

Delbrück, Leo & Co. an Deutsche Bank, 25. April 1887

Gemäß Abrede zwischen Ihrem Herrn Dr. G. Siemens und unserem Herrn Ludwig Delbrück übernehmen Sie und wir jeder die Hälfte der gemäß § 2 des Protocolles vom 22. April 1887 eventuel [sic!] zu zeichnenden M. 4 000 000,- Actien der rubricirten Gesellschaft. –
Von unserer Betheiligung von M. 2 000 000,- werden wir zugleich in Ihrem Namen Herrn Henry Villard, Newyork, eine Unterbeteiligung M. 300 000,- offeriren. –
Den Herrn Siemens übergebenen Consortialbetrag bitten wir *baldigst* zu prüfen und uns Ihre Meinung darüber zugehen zu lassen.
Wir beabsichtigen unseren Unterbetheiligten eine Consortial-Provision von ½% zu rechnen und zeichnen, Ihren gefl Nachrichten entgegensehend,

Hochachtungsvoll
80 Delbrück, Leo & Co.

79 Aufteilung der Anteile der beteiligten Bankhäuser an der Kapitalerhöhung der Deutschen Edison Gesellschaft.

80 Henry Villard, der bei den Verhandlungen über die Neufassung der Verträge als Finanzberater Edisons eine wichtige Rolle gespielt hatte, wurde eine Unterbeteiligung an der Kapitalerhöhung angeboten.

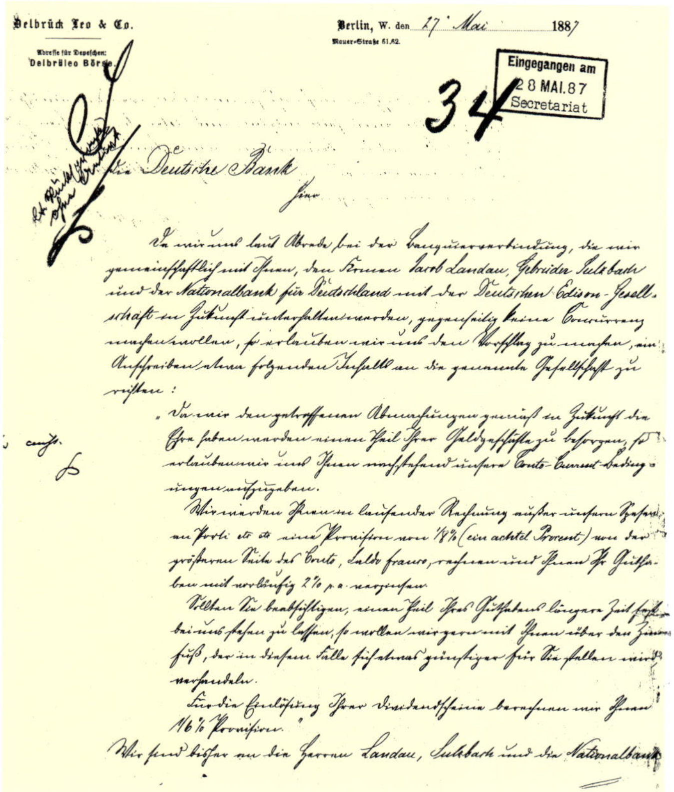
Delbrück Leo & Co.

Adresse für Depeschen: Delbrüleo Börse

Berlin, W. den 27 Mai 1887

Mauer-Straße 61.62.

Eingegangen am 28 MAI.87 Secretariat

34

81 Um gegenseitige Konkurrenz zu vermeiden, vereinbarten die an dem AEG Konsortium beteiligten Banken einheitliche Geschäftskonditionen gegenüber der AEG.

Delbrück Leo & Co. an Deutsche Bank, 27. Mai 1887

Da wir uns laut Abrede bei der Banquierverbindung, die wir gemeinschaftlich mit Ihnen, den Firmen Jacob Landau, Gebrüder Sulzbach und der Nationalbank für Deutschland mit der Deutschen Edison-Gesellschaft in Zukunft unterhalten werden, gegenseitig keine Concurrenz machen wollen, so erlauben wir uns den Vorschlag zu machen, ein Anschreiben folgenden Inhalts an die genannte Gesellschaft zu richten:

»Da wir den getroffenen Abmachungen gemäß in Zukunft die Ehre haben werden einen Theil Ihrer Geldgeschäfte zu besorgen, so erlauben wir uns Ihnen nachstehend unsere Conto-Current-Bedingungen aufzugeben.

Wir werden Ihnen in laufender Rechnung außer unseren Spesen an Porti etc etc eine Provision von ⅛% (ein achtel Procent) von der größeren Seite des Conto, Saldo franco, rechnen und Ihnen Ihr Guthaben mit vorläufig 2% p. a. verzinsen.

Sollten Sie beabsichtigen, einen Theil Ihres Guthabens längere Zeit fest bei uns stehen zu lassen, so wollen wir gern mit ihnen über den Zinsfuß, der in diesem Falle sich etwas günstiger für Sie stellen wird, verhandeln. Für die Einlösung Ihrer Dividendenscheine berechnen wir Ihnen ⅙% Provision.«

Wir sind bisher an die Herren Landau, Sulzbach und die Nationalbank mit diesem Vorschlage noch nicht herangetreten, weil wir zunächst mit ihnen darüber einig sein möchten; und bitten Sie um Ihren gefl Bescheid, ob Sie mit den Bedingungen einverstanden sind. Ähnliche Bedingungen würden wir auch mit den Städtischen Electricitäts-Werken zu vereinbaren proponiren.

Hochachtungsvoll
Delbrück Leo & Co.

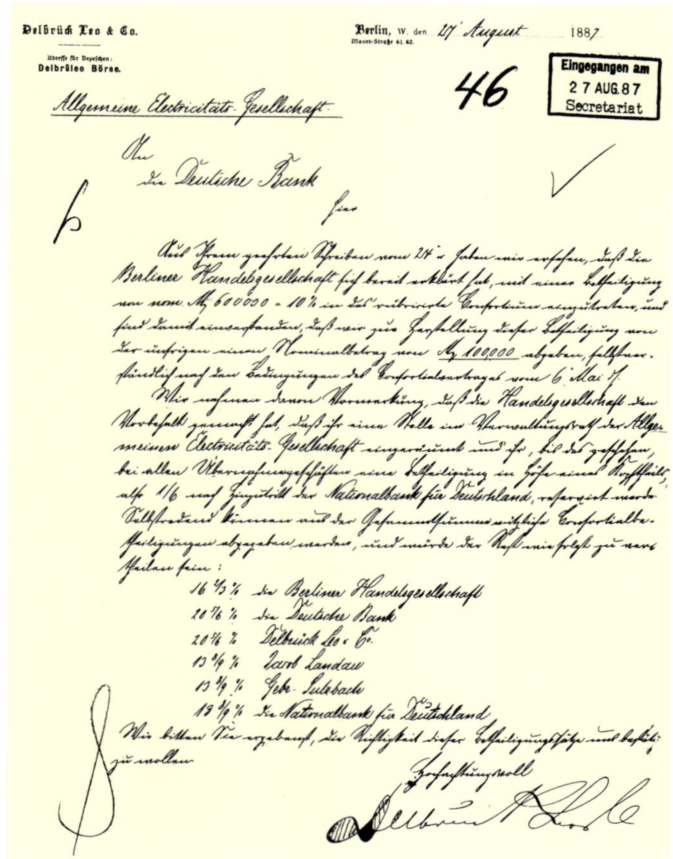
Delbrück Leo & Co.

Adresse für Depeschen: Delbrüleo Börse.

Berlin, W. den 27 August 1887

Mauer-Straße 61.62.

Eingegangen am 27 AUG.87 Secretariat

46

82 1887 trat die Berliner Handels-Gesellschaft, die nach dem Austritt der Deutschen Bank aus dem Finanzkonsortium der AEG im Jahre 1897 deren Rolle als Hausbank übernahm, in das AEG Konsortium ein.

Delbrück Leo & Co. an Deutsche Bank, 27. August 1887

Aus Ihrem geehrten Schreiben vom 24. cr haben wir ersehen, daß die Berliner Handelsgesellschaft sich bereit erklärt hat, mit einer Betheiligung von nom. M. 600 000 = 10% in das rubricirte Consortium einzutreten, und sind damit einverstanden, daß wir zur Herstellung dieser Betheiligung von der unsrigen einen Nominalbetrag von *M. 100 000* abgeben, selbstverständlich nach den Bedingungen des Consortialvertrages vom 6. Mai d. J.

Wir nehmen davon Vormerkung, daß die Handelsgesellschaft den Vorbehalt gemacht hat, daß ihr eine Stelle im Verwaltungsrath der Allgemeinen Electricitäts-Gesellschaft eingeräumt und ihr, bis das geschehen, bei allen Übernahmegeschäften eine Betheiligung in Höhe eines Kopftheils, also $\frac{1}{6}$ nach Hinzutritt der Nationalbank für Deutschland, reservirt werde. Selbstredend können aus der Gesamtsumme nützliche Consortialbetheiligungen abgegeben werden, und würde der Rest wie folgt zu vertheilen sein:

$16\frac{2}{3}$%	die Berliner Handelsgesellschaft
$20\frac{5}{6}$%	die Deutsche Bank
$20\frac{5}{6}$%	Delbrück Leo & Co.
$13\frac{8}{9}$%	Jacob Landau
$13\frac{8}{9}$%	Gebr. Sulzbach
$13\frac{8}{9}$%	die Nationalbank für Deutschland

Wir bitten Sie ergebenst, die Richtigkeit dieser Betheiligungssätze uns bestätigen zu wollen.

Hochachtungsvoll
Delbrück Leo & Co.

d. h. 600000 Mark, zugesagt. Unterbeteiligungen boten die Zeichner der größten Aktienpakete Bürgermeister Rosenthal und Henry Villard an.

Am 30. September 1887 vereinbarten die Bankhäuser Deutsche Bank, Berliner Handels-Gesellschaft, Delbrück Leo & Co., Jacob Landau und Gebrüder Sulzbach vertraglich, 6 Mio. Mark des Aktienkapitals der Allgemeinen Elektricitäts-Gesellschaft gemeinschaftlich zu verkaufen. Die Führung des Syndikats übernahmen die Deutsche Bank und das Bankhaus Delbrück Leo & Co.

Am gleichen Tag verpflichtete sich die AEG dem Bankenkonsortium gegenüber, alle Bankiergeschäfte, insbesondere aber die Emission ihrer Aktien, nur dann bei anderen Bankhäusern vorzunehmen, wenn das Konsortium seinerseits auf den Abschluß des Geschäftes verzichtete. Die Beteiligung der Banken an solchen Geschäften war wie folgt aufgeschlüsselt:

Deutsche Bank und Delbrück, Leo & Co. zusammen	47,5 %
Berliner Handels-Gesellschaft	15 %
Nationalbank für Deutschland	12,5 %
Jacob Landau	12,5 %
Gebrüder Sulzbach	12,5 %

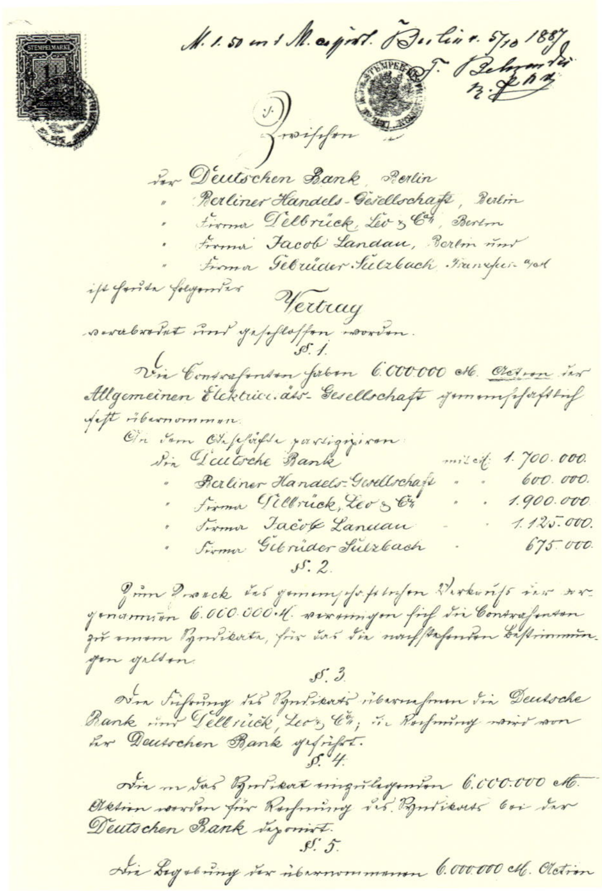
M. 1.50 [illegible] Berlin 5/10 1887 [illegible]

Zwischen

der Deutschen Bank, Berlin
" Berliner Handels-Gesellschaft, Berlin
" Firma Delbrück, Leo & Co, Berlin
" Firma Jacob Landau, Berlin und
" Firma Gebrüder Sulzbach, Frankfurt a/M

ist heute folgender

Vertrag

verabredet und geschlossen worden.

§. 1.

Die Contrahenten haben 6.000.000 M. Actien der Allgemeinen Electricitäts-Gesellschaft gemeinschaftlich fest übernommen.

An dem Geschäfte participiren

die Deutsche Bank	mit M. 1.700.000.
" Berliner Handels-Gesellschaft	" 600.000.
" Firma Delbrück, Leo & Co	" 1.900.000
" Firma Jacob Landau	" 1.125.000.
" Firma Gebrüder Sulzbach	" 675.000.

§. 2.

Zum Zweck des gemeinschaftlichen Verkaufs der übernommenen 6.000.000 M. vereinigen sich die Contrahenten zu einem Syndikate, für das die nachstehenden Bestimmungen gelten.

§. 3.

Die Führung des Syndikats übernehmen die Deutsche Bank und Delbrück, Leo & Co; die Rechnung wird von der Deutschen Bank geführt.

§. 4.

Die in das Syndikat eingelegten 6.000.000 M. Aktien werden für Rechnung des Syndikats bei der Deutschen Bank deponirt.

§. 5.

Die Begebung der übernommenen 6.000.000 M. Actien

83 Syndikatsvertrag der Konsortialbanken vom 30. September 1887 (vollständige Transkription im Anhang, S. 240).

Die Dauer des Vertrages war auf den 1. Januar 1890 beschränkt. Entsprechend der neuen Kräfteverteilung im erweiterten Bankenkonsortium änderte sich die Zusammensetzung des Aufsichtsrates. Er besaß nun insgesamt elf Mitglieder, unter ihnen Georg von Siemens und Carl Klönne von der Deutschen Bank und Arnold von Siemens und Bürgermeister Rosenthal von Siemens & Halske. Den Vorsitz führte Adalbert Delbrück, stellvertretender Vorsitzender war Rudolph Sulzbach.

*** Allgemeine Elektrizitäts-Gesellschaft, Berlin.** Auf diese Emission zurückkommend, haben wir zunächst auf den Inhalt des Prospektes selbst zu verweisen, welcher über die Ablösung der Allgemeinen Elektrizitäts-Gesellschaft (früher Deutsche Edison-Gesellschaft) von den ihr bisher durch Vertrag mit der Compagnie Continentale Edison in Paris aufgelegten Fesseln eingehend Auskunft gibt und zugleich durch Abdruck der Bilanz des alten Unternehmens per 1. Juli d. J., sowie durch eine Zusammenstellung der seit Errichtung des Instituts erzielten Gewinne und ihrer Verwendung auch den ziffermäßigen Ueberblick wesentlich erleichtert. Da das Unternehmen, seine bisherigen Abschlüsse, sowie die in diesem Jahre vorgenommenen tiefgreifenden Veränderungen s. Z. an dieser Stelle eingehend besprochen wurden, bleibt uns wenig hinzuzufügen. Indem die Gesellschaft von dem Pariser Unternehmen sich zu trennen vermochte, hat sie beachtenswerthe Vortheile erzielt: sie ist nunmehr frei von bisher zu leistenden Patentabgaben, die bisherige Beschränkung auf das Edison-System fällt weg, ebenso die Begrenzung auf Deutschland, und sie hat zugleich auch die Genußscheine abgelöst, welche zwar bisher Nichts erhielten, bei größeren Gewinnen aber erheblichen Anspruch zu machen hätten. Die deutschen Patente Edison's sind gleichzeitig von der Gesellschaft im Vereine mit der Firma Siemens & Halske erworben worden und bilden gemeinsames Eigenthum zu gleichen Rechten und Antheilen. Der Prospekt fügt hinzu, daß „in Bezug auf diese Patente zum Zwecke ersprießlichen Zusammenwirkens ein Abkommen getroffen worden ist"; er sagt indeß Nichts über dessen Inhalt. Zu den ℳ 809,000, welche für die Ablösung von Paris gezahlt werden mußte, haben Siemens & Halske ℳ 270,000 beigetragen, ferner das für Uebernahme der neuen Aktien gebildete Konsortium ℳ 369,000, endlich hatte die Gesellschaft selbst rund ℳ 298,000 aufzubringen, und zwar durch Verzicht auf ℳ 172,986, welche bereits an Vorschüssen auf Patentabgaben abbezahlt waren, sowie durch Einlösung der sämmtlichen 125 Genußscheine mit ℳ 125,000. Dafür wurde die Reserve verwendet, und man hat ferner die 1886er Dividende des alten Aktienkapitals, welche sich auf 6 pCt. gestellt hätte, auf nur 4 pCt. reduzirt. Das Institut hat bisher mit ℳ 5 Mill. Kapital gearbeitet und auch dieses nur zum Theil gebraucht. Abgesehen von den ℳ 560,000, die nach der letzten Bilanz in Aktien der Städtischen Elektrizitätswerke angelegt waren, und abgesehen weiter von rund ℳ 1.2 Mill. Debitoren, hatte das Institut bei Bankiers noch ℳ 1.68 Mill. zur Verfügung. Wenn trotzdem die Erhöhung des Aktienkapitals um weitere ℳ 7 Mill. beschlossen wurde, von denen ℳ 1 Mill. durch Siemens u. Halske übernommen und vom Verkaufe ausgeschlossen sind, die restlichen ℳ 6 Mill. aber jetzt zur Begebung gelangen, so geschieht dies einerseits in Rücksicht auf ein neues, für 10 Jahre abgeschlossenes Abkommen mit den Berliner Elektrizitätswerken, wonach fortan die Direktion der Allgemeinen Elektrizitäts-Gesellschaft zugleich den Vorstand der Berliner Werke bildet, ferner außer ihrem Besitz von ℳ 0.56 Mill. Aktien der letzteren noch weitere ℳ $1^1/_2$ Mill. derselben übernommen hat und endlich den Berliner Werken für Ausführung der übernommenen Bauten ℳ 3 Mill. gegen al pari auszugebende, mit 105 rückzahlbare $4^1/_2$proc. Obligationen zur Verfügung stellt; andererseits in der Absicht, die bisher auf Installationen, Lizenzertheilung und Lampenfabrikation beschränkte Thätigkeit der Allgemeinen Elektrizitäts-Gesellschaft fortan auch auf die Fabrikation von Dynamomaschinen, Elektromotoren etc. auszudehnen. In ihrer bisherigen Thätigkeit hat die Gesellschaft nicht so große Erfolge zu erzielen vermocht, als man bei ihrer Gründung sich versprach; immerhin zeigen die im Prospekte zusammengestellten Gewinnziffern ein merkliches Anwachsen. Die Dividende, welche für 1883 und 1884 auf je 4 pCt. beschränkt war, hatte 1885 5 pCt. betragen und wäre 1886 6 pCt. geworden, wenn man nicht aus den schon erwähnten Gründen stärkere Rückstellung vorgezogen hätte. Der Brutto-Gewinn selbst ist von 1883 auf 1884, sowie von 1884 auf 1885 erheblich, dagegen von 1885 zu 1886 kaum gestiegen, doch erscheint nicht zweifelhaft, daß auch im letzten Jahre die Geschäftsausdehnung des Unternehmens zugenommen hat, obgleich die Verwaltung beständig darüber klagte, daß ihre Thätigkeit durch den Pariser Vertrag allzusehr restringirt werde. Es ist auch bekannt, daß die elektrische Beleuchtung in neuester Zeit überall und namentlich in Berlin wesentlich an Terrain gewonnen hat, und so wäre kaum zu bezweifeln, daß die Gesellschaft, wenn sie auf den bisherigen Grundlagen geblieben wäre, weitere und wahrscheinlich für das bisherige Aktienkapital beträchtliche Fortschritte gemacht haben würde. Welche Entwickelung sie auf der jetzt angebahnten und so wesentlich erweiterten Basis nehmen wird, das kann natürlich erst die Zukunft zeigen. Indeß geht die Verwaltung an ihre neuen und größeren Aufgaben naturgemäß mit weit reicheren Erfahrungen und mit besser geschulten Kräften heran, als vor vier Jahren bei Errichtung der Deutschen Edison-Gesellschaft der Fall gewesen ist.

84 Bericht im Handelsblatt der Frankfurter Zeitung, in der die Umwandlung und Kapitalerhöhung der AEG kommentiert wird.

PROSPECT.

Subscription

auf

nom. M. 6.000.000 neue Actien

der

Allgemeinen Elektricitäts Gesellschaft.

Die **Allgemeine Elektricitäts Gesellschaft** ist aus der Deutschen Edison-Gesellschaft für angewandte Elektricität hervorgegangen, welche im Jahre 1883 mit einem Kapital von 5.000.000 Mark und mit dem Sitze in Berlin gegründet wurde, um Edison's Deutsche Reichspatente betreffend die Anwendung, Vertheilung und Messung der Elektricität für Beleuchtung und Kraftübertragung gewerblich auszunutzen. Das Recht hierzu hatte die Deutsche Edison-Gesellschaft von der Compagnie Continentale Edison in Paris gegen Zahlung gewisser Licenzgebühren erworben, welche — soweit sie sich auf die in Benutzung genommenen oder verkauften Glühlampen erstreckten — eine dauernd wiederkehrende, von Jahr zu Jahr mit dem erweiterten Absatz sich steigernde Abgabe bildeten. Auf diese Abgabe hatte die Deutsche Edison-Gesellschaft vorschussweise 350.000 M. der Compagnie Continentale Edison in Paris gezahlt und ihr ausserdem von 2500 Stück Genussscheinen 1500 Stück für die Ueberlassung obiger Rechte gewährt, während 1000 Stück den ersten Zeichnern des Aktienkapitals der Deutschen Edison-Gesellschaft zugetheilt worden waren. Die der letzteren durch das Vertragsverhältniss zu der Compagnie Continentale Edison obliegenden Lasten, welche für Mitbenutzung der Patente in entsprechend grösserer Höhe von der Firma Siemens & Halske zu tragen waren,

Für die Städtischen Elektrizitätswerke bedeuteten die neuen Verträge eine sehr enge Anbindung an die AEG. Diese erklärte sich bereit, die für den Bau der neuen Zentralstationen notwendigen Mittel aus der eigenen Kapitalerhöhung zu finanzieren und die Betriebsführung der Stationen zu übernehmen. Voraussetzung hierfür war die Ablösung von Geheimrat Ludewig und die Leitung der Städtischen Elektrizitätswerke durch den Vorstand der AEG in Personalunion. Die Verwaltung beider Unternehmen wurde zusammengelegt und der Name der Städtischen Elektrizitätswerke in »Berliner Elektricitäts-Werke« (BEW) abgeändert. Siemens & Halske, für die die Elektrizitätswerke indirekt einen Großabnehmer von Installationsmaterial und Beleuchtungsanlagen darstellten, wünschten einerseits auf techni-

85 Prospekt über die am 25. Oktober 1887 zur Zeichnung aufliegenden Junge Aktien der AEG im Nominalwert von 6 Mio. Mark (vollständiger Abdruck im Anhang, S. 241).

Berlin den 26. Juni 1888.

Geehrter Herr.

Jn der Voraussetzung dass Jhnen die Vorschläge gegenwärtig seien, welche in meinem Schreiben vom 14.d.Mts. an Herrn Dr. Georg Siemens niedergelegt sind, erlaube ich mir, auf unsere Rücksprache Bezug nehmend, dieselben nach verschiedenen Richtungen zu erweitern.

1,) würden wir, da Sie auf die Lieferung der Kabel für die Berliner Elektricitäts-Werke einen ihrer Bedeutung entsprechenden Werth legen, uns auch dafür stark machen, dass Jhnen diese ausschliesslich gewahrt bleibt. Die der Allgemeinen Elektricitäts Gesellschaft hierfür Seitens der Berliner Elektricitäts Werke vertragsmässig zustehenden Vergütigungen würden unter entsprechendem Zusclage zu den Preisen von Jhnen entrichtet werden.

2,) würden wir, da Sie der Direction fern zu bleiben, aber doch massgeblichen Einfluss auf die technische Gestaltung des Unternehmens zu haben wünschen, uns mit Jhnen und den Berliner Elektricitäts-Werken dahin verständigen:

"Eine ständige Commission, bestehend aus je zwei Mitgliedern Jhrer Firma und der Allgemeinen Elektricitäts-Gesellschaft bildet einen beständigen technischen Beirath der Berliner Elektricitäts-Werke nach dessen Jnstruktionen Neubauten und Erweiterungen der Stationen ausgeführt werden. Falls eine Einigung unter den Commissaren nicht erzielt wird, entscheidet mit verbindlicher Kraft Herr Geheimrath Dr. Werner von Siemens."

3,) Um Jhnen einen dauernden Einfluss auf das Unternehmen zu sichern, wird der Vertrag bis zur Auflösung der Berliner Elektricitäts-Werke bezw. Uebernahme durch die Stadtbehörde ausgedehnt.

Jm Uebrigen bleiben die Verhältnisse, welche Sie durch den Vertrag der Allgemeinen Elektricitäts-Gesellschaft mit den Berliner Elektricitäts-Werken inzwischen kennen gelernt haben, bestehen.

Jch bin zur Fortführung der Verhandlungen zur Verfügung und zeichne

Mit vorzüglicher Hochachtung

gez. E. Rathenau

Herrn
Wilhelm von Siemens
Hochwohlgeboren
hier.

86 Um Siemens & Halske den von ihnen gewünschten Einfluß auf die Leitung der Berliner Elektrizitätswerke zu sichern, bot Emil Rathenau an, einen paritätisch besetzten technischen Beirat für das umgewandelte Unternehmen zu schaffen.

sche Entscheidungen im Unternehmen Einfluß nehmen zu können, wollten sich andererseits an der Leitung der Elektrizitätswerke jedoch nicht beteiligen. Rathenau bot daher an, einen technischen Beirat zu schaffen, der paritätisch von der AEG und Siemens & Halske besetzt werden sollte.
1888 legten die Berliner Elektricitäts-Werke in einem neuen Vertrag mit dem Magistrat der Stadt die Bedingungen für den Bau der gewünschten zwei neuen Zentralen sowie der damit verbundenen Erweiterung des Versorgungsnetzes fest. Der Ausbau sollte bis zum 1. Oktober 1892 abgeschlossen sein. Gleichzeitig wurde das bisherige Installationsmonopol der Berliner Elektricitäts-Werke aufgehoben. Dieses hatte das Unternehmen berechtigt, nur solche Anschlüsse zwingend mit Strom zu beliefern, die in seiner Regie oder in seinem Auftrag ausgeführt worden waren.

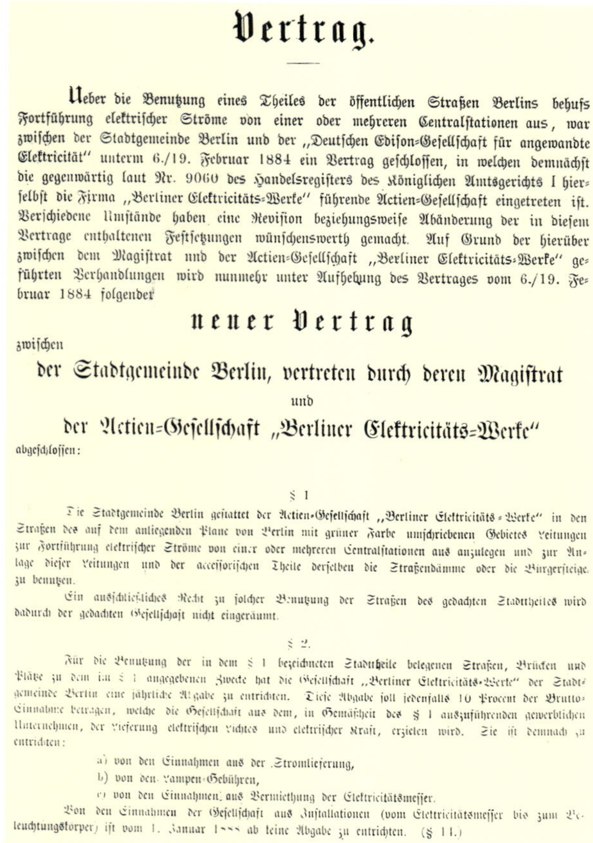

Vertrag.

Ueber die Benutzung eines Theiles der öffentlichen Straßen Berlins behufs Fortführung elektrischer Ströme von einer oder mehreren Centralstationen aus, war zwischen der Stadtgemeinde Berlin und der „Deutschen Edison-Gesellschaft für angewandte Elektricität" unterm 6./19. Februar 1884 ein Vertrag geschlossen, in welchen demnächst die gegenwärtig laut Nr. 9060 des Handelsregisters des Königlichen Amtsgerichts I hierselbst die Firma „Berliner Elektricitäts-Werke" führende Actien-Gesellschaft eingetreten ist. Verschiedene Umstände haben eine Revision beziehungsweise Abänderung der in diesem Vertrage enthaltenen Festsetzungen wünschenswerth gemacht. Auf Grund der hierüber zwischen dem Magistrat und der Actien-Gesellschaft „Berliner Elektricitäts-Werke" geführten Verhandlungen wird nunmehr unter Aufhebung des Vertrages vom 6./19. Februar 1884 folgender

neuer Vertrag

zwischen

der Stadtgemeinde Berlin, vertreten durch deren Magistrat

und

der Actien-Gesellschaft „Berliner Elektricitäts-Werke"

abgeschlossen:

§ 1

Die Stadtgemeinde Berlin gestattet der Actien-Gesellschaft „Berliner Elektricitäts-Werke" in den Straßen des auf dem anliegenden Plane von Berlin mit grüner Farbe umschriebenen Gebietes Leitungen zur Fortführung elektrischer Ströme von einer oder mehreren Centralstationen aus anzulegen und zur Anlage dieser Leitungen und der accessorischen Theile derselben die Straßendämme oder die Bürgersteige zu benutzen.

Ein ausschließliches Recht zu solcher Benutzung der Straßen des gedachten Stadttheiles wird dadurch der gedachten Gesellschaft nicht eingeräumt.

§ 2.

Für die Benutzung der in dem § 1 bezeichneten Stadttheile belegenen Straßen, Brücken und Plätze zu dem im § 1 angegebenen Zwecke hat die Gesellschaft „Berliner Elektricitäts-Werke" der Stadtgemeinde Berlin eine jährliche Abgabe zu entrichten. Diese Abgabe soll jedenfalls 10 Procent der Brutto-Einnahme betragen, welche die Gesellschaft aus dem, in Gemäßheit des § 1 auszuführenden gewerblichen Unternehmen, der Lieferung elektrischen Lichtes und elektrischer Kraft, erzielen wird. Sie ist demnach zu entrichten:

a) von den Einnahmen aus der Stromlieferung,
b) von den Lampen-Gebühren,
c) von den Einnahmen aus Vermiethung der Elektricitätsmesser.

Von den Einnahmen der Gesellschaft aus Installationen (vom Elektricitätsmesser bis zum Beleuchtungskörper) ist vom 1. Januar 1888 ab keine Abgabe zu entrichten. (§ 11.)

87 Die neuen Verträge hatten weitreichende Auswirkungen auch auf die Städtischen Elektrizitätswerke. Sie erhielten nicht nur neues Kapital für die Finanzierung der notwendigen Investitionen, sondern auch eine neue Geschäftsführung und einen neuen Namen. Die Leitung der nun »Berliner Elektricitäts-Werke« genannten Stadtwerke wurde der AEG übertragen und mit der Stadt Berlin ein neuer Vertrag geschlossen.

88 Die Bogenlampen verdrängten die alte Gasbeleuchtung in immer stärkerem Maße aus den großen Straßen und von den Plätzen der Reichshauptstadt Berlin, wie hier »Unter den Linden« nahe dem Brandenburger Tor.

89 u. 90 Zur Hebung des Kraftstromverbrauches und um eine bessere Auslastung der Elektrizitätswerke am Tage zu erreichen, propagierte die AEG in Werbeanzeigen und -broschüren die zahlreichen Anwendungsmöglichkeiten von Haushaltsmotoren und stellte im Unternehmen produzierte elektrische Haushaltsgeräte vor.

Elektrische Heiz- u. Koch-Apparate.
Selbsttätige Kaffeemaschine.
Kochkanne.
Wasserkessel.
Bratpfanne
Fleischrost.
Elegante Ausstattung.
Bequeme Handhabung.
Zigarrenanzünder, elegante Ausführung.
Zigarrenanzünder, einfache Ausführung.
Eierkocher.
Ofen.
Brennscherenwärmer.
Allgemeine Elektricitäts-Gesellschaft, Berlin.

Nach Regelung der vertraglichen Fragen ging der Ausbau der Berliner Elektrizitätsversorgung zügig voran. Im Oktober 1888 flammten zum ersten Mal 104 Bogenlampen in der Straße »Unter den Linden« auf und im selben Jahr nahm Rathenau die Lösung eines Problems in Angriff, das sich seit Inbetriebnahme des zweiten Kraftwerks in der Mauerstraße im Jahre 1886 stellte: die Auslastung der Maschinen am Tage. Trotz Propaganda für den Einsatz von elektrischen Haushaltsgeräten und vor allem von elektrischen Motoren zu Gewerbe- und Industrie-

91 Auch für gewerbliche Zwecke ließen sich Elektromotoren in vielfältiger Weise verwenden, wie die AEG in Informationsblättern deutlich machte (vollständiger Abdruck im Anhang, S. 247).

Allgemeine Elektricitäts-Gesellschaft, Berlin.

Elektromotoren.

Wie grosse Dienste die Elektricität dem Verkehr, der Hygiene und vielen Zweigen des wirthschaftlichen und gewerblichen Lebens geleistet und welche Erwartungen man auf die Fortentwickelung dieser Naturkraft setzen mag, eine vornehmere Aufgabe, als die Ausgestaltung der Triebkraft wird sie schwerlich lösen.

Die Benutzung des elektrischen Stromes als treibende Kraft ist nicht neu, schon beim Telegraphen tritt sie in die Erscheinung, wenngleich dort ihre mechanische Arbeitsleistung so minutiös ist, dass sie an Zartheit nur von der im Telephon übertroffen wird. Es wäre aber ein Irrthum, wollte man diese feinen Kräfte als das eigentliche Gebiet der Elektricität und ihre Verwendung zur groben Arbeit, wie sie Dampf, Wasser und Wind bisher verrichteten, für weniger aussichtsvoll betrachten. Denn schon verwandeln Wasserkräfte, die Jahrhunderte hindurch fruchtlos geblieben waren, ihre Energie in elektrischen Strom zur Fernleitung in die Stätten des Arbeitsfleisses, ersetzen elektrische Locomotiven die Zugkraft der Pferde und des Dampfes, Fabriken, welche durch das elektrische Licht mit den vollendeten Eigenschaften der Dynamomaschinen vertraut geworden sind, die Wellenleitungen mit ihren zahllosen Rädern, Riemen, Lagern und Kuppelungen, welche nicht selten den Heerd von Störungen und Gefahren bildeten, durch Elektromotoren. Und wie bald wird die Landwirthschaft dieser Naturkräfte sich bedienen, nachdem sie die Stromerzeugungsmaschinen als Werkzeuge der Nachtarbeit sich nutzbar zu machen angefangen hat! Freilich werden die Locomobilen damit nicht verschwinden, wenn auch in vielen Fällen die müssige Dampfmaschine der Zuckerfabrik oder Brennerei, oder das Wasserrad der benachbarten Mühle die Dreschtrommel und den Pflug bewegen werden, namentlich so lange die Dynamomaschine für die künstliche Beleuchtung entbehrlich ist.

Auch dem Hause und der Familie wird die Elektricität dienstbar werden und weder Waarenpaläste noch vornehme Wohnhäuser werden auf die Annehmlichkeiten von Aufzügen für Güter oder Personen verzichten, wenn statt kostspieliger und voluminöser Maschinen der einfache automatische Elektromotor dafür Verwendung findet.

Die künstliche, bisher leider auf Restaurants, Theater- und Concertlocale beinahe ausschliesslich beschränkte Lufterneuerung, wird in comfortablen Wohnräumen ein Bedürfniss wie die Heizung werden, wenn diesen ohne Umstände für wenige Pfennige kühle und frische Luft bei Tag und Nacht zuzuführen ist.

92 Nach der Zusammenlegung der Verwaltungen zog die AEG mit ihren Büroräumen in das repräsentative Gebäude der Berliner Elektrizitätswerke am Schiffbauerdamm. Emil Rathenau und Felix Deutsch sowie Paul Mamroth richteten sich mit ihren Familien dort auch Wohnungen ein.

zwecken kam die Durchsetzung von Strom als Kraftquelle nur langsam voran. 1888 waren erst 25 elektrische Motoren an das Versorgungsnetz angeschlossen und Emil Rathenau versuchte nun, neue Abnehmer zu gewinnen, indem er den Tarif für Kraftstrom um 25 Prozent senkte. Diese Maßnahme zeigte Erfolg, und in den folgenden Jahren wurden die Strompreise sowohl für die private wie die gewerbliche Nutzung noch mehrfach gesenkt. 1890 schuf Rathenau zur Hebung des Kraftstromverbrauchs die Möglichkeit, Elektromotoren zu mieten, um so den Abnehmern die hohen Anschaffungskosten zu ersparen. Auch diese Maßnahme zog neue Abnehmer an, und das Versorgungsnetz der Berliner Elektricitäts-Werke wurde in Absprache mit der Stadtverwaltung kontinuierlich weiter ausgebaut. Die Zahl der Kraftwerke blieb jedoch bis 1898 auf vier beschränkt.

Die Lösung bzw. Lockerung der hemmenden Vertragsbestimmungen und die verbreiterte finanzielle Basis des Unternehmens – auch wenn der weitaus größte Teil der Kapitalerhöhung für den Ausbau der Berliner Elektricitäts-Werke eingesetzt wurde – stellten Rathenau vor große Aufgaben. Die unternehmerische Neuordnung hatte in den folgenden Jahren eine in alle Richtungen expansive Geschäftspolitik zur Folge. Voraussetzung hierfür war die Ausweitung der Produktion, für die die Fabrik in der Schlegelstraße nicht genügend Raum bot. Folglich kaufte die AEG 1887 die Weddingsche Maschinenfabrik, die ein Gelände von 11 000 m² zwischen der Acker-, Feld-, Hussiten- und Hermsdorfer Straße umfaßte. Die dort errichtete neue Fabrik für Maschinenbau war Anfang 1888 fertiggestellt und 100 Arbeiter nahmen die Produktion auf. Das Produktionsprogramm umfaßte sämtliche Maschinen, Apparate und Leitungen, die zur Erzeugung, Verteilung und zum Konsum von elektrischem Strom erforderlich waren; also vor allem Dampfmaschinen, Dynamomaschinen, Elektromotoren, Fahrzeuge, Hebevorrichtungen, Pumpen, Gebläse und jede Art von Installationsmaterial.

Das Wachstum des Unternehmens machte schon 1891 und 1892 umfangreiche Neubauten auf dem neuen Gelände notwendig. In der Schlegelstraße entstand Raum für eine Erweiterung der Fabrikation durch die Verlegung der Büroräume der AEG an die Adresse Schiffbauerdamm 22 im Jahre 1890. In diesem repräsentativen Gebäude der Berliner Elektricitäts-Werke bezogen Emil Rathenau und seine engsten Mitarbeiter Felix Deutsch und Paul Mamroth sowie deren Familien auch privat Wohnung. Oskar von Miller hatte bereits zum Ende des vorhergehenden Jahres die AEG verlassen, da der Vertrag von 1887 der AEG zwar weitgehende Freiheit auf dem Fabrikationssektor und in der internationalen Ausdehnung ihrer Geschäftstätigkeit gebracht hatte, der Kraftwerksbau dagegen, das besondere Interessengebiet von Oskar von Miller, weiterhin Beschränkungen unterworfen blieb. Miller sah für sich keine Möglichkeit, weiter in der AEG tätig zu sein. Er schied Ende 1889 aus der

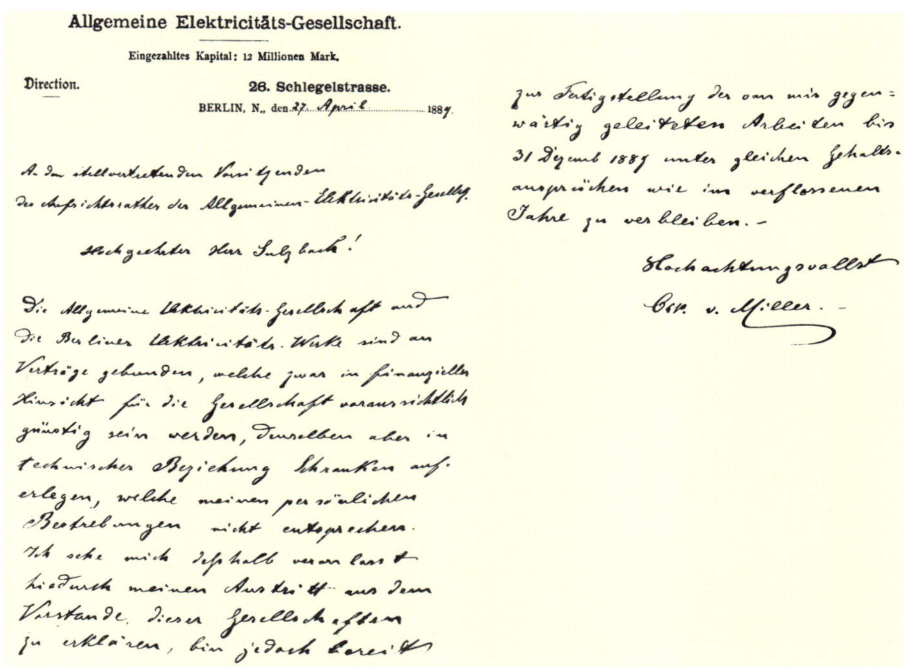
Allgemeine Elektricitäts-Gesellschaft.

Eingezahltes Kapital: 12 Millionen Mark.

Direction.

26. Schlegelstrasse.

BERLIN, N., den 27. April 1889.

An den stellvertretenden Vorsitzenden des Aufsichtsrathes der Allgemeinen-Elektricitäts-Gesellsch.

Hochgeehrter Herr Sulzbach!

Die Allgemeine Elektricitäts-Gesellschaft und die Berliner Elektricitäts-Werke sind an Verträge gebunden, welche zwar in finanzieller Hinsicht für die Gesellschaft voraussichtlich günstig sein werden, denselben aber in technischer Beziehung Schranken auferlegen, welche meinen persönlichen Bestrebungen nicht entsprechen. Ich sehe mich deßhalb veranlasst hiedurch meinen Austritt aus dem Vorstande dieser Gesellschaften zu erklären, bin jedoch bereit zur Fertigstellung der von mir gegenwärtig geleiteten Arbeiten bis 31 Dezemb 1889 unter gleichen Gehaltsansprüchen wie im verflossenen Jahre zu verbleiben.–

Hochachtungsvollst

Osk. v. Miller.–

93 Oskar von Millers faßte 1889 den Entschluß, aus der AEG auszuscheiden, da die Verträge von 1887 das Unternehmen im Kraftwerksbau, dem Spezialgebiet von Oskar von Miller, weiterhin einschränkten.

94 Taschen-Stadtplan von Berlin aus dem Jahre 1896, mit farblicher Markierung der Straßen, in denen sich die Zentralstationen und Fabriken der AEG befanden.

95 Im April 1887 erwarb die AEG für 460 000 Mark die Weddingsche Maschinenfabrik. Die Grundstücksfläche wurde begrenzt von der Acker-, Feld-, Hussiten- und Hermsdorfer Straße und umfaßte rund 11 000 m^2. Anfang 1888 wurde dort mit ca. 100 Arbeitern die Produktion von Maschinen, Apparaten und Leitungen, die zur Erzeugung, Verteilung und zum Verbrauch von elektrischem Strom erforderlich waren, aufgenommen.

96 Eingang zur alten Apparatefabrik (1889) in der Ackerstraße.

97 Glühlampenherstellung in der Fabrik in der Schlegelstraße. Das Foto stammt aus der Zeit um 1890/91 und zeigt, wie nach einem alten Verfahren die Glocken für die Glühlampen geblasen werden.

98 Werbeanzeige der AEG aus dem Jahre 1890 im Elektrotechnischen Anzeiger.

99 Vorsatzblatt eines Kataloges aus dem Jahre 1892, das die neuen Fabrikgebäude in der Ackerstraße sowie die weiterhin bestehende Glühlampenfabrik in der Schlegelstraße zeigt.

100 Paul Mamroth (1859–1938) trat 1887 in die AEG ein und wurde 1892 in den Vorstand berufen. Er war im Unternehmen zuständig für das Wiederverkaufsgeschäft und den Bereich der Finanzen.

Gesellschaft aus und gründete ein eigenes Ingenieurbüro, das sich ausschließlich mit der Projektierung und Bauleitung von Kraftwerken befaßte.
Die Glühlampenherstellung der AEG stieg rasch an. Gegenüber 90 000 Lampen im Jahre 1886 wurden im folgenden, allerdings 18 Monate umfassenden Geschäftsjahr 1887/88 bereits 300 000 Stück abgesetzt, 1890/91 überstieg die Fabrikation die Millionenhöhe. Um die Einführung der elektrischen Beleuchtung zu fördern, stellte die AEG außer Glühlampen auch die zugehörigen Leuchten her. Zu diesem Zweck erwarb sie 1890 die Actien-Gesellschaft für Fabrikation von Broncewaaren und Zinkguß vorm. J. C. Spinn & Sohn in Berlin. Weitere Absatzmöglichkeiten erschloß sich die AEG durch den Bau von elektrischen Bootsmotoren sowie von elektrischen Haushaltsgeräten. 1892 stellte die Fabrik in der Schlegelstraße z. B. das erste elektrische Bügeleisen aus eigener Herstellung vor.
Die Ausdehnung des Absatzgebietes der AEG auf das Deutsche Reich und über dessen Grenzen hinaus nahm Emil Rathenau engagiert in Angriff. Als wichtig erwies sich hierbei die überregionale Präsenz der AEG, sei es durch Vertretungsbüros, sei es durch Tochter- oder Beteiligungsunternehmen, da ortsansässige Firmen bei der Vergabe von Stromversorgungsaufträgen seitens der Behörden häufig bevorzugt wurden. 1892/93 unterhielt die AEG aus diesem Grund Zweigniederlassungen in Breslau, Frankfurt am Main, Hannover, Köln, Leipzig, München, Nürnberg, Madrid sowie Vertretungen in zwölf weiteren in- und ausländischen Städten.

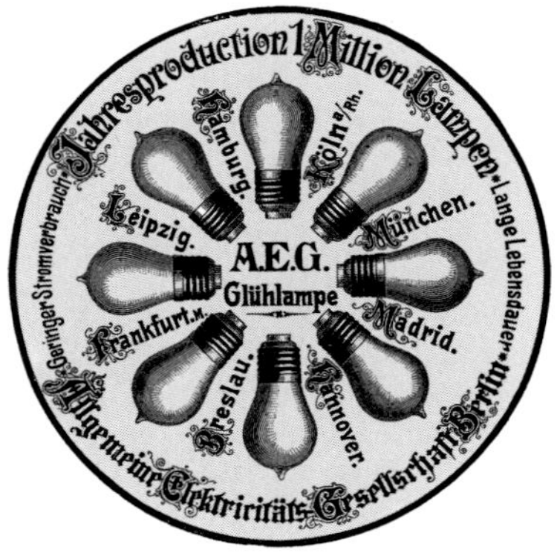

101 Werbeanzeige der AEG in der Elektricitäts-Zeitung, mit der das Unternehmen die im Geschäftsjahr 1890/91 erreichte Überschreitung der Millionengrenze bei der jährlichen Fabrikation von Glühbirnen bekannt gab.

Ihr Produktionsprogramm erweiterte die AEG 1887 durch den Kauf von Patenten für den Akkumulatorenbau von der Electrical Power Storage Co. in London. Dem einzigen anderen ebenfalls im Deutschen Reich nach diesen Patenten produzierenden Unternehmen, der Helios A.G. in Köln, gewährte die AEG eine Unterlizenz zu Originalbedingungen. Sie trat mit diesem neuen Fertigungszweig in einen harten Wettbewerb mit Siemens & Halske sowie der Fa. Müller & Einbeck in Hagen (Westf.). Um diesen zu beenden, kamen die Unternehmen 1890

102 1891 fand in Frankfurt auf einem Gelände vor dem Hauptbahnhof eine Internationale Elektrotechnische Ausstellung statt, an der sich auch die AEG mit einigen spektakulären Installationen und Vorführungen beteiligte.

überein, die letztgenannte Firma in die »Accumulatoren-Fabrik Actien-Gesellschaft« unter Kapitalbeteiligung der beiden anderen umzuwandeln. AEG und Siemens & Halske überließen dieser Gesellschaft die Produktion, und die Firma lieferte dafür im Gegenzug zu Vorzugsbedingungen. Schon bald machte das Tochterunternehmen den Muttergesellschaften Konkurrenz auf dem Gebiet des Kraftwerkbaus und mit Akkumulatorenwagen bei der Elektrifizierung der Straßenbahnen.

Während sich die Elektrizität als Energiequelle im Beleuchtungsbereich durchsetzen konnte, stieß ihr Einsatz auf dem Gebiet der Kraftübertragung auf verschiedene Probleme. Zum einen hatte sich im Poppschen Druckluftsystem eine unerwartete Konkurrenz entwickelt, zum anderen lösten die heftigen Diskussionen und der Streit in Fachkreisen um die Frage der Überlegenheit von Drehstrom oder Gleichstrom bei Verbrauchern und Behörden große Verwirrung aus. Gegen Ende der 80er Jahre begann nämlich die Entwicklung des Wechselstroms zu einem alle Anwendungsbereiche der Elektrizität abdeckenden System die bis dahin unangefochtene Stellung des Gleichstroms zu erschüttern. Der Vorteil des Wechselstroms lag dabei in der Möglichkeit, hochgespannte Ströme mit verhältnismäßig dünnen Leitungen über große Entfernungen wirtschaftlich, d. h. mit geringem Verlust, zu leiten. Die AEG arbeitete anfangs nach beiden Prinzipien, neigte aber später dem Wechselstrom zu. Edison und Siemens & Halske dagegen gaben dem bewährten Gleichstrom den Vorzug.

Die Auseinandersetzung spitzte sich zu, als der Auftrag für den Bau eines Kraftwerks zur Stromversorgung Frankfurts vergeben werden sollte. Aufschluß über Vor- und Nachteile der konkurrierenden Systeme sollte eine internationale elektrotechnische Ausstellung 1891 in Frankfurt geben. Zum Organi-

104 Der Wasserfall wurde von einer mit einem Drehstrommotor versehenen Pumpe betrieben und stürzte aus einer Höhe von 10 m in ein Becken auf dem Ausstellungsgelände.

103 Michail Posipowitsch von Dolio-Dobrowolsky (1862–1919) war seit 1887 als Ingenieur bei der AEG tätig und hatte den Dreiphasen-Wechselstrom, genannt Drehstrom, entwickelt. 1909 trat er als stellvertretendes Mitglied in den Vorstand der AEG ein.

105 Während der Frankfurter Ausstellung fand die erste Fernübertragung von Drehstrom von Lauffen nach Frankfurt statt. Der über eine Strecke von 175 km geleitete Strom versorgte ein Tableau mit 1000 Glühlampen und betrieb einen Wasserfall.

sator ernannte man Oskar von Miller. Er wollte das Problem der Kraftübertragung über weite Entfernungen beispielhaft vorführen und plante, eine 175 km lange Fernleitung vom Wasserkraftwerk Lauffen am Neckar nach Frankfurt zu installieren. Die AEG erhielt dabei die Möglichkeit, das innerhalb kurzer Zeit von ihrem Ingenieur Michael v. Dolivo-Dobrowolsky entwickelte Dreiphasen-Wechselstromsystem, genannt Drehstrom, zu präsentieren. Der Drehstrom besaß alle Vorteile des Wechselstroms, vor allem was die Leitung von Strom über lange Strecken anbetraf, schaltete jedoch die Nachteile des Wechselstroms im Motorenbetrieb aus. Bei der Ausstellungseröffnung am 24. August 1891 wurden die tausend Glühlampen in einer großen, von der AEG installierten Leuchttafel am Eingang der Ausstellung und ein 100 PS starker Drehstrommotor, der die Pumpe für einen 10 m hohen künstlichen Wasserfall antrieb, vom Kraftwerk Lauffen aus in Betrieb gesetzt.

Damit war der Weg frei für ortsgebundene Wasserkraftanlagen. Das von der AEG gemeinsam mit schweizerischen Firmen realisierte, von Oskar von Miller initiierte experimentelle Projekt kann als Geburtsstunde einer wirtschaftlich arbeitenden Großraumversorgung mit elektrischer Energie angesehen werden. Die Rede, die Rathenau anläßlich der Eröffnung der Ausstellung hielt, zeigt das Ausmaß seiner Vorstellungskraft. Er malte in visionären Worten die Zukunft der Energieversorgung aus und beschrieb klar deren Möglichkeiten, insbesondere als Energiequelle für Motoren und Maschinen.

106 Besuch im Kraftwerk Lauffen anläßlich der Kraftübertragung Lauffen-Frankfurt 1891 zur Elektrotechnischen Ausstellung in Frankfurt (Emil Rathenau 6. von links), Fotographie von Oskar von Miller.

Festrede Emil Rathenaus

›Die Kultur unserer Erde ist den Jugendjahren entwachsen, sie tritt in das erste Alter der Männlichkeit, wo die volle Kraft zur Verfügung steht, wo es aber zu Ende sein muß mit dem übermütigen Brausen und Vergeuden der Jugend, und was hier im Bilde von der Kraft gesagt ist, müssen wir auf die Kraft im wissenschaftlichen Sinne, auf das eigentliche Lebensprinzip unserer Erde mit bedeutungsvollem Ernst anwenden. Die Zunahme der Bevölkerung und ihre dichtere Verbreitung auf dem besser gelegenen Teil unserer Erde zwingen uns, mit dem Vorhandenen haushälterisch umzugehen. Die Not hat uns suchen gelehrt, und wir lernen, die Entfernungen aufzuheben und auszugleichen. Ein Baum, ein Rind, ein Getreidefeld ist an der einen Stelle kaum des Aneignens wert und wird weit entfernt von dort so hoch geschätzt, daß es einer großen Mehrzahl der Bevölkerung nur unter schwerer Arbeit möglich ist, diese zur Erhaltung notwendiger Erzeugnisse unserer Erde, unser aller Mutter, sich zu verschaffen. Nicht anders ergeht es uns mit jener belebenden Naturkraft, der Sonnenwärme, welche wir in den mannigfachen und wunderbar erscheinenden Formen unserer Erde aufgespeichert finden. Die Quelle, der Wassersturz, die Ebbe und Flut des Ozeans, sie alle sind Kräfte, welche der menschliche Geist sich dienstbar machen kann und muß, soll er anders die Herrschaft über die Erde behaupten, und doch gestatten ihm sehr oft oder vielleicht zumeist die scheinbar zufällig sich entwickelnden Lebensbedingungen der Individuen nicht, diese Kräfte am günstigsten auszunutzen. Als der Mensch überhaupt darauf kam, die elementaren Naturkräfte sich dienstbar zu machen, waren es nur Wind und Wasser, die er sich gefügig zu machen vermochte, und Jahrhunderte, Jahrtausende vergingen, ohne daß ein Fortschritt verzeichnet werden konnte. Erst unserem Jahrhundert, dem des Dampfes, blieb es vorbehalten, die Kräfte der Erde dem Menschen zu erschließen und die in der Kohle angehäufte Sonnenwärme in ihren Urzustand wieder zurückzubringen, sie zu zwingen, sich wieder als Kraft und so als Arbeit dem Menschen zu betätigen. Der Dampf wiederum war es, der es ermöglichte, die Kraft zu verteilen, einerseits durch Verbesserung der Transportmittel, andererseits, indem man es bald lernte, seine Wirkung direkt auf Entfernungen, die man für große hielt, zu übertragen; ja man lernte es auch, die Dampfkraft zu teilen und mehreren den Nutzen einer großen Einrichtung gemeinschaftlich und zu gleicher Zeit zuzuführen.

Bei weitem überflügelt hat aber der, wie man ihn bisher nannte, elektrische Funke den Dampf. Wir haben es heute gezeigt, daß auf eine Entfernung von über 170 km mit mathematischer Gewißheit Elektrizität die ihr von einem Wasserfall zugeführte Kraft überträgt, und was heute auf 175 km und mit 16000 V Spannung gelingt, wird gewiß in wenigen Jahren mit 100000 V auf weit riesigere Entfernungen ein Leichtes sein. Aber nicht allein dieser fast märchenhafte Erfolg der Überwindung von Zeit und Raum ist uns klargelegt. Sie werden, meine hochverehrte Versammlung, bei ihrer Rückkehr nach der Ausstellung dort gewahren können, wie die auf nur 4 mm starke Drähte eingezwängte und über weite Strecken fortgeleitete Kraft von mehr als 200 Pferdestärken an der Ankunftstelle den verschiedenartigsten Zwecken dienstbar gemacht wird. . .

Die großartige Verteilungsfähigkeit der Elektrizität ist es, welche den Versuch der Übertragung auf große, sehr große Entfernungen erst so recht zu einem bedeutungs- und wertvollen gemacht hat. Wenn wir daran denken, daß es das ungewußte Sinnen der Menschheit, das zielbewußte Streben der Forscher, Erfinder, der Leute der Zukunft, wie ich den Ingenieur bezeichnen möchte, ist, menschlicher Arbeit das Gebiet des Nachdenkens, das Gebiet der individuellen Tätigkeit vorzubehalten und immer weiter zu erschließen, alle rein mechanische, gedankenlose Tätigkeit aber durch Unterjochen der Naturkraft durch Maschinen zu vollbringen, so darf ich den jetzt eingeschlagenen Weg kühn als denjenigen bezeichnen, auf dem Jahrhunderte mit Erfolg weiter wandeln können. Wir dürfen uns auch weiter der Überzeugung nicht verschließen, daß die Unterstützung unserer Tätigkeit durch die Arbeitsleistung der Tierwelt längst nicht mehr ausreicht, und das Zugpferd und Zugochse von rechtswegen schon längst der Vergangenheit angehören müßten. Das Zeitalter des Dampfes hat hierin großes getan, aber wie jeder rapide und bedeutende Fortschritt auch Nachteile gezeitigt; so haben wir besonders auf dem Gebiet des Handwerkers mit Bedauern sehen müssen, daß dem Individualismus die Maschinenarbeit den Garaus gemacht hat, so daß wir bis vor kurzem uns gewöhnt hatten, mit dem Ausdruck ›Handwerksarbeit‹ eine gedankenlose mechanische Nachahmung zu bezeichnen. Es liegt aber in der Natur des Dampfes, als Betriebskraft für große Betriebe mit Erfolg verwendet werden zu können. Wir haben kein Mittel, um mit materiellem und technischem Vorteil den Dampf direkt in die Wohnung des Kleinmeisters zu führen, ebenso wenig können wir die Wirkungen des Dampfes, sei es durch Transmissionen oder durch andere Art, gut auf erhebliche Entfernungen übertragen. Ganz anders die Elektrizität. Die neuesten Fortschritte werden uns gestatten, großartige Krafterzeugungszentren an beliebigen Stellen, im Bergwerk, an der Meeresküste, um die Ebbe und Flut zu benutzen, an den großen Katarakten anzulegen, die dort vorhandenen, bisher zwecklos vergeudeten Kräfte in nutzbringende Elektrizität umzusetzen, diese in, wir können fast sagen, beliebige Entfernungen zu versenden und dort in beliebiger Art zu verteilen und zu verbrauchen.

Wir können dem Handwerksmeister seine Nähmaschine elektrisch betreiben, wir heizen ihm sein Bügeleisen, wir rüsten dem Vergolder die chemischen Bäder für seine Erzeugnisse. Wir geben noch dazu einem jeden die Beleuchtung in der Stärke und an dem Orte und zu der Zeit, wo sie am vorteilhaftesten ist. Und wenn wir schließlich den Elektromotor mit anderen ähnlichen Maschinen vergleichen, so finden wir, daß er den geringsten Raum einnimmt, daß seine Einrichtung die einfachste ist, daß er keine Wartung braucht und keine Gefahr des Explodierens vorhanden ist, vor allem aber, daß er ökonomisch deshalb am vorteilhaftesten arbeitet, weil sein Kraftverbrauch sich mit seiner Belastung selbsttätig regelt. Und wie wir so an der Verbrauchsstelle sehen, daß die Elektrizität sich bemüht, eine sparsame Betriebskraft zu sein, so auch an der Erzeugungsstelle. Das schlechteste Feuerungsmaterial, das bisher den Transport nicht lohnte, weil zu viel tote Last mit ihm davongeschleppt werden mußte, wird am Orte, wo es gefunden wird, immer noch mit Vorteil zum Betrieb von Erregermaschinen Verwendung finden können, und so sehen wir vor uns, daß die Fortleitung und Verteilung der Kraft als Elektrizität von der schönsten ausgleichenden Wirkung ist. Wir können dadurch den Vorteil großartiger Zentralisation erreichen und ersparen daher viel nutzlose Betriebskraft und Arbeit, und wir können andererseits in vollkommenster Weise die dezentralisierte Kraft dem Einzelnen in dem kleinsten Teilchen zugängig machen und beleben dadurch das Schaffensvermögen und die Schaffensfreudigkeit der Einzelnen zum Wohle Aller und des Ganzen. Es ist auch nicht zu unterschätzen, daß die Elektrizität als Verteiler von Kraft die natürlichen Wasserkräfte wieder zu Ehren gebracht hat, welche durch den Dampf in die Ecke gedrückt, ein im Verhältnis zu ihrem hohen ökonomischen Wert zu bescheidenes Dasein fristeten.

In diesem Sinne bitte ich Sie, meine hochgeehrte Versammlung, diesen, unseren ersten, in den Einzelheiten gewiß noch der Ausarbeitung bedürftigen Versuch als einen neuen Schritt auf der Bahn der menschenbeglückenden Zivilisation wohlwollend zu betrachten.

Die kommerzielle Verwendung des Drehstroms ließ noch einige Zeit auf sich warten. Die Stadt Frankfurt entschied sich trotz des großen Erfolges der Drehstromanlage auf der Ausstellung für den Einphasen-Wechselstrom. Erst in den Jahren 1894 und 1897 konnte die AEG die Stromversorgung der Städte Straßburg, Magdeburg und Plauen sowie eine Reihe von Überlandwerken auf der Basis von Drehstrom aufbauen. Im Jahre 1894 gründete sie unter Beteiligung einiger Schweizer Firmen die »Kraftübertragungswerke Rheinfelden« mit einem Grundkapital von 4 Millionen Mark. 1898 konnte das mit einer Leistung von 11 Megawatt damals bedeutendste deutsche Kraftwerk in Betrieb gehen, dessen Generatoren noch heute in Betrieb sind.

107 Sekundärstation auf dem Ausstellungsgelände der Internationalen Elektrotechnischen Ausstellung in Frankfurt 1891 mit dem Drehstrommotor für den Wasserfall.

108 Drehstromgeneratoren in Rheinfelden 1898. Nachdem mit der Kraftübertragung Lauffen-Frankfurt die technischen Probleme der Energieübertragung über große Entfernungen prinzipiell gelöst waren, konnte Mitte 1898 in Rheinfelden das mit einer Leistung von 11 Megawatt damals bedeutendste Wasserkraftwerk Deutschlands in Betrieb gehen.

Parallel zur technischen Weiterentwicklung ihrer Produkte und zur Verbreiterung der Fabrikationsbasis erfolgte der Ausbau der Verkaufsorganisation. Eine ganze Anzahl neuer Installationsbüros wurden errichtet, eine erste Auffächerung der Verwaltungsorganisation der AEG wurde durch die Einrichtung von Fachabteilungen für die Anwendung von Elektrizität in den einzelnen Branchen sowie für Kraftwerks- und Straßenbau vorgenommen.

Nach dem Einsatz von Strom zu Beleuchtungszwekken und als Kraftquelle für Motoren in Gewerbe und Industrie war das Bahnwesen ein drittes Anwendungsgebiet für Elektrizität. Rathenau gelang es, die ausschließlichen Lizenzen für Deutschland und Europa ohne England, Frankreich und Italien auf die Patente der amerikanischen Firma Sprague zu erwerben. Diese hatte in den USA bereits eine ganze Reihe von Bahnen nach ihren Patenten gebaut, die sich vor allem durch die oberirdische Stromzuführung auszeichneten. Siemens & Halske dagegen, die 1881 die erste elektrische Bahn in Deutschland, nämlich in Berlin Lichterfelde, gebaut hatten, verlegten die Stromleitungen in unterirdischen Kanälen, was bei schlechtem Wetter häufig zu Komplikationen führte. Die oberirdische Kabelverlegung stieß allerdings aus sicherheitstechnischen wie auch aus ästhetischen Gründen auf Ablehnung bei der Bevölkerung und den Behörden. Auch in diesem Fall suchte Rathenau nach einem geeigneten Pilotprojekt, um die Bedenken zu zerstreuen und wirksame Werbung durch Demonstration zu betreiben. Er fand diese Möglichkeit bei den Lokalbahnen in Halle und Gera. Die Elektrifizierung der Stadtbahn in Halle konnte bereits im Sommer 1892 abgeschlossen werden.

Beim Versuch, Aufträge für die Elektrifizierung weiterer Lokalbahnen zu erhalten, stieß die AEG auf Schwierigkeiten: Einerseits besaßen die meisten privaten Betreibergesellschaften ein verständliches Desinteresse und Mißtrauen gegenüber der Umstellung von Pferden auf elektrische Energie; andererseits fehlte es ihnen in den meisten Fällen auch an den hierfür notwendigen finanziellen Mitteln. Also

109 Deutschlands erste Straßenbahnlinie mit einem größeren zusammenhängenden Streckennetz wurde 1890/91 in Halle/Saale von der AEG auf eigene Rechnung erbaut und dann von April 1891 an betrieben. Die Triebwagen waren mit je zwei Straßenbahnmotoren ausgestattet.

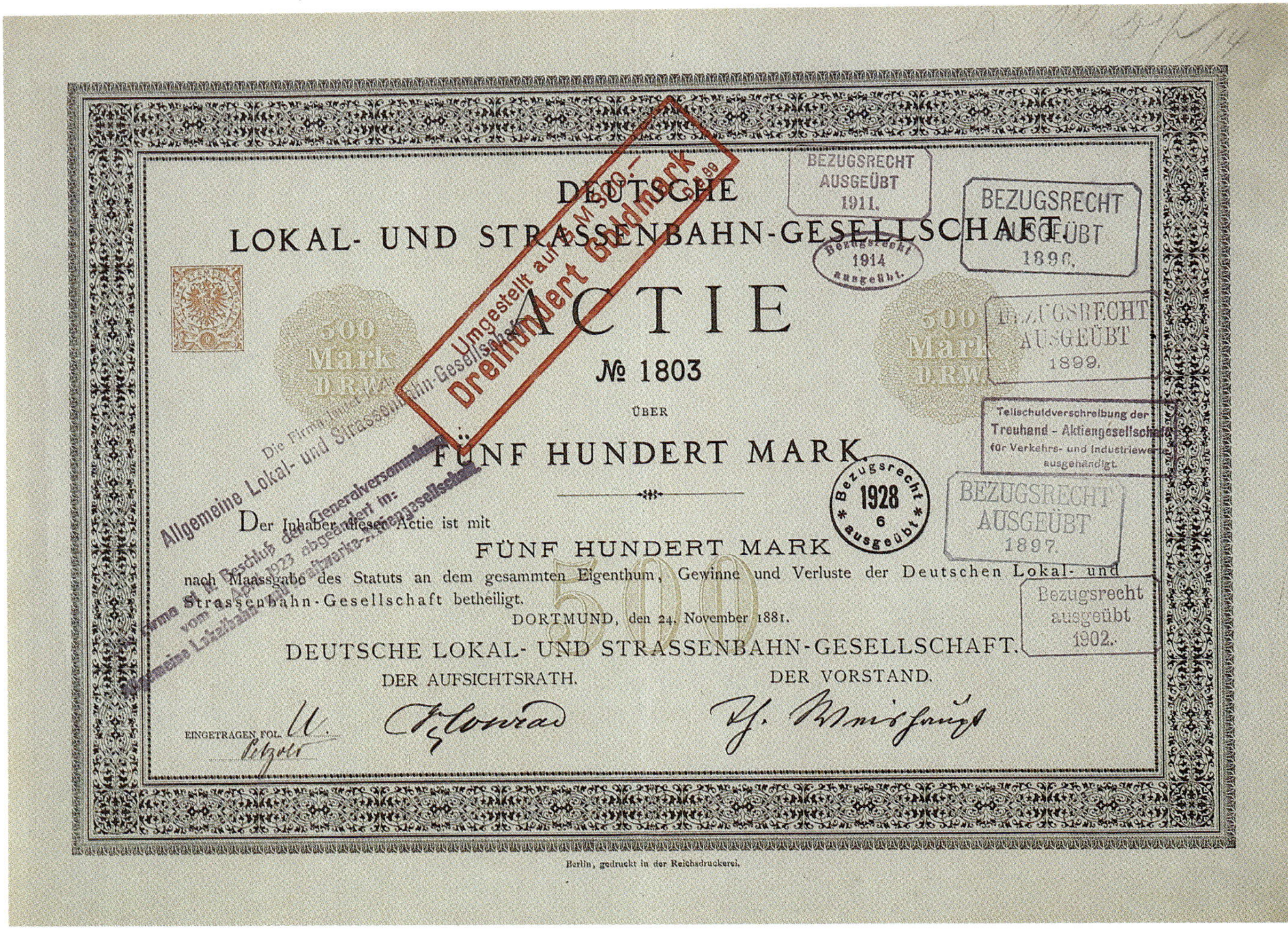
DEUTSCHE
LOKAL- UND STRASSENBAHN-GESELLSCHAFT.

ACTIE

№ 1803

ÜBER

FÜNF HUNDERT MARK.

Der Inhaber dieser Actie ist mit

FÜNF HUNDERT MARK

nach Maassgabe des Statuts an dem gesammten Eigenthum, Gewinne und Verluste der Deutschen Lokal- und Strassenbahn-Gesellschaft betheiligt.

DORTMUND, den 24. November 1881.

DEUTSCHE LOKAL- UND STRASSENBAHN-GESELLSCHAFT.

DER AUFSICHTSRATH. DER VORSTAND.

EINGETRAGEN FOL.

Berlin, gedruckt in der Reichsdruckerei.

110 Aktie der Deutschen Lokal- und Straßenbahn-Gesellschaft, deren Aktienkapital 1890 von der AEG aufgekauft worden war. Sie diente als Finanzierungsgesellschaft beim Bau elektrischer Straßenbahnen, blieb aber nur solange Eigentümer einer Bahnlinie, bis diese gewinnbringend arbeitete. Dann wurde deren Aktienkapital verkauft, um so finanzielle Mittel für den Bau neuer Straßenbahnlinien zu erhalten.

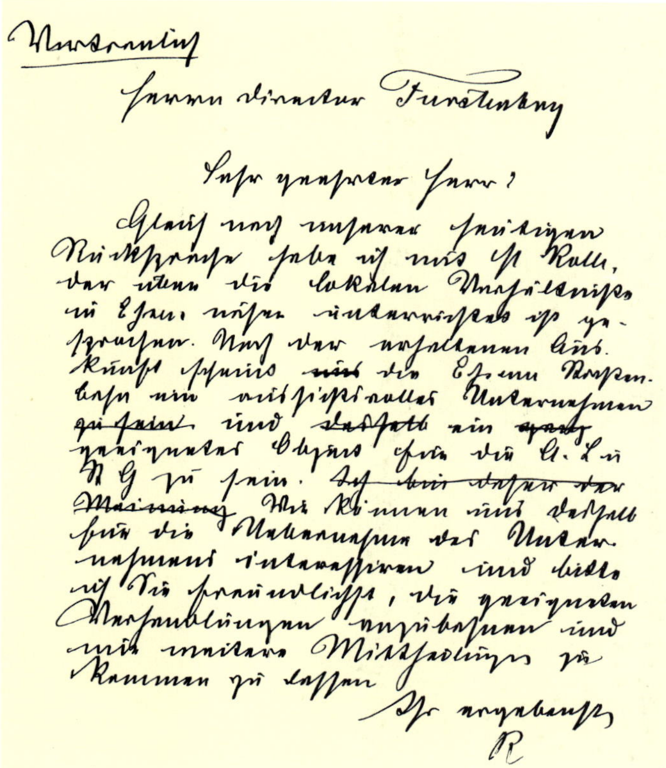

Emil Rathenau an Carl Fürstenberg, 1. März 1893

Streng vertraulich.

Herrn Director Carl Fürstenberg.

Hier.

Sehr geehrter Herr.

Gleich nach unsrer heutigen Rücksprache habe ich mit Herrn Kolle, der über die lokalen Verhältnisse in Essen näher unterrichtet ist, gesprochen. Nach der erhaltenen Auskunft scheint die Essener Straßenbahn ein aussichtsvolles Unternehmen und ein geeignetes Object für die Allg. Local & Straßen B. Ges. zu sein. Wir können uns deshalb für die Uebernahme des Unternehmens interessieren und bitte ich sie freundlichst, die geeigneten Verhandlungen anzubahnen und mir wieder Mittheilungen zukommen zu lassen.

Ihr ergebenster
E. Rathenau

111 Anfang der 90er Jahre des vorigen Jahrhunderts bemühte sich die AEG in zahlreichen Städten Deutschlands, die Konzession zum Bau und Betrieb einer elektrischen Straßenbahn zu erhalten.

Copie.

2. Februar 1892.

Vertraulich !

Herren Siemens & Halske,

Hier

Von befreundeter Seite wird uns mitgetheilt, dass demnächst die General-Direktion der Kgl. Sächsischen Staatseisenbahnen die Ausschreibung über die Central-Anlage des Bahnhofs-Umbaues in Dresden vornehmen wird. Es sollen fünf Firmen aufgefordert und zwar ausser Jhnen und uns noch Schuckert & Co. Helios und Esslingen. Wir fragen ergebenst an, ob Jhnen in diesem Falle ein geschäftliches Zusammengehen genehm sein, bezw. ob Sie erforderlichen Falles sich an einem Lichtlieferungsgeschäft nach dem für Berlin angenommenen Muster betheiligen würden. Ueber den Gegenstand selbst erfahren wir, dass für alle zu erleuchtenden Orte, es sollen zusammen 14 in Alt- und Neustadt sein, nur eine Centrale geplant wird. Es sind 580 Bogenlampen mit 16,12, 9 und 6 Amperes, 3300 Glühlampen zu 16 NK und 203 HP Elektromotoren vorgesehen, auch steht eine Erweiterung mit 180 Bogenlampen, 350 Glühlampen und 130 HP in Aussicht.

Jhrer gefälligen Aeusserung entgegensehend zeichnet

Hochachtungsvoll
ALLGEMEINE ELEKTRICITÄTS-GESELLSCHAFT
gez. E. Rathenau.

112 Auf dem Gebiet des Zentralstationenbaus arbeitete die AEG häufig mit Siemens & Halske zusammen.

sah sich Rathenau gezwungen, von der AEG eigene Betreibergesellschaften ins Leben rufen zu lassen, die die Umwandlung und vorübergehend die Betriebsführung der Bahnen übernahmen. Durch Vermittlung des Bankenkonsortiums gelang es 1890, für diesen Zweck die »Deutsche Straßen- und Lokalbahn AG« aufzukaufen. Die Gesellschaft verfügte über ein Kapital von 2,5 Mio Mark und besaß die Straßenbahnen von Mönchengladbach, Rheydt, Ruhrort, Broich, Dortmund und Chemnitz sowie die Zahnradbahn auf den Drachenfels. Mit dem Erfolg der Straßenbahn in Halle liefen bei der AEG in schneller Folge Aufträge für die Elektrifizierung weiterer Bahnen ein, so von Dortmund, Chemnitz, Essen, Kiew und Breslau. Gleichzeitig entstanden erste Pläne für unterirdisch geführte Bahnen, und der Bau von elektrischen Lokomotiven wurde begonnen.

Die Expansion der AEG beschränkte sich nicht nur auf Europa, sondern war zunächst auch auf Nordamerika gerichtet. Trotz der Lösung der Verträge mit den Edison-Gesellschaften hielt Emil Rathenau engen Kontakt zu Edison und dessen finanziellem Berater Henry Villard in Amerika. 1889 besuchte Edison Deutschland und besichtigte dabei die Produktionsanlagen der AEG und die von ihr aufgebauten Kraftstationen. Als Edison im folgenden Jahr seine bedeutendsten Fabriken zu einem Unternehmen zusammenschloß, waren die AEG und ihr Bankenkonsortium maßgeblich daran beteiligt. Obwohl zu jenem Zeitpunkt in europäischen Finanzkreisen wenig Neigung bestand, in den USA zu investieren, konnte Rathenau nach einer Reise in die USA zur Besichtigung der Einzelunternehmen eine Beteiligung des deutschen Konsortiums wie auch der AEG bei der Gründung der Edison General Electric Co. durchsetzen. Im Jahre 1891 fuhr Rathenau ein weiteres Mal nach New York, um die geknüpften Kontakte zu festigen. Dennoch kamen die geschäftliche Zusammenarbeit und insbesondere der Austausch von Patenten und Erfindungen nicht recht in Gang. Als die Edison-Gruppe Mitte 1892 mit ihrem größten Rivalen, der Thomson-Houston Gruppe zur General Electric Co. fusionierte, zogen sich Villard und Rathenau, die diesen Zusammenschluß ablehnten, und nach und nach auch die Deutsche Bank sowie die übrigen deutschen Banken von dem neuen

113 Die erste elektrische Lokomotive der AEG, eine Grubenlokomotive für Oberleitungsbetrieb, wurde im Jahre 1888 in der Fabrik in der Ackerstraße gebaut und an die Erzgrube Hollertszug im Siegerland geliefert.

114 Emil Rathenau und Thomas Alva Edison am 25. September 1911 bei einem Besuch der Berliner Elektricitäts-Werke vor einer AEG Turbine im Kraftwerk Moabit. Mehrfach kam Thomas Alva Edison nach Deutschland und traf dabei mit Emil Rathenau zusammen.

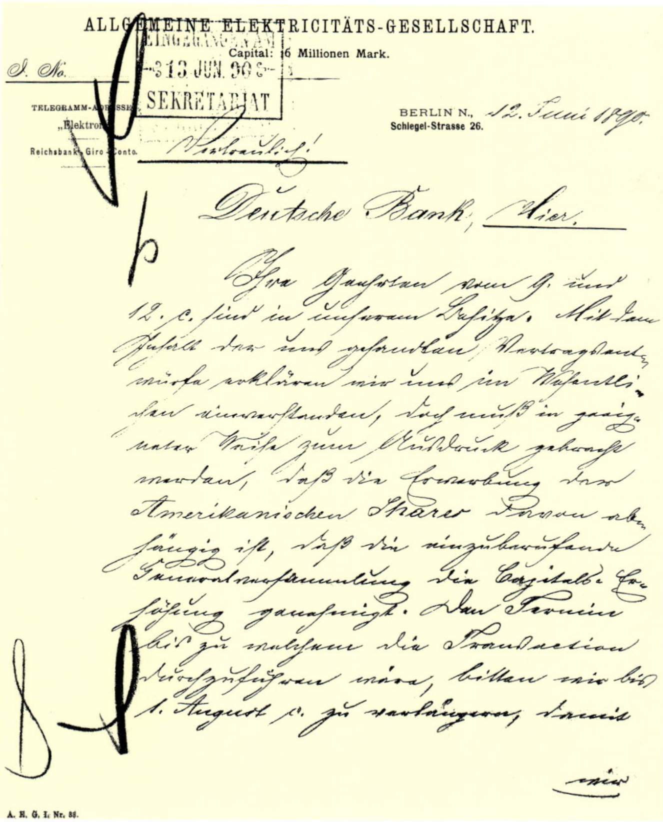
ALLGEMEINE ELEKTRICITÄTS-GESELLSCHAFT.
Capital: 16 Millionen Mark.
J. No.
TELEGRAMM-ADRESSE: „Elektron"
Reichsbank-Giro-Conto.
BERLIN N., 12. Juni 1890.
Schlegel-Strasse 26.
EINGEGANGEN AM 13 JUN. 90
SEKRETARIAT
A. E. G. I. Nr. 86.

Emil Rathenau an Georg von Siemens, 12. Juni 1890

Vertraulich!

Deutsche Bank, Hier.

Ihre Geehrten vom 9. und 12. c. sind in unserem Besitze. Mit dem Inhalt der uns gesandten Vertragsentwürfe erklären wir uns in Wesentlichen einverstanden, doch muß in geeigneter Weise zum Ausdruck gebracht werden, daß die Erwerbung der Amerikanischen Shares davon abhängig ist, daß die einzuberufende Generalversammlung die Capitals-Erhöhung genehmigt. Den Termin bis zu welchem die Transaction durchzuführen wäre, bitten wir bis 1. August c. zu verlängern, damit wir mit der Einberufung der General-Versammlung und der handelsrichterlichen Eintragung nicht ins Gedränge kommen.
Schließlich ist es uns mit Rücksicht auf frühere Zusagen, welchen Herr Dr. Siemens beipflichtete, erwünscht, zu der vorliegenden Transaction die Herren Gwinner & Co. mit einer Betheiligung von 5% heranzuziehen. Auch nach § 3 unseres Banquier-Vertrages vom 21. März c. dürfte einer solchen Betheiligung nichts im Wege stehen und wir ersuchen deshalb ergebenst die Repartition entsprechend zu ändern.
Zudem wir die Verträge behufs gefl. Veranlassung der erforderlichen Veränderungen ergebenst zurückreichen und um baldgefl. Erledigung bitten zeichnen

Hochachtungsvoll
Allgemeine Elektricitäts-Gesellschaft
E. Rathenau

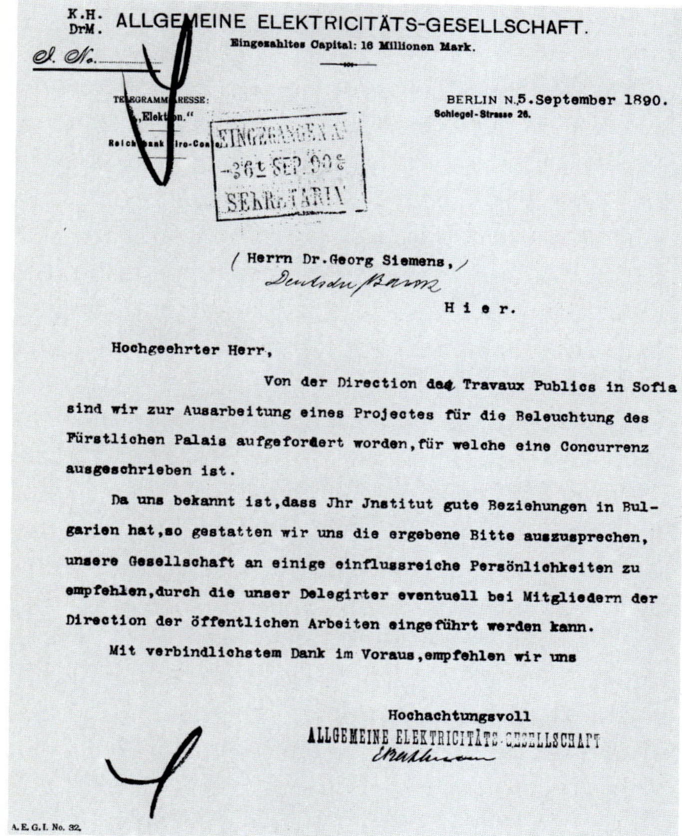
K.H. DrM. ALLGEMEINE ELEKTRICITÄTS-GESELLSCHAFT.
Eingezahltes Capital: 16 Millionen Mark.
J. No.
TELEGRAMM-ADRESSE: „Elektron."
Reichsbank-Giro-Conto.
BERLIN N. 5. September 1890.
Schlegel-Strasse 26.
EINGEGANGEN AM 6 SEP. 90
SEKRETARIAT

(Herrn Dr. Georg Siemens,)
Deutsche Bank
Hier.

Hochgeehrter Herr,

Von der Direction des Travaux Publics in Sofia sind wir zur Ausarbeitung eines Projectes für die Beleuchtung des Fürstlichen Palais aufgefordert worden, für welche eine Concurrenz ausgeschrieben ist.

Da uns bekannt ist, dass Jhr Jnstitut gute Beziehungen in Bulgarien hat, so gestatten wir uns die ergebene Bitte auszusprechen, unsere Gesellschaft an einige einflussreiche Persönlichkeiten zu empfehlen, durch die unser Delegirter eventuell bei Mitgliedern der Direction der öffentlichen Arbeiten eingeführt werden kann.

Mit verbindlichstem Dank im Voraus, empfehlen wir uns

Hochachtungsvoll
ALLGEMEINE ELEKTRICITÄTS-GESELLSCHAFT
E Rathenau
A. E. G. I. No. 32.

115 Ende der 80er Jahre des letzten Jahrhunderts wirkte ein deutsches Konsortium, bestehend aus der AEG, Siemens & Halske sowie einer Reihe deutscher und amerikanischer Banken bei der Umstrukturierung und Konsolidierung der amerikanischen Edison-Gesellschaften mit. An der Gründung der Edison General Electric Co. 1889 war das Konsortium noch maßgeblich beteiligt, zog sich jedoch später, als sich die Machtverhältnisse änderten, von dem neuen Unternehmen zurück.

116 Die AEG sondierte in ganz Europa die Möglichkeiten des Aufbaus von Stromversorgungsanlagen. In zahlreichen Ländern zeigten ihre Bemühungen Erfolg und das Unternehmen konnte Aufträge in Empfang nehmen.

Riesenunternehmen zurück und lösten ihre Beteiligungen auf.
An der Weltausstellung in Chicago 1893 beteiligte sich auch die AEG und stellte dort ein oberirdisches Leitungssystem sowie die neuen Drehstrommotoren aus. Weil Emil Rathenau zum Mitglied der Jury ernannt worden war, erfolgte die Beteiligung der AEG jedoch außerhalb der Konkurrenz. Da in den USA trotz guter Ansätze keine kontinuierliche und langfristig fruchtbare Geschäftsverbindung zustande kam, erkundeten sowohl Emil Rathenau wie auch Felix Deutsch auf zahlreichen Reisen die Möglichkeiten eines Engagements der AEG in den Ländern Europas. In Südost-Europa waren die Aussichten trotz einiger Angebote wegen dort bereits fest etablierter Konkurrenzunternehmen wenig aussichtsreich.
Um im Rußlandgeschäft Fuß fassen zu können, wandte sich Rathenau an die »Gesellschaft für elektrische Beleuchtung vom Jahre 1886«. Diese Gesellschaft war 1886 von Carl Siemens, dem Leiter der Petersburger Tochtergesellschaft von Siemens & Halske, und einer ganzen Reihe von Petersburger Firmen, u. a. Wachter & Co., gegründet worden. Ihrem Vorstand gehörten 1890 u. a. Carl Siemens wie auch C. Wachter an. Das von Rathenau unterbreitete Angebot, das auf einem Vorschlag von Georg von Siemens basierte, ging dahin, daß die AEG von der Gesellschaft auszugebende Obligationen in Höhe von 2 Mio. Rubel kaufen sollte mit dem Recht, diese Obligationen bei geeigneter Gelegenheit in Aktien umzuwandeln. Die AEG wollte sich also finanziell nur begrenzt engagieren, gleichzeitig als Kommanditist der Gesellschaft jedoch Einfluß gewinnen. Dieses Vorgehen warf nicht nur einige Probleme in bezug auf die hierfür notwendige staatliche Genehmigung auf, sondern wurde von

117–122 Bei seinem Bemühen, der AEG auch den russischen Markt zu erschließen, plante Emil Rathenau eine Zusammenarbeit mit der von Carl Siemens geleiteten Tochtergesellschaft von Siemens & Halske in Petersburg. Da die AEG jedoch nur begrenzte finanzielle Verpflichtungen eingehen wollte und sich darüber hinaus noch eine Konkurrenzfirma einschaltete, kam ein Vertrag nicht zustande.

C. Wachter an Emil Rathenau, 12./23. Juli 1890

St. Petersburg 12./23. Juli 1890

Sehr geehrter Herr Rathenau,

Herr Siemens gab mir gestern einen Brief seines Vetters zu lesen, in welchem Letzterer ihm schreibt, auf welcher Basis Sie das Geschäft mit unserer Electrischen Gesellschaft zu machen gesonnen sind. –
Ich muß Ihnen ganz offen sagen, daß der vorgeschlagene Modus an & für sich nicht auszuführen ist, ganz abgesehen davon, ob derselbe Hr. S. & H. einerseits & unseren Actionären andererseits conveniren wird – Das Finanz-Ministerium wird nie & nimmer zugeben, daß bei einem Actien-Capital von 3 Millionen Rubel für 2 Mill. Obligationen ausgelassen werden, geschweige dessen, daß dem Inhaber der Obligationen das Recht zugestanden werden soll, ihre Obligationen convenirenden Falls in Actien zu verwandeln. –
Hr. Siemens seinerseits wird auf die Proposition Commanditaire in sein Geschäft zu nehmen, nie eingehen und er wird nur dann ein Opfer bringen, wenn er dadurch von Arbeit & [. . .] enthoben wird. –
Das Geschäft wird sich überhaupt nur dann machen lassen, wenn Sie oder Herr Deutsch nach hier kommen & mündlich positiven Unterhandlungen antworten, aber auf einer Basis, welche *principiell* durchführbar ist – über die Ziffern würde man sich dann, glaube ich, leichter einigen; – täglich bekommen wir jetzt neue Abonnenten & wird das Geschäft für das folgende Jahr ein ganz anderes Resultat geben. –
Ich habe gestern Hr. Siemens von einer Combination gesprochen, die mir eingefallen ist & die ihm sehr gefallen hat – Die Actien der Gas-Compagnie stehen jetzt ca. 122 Rubel & verzinsen sich bei diesen Preisen mit 7 c v. % – wenn man ca. 10,000 St kaufen könnte, würde man Herr der Position sein – wenn Sie mit neuem Capital in unsere Cie. hereinkommen, so könnte ein gutes Theil derselben zu einem solchen Coup benutzt werden, denn für den Ausbau unserer Stationen würde man für die nächsten zwei Jahre jedenfalls eine Million brauchen – wenn man die Majorität der Stimmen in der Gas-Gesellschaft hat, so könnte unter den beiden Gesellschaften ein Vertrag geschlossen werden, auf Grund dessen die electrische Gesellschaft die vollständigen Installationen, die nicht im Bereich ihres Kabelnetzes liegen, monopolisieren würde – es werden schon in diesem Jahr eine Menge von solchen Installationen, alle mit Gasmotoren, genutzt, im nächsten Jahr wird dieses aber noch ganz anders gehen, namentlich, wie man es vorhat, alle Casernen & Hospitäler, die der Regierung gehören, electrisch zu beleuchten wären. –
Es liegt bei uns jedenfalls noch ein großes Feld für diese Branche offen & bin ich überzeugt, daß, wenn Sie selbst nach hier kommen & die Sachlage studiren, wir zu einer festen Combination auf die eine oder die andere Weise mit unserer Gesellschaft kommen. –
In der Hoffnung, durch ein paar Worte von Ihnen erfreut zu werden, bitte ich Sie mich Herren Deutsch & Mamroth bestens zu empfehlen & verbleibe mit freundlicher Hochachtung.

Ihr ergebenster
C. Wachter

117

123 Siemens & Halske besaß ein Apparatewerk in St. Petersburg, das 1882/83 gebaut worden war.

Emil Rathenau an C. Wachter, 21. Juli 1890

Herrn C. Wachter, *St. Petersburg*

Sehr geehrter Herr Wachter!

Ich danke Ihnen für Ihre gefl. Zuschrift vom 23. c., bedaure aber, daß der von Herrn Dr. Siemens formulirte Vorschlag keinen Anklang gefunden hat. Meine Reise nach Petersburg scheint mir verfrüht, so lange die Grundlagen eines klaren Programms nicht existiren, denn es ist in dieser Angelegenheit bereits soviel discutirt, ohne daß es gelungen ist, einen Angriffspunkt zu finden, daß ich fast an dem Zustandekommen zweifle und deshalb die Zeit der Herren dort nicht nutzlos in Anspruch nehmen möchte. Vielleicht entschließt man sich dort, uns einen positiven Vorschlag zu machen, welchen wir der Prüfung gern unterziehen werden. In dem Gedanken, die kleinen Installationen durch die Lieferung des Gases zu monopolisieren, erblicke ich keinen durchschlagenden Erfolg, obwohl ich zugebe, daß es wünschenswerth sei, die Beleuchtungsindustrie in einer Hand zu vereinigen, und zwar weil ich von der Ansicht ausgehe, daß die Bedeutung der Gasmotoren gegenüber der elektrischen Kraftübertragung mehr in den Hintergrund treten wird. Gerade der Elektromotor scheint mir dazu berufen, außerhalb des Beleuchtungsbezirkes die Stelle des Gasmotor auszufüllen.
Sie erwähnten in Ihrem Schreiben die Notiz von 122 Rubel für Gasactien, ich setze voraus, daß der Nominalwerth der Actie 100 Rb beträgt.
Indem ich Sie bitte, mich Herrn Carl Siemens zu empfehlen, wollen Sie die Versicherung genehmigen meiner

Hochachtung
E. Rathenau

118

Georg von Siemens an Emil Rathenau, 26. Juli 1890

Berlin, 26. 7. 90

Geehrter Herr Rathenau

In der Anlage sende ich Ihnen den von H. Dr. Rosenthal hier abgegebenen Brief des H. Wachter wieder zurück.
Ich bedaure, daß der von mir formulirte Vorschlag keinerlei Anklang gefunden hat. Aber ich bezweifle auch, daß Sie nach Petersburg gehen werden, so lange H. Wachter nicht seinerseits Ihnen einen positiven Vorschlag macht. Denn darin, daß er vorschlägt

> daß Sie mit neuem Capital in unserer Compagnie hineinkommen u. daß man dann, wenn man die Majorität in der Gas Gesellschaft hat irgendwelche Abkommen treffen könnte

kann ich keinen Vorschlag erkennen, welcher Ihnen den Muth zu einer Reise nach Petersburg einzuflößen vermöchte. Vielleicht entschließt sich H. Wachter seinerseits einen Vorschlag zu machen, welchen er für durchführbar erachtet, so daß man sich vorher hier über ein Programm verständigen kann.

Mit bestem Dank

Ihr ergebener
G. Siemens

Herrn Doctor Rathenau
Allg. Electr. Ges.
Berlin

119

Carl von Siemens an Georg von Siemens,
22. Juli/3. August 1890
Gostilitzy, den 22. Juli/3. August 90.

Lieber Georg!

Deinen Brief vom 14./7. habe ich seiner Zeit richtig erhalten und ich bitte Dich sehr um Entschuldigung, dass ich ihn so lange ohne Antwort gelassen habe. Zuerst schienen mir Deine Vorschläge ganz unannehmbar zu sein, aber so ganz allmälig und namentlich nach stattgehabter Rücksprache Murani bin ich zu der Meinung gekommen, dass es doch vielleicht so gehen könnte. Es war besonders die Commandit-Betheiligung der Allgemeinen am Geschäft von S. & H., die mir nicht einleichten wollte. Das Betriebsmaterial fehlt uns nicht und fremde Betheiligung ist unbequem und kann zu Uneinigkeiten führen. Wozu also die Commanditäre? Diese Frage habe ich mir nun wie folgt beantwortet:
Das Geschäft kann von den kaufmännischen Talenten und Erfahrungen der Allgemeinen profitiren, sie wird ihm keine Concurrenz in Russland mehr machen und wenn mir mal Menschliches passiren sollte, dann ist der Nachfolger schon gefunden. Diese drei Sachen sind entschieden was werth und so bin ich denn jetzt bereit, auf Deine Vorschläge hin zu verhandeln, wenn Werner und seine Söhne damit einverstanden sind. In Bezug auf das Geschäft kann ich natürlich nichts ohne diese machen. Ich habe Werner gebeten, die Sache mit seinen Söhnen zu besprechen und wenn ich eine zustimmende Antwort von ihm erhalte, so werde ich Dich sofort davon benachrichtigen.
Der Jahres-Abschluss der Lichtgesellschaft ist jetzt fertig. Wir haben einen Ueberschuss von rund 100 000 Rbl., den wir aber ausschliesslich zu Amortisationen verwenden werden. Das nächste Jahr muss ganz bedeutend besser werden, denn wir starten die jetzt beginnende Beleuchtungs-Saison genau mit der doppelten Lampenzahl in Petersburg, wie vor einem Jahre. Ausserdem muss Moscau Gewinn bringen und dann haben wir an Stelle Troilzky, dessen Unthaten immer mehr zu Tage treten, einen sehr tüchtigen und sparsamen Betriebsdirector gefunden, durch den wir bedeutende Ersparnisse machen werden. Über den Berg ist die Karre gekommen, wie du siehst und sie sollte nur leichter rollen. Ich habe immer gefunden, dass ein derartiges Geschäft, wenn man erst damit aus den Verlusten heraus ist, sicher ein vortheilhaftes wird. So ging es uns mit Kedabeg, der [. . .] Hoffentlich trifft es auch diesesmal zu.
Leb' wohl, lieber Georg, grüsse Deine Frau von mir

Dein treuer Vetter
120 Carl

Carl von Siemens an Georg von Siemens, 1./12. August 1890
St. Petersburg, den 1./12. August 1890

Lieber Georg,

Seit Abgang meines letzten Briefes an Dich, sind hier Verhandlungen mit den hiesigen Gas-Gesellschaften in den Gang gekommen, über die ich Dir Bericht erstatten muß.
Diese Gasgesellschaften haben nämlich von der Stadtverwaltung die Berechtigung erwirkt, electrische Central-Stationen mit Gasmotoren zu errichten und zu betreiben. Damit haben sie denn auch sofort den Anfang gemacht. Sie haben zunächst mit dem katholischen Kirchenhause im Newsky-Prospect einen Vertrag geschlossen, der ihnen das Recht giebt im Hofe dieses Hauses ihre Gasmotoren aufzustellen. An dieses Haus schließen sich große Gebäude und das ganze bildet einen mächtigen Häuserblock, zu dem auch das Hôtel de l'Europe gehört. Diesen Block wollen sie nun zunächst beleuchten und da sie die Straße nicht zu passiren haben, so haben sie auch die Abgabe von ¼ Kop. per 16 Bogenlampe nicht zu zahlen. Sie können also billiger sein, als die Lichtgesellschaft und das wollen sie auch, um uns aus dem Blocke zu vertreiben.
Um dieses zu verhindern, schlug ich vor, sämmtlichen Bewohnern des Blockes anzukündigen, daß auch wir die Preise der Gasgesellschaften acceptiren, meine Collegen aber haben Angst bekommen und wollen lieber mit den Gasleuten paktiren. Diesen liegt nur daran ihr Gas an den Mann zu bringen und sie sind bereit, jede Konkurrenz aufzugeben, wenn wir uns verpflichten unsere Centralstationen in Petersburg anstatt mit Dampf mit Gasmotoren zu betreiben. Sie wollen uns sogar das Geld für die Gasmotoren gegen 5% und Amortisirung im Laufe von 10 Jahren vorschießen. Zunächst wollen sie uns mit 2 Motoren à 150 Pf. K. und einen von 40 beglücken und wir sollen uns verpflichten, die in Petersburg vorhandenen Dampfmaschinen allmählig, d. h. wenn anderwärts Bedarf ist, zu beseitigen. Ist z. B. in Moscau mehr Kraft erforderlich, dann sollen wir keine neue Dampfmaschine beschaffen, sondern eine aus Petersburg dorthin transportiren. Bis dahin sollen die Dampfmaschinen in Petersburg ruhig fortarbeiten.
Ein solches Abkommen wäre für uns durchaus nicht unvortheilhaft und es hindert uns eigentlich nur das in Aussicht genommene Abkommen mit der Allgemeinen, die ja das große Maschinen Prinzip reitet. Auf Petersburg ist letzteres auf längere Jahre noch nicht anwendbar, wohl aber in Moscau und was sollen wir dort mit allen den Petersburger Dampfmaschinen anfangen, wenn wir dort große Maschinen einführen wollen? Da wäre ich also in ein fatales Dilemma gerathen und ich sehe keinen rechten Ausweg. Ich bin entschieden mehr dafür, den Kampf mit den Gasgesellschaften aufzunehmen aber doch mag ich der Lichtgesellschaft nicht meinen Willen aufdrängen. Ich will die Verantwortung nicht auf mich nehmen. Es ist ja auch nicht zu verkennen, daß uns ein Hand in Hand gehen mit den Gas-Gesellschaften der Lichtgesellschaft große Vortheile bringen wird. Z. B. sollen die Gaspreise sofort tüchtig in die Höhe geschraubt werden, aber wir erhalten das Gas für 1 Rb. 70, während für alle anderen Gasmotoren 2 Rb. genommen werden soll.
Ich bedaure nur, daß es mir ganz unmöglich ist, vor Abschluß des Uebereinkommens Eure Ansicht einzuholen, denn es heißt hier Entweder, Oder. Man baut schon im Kirchenhause und hat diesen Bau nur zeitweise, in Anbetracht der Unterhandlungen sistiert. Ich hoffe nur noch, daß die Sache an den Detail Bestimmungen scheitern wird und ich werde mein Möglichstes thun, die Bedingungen zu verschärfen.

Leb wohl, lieber Georg,
Es grüßt herzlichst

Dein treuer Vetter
121 gez. Carl

Emil Rathenau an Georg von Siemens, 19. August 1890

19. Aug. 90

Sehr geehrter Herr Doctor!

Auf den Brief des Herrn C. Siemens vom 12. d. M. beehre ich mich zu erwidern, daß – wie großen Werth ich auf das Zusammenwirken el. Werke mit Gasanstalten lege, und ich werde Ihnen demnächst von einem solchen Project in großem Styl hoffentlich berichten können – der für die Beleuchtung in Petersburg von der Gas-Gesellschaft dort gemachte Vorschlag mir undiskutabel erscheint. Diese steht, wie ich sehe, noch auf dem Standpunct des Herr Oechelhäuser, der sich inzwischen in Dessau durch kostspielige Versuche von der Wahrheit überzeugt haben wird, daß Leuchtgas ein zu vornehmes Surrogat für Steinkohle sei.
Ich unterlasse, auf die Nachtheile kleiner Anlagen – Blockstationen – gegenüber rationellen Centralstationen hinzuweisen, da Herr Siemens mir schon jetzt Prinzipienreiterei vorwirft, aber die Thatsache, daß wir gerade in diesem Moment zwei Anlagen dieser Art, von denen die größere über 300 Pferd verfügt, aufgeben und ihre Maschinen, die hundert Tausende gekostet haben, für einen Apfel und ein Ei feilbieten, will ich nicht verschweigen.
Diese Stationen können nicht concurrieren, trotzdem Dampf-, Dynamomaschinen und Kessel modern construiert sind; und der Häuserblock unübertroffen in Berlin, Kabel nicht existieren vielleicht in der Welt dasteht. Und nun gar erst, wenn Gas zu 1 R. 70 statt Kohle benutzt wäre! Dieser Preis ist bei heutigem Course höher als der Berliner für Motorengas, und wenn man ihn zu Grunde legt, den Consum aber nicht nach den Angaben der Fabrikanten von Gasmotoren, sondern nach den verblüffenden Resultaten beurtheilt, die die Gasanstalt in Magdeburg mit großen Maschinen erzielt hat, so stellt sich, von Wasser, Öl Bedienung abgesehen, die bei Gasmotoren ungleich größere Kosten wie bei Dampfmaschinen verursachen, die Betriebskraft auf ca. 28 Pf. nach deutschem Gelde, d. h. also auf etwa das Zehnfache von dem, was wir bei den höchsten Kohlenpreisen zu rechnen hatten.
Hieraus erklärt es sich, warum der Magistrat die Beleuchtung des Rathhauses und der Markthallen an das Netz der BEW anschließen ließ, die bis dahin mit Gasmotoren beleuchtet wurden und der Magistrat stellt das für eigene Zwecke verbrauchte Gas noch um 50% unter dem Preis, d. h. zu 9 Pf. pro CubM. in Rechnung!
Aber noch trauriger, als vom wirthschaftlichen Standpunkt, ist die Gas-Elektricität vom technischen, und Herr Siemens sollte jedenfalls zu Herrn von Oechelhäuser nach Dessau gehen, ehe er 1 Kop. in einem solchen Unternehmen begräbt. Ich würde die Gasmotoren kaum geschenkt nehmen mit der Verpflichtung, sie auf Jahre hinaus in dieser Weise zu verwenden. In der Alternative, den Tarif eines Unternehmens, das noch keinen Gewinn bringt – denn die 100 000 Ru. reichen nach meinem Dafürhalten kaum für die Abschreibungen – ermässigen oder mit der Gas-Gesellschaft unter diesen Bedingungen parlieren zu müssen, würde ich das Heil allein in dem Bau einer Station in großem Styl anstreben, wie sie in Petersburg ausführbar sein soll, d. h. unter Benutzung der Wasserkräfte, von der Prinz Oldenburg mir persönlich mittheilte, daß sie für Gewerbe der Stromerzeugung zu erlangen wäre. Daß wir die Mittel zur Verwirklichung eines solchen Projectes besitzen, wird Ihnen Herr Dr. von Siemens bestätigen, der neuerdings die Anregung zu einem solchen Unternehmen auf elektrischem Boden gegeben hat, was ich Ihnen unter dem Siegel der Verschwiegenheit mittheile. – Findet dieser Gedanke Anklang, so sollte man die Anlagen der Gas-Gesellschaft mit allen Kräften unterstützen, denn sie fallen einem wohlorganisirten Unternehmen eines Tages in den Schoß, wie die Berl. Beleuchtungs-Gesellschaft die noch vor kurzem prätentirt für Überlassung ihrer Consumenten Entgelt forderte, während sie sich jetzt glücklich preist, ihre Opfer hierfür begraben lassen zu dürfen, unseren hiesigen Werken.
In der Hoffnung, Sie bald wieder in Berlin zu begrüßen, zeichne ich mit

vorzüglicher Hochachtung

Ihr ergebener E. Rathenau

122

124 Die Familie Siemens um 1859/61,
Obere Reihe (von links nach rechts): Walter, Carl, Werner, Otto
Untere Reihe: Wilhelm (William) Siemens mit seiner Frau Anne.

Carl Siemens zunächst gänzlich abgelehnt. Allerdings änderte er seine Meinung, da er anerkannte, daß Rathenau kaufmännische Talente besaß, von denen Siemens bei einer Zusammenarbeit profitieren konnte. Das Zustandekommen eines Vertrages verhinderte schließlich die Konkurrenz der Petersburger Gas-Gesellschaften, die von der Stadt bereits eine Teilkonzession für den Bau von Zentralstationen mit Gasmotoren erhalten hatten und anboten, mit der Gesellschaft für elektrische Beleuchtung zusammenzuarbeiten. Dies lehnte Rathenau jedoch ab.

G. v. Hartmann an Georg von Siemens, 20. Dezember 1890

Sehr geehrter Herr Doktor,
Es ist eine mir in meiner amtlichen Eigenschaft ganz besonders am Herzen liegende Angelegenheit, für welche ich vertrauend auf Ihre mir schon öfter bewiesene Güte Ihr Interesse und Ihren großen Einfluß in Anspruch nehmen möchte und über die von dritter unparteiischer Seite Einiges zu erfahren Ihnen vielleicht angenehm ist.
Es handelt sich um das Verhältniß zwischen dem neu bestellten Direktor der hiesigen Unternehmung der Berliner Elektricitätswerke Herrn Kribben einerseits und den mit diesem Unternehmen eng verbundenen und von Beginn an in hervorragender Weise für dasselbe thätig gewesenen Installateuren Levi & Kocherthaler. Beide Parteien deutsche Reichsangehörige genießen in gleicher Weise meine uneingeschränkte Achtung. Um so schmerzlicher ist es für mich zu sehen, daß dieselben auf dem besten Wege sind dem Auslande das leider ja nicht seltene Schauspiel uneiniger und sich mit einander öffentlich streitender Deutschen zu geben. Ich bin selbstverständlich nicht in der Lage irgendwie zu beurtheilen, auf welcher Seite Recht, auf welcher Unrecht ist, werde wohl auch um meinen durchaus unabhängigen Standpunkt Beiden gegenüber zu bewahren, der Sache direkt nicht näher treten, es sei denn, daß ich von beiden Seiten angerufen werde, ich kann aber Folgendes als Beobachter aus der Ferne feststellen: Zwischen beiden Parteien, außerhalb des Gebiets der Elektricitäts-Gesellschaft seit Jahren miteinander concurrirende Agenten, besteht seit Jahren ein scharfer Antagonismus, der bei Übernahme der Direktion durch Herrn Kribben von vorne herein voraussehen ließ, daß Zwistigkeiten eintreten würden. Nur sehr guter Wille und die ernste Bereitwilligkeit miteinander Hand in Hand zu arbeiten konnte solche vermeiden. Auf welcher Seite nun hierin der Mangel größer war, wage ich nicht zu beurtheilen, genug daß er auf beiden Seiten vorhanden ist. Verschärft wurde der Gegensatz von vorne herein noch dadurch, daß Herr Kribben sofort nach seinem Eintritt in die Direktion einige junge nicht deutsche Unternehmer herangezogen hat und vorzugsweise neben Levi & Kocherthaler als Installateure beschäftigt, ihnen wohl auch in jeder Weise in der Aufrechterhaltung der Concurrenz mit L. & K. förderlich ist. Die so schon lange bestehende Zwistigkeit dürfte, wie ich auch aus einigen Vorgängen aus jüngster Zeit entnahm, bald zu offenem Kampfe führen und solchem vorzubeugen sehe ich keine andere Möglichkeit, als die, daß von Berlin aus auf Herrn Kribben zu Gunsten des lieben Friedens eingewirkt wird. Die Gelegenheit hierzu dürfte sich der Allgemeinen Elektricitäts Gesellschaft sehr bald bieten, falls sie ihr nicht schon entgegengetreten ist, und das ist es, was zu veranlassen ich von Ihnen, hochgeehrter Herr Doktor, gewissermaßen von dem höheren Standpunkt der Wacht über unseren Ruf im Ausland erbitten möchte. Nach meiner auf der persönlichen Kenntniß der betheiligten Persönlichkeiten beruhender Meinung kann ein etwas milderes Auftreten des wohl zur Härte neigenden Herrn Kribben Vieles vermeiden und würde wiederum derselbe *nur* einem Winke von Berlin aus zugänglich sein; auf der anderen Seite glaube ich annehmen zu können, daß Levi & Kocherthaler, wenn auch gewiß in hinreichendem Maße mit der bekannten deutschen Charakterfestigkeit ausgestattet, einem zusprechenden Einfluß meiner Seits eher zugänglich sind, und stelle ich mich in dieser Beziehung Ihnen gerne zur Verfügung.
In der Hoffnung, hochgeehrter Herr Direktor, daß Sie mich in meinem Bestreben der deutschen Sache im Allgemeinen und dem Interesse beider Parteien in gleicher Weise zu dienen verstehen und darum diese Einmischung nicht als unbescheiden betrachten werden, auch bittend meine Mittheilungen als rein persönlich zu betrachten darf ich in vorzüglichster Hochachtung verharren

als Ihr sehr ergebener
G. v. Hartmann.
125 Kl. Konsul

Emil Rathenau an Georg von Siemens, 27. Dezember 1890

Sehr geehrter Herr Doctor!
Die prächtige Bonboniere ist wohlbehalten hier eingetroffen und ihrer Bestimmung bereits übergeben.
Über den Brief des Herrn v Hartmann behalte ich mir eine gelegentliche persönliche Besprechung vor. Nach m. E. ist das Recht unbedingt auf Seiten unserer Vertreter, aber die Interessengemeinschaft verbietet mir, wirksam für sie einzutreten. Dennoch habe ich nochmals an Herrn Kribben unter Bezugnahme auf die mir von Ihnen gemachten Mittheilungen geschrieben. Dieser Mann leidet an dem Vorurtheil, das auch sein Protector, Herr Gwinner zu theilen schien, vielleicht verfolgt er aber auch Interessenpolitik, indem er andere Installationen begünstigt. Letzteres wäre mir angenehm.
Hoffentlich haben Sie die Feiertage angenehmer verbracht, als wir, die unter dem Unwohlsein unseres Sohnes zu leiden hatten.

Mit vielen Grüßen
Hochachtungsvoll
126 E. Rathenau

125/126 In Madrid hatte die AEG zusammen mit Levi & Kocherthaler 1889 eine Elektrizitätsgesellschaft gegründet, die die Konzession zum Bau einer Zentralstation besaß. Mit dem Direktor dieser Gesellschaft, Luis Kribben, gab es jedoch solche Probleme, daß der deutsche Konsul in Madrid sich an Georg von Siemens mit der Bitte um Vermittlung wandte.

Aus dem Briefwechsel in dieser Angelegenheit wird nicht nur der Ablauf dieses Geschäftsvorhabens deutlich, es werden auch einige Aspekte des Verhältnisses von Emil Rathenau zu Georg von Siemens klar erkennbar. Letzterer hatte offenbar eine Vermittlerrolle übernommen und überließ Rathenau Briefe von Carl Siemens zur Kenntnisnahme. Er lieferte Rathenau auf diese Weise wertvolle Informationen und nahm andererseits maßgeblichen Einfluß auf die Entscheidungen Rathenaus, der z. B. die Vorschläge von Georg von Siemens für einen Antwortbrief an C. Wachter voll übernahm.

Bessere Chancen als in Rußland räumte Felix Deutsch einem Engagement der AEG in England ein. Die von ihr mit der Edison General Electric Co. 1890 gegründete »Keys Electric Co. Ltd.«, die als ein reines Verkaufsunternehmen konzipiert war, enttäuschte jedoch die in sie gesetzten Erwartungen.

Größerer Erfolg war den Bemühungen der AEG in Spanien, insbesondere in Madrid, beschieden. Hier hatte die Firma Levi & Kocherthaler die Konzession für eine elektrische Zentralstation erworben. Ein Elektrizitätswerk unter englischer Leitung bestand bereits, war aber wenig erfolgreich. Die AEG tat sich nun mit Levi & Kocherthaler zusammen und gemeinsam gründeten sie 1889 die »Compañía General Madrileña de Electricidad«. Das Grundkapital betrug 3 Mio. Pesetas, von denen die AEG die Hälfte aufbrachte. Bereits ein Jahr später konnte das erste von der AEG am Ort gebaute Gleichstrom-Kraftwerk in Betrieb genommen werden. Im gleichen Jahr beklagte der deutsche Konsul in Madrid die Uneinigkeit deutscher Staatsangehöriger im Ausland, da der neue Direktor der Elektrizitätswerke, Luis Kribben, mit einer dort vertretenen deutschen Installationsfirma in Streit geraten sei.

127 Kabelverlegung auf der Plaza San Fernando in Sevilla während des Aufbaus eines Stromversorgungsnetzes durch die AEG.

128 Kraftwerk in Barcelona für die Versorgung einer um 1900 von der AEG gebauten und betriebenen elektrischen Straßenbahn.

Obwohl die Zusammenarbeit mit Kribben auch in der Folgezeit nicht immer reibungslos verlief, konnte der Auf- und Ausbau der Elektrizitätsanlagen zügig fortgesetzt und 1894 beendet werden. 1894 war das Madrider Tochterunternehmen gefestigt und kommerziell erfolgreich, so daß die AEG ihre Geschäftsanteile mit gutem Gewinn abstoßen konnte, wobei Rathenau die Genußscheine vom Verkauf ausnehmen wollte, um die AEG weiterhin am Gewinn der Madrider Gesellschaft teilhaben zu lassen. Mit Hilfe der weitreichenden Geschäftsbeziehungen von Levi & Kocherthaler erhielt die AEG ab 1890 in rascher Folge Aufträge zum Kraftwerksbau in 12 weiteren spanischen Städten, u. a. in Satander, Aranjuez, Barcelona und Sevilla. In der zuletzt genannten Stadt erwarb ein deutsches Konsortium darüber hinaus die »Sevilla Tramways Co. Ltd.«.

129 Auch in den folgenden Jahren traten immer wieder Schwierigkeiten in der Zusammenarbeit mit Luis Kribben auf und Emil Rathenau sah sich 1892 gezwungen, dessen Pläne und Vorstellungen in eine realistische Form zu bringen.

Emil Rathenau an Luis Kribben, 18. Juli 1892

Sehr geehrter Herr Kribben!
Auf Ihr gefälliges Schreiben vom 11. cr. bemerke ich, dass Sie die Rechnung ohne den Wirth gemacht haben; denn wenn Sie wirklich den angegebenen Strombedarf mit den vorhandenen Einrichtungen nicht befriedigen können, so weiss ich nicht, woher Sie die Maschinen, von denen die Rede ist, nehmen wollen. Ich spreche jetzt nicht von Beschaffung der pecuniären Mittel, solche Fragen lassen sich bei gutem Willen rasch lösen, aber glauben Sie, dass sich Dampf- und Dynamomaschinen in Grössen, wie Sie sie gebrauchen, und in guter Ausführung, rasch her- und aufstellen lassen? Nach meinem Dafürhalten müssen Sie die Wintercampagne mit Ihren vorhandenen Maschinen durchführen, oder Accumulatoren beschaffen. Wir haben in früheren Jahren oft in ähnlichen Nothständen uns befunden, und ich hoffe, dass bei der verhältnissmässig kurzen Dauer des Maximums und mit gut geschultem Personal auch Sie aus der Verlegenheit sich ziehen werden. Indessen muss auch für das nächste Jahr schon jetzt vorgesorgt werden und wir sind

bereit, an das Studium der Frage mit Ernst und Nachdruck hinanzutreten.
Eine Maschine von 122 H. P. liegt in Gent, die dazu gehörigen Dynamos hier fertig zur Aufstellung, aber leider ist darüber, wenn auch nicht endgültig, verfügt und wir werden binnen Kurzem erfahren, ob sie nach Chicago zur Weltausstellung abreisen muss. Wird sie uns freigegeben, so empfehle ich sie Ihnen angelegentlich; denn das Agregat [sic!] arbeitet gut und ökonomisch in den Berliner Elektricitätswerken, und da Sie es bis auf 1500 HP im Nothfall und vorübergehend beanspruchen könnten, so werden Sie billiger als mit 2 Maschinen von je 800 HP, die Sie wünschen, die Vergrösserung bewirken können. Die Ueberlassung würden wir als Act der Gefälligkeit betrachten, da die Berliner Elektricitäts-Werke, für deren Rechnung wir den Satz besitzen, desselben, wenn auch etwas später, dringend bedürfen, und wir müssten neue Maschinen nach demselben Muster sofort beordern. Falls Sie sich jedoch bis zum Herbst k. J. gedulden, so schlage ich vor, eine Maschine aus einer anderen Fabrik als van den Kerchove zu beschaffen. Wir haben von dieser Firma viele Maschinen seit Jahr und Tag bezogen, die uns vollkommen befriedigten. Auf meine Veranlassung hat man sich jetzt mit Construction einer Type beschäftigt, die viele Vortheile für den elektrischen Betrieb bietet. Wir haben selbst Maschinen bis zu 150 H. P. in dieser Weise ausgeführt, – grössere bauen wir vorläufig nicht – die allen Ansprüchen genügen. Da sie Kolbensteuerung haben, können sie rascher als Corliss-Maschinen laufen, ausserdem ist ihre Herstellung bei gleicher Oekonomie erheblich billiger. Dazu kommt, dass auch die Dynamos durch die grössere Geschwindigkeit sich um Vieles wohlfeiler construiren lassen.
Ihr Programm über den Anschluss der in der Stadt gelegenen englischen Consumenten an das Gleichstromnetz, im Falle der Erwerbung, scheint mir richtig, wenn es sich leicht ausführen lässt, aber das ist wohl zu überlegen, namentlich für grössere Installationen, die an Dreileiter angeschlossen werden müssten. Mir will die englische Station nicht recht gefallen, weil sie organisch schwer in unserer vorhandenes System sich fügt, und ich weder zu dem Heer von Dampfmaschinen, noch zu dem der Dynamos rechtes Vertrauen fassen kann.
Unser ursprünglicher Plan, die Station bis zur nöthigen Grösse auszubauen, und Accumulatoren-Unterstationen an den äusseren Enden aufzustellen, ist jedenfalls rationeller und um vieles ökonomischer. Eine solche Station wird mit ununterbrochenem Betriebe, vorausgesetzt, dass die Accumulatoren sich bewähren, was bei guter Construction und Behandlung jetzt erwartet werden darf, nichts zu wünschen übrig lassen. Es wäre die Sache des Studiums, ob unter solchen Umständen der vorhandene Maschinenpark nicht für lange Zeit noch ausreichte; unter allen Umständen sind Accumulatoren rascher und vielleicht nicht theurer als Maschinen zu beschaffen. Dass durch die Uebernahme der englischen Station unverhältnismässig hohe Kosten entstehen, habe ich vorausgesehen, und wir dürfen deshalb höchstens £ 40 000,- für die Erwerbung der Consumenten und Beseitigung der Concurrenz opfern, damit wir mit 3 Millionen, deren Beschaffung schwierig genug sein wird, davon kommen. Dass die Rentabilität unserer Station, nach dem ursprünglichen Plan erweitert, endgültig höher als die geplante Combination werden wird, geben auch Sie zu; nur weiss ich nicht, warum Sie den Zeitpunkt der paritätischen Erträge auf 3 bis 4 Jahre bemessen. Fürchten Sie, dass der Consum so langsam steigen wird? – Darin stimme ich mit dem Madrider Comité überein, dass wir vorläufig die Erweiterung a., als zunächst erreichbar ausführen sollten; aber dazu genügt nicht ein Credit von 300 000 Frs., wie Sie schreiben, sondern 500 000 Frs. wie Sie rechnen. Ich werde mir Calculation aufstellen lassen, was wir erreichen, wenn wir schon jetzt zu Accumulatoren übergehen, statt einen neuen Maschinensatz zu beschaffen, der in diesem Winter doch noch nicht in Function treten könnte und überlegen, welcher Ort sich am besten dafür eignet. In Bezug auf diesen wollen Sie mir bitte gefälligst Ihre Ansicht recht bald mittheilen.
Ich beabsichtige, Anfang August meinen drei- bis vierwöchentlichen Urlaub anzutreten, und wünschte, dass bis dahin die Sache entschieden werden könnte.

129 Mit hochachtungsvollem Grusse

Emil Rathenau an Arthur von Gwinner, 15. Mai 1894

Sehr geehrter Herr Gwinner!
Nach Lage der Verhältnisse sind wir wohl berechtigt, die Genußscheine vom Verkauf jetzt auszuschließen. Soweit ich das Geschäft nach den monatlichen Erträgnissen zu beurtheilen vermag, wird die Dividende des laufenden Jahres die des verflossenen um 3 bis 4% übertreffen. Das stand damals noch nicht fest, als wir mit Ellissen verhandelten. Im Übrigen lege ich das Geschick unseres Besitzes von diesen Werthen in Ihre bewährten Hände, stehe aber zu Ihrer Verfügung, sobald Sie den Wunsch aussprechen.
Den Brief des Herr Bruniquel beehre ich mich einliegend zurückzureichen und begrüße Sie

mit Hochachtung
E. Rathenau

130 1894 hatten die Madrider Elektrizitätswerke ihre Anfangsschwierigkeiten überwunden und konnten finanziell erfolgreich arbeiten, so daß die AEG ihre Geschäftsanteile mit Gewinn verkaufen konnte. Nur die Genußscheine, die eine Beteiligung am Reingewinn einer Firma, aber kein Stimmrecht gewähren, wollte Emil Rathenau im Besitz der AEG behalten.

131 Die Pläne für den Bau einer Zentralstation in Barcelona beurteilte Emil Rathenau sehr kritisch, doch kam das Projekt schließlich doch zur Ausführung.

Emil Rathenau an Arthur von Gwinner, 4. Mai 1894

Sehr geehrter Herr!
Herr Kocherthaler aus Madrid ist mit Herrn Parellada aus Barcelona hier eingetroffen, um wegen Erbauung einer elektrischen Centralstation in der letztgenannten Stadt Rücksprache zu nehmen. Sollten Sie für das Zustandekommen dieses Unternehmens Interesse besitzen, so würde ich Sie bitten, im Laufe des morgigen Tages zu einer von Ihnen zu bestimmenden Zeit an einer Besprechung mit genannten Herren Theil zu nehmen. So weit ich mich in der kurzen Unterredung informieren konnte, begünstigen viele Umstände dieses Unternehmen mehr als in Madrid, während andererseits die Opfer nicht zu unterschätzen sind, die für die Uebernahme des Geschäftes und der Concession gebracht werden müssen. Zu Gunsten desselben

132 Maschinenhalle mit Dampfmaschinen und Gleichstromdynamos des Kraftwerkes Sevilla, das von der »Compañia Sevillana de Electricidad«, einer Tochtergesellschaft der AEG, betrieben wurde.

spricht, dass noch keine Concurrenz in Barcelona existirt, wir die unbedingte Controlle über die Geschäftsführung ausüben würden, und in der Handels- und Hafenstadt ein regeres geschäftliches Leben als in der Residenz pulsirt, deren Bauthätigkeit namentlich in den letzten Jahren geringfügig zu sein schien. Ferner erfreut sich Barcelona schon einer namhaften elektrischen Strassenbeleuchtung, die erheblich erweitert werden soll und nach dem von der Stadt dafür bewilligten Tarif schon in dem jetzigen Umfang Gewinn bringen muss. Demgegenüber steht der Nachtheil, dass die jetzige Gesellschaft sich in einer trostlosen Lage befindet, die durch unsolide Gründung, Verluste in ihrem Madrider Unternehmen und Unerfahrenheit im Bau und Betriebe verschuldet sein soll. Aus einem Kapital von zehn Millionen und einer Schuld von 1 Million Pes., die noch zu begleichen ist, existieren nur ein sehr grosses Grundstück, das mit 600 000 Pes. erworben wurde, aber 1 Million werth sein soll, in gutem Zustande befindliche, geräumige Fabrikgebäude und ein Heer von Dampfkesseln, Dampf- und Dynamomaschinen, sowie diverses Material, welches nach gewissenhafter Schätzung des Direktors Parellada ebenfalls den Betrag einer Million repräsentieren soll. Nach der Beschreibung mögen die meisten der letztgenannten Bestandtheile an und für sich brauchbar sein, für uns haben sie wahrscheinlich nur einen geringen Werth, so dass man mit dem an 2 Millionen fehlenden Betrag, für die die gesammte Substanz auf uns übergehen würde, das Conto der Erwerbung der Concession und des Geschäftes zu belasten hätte. Ich habe erstere noch nicht prüfen können, aus den gemachten Mittheilungen aber die Ueberzeugung gewonnen, dass sie ausserordentlich günstig ist, insofern sie ein Monopol für Legung von oberirdischen Leitungen gewährt, das namentlich in dem Betriebe von elektrischen Bahnen erhöhte Bedeutung gewinnt. Das Geschäft als solches dürfte ebenfalls mit einer gewissen Summe bewerthet werden, wenn Reinerträge, wie behauptet wird, aus demselben schon jetzt resultieren. Diese werden auf 20 000 Pes. im Durchschnitt jeden Monats angegeben. Auch in die Prüfung dieser Ziffern bin ich vorläufig nicht eingetreten.

So weit ich unverbindlich nach den gemachten Angaben mir eine Vorstellung von dem neuen Unternehmen machen kann, würde man in Barcelona bei annähernd gleicher Einwohnerzahl wie in Madrid auf etwa 100 000 installirte Lampen rechnen können. Bei einem Tarif von 5 Cent pro Stunde, der angesichts der billigeren Gas- und Kohlenpreise angemessen scheint, würde sich die jährliche Bruttoeinnahme auf 2,5 Millionen, der Reingewinn auf etwa die Hälfte dieser Summe belaufen. Eine Anlage von diesem Umfange dürfte sich unter Benutzung der vorhandenen Grundstücke und Einrichtungen, sowie bei Benutzung von theilweise oberirdischen Leitungen für 4 Millionen herstellen lassen. Ich werde eine Aufstellung des Kapitalerfordernisses und der Rentabilität des Unternehmens an Hand genauer Pläne sofort veranlassen, da die vorstehenden Ziffern kaum Anspruch auf eine rohe Schätzung machen. Ich wollte sie nur mittheilen, damit Sie einen Ueberblick über das geplante Unternehmen gewinnen und eine principielle Entscheidung über eine Betheiligung an dem selben treffen können. Nach früheren Erfahrungen nehme ich an, dass das Consortium, dem wir die Finanzierung anbieten werden, keinen großen Werth auf eine Betheiligung an diesem Geschäfte legen wird.

Ich begrüße Sie inzwischen
mit besonderer Hochachtung
E. Rathenau

131

133 Die von der AEG 1898/99 gebaute Straßenbahnlinie in Genua kurz nach ihrer Fertigstellung.

134 Maschinenhaus mit Schaltbrett der Genueser Straßenbahn.

Außer in Spanien konnte die AEG auch in Italien Erfolge verbuchen. Seine ersten Bemühungen richtete Emil Rathenau dabei auf Mailand, Rom und später auf die Elektrifizierung der Straßenbahnen sowie der Stadtbeleuchtung von Genua. Ab 1895, nachdem die AEG dort wichtige Konzessionen erworben und eine konkurrierende Gesellschaft übernommen hatte, oblag ihr die Stromversorgung der gesamten Stadt, die nun nach einheitlichem Plan ausgebaut werden konnte.
Hierbei hat sich die Mitarbeit von Erich Rathenau, dem jüngeren Sohn von Emil Rathenau, zum ersten

Emil Rathenau an Präsident Rava, 6. August 1892

Copie. Berlin, den 6. August 1892.

Herrn Präsidenten Rava
z. Zt. Karlsbad

Sehr geehrter Herr!
Zu meinem Bedauern habe ich nicht früher Gelegenheit nehmen können, Ihnen für die freundliche Aufnahme zu danken, welche Sie mir bei meinem Besuche in Karlsbad bereitet haben. Ich wollte nämlich die Herren Dr. Siemens und Fürstenberg über das zwischen uns besprochene Projekt zunächst hören, und da ersterer von Berlin abwesend, letzterer sehr beschäftigt war, ist es erst jetzt mir gelungen, mit den Herren zu conferiren.
Wie ich Ihnen bereits in Karlsbad mitzutheilen Gelegenheit hatte, existirt hier in Berlin grosse Begeisterung für ausserdeutsche Geschäfte nicht, und es bedurfte einiger Ueberredung und meiner Ueberzeugung von der voraussichtlichen Prosperität des Unternehmens, um die Herren einer finanziellen Betheiligung prinzipiell zugänglich zu machen. Indem ich die vor Jahren mit Ihnen geführten Verhandlungen in das Gedächtniss unserer Freunde zurückrief, musste ich zugestehen, dass die Rentabilität des Unternehmens seit der Kapitalserhöhung in rückläufiger Bewegung sich befindet, dass aber durch Erwerbung der Wasserkraft und zeitgemässe Umänderungen der in Mailand bestehenden Einrichtungen ein neuer günstiger Zustand geschaffen werden könne. Sie hätten in der entgegenkommendsten Weise gestattet, dass einer unserer Ingenieure ohne Aufsehen die Einrichtungen und den Betrieb gründlich studieren dürfe, und die Allgemeine Elektricitäts-Gesellschaft wäre bereit, einen kompetenten Sachverständigen für diesen Zweck dorthin zu senden, sobald man eine finanzielle Verständigung getroffen haben würde, welche im Falle eines günstigen Berichtes ohne Aufschub zu verwirklichen sei. Dieser Fachmann würde auch die Verhältnisse der in Aussicht genommenen Wasserkraft eingehend studieren können. An der Hand des alsdann aufzumachenden Kostenanschlages, für welchen wir die Garantie übernehmen wollten, dass wesentliche Ueberschreitungen nicht eintreten würden, wäre das genaue Kapitalsbedürfniss festzustellen. Nach oberflächlicher Schätzung würde dasselbe sich auf 10 Millionen Lire belaufen unter der Voraussetzung, dass das Kapital der jetzigen Anlagen dem wirklichen Werthe entsprechend reduzirt wird.
Beide Herren gingen von der Aussicht aus, dass für die Begebung von Obligationen in Berlin ein Markt nicht zu finden sein wird, dass hingegen Vorzugsactien mit entsprechender Verzinsung und ausreichender Sicherheit für Kapital und Zinsen von der Deutschen Gruppe übernommen werden könnten. Herr Fürstenberg insbesondere war der Ansicht, dass dem hiesigen Publikum, welches dem Unternehmen ferner stehe, eine bessere Sicherheit gewährt werden müsse, und er nahm an, dass 3 Millionen Stammactien nach entsprechender Reduction des jetzigen Kapitals von Ihnen übernommen werden würden, wenn man sich hier zur gleichzeitigen Uebernahme der 3 Millionen Vorzugsactien verpflichtete. Nach meiner unmassgeblichen Meinung würde man indessen, wenn Sie Werth darauf legen, diese Zahl noch etwas anders gruppieren können, und da Sie Ihren Besuch in Berlin demnächst in Aussicht gestellt haben, so glaube ich, dass die definitiven Behörden in persönlicher Verhandlung geregelt werden.
Am Dienstag denke ich meine Ferienreise anzutreten und würde mich freuen, wenn ich bis dahin im Besitze näherer Nachrichten von Ihnen wäre.

Ich begrüsse Sie inzwischen
mit besonderer Hochachtung
gez. E. Rathenau.

135

Emil Rathenau an die AEG, 19. September 1892

Hotel Italie, Rome Montag [19. 9. 1892]

A. E. G. Berlin
Herr Frascara hatte nicht zu viel gesagt in seinem Briefe, es liegen colossale Geschäfte vor, und er ist der Mann, sie auszuführen. Heut drehen sie sich um Umwandlung der bestehenden Pferdebahn in eine electrische u. Bau vieler neuer Linien, für die die ausschließliche Concession auf 25 Jahre ertheilt ist. Mir scheint das Unternehmen sehr groß, doch will ich erst urtheilen, wenn ich es kenne.
Morgen soll die Frage der Kraftübertragung von Tivoli – die von Ganz arbeitet vortrefflich – in Verbindung mit der Bahn berathen werden u. am Mittwoch ein Project in Terni studiert werden, das ich schon von vornherein nicht glücklich halte, aber Fr. muß warm gehalten werden, u. ich bringe das Opfer. Da ich hiernach erst Donnerstag Abend abreisen kann, u. in Genua ein Geschäft vorliegt, über das ich noch Mittheilung nicht besitze, so werde ich kaum vor Montag zurück sein. – Es ist unerträglich heiß und ich sehne mich deshalb nach dem Norden. Rom ist sich nicht selbst gleich. Die Hotels sind meist geschlossen, auch Quirinal.

Viele Grüße
Hochachtungsvoll
E. Rathenau

136a

135, 136a, b Auch in Italien nahm die AEG eine Reihe von Projekten in Angriff und Emil Rathenau fuhr selbst nach Rom und Genua, um sich vorhandene Einrichtungen anzusehen und die Konditionen zu besprechen.

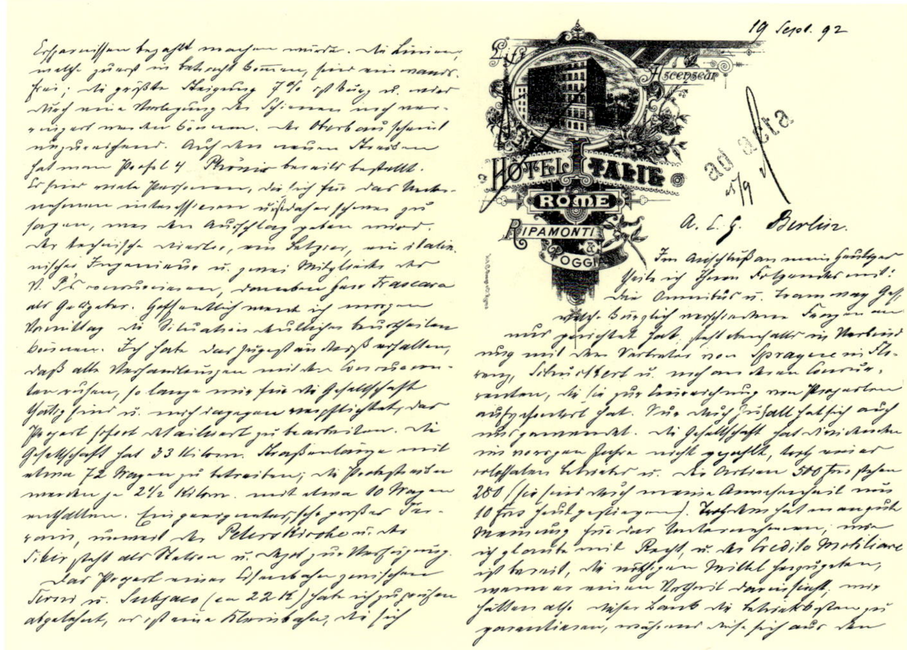

Emil Rathenau an die AEG, 19. September 1892

Hotel Italie, Rome 19. September 1892

A. E. G. Berlin,
Im Anschluß an mein Heutiges theile ich Ihnen Folgendes mit: Die Omnibus u. Tramway Ges., welche kürzlich verschiedene Fragen an uns gerichtet hat, steht ebenfalls in Verbindung mit dem Vertreter von Sprague in Florenz, Schuckert u. noch anderen Concurrenten, die sie zur Einreichung von Projecten aufgefordert hat. Nur durch Zufall hat sich auch uns gewendet [sic!]. Die Gesellschaft hat Dividenden im vorigen Jahre nicht gezahlt, trotz eines colossalen Betriebes u. die Actien 500 frs stehen 280 (sie sind durch meine Anwesenheit um 10 frs heut gestiegen). Trotzdem hat man gute Meinung für das Unternehmen, und ich glaube mit Recht, u. der Credito Mobiliare ist bereit, die nöthigen Mittel herzugeben, wenn er einen Vortheil darin sieht; wir hätten also dieser Bank die Betriebskosten zu garantieren, während diese sich aus den Ersparnissen bezahlt machen würden. Die Linien, welche zuerst in Betracht kommen, sind einwandfrei; die größte Steigung 7% ist kurz u. wird durch eine Verlegung der Schienen noch verringert werden können. Der Oberbau scheint unzureichend. Auf den neuen Strecken hat man Profil 4 Phönix bereits bestellt. Es sind viele Personen, die sich für das Unternehmen interessieren u. ist daher schwer zu sagen, wer den Ausschlag geben wird. Der technische Director, ein Belgier, ein italienischer Ingenieur u. zwei Mitglieder des N. P's. concurrieren, daneben Herr Frascara als Geldgeber. Hoffentlich werde ich morgen Vormittag die Situation deutlicher beurtheilen können. Ich habe das Zugeständniß erhalten, daß alle Verhandlungen mit den Concurrenten ruhen, so lange wir für die Gesellschaft thätig sind u. mich dagegen verpflichtet, das Project sofort detailliert zu bearbeiten. Die Gesellschaft hat 33 Kilom. Straßenlänge mit etwa 72 Wagen zu betreiben; die Probestrecken werden je 2½ Kilom. mit etwa 10 Wagen enthalten. Ein geeignetes, sehr großes Terrain, unweit der Peterskirche u. des Tiber, steht als Station u. Depot zur Verfügung.
Das Project einer Eisenbahn zwischen Terni u. Subjaco (ca 22 K) habe ich zu prüfen abgelehnt, es ist eine Kleinbahn, die sich mit 2 bis 3 Locomotiven rationeller betreiben läßt. Die 14 Kilom. von der Bahn gelegene Wasserkraft ist für den Betrieb nicht zu benutzen. Auch in Rom wünschte man die Wasserkraft, die von Tivoli übertragen wird, zu verwenden; ich habe alle Überredung aufgeboten, um dieses Project einstweilen zu beseitigen, dessen Ausführung Ganz zufallen würde, da außer dieser Firma schwerlich jemand den Muth haben wird, den Betrieb mit Wechselstrommotoren durchzuführen.
Ich reise morgen Abend nach Massa unweit Pisa, um die dortigen Einrichtungen zu besichtigen, hoffe Donnerstag in Genua (Hotel Gènes), Freitag in Turin u. Sonnabend in Zürich zu sein, wo ich mit Huber und Naville das Project der Mailänder Kraftübertragung besprechen werde. In allen vorgenannten it. Städten besitzt der Cr. M. Interessen u. ein V. R. dieser Bank begleitet mich dorthin, um H. Frascara meine Ansichten zu übermitteln. Die Bank, welche ihr Kapital eben tatsächlich vermehrt hat, scheint es absolut in el. Unternehmungen anlegen zu wollen. Am ehesten Vortheil würde ich mir von der Mail. Edison Ges. versprechen, aber das Geschäft erfordert beträchtliche Mittel, selbst wenn wir uns nur zum dritten Theil betheiligen, u. außerdem würde selbst eine Reduction des Kapitals auf die Hälfte alle Non valeurs nicht beseitigen. Auch die Concession von Paderno ist in der jetzigen Form unannehmbar, weil die Kraft bis Mailand zu theuer wird; endlich fürchte ich mich auch einigermaßen vor der Anwendung des Drehstroms in so großem Maaßstabe.

Mit Hochachtung
E. Rathenau

136b

Mal bewährt. Erich Rathenau war Elektroingenieur und bemühte sich ab Ende 1894 um die drahtlose Stromübertragung. Auch der ältere Sohn, Walther, war 1893 in die AEG eingetreten. Er hatte Chemie studiert und war bereits während des Studiums zeitweise im Münchener Installationsbüro tätig gewesen. Auch hatte er sich schon früh an den Arbeiten seines Vaters zur Aluminiumgewinnung beteiligt, für die die AEG 1889 zusammen mit der schweizerischen Metallurgischen Gesellschaft die »Aluminiumindustrie Neuhausen AG« gegründet hatte. Walther Rathenau wandte sich dem neuen Feld der Elektrochemie zu. 1893 wurde er zum Geschäftsführer der neugegründeten »Elektrochemischen Werke Bitterfeld GmbH« ernannt. Zu diesem Zeitpunkt schien die Karriere der beiden Söhne den vom Vater gewünschten Lauf zu nehmen.

Die AEG entwickelte sich in wenigen Jahren zu einem Unternehmen, das in sämtlichen Bereichen der Starkstromtechnik tätig war; sie übernahm die Führung in der Entwicklung neuer Industriezweige; es gelang ihr, ihre Geschäftsbeziehungen und ihr Arbeitsgebiet auf ganz Europa sowie Nordamerika auszudehnen. In dem Jahrzehnt von 1883 bis 1893

137 Erich Rathenau (1871–1903), der jüngere Sohn Emil Rathenaus, hatte Elektrotechnik studiert und trat 1894 in die AEG ein. 1897 erhielt er die Leitung des noch im Bau befindlichen Kabelwerkes Oberspree und gehörte von 1900–1901 dem Vorstand der AEG an.

138 Walther Rathenau (1867–1922) studierte auf Wunsch seines Vater Chemie und spezialisierte sich auf das noch junge Gebiet der Elektrochemie. Er stellte sich 1893 in den Dienst der AEG, indem er die Geschäftsführung der im selben Jahr gegründeten Elektrochemischen Werke Bitterfeld, einer Tochtergesellschaft der AEG, übernahm. 1899 wechselte er in den Vorstand der AEG, den er jedoch bereits 1902 wieder verließ, um in die Direktion der Berliner Handels-Gesellschaft einzutreten.

war sie zu einem Großunternehmen mit Tochtergesellschaften, einem verzweigten Filialnetz und rund 3000 Arbeitern und Angestellten geworden. Dieser beispielhafte Aufstieg war zweifellos entscheidend an die Person Emil Rathenaus geknüpft. Seine zukunftsorientierte Denkweise und sein Aufbauwille machten aus der AEG trotz zahlloser Schwierigkeiten rasch ein anerkanntes internationales Unternehmen. Zur Finanzierung ihrer expansiven Geschäftspolitik führte die Allgemeine Elektricitäts-Gesellschaft zwischen 1887 und 1897 sechs Kapitalerhöhungen durch, wodurch sie ihr Grundkapital von 12 auf 47 Millionen Mark aufstockte. Diese Expansion wurde durch die Mitglieder des Bankenkonsortiums ermöglicht, die früher als ihre Bankierkollegen die Bedeutung des Industriegeschäftes erkannt hatten, allen voran Georg von Siemens und Carl Fürstenberg.
Trotz der kommerziellen Erfolge blieb Emil Rathenau und mit ihm das ihn unterstützende Firmenkonsortium auf eine solide Finanzpolitik des Unternehmens bedacht. So war Rathenau daran gelegen, den

139 Durch die Veröffentlichung einer entsprechenden Erklärung in den Zeitungen war Emil Rathenau bemüht, den Kurs der AEG Aktien stabil zu halten.

*** Allgemeine Elektrizitäts-Gesellschaft, Berlin.** Die Verwaltung dieses Unternehmens veröffentlicht folgende Erklärung mit der Unterschrift der Herren Dr. Siemens und E. Rathenau:

Gegenüber der Courstreiberei in den Aktien unserer Gesellschaft, halten wir uns zu der Erklärung verpflichtet, daß — soweit sich die Erträgnisse des laufenden Jahres bei Abschluß eines Semesters schätzen lassen — kein Grund zu der Annahme vorliegt, die Dividende 1889/90 werde sich wesentlich von der des Vorjahres unterscheiden.

Die Dividende für 1888/89 hat bekanntlich 9 pCt. betragen, und es ist klar, daß damit allein ein Coursstand von 230 bis 240 pCt. nicht entfernt gerechtfertigt werden kann. Die Geschäftsausdehnung der sehr leistungsfähigen und gut geleiteten Gesellschaft ist im Wachsen und eine spätere Zukunft mag auch weitgehende Hoffnungen erfüllen; gesunde und dauerhafte Entwickelung vollzieht sich aber nicht in so starken Sprüngen und einstweilen wächst auch das dividendenberechtigte Kapital. Es verdient Anerkennung, daß die Verwaltung, abweichend von dem anderwärts vielfach beliebten Verhalten, sich gegenüber den spekulativen Uebertreibungen zu einer öffentlichen Erklärung entschlossen hat.

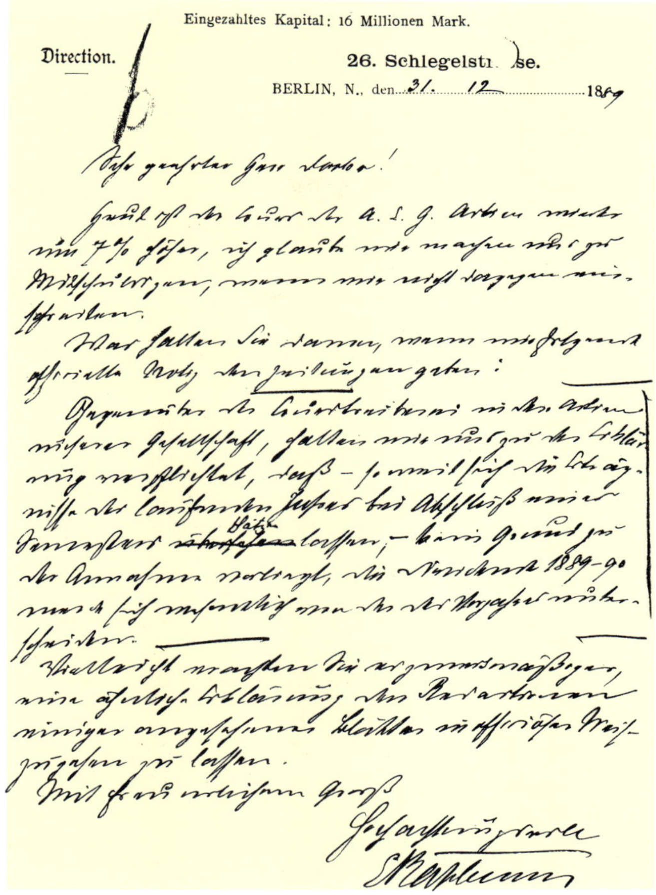

Emil Rathenau an Georg von Siemens, 31. 12. 1889

Sehr geehrter Herr Doctor!
Heut ist der Kurs der A. E. G. Actien wieder um 7% höher, ich glaube wir machen uns zu Mitschuldigen, wenn wir nicht dagegen einschreiten.
Was halten Sie davon, wenn wir folgende officielle Notiz der Zeitungen geben:
Gegenüber der Preistreiberei in den Actien unserer Gesellschaft, halten wir uns zu der Erklärung verpflichtet, daß – soweit sich die Erträgnisse des laufenden Jahres bei Abschluß eines Semesters schätzen lassen – kein Grund zu der Annahme vorliegt, die Dividende 1889–90 werde sich wesentlich von der des Vorjahres unterscheiden.
Vielleicht erachten Sie es zweckmäßiger, eine ähnliche Erklärung den Redactionen einiger angesehener Blätter in officiöser Weise zugehen zu lassen.

Mit freundlichem Gruß
Hochachtungsvoll
E. Rathenau

140 Emil Rathenau legte Wert auf eine solide Finanzpolitik, um sein Unternehmen aus jeglicher Art von Aktienspekulation herauszuhalten.

Kurs der AEG-Aktien und die Höhe der Dividenden stabil zu halten, um nicht in Aktienspekulation und am Ende in eine Finanzkrise zu geraten. Auch in ihrer Konsortialpolitik verzichteten er und seine Geldgeber bewußt auf hohe Anfangsgewinne an der Börse und zogen es vor, die Tochterfirmen mit einem soliden Fundament zu versehen, von dem aus sie sich selbständig weiterentwickeln konnten. Trotz seiner ausgreifenden Expansionspolitik in allen Bereichen blieb Rathenau ein vorsichtiger Mensch, der Vor- und Nachteile einer technischen Neuentwicklung oder eines neuen Installations- oder Betriebsprojektes sorgfältig gegeneinander abwog. Fand ein neues Vorhaben nach reichlichem Prüfen und Überlegen seine Zustimmung, setzte Rathenau alles daran, diesem auch zum Erfolg zu verhelfen. Gelangte er jedoch zu der Ansicht, daß eine Erfindung oder Weiterentwicklung noch nicht ausgereift war oder wies ein unternehmerisches Projekt zu viele Wenn und Aber auf, distanzierte er sich lieber davon.

Emil Rathenau an Georg von Siemens, 10. Mai 1893.

Herrn Dr. G. Siemens,
Hier.

Sehr geehrter Herr Doctor!

Herr Director Bruhn von der Taxameter-Fabrik hat mir soeben den Apparat vorgeführt, und beeile ich mich, Ihnen vor meiner Abreise Folgendes darüber zu berichten:
Der Apparat ist eine sehr sinnreiche Combination von Uhr- und Zählwerken. Er zählt die Länge des Weges nach der Geschwindigkeit der Räder, die pneumatisch auf den Apparat übertragen wird. Auf welche Patente die Einrichtung sich stützt, habe ich vorläufig nicht untersucht, glaube aber, dass mehr die Erfahrung als der gesetzliche Schutz bei seiner Verwerthung in Rechnung gezogen werden soll. Herr Bruhn behauptet, dass Apparate dieser Art seit länger als Jahresfrist ohne wesentliche Reparaturen functioniren. Der Beweis der Richtigkeit seiner Angaben müsste von ihm geführt werden, da die Frage der Abnutzung und des Ersatzes für die Einführung von erheblicher Bedeutung ist.
Ich persönlich kann mir nicht denken, dass ein aus vielen und subtilen Mechanismen zusammengesetzter Apparat in der rohen Behandlung von Droschkenkutschern, dem Staub der Strassen ausgesetzt, lange und andauernd richtig functioniren soll. Die sicherste Auskunft wird man nicht nur von den Fuhrwerksbesitzern erlangen, welche die, wie mir scheint, exorbitante Zahlung von 60 Pfg. pro Tag hierfür leisten, sondern auch von den Kutschern, die sehr bald Mittel finden werden, die Controlle zu beseitigen, wenn sie ihnen missfällt. Das Princip, den Fahrgast nach der Leistung zahlen zu lassen, ist zweifellos richtig; aber ich glaube mich nicht zu täuschen, in der Annahme, dass gleiche Wegstrecken, mit verschiedener Geschwindigkeit zurückgelegt, ein verschiedenes Resultat anzeigen müssen. Wie ich höre, sind in dem Unternehmen bereits 750 000 Mark verwendet, theils für den Ankauf der Patente, theils für Beschaffung von 700 Apparaten, theils für die Errichtung einer Fabrik in Hamburg. Diese Summen scheinen mir sehr hoch im Verhältniss zu den damit bisher erzielten Leistungen; aber ich möchte mir selbstverständlich vorläufig noch kein abschliessendes Urtheil darüber anmassen. Dass es viele Wege giebt, dieses Problem zu lösen, brauche ich nicht ausdrücklich zu betonen.
Ich werde Ihnen nach meiner Rückkehr weitere Mittheilungen zugehen lassen und begrüsse Sie inzwischen

mit besonderer Hochachtung
E. Rathenau

142

141 Prospekt für AEG-Tachometer, nach einem Entwurf von Peter Behrens aus dem Jahre 1910.

142 Auf die Bitte von Georg von Siemens ließ sich Emil Rathenau die Erfindung eines Taxameters vorführen und wog sorgfältig die Möglichkeiten sowie die Vor- und Nachteile dieser Neuentwicklung gegeneinander ab.

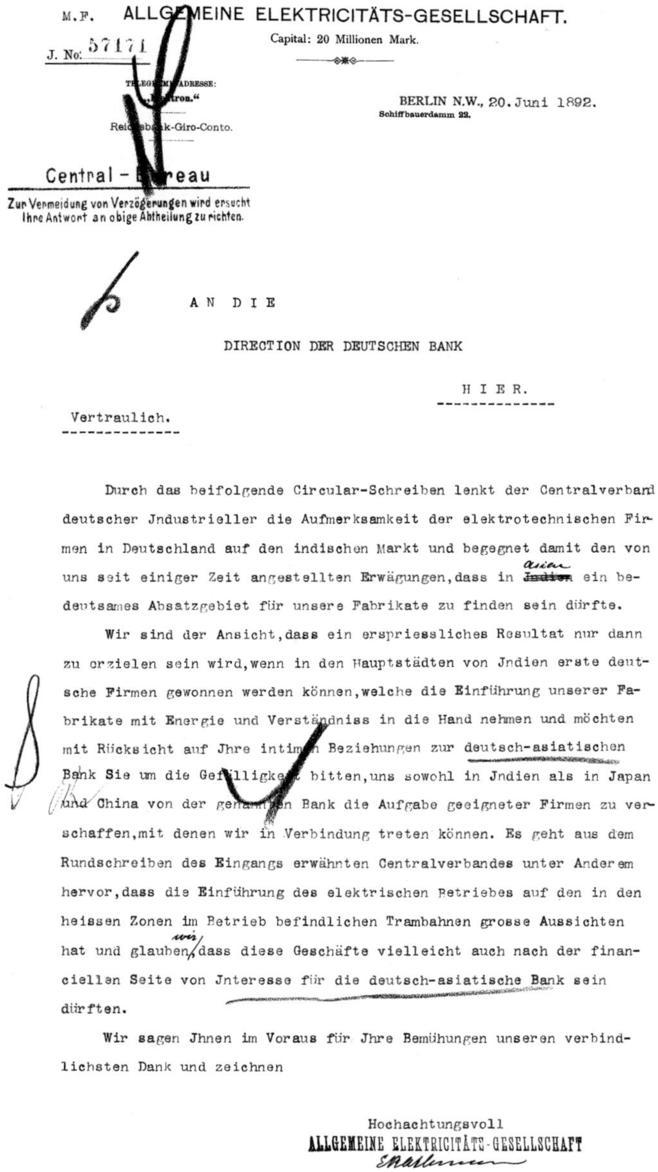

M.F. ALLGEMEINE ELEKTRICITÄTS-GESELLSCHAFT.
Capital: 20 Millionen Mark.

J. No: 57171

Telegramm-Adresse: „...tron."

Reichsbank-Giro-Conto.

BERLIN N.W., 20. Juni 1892.
Schiffbauerdamm 22.

Central-Bureau
Zur Vermeidung von Verzögerungen wird ersucht Ihre Antwort an obige Abtheilung zu richten.

AN DIE

DIRECTION DER DEUTSCHEN BANK

HIER.

Vertraulich.

Durch das beifolgende Circular-Schreiben lenkt der Centralverband deutscher Jndustrieller die Aufmerksamkeit der elektrotechnischen Firmen in Deutschland auf den indischen Markt und begegnet damit den von uns seit einiger Zeit angestellten Erwägungen, dass in ~~Indien~~ asien ein bedeutsames Absatzgebiet für unsere Fabrikate zu finden sein dürfte.

Wir sind der Ansicht, dass ein erspriessliches Resultat nur dann zu erzielen sein wird, wenn in den Hauptstädten von Jndien erste deutsche Firmen gewonnen werden können, welche die Einführung unserer Fabrikate mit Energie und Verständniss in die Hand nehmen und möchten mit Rücksicht auf Jhre intimen Beziehungen zur deutsch-asiatischen Bank Sie um die Gefälligkeit bitten, uns sowohl in Jndien als in Japan und China von der genannten Bank die Aufgabe geeigneter Firmen zu verschaffen, mit denen wir in Verbindung treten können. Es geht aus dem Rundschreiben des Eingangs erwähnten Centralverbandes unter Anderem hervor, dass die Einführung des elektrischen Betriebes auf den in den heissen Zonen im Betrieb befindlichen Trambahnen grosse Aussichten hat und glauben wir, dass diese Geschäfte vielleicht auch nach der financiellen Seite von Jnteresse für die deutsch-asiatische Bank sein dürften.

Wir sagen Jhnen im Voraus für Jhre Bemühungen unseren verbindlichsten Dank und zeichnen

Hochachtungsvoll
ALLGEMEINE ELEKTRICITÄTS-GESELLSCHAFT
ERathenau

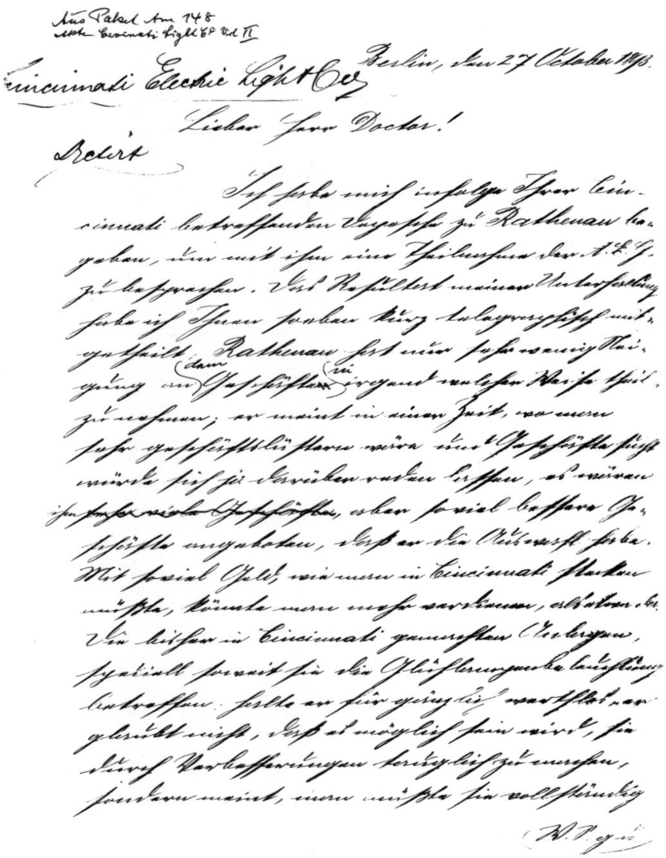

Max Steinthal an Georg von Siemens, 27. Oktober 1893

Lieber Herr Doctor!
Ich habe mich infolge Ihrer Cincinnati betreffenden Depesche zu Rathenau begeben, um mit ihm eine Theilnahme der A. E. G. zu besprechen. Das Resultat meiner Unterhaltung habe ich ihnen soeben telegraphisch mitgeteilt. Rathenau hat nur sehr wenig Neigung an dem Geschäfte in irgendeiner Weise theilzunehmen; er meint in einer Zeit, wo man sehr geschäftslüstern wäre und Geschäfte sucht würde sich ja darüber reden lassen, es wären ihm aber soviel bessere Geschäfte angeboten, daß er die Auswahl habe. Mit soviel Geld, wie man in Cincinnati stecken müßte, könnte man mehr verdienen, als eben da. Die bisher in Cincinnati gemachten Anlagen, speciell soweit sie die Glühlampenbeleuchtung betreffen, halte er für gänzlich werthlos, er glaubt nicht, daß es möglich sein wird, sie durch Verbesserungen tauglich zu machen, sondern meint, man müßte sie vollständig abschaffen und neu einrichten; an die General Edison Electric Comp^y^ würde er an Stelle der Cincinnati Comp^y^ überhaupt nichts bezahlen, er hätte noch nie eine so erbärmlich zusammen geflickte Maschinerie gesehen, man möge ihr ruhig alle zur Verfügung stellen; diesselbe könne seines Erachtens jeden Tag zusammenbrechen, mehr als noch ein Jahr würde sie gewiß nicht dauern. Er glaubt nicht daran, daß die jetzige

143 Emil Rathenau erkundete nicht nur die Möglichkeiten für weitere Elektrifizierungsprojekte in Europa, sondern richtete seinen Blick auch auf den überseeischen sowie den asiatischen Markt.

144 Emil Rathenau stürzte sich nie unüberlegt in neue Projekte, sondern unterzog ein Angebot oder eine neue Idee immer einer sorgfältigen Prüfung, bis er eine Entscheidung traf.

Anlage für 30 000 Glühlampen (Kraft- und Bogen-Lampen eingerechnet) ausreiche, wie der Bericht von Markus vom 29. Mai versichert. Für etwa 60 000 Glühlampen müßten die Anlagen hergerichtet werden, um einen finanziellen Erfolg zu sichern u. bei dem Zustande, in welchem sich die alten Werke befinden, würden nicht viel weniger als $ 1.000 000 dafür verbraucht werden. Jetzt möchte er keine Erklärung über das Geschäft abgeben, es wäre ja auch nicht die geringste Eile geboten und genügend Zeit mit Ihnen zu sprechen, wenn Sie zurück wären. Inzwischen würd [sic!] es nützlich sein, festzuhalten, ob die General Edison Electric C^y bei einer Ausdehnung von Cincinnati neuerdings Licenzgebühren zu beanspruchen hätte und ob sie irgend welches Recht zur Lieferung d. Maschinen besäße. Rathenau macht ferner darauf aufmerksam, daß man die Maschinen am besten von Siemens & Halske, die eine Fabrik in Chicago haben, zu beziehen haben würde, da eine Sendung von Deutschland bei 45% Zoll ad valorem unthunlich sei. Er stellte mir anheim, mit Siemens & Halske auch über deren etwaige Betheiligung zu sprechen, ich konnte das heute noch nicht thun, werde es auch nur gelegentlich versuchen, denn bei der Stimmung sehe ich nicht die Möglichkeit, hier vorwärts zu kommen und es wird uns nichts übrig bleiben, als Rathenau's Rath zu befolgen, u. das unglückliche Ding so lange über Wasser zu halten, bis es uns gelingt, es an Hickenlober zu verkaufen. 50% baar würde Rathenau für einen Glücksfall halten.
Unter den geschilderten Umständen habe ich auch nicht mit Fürstenberg gesprochen, Sie wissen, daß er stets gegen alle amerikanischen Unternehmungen eingenommen war und ich würde ihn vielleicht dazu bestimmen, nicht zu opponiren, wenn Rathenau es warm empfiehlt, letzterer hat aber gar keine Lust und wird sich nur vielleicht von Ihnen persönlich bestimmen lassen, gegen eine ganz gehörige anderweite Leistung an die A. E. G. – Letztere beabsichtigt umgekehrt, ihr Consortium für Geschäfte heran zuziehen, so will sie z. B. Alexandre Ellissen in Paris den Vorschlag machen, ihm ihre Madrider Beleuchtungs-Actien mit 150 zu verkaufen oder aber die seinen mit 150 zu übernehmen; diese möchte sie dann dem Consortium geben. Dann unterhandelt er mit Lissabon wegen Umwandlung der Strassenbahn in eine electrische u. rechnet sich dabei eine Rente von weniger als 20% für das zu investierende Kapital aus.
In Danzig hat er Ähnliches vor, es würde dort ebensogut wie in Breslau werden, das nach dem was er mir sagte ausgezeichnet marschirt, kurz er weiß sich vor Projecten nicht zu retten, daher seine Kaltnasigkeit, (Das ist noch ein euphemistischer Ausdruck) gegen Cincinnati. Er rechnet, daß er für vorliegende Projecte etwa M. 8.000.000.– gebraucht und will das Geld beschaffen durch Ausgabe einer 4% Hypothekar Anl der Berliner Electr. Werke, die selbst unter jetzigen Verhältnissen leicht u. zu gutem Preise zu placieren sein wird, 4–5.000.000.– davon will er an das Consortium verkaufen.
Ich sehe keine Aussicht, die AEG in Cincinnati hineinzubekommen; ich halte Villard auch jetzt noch immer die Stange, aber hierbei sind wir von ihm in brutaler Weise mißhandelt worden.

Besten Gruß Ihr
144 M. Steinthal

145 Obwohl eine Reihe von Straßenbahnprojekten der kritischen Prüfung durch Emil Rathenau nicht standhalten konnten, baute bzw. elektrifizierte die AEG nicht nur in Europa, sondern später auch in Übersee bis 1900 65 Straßenbahnlinien. Zum Teil betrieb die AEG die Linien dann selbst oder über Beteiligungsgesellschaften, zum Teil führte sie im Auftrag der Betreibergesellschaften lediglich die Arbeiten zum Bau eines Schienennetzes durch und lieferte die Wagen.

Die AEG und Siemens & Halske

Zunächst hatte der Vertrag, den die AEG und Siemens & Halske 1887 abgeschlossen hatten, das Verhältnis der beiden Unternehmen auf eine tragfähige und für beide vorteilhafte Grundlage gestellt. Der Zweck des Vertrages, eine Zusammenarbeit zwischen den beiden größten und mächtigsten deutschen Elektrounternehmen auf dem Gebiet des Kraftwerkbaus zur gegenseitigen Stärkung der Positionen im geschäftlichen Konkurrenzkampf herbeizuführen, konnte durch die Vertragsbestimmungen jedoch nur für ganz kurze Zeit erfüllt werden. Im Vertrag war festgelegt, daß alle Konzessionen für den Bau von städtischen Stromversorgungsanlagen durch ein Privatunternehmen – wie sie im Normalfall vergeben wurden – der AEG überlassen werden sollten. Aufträge zum Bau von Kraftwerken in städtischer Trägerschaft waren zu diesem Zeitpunkt in der Minderzahl. Dieses Verhältnis kehrte sich mit den ersten kommerziellen Erfolgen von städtischen Energieversorgungsunternehmen jedoch um. Die Städte wollten den lukrativen und Einfluß gewährenden Betrieb von Kraftwerken nicht mehr aus der Hand geben. Solche Aufträge waren laut Vertrag für Siemens & Halske reserviert. Rathenau warf Siemens & Halske nun vor, die AEG bei ihrem Bestreben, Konzessionen zu erhalten, nicht genug zu unterstützen, sondern im Gegenteil die Konkurrenzsituation durch eigene Angebote zu verschärfen. Auch die Preispolitik von Siemens & Halske, die bei einer Konzessionsvergabe an die AEG die Bauausführung erhielten, brächte die AEG häufig in Schwierigkeiten.

Der Konflikt, der hiermit begann, eskalierte schnell und wurde nicht nur als sachliche Auseinandersetzung, sondern auch auf persönlicher Ebene geführt. Sein Verlauf machte deutlich, daß seine Ursache sowohl in den divergierenden geschäftlichen Interessen der beiden Unternehmen wie auch den unterschiedlichen Charakteren ihrer Leiter lag. Beide prägten wichtige Zeitabschnitte in der Geschichte der deutschen Elektroindustrie, doch taten sie dies auf verschiedene Weise. Als Werner von Siemens 1847 in Berlin die Firma Siemens & Halske gründete, war Emil Rathenau gerade neun Jahre alt und die deutsche Elektroindustrie befand sich noch in den Kinderschuhen. Sie entwickelte sich unter dem prägenden Einfluß von Werner von Siemens, und als Emil Rathenau 1883 die Deutsche Edison Gesellschaft ins Leben rief, besaß Siemens & Halske die unangefochtene Spitzenstellung innerhalb der deutschen Elektrowirtschaft. Daß 1890, kaum sieben Jahre später, als Werner von Siemens sich aus der Leitung seines Unternehmens zurückzog, die AEG Siemens & Halske bereits überflügelt hatte, lag nicht zuletzt an den unterschiedlichen organisatorischen wie auch verkaufspolitischen Wegen, die die Firmenleiter beschritten hatten. Werner von Siemens produzierte nur ungern nach fremden Patenten und zog es vor, eigene Lösungen für technische Probleme oder Fragestellungen zu entwickeln. So glaubte er sogar nach der Vorstellung der Edisonschen Glühlampe in Paris 1881 noch, bessere Glühbirnen auf den Markt bringen zu können. Sein Bestreben war es, sich aus eigener Kraft an die Spitze der Elektroindustrie zu halten, wobei er Gefahr lief, sich zu verzetteln.

Emil Rathenau war von anderer Natur. Er spezialisierte sich von Anfang an und legte den Schwerpunkt seines Interesses nicht auf die eigene Erfindung, sondern wollte zukunftsorientierte und chancenreiche Produkte herstellen und verkaufen. Zu diesem Zweck erwarb er vielversprechende Patente und entwickelte neuartige Absatzstrategien, mit denen er als erster begann, ein Produkt im heutigen

146 Noch 1887, also nur wenige Monate nach Abschluß des neuen Vertrages zwischen AEG und Siemens & Halske, traten erneut Reibereien in den geschäftlichen Beziehungen beider Firmen, insbesondere im Bereich des Zentralstationenbaus, auf.

Emil Rathenau an Adalbert Delbrück, 1. November 1887

Berlin, den 1. November 1887.

An den
Vorsitzenden des Aufsichtsrathes
der Allgemeinen Elektricitäts-Gesellschaft
Herrn Geh. Commerzienrath A. Delbrück,
Hier.

Sehr geehrter Herr Geheimrath.
Auf Ihr Verlangen beehren wir uns in Nachstehendem Ihnen die gewünschten Aufklärungen über unsere Beziehungen zu der Firma Siemens & Halske hiermit zu unterbreiten:
Der Vertrag der früheren Deutschen Edison-Gesellschaft mit Siemens & Halske hatte nicht nur die materiellen Interessen, sondern auch das Ansehen der Contrahenten geschädigt und die Concurrenten beuteten die bestehenden Differenzen zu ihrem Vortheil aus. Vor Allem hatte die Bestimmung, welche Siemens & Halske und unsere Licenzträger von dem Betrieb elektrischer Centralstationen ausschloss, dazu geführt, dass die elektrische Städtebeleuchtung, welche naturgemäss in ihrem Entwicklungsprocess privaten Unternehmern hätte überlassen werden sollen, in Folge übertriebener Verheissungen der Fabrikanten von den Behörden explorirt wurde. Abgesehen von der schweren Schädigung, die die neue Industrie in ihrem Fortschreiten hierdurch erlitten hätte, musste dieser Weg mit Nothwendig [sic!] zum Submissionsverfahren leiten, welches bekanntlich untergeordnete Fabrikanten auf Kosten hervorragender Firmen bevorzugt. Eine gleiche Gefahr, wie sie hiernach die Firma Siemens & Halske als Fabrikantin bedrohte, lag für uns als Unternehmer in diesen Vorgängen insofern als sie uns abhielten, die Früchte zu ernten, die wir billigerweise beanspruchen dürften, nachdem wir mit Aufwand grosser Anstrengungen und Kosten die Einführung der elektrischen Centralstationen in Deutschland ins Werk gesetzt hatten.
Das gemeinsame Interesse erheischte es deshalb, Vereinbarungen zu treffen, die diesem selbstmörderischen Beginnen Einhalt geboten, und das umso mehr, als in uns kein Zweifel darüber obwalten konnte, dass bei innigem Zusammenwirken der den Firmen zur Verfügung stehenden Mittel, Erfahrungen und Kräfte die Concurrenz Dritter auf lange hinaus ausgeschlossen wäre. Das Interesse der Firma Siemens & Halske wurde wirksam gewahrt, indem wir ihr von vornhinein alle Vortheile einräumten, die sie im günstigsten Falle bei Uebertragung der Ausführungen durch die Behörden hätte erreichen können. Als Gegenleistung hierfür durften wir erwarten, dass Siemens & Halske alle Kräfte aufbieten würden, um uns bei Erwerbung werthvoller Concessionen nachdrücklich zu unterstützen. Obgleich wir es als eine übermässige Zumuthung an die Herren Siemens & Halske nicht ansahen, wenn sie von dem Umschwung ihrer Ansicht über die Frage der Concessionsertheilung für Stromlieferungsunternehmungen, wie sie sie durch den neuerdings geschlossenen Vertrag documentirt haben, den Städten Kenntnis gegeben hätten, die sie früher in anderem Sinne berathen hatten, so durften wir wenigstens doch erwarten, dass sie jetzt die einmal ertheilten Rathschläge dahin erweiterten, den Städten die Betriebsübernahme durch uns als ihnen nützlich zu empfehlen. Eine dahingehende Erklärung mussten die Städte, nachdem die intimen Beziehungen der Firma Siemens & Halske zur Allgemeinen Elektricitäts-Gesellschaft öffentlich bekannt geworden waren, sogar erwarten. Statt dessen versagten sie uns bei Bewerbungen um Concessionen, welche uns besonders begehrenswerth schienen, wie in Leipzig, jede thätige Mitwirkung, wünschten sogar, wie aus den Verhandlungen über Bremen sich ergab, selbst den Schein einer solchen zu vermeiden, und reichten in Dresden gegen den ausdrücklichen Wunsch der massgeblichen Persönlichkeiten ein Concurrenzprojekt gegen unsere, ihnen von uns zuvor zur Kenntnissnahme mitgetheilten Vorschläge ein.
Die gemachten Erfahrungen haben uns überzeugt, dass wir auf das Maass von Entgegenkommen und Unterstützung, welches die Voraussetzung unseres neulichen Abkommens war, nicht rechnen dürfen. Ohne diese können wir aber Concessionen selbständig mit Aussicht auf Erfolg schon deshalb nicht nachsuchen, weil die Vertragsbedingungen, welche uns von der Concurrenz ausschliessen, von Siemens & Halske bekannt gemacht worden sind. Demnach blieben wir auf Ueberlassung solcher Concessionen beschränkt, welche die Firma Siemens & Halske in Städten erlangt, die aus irgend welchen Gründen auf die Anlage von Centralstationen für eigene Rechnung von vornhinein verzichten; für die Gewinnung solcher Städte bedürfte es aber der Opfer nicht, die wir im Interesse des Zustandekommens der neuen Vereinbarung gebracht haben. Derartige Concessionen können wir auch nur mit äusserster Vorsicht übernehmen, da Städte, welche den Betrieb der elektrischen Beleuchtung auf eigene Rechnung von Anfang an ablehnen, in der Regel für die Stromlieferungsunternehmungen nicht besonders günstig sind, weil ferner nach den bisherigen Vorlagen die Firma Siemens & Halske über hinreichende technische und commerzielle Erfahrungen nicht zu verfügen scheint, um eine mit Erfolg ausführbare Concession zu erlangen, und weil endlich Siemens & Halske das ihnen zustehende Monopol der Ausführung und Lieferung sowohl hinsichtlich der Lieferfristen als auch der Garantien und Preisbemessungen zu sehr zu ihren Gunsten in Anspruch nehmen, wie wir bei den Erweiterungsbauten der hiesigen Stationen erfahren haben.
Um einzelne Beispiele anzuführen sei erwähnt, dass Siemens & Halske wiederholt mit Einstellung der unaufschiebbaren Kabellegung drohten, um die Aufgabe der übernommenen Garantien hierdurch zu erzwingen, dass sie sich der technischen Verantwortlichkeit für die von ihnen construirten Dynamomaschinen zu entledigen suchten, indem sie die durch ihre Schuld schon beträchtlich verzögerte Auslieferung verweigerten, bis wir bestimmte, durch den Vertrag nicht vorgesehene Erklärungen abgegeben hätten. Wir entschlossen uns hierzu, um die elektrische Beleuchtung der Stadt durch weitere Verhandlungen hierüber nicht in Frage zu stellen. Die Preise unserer Bezüge erfahren wir aber häufig erst nach Lieferung und können somit selten Einfluss auf die Wahl der uns nach dieser Richtung am besten dienenden Constructionen ausüben, während Siemens & Halske gar keinen Werth darauf legen, ob die Kosten dieser Einrichtungen sich überhaupt noch innerhalb zulässiger Grenzen bewegen.
So betrübend es an und für sich sein mag, dass werthvolle Unternehmungen, auf deren Erlangung wir bei Abschluss des Vertrages mit Bestimmtheit rechnen zu können gehofft hatten,

unter diesen Umständen unserer Thätigkeit entzogen werden, so besitzen wir doch in unserem Vertrage und in unserer Organisation die Mittel, um das Kapital der Gesellschaft dauernd nutzbringend anzulegen, ohne auf die weitere Mithilfe der Firma Siemens & Halske angewiesen zu sein. Schon die hiesigen Central-Stationen können auf Grund des bereits bestehenden Vertrages die Beträge lohnend beschäftigen, welche der Allgemeinen Elektricitäts-Gesellschaft bei ihrem Uebergange aus der Deutschen Edison-Gesellschaft zur Verfügung gestellt worden sind, da es schon jetzt sich herausgestellt hat, dass die ausgeführten Verbesserungen die Rentabilität dieser Unternehmungen wesentlich gesteigert haben. Ferner bildet unsere Lampenfabrik, welche Glühlampen in beträchtlicher Masse und vorzüglicher Ausführung erzeugt, ein sich von Tag zu Tag günstiger gestaltendes Arbeitsfeld und endlich dürfen wir, trotz der Beschränkungen die uns der neue Vertrag mit Siemens & Halske zum Theil noch jetzt auferlegt, auch in Zukunft auf zahlreiche Aufträge für isolirte Beleuchtungsanlagen rechnen, welche unserer neuen Fabrik zu gute kommen.
Scheint hiernach die Lebensfähigkeit der Gesellschaft, welche abgesehen von den Erträgen aus den erwähnten Unternehmungen auch die vertragsmässigen Abgaben aus den von Siemens & Halske für Rechnung Anderer als der Allgemeinen Elektricitäts-Gesellschaft errichteten Centralstationen bezieht schon gesichert, so wird auch die einfachere Verwaltung erhebliche Ersparnisse erzielen lassen, wenn die Gesellschaft unter Verzicht auf die Mitwirkung der Concessionirung und Projektirung elektrischer Stromlieferungs-Anlagen, mehr den Character eines Finanzunternehmens annimmt, wie es den Intentionen der Herren Siemens & Halske allein zu entsprechen scheint. Allerdings würden diese alsdann auch financielle Garantien für die durch sie ausgeführten Unternehmungen, auf die die Gesellschaft alsdann nur einen sehr geringen lediglich kaufmännischen Einfluss auszuüben im Stande wäre, der letzteren bieten müssen.

Hochachtungsvoll
ALLGEMEINE ELEKTRICITÄTS-GESELLSCHAFT
146 gez. E. Rathenau Osk. v. Miller

Sinne zu »vermarkten«. Während Emil Rathenau es verstand, in Ausstellungen, Pressenotizen und geschickt plazierten Modellanlagen die Bedürfnisse nach dem neuen Licht zu wecken, lehnte Werner von Siemens diese Vorgehensweise als unlauteren Wettbewerb und »Skandal« ab. Emil Rathenau hatte erkannt, daß es nicht mehr genügte, zu erfinden und zu fabrizieren, sondern daß ein absatzorientierter Unternehmer das Interesse für sein Produkt in der Bevölkerung wecken und es mit Hilfe der Massenherstellung einem breiten Publikum zu einem Preis anbieten müsse, der von diesem bezahlt werden kann. Aus diesen Einsichten ergaben sich Anforderungen an die Unternehmen, die letztlich nur in einer Kapitalgesellschaft gelöst werden konnten. Die Umwandlung seines Unternehmens in eine Aktiengesellschaft lehnte Werner von Siemens jedoch prinzipiell ab, obwohl sein Vetter Georg von Siemens ihn seit Anfang der 80er Jahre ständig zu diesem Schritt drängte.

Schon bei Neufassung der Verträge zwischen Siemens & Halske und der Deutschen Edison Gesellschaft war zu erwarten, daß diese beiden Unternehmen auf Dauer nicht in einer engen vertraglichen Bindung mit abgegrenzten Arbeitsgebieten zusammenarbeiten konnten. Bereits 1888 begannen erste Verhandlungen über die Konditionen für eine Aufhebung des Vertrages. Offenbar konnte man aber lange nicht zu einer Übereinkunft kommen, da der Vertrag noch mehrere Jahre seine Gültigkeit behielt. Die Spannung und die Gereiztheit übertrugen sich im Laufe der Zeit auf alle Gebiete der Zusammenarbeit und Vorwürfe, Anschuldigungen und schließlich Klageerhebung vergifteten das geschäftliche Klima.

Der Tod von Werner von Siemens Ende 1892 und das abzusehende Ende der Lieferungen zum Aufbau der Stromversorgungsanlagen in Berlin, die offenbar einen der größten Streitpunkte darstellten, brachten neue Bewegung in eine offenbar verfahrene Situation. Die neuen Unternehmensleiter bei Siemens & Halske, Wilhelm und Arnold von Siemens, strebten eine Neuordnung der bisherigen Unternehmensorganisationen an und legten daher Wert auf eine Klärung der Verhältnisse. Im Juni 1894 einigten sich beide Firmen schließlich darauf, den Vertrag aus dem Jahre 1887 zum 1. April 1894 aufzuheben. Abgesehen von einigen Übergangsbestimmungen, u. a. bezüglich der Kabelherstellung, waren beide Unternehmen von nun an völlig unabhängig voneinander. Die von der AEG gezahlte Abfindungssumme in Höhe von knapp 700 000 Mark besaß in Anbetracht des wirtschaftlichen Potentials der AEG nur noch die Bedeutung einer Anerkennungszahlung für die abgelösten Pflichten.

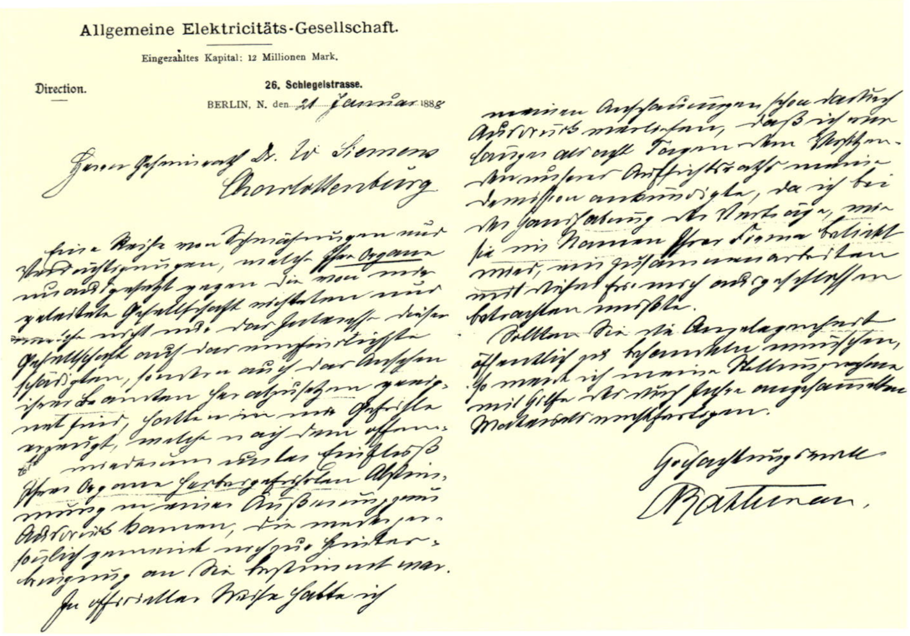

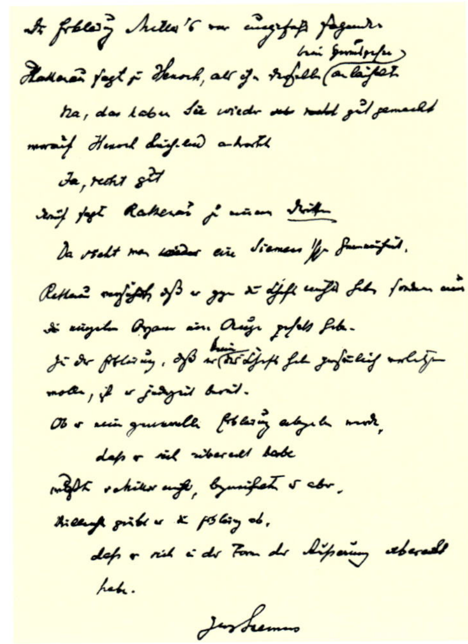

Emil Rathenau an Werner von Siemens, 21. Januar 1888

Herrn Geheimrath Dr. W. Siemens 21. Januar 1888
Charlottenburg

Eine Reihe von Schmähungen und Verdächtigungen, welche Ihre Organe unausgesetzt gegen die von mir geleitete Gesellschaft richteten und welche nicht nur das Interesse dieser Gesellschaft auf das empfindlichste schädigten, sondern auch das Ansehen ihrer Beamten herabzusetzen geeignet sind, hatte in mir Gefühle erzeugt, welche nach dem [sic!] offenbar wiederum unter Einfluß Ihrer Organe herbeigeführten Abstimmung in einer Äußerung zum Ausdruck kamen, die weder persönlich gemeint noch zur Hinterbringung an Sie bestimmt war. In officieller Weise hatte ich meinen Anschauungen schon dadurch Ausdruck verliehen, daß ich vor länger als acht Tagen dem Vorsitzenden unseres Aufsichtsraths meine Demission ankündigte, da ich bei der Handhabung der Verträge, wie sie im Namen Ihrer Firma beliebt wird, ein Zusammenarbeiten mit dieser für mich ausgeschlossen betrachten mußte.
Sollten Sie die Angelegenheit öffentlich zu behandeln wünschen, so werde ich meine Stellungnahme mit Hilfe des durch Jahre angesammelten Materials rechtfertigen.

Hochachtungsvoll
E. Rathenau

147 Die geschäftlichen Differenzen der beiden Firmen zogen bald auch persönliche Vorwürfe und Angriffe nach sich. So sah Werner von Siemens sich gezwungen, gegen eine Bemerkung Emil Rathenaus schärfstens zu protestieren. Rathenau weigerte sich jedoch, seine Äußerung zurückzunehmen und fand sich nur bereit, diese abschwächend zu interpretieren.

(Rückseite des Briefes vom 21. Januar 1888)

Die Erklärung Miller's war ungefähr folgende:
Rathenau sagt zu Henoch, als ihn derselbe beim Hinausgehen anlächelt:
Na, das haben Sie wieder gut gemacht, worauf Henoch lächelnd antwortet:
Ja, recht gut.
Drauf sagt Rathenau zu einem *Dritten*
Da sieht man eine Siemens'sche Gemeinheit.
Rathenau . . . daß er gegen die Chefs nichts habe, sondern nur die einzelnen Organe ins Auge gefaßt habe.
Zu der Erklärung, daß er keinen der Chefs habe persönlich verletzen wollen, ist er jederzeit bereit.
Ob er eine generelle Erklärung abgeben werde,
daß er sich übereilt (?) habe
wußte v. Miller nicht, bezweifelte es aber.
Vielleicht gäbe er die Erklärung ab,
daß er sich in der Form der Äußerung . . . habe

Georg Siemens

148 Werner von Siemens gab sich mit der von Emil Rathenau abgegebenen Erklärung jedoch nicht zufrieden. Er wandte sich an den Aufsichtsratsvorsitzenden der AEG, Adalbert Delbrück und verlangte die Dementierung der Äußerung durch Rathenau.

Werner von Siemens an Adalbert Delbrück, 30. Januar 1888

Berlin, 30. 1. 88

An

den Vorsitzenden des Verwaltungsrates der
Allgemeinen Elektrizitäts Gesellschaft
Herrn Geheimrat Delbrück

hier.

Das Protokoll der Sitzung des Verwaltungsrates vom 27. d. M., welches Sie mir heute vorlegten, kann uns in der Streitfrage mit dem H. Direktor Rathenau in keiner Weise genügen. Wenn auch durch die auch im Protokolle wiederholten Erklärungen d. H. Rathenau ausreichend konstatiert ist, dass derselbe mit seinen beleidigen Bemerkungen nicht die den Namen Siemens tragenden Chefs der Firma Siemens & Halske hat persönlich bezeichnen und treffen wollen, so hat er sie doch für die Firma aufrecht erhalten, deren *Organe* er ohne Beibringung eines Beweises ehrenwidriger von ihm mit »Gemeinheiten« bezeichneter Handlungen bezüchtigt. In dem abschriftlich beiliegenden Briefe an mich spricht er von Schmähungen und Verdächtigungen *meiner Organe*, welche unausgesetzt gegen die von ihm geleitete Gesellschaft gerichtet würden, beschuldigt diese Organe, die Abstimmung der Stadtverordnetenversammlung herbeigeführt hätten [sic!] und erklärt: dass die Handhabung der Verträge, welche im Namen meiner Firma beliebt wurde, ein Zusammenwirken mit derselben ausschlösse. Ich finde meinerseits, dass es untunlich ist mit einem Manne, der einer überall in der Welt als ehrenhaft anerkannten Firma ohne Beweisführung derartige Insulte sagt, in geschäftlicher Verbindung zu bleiben. Ich muss daher das bestimmte Verlangen an den Verwaltungsrat richten, den Direktor Rathenau zu veranlassen, die bestimmte schriftliche Erklärung abzugeben: dass er mit den ausgesprochenen Schmähungen keinen Beamten der Firma hat treffen wollen und sich auch hinsichtlich ausserhalb der Firma stehender Geschäftsfreunde derselben im Irrtume befünden haben oder zur Beweisführung bereit sei.

In der Hoffnung, dass es Ihnen gelingen wird durch Extrabierung [sic!] einer solchen Erklärung mir und meiner Firma den weiteren direkten Verkehr mit der Allg. Elektr. Gesellschaft zu ermöglichen, zeichne ich

Hochachtungsvoll
Ihr ergebener
Dr. Wr. Siemens

148

149 Der Konflikt zwischen der AEG und Siemens & Halske ließ nicht nur die entgegengesetzten Interessen beider Unternehmen, sondern auch die unterschiedlichen Arbeitsweisen ihrer Leiter klar zu Tage treten. Emil Rathenau legte den Schwerpunkt seiner Arbeit auf die Aufspürung, Produktion und Vermarktung zukunftsorientierter Produkte.

150 Werner von Siemens dagegen zog es vor, eigene Lösungen für technische Probleme und Fragestellungen zu entwickeln. Wenn er diese dann auf den Markt brachte, scheute er sich im Gegensatz zu Emil Rathenau, für seine Produkte vielfältige Werbung zu betreiben, und war damit den modernen Werbemethoden der AEG unterlegen.

Emil Rathenau an Georg von Siemens, 14. Juni 1888

Sehr geehrter Herr Doctor.

Ich halte den Preis, den Siemens & Halske nach ihren gestrigen Mitteilungen für die event. Auflösung des Vertrages mit der Allgemeinen Elektricitäts-Gesellschaft fordert, für undiscutirbar, denn sie entsinnen sich sehr wohl, dass die Berliner Elektricitäts-Werke gerade die Veranlassung gewesen sind zu den Opfern, die wir Siemens & Halske brachten hat; es scheint ihm daher mit den Pflichten einer gewissenhaften Geschäftsführung nicht zu vereinbaren, dieses Object jetzt wieder Preis zu geben.

Wenn Siemens & Halske die ernste Absicht haben, ihre Freiheit wiederzugewinnen und die unsrige uns zurückzugeben, nachdem sich gezeigt hat, dass das neue Abkommen für beide Theile unerspriesslich ist, so dürfte das äusserste Zugeständniss, welches die Allgemeine Elektricitäts-Gesellschaft machen kann, Parität in Bezug auf die Berliner Elektricitäts-Werke bei sonst absoluter Unabhängigkeit von der Firma Siemens & Halske in technischer und commercieller Hinsicht sein.

Bei Annahme dieses Programms ergeben sich folgende Rechtsverhältnisse zwischen der Allgemeinen Elektricitäts-Gesellschaft, den Berliner Elektricitäts-Werken und Siemens & Halske:

1,/ Der im vorigen Jahre von der Allgemeinen Elektricitäts-Gesellschaft mit Siemens & Halske geschlossene Vertrag wird aufgelöst, die Patente bleiben gemeinschaftliches Eigenthum und werden als solche für gemeinschaftliche Rechnung entweder von der Firma Siemens & Halske, oder der Allgemeinen Elektricitäts-Gesellschaft verwaltet.

2,/ Die Allgemeine Elektricitäts-Gesellschaft macht sich dafür stark, dass statt einer Million Actien der Allgemeinen Elektricitäts-Gesellschaft der Firma Siemens & Halske derselbe Betrag in Actien der Berliner Elektricitäts-Werke glattauf umgetauscht werde.

Die vorhandene dritte Million, welche gegenwärtig nicht in unserem Besitz ist, könnte, soweit sie zum Verkauf angeboten wird, zum gemeinschaftlichen Besitz erworben werden, damit keine der Partheien vor der anderen ein financielles Uebergewicht erlange.

3,/ Die Allgemeine Elektricitäts-Gesellschaft macht sich ferner stark, dass unter Aufhebung ihres Vertrages mit den Berliner Elektricitäts-Werken in Titel 7 des Statuts der letzteren die Rechtsverhältnisse Aenderungen erfahren, welche beide Firmen gleichstellen und folgende Zusätze erhalten:

»Die Theilung dieser Lieferungen erfolgt gleichmässig in der Weise, dass

a,/ alternirend den Herren Siemens & Halske und der Allgemeinen Elektricitäts-Gesellschaft die Anfertigung der Projecte und Fertigstellung der Anlagen bis zum Elektricitätsmesser, jedoch ausschliesslich der Beschaffung der Grundstücke unter bestimmten, für beide Contrahenten gleichmässig vor Abschluss des Vertrages zu regelnden Bedingungen übertragen werden.

b,/ Die Installationsarbeiten vom Elektricitätsmesser ab im Innern der Häuser, sowie die Beschaffung sämmtlicher, den Berliner Elektricitäts-Werken vorbehaltenen Apparate und Materialien zu den Tarifpreisen überlassen die Berliner Elektricitäts-Werke der Wahl der Consumenten zwischen den erwähnten Firmen, welche eine gewisse Abgabe hierfür an die Berliner Elektricitäts-Werke zu entrichten und die Verantwortlichkeit für ihre Leistungen diesen gegenüber zu übernehmen hätten.

c,/ Der Bedarf der Berliner Elektricitäts-Werke an Glühlampen und Kohlenstäben wird gleichmässig getheilt mit der Maassgabe, dass jede der beiden Firmen verpflichtet ist, den Berliner Elektricitäts-Werken die gleichen Bedingungen einzuräumen, welche die andere ihr anbietet, falls sie es nicht vorzieht, zeitweise auf die Lieferung zu verzichten. Der Maximalpreis für Glühlampen wird auf M 2,50, für Bogenlampenkohlen in der Höhe festgesetzt, die die Berliner Elektricitäts-Werke jetzt hierfür entrichten.«

Ich habe mich bemüht, Bestimmungen zu finden, welche der Direction der Berliner Elektricitäts-Werke jede Möglichkeit einer Bevorzugung einer der beiden Firmen abschneiden, indem das Publicum selbstständig in den Fällen entscheidet, in denen eine solche möglich wäre. Wir würden auch den Bau der ersten Station, in der Spandauerstrasse, welche unter allen Verhältnissen gegenwärtig ausgeführt wird, Herren Siemens & Halske übertragen.

Die Delegirung eines Siemens'schen Candidaten in die Direction der Berliner Elektricitäts-Werke könnte allenfalls noch in Aussicht genommen werden, wenn Werth darauf gelegt werden sollte, obwohl die Vereinigung der Verwaltungen sich gut bewährt hat. In diesem Falle müssten aber Siemens & Halske auch die Hälfte des Kapitals aufbringen, welches zu dem Ausbau der Stationen erforderlich ist, und das sich bekanntermassen auf insgesammt 3½–4 Millionen Mark beläuft.

Ich würde mich freuen, wenn diese Vorschläge dazu beitragen würden, endlich einmal zwischen Siemens & Halske und der Allgemeinen Elektricitäts-Gesellschaft angenehme Beziehungen herzustellen.

151 Hochachtungsvoll

Emil Rathenau an Georg von Siemens, 15. Juni 1888

Hochgeehrter Herr Doctor!

Die von Ihnen angedeuteten »technischen« Schwierigkeiten werden mich nicht abhalten, die Interessen der Gesellschaft wahrzunehmen, und bin ich deshalb bereit, mit einem Delegierten der Firma S & H über den angeregten Gegenstand in Berathung zu treten. Nun verspreche ich mir absolut keinen Erfolg von den aufgewandten Bemühungen, wennnicht [sic!] *absolut Parität* als Grundsatz der Verhandlungen im voraus hinein etabliert wird. Genehmigen Sie die Versicherung meiner Hochachtung

Ihr ergebenster
152 E. Rathenau

151/152 Schon 1888 begannen erste Verhandlungen für eine Auflösung des im vorhergehenden Jahr geschlossenen Vertrages, bei denen Georg von Siemens als Vermittler hinzugezogen wurde.

153 Die Verhandlungen zogen sich über mehrere Jahre hin, doch konnte man zu keiner Einigung gelangen. Im Gegenteil, die Spannungen verschärften sich, und gegenseitige Klageandrohungen häuften sich.

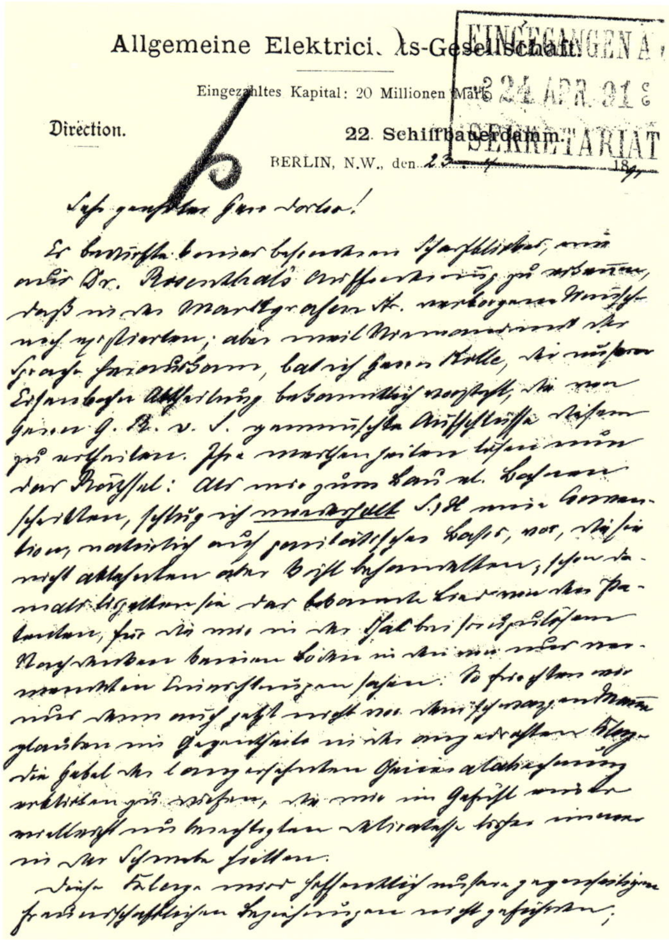
Allgemeine Elektrici. ts-Gesellschaft.

Eingezahltes Kapital: 20 Millionen Mark

Direction.

22. Schiffbauerdamm.

BERLIN, N.W., den 23 18

EINGEGANGEN A. 24 APR. 91 SEKRETARIAT

Emil Rathenau an Georg von Siemens, 23. April 1891

Sehr geehrter Herr Doctor!
Es bedurfte keines besonderen Scharfblickes, um aus Dr. Rosenthal's Aufforderung zu erkennen, daß in der Markgrafen Str. verborgene Wünsche noch existierten, aber weil Niemand mit der Sprache herauskam, bat ich Herrn Kolle, der unserer Eisenbahn Abtheilung bekanntlich vorsteht, die von Herrn G.R. v. S. [Geheimrat von Siemens, d. Verf.] gewünschten Aufschlüsse diesem zu ertheilen. Ihre werthen Zeilen lösen nun das Räthsel: Als wir zum Bau d. Bahnen schritten, schlug ich *wiederholt* S. & H eine Convention, natürlich auf paritätischer Basis, vor, die sie nicht ablehnten aber kühl behandelten; schon damals lispelten sie das bekannte Lied von den Patenten, für die wir in der That bei [. . .] Nachdenken keinen Boden in den uns verwandten Einrichtungen sahen. So fürchten wir uns denn auch jetzt nicht vor dem schwarzen Mann glauben im Gegentheile in der angedrohten Klage die Hebel der langersehnten Generalabrechnung erblicken zu dürfen, die wir im Gefühl einer vielleicht unberechtigten Delicatesse bisher immer in der Schwebe hielten. Diese Klage wird hoffentlich unsere gegenseitigen freundschaftlichen Beziehungen nicht gefährden; eine Auffassung, die bei uns immer bestand, während im Hause der Herren S & H. diese, wenigstens früher, nicht immer getheilt wurde.
Übrigens stehe ich Herrn G.R. v. S. jederzeit, wenn er mich zu sprechen wünscht, mit Vergnügen zur Verfügung.
Den übrigen Inhalt ihres werthen Schreibens habe ich sofort erledigt; Herr Görz versprach mir, die Notizen . . . Ihnen zuzustellen.

Mit freundlichen Grüßen
Hochachtungsvoll
E. Rathenau

154 Der Konflikt zwischen den beiden größten deutschen Elektrounternehmen weitete sich schließlich zu einem Preiskampf in allen Bereichen aus.

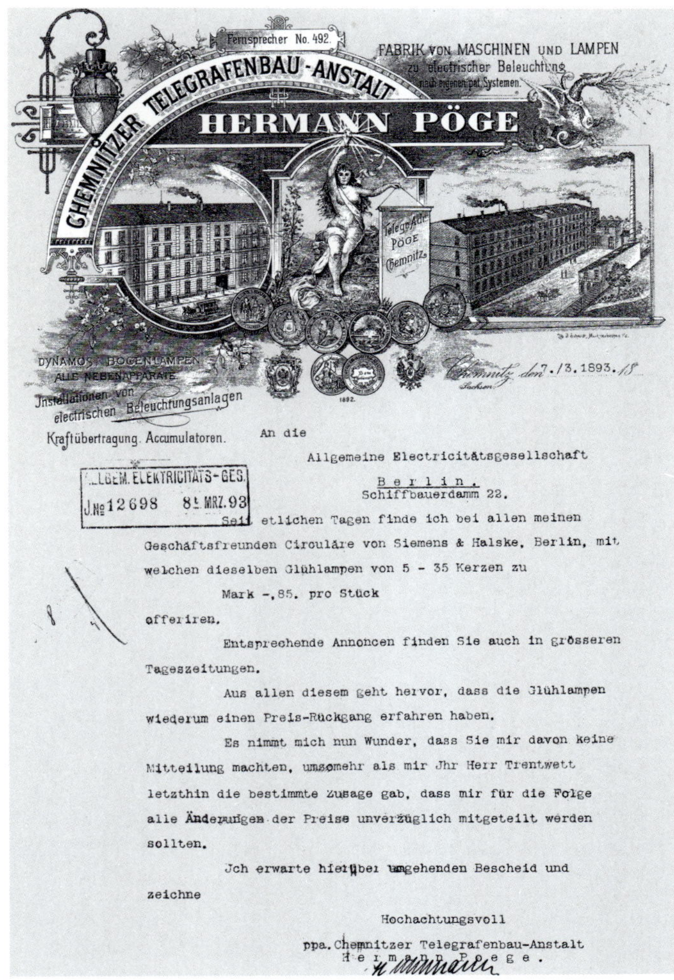
Fernsprecher No. 492.

FABRIK VON MASCHINEN UND LAMPEN zu electrischer Beleuchtung nach eigenen pat. Systemen.

CHEMNITZER TELEGRAFENBAU-ANSTALT

HERMANN PÖGE

DYNAMOS, BOGENLAMPEN ALLE NEBENAPPARATE.

Installationen von electrischen Beleuchtungsanlagen

Kraftübertragung. Accumulatoren.

Chemnitz, den 7./3. 1893.
Sachsen.

An die

Allgemeine Electricitätsgesellschaft

Berlin.
Schiffbauerdamm 22.

ALLGEM. ELEKTRICITÄTS-GES. J.№ 12698 8. MRZ. 93

Seit etlichen Tagen finde ich bei allen meinen Geschäftsfreunden Circuläre von Siemens & Halske, Berlin, mit welchen dieselben Glühlampen von 5 - 35 Kerzen zu

Mark -,85. pro Stück

offeriren.

Entsprechende Annoncen finden Sie auch in grösseren Tageszeitungen.

Aus allen diesem geht hervor, dass die Glühlampen wiederum einen Preis-Rückgang erfahren haben.

Es nimmt mich nun Wunder, dass Sie mir davon keine Mitteilung machten, umsomehr als mir Jhr Herr Trentwett letzthin die bestimmte Zusage gab, dass mir für die Folge alle Änderungen der Preise unverzüglich mitgeteilt werden sollten.

Jch erwarte hierüber umgehenden Bescheid und zeichne

Hochachtungsvoll

ppa. Chemnitzer Telegrafenbau-Anstalt
Hermann Pöge.

155 Der Konflikt brachte die Vertreterfirmen der AEG bei Kundenbesuchen häufig in unangenehme Situationen, und sie beklagten sich über die Preispolitik von Siemens & Halske.

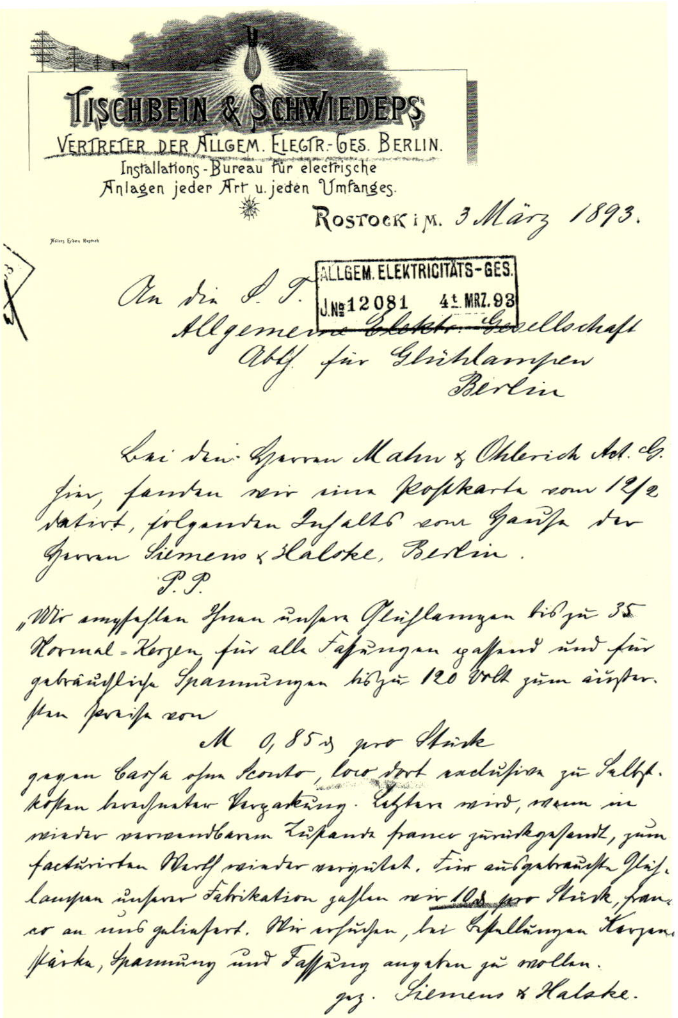

Tischbein & Schwiedeps
an die Allgemeine Electricitäts-Gesellschaft, 3. März 1893

Rostock i M. 3 März 1893

An die S. T. Allgemeine Elektr. Gesellschaft
Abth. für Glühlampen Berlin

Bei den Herren Mahn & Ohlerich Act. G. hier, fanden wir eine Postkarte vom 12/2 datirt, folgenden Inhalts vom Hause der Herren Siemens & Halske, Berlin.
P. P.
»Wir empfehlen Ihnen unsere Glühlampen bis zu 35 Normal-Kerzen für alle Fassungen passend und für gebräuchliche Spannungen bis zu 120 Volt zum äußersten Preise von M 0,85 Pf. pro Stück gegen Cassa ohne Sconto, loco dort exclusive zu Selbstkosten berechneter Verpackung. Letztere wird, wenn in wieder verwendbarem Zustande franco zurückgesandt, zum facturirten Werth wieder vergütet. Für ausgebrauchte Glühlampen unserer Fabrikation zahlen wir 10 Pf. pro Stück, franco an uns geliefert. Wir ersuchen, bei Bestellungen Kerzenstärke, Spannung und Fassung angeben zu wollen.

gez. Siemens & Halske.

Da die Herren uns die Karte zeigten und fragten, wie wir uns zu den Preisen verhielten, da sie bisher M 1,– pro Stück bezahlt hätten, bitten wir Sie um gefällige Nachricht, wie wir uns diesem Preise gegenüber verhalten sollen, auch in Bezug auf Rücknahme der Lampenfüße, da Sie uns z. B. schrieben, daß der Preis von M 1,– an Consumenten nicht unterboten werden sollte.

Hochachtungsvoll!
Tischbein & Schwiedeps

Handschriftliche Notiz:
Da der Materialwerth aller Lampen 5 Pf beträgt so ist der Preis 85 – 5 = 80 Pf ./. Frachten ca. 3 Pfge = 77 Pfge

156–158 An die Stelle von Werner von Siemens, der 1892 gestorben war, trat sein Sohn, Arnold von Siemens, und setzte die Verhandlungen mit der AEG fort. Unter seiner Leitung gewannen die Auseinandersetzungen an Schärfe, und die Verhandlungen um die Auflösung des Vertrages drohten schließlich sogar zu scheitern.

Emil Rathenau an Arnold von Siemens, 10. April 1894

Sehr geehrter Herr!
Herr Dr. G. Siemens hat mir Ihr an denselben gerichtetes werthes Schreiben vom 7. ds. Mts. vor seiner Abreise nach Wien zur Beantwortung überlassen. Bevor ich auf dieselbe eingehe, wollen Sie mir einige allgemeine Bemerkungen gestatten.
Unser Vertragsverhältniss währt, wie Sie wissen, nicht mehr ganz drei Jahre. In dem Verlauf von 7 Jahren seit Inkrafttreten desselben haben wir von Ihnen Fabrikate im Werthe von ca. 10 Millionen bezogen und unter Weglassung des besten und schlechtesten Jahres in fünf Jahren 5,550 000 Mark, d. h. durchschnittlich 1,110 000 Mark jährlich. Diese Bezüge resultirten zum grössten Theil aus Lieferungen für die Berliner Elektricitäts-Werke, welche im grossen Ganzen als abgeschlossen gelten können. Wenn wir ungeachtet dessen die Abnahme einer Bezugsmenge in fast gleichem Werthe wie bisher auf die doppelte Dauer der Vertragszeit Ihnen garantieren, so werden Sie mir zugestehen, dass wir Ihnen weite Concessionen einräumen. Den Grund dieses Entgegenkommens werden Sie gewiss nicht in einer Besorgniss vor dem Ausgang der Feststellungsklage erblicken, die Ihre Firma angestellt hat. Mich bestimmen vielmehr allein der Wunsch, freundliche Beziehungen, die wir mit allen Mitgliedern Ihrer werthen Firma nach langen Bemühun-

gen gewonnen haben, aufrecht zu erhalten, und die Empfindung, dass ein bis zur Gründung der Allgemeinen Elektricitäts-Gesellschaft und ihrer Vorgängerin zurückgreifender Process Gegenstände zur Erörterung bringen muss, die der Vergessenheit zu überliefern wir gewünscht hätten. Ob die endgültige Entscheidung, wie wir mit Bestimmtheit annehmen, uns einen materiellen Gewinn bereiten, oder ob der Richter Ihnen solchen zu erkennen wird, mag dahingestellt bleiben; feststeht, dass keine der processführenden Partheien in dem Ausgange des Rechtsstreits den Lohn für Mühen, Opfer und Aergernisse finden kann, die aus der Beweisführung und Vernehmung ungezählter Zeugen entstehen werden, nicht zu erwähnen der Einbusse an Ansehen, die beide Theile in den Augen missgünstiger Concurrenten nur durch die Thatsache eines zwischen ihnen schwebenden Processes erleiden.
Aber wenn wir schwere Opfer für diese idealen Bestrebungen zu bringen bereit sind, so müssen wir erwarten, dass auch Sie wenigstens eine gewisse Entsagung üben, insofern, als Sie nicht übermässigen Gewinn aus der Lösung eines Verhältnisses beanspruchen, das Ihnen länger als ein Jahrzehnt Vortheile gebracht hat.
Ich erwarte, dass Rücksichten der Billigkeit und Gerechtigkeit Sie bestimmen werden, meine Vorschläge einer nochmaligen Prüfung zu unterziehen. Die Kluft, welche uns trennt, ist nicht so weit, dass Sie sie nicht überbrücken könnten, während ich an der Grenze unseres Könnens angelangt bin, nachdem ich alle Zugeständnisse, die in meiner Macht lagen, in die Hände *unseres bewährten gemeinschaftlichen Freundes und Rathgebers Dr. G. Siemens* niedergelegt habe. Dabei glaubte ich mich in Uebereinstimmung mit den Ansichten Ihres Herrn Bruders Wilhelm, mit dem ich diese Frage frührer erörterte und vielleicht in einer für unsere Gesellschaft günstigeren Weise dem Abschluss näher gebracht hätte, zu befinden.
Meine Bemängelung richtet sich zunächst auf den vierten Punkt Ihres werthen Schreibens. Darin verlangen Sie die Ausdehnung des Bezuges auch auf die bisher ausgeschlossenen Kabel für Eisenbahnzwecke. Wenn wir dieselbe concediren, so müssen wir um die Erklärung ersuchen, dass darunter allgemein nur verstanden sind Kabel ohne Verbindungs- und Anschlusskästen; nicht minder muss ich nach den Erfahrungen der letzten Jahre mich dagegen wenden, dass Ihnen bezüglich der Preisbestimmung Ausnahmefälle vorbehalten sein sollen, da hiermit auch das neue Abkommen wieder auf schwankende Basis gestellt wird.
Zu 5 u. 6 müssen die Entschädigungen für einen Mindestbezug auf 10% höchstens wieder eingeschränkt werden, ausserdem müssen wir volle Freiheit in der Auswahl der Erzeugnisse Ihrer Fabrikation beanspruchen. Denn ist es schon schwer bei den im Laufe der Jahre erheblich gesunkenen Preisen der Kabel, der vergrösserten Concurrenz und dem verringerten Absatzgebiet Fabrikate im Werthe von einer Million in sechs aufeinanderfolgenden Jahren regelmässig unterzubringen, so darf diese Schwierigkeit nicht noch vermehrt werden durch Beschränkung auf ein Fabrikat, das wir in vielen Fällen, z. B. bei Hochspannungsanlagen anzuwenden vielleicht keine Gelegenheit finden. Auch den erhöhten Procentsatz für den Mindestbezug unter einem gewissen Jahresquantum bedauere ich nicht annehmen zu können. Nach meinem Dafürhalten kann eine Strafe auf entgangene Lieferungen von uns nicht gefordert werden; den entgangenen Gewinn dürfen Sie schon deshalb nicht in Rechnung stellen, weil Sie die von uns unbezogenen Mengen anderweitig mit Gewinn, wenn Sie wollen sogar unter Berücksichtigung der von uns zu leistenden Zahlungen mit einem Abschlag auf Ihre Verkaufspreise begeben konnten. Die Aufrechterhaltung dieser Bestimmung ist übrigens auch deshalb nicht geschäftspolitisch, weil wir dadurch in die Zwangslage gesetzt werden könnten, Ihre Verkaufspreise zu unterbieten, um uns vor grösserem Schaden zu bewahren. Die Worte »und den Berliner Electricitäts-Werken« müssen fortfallen mit Rücksicht auf den Ihnen bekannten Koncessionsvertrag und die Möglichkeit einer Uebernahme durch die Stadt. Mit Punkt 7 u. 8 würde ich mich, obwohl die Summe ungewöhnlich hoch ist, einverstanden erklären können, jedoch nur dann, wenn Punkt 9 in die Bestimmungen mit einbezogen wird.
Ich werde mich freuen, wenn diese meine Gegenvorschläge Ihre Billigung finden, um so mehr, als ich demnächst eine grössere Reise anzutreten beabsichtige, für welche eine Entscheidung mir werthvoll wäre.

Mit Hochachtung
156 Rathenau

Emil Rathenau an Georg von Siemens, 19. Mai 1894

Lieber Herr Doktor!
Nach A. von Siemens' letztem Brief glauben auch Sie wohl nicht mehr, dass S. & H. die Aufhebung des Vertrages ernst gemeint hatten. Die ganze Art der Verhandlung macht jetzt auf mich den Eindruck einer Kraftprobe, aus der man das Maass unserer Zugeständnisse feststellen wollte. Demgegenüber halte ich es für nöthig, zu betonen, dass ich letzterer nur deshalb grösseren Widerstand nicht entgegensetzte, weil die Beseitigung eines höchst unerquicklichen Streites zweier Firmen, die an der Spitze ihrer Industrie stehen, wichtig genug war, um nicht mit Groschen zu feilschen. Aber wie wenig mein Entgegenkommen die Gegenparthei bestimmte, Gleiches mit Gleichem zu vergelten, davon hatten Sie »als ehrlicher Makler« sich zu überzeugen Gelegenheit. Ich verkenne nicht die Undankbarkeit einer solchen Rolle; Sie mussten sie indessen übernehmen, um ein Urtheil zu gewinnen, auf welcher Seite das ernste Bestreben und die loyale Auffassung, die schwere Aufgabe zu erfolgreichem Abschluss zu führen, überwog.
Das Vertrauen, welches S. & H. ihrer Sache entgegenbringen, zwingt zu der Schlussfolgerung, dass sie die Entstehungsgeschichte unserer Verträge nicht kennen, denn sonst hätten sie die dargebotene Hand nicht zurückgewiesen. Sie beharren kühl auf dem Standpunkt, dass die 11 Jahre lang fast ohne Gegenleistung, wie sie dem Willen der Vertragsschliessenden entsprach, ihnen tributpflichtig gewesene Gesellschaft noch länger ausgebeutet werden müsse, vergessen aber, dass dem neuen Abkommen der Gedanke eines billigen Ausgleichs zu Grunde liegen sollte. Sie wünschen aus einer Lage Nutzen zu ziehen, die ihnen vielleicht unbequemer wird als uns, und achten die gemachten Zugeständnisse gering, durch deren Annahme sie unendlich viel mehr profitiert hätten, als durch das jetzige Abkommen, das ihnen in Zukunft Nennenswertes kaum bieten dürfte. Aber schon die Rücksicht auf Sie, der in uneigennütziger Weise, für die ich Ihnen Dankbarkeit bewahren werde, die langen und

mühseligen Verhandlungen führte, rechtfertigt den Anspruch einer loyalen Auslegung der getroffenen Vereinbarungen. Wo ist indessen eine Spur davon in dem neuen Begehren zu entdekken, dass die Häuser in London, Petersburg und Chicago, die Zweigniederlassungen und technischen Bureaux, die Vertretungen, die S. & H. durch Extrarabatte unterstützen und deren Zahl nach Belieben jeden Augenblick vermehrt werden kann, mit einem Worte Alle, die mit der A. E. G. in Wettbewerb treten, – denn auch dem Stammhause sollten bekanntlich Ausnahmen vorbehalten bleiben, – besser gestellt sein sollen als die *meistbegünstigte* A. E. G., die einen grossen, vielleicht den grössten Theil der S. & H.'schen Produktion abzunehmen gehabt hätte? Die Unbilligkeit dieser Forderung tritt noch drastischer hervor, wenn eine Mehrforderung von 5% gegen die Notierungen einer soliden Concurrenz, die gerade in diesem Geschäftszweige erfahrungsmässig auf Preise hält, bei einem zu Buche schlagenden Artikel, wie Kabel, als unannehmbar bezeichnet wird.
A. v. S.' Vorschläge, kurz zusammengefasst, heissen:
Die A. E. G. verpflichtet sich zur Entnahme von mindestens 6 Millionen Kabel, die sie beliebig verwenden darf, wo S. & H. nicht concurrieren; aber diese behalten sich vor, allenthalben zu concurrieren und die A. E. G. zu unterbieten, wo und wie es ihnen beliebt. Mit einem Worte, S. & H. gewähren der A. E. G. theoretisch ein Recht, für das dieselbe hunderttausende jährlich ihnen zahlt, das sie aber praktisch nicht verwerthen kann. Denn Kabel geben erfahrungsmässig den Ausschlag bei allen grösseren Anlagen, und da S. & H. hierin die A. E. G. concurrenzunfähig erhalten, fallen der letzteren selbstverständlich auch Lieferungen nicht zu, in deren Herstellung sie frei sein soll. – Nach diesen Auseinandersetzungen könnte ich darauf verzichten, mich über den übrigen Theil des erwähnten Schreibens auszulassen, wenn es nicht daran zu erinnern gälte, wie allmählig man uns auf den Betrag von 1 Million jährlich und den Satz von 10% hinaufgeschraubt hat. Aber auch damit begnügte man sich nicht und schlug zuletzt noch einen Staffeltarif bis zum Doppelten vor. Die exorbitante Höhe des Procentsatzes habe ich, des Feilschens müde, in dem Entwurf zugegeben und mich mit dem Vorschlage einer nicht wesentlich verschiedenen Abgrenzung der Stufen begnügt. Auch über diese schreitet der Brief vom 16. ds. Mts. souverän hinweg zu einem Missverständniss, dessen Aufklärung Anderen vorbehalten bleiben mag. –
Nach dem Erwähnten werden Sie hoffentlich meinen Wunsch billigen, die Bemühungen, einen friedlichen Ausgleich herbeizuführen, hiernach als beendet zu betrachten und von weiteren mündlichen oder schriftlichen Verhandlungen abzustehen.
Ich begrüsse Sie

mit bekannter Hochachtung
157 gez. E. Rathenau

Emil Rathenau an Arnold von Siemens, 22. Mai 1894

Geehrter Herr von Siemens!
Herr Dr. G. Siemens hat die Güte gehabt, mir Ihr geehrtes, unter dem 16. ds. Mts. an ihn gerichtetes Schreiben zur Einsicht zu überlassen. Zu meinem Leidwesen habe ich daraus ersehen, dass Sie den grundlegenden Bestimmungen des von mir ausgearbeiteten Vertragsentwurfes Ihr Einverständniss versagen zu müssen glauben. Da aber die von Ihnen gemachten Gegenvorschläge das Fundament unserer getroffenen Abreden, auf dem wir einen neuen, die gemeinsamen Interessen wahrenden Vertrag errichten zu können hoffen, gänzlich beseitigen, so habe ich Herrn Dr. G. Siemens meine Ansicht dahin mitgetheilt, dass ich von der Fortsetzung der Verhandlungen einen Erfolg mir nicht verspreche und deshalb auf Uebersendung des obenerwähnten Schriftstückes an Sie verzichte.

Hochachtungsvoll
158 gez. E. Rathenau.

Georg von Siemens, der Aufsichtsratsvorsitzende der AEG, hatte sich während dieser Verhandlungen in einer besonders schwierigen Situation befunden. Einerseits fühlte er sich der AEG und ihrer geschäftlichen Entwicklung und Prosperität verpflichtet, andererseits war die Deutsche Bank mit dem Hause Siemens & Halske geschäftlich eng verbunden und nicht zuletzt gehörte er selbst der Familie Siemens an. In den Streitigkeiten und Verhandlungen zwischen beiden Firmen nahm er die Position des neutralen Mittlers ein und versuchte, beiden Kontrahenten gerecht zu werden. Diese Vermittlerhaltung fand am Ende Anerkennung in der Tatsache, daß Georg von Siemens die zwei größten deutschen elektrotechnischen Unternehmen auch nach deren Trennung weiterhin in finanziellen und geschäftlichen Angelegenheiten beraten konnte. Die Deutsche Bank behielt die Führung im Bankenkonsortium der AEG, und Georg von Siemens, der seit 1890 Aufsichtsratsvorsitzender der AEG war, blieb im Amt. Er, der die besten Entwicklungschancen für beide Unternehmen in ihrer gegenseitigen Unabhängigkeit sah, wußte jedoch auch um die Gefahren eines ruinösen Wettbewerbs und bemühte sich daher, bei beiden Unternehmen den Boden für ein Kooperationsverhältnis zu bereiten, in dem die

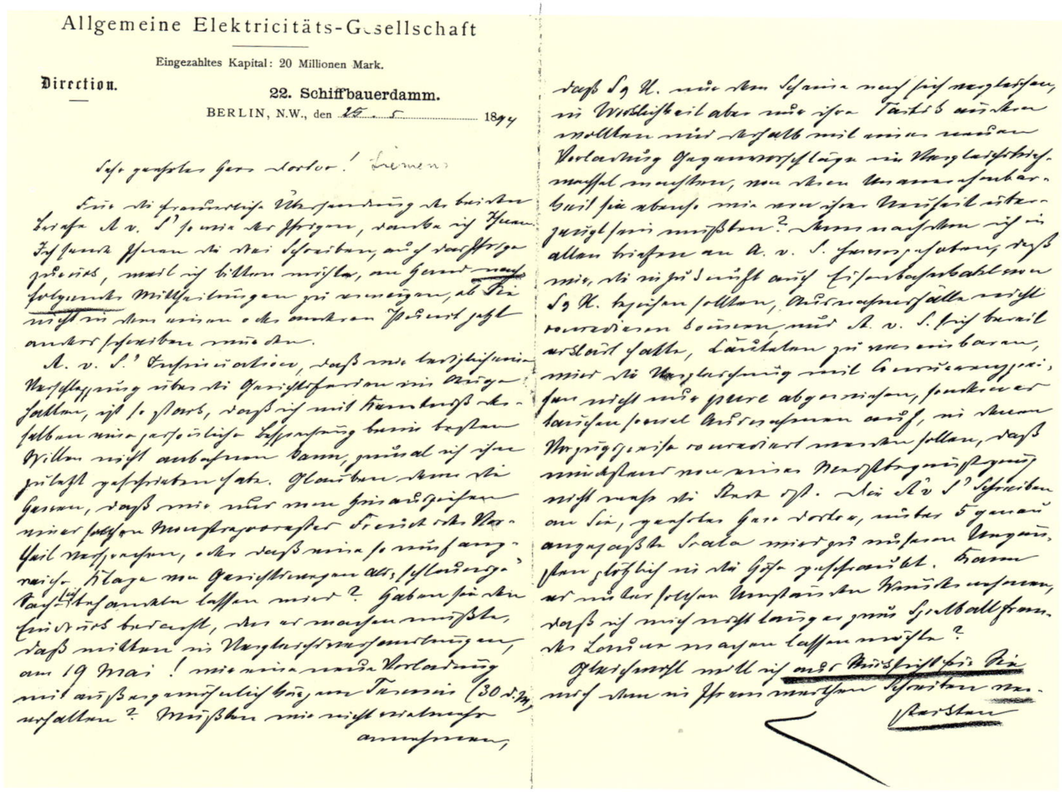

Allgemeine Elektricitäts-Gesellschaft

Eingezahltes Kapital: 20 Millionen Mark.

Direction.

22. Schiffbauerdamm.

BERLIN, N.W., den 25. 5 1894

159 Daß die Verhandlungen am Ende doch erfolgreich abgeschlossen werden konnten, war in nicht geringem Maße der Vermittlertätigkeit von Georg von Siemens zu verdanken.

Emil Rathenau an Georg von Siemens, 25. Mai 1894

Sehr geehrter Herr Doctor!
Für die freundliche Übersendung der beiden Briefe A. v. S.' so wie des Ihrigen, danke ich Ihnen. Ich sende Ihnen die drei Schreiben, auch das Ihrige zurück, weil ich bitten möchte, an Hand nachfolgender Mittheilungen zu erwägen, ob Sie nicht in dem einen oder anderen Punct jetzt anders schreiben würden.
A. v. S.' Insinuation, daß wir lediglich eine Verschleppung über die Gerichtsferien im Auge hatten, ist so stark, daß ich mit Kenntniß derselben eine persönliche Besprechung beim besten Willen nicht anbahnen kann, zumal ich ihm zuletzt geschrieben habe. Glauben denn die Herren, daß wir uns im Hinausziehen eines solchen Monstreproceßes Freude oder Vortheil versprechen, oder daß eine so umfangreiche Klage von Gerichts wegen als schleunige Sache sich behandeln lassen wird? Haben sie den Eindruck bedacht, den es machen mußte, daß mitten in Vergleichsverhandlungen, am 19. Mai! wir eine neue Vorladung mit außergewöhnlich kurzem Termin (30. d. M.) erhalten! Mußten wir nicht vielmehr annehmen, daß S. & H. nur dem Scheine nach sich vergleichen, in Wirklichkeit aber nur ihre Tactik ändern wollten und deshalb mit einer neuen Vorladung Gegenvorschläge im Vergleichsbriefwechsel machten, von deren Unannehmbarkeit sie ebenso wie von ihrer Neuheit überzeugt sein mußten? Denn nachdem ich in allen Briefen an A. v. S. hervorgehoben, daß wir, die in Zukunft auch Eisenbahnkabel von S. & H. beziehen sollten, Ausnahmefälle nicht concedieren können, und A. v. S. sich bereit erklärt hatte, Cautelen zu vereinbaren, wird die Vergleichung mit Concurrenzpreisen nicht nur pure abgewiesen, sondern es tauchen soviel Ausnahmen auf, in denen Vorzugspreise concediert werden sollen, daß mindestens von einer Meistbegünstigung nicht mehr die Rede ist. Die A. v. S.' Schreiben an Sie, geehrter Herr Doctor, unter 5 genau angepaßte Scala wird zu unseren Ungunsten plötzlich in die Höhe geschraubt. Kann es unter solchen Umständen Wunder nehmen, daß ich mich nicht länger zum Spielball fremder Laune machen lassen möchte?
Gleichwohl will ich aus Rücksicht für Sie mich dem in Ihrem werthen Schreiben ertheilten Rath fügen und auf eine persönliche Besprechung eingehen; aber die Anregung dazu kann nicht mehr von mir ausgehen, etwaige Misverständnisse sind in keiner Weise von uns verschuldet.
Jede Anregung A. v. S.' oder eines Anderen werde ich als Entgegenkommen zu freundschaftlichem Ausgleich begrüßen und ermächtige Sie gern, mit diesen Zeilen nach Gutdünken zu verfahren.
Heut Abend muß ich nach Hamburg reisen und mir deshalb versagen, wie ich vorgezogen hätte, mündliche Aufklärungen zu geben.

Mit freundlichem Gruß
Hochachtungsvoll
E. Rathenau

Zwischen

der Kommanditgesellschaft in Firma Siemens & Halske

zu Berlin

und

der Aktiengesellschaft Allgemeine Elektricitäts-

Gesellschaft zu Berlin

ist heute das folgende Abkommen getroffen:

1.

Der Vertrag vom 23.März/7.April 1887 wird mit dem 1.April 1894 aufgehoben; beide Theile verzichten auf Geltendmachung irgend welcher Rechte gegen einander aus diesem Vertragsverhältniss.

2.

Siemens & Halske verpflichten sich, die gegen die Allgemeine Elektricitäts-Gesellschaft beim Königlichen Landgericht I zu Berlin erhobene Klage zurückzunehmen. Die gerichtlichen Kosten der Klage tragen die Vertragschliessenden je zur Hälfte, die aussergerichtlichen jeder Theil für sich.

3.

Die Allgemeine Elektricitäts-Gesellschaft verpflichtet sich, 14 Tage nach Perfektion dieses Vertrages diejenigen M. 108922,33 an Siemens & Halske zurückzuzahlen, welche diese als Abgabe für Centralen mit M. 7877.75 am 31.December 1888 und mit M. 101044,58 am 22.Juli 1892 an die Allgemeine Elektricitäts-Gesellschaft gezahlt hat. Die Allgemeine Elektricitäts-Gesellschaft hat an Siemens & Halske auf diese Beträge 4% Zinsen je vom Tage der Zahlung zu vergüten.

4.

Die Allgemeine Elektricitäts-Gesellschaft verpflichtet sich, als Abfindung für die vorzeitige Auflösung des Vertrages vom 23.März/7.April 1887 an Siemens & Halske

160 Zum 1. April 1894 wurde der Vertrag von 1887 zwischen der AEG und Siemens & Halske endgültig aufgehoben. Beide Gesellschaften waren damit in ihren unternehmerischen Entscheidungen frei von gegenseitiger Rücksicht- und Einflußnahme, blieben aber in der Folgezeit durch die zwischen unabhängigen, konkurrierenden Firmen üblichen Geschäftsbeziehungen miteinander verbunden (vollständiger Abdruck im Anhang, S. 250).

Expansion

Der AEG erwuchs aus der Aufgabe, ihre Produktion nun endgültig auf alle Bereiche der Starkstromtechnik auszuweiten, zunächst eine große Belastung. Die durch die ausgezeichnete Auftragslage bereits völlig ausgelasteten Fabrikanlagen reichten hierfür nicht aus. Um sie erweitern zu können, wurde 1895 ein Teil des benachbarten Geländes in Wedding – zwischen Brunnenstraße, Gustav-Meyer-Allee, Hussiten- und Voltastraße – erworben. Der Bau der neuen Anlagen, u. a. einer großen Montagehalle, einer Kesselschmiede und einer Tischlerei, konnte 1897 abgeschlossen werden. Die neuen Betriebsanlagen besaßen einen eigenen Gleisanschluß mit Güterbahnhof und wurden mit dem alten Fabrikkomplex durch eine elektrische Untergrundbahn verbunden. Nur kurze Zeit nach Aufnahme der Produktion in den neuen Fabrikgebäuden erwiesen sich auch diese als zu klein, und die Geschäftsführung beschloß, die Großmaschinen- von der Kleinmotorenfabrikation zu trennen. 1898 nahm die neu errichtete Kleinmotorenfabrik ihren Betrieb auf.

Da die Herstellung von Kabeln sehr viel Raum erforderte, war es notwendig, ein großes Gelände außerhalb der Berliner Innenstadt, wo die Grundstückspreise hierfür viel zu hoch waren, zu suchen. Außerdem bot es sich an, in die Nähe eines Wasserweges zu gehen, da die Beförderung per Schiff bei den Rohstoffen und den schweren und voluminösen Fertigprodukten wie Kabelrollen die Möglichkeit bot, die Transportkosten zu senken. Ein geeignetes Gelände fand sich an der Spree in Oberschöneweide. 1897 begannen die Bauarbeiten und noch im selben Jahr konnte dort die Arbeit mit etwa 1400 Arbeitern aufgenommen werden. Die Leitung des Werkes mit dem Namen »Kabelwerk Oberspree« erhielt Erich Rathenau, der im Jahre 1900 auch in den Vorstand aufgenommen wurde. Bald stellte sich heraus, daß die Zulieferung von Kupfer- und Bronzedrähten qualitativ unzureichend, vergleichsweise teuer und vor allem unzuverlässig war. Aus diesem Grund nahm das Kabelwerk die Fabrikation dieser wichtigen Halbfabrikate selbst auf. Die Herstellung von Gummi und aller Gummiwaren der AEG erfolgte im Gummiwerk des Kabelwerkes.

Weitere neue Produktionsbereiche waren der Bau von Zählern, von Vollbahn-Lokomotiven sowie die Funkentelegraphie. 1895 hatte Guglielmo Marconi die ersten Versuche auf dem Gebiet der drahtlosen Telegraphie unternommen. In schneller Folge reihten sich die Fortschritte in diesem neuen Forschungsgebiet aneinander, so daß es schon wenige Jahre später über das Stadium der reinen Versuchstätigkeit hinweg war und die ersten Funkentelegraphie-Systeme zur Fabrikationsreife gelangt waren. 1898 kaufte die AEG die Patente von Slaby und Graf Arco, im Geschäftsjahr 1899/1900 nahm sie im Kabelwerk Oberspree den Bau von Apparaten für die Funkentelegraphie auf. Die produktionstechnische Umsetzung und Weiterentwicklung der Patente gelang in so kurzer Zeit, daß in den folgenden Jahren schon mehr als hundert Funkstationen gebaut werden konnten.

Parallel zur Erschließung neuer Fertigungsbereiche baute die AEG die bestehenden Produktionsanlagen weiter aus. Die Glühlampenfabrik in der Schlegelstraße besaß nach Erweiterung ihrer Anlagen eine Produktionskapazität von 20 000 Lampen pro Tag. Außerhalb der Laboratorien der AEG durchgeführte Forschungsarbeiten zur Verbesserung der Glühlampen mit dem Ziel, die Lichtstärke bei konstantem Stromverbrauch zu steigern, führten 1898 zunächst zur Entwicklung der Nernstlampe. Noch im selben Jahr kaufte die AEG die Patente für diese

161 Karte von Berlin mit Vororten aus dem Jahre 1892.

Vogelsdf.
Tasdorf
Buch
Kl.Schönebeck
Schöneiche
Rüdersdf.
Karow
Franz:
Buch-
holz
Woltersdorf
Blankenbg
Rahnsdf.
Erkner
Daemeritz See
Malchow
Pankow
Heinersdorf
Weissensee
Hohen Schönhsn.
Gosen
Lichtenberg
Friedrichsfelde
Biesdf.
Kaulsdf.
Malsdf.
Dahlwitz
Rummelsbg.
Münchehofe
Rixdf.
Treptow
Wuhl Heide
Friedrichshagen
Britz
Köpenick
Köllnische
Anschuss an B-B

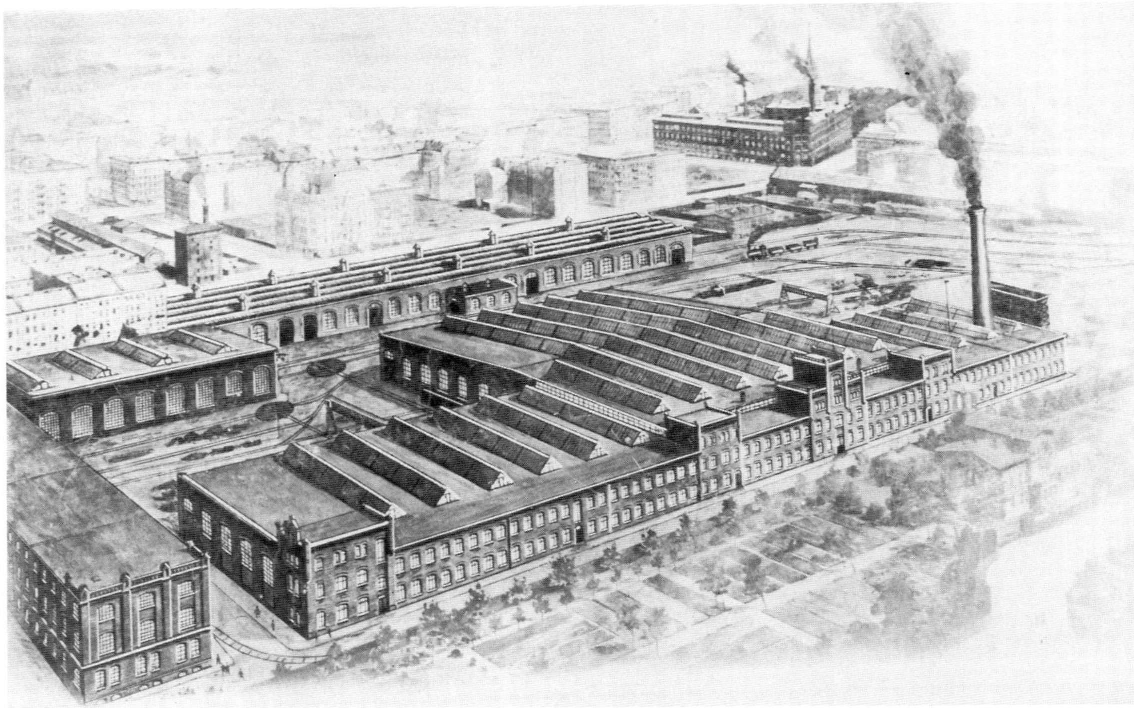

162 Die Maschinenfabrik in der Brunnenstraße um 1897.

163 Zwischen 1895 und 1897 wurden auf einem benachbarten Grundstück zu den bestehenden Produktionsanlagen in Wedding an der Brunnenstraße neue Fabrikgebäude errichtet. Das neue und das alte Fabrikgelände waren durch eine unterirdische elektrische Werkbahn miteinander verbunden.

164 Die elektrisch betriebene Werkbahn, die als Tunnelbahn die Apparatefabrik in der Ackerstraße und die Maschinenfabrik in der Brunnenstraße verband, wurde 1895 eröffnet (am unteren Bildrand in der Mitte: Emil Rathenau)

165 Blick auf den Komplex der Fabrikgebäude in der Brunnenstraße mit dem 1896 errichteten Tor 1, dem sogenannten »Beamteneingang« (vgl. Abb. Nr. 248).

166 1897 wurde mit dem Bau des Kabelwerkes Oberspree in Berlin-Oberschöneweide begonnen. Da die Kabelherstellung viel Platz erfordert, hatte sich die AEG gezwungen gesehen, das Gebiet ihrer angestammten Fabrikgelände, die Berliner Innenstadt, mit ihren hohen Grundstückspreisen zu verlassen und außerhalb ein passendes Terrain zu suchen. Im Laufe der Jahre entwickelte sich die neue Fabrikanlage zu einem gewaltigen Komplex, in dem später u. a. auch Kraftfahrzeuge und die ersten funkentelegraphischen Geräte hergestellt wurden.

Lampe, deren Herstellung sich jedoch als äußerst kompliziert erwies. Erst im Jahre 1900 konnte eine regelmäßige Fabrikation aufgenommen werden.
Im gleichen Jahr erschien eine Glühbirne auf dem Markt, deren Leuchtkörper aus Metallfäden bestand. Die Metallfadenlampe spendete, ebenso wie die Nernstlampe, ein gleichmäßiges reinweißes Licht und war zudem preiswerter in der Herstellung. Erfinder der neuen Glühbirne war derselbe Auer von Welsbach, der mit der Entwicklung des Gasglühlichtes nur wenige Jahre zuvor der elektrischen Beleuchtung einen großen Konkurrenten beschert hatte. Mit der neuen Metallfadenlampe konnte das elektrische Licht nun seine Überlegenheit über das Gaslicht wieder herstellen.

167 In einem mehrseitigen Werbeprospekt stellte die AEG das Produktionsprogramm des Kabelwerkes Oberspree der Öffentlichkeit vor.

168 Durch regelmäßig erscheinende »Mitteilungen aus dem Kabelwerk« informierte die AEG ihre Kunden über Spezialfabrikate oder die jüngsten Neuentwicklungen.

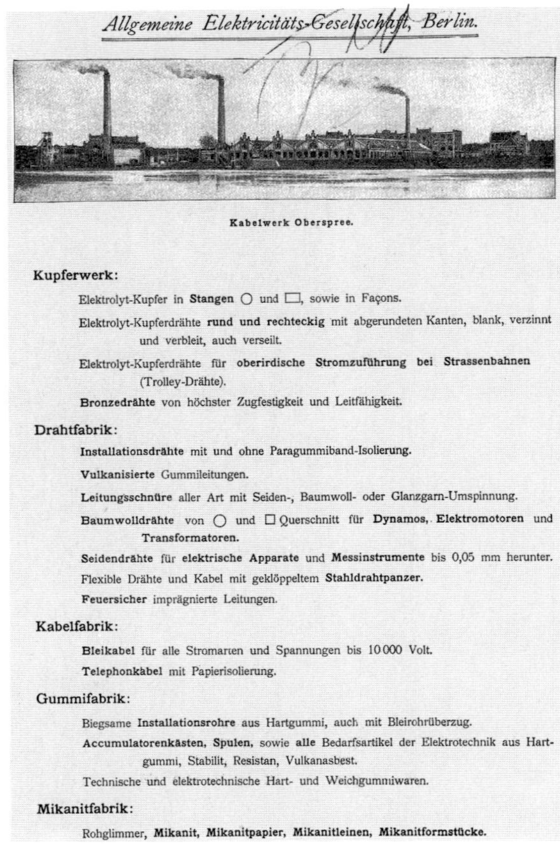

Allgemeine Elektricitäts-Gesellschaft, Berlin.

Kabelwerk Oberspree.

Kupferwerk:

Elektrolyt-Kupfer in **Stangen** ○ und ▭, sowie in Façons.

Elektrolyt-Kupferdrähte **rund und rechteckig** mit abgerundeten Kanten, blank, verzinnt und verbleit, auch verseilt.

Elektrolyt-Kupferdrähte für **oberirdische Stromzuführung bei Strassenbahnen** (Trolley-Drähte).

Bronzedrähte von höchster Zugfestigkeit und Leitfähigkeit.

Drahtfabrik:

Installationsdrähte mit und ohne Paragummiband-Isolierung.

Vulkanisierte Gummileitungen.

Leitungsschnüre aller Art mit Seiden-, Baumwoll- oder Glanzgarn-Umspinnung.

Baumwolldrähte von ○ und □ Querschnitt für **Dynamos, Elektromotoren** und **Transformatoren.**

Seidendrähte für **elektrische Apparate** und **Messinstrumente** bis 0,05 mm herunter.

Flexible Drähte und Kabel mit geklöppeltem **Stahldrahtpanzer.**

Feuersicher imprägnierte Leitungen.

Kabelfabrik:

Bleikabel für alle Stromarten und Spannungen bis 10000 Volt.

Telephonkabel mit Papierisolierung.

Gummifabrik:

Biegsame **Installationsrohre** aus Hartgummi, auch mit Bleirohrüberzug.

Accumulatorenkästen, Spulen, sowie **alle** Bedarfsartikel der Elektrotechnik aus Hartgummi, Stabilit, Resistan, Vulkanasbest.

Technische und elektrotechnische Hart- und Weichgummiwaren.

Mikanitfabrik:

Rohglimmer, **Mikanit, Mikanitpapier, Mikanitleinen, Mikanitformstücke.**

Kabelwerk – Oberspree.

ALLGEMEINE ELEKTRICITÄTS-GESELLSCHAFT

BERLIN.

MITTHEILUNGEN

AUS DEM

KABELWERK.

No. 22.

Submarinekabel für elektrische Minenzündung.

Nachfolgend geben wir eine kurze Beschreibung einiger von uns als Normaltype ausgeführten und gelieferten Kabel.

Torpedokabel mit 1 Ader, Ader ohne Blei.

Leiter besteht aus 7 verzinnten Kupferdrähten von je 0,914 mm Durchmesser, isolirt mit Gummi bis 5,5 mm, umgeben mit einer Lage präparirter Jute, armirt mit verzinkten Stahldrähten, die das Kabel fest umschliessen und umgeben von 2 Lagen Jute zwischen 3 Lagen Compound.

Torpedokabel wie oben, aber mehradrig.

Leiter besteht aus 7 verzinnten Kupferdrähten von je 0,914 mm Durchmesser, isolirt mit Gummi bis 5,5 mm 2, 3, 4, 5, 6, 7, 8, 9 oder 10 solcher Adern werden zusammen verseilt, mit präparirter Jute ausgefüllt und mit eben solcher Jute umgeben; dann wird das Kabel mit verzinkten Stahldrähten armirt und mit 2 Lagen Jute zwischen 3 Lagen Compound umgeben.

Torpedokabel mit 1 Ader und mehradrig, Ader mit Blei.

Konstruktion wie obige Kabel mit Ausnahme der Ader, welche über dem Gummi noch einen 0,8 mm starken Bleimantel erhält. Durchmesser der Ader mit Blei 7,1 mm.

Mit Preisangabe auf die obenbeschriebenen Kabel stehen wir jederzeit gern zu Diensten.

169–173 Die Entwicklung des AEG Firmenzeichens von 1894 bis 1914.
Mitte: 1894; links oben: 1898 (nach einem Entwurf v. Franz Schwechten); rechts oben: 1908 (nach einem Entwurf v. Peter Behrens); links unten: 1908 (nach einem Entwurf v. Peter Behrens); rechts unten: 1914.

Konkurrenzsituation durch eine gegenseitige Ergänzung abgemildert würde. Da die Geschäftsleitungen beider Gesellschaften sich jedoch auf die ungehinderte eigene Entfaltung konzentrierten, blieben seine Bemühungen zunächst erfolglos.
Die neu errichteten Betriebsanlagen waren technisch hochmodern; so erhielten z. B. die Walzenstraßen elektrischen Antrieb und waren bereits auf Großserienproduktion ausgelegt. Mit dem Bau und der Organisation der Betriebsanlagen entsprechend den Erfordernissen der Massenfabrikation ging Emil Rathenau einen Schritt weiter in der Entwicklung, die von der handgearbeiteten Einzelanfertigung über die mit mechanischen und maschinellen Hilfsmitteln typisierte Kleinproduktion bis zur heutigen elektronisch gesteuerten Massenfertigung reicht.

174 Werbeplakat nach einem Entwurf von Peter Behrens.

175 Glühlampenfabrik der AEG in der Schlegelstraße im Jahre 1899.

176 Brennermontage in der Nernstlampenfabrik um 1890.

177 Glasbläserei der Glühlampenfabrik um 1890.

178 Montagesaal in der Bogenlampenfabrik um 1890.

179 Spulenwicklerei in der Zählerfabrik um 1890.

180 Apparatefabrik der AEG in der Ackerstraße im Jahre 1899.

181 Schalttafelbau in der Apparatefabrik um 1900.

Erste Rationalisierungserfolge meldete die AEG 1899: Im Geschäftsbericht heißt es über die Maschinen- und die Apparatefabrik in Berlin: »Mit Befriedigung können wir darauf hinweisen, daß beide Fabriken durch Verbesserung der Arbeitsmethoden und Einführung zeitsparender Werkzeuge ohne entsprechende Erhöhung der Arbeitszahl eine beträchtlich größere Arbeitsmenge als in früheren Jahren leisteten.«

Die Ausdehnung der Produktion auf alle Bereiche der Starkstromtechnik sowie der Ausbau des Filialnetzes und der Tochtergesellschaften nahmen die finanziellen Mittel des Unternehmens über Gebühr in Anspruch. Zur Deckung des Kapitalbedarfs beschritt Emil Rathenau zwei Wege: Vergrößerung der inländischen Kapitalbasis und Heranziehung ausländischer Gelder.

Die geplante Erweiterung des Bankenkonsortiums brachte jedoch einige Schwierigkeiten mit sich, da die großen Banken, die ihm noch nicht angehörten, geschäftlich mit anderen elektrotechnischen Unternehmen verbunden waren. So waren die Disconto-Gesellschaft und die Dresdner Bank die Geldgeber der Union-Elektricitäts-Gesellschaft von Ludwig Loewe. Da die Union einen Anschluß an die AEG als erstrebenswert ansah, begannen die Gespräche über die Gründung einer großen Finanzierungsgesellschaft oder eines Kartells, an dem alle wichtigen

182 Mitte der 90er Jahre des vorigen Jahrhunderts begannen Verhandlungen mit dem Ziel, die Konkurrenzfirma Union-Elektricitäts-Gesellschaft, die im Bahnbau tätig war, mit der AEG zusammenzuschließen (vollständige Transkription im Anhang, S. 252).

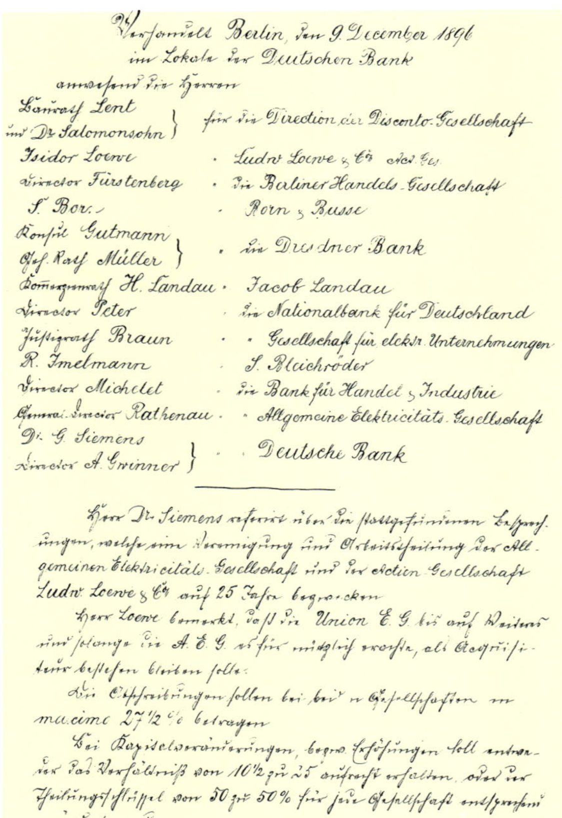

Verhandelt Berlin, den 9. December 1896
im Lokale der Deutschen Bank

anwesend die Herren

Baurath Lent
und Dr. Salomonsohn } für die Direction der Disconto-Gesellschaft
Isidor Loewe · Ludw. Loewe & Co Act. Ges.
Director Fürstenberg · die Berliner Handels-Gesellschaft
S. Born · Born & Busse
Consul Gutmann
Geh. Rath Müller } · die Dresdner Bank
Commerzienrath H. Landau · Jacob Landau
Director Peter · die Nationalbank für Deutschland
Justizrath Braun · Gesellschaft für elektr. Unternehmungen
R. Imelmann · S. Bleichröder
Director Michelet · die Bank für Handel & Industrie
General-Director Rathenau · Allgemeine Elektricitäts-Gesellschaft
Dr. G. Siemens
Director A. Gwinner } · Deutsche Bank

Herr Dr. Siemens referirt über die stattgefundenen Besprechungen, welche eine Vereinigung und Arbeitstheilung der Allgemeinen Elektricitäts-Gesellschaft und der Actien-Gesellschaft Ludw. Loewe & Co auf 25 Jahre bezwecken.

Herr Loewe bemerkt, daß die Union E. G. bis auf Weiteres und solange die A. E. G. es für möglich erachte, als Acquisiteur bestehen bleiben solle.

Die Abschreibungen sollen bei beiden Gesellschaften maxime 27½ % betragen.

Bei Kapitalveränderungen, bezw. Erhöhungen soll entweder das Verhältniß von 10½ zu 25 aufrecht erhalten, oder der Theilungsschlüssel von 50 zu 50 % für jede Gesellschaft entsprechend geändert werden.

183 Ende 1896 waren die Verhandlungen soweit gediehen, daß Carl Fürstenberg den Entwurf für einen Syndikatsvertrag aufsetzen konnte. Da die beteiligten Banken sich jedoch nicht über die Konditionen einigen konnten, kam der Vertrag schließlich doch nicht zustande.

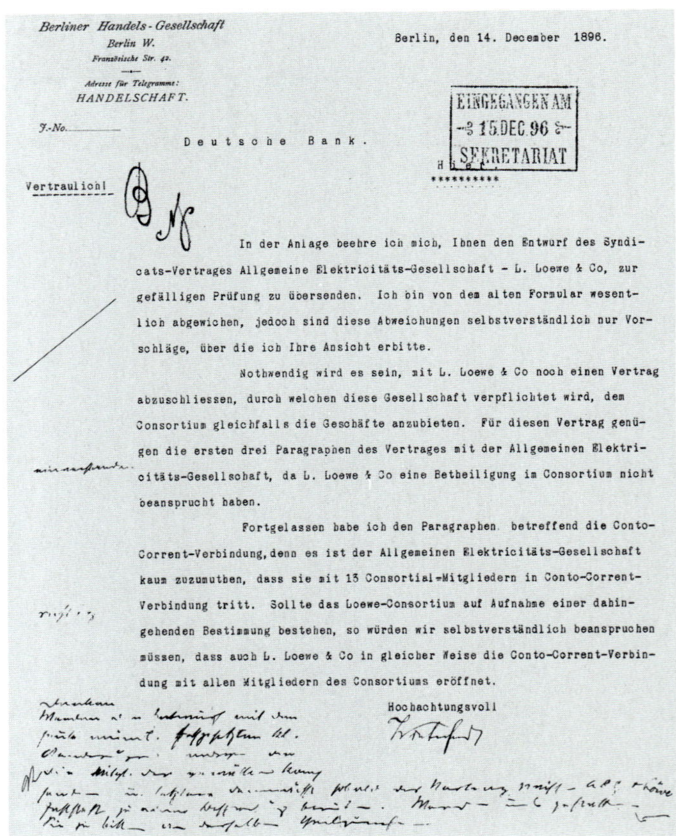

Berliner Handels-Gesellschaft
Berlin W.
Französische Str. 42.
Adresse für Telegramme:
HANDELSCHAFT.

Berlin, den 14. December 1896.

EINGEGANGEN AM
15. DEC. 96
SEKRETARIAT

J.-No.

Deutsche Bank.

Vertraulich!

In der Anlage beehre ich mich, Ihnen den Entwurf des Syndicats-Vertrages Allgemeine Elektricitäts-Gesellschaft – L. Loewe & Co, zur gefälligen Prüfung zu übersenden. Ich bin von dem alten Formular wesentlich abgewichen, jedoch sind diese Abweichungen selbstverständlich nur Vorschläge, über die ich Ihre Ansicht erbitte.

Nothwendig wird es sein, mit L. Loewe & Co noch einen Vertrag abzuschliessen, durch welchen diese Gesellschaft verpflichtet wird, dem Consortium gleichfalls die Geschäfte anzubieten. Für diesen Vertrag genügen die ersten drei Paragraphen des Vertrages mit der Allgemeinen Elektricitäts-Gesellschaft, da L. Loewe & Co eine Betheiligung im Consortium nicht beansprucht haben.

Fortgelassen habe ich den Paragraphen betreffend die Conto-Corrent-Verbindung, denn es ist der Allgemeinen Elektricitäts-Gesellschaft kaum zuzumuthen, dass sie mit 13 Consortial-Mitgliedern in Conto-Corrent-Verbindung tritt. Sollte das Loewe-Consortium auf Aufnahme einer dahingehenden Bestimmung bestehen, so würden wir selbstverständlich beanspruchen müssen, dass auch L. Loewe & Co in gleicher Weise die Conto-Corrent-Verbindung mit allen Mitgliedern des Consortiums eröffnet.

Hochachtungsvoll

184 Carl Fürstenberg (1850–1933) trat als Inhaber der Berliner Handels-Gesellschaft 1889 in den Aufsichtsrat der AEG ein und wurde 1897 zu dessen stellvertretendem Vorsitzenden gewählt. Nachdem Georg von Siemens den AEG Aufsichtsrat im selben Jahr verlassen hatte, übernahm er dessen Position als Finanzberater Emil Rathenaus.

185 Die Bearbeitung der AEG Geschäfte übergab Georg von Siemens, der sich auf die neugegründete Siemens & Halske AG konzentrieren wollte, an seinen jungen Vorstandskollegen Arthur von Gwinner (1856–1931), der 1894 in den Vorstand der Deutschen Bank eingetreten war. (Foto um 1896).

Elektro-Unternehmen und deren Banken beteiligt sein sollten. Ende 1896 waren die Verhandlungen soweit vorangekommen, daß der Entwurf für einen Kartellvertrag formuliert werden konnte. Der von Carl Fürstenberg entworfene Syndikats-Vertrag scheiterte schließlich an der Unvereinbarkeit der divergierenden Interessen der Vertragspartner, insbesondere an der Weigerung einiger Banken, ihre Beteiligung an Elektrounternehmen auf eine Gesellschaft zu beschränken.
Während dieser Kartell-Verhandlungen kam es bei Siemens & Halske zu größeren Veränderungen in der Firmenpolitik. Die Erben des Unternehmens änderten nach dem Tod Werner von Siemens' 1892 die Finanzierungspolitik des Hauses und waren bereit, größere Fremdmittel als bisher zur Finanzierung ihrer Vorhaben heranzuziehen. Als sich schließlich die Umwandlung des Familienunternehmens in eine Aktiengesellschaft abzeichnete, war die Deutsche Bank gezwungen, sich zwischen Siemens und AEG zu entscheiden. In einem Schreiben vom 7. Januar 1897 an Emil Rathenau stellte Georg von Siemens seinen Posten als Aufsichtsratsvorsitzender der AEG zur Verfügung und erklärte im Juli

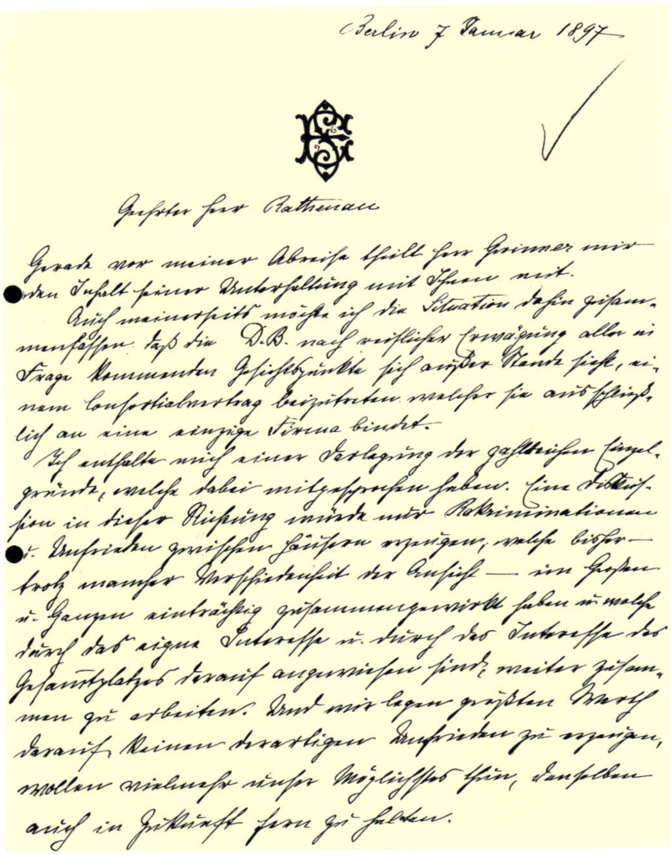

Georg von Siemens an Emil Rathenau, 7. Januar 1897

Geehrter Herr Rathenau

Gerade vor meiner Abreise theilt Herr Gwinner mir den Inhalt seiner Unterhaltung mit Ihnen mit.
Auch meinerseits möchte ich die Situation dahin zusammenfassen, daß die D. B. nach reiflicher Erwägung aller in Frage kommenden Gesichtspunkte sich außer Stande sieht, einem Consortialvertrag beizutreten, welcher sie ausschließlich an eine einzige Firma bindet.
Ich enthalte mich einer Darlegung der zahlreichen Einzelgründe, welche dabei mitgesprochen haben. Eine Diskussion in dieser Richtung würde nur Rekriminationen u. Unfrieden zwischen Häusern erzeugen, welche bisher – trotz mancher Verschiedenheit der Ansicht – im Großen u. Ganzen einträchtig zusammengewirkt haben u. welche durch das eigne Interesse u. durch das Interesse des Gesammtplatzes darauf angewiesen sind, weiter zusammen zu arbeiten. Und wir legen größten Werth darauf, keinen derartigen Unfrieden zu erzeugen, wollen vielmehr unser Möglichstes thun, denselben auch in Zukunft fern zu halten.
Ihre Andeutung, daß Sie unter Umständen Ihr Geschäft mit einem, von der D. B. allein zu führenden Consortium fortzusetzen bereit sein könnten, ist zwar sehr schmeichelhaft, aber bei näherer Betrachtung werden Sie finden, daß dieser Weg Sie u. uns mit einem befreundeten Institut in offne Gegnerschaft bringen dürfte, und daß ein erheblicher Theil Ihres Geschäfts, welcher von diesem Haus protegirt wird, darunter sogar positiv leiden könnte, denn im Geschäft ist auch die Continuität von Bedeutung.
Aber ich kann begreifen u. halte es sogar für unerläßlich, daß die A. E. G. sich die Frage vorlegt, ob eine solche Haltung der D. B. nicht Inkompatibilitäten erzeugen könne, wenn Mitglieder derselben dem Aufsichtsrath der A. E. G. angehören u. ich möchte Sie daher Ihrerseits bitten, diese Frage ernsthaft in Betracht zu ziehen. Wenn Sie auch nur das geringste Bedenken haben, so liegt es sowohl in Ihrem, als auch in meinem Interesse denselben von vorn herein vorzubeugen, u. ich stelle Ihnen zu diesem Zwecke meine Austrittserklärung aus der A. E. G. und den B. E. W. zur Verfügung. Ich kann meinerseits die Versicherung abgeben, daß ich in einem solchen Gebrauch nur einen Freundschaftsbeweis erblicken würde und verbinde damit die Zuversicht, daß die angenehmen Beziehungen, welche bisher zwischen den Instituten stattgehabt haben, darunter keine Schmälerung erfahren werden.
Nach meiner Rückkehr werde ich mir erlauben, bei Ihnen vorzusprechen; inzwischen bin ich

mit bekannter Hochachtung
Ihr ergebener
Dr. S.

186 Anfang des Jahres 1897 stellte Georg von Siemens seinen Posten als Mitglied des AEG Aufsichtsrates zur Verfügung, da deutlich geworden war, daß er sich in seinem Engagement für eines der beiden führenden deutschen Elektrounternehmen entscheiden mußte.

desselben Jahres endgültig seinen Austritt. Obwohl die Deutsche Bank sich aus dem Bankenkonsortium der AEG zurückzog, blieb auch in den folgenden Jahren ein enger Kontakt bestehen. Die Abwicklung der weiteren Geschäftsvorhaben mit der AEG legte Georg von Siemens allerdings in die Hände von Arthur von Gwinner, der 1893 in die Direktion der Deutschen Bank eingetreten war. Zum Nachfolger von Georg von Siemens wurde der frühere preußische Staatsminister Ludwig Herrfurth und nach dessen Tod im Jahre 1900 der Staatssekretär a. D. Friedrich von Hollmann gewählt. Stellvertretender Vorsitzender wurde Carl Fürstenberg von der Berliner Handels-Gesellschaft, der in den darauffolgen-

den Jahren die Position des Finanzberaters für Emil Rathenau und die AEG übernahm. Zwischen Rathenau und dem seit 1889 im Aufsichtsrat der Gesellschaft vertretenen Carl Fürstenberg hatte schon seit längerer Zeit eine weitgehende Übereinstimmung der Ideen und Meinungen bestanden.
Nach dem Scheitern der Kartellpläne stand die AEG vor der Aufgabe, sich nach neuen Finanzpartnern umzusehen. Trotz der sehr vorsichtigen Finanzpolitik von Emil Rathenau und Georg von Siemens, die darauf gerichtet war, dem Unternehmen jederzeit eine hohe Liquidität zu sichern und den freien Kapitalmarkt offen zu halten, war die AEG auf kapitalkräftige Finanzpartner angewiesen. Die Investitionen für die neuen Fabriken machten rechtzeitige und ausreichende Kapitalerhöhungen notwendig, und zwischen 1894/95 und 1898/99 wurde das Grundkapital der AEG in drei Schritten von 20 Mio. Mark auf 47 Mio. Mark erhöht. Da, wie bereits gesagt, die noch nicht im Bankenkonsortium befindlichen großen inländischen Banken an Konkurrenzunternehmen gebunden waren, wandte sich die AEG ins Ausland.
Schon 1895 hatte auf Initiative von Emil Rathenau und Georg von Siemens ein Gründerkonsortium internationaler Zusammensetzung in Zürich die »Bank für Elektrische Unternehmungen«, kurz Elektrobank, gegründet (s. Anhang, S. 253–256). Die Aktienmehrheit lag auf deutscher Seite, und zwar bei der AEG und dem »Konsortium für elektrische Geschäfte«, das zur Kapitalbeschaffung für die Finanzierung der elektrotechnischen Industrie von der Deutschen Bank sowie den Bankhäusern Delbrück, Leo & Co., Jakob Landau und Gebr. Sulzbach gegründet worden war. Weitere Gründer der Elektrobank waren eine schweizerische Finanzgruppe unter Führung der Schweizerischen Kreditanstalt in Zürich; ferner gehörten dem Konsortium an: die Banca Commerciale Italiana in Mailand, der Credito Italiano in Genua und die Banque de Paris et des Pays Bas in Paris. Die Elektrobank war als reine Holding- und Finanzgesellschaft konzipiert, die für die beteiligten Banken die Führung der ausländischen Industriegeschäfte übernehmen sollte. Die deutschen Banken hatten als Geschäftssitz die Schweiz gewählt, um von hier aus den Kapitalmarkt des Auslandes besser erschließen und um die politisch neutrale Stellung der Schweiz ausnutzen zu können. Die Elektrobank übernahm zunächst die Mehrheit der Aktien der Genueser Elektrizitätsunternehmungen vom Konsortium für elektrische Geschäfte; dann von der AEG die Elektrizitätswerke in Sevilla, Barcelona und Bilbao. Dabei führte sie die Unternehmen nur so lange, bis sie organisatorisch, technisch und finanziell aufgebaut waren und auf eigenen Füßen stehen konnten, d. h. bis deren Aktien emissionsreif waren und auf den Markt gebracht werden konnten.
Nach dem Austritt der Deutschen Bank aus ihrem Bankenkonsortium erhöhte die AEG zunächst ihre Beteiligung an der Elektrobank. Ferner hatte sie Anfang 1898 die »Deutsch-Überseeische Elektricitäts-Gesellschaft« gegründet, mit der gleichen Funktion wie die Elektrobank, aber einem anderen regionalen Tätigkeitsfeld, nämlich den südamerikanischen Ländern. Auch für die inländischen Elektrizitätswerke errichtete die AEG 1897 eine Holding, die »Elektricitäts-Lieferungs-Gesellschaft«.
Neben der Ergänzung ihrer Finanzmacht im Ausland, u. a. durch die genannten Schritte, bemühte sich die AEG aber auch, ihr Bankenkonsortium im Inland zu erweitern. Es gelang ihr, hierfür die Allgemeine Deutsche Credit-Anstalt und die Aachener Disconto-Gesellschaft zu gewinnen. Anfang 1898 wurde daraufhin ein neues Konsortium konstituiert, dessen Führung die Berliner Handels-Gesellschaft übernahm. Durch diese Entwicklung übernahm Carl Fürstenberg endgültig die Finanzpolitik der AEG. Gleichzeitig trat das Unternehmen durch Kapitalerhöhungen und die Auflegung von Teilschuldverschreibungen auch an den freien Kapitalmarkt heran.
Parallel zum Ausbau der Fabriken entwickelte Emil Rathenau für die stetig expandierende AEG eine immer differenziertere Organisationsstruktur durch Aufgliederung der technischen Aufgaben und den

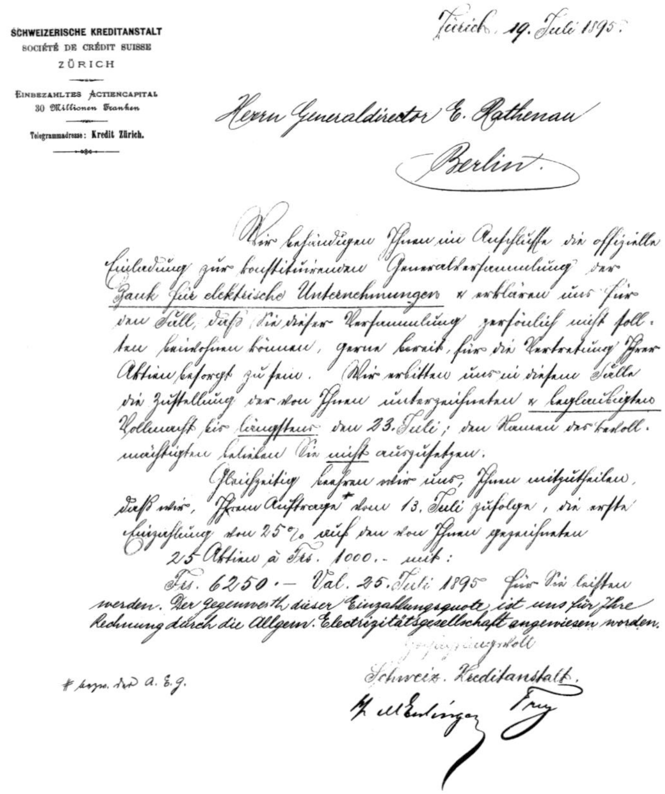

Schweizerische Kreditanstalt an Emil Rathenau, 19. Juli 1895.
Herrn Generaldirektor E. Rathenau
Berlin.

Wir behändigen Ihnen im Anschlusse die offizielle Einladung zur konstituirenden Generalversammlung der Bank für elektrische Unternehmen & erklären uns für den Fall, daß Sie dieser Versammlung persönlich nicht sollten beiwohnen können, gerne bereit, für die Vertretung Ihrer Aktien besorgt zu sein. Wir erbitten uns in diesem Falle die Zustellung der von Ihnen unterzeichneten & beglaubigten Vollmacht bis längstens den 23. Juli; den Namen des Bevollmächtigten belieben Sie nicht auszusetzen.

Gleichzeitig beehren wir uns, Ihnen mitzuteilen, daß wir, Ihrem Auftrage * vom 13. Juli zufolge, die erste Einzahlung von 25 % auf den von Ihnen gezeichneten 25 Aktien à Frs. 1000,– mit: Frs. 6250,– Val. 25. Juli 1895 für Sie leisten werden. Der Gegenwerth dieser Einzahlungsquote ist uns für Ihrer Rechnung durch die Allgem. Electrizitätsgesellschaft angewiesen worden.

Hochachtungsvoll
Schweiz. Kreditanstalt.

* bezw. der A.E.G.

ppa. Erdinger Frey

187 Emil Rathenau selbst übernahm 25 Aktien der sogenannten Elektrobank im Nennwert von 25 000 Francs.

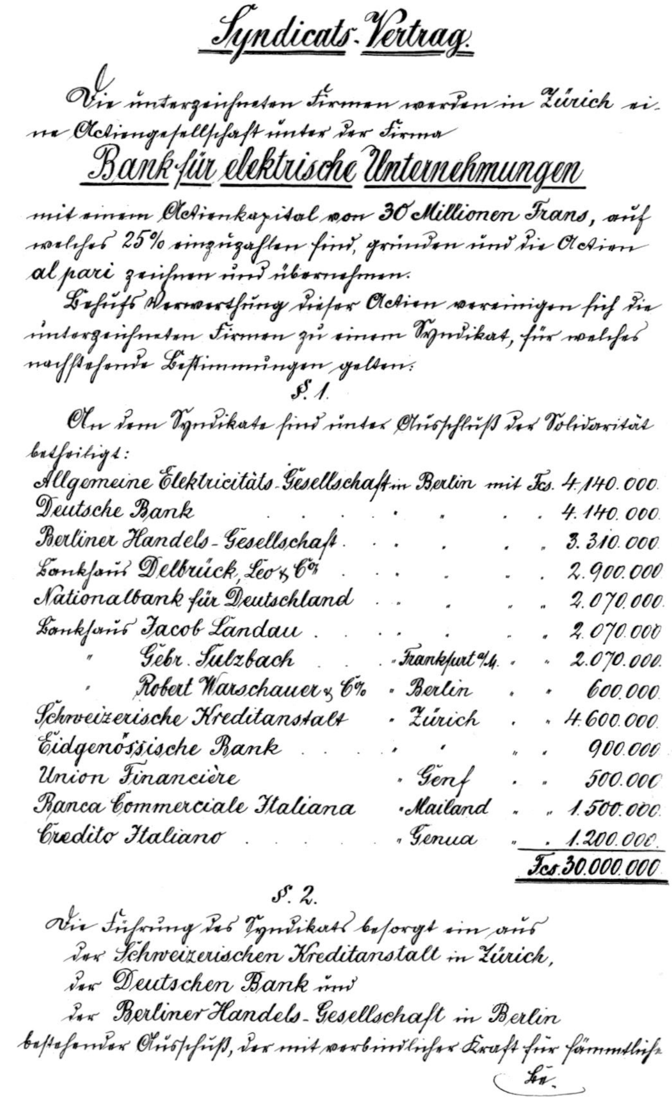

Syndicats-Vertrag.

Die unterzeichneten Firmen werden in Zürich eine Actiengesellschaft unter der Firma

Bank für elektrische Unternehmungen

mit einem Actienkapital von 30 Millionen Francs, auf welches 25% einzuzahlen sind, gründen und die Actien al pari zeichnen und übernehmen.

Behufs Verwerthung dieser Actien vereinigen sich die unterzeichneten Firmen zu einem Syndikat, für welches nachstehende Bestimmungen gelten:

§ 1.

An dem Syndikate sind unter Ausschluss der Solidarität betheiligt:

Allgemeine Elektricitäts-Gesellschaft in Berlin		mit Fcs. 4.140.000
Deutsche Bank		4.140.000
Berliner Handels-Gesellschaft		3.310.000
Bankhaus Delbrück, Leo & Co		2.900.000
Nationalbank für Deutschland		2.070.000
Bankhaus Jacob Landau		2.070.000
" Gebr. Sulzbach	Frankfurt a/M.	2.070.000
" Robert Warschauer & Co	Berlin	600.000
Schweizerische Kreditanstalt	Zürich	4.600.000
Eidgenössische Bank	"	900.000
Union Financière	Genf	500.000
Banca Commerciale Italiana	Mailand	1.500.000
Credito Italiano	Genua	1.200.000
		Fcs. 30.000.000

§ 2.

Die Führung des Syndikats besorgt ein aus der Schweizerischen Kreditanstalt in Zürich, der Deutschen Bank und der Berliner Handels-Gesellschaft in Berlin bestehender Ausschuss, der mit verbindlicher Kraft für sämmtliche

188 Syndikats-Vertrag zur Gründung der Elektrobank, deren Aktienkapital 30 Mio. Francs betrug.

Ausbau ihrer Verkaufs- und Projektierungs-Organisation. Dazu wurden innerhalb des Unternehmens eine Reihe von Spezialabteilungen eingerichtet, wie z. B. die genannte Funkentelegraphische Abteilung oder eine Abteilung für Schalttafelbau. Die Abteilung »K« war zuständig für die Projektierung und den Bau und Ausbau von Kraftwerken sowie die Unterstützung der Betriebsführungen. Dies geschah in der Hauptsache durch den Betriebsvergleich, einem frühen Mittel zur Kontrolle und Rationalisierung in einer Zeit, als die Betriebswirtschaft noch nicht von der Volkswirtschaft getrennt war und folglich noch keine eigenen wissenschaftlichen Methoden entwickelt hatte. Leiter und Organisator dieser Abteilung war Walther Rathenau.

1000

Allgemeine Elektricitäts-Gesellschaft.

Vierprocentige Anleihe

Serie III.

von 5 Millionen Mark

eingetheilt in 3000 Theilschuldverschreibungen zu 1000 Mark und 4000 Theilschuldverschreibungen zu 500 Mark.

Emission 1896.

Litt. A. № 1624

Theilschuldverschreibung

über

EINTAUSEND MARK

verzinslich zu jährlich 4 vom Hundert in halbjährlichen Terminen am 1. April und 1. October jeden Jahres.

An derjenigen Anleihe im Gesammtbetrage von 5000000 Mark, welche die Allgemeine Elektricitäts-Gesellschaft durch Vermittelung der Deutschen Bank zu Berlin aufgenommen hat, ist die Deutsche Bank mit einem Betrage von **Eintausend Mark** betheiligt, über deren Empfang hierdurch quittirt wird.

Die Rückzahlung erfolgt an die Deutsche Bank oder deren Order dergestalt, dass vom 1. April 1897 ab jährlich 1% des ursprünglichen Gesammtkapitals zuzüglich der ersparten Zinsen vermittelst jährlich stattfindender Ausloosung zum Betrage von 100% zur Tilgung der Anleihe verwendet wird.

Die Allgemeine Elektricitäts-Gesellschaft behält sich das Recht vor, die Tilgung vom 1. October 1900 an zu verstärken. Die durch solche verstärkte Tilgung ersparten Zinsen wachsen dem Tilgungsstock nicht zu.

Im Uebrigen wird auf die umstehend abgedruckten Anleihebedingungen verwiesen.

Berlin, den 12. December 1896.

Allgemeine Elektricitäts-Gesellschaft.

Der Aufsichtsrath: Die Direction:

Eingetr. Fol.

Controlbeamter.

MARK 1000 MARK

Leipzig — GIESECKE & DEVRIENT — Berlin.

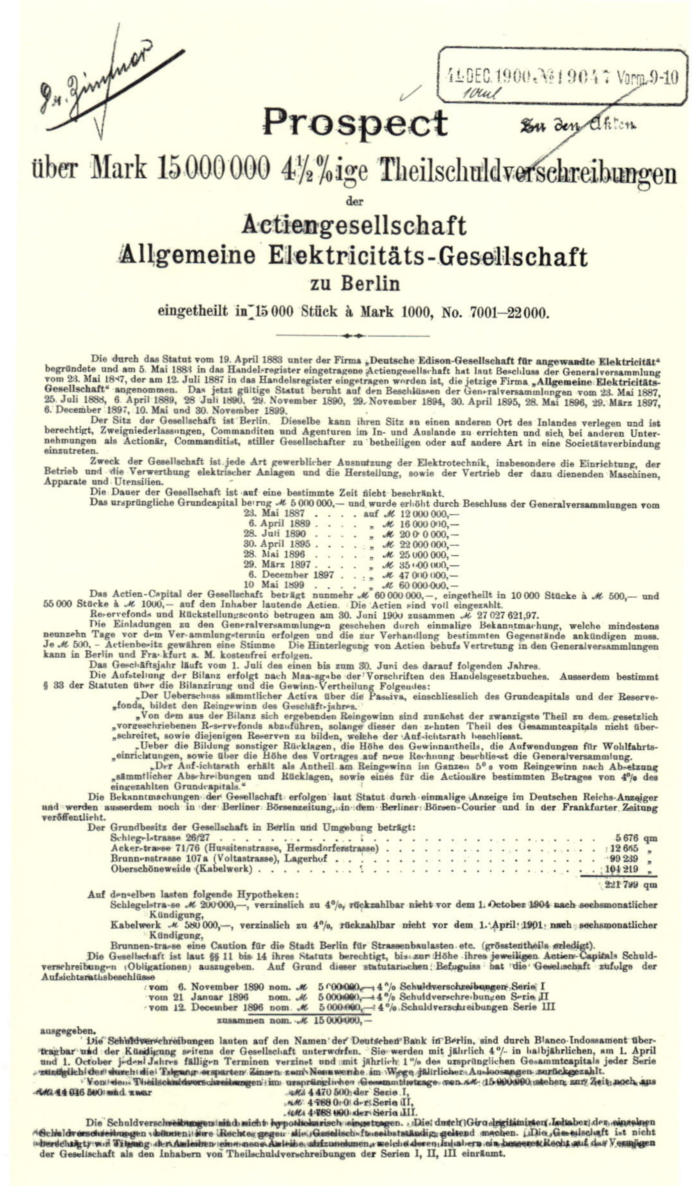
11. DEC. 1900 No 19047 Vorm. 9-10

Prospect

über Mark 15000000 4½%ige Theilschuldverschreibungen

der

Actiengesellschaft

Allgemeine Elektricitäts-Gesellschaft

zu Berlin

eingetheilt in 15000 Stück à Mark 1000, No. 7001–22000.

Die durch das Statut vom 19. April 1883 unter der Firma „Deutsche Edison-Gesellschaft für angewandte Elektricität" begründete und am 5. Mai 1883 in das Handelsregister eingetragene Actiengesellschaft hat laut Beschluss der Generalversammlung vom 23. Mai 1887, der am 12. Juli 1887 in das Handelsregister eingetragen worden ist, die jetzige Firma „Allgemeine Elektricitäts-Gesellschaft" angenommen. Das jetzt gültige Statut beruht auf den Beschlüssen der Generalversammlungen vom 23. Mai 1887, 25. Juli 1888, 6. April 1889, 28 Juli 1890, 29. November 1890, 29. November 1894, 30. April 1895, 28. Mai 1896, 29. März 1897, 6. December 1897, 10. Mai und 30. November 1899.

Der Sitz der Gesellschaft ist Berlin. Dieselbe kann ihren Sitz an einen anderen Ort des Inlandes verlegen und ist berechtigt, Zweigniederlassungen, Commanditen und Agenturen im In- und Auslande zu errichten und sich bei anderen Unternehmungen als Actionär, Commanditist, stiller Gesellschafter zu betheiligen oder auf andere Art in eine Societätsverbindung einzutreten.

Zweck der Gesellschaft ist jede Art gewerblicher Ausnutzung der Elektrotechnik, insbesondere die Einrichtung, der Betrieb und die Verwerthung elektrischer Anlagen und die Herstellung, sowie der Vertrieb der dazu dienenden Maschinen, Apparate und Utensilien.

Die Dauer der Gesellschaft ist auf eine bestimmte Zeit nicht beschränkt.

Das ursprüngliche Grundcapital betrug ℳ 5000000,— und wurde erhöht durch Beschluss der Generalversammlungen vom

23. Mai 1887	auf	ℳ 12000000,—
6. April 1889	„	ℳ 16000000,—
28. Juli 1890	„	ℳ 20000000,—
30. April 1895	„	ℳ 22000000,—
28. Mai 1896	„	ℳ 25000000,—
29. März 1897	„	ℳ 35000000,—
6. December 1897	„	ℳ 47000000,—
10 Mai 1899	„	ℳ 60000000,—

Das Actien-Capital der Gesellschaft beträgt nunmehr ℳ 60000000,—, eingetheilt in 10000 Stücke à ℳ 500,— und 55000 Stücke à ℳ 1000,— auf den Inhaber lautende Actien. Die Actien sind voll eingezahlt.

Reservefonds und Rückstellungsconto betrugen am 30. Juni 1900 zusammen ℳ 27027621,97.

Die Einladungen zu den Generalversammlungen geschehen durch einmalige Bekanntmachung, welche mindestens neunzehn Tage vor dem Versammlungstermin erfolgen und die zur Verhandlung bestimmten Gegenstände ankündigen muss. Je ℳ 500,– Actienbesitz gewähren eine Stimme. Die Hinterlegung von Actien behufs Vertretung in den Generalversammlungen kann in Berlin und Frankfurt a. M. kostenfrei erfolgen.

Das Geschäftsjahr läuft vom 1. Juli des einen bis zum 30. Juni des darauf folgenden Jahres.

Die Aufstellung der Bilanz erfolgt nach Maassgabe der Vorschriften des Handelsgesetzbuches. Ausserdem bestimmt § 33 der Statuten über die Bilanzirung und die Gewinn-Vertheilung Folgendes:

„Der Ueberschuss sämmtlicher Activa über die Passiva, einschliesslich des Grundcapitals und der Reserve-„fonds, bildet den Reingewinn des Geschäftsjahres.

„Von dem aus der Bilanz sich ergebenden Reingewinn sind zunächst der zwanzigste Theil zu dem gesetzlich „vorgeschriebenen Reservefonds abzuführen, solange dieser den zehnten Theil des Gesammtcapitals nicht über-„schreitet, sowie diejenigen Reserven zu bilden, welche der Aufsichtsrath beschliesst.

„Ueber die Bildung sonstiger Rücklagen, die Höhe des Gewinnantheils, die Aufwendungen für Wohlfahrts-„einrichtungen, sowie über die Höhe des Vortrages auf neue Rechnung beschliesst die Generalversammlung.

„Der Aufsichtsrath erhält als Antheil am Reingewinn im Ganzen 5% vom Reingewinn nach Absetzung „sämmtlicher Abschreibungen und Rücklagen, sowie eines für die Actionäre bestimmten Betrages von 4% des eingezahlten Grundcapitals."

Die Bekanntmachungen der Gesellschaft erfolgen laut Statut durch einmalige Anzeige im Deutschen Reichs-Anzeiger und werden ausserdem noch in der Berliner Börsenzeitung, in dem Berliner Börsen-Courier und in der Frankfurter Zeitung veröffentlicht.

Der Grundbesitz der Gesellschaft in Berlin und Umgebung beträgt:

Schlegelstrasse 26/27	5676 qm
Ackerstrasse 71/76 (Hussitenstrasse, Hermsdorferstrasse)	12665 „
Brunnenstrasse 107a (Voltastrasse), Lagerhof	99239 „
Oberschöneweide (Kabelwerk)	104219 „
	221799 qm

Auf denselben lasten folgende Hypotheken:

Schlegelstrasse ℳ 200000,—, verzinslich zu 4%, rückzahlbar nicht vor dem 1. October 1904 nach sechsmonatlicher Kündigung,

Kabelwerk ℳ 580000,—, verzinslich zu 4%, rückzahlbar nicht vor dem 1. April 1901 nach sechsmonatlicher Kündigung,

Brunnenstrasse eine Caution für die Stadt Berlin für Strassenbaulasten etc. (grösstentheils erledigt).

Die Gesellschaft ist laut §§ 11 bis 14 ihres Statuts berechtigt, bis zur Höhe ihres jeweiligen Actien-Capitals Schuldverschreibungen (Obligationen) auszugeben. Auf Grund dieser statutarischen Befugniss hat die Gesellschaft zufolge der Aufsichtsrathsbeschlüsse

vom 6. November 1890	nom. ℳ 5000000,—	4% Schuldverschreibungen Serie I
vom 21 Januar 1896	nom. ℳ 5000000,—	4% Schuldverschreibungen Serie II
vom 12. December 1896	nom. ℳ 5000000,—	4% Schuldverschreibungen Serie III
zusammen	nom. ℳ 15000000,—	

ausgegeben.

Die Schuldverschreibungen lauten auf den Namen der Deutschen Bank in Berlin, sind durch Blanco-Indossament übertragbar und der Kündigung seitens der Gesellschaft unterworfen. Sie werden mit jährlich 4% in halbjährlichen, am 1. April und 1. October jeden Jahres fälligen Terminen verzinst und mit jährlich 1% des ursprünglichen Gesammtcapitals jeder Serie zuzüglich der durch die Tilgung ersparten Zinsen zum Nennwerthe im Wege jährlicher Ausloosungen zurückgezahlt.

Von den Theilschuldverschreibungen im ursprünglichen Gesammtbetrage von ℳ 15000000 stehen zur Zeit noch aus ℳ 14046500 und zwar ℳ 4470500 der Serie I, ℳ 4788000 der Serie II, ℳ 4788000 der Serie III.

Die Schuldverschreibungen sind nicht hypothekarisch eingetragen. Die durch Giro legitimirten Inhaber der einzelnen Schuldverschreibungen können ihre Rechte gegen die Gesellschaft selbstständig geltend machen. Die Gesellschaft ist nicht berechtigt, vor Tilgung der Anleihen eine neue Anleihe aufzunehmen, welche deren Inhabern ein besseres Recht auf das Vermögen der Gesellschaft als den Inhabern von Theilschuldverschreibungen der Serien I, II, III einräumt.

189 Teilschuldbeschreibung von 1896 über einen Gesamtbetrag von 5 Mio. Mark.

190 Zur Finanzierung ihrer Expansion nach 1894 beteiligte sich die AEG nicht nur an Finanzierungsgesellschaften wie der Elektrobank, sondern trat auch an den freien Kapitalmarkt, z. B. durch die Auflegung von Teilschuldverschreibungen (vollständiger Abdruck im Anhang, S. 257).

Die Fachabteilungen für Installationswesen (J) hatten die Aufgabe, die Bedürfnisse der einzelnen Industriezweige zu erforschen und im Unternehmen Lösungen für deren Befriedigung zu entwickeln. Die Zahl dieser Abteilungen nahm parallel zur wachsenden Zahl der Anwendungsbereiche der Elektrizität zu. Als Werbemittel auf wissenschaftlichem Niveau gaben die Installationsabteilungen 1894 sogenannte Hilfsbücher für die Ausarbeitung von Projekten und Kostenvoranschlägen für elektrische Anlagen in den einzelnen Spezialgebieten heraus.

Für den inzwischen internationalen Absatz wurde eine eigene Exportabteilung eingerichtet. Diese Abteilung war als einzige des Unternehmens nach Ländern und Regionen geordnet und umfaßte technisch den Gesamtkomplex des AEG-Geschäfts. Anfangs erstreckte sich ihre Tätigkeit vor allem auf den Verkauf von Glühlampen und Installationsmaterial u. a. nach Kanada, Mexiko, Kolumbien, Australien und Indien.

Der Export und die Auslandsaktivitäten der AEG wurden kontinuierlich ausgebaut und intensiviert. In Österreich-Ungarn hatte die AEG mit ihren Bemühungen wegen starker Konkurrenz weiterhin wenig Erfolg, errichtete aber 1898 eine Verkaufsniederlassung in Budapest und später auch eine in Wien. Ferner gründete die AEG in Brüssel eine eigene Firma und richtete in London eine Vertretung ein.

191 Ein weiteres Mittel zur Verbreiterung der finanziellen Basis des Unternehmens waren Kapitalerhöhungen, die die AEG ab 1895 mehrfach durchführte, so daß ihr Grundkapital zwischen 1895 und 1915 von 20 Mio. auf 155 Mio Mark stieg.

Nach der anfänglichen Zurückhaltung in Rußland entschloß sich die Unternehmensleitung 1897, die AEG am dortigen Elektrifizierungsgeschäft zu beteiligen. Sie gründete daraufhin die »Allgemeine Elektricitäts-Gesellschaft St. Petersburg«, eine Aktiengesellschaft nach deutschem Recht mit Sitz in Berlin, aber je einer Zweigniederlassung in St. Petersburg und Moskau. Dieser Gesellschaft gelang es, den Auftrag für die Elektrifizierung der Moskauer Straßenbahnen zu erhalten. Die Kosten für den Bau in Höhe von 1 Mio. Mark wurden zunächst von der AEG getragen und sollten innerhalb von 21 Jahren amortisiert werden. Der Versuch, einen vergleichbaren Auftrag für St. Petersburg zu erhalten, scheiterte dagegen. Wegen der schwierigen allgemeinen Geschäftslage in Rußland begannen 1899 Verhandlungen der führenden deutschen Elektrounternehmen und ihrer Banken zur Gründung eines Konsortiums mit dem Zweck der Durchführung und Finanzierung elektrischer Geschäfte in Rußland. Die AEG und die Elektrobank waren mit 2,5 Prozent am Grundkapital des Konsortium in Höhe von 20 Mio. Rubel beteiligt. Die AEG-St. Petersburg wurde daraufhin 1901 liquidiert. Ihre Aktiva und Passiva übernahm die russische Gesellschaft »Allgemeine Elektricitäts-Gesellschaft« in St. Petersburg, die Ende Oktober 1901 zu diesem Zweck gegründet wurde.

Die Geschäfte in Spanien entwickelten sich dagegen günstiger. Die Firma Levi & Kocherthaler erwies

th Wien, 13. Dec., 1.50 N. **Von der gestern ertheilten Konzession zur Errichtung der Akt.-Ges. für elektrischen Bedarf in Wien wird die Allgemeine Elektrizitäts-Gesellschaft in Berlin vorläufig keinen Gebrauch machen. Die Errichtung einer Fabrikations-Gesellschaft war nie beabsichtigt, sondern nur die Schaffung einer Verkaufsstation. Inzwischen ist der bisherige Repräsentant und Mitkonzessionär, Herr Jordan, von der Allgemeinen Elektrizitäts-Gesellschaft zurückgetreten. Das Projekt der Errichtung einer Aktien-Gesellschaft wird vielleicht späterhin wieder aufgenommen werden.**

192 Nach 1894 wurden die Auslandsaktivitäten der AEG kontinuierlich ausgebaut und intensiviert. In Österreich-Ungarn waren ihre Erfolge wegen dort bereits fest etablierter Konkurrenzunternehmen nicht von Erfolg gekrönt.

193 Als Werbemittel für den Fachmann gaben die Installationsabteilungen ab 1894 technische Veröffentlichungen, sogenannte Hilfsbücher für die Ausarbeitung von Projekten und von Kostenvoranschlägen für elektrische Anlagen, heraus.

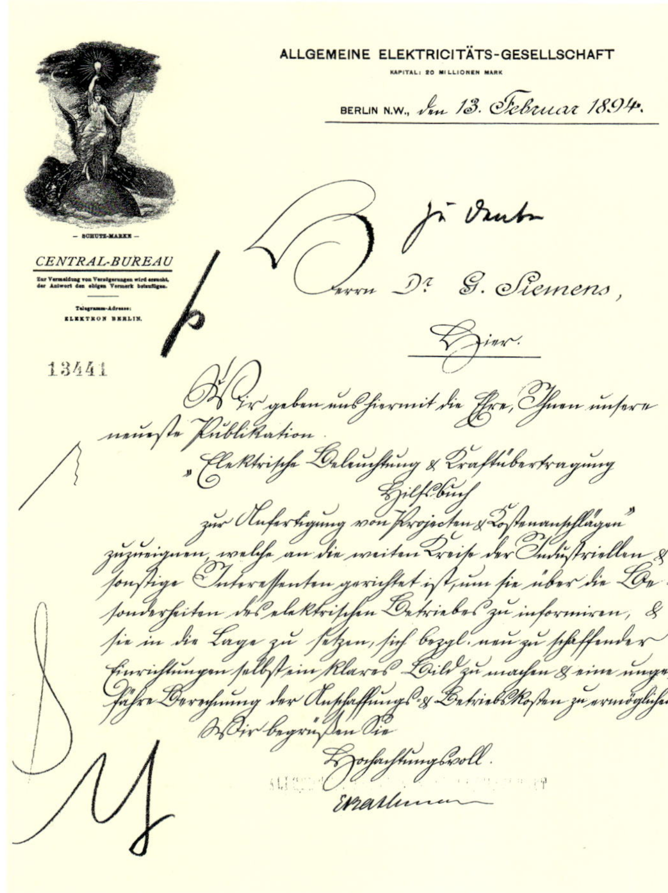

Emil Rathenau an Georg von Siemens, 13. Februar 1894

Herrn Dr. G. Siemens
Hier
Wir geben uns hiermit die Ehre, Ihnen unsere neueste Publikation:
»Elektrische Beleuchtung & Kraftübertragung
Hilfsbuch
zur Anfertigung von Projecten & Kostenanschlägen«
zuzueignen, welche an die weiten Kreise der Industriellen & sonstige Interessenten gerichtet ist, um sie über die Besonderheiten des elektrischen Betriebes zu informiren, & sie in die Lage zu setzen, sich bezgl. neu zu schaffender Einrichtungen selbst ein klares Bild zu machen & eine ungefähre Berechnung der Anschaffungs- & Betriebskosten zu ermöglichen.
Wir begrüßen Sie
Hochachtungsvoll.
Allgemeine Elektricitäts-Gesellschaft
E. Rathenau

sich als zuverlässiger Geschäftspartner. Die Bauarbeiten für die Projekte in Madrid, Sevilla und Barcelona kamen zügig voran. Nach dem lukrativen Verkauf der AEG-Beteiligung an den Madrider Elektrizitätswerken verschlechterten sich die Beziehungen zwischen beiden Unternehmen, da die AEG nun auf die Leitung der Madrider Gesellschaft kaum noch Einfluß nehmen konnte und die schon früher aufgetretenen Differenzen mit Luis Kribben sich verstärkten. Aus diesem Grund legte Emil Rathenau 1896 seinen Sitz im Verwaltungsrat nieder und brach damit die Beziehungen zwischen der AEG und der Compañía General Madrileña ab.

Die übrigen Geschäfte in Spanien verliefen nur teilweise zur Zufriedenheit der AEG und ihrer Banken. In Sevilla wurde 1894 zum Betrieb eines Elektrizitätswerkes die »Compañía Sevillana de Electrici-

194 Das Spaniengeschäft konnte die AEG ausbauen und zu den im Bau befindlichen Anlagen in Madrid, Sevilla und Barcelona kamen Projekte in anderen spanischen Städten hinzu.

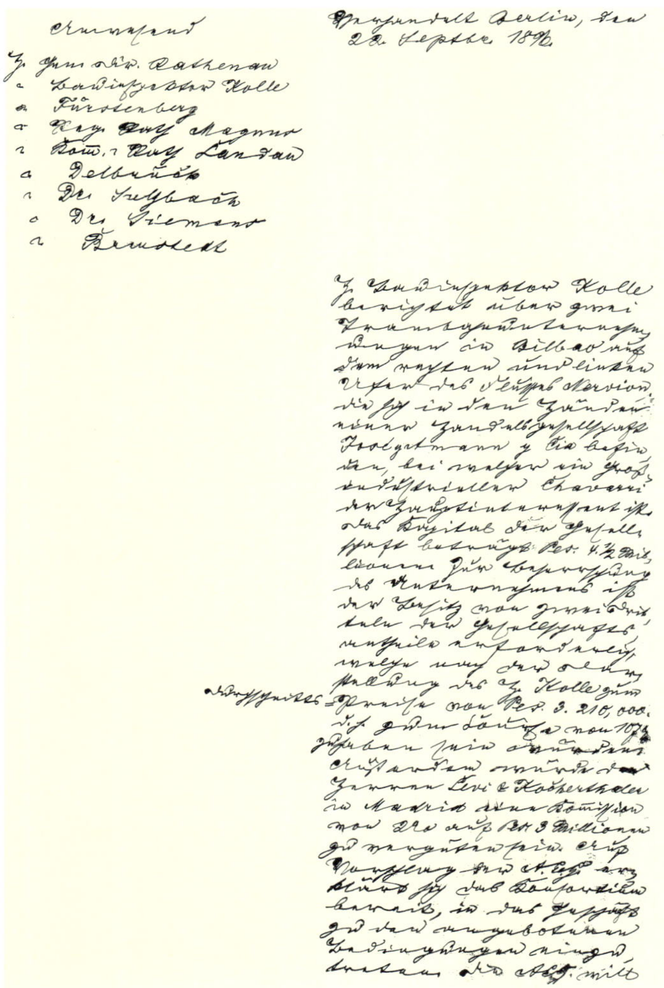

Verhandelt Berlin, den 22. Septbr. 1896.

Anwesend
Hr. Gen. Dir. Rathenau
" Bauinspektor Kolle
" Fürstenberg
" Reg. Rath Magnus
" Komm. Rath Landau
" Delbrück
" Dr. Sulzbach
" Dr. Siemens
" Breustedt

Hr. Bauinspektor Kolle berichtet über zwei Trambahnunternehmungen in Bilbao auf dem rechten und linken Ufer des Flusses Nervion, die sich in den Händen einer Handelsgesellschaft Joségetmann y Cia befinden, bei welcher ein Großindustrieller Chavarri der Hauptinteressent ist. Das Kapital der Gesellschaft beträgt Pes. 4.½ Millionen. Zur Beherrschung des Unternehmens ist der Besitz von zwei Dritteln der Gesellschaftsantheile erforderlich, welche nach der Darstellung des Hr. Kolle zum Durchschnitts-Preise von Pes. 3.210,000 d. h. zum Course von 107% zu haben sein würden. Außerdem würde den Herren Levi & Kocherthaler in Madrid eine Kommission von 2% auf Pes. 3 Millionen zu vergüten sein. Auf Vorschlag der A. E. G. erklärt sich das Konsortium bereit, in das Geschäft zu den angebotenen Bedingungen einzutreten. Die AEG will sich mit ihrer Quote von 20% bei dem Geschäfte betheiligen.

Hr. Fürstenberg theilt mit, daß die Berl. Hdls. Ges. die Majorität des Actienkapitals der Straßburger Straßenbahngesellschaft, nämlich M. 725,200. Actien zum Course von 200% meta mit der Deutschen Bank erworben hat, und hält den übrigen Betheiligten den Eintritt in das Geschäft offen. Sämmtliche Betheiligte einschließlich der A. E. G. acceptiren ihre vertragsmäßige Quote.

Man beschließt, den Antrag auf Notirung der Obligationen der Bank für elektrische Unternehmungen auf die Tagesordnung der nächsten Sitzung des Börsen-Kommissariats setzen zu lassen.

E. Rathenau	Fürstenberg
Ludwig Delbrück.	Magnus
G. Siemens	J. Sulzbach
Breustedt	

250 РУБ. №47782

РУССКОЕ ОБЩЕСТВО
„ВСЕОБЩАЯ КОМПАНІЯ ЭЛЕКТРИЧЕСТВА".
Уставъ ВЫСОЧАЙШЕ утвержденъ 30 Октября 1901 г. и измѣненъ 10 Іюля 1905 г.

Основной капиталъ 12.000.000 рублей.

АКЦІЯ
ВЪ ДВѢСТИ ПЯТЬДЕСЯТЪ РУБЛЕЙ
НА ПРЕДЪЯВИТЕЛЯ.

RUSSISCHE GESELLSCHAFT
„ALLGEMEINE ELEKTRICITÄTS-GESELLSCHAFT".
Die Statuten wurden ALLERHÖCHST am 30 Oktober 1901 bestätigt und am 10 Juli 1905 geändert.

Grundkapital 12.000.000 Rubel.

AKTIE
VON ZWEIHUNDERT FÜNFZIG RUBEL
AUF DEN INHABER.

Члены Правленія
Mitglieder der Verwaltung

Бухгалтеръ
Buchhalter

Кассиръ
Kassierer

С.-Петербургъ, 1913, St-Petersburg.

195 Zur Erschließung des Rußlandgeschäftes gründete die AEG die Allgemeinen Elektricitäts-Gesellschaft St. Petersburg, einer Aktiengesellschaft nach deutschem Recht mit Sitz in Berlin, die 1901 in die Russische Gesellschaft Allgemeine Elektricitäts-Gesellschaft, umgewandelt wurde.

dad« mit 2 Mio. Pesetas Kapital errichtet, von dem die Hälfte 1896 von der Bank für elektrische Unternehmungen in Zürich übernommen wurde. 1896 traten in Sevilla Probleme auf, da die Tochtergesellschaft Umsatzeinbußen zu verzeichnen hatte, während die Konkurrenz Erfolge aufweisen konnte. Emil Rathenau führte dies auf eine falsche Vorgehensweise des dortigen Direktors bei der Gewinnung neuer Kunden zurück. Gleichzeitig lehnte er es ab, den Konkurrenzunternehmen die Kunden durch die Einräumung günstigerer Stromtarife abspenstig zu machen. Die Auseinandersetzungen führten schließlich zur Einsetzung eines neuen Direktors, doch gab es auch in den folgenden Jahren immer wieder Differenzen u. a. aufgrund der unterschiedlichen in Berlin und Sevilla herrschenden Geschäftsmoral. 1896 gelang es der AEG auch, den Auftrag für die Elektrifizierung der Straßenbahn in Sevilla zu erhalten.

Aufbauend auf den guten Beziehungen ihres Geschäftspartners und mit Hilfe ihrer mächtigen deutschen Kapitalgeber hatte sich die AEG eine Vormachtstellung in der Elektrifizierung Spaniens erworben, die nicht zuletzt auch auf dem bereits in Deutschland bewährten geschickten Einsatz von Werbemaßnahmen bestand. So hatte die AEG z. B., beginnend in Barcelona, bei den potentiellen Konsumenten Gratisinstallationen geschaffen, die einen Anreiz zur Elektrifizierung bieten und Bedarf wecken sollten.

196 In Sevilla kam es 1896 zu einem Rückgang bei der Stromabnahme, die Emil Rathenau weniger auf technische Probleme als vielmehr auf ein Versagen des Direktors der dortigen Elektrizitätsgesellschaft zurückführte.

Emil Rathenau an Luis Gutman, 29. Juli 1896

Berlin, den 29. Juli 1896.

Herrn Director Luis Gutman

Sevilla.

Von dem trübseligen Inhalte Ihres Briefes vom 22. ds. Mts. habe ich Kenntniss genommen und denselben auch Herrn Fürstenberg mitgetheilt, da Herr Gwinner z. Zt. verreist ist. Ich muss Ihnen bekennen, dass wir Beide nicht mehr wissen, welche weiteren Rathschläge wir Ihnen noch geben sollen, ganz abgesehen davon, dass es von hier aus äusserst schwierig ist, den dortigen lokalen Verhältnissen gebührende Rechnung zu tragen, und dass es eigentlich Sache der Direction sein sollte, uns die erforderlichen Massnahmen zur Prüfung zu unterbreiten.

Aus Ihrem mir vorliegenden Briefe geht unzweifelhaft hervor, dass die Concurrenz trotz aller Ihrer Bemühungen, Fortschritte macht, während Sie einen Rückgang des Consums eingestehen müssen. Sie werden es daher begreiflich finden, dass sich unter solchen Umständen die Frage aufdrängte, ob das von Ihnen befolgte System der Acquisition richtig wäre, und dass wir zu einer Verneinung dieser Frage gelangt sind. Meine Gesellschaft hat bereits eine ansehnliche Zahl von Centralstationen gebaut und sich noch nie dabei in Ihren Berechnungen getäuscht, die gewonnenen Resultate gingen vielmehr in erfreulicher Weise über das vorsichtig gesteckte Ziel hinaus. Eine Ausnahme davon schien bis vor Kurzem Strassburg zu bilden, die dortige Direction schilderte uns die Bevölkerung als conservativ, welche von den bisherigen gewohnten Beleuchtungsarten nicht ablassen wollte usw. usw.. Es wurde Alles versucht, selbst eine kleine Herabsetzung und Verschiebung der Tarifsätze. Als sich noch immer nicht die erhoffte Besserung zeigen wollte, entschlossen wir uns zu einem Wechsel in der Leitung des Werkes, und siehe da: in kaum viermonatlicher Thätigkeit hat es der neue Director verstanden, in der Gewinnung von Consumenten und dem entsprechenden Stromabsatz recht wesentliche Erfolge zu erzielen. Aehnlich scheinen uns die Dinge in Sevilla zu liegen, nicht dass wir damit sagen wollen, es mangele Ihnen an den [sic!] rechten Fleiss, sondern insofern, als die Mittel, welche Sie zur Anwendung bringen, wohl nicht die richtigen sind.

So lange die Firma Levi & Kocherthaler dort thätig war, zeigte sich für unser Unternehmen Interesse, und ich beklage es aufrichtig, dass Sie nichts Besseres zu thun wussten, als dieselben von dem dortigen Platze zu vertreiben und damit sich einer werthvollen Unterstützung zu berauben. Aber die Interessen, welche wir Ihnen anvertraut haben, sind zu grosse, als dass wir die Sache so fortgehen lassen könnten. Wir fordern Sie daher hiermit auf, in kürzester Zeit unter Mitwirkung Ihres technischen Personals einen Bericht an den Aufsichtsrath gelangen zu lassen, in welchem Sie die Gründe darlegen, warum dort keine Erfolge zu verzeichnen sind, sowie neue Vorschläge machen, wie diesem Misstande abzuhelfen wäre. Wir ersuchen Sie, diesen Bericht zunächst nach hier gelangen zu lassen, wo wir zu erwägen haben werden, ob diese Ihre Vorschläge anzunehmen oder abzulehnen sind, und von wo dem dortigen Comité Mittheilung davon gemacht werden wird.

Wie wir aus vielfacher Erfahrung wissen, ist die Thätigkeit, welche wir Ihnen zugemuthet haben, eine so leichte, dass bei einiger Geschicklichkeit, Energie und Ausdauer Resultate nicht ausbleiben können, und wir vermögen uns der Ueberzeugung nicht zu verschliessen, dass unter diesen Voraussetzungen auch dort Erfolge zu erzielen sein werden.

Hochachtungsvoll
gez. E. Rathenau

Emil Rathenau an Luis Gutman, 16. September 1896

Berlin, den 16. September 1896.

Herrn Director Gutman

Sevilla.

Herr Consul Gwinner hat mir vor seiner Abreise Ihr gefälliges Schreiben vom 18. August cr. an das Comité des Aufsichtsrathes hinterlassen, mit dem Ersuchen es zu beantworten. Ich habe Herrn Fürstenberg nach seiner Rückkehr von dem Urlaub hiervon Kenntniss gegeben und in Uebereinstimmung mit ihm beehre ich mich Folgendes zu erwidern:
Weit entfernt, durch den erwähnten Brief Ihnen Vorwürfe zu machen, hielt ich mich verpflichtet, darauf hinzuweisen, dass das Unternehmen, auf das wir grosse Hoffnungen zu setzen uns gewöhnt hatten, in seiner Entwicklung hinter unseren Erwartungen arg zurückgeblieben sei. Der Grund hierfür schien mir in der vorzeitigen Abberufung der Installationsfirma mit zu liegen, die durch die genaue Kenntniss der spanischen Verhältnisse und die Erfahrungen, die sie in Madrid erworben hatte, in Sevilla mit gleichem Erfolge wie in Barcelona hätte thätig sein können.
Wenn Sie der Ansicht sind, dass Ihre Vorschläge zur Prosperität des Unternehmens führen, so werden wir uns der Zustimmung zu denselben umsoweniger entziehen, als wir die Verhältnisse eines fremden Landes aus der Ferne nicht in gleicher Weise wie Sie zu beurtheilen vermögen, der mit den Konsumenten in beständiger Fühlung sich befindet.
Wir haben Bedenken getragen, den Konsumenten, die sich im Netze der Concurrenzunternehmung befinden, günstigere Bedingungen als den übrigen einzuräumen, weil die ungleiche Behandlung zu Verstimmungen führen wird, und Sie auf die Dauer nicht werden umhin können, die Tarife auf allen Linien in gleicher Weise zu ermässigen. Andererseits müssen wir anerkennen, dass Konsum geschaffen werden muss, gleichviel mit welchen Opfern; denn der kleine Betrieb bezahlt sich nicht und die Mehrproduction wird mit geringen Kosten bestritten werden. Mir scheint, als ob die Gewährung von Pauschalpreisen ein Mittel ist, werthvolle Konsumenten heranzuziehen; denn die Vergütungen, die Sie in jedem einzelnen Falle nach den Umständen des Verbrauches einrichten werden, präjudiciren das Unternehmen in geringerem Masse als Rabatte auf die Tarife. Dabei wird allerdings der Pauschalabonnent zuweilen einen ungebührlichen Gebrauch der ihm eingeräumten Befugnisse machen, aber da man die Verträge zeitlich beschränkt, so wird man später in der Lage sein, diese Art der Erhebung ausser Geltung zu setzen. Gerade die Categorien von Consumenten, denen Sie die Erleichterung zu gewähren beantragen, werden mit diesem Modus sich einverstanden erklären; damit soll jedoch nicht ausgedrückt sein, dass diese Form die einzige sei, die wir zugestehen. Die Klagen über einen zu hohen Lichtpreis werden niemals verstummen; ob und in welchem Masse sie gerechtfertigt sind, lässt sich leicht durch Vergleich mit den Preisen und der Leuchtkraft der Concurrenzbeleuchtung (Gas) feststellen. Die Installationen unentgeltlich oder gegen Beisteuer auszuführen, haben wir von Anfang an als nothwendig anerkannt und es ist mir nicht bekannt, dass die Bestimmungen hierüber, welche früher in Kraft waren, aufgehoben sind. Während durch Mehrbelastung der Maschinen der Konsum an Kohlen, Schmieröhl, Löhnen u. s. w. relativ herabsinkt, wird der grösste Faktor der Ersparnisse in der Einführung der Condensation liegen und Sie werden sich beeilen müssen, diese so rasch wie möglich einzuführen. Aber auch von der Beschaffung einer Accumulatoren Batterie verspreche ich mir unter den sehr ungünstigen Belastungsverhältnissen einen grossen Erfolg, und wir sind augenblicklich damit beschäftigt, Rechnungen über die Kosten und den wirthschaftlichen Werth derselben aufzustellen.
Ich werde mich freuen, wenn die von Ihnen gemachten Vorschläge zu einer erspriesslichen Entwicklung Ihres Unternehmens beitragen.

Hochachtungsvoll
E. Rathenau.

197

197 Trotz seiner persönlichen Vorbehalte gegen die Fähigkeiten des Direktors Gutmann, ging Emil Rathenau zunächst auf dessen Vorschläge zur Verbesserung der Geschäftslage des Unternehmens ein.

198 Das Schienennetz der elektrischen Straßenbahn in Sevilla führte auch an der Kathedrale vorbei.

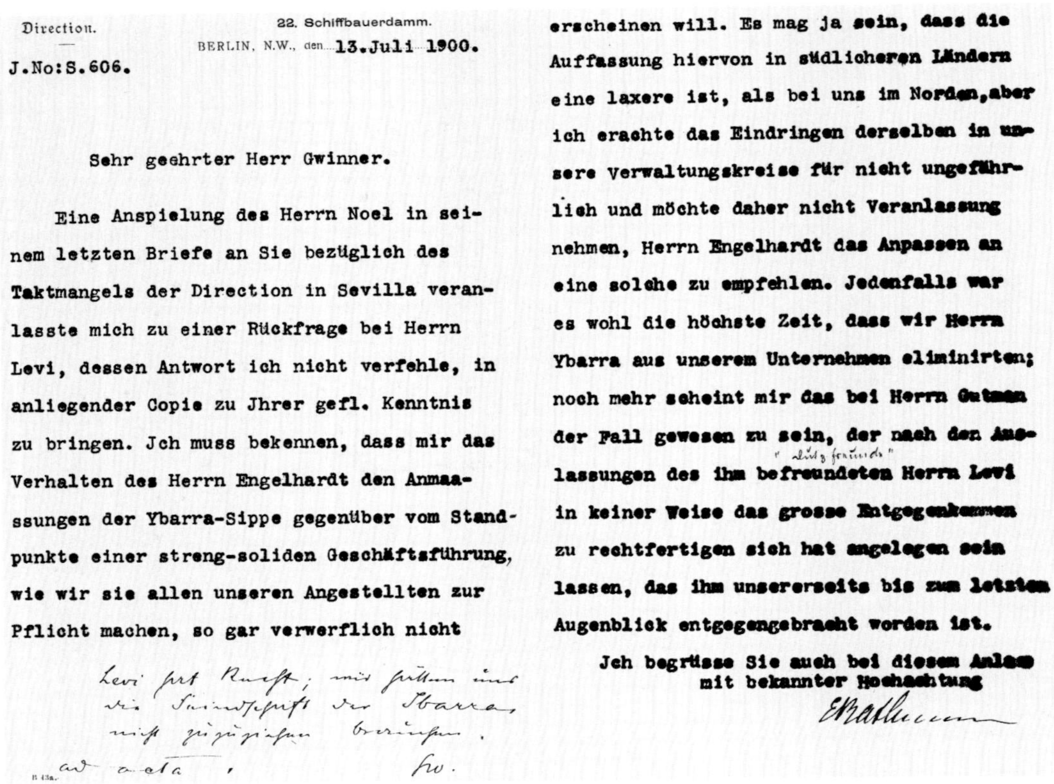

Direction. 22. Schiffbauerdamm.
BERLIN, N.W., den 13.Juli 1900.
J.No:S.606.

Sehr geehrter Herr Gwinner.

Eine Anspielung des Herrn Noel in seinem letzten Briefe an Sie bezüglich des Taktmangels der Direction in Sevilla veranlasste mich zu einer Rückfrage bei Herrn Levi, dessen Antwort ich nicht verfehle, in anliegender Copie zu Jhrer gefl. Kenntnis zu bringen. Jch muss bekennen, dass mir das Verhalten des Herrn Engelhardt den Anmaassungen der Ybarra-Sippe gegenüber vom Standpunkte einer streng-soliden Geschäftsführung, wie wir sie allen unseren Angestellten zur Pflicht machen, so gar verwerflich nicht erscheinen will. Es mag ja sein, dass die Auffassung hiervon in südlicheren Ländern eine laxere ist, als bei uns im Norden, aber ich erachte das Eindringen derselben in unsere Verwaltungskreise für nicht ungefährlich und möchte daher nicht Veranlassung nehmen, Herrn Engelhardt das Anpassen an eine solche zu empfehlen. Jedenfalls war es wohl die höchste Zeit, dass wir Herrn Ybarra aus unserem Unternehmen eliminirten; noch mehr scheint mir das bei Herrn Gutmann der Fall gewesen zu sein, der nach den Auslassungen des ihm befreundeten Herrn Levi in keiner Weise das grosse Entgegenkommen zu rechtfertigen sich hat angelegen sein lassen, das ihm unsererseits bis zum letzten Augenblick entgegengebracht worden ist.

Jch begrüsse Sie auch bei diesem Anlass
mit bekannter Hochachtung
ERathenau

Levi hat Recht; wir hätten uns die Feindschaft der Ybarras nicht zuzuziehen brauchen.
ad acta. Gw.

199 Der neue Direktor in Sevilla, Engelhardt, geriet bei seinem Bemühen, die Geschäfte der Elektrizitätsgesellschaft nach deutschen Maßstäben korrekt zu führen, offenbar mit den Ansprüchen einer einflußreichen einheimischen Familie in Konflikt. (Handschriftliche Anmerkung von A. von Gwinner: Levi hat Recht; wir hätten uns die Feindschaft der Ybarras nicht zuzuziehen brauchen. ad acta! Gwinner).

200 Offenbar waren die Bemühungen von Direktor Gutmann jedoch erfolglos, denn ein Jahr später wurde er abgelöst.

Emil Rathenau an Arthur von Gwinner, 2. November 1897

Berlin, N. W., den 2. November 1897

Sehr geehrter Herr Gwinner.

Ich war in den letzten Tagen von Sitzungen, langen Conferenzen und dergl. so in Anspruch genommen, dass es mir erst heute möglich wird, für Ihre gefl. Zeilen vom 28. vor. Mts. nebst Anlage zu danken und Sie zu bitten, die Verzögerung meiner Antwort freundlichst entschuldigen zu wollen.
Herr Engelhardt, der übrigens den Doktortitel nicht führt, ist, wie er uns schreibt, bereit, die Stellung in Sevilla am 1. April a. f. anzutreten und bereits mit dem Studium der spanischen Sprache beschäftigt. Sobald unser Herr Kolle aus Spanien zurückgekehrt sein wird, werden wir ihn ersuchen, zur näheren Besprechung nach hier zu kommen. Der Angabe im Protokoll vom 30. Januar cr. bezüglich des Jahresgehaltes muss ein Irrthum zu Grunde liegen. Ich glaube nicht, dass Herr Engelhardt die Stellung bei Pts. 6000-Jahresgehalt annehmen würde, zumal er doch noch die Betriebsleitung der Bahn zu übernehmen hat. Ich stimme daher um so lieber Ihrem Vorschlage bei, die Differenz bis Ende 1899 auf Bau-Conto zu übernehmen, als Sie mir damit nur zuvorgekommen sind.
Sobald wir mit Herrn Engelhardt definitiv abgeschlossen haben, werde ich nicht verfehlen, Ihnen weitere Mittheilungen zugehen zu lassen und begrüsse Sie inzwischen

mit bekannter Hochachtung
E. Rathenau

200

Diese Vorgehensweise führte auch in Italien, in Genua, zur Popularisierung der elektrischen Beleuchtung und brachten den dortigen Projekten einen großen Erfolg, während das Italien-Geschäft im Ganzen eher unbedeutend war. Die Vorhaben in Genua entwickelten sich so gut, daß die AEG ihre Generalvertretung von Neapel nach Genua verlegte. Die Finanzierung und kurz darauf auch die Leitung der Bauvorhaben dort übernahm ab 1895 die Elektrobank; Generallieferantin blieb jedoch die AEG. Projekte in Mailand und Rom zur Elektrifizierung der dortigen Straßenbahnen scheiterten dagegen an der Konkurrenz der italienischen Edison-Gesellschaft. Auch bei Vorhaben in der Türkei traten fast unüberwindliche Schwierigkeiten auf.
Die Elektrochemischen Werke in Bitterfeld entwickelten ebenfalls ein reges Auslandsgeschäft und gründeten ein Zweigwerk in Rheinfelden und, nach dem Vorbild der Muttergesellschaft, Tochtergesellschaften in Rußland, Österreich, Frankreich und

Emil Rathenau an Georg von Siemens, 17. Juni 1895

Berlin, N. W., den 17. Juni 1895

Herrn Dr. G. Siemens,
z. Zt. Stresa.

Sehr geehrter Herr Doktor!
Ihre freundlichen Zeilen vom 15. d. Mts. habe ich soeben erhalten und mit folgendem Telegramm beantwortet:
»Ihren Brief erhalten. Ihr Besuch in Mailand zur Rücksprache mit Ihren Freunden der Edison Comp. wäre gerade jetzt nützlich. Sprechet mit meinem Sohn, der Hotel Milano Mailand wohnt, oder lasset ihn zu Euch kommen«
was ich der Ordnung wegen mir hiermit zu bestätigen erlaube.
Der Depeschenwechsel in der Mailänder Angelegenheit ist ein überaus reger, besonders seit die Edison Co, wie es scheint, günstige Bedingungen von der Stadt erlangt hat. Obwohl wir nun s. Zt. vom Professor Colombo bündige Zusicherungen über ein etwaiges Zusammengehen mit uns erhalten haben, ist es uns doch bis jetzt, so oft wir auch darauf zurückzukommen versuchten, noch nicht gelungen, von Herrn Pesaro, dem Vorsitzenden des Aufsichtsrathes der Edison Cie, eine offene diesbezügliche Erklärung zu erhalten. Bin ich nun schon der Meinung, dass man einem Italiener nicht glauben soll, so können Sie sich denken, dass ich unter den obwaltenden Umständen doppelt Misstrauen Herrn Pesaro gegenüber hege. Trotzdem vermag ich es nicht über mich zu gewinnen, dem Drängen der Omnibus-Gesellschaft, welche Erklärungen von uns über ein Zusammengehen fordert, nachzugeben und nach beiden Seiten hin Front zu machen. Wenn es Ihnen daher nicht zu viel Unbequemlichkeiten machen würde, Ihre beiden Mailänder Freunde in unserem Interesse in Anspruch zu nehmen, so bin ich überzeugt, dass dies unsrer Sache nur förderlich sein könnte. Soviel ich gehört habe, soll allerdings eine bindende Zusage der Edison Gesellschaft der Thomson, Houston Co. gegenüber von früher her vorliegen, doch dürfte es dem Einflusse Ihrer Freunde sowie des Professor Colombo wohl gelingen, Herrn Pesaro zu einer offenen Stellungnahme zu veranlassen.
Wenn Sie über die Sache genauer informirt sein wollen, bitte ich, meinen Sohn Erich kommen zu lassen, welcher im Augenblick sich in Mailand, Hotel Milano befindet und mit Joel & Colombo den Verlauf der Angelegenheit überwacht. Fahren Sie selbst nach Mailand, so steht derselbe mit Vergnügen jeden Augenblick zu Ihrer Verfügung.
Ich begrüsse Sie

mit bekannter Hochachtung
E. Rathenau

201 Auch in Italien weitete die AEG ihre Geschäftstätigkeit aus.

202 Die Straßenbahn in Genua gehörte zu den ersten Bahnen, die die AEG im Ausland baute bzw. elektrifizierte und konnte bereits 1895 fertiggestellt werden.

Skandinavien. Die durch die Ausdehnung der Geschäftstätigkeit 1896 notwendig gewordene Betriebserweiterung erforderte eine Kapitalerhöhung um 2 Mio. Mark, die ganz von der AEG übernommen wurde. Nach einigen Jahren sah die AEG ihr Ziel, die Einführung der Elektrotechnik in die Chemie und damit die Schaffung eines neuen Absatzmarktes, als erreicht an und verkaufte ihren Aktienbesitz an den Elektrochemischen Werken mit einem Kursgewinn von 50 Prozent.
Das Bahngeschäft entwickelte sich in diesen Jahren frei von Rückschlägen, und die AEG elektrifizierte die Stadtbahnen in zahlreichen Städten im In- und Ausland. Dies geschah teils im Auftrag bereits bestehender Gesellschaften, teils durch eigens zu diesem Zweck gegründete Gesellschaften. Die finanziellen Mittel wurden in der Regel von der Allgemeinen Lokal- und Straßenbahn-Gesellschaft zur Verfügung gestellt. Seit 1898 verkehrte zu Versuchszwecken eine elektrische Hochbahn zwischen

203–205 Auch nach Südosteuropa streckte die AEG ihre Fühler aus und bewarb sich insbesondere in der Türkei um Konzessionen für den Bau von Kraftwerken und elektrischen Straßenbahnen.

Emil Rathenau an Georg von Siemens, 15. Juli 1898

Berlin, N. W., den 15. Juli 1898

Herrn Bankdirektor Dr. Siemens
Hier.

Sehr geehrter Herr Doctor.
Ihre freundlichen Zeilen vom gestrigen Tage habe ich erhalten und sage Ihnen meinen besten Dank dafür. Im Einzelnen erlaube ich mir darauf zu erwidern, dass, nachdem die Constantinopeler Tramway zu Gunsten von Schuckert & Co. ausgeschieden ist, die technische Betheiligung der drei Elektricitätsfirmen zu gleichen Theilen erfolgen sollte. Mit Rücksicht darauf, dass wir unsere bereits ziemlich weit gediehenen Vorarbeiten für Smyrna mit in das Abkommen hinein bringen, sowie auf die Leistungsfähigkeit und die Erfahrungen unserer Gesellschaft glaube ich diesen Anspruch erheben zu können und wäre Ihnen verbunden, wenn Sie denselben bei den weiteren Verhandlungen zu vertreten die Freundlichkeit haben wollten.
Dagegen erkläre ich mich mit der financiellen Betheiligung unseres Bankconsortiums von 25 % einverstanden.
Was nun Herrn von Miller betrifft, so dürften sich dessen Wünsche wohl kaum auf eine financielle Betheiligung richten. Ich hatte gedacht, dass man denselben in technischer Hinsicht insofern zu entschädigen bereit sei, als man demselben das Aufstellen der Projekte für die in Frage kommenden Geschäfte überlassen würde. Sollte sich das nicht noch nachträglich arrangiren lassen, so würde ich es für recht und billig halten, Herrn von Miller dieses Mandat wenigstens für Smyrna zu übertragen. Ich bitte Sie, sehr geehrter Herr Doctor, sich den Vertretern der beiden anderen Firmen gegenüber zum Dollmetsch dieser meiner Wünsche machen zu wollen und begrüsse Sie, indem ich Ihren weiteren Nachrichten gern entgegensehe, inzwischen

mit bekannter Hochachtung
E. Rathenau

Handschriftliche Notiz: War vorauszusehen
Wir müssen probiren

203

Georg von Siemens an Emil Rathenau, 25. Juli 1898

Berlin, den 25. Juli 1898.

Sehr geehrter Herr Rathenau!
Ich danke Ihnen für Ihr gestriges Schreiben mit Einlage des Herrn von Miller. Es war mir interessant zu bemerken, dass Herr von Miller das Geschäft als bereits vorliegend ansieht, indem alle vorbereitenden Schritte bis zur Eingabe beim Sultan erledigt seien. Wer die Türkei auch nur einigermassen kennt, weiss, dass da überhaupt die Schwierigkeiten erst anfangen und dass, selbst wenn das Palais überwunden ist, noch keineswegs glattes Fahrwasser ist. Ein schlagender Beweis dafür ist eben der Iradé des Sultans, welchen Siemens & Halske für Smyrna bereits besitzen. Er ist bis jetzt ein totes Instrument geblieben, welches allerdings gut genug dazu ist, alle etwaigen Concurrenten daran zu hindern, nun ihrerseits eine Concession zu erhalten.
Im übrigen wollen wir garnicht verkennen, dass sich Herr von Miller die Mühe gegeben hat, die elektrischen Interessenten zusammen zu bringen, wobei allerdings zu bemerken ist, dass auch Schuckert zu gleicher Zeit das gleiche Bedürfnis gefühlt hat. Mit Rücksicht auf die Bemühungen des Herrn von Miller haben wir uns ja seiner Zeit gern bereit erklärt zu versuchen, ihm bei der Combination auch eine Position zu schaffen. Nur erscheint uns der Augenblick, wo die Interessenten über die Grundprincipien noch nicht einig sind und wo noch keine Geschäfte vorliegen, nicht dafür geeignet, dieselben mit einer doch eigentlich die technische Ausführung angehende Frage, wie die Betrauung des Herrn von Miller mit der Aufstellung von Projekten, zu beschweren. Es dürfte vielleicht in seinem eigenen Interesse liegen, dass er die Diskussion darüber verschieben lässt, bis positive Geschäfte vorliegen.

Mit bekannter Hochachtung
G. Siemens

204

Aktennotiz von Elkan Heinemann, 28. Juli 1899

AKTEN-NOTIZ

Gelegentlich einer Rücksprache mit Herrn Rathenau in Sachen der Deutsch-Ueberseeischen Elektricitäts-Gesellschaft erwähnte ich, dass die A. E. G. uns seiner Zeit auf unsere Anfrage, wie sie zu dem beabsichtigten Cartell-Vertrage für die Türkei stehe, geantwortet habe, dass sie eine Erklärung hierüber vorläufig nicht abgeben wolle und auf die Angelegenheit nach der Rückkehr des Herrn Rathenau aus Constantinopel zurückkommen werde. Die Erklärung der A. E. G. stehe jedoch noch aus und da wir seitens der Elektricitäts-Firmen hierüber interpellirt würden, gestattete ich mir die Sache in Erinnerung zu bringen.
Herr Rathenau erklärte mir sodann Folgendes:
Er habe sich überzeugt, wie er dies schon neulich Herrn Steinthal gegenüber bemerkte, dass Beleuchtungsgeschäfte in der Türkei von geringem Werthe seien, da die Bazare aus religiösen Gründen um 7 Uhr schliessen. Selbst in Constantinopel sei das Lichtgeschäft im Ganzen auf nur ca. 30.000 Lampen zu bemessen, man könne daher in der Türkei den Betrieb einer Central-Station für Licht-Abgabe nur als ein Nebengeschäft im Zusammenhange mit einem elektrischen Tramway-Geschäft in Betracht ziehen. Herr Rathenau legt daher auf die Betheiligung bei dem Constantinopeler Lichtgeschäft allein mit Ausschluß des Tramway-Geschäfts keinen Werth. Für Smyrna habe man ihm allerdings eine etwas grössere Quote zur Entschädigung für den Ausfall bei dem Constantinopeler Tramway-Geschäft in Aussicht gestellt. Es sei aber sicher, dass Ashmed Bartlett bereits die Concession für Smyrna und Salonik habe und wenn wir dies auch nicht glauben wollten und noch immer daran festhielten, dass Siemens & Halske schon früher einmal ein Iradé für Smyrna erhalten hätten, so sei es doch nichtsdestoweniger ganz sicher, dass Ashmed Bartlett diese Concessionen behalten werde. Ashmed Bartlett habe sich auch schon wegen Ausnützung seiner Concessionen an die A. E. G. gewandt. Die Bedingungen seien jedoch derart gewesen, dass Rathenau darauf verzichtet habe, und er glaube auch nicht, dass ein Anderer sich zu diesen Bedingungen auf die Geschäfte einlassen werde.
Da also das Constantinopeler Licht-Geschäft allein unbedeutend sei, da Smyrna Ashmed Bartlett gehöre und da er vom Constantinopeler Tramway-Geschäft ausgeschlossen sei, so habe es doch für ihn keinen Sinn, sich unter solchen Umständen die Hände zu binden und sich mit 25 % an vielleicht auftauchenden späteren Geschäften abspeisen zu lassen. Da er Monate lang über die Sache nichts gehört habe und da S. & H. und Schuckert selbst noch über die Formulirung der Verträge hin und her verhandelten und also doch mit ihm nichts zu Stande gekommen sei, so habe er sich als ungebunden betrachtet und habe seine Fäden anderweitig geknüpft. Er fügte hinzu, dass er sich aus den ganzen türkischen Geschäften überhaupt nichts machen würde, wenn er nicht auch ein anderes Project verfolgte, das weder mit dem Licht- noch mit dem Tramway-Geschäft etwas zu thun habe. Ueber das, was darunter gemeint ist, drückte er sich nicht näher aus.
Im Gegensatz zu dieser Erklärung stellte es sich jedoch gleich heraus, dass er auch das Constantinopeler Tramway-Geschäft eifrig verfolgt. Er wiederholte die schon früher von Oscar von Miller aufgestellte Behauptung, dass Schuckert trotz seines Actienbesitzes den grossen Vorsprung, den er immer geltend mache, gar nicht besitze. Auch die A. E. G. habe durch andere Alliirte einen bedeutenden Einfluss auf dieses Geschäft gewonnen und wenn dieser Einfluss vielleicht auch nicht so stark sei, um der A. E. G. das Geschäft zu sichern, so sei er doch jedenfalls stark genug, um das Zustandekommen des Geschäfts mit der Gruppe Schuckert – S. & H. zu hindern; was daraus werde, könne man ja nicht wissen, aber zunächst ginge er seine eigenen Wege, umsomehr, als er wisse, dass Schuckert nur eine Comödie aufgeführt habe. Es sei ihm, natürlich durch Oscar von Miller, mitgetheilt worden, dass Wacker im Aufsichtsrath erklärt habe, er denke gar nicht daran mit der A. E. G. in der Türkei zusammenzugehen, er wolle sie nur hinhalten etc. etc. Wacker sei überhaupt so gegen ihn eingenommen, dass er jedesmal in die grösste Erregung gerathe, wenn überhaupt nur der Name Rathenau genannt würde. (Der Gewährsmann des Herrn von Miller scheint Herr Director Voltz von der Bayerischen Vereinsbank zu sein.)
Unter diesen Umständen könnten wir es ihm nicht verübeln, wenn er sich von der ganzen Sache zurückziehe.
Ich nahm diese Erklärungen ad referendum mit dem Bemerken, dass es uns nur darum zu thun gewesen sei, einmal Klarheit in die Situation zu bringen. Im übrigen hatte ich nur, als Rathenau davon sprach, dass S. & H. und Schuckert sich immer noch über den Vertrag gestritten hätten und doch eigentlich nichts zu Stande gekommen sei, einfliessen lassen, dass allerdings ein regelrechter, unterschriebener Vertrag nicht zu Stande gekommen sei, dass es sich aber bei den fraglichen Correspondenzen doch nur um unbedeutende Meinungsverschiedenheiten über die Formulirung derjenigen Abmachungen gehandelt habe, über welche im Princip ein Einverständniss, auch mit der A. E. G., bereits erzielt war.

205 Heinemann

206 Für die Geschäfte in der Türkei hatten die großen deutschen Elektrounternehmen zunächst gegenseitige Absprachen bzw. den Zusammenschluß zu einem Kartell erwogen. Diese Pläne scheiterten jedoch an der Weigerung Emil Rathenaus, die AEG zu beteiligen.

Georg von Siemens an Kurt Zander, 3. August 1899

Berlin, W., den 3. August 1899.

Geehrter Herr Zander!
Unter Umgehung der gewöhnlichen Korrespondenz teile ich Ihnen ergebenst mit, dass gestern die definitive Erklärung des Herrn Rathenau erfolgt ist, dass er sich von jedem Kartellverhältniss in der Türkei auszuschliessen wünsche. Seine Gründe sind doppelter Natur:
erstlich das unüberwindliche gegenseitige Misstrauen zwischen den Herren Wacker und Rathenau. Herr Rathenau machte mir in dieser Beziehung die Mitteilung, dass der Direktor der Bayerischen Vereinsbank in einer Unterhaltung mit W. letzterer sagte, dass er nicht beabsichtige, irgend ein Abkommen mit der A. E. G. zu Stande kommen zu lassen.
Der zweite Grund war, dass R. nach seiner Ansicht durch seine Verbindungen mit dem Berliner Botschafter Tewfik Pascha irgend etwas in Konstantinopel erreichen kann. Von der Beleuchtung hält er nichts, aber beziehentlich der Stromvermietung an die Tramway malt er sich sehr schöne Bilder aus.
Der Grund, weshalb er mir diese Mitteilung so ausführlicher-

weise machte war der, dass die deutsche Botschaft eine Unterstützung seiner Bemühungen, wenn auch nicht direkt ablehnt, so doch auch nicht in Aussicht gestellt hatte. Er hatte sich deswegen beim Auswärtigen Amt und, wie er sagt, bei dem Reichskanzler direkt beschwert. Welche Wirkungen das haben kann, vermag ich nicht zu beurteilen.
Bei der Unterhaltung liess er wiederholt die Aeusserung fallen, dass wir ihm entgegen gearbeitet hätten. Ich benutzte dies, um ihm in längerer Rede die Situation klar zu machen und sagte ihm namentlich, dass wir sowohl als Anatolische Bahn als Deutsche Bank in allen diesen Geschäften eine durchaus neutrale Stellung einzunehmen wünschen, da wir uns die Möglichkeit offen halten wollten, mit Jedermann, der irgend eine Concession habe, das betreffende Geschäft zu machen. Die Stellung der Botschaft characterisire sich dahin, dass dieselbe den höchsten Wert darauf gelegt habe, dass alle Deutschen zusammengingen und dass unser Bestreben qua Deutsche Bank darauf hinausgelaufen sei, diese von der Botschaft gewünschte Einigkeit der Deutschen im Auslande durch den Ihnen bekannten Kartellversuch herzustellen. Meiner Ansicht nach könne er sich durchaus nicht beschwert fühlen, wenn Jemand, der des Geldes wegen eine isolirte Stellung einnähme, auch die Nachteile der Einsamkeit, d. h. den Mangel jeder Unterstützung, in Kauf nehmen müsse. Er fand dies natürlich, wünschte nur der Sache eine solche Form zu geben, dass auch die anderen nicht unterstützt würden.
Dem sei, wie ihm wolle; ich habe den Eindruck, dass mit dem Rücktritt der Allgemeinen Elektricitäts-Gesellschaft auch der Vertrag zwischen Siemens & Halske und Schuckert ins Wasser fallen wird. Man kann diese Dinge bedauern, aber man muss damit rechnen. Für die Anatolische Bahn aber ergiebt sich daraus die Linie, dass sie sich möglichst wenig in alle diese Streitigkeiten hineinmischt.

Mit bekannter Hochachtung
Ihr ergebener
G. Siemens

206

dem Verwaltungsgebäude Schiffbauerdamm und dem Bürogebäude Luisenstraße.
Das Projekt zum Bau einer Untergrundbahn in Berlin, das nach mehreren Versuchen als gescheitert angesehen werden mußte, hatte bei Emil Rathenau zur Beschäftigung mit dem Problem der Elektrifizierung von Vollbahnen geführt. Gemeinsam mit Siemens rief die AEG hierfür 1899 die »Studiengesellschaft für elektrische Schnellbahnen GmbH« ins Leben. Dennoch kam es nicht zu einer Zusammenarbeit der beiden Firmen auf diesem Gebiet, sondern jede verfolgte ihre eigenen Entwicklungspläne. So stellte im Jahr 1900 die AEG auf der Pariser Weltausstellung die erste Gleichstromlokomotive vor, die dort den Großen Preis gewann.

Der Kraftwerksbau nahm nach der Trennung von Siemens & Halske einen gewaltigen Aufschwung. 1899/1900 konnte die AEG auf insgesamt 248 von ihr gebaute Elektrizitätswerke im In- und Ausland zurückblicken, u. a. in Buenos Aires, Santiago de Chile, Baku, Komotau und sogar Manchester.

207 Mit dem Bau eines Kraftwerkes sowie der Elektrifizierung der Straßenbahn (hier vor dem Bahnhof) in Santiago de Chile begann die AEG um die Jahrhundertwende.

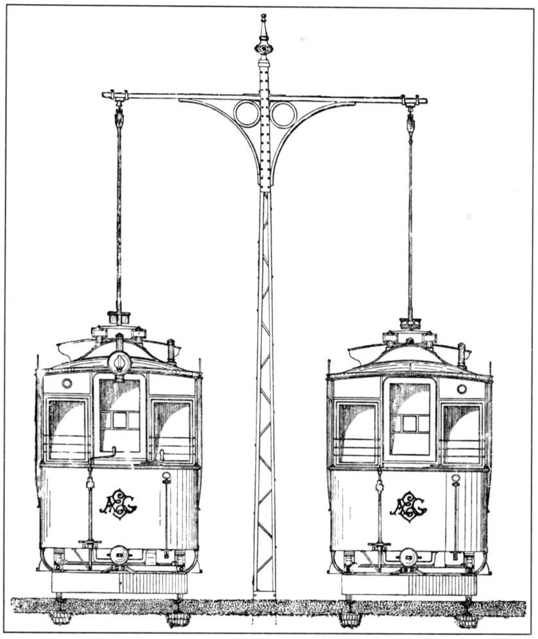

208 Zeichnung eines Straßenbahnwagens, aus der deutlich wird, daß die Aufhängung der Arbeitsleitung an Masten mit Auslegern erfolgte.

Allgemeine Elektricitäts-Gesellschaft, Berlin.

DIE STRASSENBAHN-UNTERNEHMUNGEN

MIT OBERIRDISCHER STROMZUFÜHRUNG

NACH DEM SYSTEM DER

ALLGEMEINEN ELEKTRICITÄTS-GESELLSCHAFT IN BERLIN

NACH DEM STANDE VOM AUGUST 1896.

A. Im Betriebe.

Laufd. No.	Elektrische Strassenbahn in	Jahr der Ausführung	Betriebs-Eröffnung	Der Betrieb wird geführt von	Streckenlänge in km	Gleislänge in km	Spurweite in mm	Schienen-Profil	Grösste Steigung	Anzahl der Motorwagen	Anzahl der Anhängewagen	Anzahl der Wagen-Motoren	Anzahl der Kessel	Heizfläche in qcm pro Kessel	Anzahl der Dampfmaschinen	H. P. pro Dampfmaschinen	Gesammtleistung der Dampfmaschinen in H. P.	Anzahl der Primär-Maschinen	Spannung in Volt	Gesammtleistung der Dynamomaschinen in Kilo Watt
1	**Halle**	1890/91	V 1891	A. E. G. für Rechnung eines Syndikats	12,6	16,9	1000	Haarmann u. Phönix 7 b	1 : 20	36	13	72	3	121	2	175	350	4	500	240
2	**Gera***)	1891	II 1892	Geraer Strassenbahn Akt.-Ges.	9,5	10,7	1000	Phönix 7	1 : 20	26	16	44	3	151	3	175	525	6	500	360
3	**Kiew**	1892	V 1892	Kiewer Stadtbahn-Gesellschaft	26,2	28,6	1512	Büsing Profil u. Rillenschienen	1 : 9,5	46	10	92	3	144	4	175	700	8	500	480
4	**Breslau**	1892	VI 1893	Elektr. Strassenbahn Breslau Akt.-Ges.	17,7	28	1435	Phönix 14a und Hoerde	1 : 40	55	60	110	5	4 à 106 1 à 152	4	180	720	8	500	480
5	**Essen**	1892	VIII 1893	Süddeutsche Eisenb. Ges. in Darmstadt	18,4	22	1000	Haarmann	1 : 16	24	17	48	3	151	3	180	540	6	500	360
6	**Chemnitz**	1892/93	XII 1893	Allgem. Lokal- und Strassenbahn-Gesellsch.	20,6	21,3	915	Phönix 7 b	1 : 30	34	20	68	3	156	2	192	384	4	500	240
7	**Christiania**	1893/94	III 1894	Aktieselskabet Christiania Elektr. Sporvei	6,5	7,5	1435	Phönix 7 b	1 : 15	15	7	30	3	90	3	115	345	3	500	180
8	**Dortmund**	1893/94	IV 1894	Allgem Lokal- und Strassenbahn-Gesellsch.	15,1	17,6	1435	Hoerde 29	1 : 40	36	20	60	3	173	3	180	540	6	500	360
9	**Lübeck**	1893/94	V 1894	Allgem. Lokal- und Strassenbahn-Gesellsch.	9,9	13,7	1100	Phönix 7 a	1 : 20	24	20	48	2	123	3	180	540	4	500	240
10	**Plauen**	1894	XI 1894	Sächsische Strassenb.-Gesellschaft Akt.-Ges.	3,4	5,2	1000	Phönix 7 b	1 : 12	9		18	2	100	2	100	200	2	500	120
11	**Königsberg***)	1894	II 1895	Stadtgemeinde Königsberg	2,9	5,5	1000	Phönix 14 a	1 : 24	10		13	1	100	1	125	125	1	500	120
12	**Altenburg***)	1894/95	IV 1895	Strassenb. u. Elektr.-Werk Altenburg Akt.-Ges	3,5	4,1	1000	Phönix 7 a	1 : 11	7		14	3	90	3	110	330	6	500	216
13	**Lübeck** Erweiterung	1895	VI 1895	Allgem. Lokal- und Strassenbahn-Gesellsch.	4	4	1100	Phönix 7 a	1 : 50	4		8						2	500	120
14	**Strassburg***)	1895	VII 1895	Strassburger Strassenb.-Gesellschaft	5,7	7,9	1435	Demerbe und Zwillingsschien.	1 : 70	14	18	17	3	161	3	100	300	3	500	
15	**Stuttgart** I. u. II. Bauperiode	1895	IX 1895	Stuttgarter Strassenbahnen	13,8	19,2	1000	Haarmann u. Hartwich	1 : 17,5	50	29	58	Die Kraft liefert das städtische Elektricitäts-Werk						500	
16	**Genua****)	1894/95	X 1895	Società di Ferrovie Elettriche e Funicolari	10,6	14,7	1000	Phönix 14 b	1 : 12	30		60	2 2	133 56	2	400	800	2	500	520
17	**Spandau**	1895	I 1896	Allgemeine Deutsche Kleinbahn-Gesellschaft	6,6	11,5	1000	Hoerde 7a und 5a	1 : 200	24	20	24	2	106	2	150	300	2	500	200
18	**Bilbao-Santurce**	1895	I 1896	Sociedad Colectiva J. J. Amann y Ca.	14,4	15	1365	Phönix 7 a	1 : 20	22	35	28	3	106	3	175	525	3	500	300
19	**Kiel**	1895	V 1896	Allgem. Lokal- und Strassenbahn-Gesellsch.	14,8	18,3	1100	Bochum	1 : 15	39	18	70	3	121	3	200	600	6	500	360
20	**Leipzig**	1895	VI 1896	Leipziger elektrische Strassenbahn	26	44	1458	Phönix 25 und Bochum	1 : 35	70	50	140	3	242	3	370	1110	3	500	750
21	**Bromberg**	1895	VII 1896	Allgemeine Elektricitäts-Gesellsch.	4,7	4,8	1000	Phönix 2 u. Haarmann	1 : 26	16	17	32	3	106	3	175	525	6	500	270
22	**Nürnberg-Fürth** I. Bauperiode	1895	VI 1896	Nürnberg-Fürther Strassenbahn-Gesellsch.	10,7	21,4	1435	Haarmann	1 : 30	31	15	56	4	150	3	200	600	6	500	360
23	**Danzig**	1895	VIII 1896	Allgem. Lokal- und Strassenbahn-Gesellsch.	19,2	24,3	1440	Phönix 14 a u. Haarmann	1 : 30	35	52	70	3	151	3	200	600	6	500	430
					Σ 276.8							1120								

*) In Verbindung mit dem städtischen Elektricitätswerk.

**) Ausserdem eine Drahtseilbahn mit elektrischem Antrieb, Streckenlänge 0,7 km, grösste Steigung 1 : 4,8, Höhenunterschied 180 m.

B. Im Bau.

Laufd. No.	Elektrische Strassenbahn in	Jahr der Ausführung	Betriebs-Eröffnung	Der Betrieb wird geführt von	Streckenlänge in km	Gleislänge in km	Spurweite in mm	Schienen-Profil	Grösste Steigung	Anzahl der Motorwagen	Anzahl der Anhängewagen	Anzahl der Wagen-Motoren	Anzahl der Kessel	Heizfläche in qcm pro Kessel	Anzahl der Dampfmaschinen	H. P. pro Dampfmaschinen	Gesammtleistung der Dampfmaschinen in H. P.	Anzahl der Primär-Maschinen	Spannung in Volt	Gesammtleistung der Dynamomaschinen in Kilo Watt
24	**Genua**	1895		Società di Ferrovie Elettriche e Funicolari	6,4	8,6	1000	Phönix 14 b	1 : 12	18		36	Verbunden mit dem Elektricitäts-Werk						500	
25	**Genua**	1895		Societá dei Tramways Orientali	10,8	14,5	1000	Phönix 14 b	1 : 20	25	8	50	Verbunden mit dem Elektricitäts-Werk						500	
26	**Stuttgart** III. u. IV. Bauperiode	1895		Stuttgarter Strassenbahnen	9,5	13,3	1000	Haarmann u. Hartwich	1 : 17,5	36	21	72	Die Kraft liefert das städtische Elektricitäts-Werk						500	
27	**Chemnitz** Erweiterung	1895		Allgemeine Lokal- und Strassenbahn-Gesellschaft	7	8	915	Phönix 7 b	1 : 30	10		20			1	175	175	2	500	120
28	**Bilbao Las Arenas y Algorta**	1895		Sociedad Colectiva J. J. Aman y Ca.	16,2	18	1365	Demerbe u. Phönix 7 a	1 : 20	14	35	17	Die Kraftstation ist gemeinsam mit der Linie Bilbao-Santurce						500	
29	**Nürnberg-Fürth** II. Bauperiode	1895/96		Nürnberg-Fürther Strassenbahn-Gesellschaft	14,5	25,5	1435	Haarmann	1 : 18	37		67	4	150	1	175	175	2	500	120
30	**Stettin**	1896		Stettiner Strassen-Eisenbahn-Gesellschaft	31,9	36	1435	Bochum 20 a	1 : 14	58	40	116	4	150	3	250	750	3	500	600
31	**Eisenach**	1896		Elektricitäts-Werk Eisenach	3,3	3,8	1000	Phönix 7 a	1 : 19	5	4	10	Die Kraft liefert das städtische Elektricitäts-Werk						500	
32	**Genua**, Verlängerung (Doria-Prato)*)	1896		Società di Ferrovie Elettriche e Funicolari	4,4	5	1000	Phönix 14 b	1 : 48	8		16	Verbunden mit dem Elektricitäts-Werk						500	
33	**Duisburg**	1896		Allgemeine Lokal- und Strassenbahn-Gesellschaft	18,2	33,2	1435	Phönix 7 b, Phönix 14 b u. Haarmann	1 : 28	41	28	82	3	145	3	200	600	3	500	180
34	**Bernburg****)	1896		Strassenbahn und Elektricitätswerk Bernburg.	2,8	3,8	1000	Phönix 7 b	1 : 15	9		18	3	90	3	110	330	6	500	360
					401.8							1684								

*) Ausserdem eine Drahtseilbahn mit elektr. Antrieb von 0,7 km Länge, grösste Steigung 1 : 2,7, Höhenunterschied 98 m.

**) In Verbindung mit dem städtischen Elektricitätswerk.

In Summa:
- **Gleislänge in km: 536,3.**
- **Anzahl der Motorwagen: 918.**
- **Anzahl der elektrisch betriebenen Schneefegemaschinen: 6.**

209 1896 befanden sich in insgesamt 34 deutschen und europäischen Städten Straßenbahnen der AEG in Betrieb, bzw. noch im Bau und 16 weitere waren in Vorbereitung.

210 Elektrische Hochbahn zwischen dem Verwaltungsgebäude Schiffbauerdamm und dem Bürogebäude der Berliner Elektrizitätswerke in der Luisenstraße. Versuchsstrecke im dritten Stock.

211 Parallel zur Ausweitung ihres Geschäftes in Europa versuchte die AEG, auch in Südamerika Fuß zu fassen, was Emil Rathenau drei Jahre zuvor noch abgelehnt hatte (s. Anhang, S. 259).

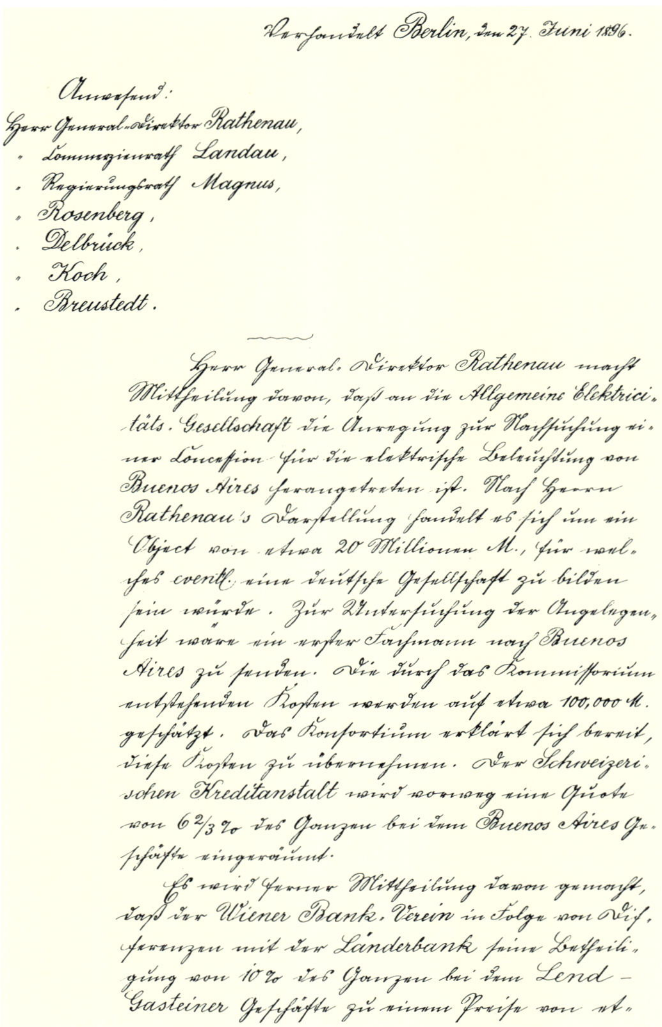

Verhandelt Berlin, den 27. Juni 1896.

Anwesend:
Herr General-Direktor Rathenau,
" Commerzienrath Landau,
" Regierungsrath Magnus,
" Rosenberg,
" Delbrück,
" Koch,
" Breustedt.

Herr General-Direktor Rathenau macht Mittheilung davon, daß an die Allgemeine Elektricitäts-Gesellschaft die Anregung zur Nachsuchung einer Concession für die elektrische Beleuchtung von Buenos Aires herangetreten ist. Nach Herrn Rathenau's Darstellung handelt es sich um ein Object von etwa 20 Millionen M., für welches eventl. eine deutsche Gesellschaft zu bilden sein würde. Zur Untersuchung der Angelegenheit wäre ein erster Fachmann nach Buenos Aires zu senden. Die durch das Kommissorium entstehenden Kosten werden auf etwa 100,000 M. geschätzt. Das Konsortium erklärt sich bereit, diese Kosten zu übernehmen. Der Schweizerischen Kreditanstalt wird vorweg eine Quote von 6⅔ % des Ganzen bei dem Buenos Aires Geschäfte eingeräumt.

Es wird ferner Mittheilung davon gemacht, daß der Wiener Bank-Verein in Folge von Differenzen mit der Länderbank seine Betheiligung von 10 % des Ganzen bei dem Lend-Gasteiner Geschäfte zu einem Preise von et-

Sitzungsprotokoll, 27. Juni 1896

Verhandelt Berlin, den 27. Juli 1896

Anwesend:
"Herr General-Direktor Rathenau,
"Commerzienrath Landau,
"Regierungsrath Magnus,
"Rosenberg,
"Delbrück,
"Koch,
"Breustedt.

Herr General-Direktor Rathenau macht Mittheilung davon, daß an die Allgemeine Elektricitäts-Gesellschaft die Anregung zur Nachsuchung einer Concession für die elektrische Beleuchtung von Buenos Aires herangetreten ist. Nach Herrn Rathenau's Darstellung handelt es sich um ein Object von etwa 20 Millionen M., für welches eventl. eine deutsche Gesellschaft zu bilden sein würde. Zur Untersuchung der Angelegenheit wäre ein erster Fachmann nach Buenos Aires zu senden. Die durch das Kommissorium entstehenden Kosten werden auf etwa 100,000 M. geschätzt. Das Konsortium erklärt sich bereit, diese Kosten zu übernehmen. Der Schweizerischen Kreditanstalt wird vorweg eine Quote von 6⅔ % des Ganzen bei dem Buenos Aires Geschäfte eingeräumt.
Es wird ferner Mittheilung davon gemacht, daß der Wiener Bank-Verein in Folge von Differenzen mit der Länderbank seine Betheiligung von 10 % des Ganzen bei dem Lend-Gasteiner Geschäfte zu einem Preise von etwa 70 % des investirten Kapitals aufzugeben wünscht. Das Konsortium beschliesst die Quote des Wiener Bank-Vereins zu den angebotenen Bedingungen zu übernehmen.

gez: Emil Rathenau — gez. J. Landau
gez: Magnus. — gez. R. Koch.
gez: Ludwig Delbrück. — gez. Rosenberg.
gez: E. Breustedt.

212 Maschinenhalle des von der AEG errichteten Elektrizitätswerkes in Buenos Aires.

213 Sogar in Großbritannien, in Manchester, baute die AEG ein Kraftwerk.

Abkommen.

zwischen der Siemens & Halske, Aktiengesellschaft
einerseits
und der Allgemeinen Elektricitäts-Gesellschaft
andererseits.

1.

Das vorliegende Abkommen bezweckt die Regelung einer gemeinschaftlichen Behandlung der grösseren selbstständigen elektrischen Unternehmungen in Südamerika. Dasselbe bezieht sich zunächst auf die unter 2 genannten Städte. Es werden jedoch beide Gesellschaften, sobald andere südamerikanische Unternehmungen ~~ähnlicher Art in~~ in Frage kommen, versuchen, auch diesbezüglich ein Abkommen zu schliessen, bevor sie in Konkurrenzbestrebungen eintreten.

2.

Zunächst wird nachrichtlich bemerkt, dass der Allgemeinen Elektricitäts-Gesellschaft die Beleuchtungs- und Trambahn-Unternehmungen der Chilian Elektric Tramway and Lihgt Comp. in Santiago de Chile und ferner die der Deutsch-Ueberseeischen Elektricitäts-Gesellschaft in Buenos-Aires auf Grund bestehender Verträge ausschliesslich reserviert bleiben. Zu den Unternehmungen der Deutsch-Uberseeischen Elektricitäts-Gesellschaft gehört die Centrale

214 Die AEG baute nicht nur ihr Engagement in Europa aus, sondern auch in Südamerika. Zur Vermeidung gegenseitiger Konkurrenz schloß sie 1898 mit Siemens & Halske ein Abkommen, in dem eine Abgrenzung der gegenseitigen Einflußsphären erfolgte und eine Vereinbarung über die gemeinsame Abwicklung südamerikanischer Geschäfte getroffen wurde (vollständiger Abdruck im Anhang, S. 260).

Emil Rathenau an Georg von Siemens, 3. Februar 1897

Berlin, N. W., den 3. Februar 1897

Sehr geehrter Herr Doktor.
Zu dem mir freundlichst überlassenen Schreiben des Herrn F. Zahn Geigy vom 15. v. Mts., das ich anliegend mit Dank zurückreiche, bemerke ich ergebenst:
Fragen dieser Art treten häufig an uns heran, zuletzt von der Landmandsbank in Copenhagen; aber wie Sie wissen, sehe ich in dem Ankauf von Unternehmungen, deren Schwerpunkt in der Fabrikation liegt, eine Zersplitterung unserer Kräfte. Unsere Concurrenten lassen sich durch entgegengesetzte Principien leiten, wie Schuckert durch den Ankauf der Naglo'schen Fabrik kürzlich bewiesen hat. Wenn es im Augenblick an Arbeitsgelegenheit noch weniger fehlt, als an Werkstätten und Werkzeugen zur Bewältigung der Arbeiten, so kann über kurz oder lang der umgekehrte Fall eintreten, da alle Fabriken enorme Aufwendungen in den letzten Jahren gemacht haben. Ob die finanziellen Mittel ausreichen werden, Unternehmungen ins Leben zu rufen, zu deren Ausrüstung mit Maschinen und Einrichtungen man vorgesorgt hat, wird die Zukunft lehren, ich zweifle daran, weil ich aus Erfahrung weiss, dass selbst die Unternehmungen häufig hinter den Hoffnungen der Aktionäre lange zurückbleiben, die den Kern einer gesunden Entwicklung in sich tragen. Aber nicht bei allen ist dies der Fall! Enttäuschungen können deshalb nicht ausbleiben, und wir dürfen uns darauf gefasst machen, dass die traurigen Erfahrungen, die England und Amerika gemacht haben, dem Continent nicht erspart bleiben. Je nach der Individualität wird man Beginn und Dauer der Depression verschieden beurtheilen; der meinigen entspricht es mehr, auf Gewinne in der Hochfluth zu verzichten, als neue Arbeitsstätten zu beschaffen, die später einmal ein Bleigewicht für uns werden können. Dabei verkenne ich freilich nicht, dass die Tendenz in allen Ländern darauf gerichtet ist, die nationale Arbeit zu bevorzugen, und dass wir an vielen Orten mit unseren Organisationen einen schweren Stand gegen die einheimische Industrie einnehmen. Mit der Zeit bricht sich häufig die Ueberzeugung Bahn, dass in vollkommen ausgerüsteten Werkstätten, nach durchgearbeiteten Modellen erzeugte Produkte einen höheren Werth als solche besitzen, die in mehr handwerksmässiger Weise hergestellt werden, und wo trotz aller Bemühungen das erstrebte Ziel nicht erreicht wird, sind durch Auflösung unserer Organisationen die Verluste unverhältnissmässig geringer als durch Aufgabe von Fabrikationsstätten, die selten oder gar nicht liquidirt werden können.
Ich begrüsse Sie auch bei diesem Anlass

mit bekannter Hochachtung
E. Rathenau

215 Gegen Ende des vergangenen Jahrhunderts zeichnete sich die kommende Krise der deutschen Elektroindustrie bereits ab, in der viele Unternehmen, die in der Zeit der Hochkonjunktur expandiert hatten, aufgrund ihrer hohen Verschuldung in finanzielle Probleme gerieten. Da Emil Rathenau die Situation vorhergesehen und entsprechend vorsichtig gehandelt hatte, konnte die AEG die kurz nach der Jahrhundertwende mit voller Heftigkeit ausbrechende Krise gut überstehen.

Zur gemeinschaftlichen Behandlung der größeren Geschäftsvorhaben in Südamerika schlossen Siemens & Halske und die AEG 1898 ein Abkommen, in dem sie ihre Einflußsphären gegeneinander abgrenzten und die Bedingungen einer Zusammenarbeit festlegten.
Zu diesem Zeitpunkt zeichnete sich im Rahmen einer allgemeinen Konjunkturabschwächung bereits die große Krise in der Elektroindustrie ab. Der Kampf um Konzessionen nahm von Jahr zu Jahr an Heftigkeit zu, so daß die Bedingungen für die Unternehmen immer härter wurden. Die technischen Ansprüche, die die Auftrag erteilende Behörde stellte, stiegen mit dem wachsenden Fachwissen der zuständigen Beamten ebenfalls. Unternehmen, die in Zeiten der Hochkonjunktur expandiert und sich dabei stark verschuldet hatten, gerieten zu Anfang des 20. Jahrhunderts bei Nachlassen der Nachfrage und gleichzeitiger Verteuerung einiger Rohstoffe wie z. B. Kupfer in finanzielle Schwierigkeiten und konnten sich nicht länger halten.

216 Georg Klingenberg (1870–1925) war von 1902 bis zu seinem Tode Vorstandsmitglied der AEG. Nach seinen Patenten wurden in der AEG ab 1901 Fahrzeuge gebaut. Sein Vorstandsressort war der Bau und Betrieb von Elektrizitätswerken.

217 Lokomotivbau bei der AEG um 1908.

218 Automobilfabrikation in Oberschöneweide 1906. Zur stärkeren Diversifizierung hatte die AEG 1901 mit dem Bau von Kraftfahrzeugen begonnen (links die Montage von Personenwagen, rechts von Lastwagen).

219 Ein von der AEG hergestellter Lastwagen mit Exportgütern vor dem Bahnhof »Gesundbrunnen« in Berlin 1907.

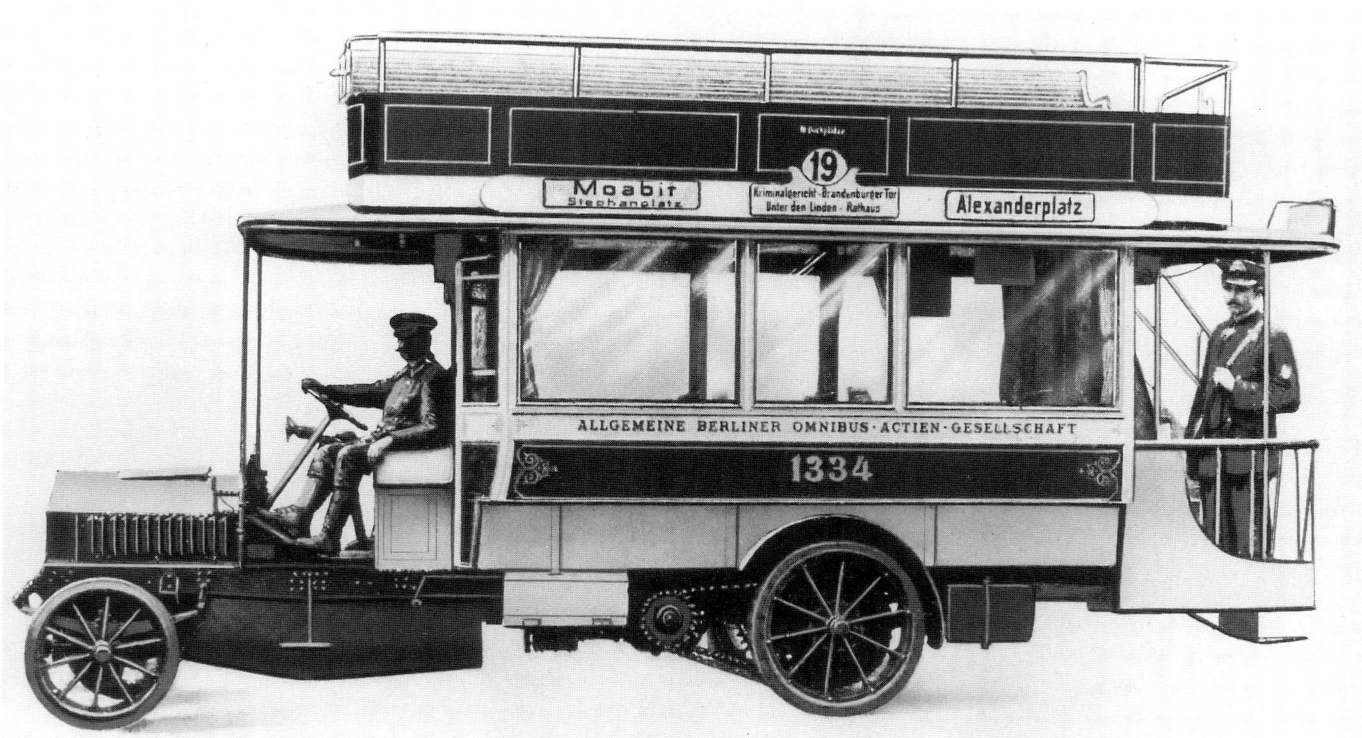

220 Doppelstock-Omnibus der AEG um 1907, der von den Berliner Omnibusgesellschaften eingesetzt wurde.

221 Werbeblatt für AEG Zigarrenanzünder im Auto.

In dieser Situation zahlten sich die weitblickende internationale Ausweitung der AEG sowie die vorsichtige Finanzpolitik Rathenaus aus. Er hatte die kommende Krise schon jahrelang vorhergesehen und sich ganz bewußt gegen eine übertriebene Ausnutzung der Hochkonjunktur Mitte der 90er Jahre entschieden. Er zog es vor, eher auf einen Teil der in dieser Phase bei Ausweitung der Produktion realisierbaren Gewinne zu verzichten als später mit Überkapazitäten belastet zu sein. Aufgrund ihrer weitgespannten Geschäftsbeziehungen konnte die AEG Absatzlücken auf dem nationalen Markt durch eine Steigerung ihres Auslandsabsatzes mehr als ausgleichen, d. h. ihren Umatz sogar noch steigern. Ihr finanzieller Status erlaubte es der Gesell-

schaft, Zeiten der Nichtauslastung der Produktionsanlagen zu gründlichen Wartungs- und Erneuerungsarbeiten zu nutzen.
Gleichzeitig bemühte man sich, das Produktionsprogramm aufzufächern, indem z. B. 1901 die »Allgemeine Automobil-Gesellschaft« erworben und in die »Neue Automobil-Gesellschaft m. b. H.« (NAG) umgewandelt wurde. Der Bau der Fahrzeuge nach den Patenten von Klingenberg – von 1902 bis 1925 Vorstandsmitglied der AEG – erfolgte im Kabelwerk Oberspree. Neben Personen- und Lastkraftwagen stellte man dort auch doppelstöckige Omnibusse und später Militärfahrzeuge her. Weitere Schritte zur Diversifikation waren: Ausweitung der Produktion von Gummi- und Metallwaren, Errichtung eines Blechwalzwerkes, Produktion von Eisendraht, Bau von Zählern, Herstellung von Röntgenröhren und Aufnahme der Fabrikation von Apparaten für die Funkentelegraphie. Dieser neue Geschäftszweig wurde in den darauffolgenden Jahren rasch ausgebaut.
Wie schnell die AEG wuchs, veranschaulichen die Zahlen der folgenden Tabelle. Bereits 1896/97, im Jahr der Umwandlung von Siemens & Halske in eine Aktiengesellschaft, übertraf die Bilanzsumme der AEG die von Siemens & Halske. Zwischen 1894/95 und 1905/06 verfünffachte sich das der AEG zur Verfügung stehende Aktienkapital. Die überaus vorsichtige Finanzpolitik Rathenau läßt sich aus dem stetigen Anwachsen der Reserven ablesen, die bei Ausbruch der Krise 1902 etwa doppelt so hoch waren wie bei Siemens. Der Rückgang des Bilanzvolumens und der Einbruch in der Gewinnentwicklung bei beiden Unternehmen spiegelten diese Krise deutlich wider. Dennoch setzte sich das Wachstum in den nachfolgenden Jahren fort.

222 Auflistung einiger wichtiger Bilanzposten der AEG sowie der Siemens & Halske AG

Jahr	1894/95	1896/97	1899/1900	1902/03	1905/06	1908/09	1911/12	1913/14
				in Mio DM				
Bilanzsumme								
AEG	37,12	77,32	133,42	131,86	233,34	200,23	378,04	470,75
Siemens & Halske	–	74,76	126,65	123,68	123,37	148,76	188,11	197,15
Grundkapital								
AEG	20	32,59	60	60	100	100	130	155
Siemens & Halske	–	35	54,5	54,5	54,5	63	63	63
Reserven								
AEG	4,48	13,49	22,03	23,24	35,83	37,73	46,36	73,62
Siemens & Halske	–	1,65	9,07	10,15	10,84	13,30	18,50	22,50
Reingewinn								
AEG	2,68	5,82	10,72	5,62	18,01	16,38	24,39	18,89
Siemens & Halske	–	4,43	7,06	4,43	7,96	11,43	12,41	11,15
Dividende in %								
AEG	11	15 auf 25 Mio.	15 auf 47 Mio. 7½ auf 13 Mio.	8	11 auf 86 Mio. 5½ auf 14 Mio.	13	14	10
Siemens & Halske	–	10 auf 28 Mio. 5 auf 7 Mio.	10 auf 45 Mio. 4 auf 9,5 Mio.	5	10	12	12	10

Krise und Konsolidierung

Nach 1900 kam die Krise voll zum Ausbruch, und auch große und angesehene Unternehmen gerieten in solche Bedrängnis, daß sie sich nach Partnern für eine Interessengemeinschaft oder Fusion umsehen mußten. So führte der 1901 erfolgte Zusammenbruch der Leipziger Bank, die zum Bankenkonsortium der Elektrizitäts-Aktiengesellschaft vorm. Schuckert & Co. in Nürnberg gehörte, dazu, daß das Unternehmen Verhandlungen mit der AEG zur Bildung einer Interessengemeinschaft aufnahm. Sowohl Walther Rathenau wie auch Felix Deutsch und Carl Fürstenberg setzten sich energisch für ein Zusammengehen mit Schuckert ein, doch scheiterten die Pläne schließlich an organisatorischen Problemen sowie an der zögernden Haltung der Vorstandsmitglieder und an persönlichen Differenzen zwischen Emil Rathenau und Alexander Wacker, dem Generaldirektor von Schuckert, die bereits bei der Behandlung der Vorhaben in der Türkei deutlich geworden waren.

Gleichzeitig führte die AEG Verhandlungen mit der Union Elektrizitäts-Gesellschaft, deren Fabrikationsschwerpunkt auf dem Bahnbau lag. Sie war darin der AEG, die ebenfalls den Vollbahnbau aufgenommen hatte, aber die hohen Entwicklungs- und Versuchskosten scheute, überlegen. Dieser technische Vorsprung der Union basierte vor allem auf ihrem Vertrag mit der Thomson-Houston Co., dem Fusionspartner der Edison General Electric Co. Hierin gewährte das amerikanische Unternehmen der Union kostenlosen Zugriff auf die gesamten Patente sowie die produktions- und betriebstechnische Erfahrung der General Electric Co. im Bahnbau für die Gebiete Deutschland sowie Nord- und Osteuropa. Andererseits war der Bahnbau in steigendem Maße auf die Zusammenarbeit mit Firmen im Kraftwerksgeschäft angewiesen, um die Betriebskosten durch Zusammenarbeit und gegenseitige Unterstützung vor allem in der Entwicklung senken zu können. Folglich ergänzten sich beide Firmen derart in ihrer Geschäftsstruktur, daß ein Zusammenschluß wünschenswert erschien. Die Verhandlungen, die mit dem Ziel einer Fusion geführt wurden, kamen auch schnell in Gang, machten jedoch eine Klärung und Neufassung der Beziehungen zur General Electric Co. und ihren zahlreichen europäischen Tochtergesellschaften notwendig. Dieses Vorgehen versprach jedoch viel Zeit in Anspruch zu nehmen. Da außerdem eine abschließende Bewertung der Union nur schwer möglich war, da sich die kommerzielle Lage vieler ihrer Tochtergesellschaften noch nicht stabilisiert hatte, begnügte man sich zunächst mit einer Interessengemeinschaft und verschob die Fusion auf einen späteren Zeitpunkt.

Der am 22. Dezember 1902 zur Gründung der Interessengemeinschaft abgeschlossene Vertrag sollte am 1. Juli 1903 in Kraft treten und für 35 Jahre gültig bleiben. Er sah die Vereinigung der Verwaltungen und Betriebe beider Unternehmen vor und erstreckte sich auf alle Geschäftszweige. Die Mitglieder des AEG-Vorstandes traten in den Vorstand der Union ein und umgekehrt. Beide Gesellschaften blieben zwar formal weiterhin selbständig, d. h. sie bilanzierten getrennt, doch wurden die Gewinne zusammengelegt und nach einem aus Aktienkapital und bisherigen Dividendenzahlungen errechneten Schlüssel im Verhältnis $^{15}/_{19}$ für die AEG und $^{4}/_{19}$ für die Union verteilt. Entsprechend blieben die Aufsichtsräte der Gesellschaften bestehen, wurden in ihren Funktionen jedoch beschränkt. Ein aus beiden Aufsichtsräten bestehender Delegationsrat traf alle erforderlichen wichtigen Entscheidungen.

Eine so eng gefaßte Interessengemeinschaft kam praktisch einer Fusion gleich, und in der Folgezeit

223 Ehemaliges Verwaltungsgebäude der Union-Elektricitäts-Gesellschaft.

224 1903/1904 kam es schrittweise doch noch zur Fusion von AEG und Union-Elektricitäts-Gesellschaft.

„Über Zweck und Ziel des Vertrages bemerkte Geh. Rat Rathenau u. a. folgendes:
Daß der Zusammenschluß der Gesellschaften neben anderen Zwecken die Hebung der durch gegenseitige Unterbietungen unlohnend, zuweilen verlustbringend gewordenen Geschäfte auf eine dem Fabrikationsgewinn entsprechende, angemessene Höhe verfolgt, wird nicht in Abrede gestellt. Aber dieser Zweck soll weder durch willkürliche Preisfestsetzungen noch durch Syndikatsbildungen erreicht werden, sondern durch andere Mittel, wie *Ersparnisse in der Verwaltung, rationelle Arbeitsteilung* und vorteilhafte *Ausnutzung der kostspieligen Betriebsanlagen.*
Es hat an Stimmen nicht gefehlt, welche meinen, daß gerade auf unserem noch lange nicht abgeschlossenen Gebiete die selbständige Kraft verschiedener großer industrieller Firmen nicht entbehrt werden kann. Unser Vertrag mit der Union jedoch zeigt, daß eine Verständigung der sich zusammenschließenden Firmen auch *ohne Verzicht auf ihre Indivudualität* erzielt werden kann. Der nach dem Vorgang der A. E.-G. erfolgte Zusammenschluß anderer Firmen der Elektrizitätsindustrie beweist ferner, daß auch an anderen maßgebenden Stellen diese Befürchtungen zu weichen beginnen. Wenn manche in der Bildung von Assoziationen die Gefahr erblickten, daß ein Teil des Personals durch die angestrebten Reformen entbehrlich werde, so ist diese Befürchtung doch nur mit einer gewissen Einschränkung berechtigt, da wir durch den Zusammenschluß nicht eine Verminderung der auf den bisherigen Gebieten geleisteten Arbeit, sondern ein Anwachsen des Bedarfes anstreben. Auch betrachten wir es als Aufgabe einer rationellen Geschäftsführung, dafür zu sorgen, daß Werkstätten, Maschinen und Einrichtungen, welche durch Verschmelzung der Betriebe den früheren Zwekken zu dienen aufhören, in Stätten zur Erzeugung solcher Produkte umgewandelt werden, wie sie die Fortschritte der modernen Technik fast täglich bieten.
Bei unserer umfangreichen Tätigkeit, welche über die gesamte Starkstromtechnik sich erstreckt, hatten wir dem Bau elektrischer Eisenbahnen weniger Beachtung geschenkt als die sich hauptsächlich auf dieses Gebiet konzentrierende Union, welcher noch dazu die Versuche und Erfahrungen befreundeter Gesellschaften in Amerika zur Verfügung stehen. Die Fabriken der Union und A. E.-G. ergänzen sich so, daß nur verhältnismäßig wenige, in beiden Unternehmungen gleichzeitig ausgeübte Betriebe im Interesse der Einheitlichkeit verschmolzen zu werden brauchen. Außerdem können Aufträge, welche die Union bisher anderweitig vergeben mußte, den Werkstättten der A. E.-G. im Interesse beider zufallen. *Im Besitz der Union befinden sich keine Aktien ihrer Trustgesellschaft.* Die Finanzgesellschaft bleibt außerhalb des Vertrages; ebenso sind die selbständigen, ausländischen Geschäfte in die jetzige Kombination nicht einbezogen worden. Immerhin sichert die gewählte Form des Abschlusses *die Möglichkeit weiterer Angliederungen solcher Unternehmungen, die den geschaffenen Concern zu ergänzen oder zu stärken geeignet sind.* Die von uns gewählte Art des Zusammengehens steht der formellen Fusion vielleicht insofern nach, als diese einen scheinbar weniger umständlichen Verwaltungsapparat erfordert, und der *Gedanke einer Verschmelzung,* von dem man ursprünglich ausgegangen war, *braucht auch deshalb nicht aus dem Auge verloren zu werden.* Für jetzt wird man sich begnügen, den Zusammenschluß einer tatsächlichen Fusion so zu nähern, daß materielle Nachteile aus dem etwas künstlicheren Aufbau weder für die Gesellschaften noch für die Aktionäre entstehen.
Die gegenwärtige Lage der Industrie macht den Zusammenschluß der elektrotechnischen Firmen zu einer Notwendigkeit. Die wirtschaftlichen Vorteile des Zusammenschlusses sind so erheblich, daß ihnen gegenüber alle Bedenken verschwinden. Interessen Dritter werden nicht verletzt: weder einzelner noch der Allgemeinheit. Dem Lande aber wird das Fortbestehen einer seiner schönsten und stärksten Industrien gesichert.“

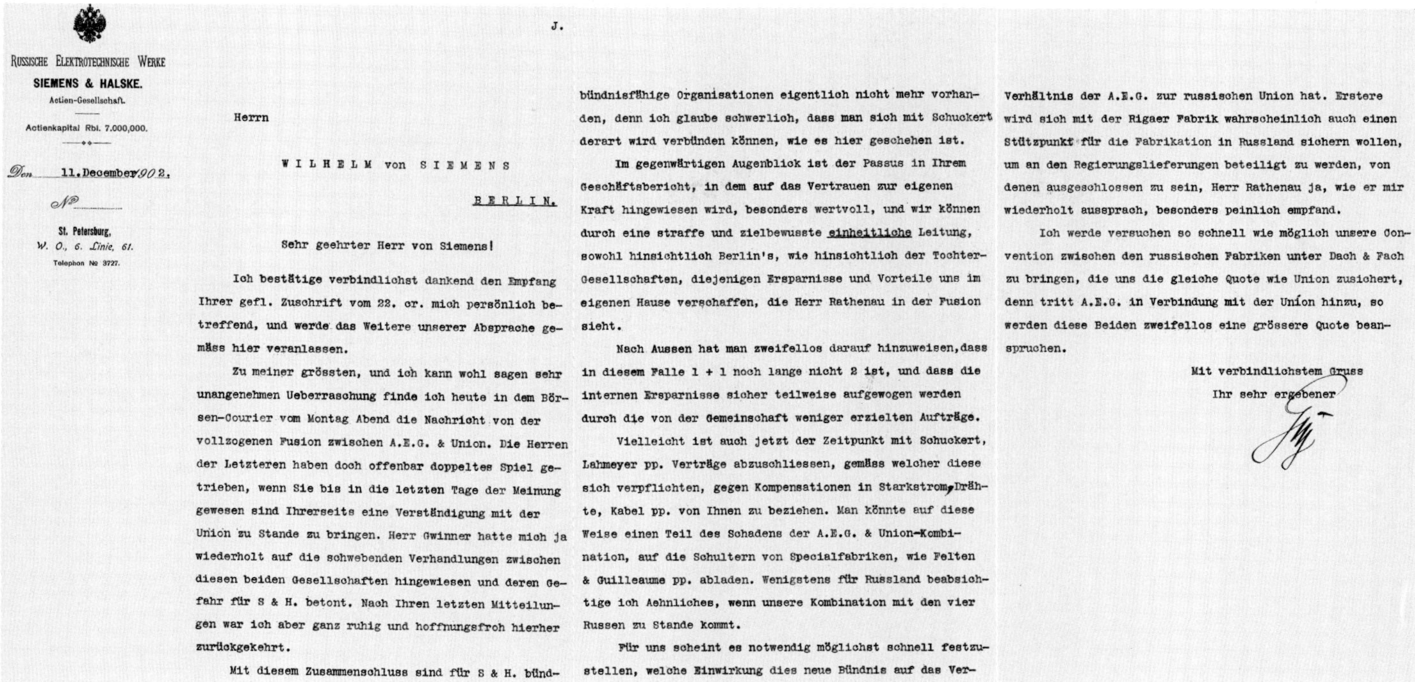

J.

Russische Elektrotechnische Werke
SIEMENS & HALSKE.
Actien-Gesellschaft.
Actienkapital Rbl. 7.000,000.

Den 11. December 902.

№

St. Petersburg,
W. O., 6. Linie, 61.
Telephon № 3727.

Herrn

W I L H E L M von S I E M E N S

B E R L I N.

Sehr geehrter Herr von Siemens!

Ich bestätige verbindlichst dankend den Empfang Ihrer gefl. Zuschrift vom 22. cr. mich persönlich betreffend, und werde das Weitere unserer Absprache gemäss hier veranlassen.

Zu meiner grössten, und ich kann wohl sagen sehr unangenehmen Ueberraschung finde ich heute in dem Börsen-Courier vom Montag Abend die Nachricht von der vollzogenen Fusion zwischen A.E.G. & Union. Die Herren der Letzteren haben doch offenbar doppeltes Spiel getrieben, wenn Sie bis in die letzten Tage der Meinung gewesen sind Ihrerseits eine Verständigung mit der Union zu Stande zu bringen. Herr Gwinner hatte mich ja wiederholt auf die schwebenden Verhandlungen zwischen diesen beiden Gesellschaften hingewiesen und deren Gefahr für S & H. betont. Nach Ihren letzten Mitteilungen war ich aber ganz ruhig und hoffnungsfroh hierher zurückgekehrt.

Mit diesem Zusammenschluss sind für S & H. bündnisfähige Organisationen eigentlich nicht mehr vorhanden, denn ich glaube schwerlich, dass man sich mit Schuckert derart wird verbünden können, wie es hier geschehen ist.

Im gegenwärtigen Augenblick ist der Passus in Ihrem Geschäftsbericht, in dem auf das Vertrauen zur eigenen Kraft hingewiesen wird, besonders wertvoll, und wir können durch eine straffe und zielbewusste einheitliche Leitung, sowohl hinsichtlich Berlin's, wie hinsichtlich der Tochter-Gesellschaften, diejenigen Ersparnisse und Vorteile uns im eigenen Hause verschaffen, die Herr Rathenau in der Fusion sieht.

Nach Aussen hat man zweifellos darauf hinzuweisen, dass in diesem Falle 1 + 1 noch lange nicht 2 ist, und dass die internen Ersparnisse sicher teilweise aufgewogen werden durch die von der Gemeinschaft weniger erzielten Aufträge.

Vielleicht ist auch jetzt der Zeitpunkt mit Schuckert, Lahmeyer pp. Verträge abzuschliessen, gemäss welcher diese sich verpflichten, gegen Kompensationen in Starkstrom, Drähte, Kabel pp. von Ihnen zu beziehen. Man könnte auf diese Weise einen Teil des Schadens der A.E.G. & Union-Kombination, auf die Schultern von Specialfabriken, wie Felten & Guilleaume pp. abladen. Wenigstens für Russland beabsichtige ich Aehnliches, wenn unsere Kombination mit den vier Russen zu Stande kommt.

Für uns scheint es notwendig möglichst schnell festzustellen, welche Einwirkung dies neue Bündnis auf das Verhältnis der A.E.G. zur russischen Union hat. Erstere wird sich mit der Rigaer Fabrik wahrscheinlich auch einen Stützpunkt für die Fabrikation in Russland sichern wollen, um an den Regierungslieferungen beteiligt zu werden, von denen ausgeschlossen zu sein, Herr Rathenau ja, wie er mir wiederholt aussprach, besonders peinlich empfand.

Ich werde versuchen so schnell wie möglich unsere Convention zwischen den russischen Fabriken unter Dach & Fach zu bringen, die uns die gleiche Quote wie Union zusichert, denn tritt A.E.G. in Verbindung mit der Union hinzu, so werden diese Beiden zweifellos eine grössere Quote beanspruchen.

Mit verbindlichstem Gruss
Ihr sehr ergebener

225 Der Zusammenschluß bewog Siemens & Halske, sich 1903 mit der Elektrizitäts-Aktiengesellschaft vorm. Schuckert & Co. zur Siemens & Schuckertwerke GmbH zusammenzuschließen, um so einen Machtausgleich zu schaffen.

wurden alle noch vorhandenen Hindernisse hierfür ausgeräumt. Die Verwaltungen und Betriebe wurden zusammengelegt, und die AEG übernahm die Verkaufsorganisation der Union. Nur die selbständigen Geschäftsstellen beider Unternehmen im Ausland blieben bestehen. Verhandlungen mit General Electric wurden aufgenommen und führten zu einer Vereinbarung über den wechselseitigen Austausch von Patenten und Erfahrungen sowie die regionale Abgrenzung der Absatzgebiete. General Electric erhielt demnach das Gebiet von Nordamerika und Kanada und AEG/Union Europa ohne England, Frankreich, Spanien und Italien, für die gesonderte Absprachen getroffen werden sollten. Über die Behandlung weiterer Regionen, u. a. Südamerika, sollte es ebenfalls erst später zu einer Verständigung kommen. Auf dem Gebiet des Turbinenbaus gründete die AEG zusammen mit General Electric eine neue Gesellschaft und beteiligte sich an Brown, Boveri & Cie, so daß auch hier eine enge Zusammenarbeit zustande kam.

Die endgültige Fusion zwischen der AEG und der Union wurde schließlich am 27. Februar 1904 durch Beschlüsse der jeweiligen Generalversammlungen vollzogen. Hierfür erhöhte die AEG ihr Aktienkapital um 25 Mio. Mark, die auf die Fusionspartner aufgeteilt wurden. Die Zusammenlegung bzw. Aufgabenverteilung bei den ausländischen Niederlassungen verlief in Österreich, Belgien, Italien und Spanien reibungslos, nur in Rußland kam es aufgrund des Widerstandes der russischen Union zu einer zeitlichen Verzögerung. Erst 1905 konnte die russische AEG die Aktien der russischen Union und damit deren Werk in Riga übernehmen.

Trotz aller Schwierigkeiten erwies sich der Zusammenschluß mit der Union schnell als Erfolg. Nach Lösung der Übergangs- und Umstellungsprobleme erzielte die erweiterte AEG in der folgenden Konjunkturerholung einen enormen Aufschwung. Schon 1904/05 hatte sich der Umsatz auf 132 Mio. Mark erhöht und stieg in den folgenden Jahren sprunghaft auf 175 Mio., 216 Mio. und 1907/08 auf

PROSPEKT

über

Rubel 7000000.– auf den Inhaber lautende Aktien

mit Dividendenberechtigung von 1911 ab, Stück 28000 à Rubel 250.— Nr. 1—28000

Rubel 1000000.– auf den Inhaber lautende Aktien

mit Dividendenberechtigung von 1912 ab, Stück 4000 à Rubel 250.— Nr. 28001—32000

und über

Rubel 1768500.– 5%ige Obligationen

(ursprünglicher Betrag Rubel 2000000.—, nämlich 1000 Stück Nr. 1—1000 über je Rubel 500.—; 1050 Stück Nr. 1—1050 über je Rubel 1000.—; 300 Stück Nr. 1—300 über je Rubel 1500.—)

Gesamtkündigung jederzeit zulässig

der

Russischen Aktiengesellschaft:

Russische Gesellschaft „Allgemeine Elektricitäts-Gesellschaft"

in St. Petersburg.

Die Russische Aktiengesellschaft **Russische Gesellschaft „Allgemeine Elektricitäts-Gesellschaft"** in St. Petersburg ist am 30. Oktober 1901 errichtet worden und übernahm per 1. Januar 1902 die sämtlichen Aktiven und Passiven der gleichzeitig in Liquidation tretenden „Allgemeinen Elektricitäts-Gesellschaft in St. Petersburg" zu Berlin.

Zweck der Gesellschaft ist die Errichtung und der Betrieb elektrischer Anlagen, der Verkauf von Maschinen, Apparaten und sämtlichen Zubehörteilen auf dem Gebiet der elektrischen Energie sowie überhaupt die Ausbeutung sämtlicher Unternehmungen, die auf Verwendung der elektrischen Energie beruhen.

Das **Grundkapital** der Gesellschaft betrug ursprünglich Rbl. 1000000.— und wurde im Jahre 1905 zwecks Uebernahme des größten Teiles der Aktiven der Russischen Elektricitäts-Gesellschaft „Union" auf Rbl. 6000000.—, im Jahre 1909 auf Rbl. 7000000.— erhöht. Die Generalversammlung vom 6./19. Juli 1911 hat beschlossen, das Aktienkapital behufs Ausdehnung des Unternehmens um weitere Rbl. 1000000.— zu erhöhen durch Ausgabe von 4000 Stück neuen Aktien à Rbl. 250.— mit Dividendenberechtigung vom 1. Januar 1912 ab. Die ministerielle Genehmigung der Kapitalserhöhung ist am 12. November 1911 erfolgt. Die neuen Aktien sind den alten Aktionären zum Kurse von 110% angeboten und von diesen bezogen worden. Das erzielte Agio wird abzüglich Spesen und Kosten mit Rbl. 93000.— dem Reservefonds zugeführt werden. Das Grundkapital besteht demnach zurzeit aus Rbl. 8000000.— vollgezahlten, auf den Inhaber lautenden Aktien, 32000 Stück Nr. 1—32000 à Rbl. 250.—, von denen Rbl. 7000000.—, Nr. 1—28000, von 1911 ab und Rbl. 1000000.—, Nr. 28001—32000, von 1912 ab dividendenberechtigt sind.

Kapitalserhöhungen bedürfen der jedesmaligen Genehmigung der Regierung.

Die ersten Erwerber einer jeden neu ausgegebenen Aktie haben außer dem Nominalwerte noch eine gewisse Prämie zu entrichten, welche mindestens dem nach der letzten Bilanz auf jede Aktie der vorherigen Emission entfallenden Teile des Reservefonds gleich ist, wobei die auf diesem Wege gewonnene Prämiensumme dann zur Vergrößerung dieses Reservekapitals verwendet wird. Für den Bezug von Aktien bei Neuemissionen haben die Inhaber von Aktien früherer Emissionen ein Vorzugsrecht in Höhe ihres Aktienbestandes. Die Aktien der Gesellschaft können auf Wunsch der Besitzer entweder auf den Namen oder auf den Inhaber ausgestellt werden. Gegenwärtig existieren nur Inhaber-Aktien. Die Aktien sind mit den Unterschriften von drei Mitgliedern der Verwaltung, des Buchhalters und des Kassierers sowie mit dem Siegel der Gesellschaft versehen.

Die Gesellschaft kann zwecks Vermehrung des Betriebs-Kapitals Obligationen ausgeben, deren gesamter Nominalbetrag den Wert der das Eigentum der Gesellschaft bildenden Immobilien, jedenfalls aber die Summe von Rbl. 2000000.— nicht übersteigen darf. Auf

226 Im Zuge der Fusion von AEG und Union-Elektrizitäts-Gesellschaft wurden auch die Niederlassungen beider Unternehmen zusammengeschlossen. Als letzte Tochtergesellschaft übernahm die russische AEG 1909 die Aktien der russischen Union sowie deren Fabrik zu Riga (vollständiger Abdruck im Anhang, S. 262).

237 Mio. Mark an. Etwa 50 Prozent des Gesamtumsatzes wurden in Deutschland erzielt, dann folgten Rußland mit ca. 7 Prozent und Österreich-Ungarn, Italien, Belgien und die Niederlande mit je etwa 5 Prozent, während das Überseegeschäft großen Schwankungen unterlag. Den weitaus größten Teil ihrer Gewinne (durchschnittlich knapp 75 Prozent) erzielte die AEG mit dem Waren- und nicht dem Finanzgeschäft. Nur etwa 40 Prozent der Bruttogewinne wurden als Reingewinn ausgewiesen, mehr als die Hälfte flossen in die offenen und stillen Reserven.

Eine solch positive Geschäftsentwicklung brachte nicht nur die Aus-, sondern sogar Überlastung der vorhandenen Produktionsanlagen mit sich. In Verbindung mit der durch die Fusion bedingten Zusammenlegung der gleichen Fertigungsbereiche beider Unternehmen wurde eine umfangreiche Umorganisation sowie der erneute Aus- und Neubau der Fabrikanlagen notwendig: Die Gebäude der Apparatefabrik in der Ackerstraße wurden um ein Stockwerk erhöht, und auf dem Gelände noch vorhandene Wohnhäuser wurden durch Fabrikhallen ersetzt, so daß die Apparatefabrik nun ein einheitlicher, geschlossener Fabrikkomplex war. Die Fabrikanlagen in der Brunnenstraße wurden zur Voltastraße hin vergrößert und auch das Kabelwerk Oberspree erhielt Erweiterungs- und Neubauten. Für die Glühlampenfabrikation, die in der Schlegelstraße nicht erweitert werden konnte, baute die AEG 1905 eine neue Fabrik in der Sickingenstraße. Letztlich blieben alle Um- und Ausbauten jedoch Stückwerk und konnten den Platzmangel für die kontinuierlich steigende Produktion immer nur vorübergehend beheben. Die ständigen Umbauten und Umstrukturierungen und die räumliche Enge kosteten Zeit und Geld. Weitere Neubauten auf den vorhandenen Grundstücken waren kaum noch möglich. Inzwischen war zudem deutlich geworden, daß die ersten stürmischen Entwicklungsjahre der Elektrotechnik vorbei waren. Die Elektrizität hatte ihren Platz im täglichen Leben der Menschen erobert.

227 Union-AEG-Fabrik in Riga um 1905.

228 Jahresversammlung der russischen AEG in der Fabrik Riga.

229 Drehstromzentrale in Belgisch Zede um 1904.

230 Bohrdynamo in Bergamo, Italien, um 1905.

231 Dampf-, Gleichstrom- und Drehstrommaschinen der AEG in einem Amsterdamer Kraftwerk um 1910.

Da auch die Marktverhältnisse in der deutschen Elektroindustrie stabilisiert waren, entschloß sich die AEG, ein neues Fabrikgelände zu kaufen. Dieses Grundstück sollte außerhalb Berlins liegen, fern von protestierenden Anwohnern, die von Lärm und Gerüchen hätten belästigt werden können. Geplant waren großzügige und zusammenhängende Fabrikneubauten, in die ein Teil der innerstädtischen Produktionsbetriebe verlagert werden sollte. Es gelang der AEG jedoch nicht, geeignetes Gelände zu akzeptablen Bedingungen zu finden. Da insbesondere Emil Rathenau sich gegen eine allzu weite Entfernung von Berlin aussprach, ließ man diese Pläne wieder fallen und erwarb 1909 ein Gelände in Hennigsdorf.

Bei der Bebauung des neuen Terrains beschritt die AEG mit der Verpflichtung des Architekten und Malers Peter Behrens ganz neue Wege in der Geschichte der Industriearchitektur. Bislang hatten dem Zeitgeschmack entsprechend Stilelemente des Historismus und des Neoklassizismus in der äußeren Gestaltung der Produkte und der Bauten der Industriewirtschaft Verwendung gefunden, doch blieben sie unverbunden neben den funktionellen Erfordernissen stehen und erweckten so den Eindruck, übergestülpt zu sein. Dies gab der weiterhin vorherrschenden Meinung, daß Kunst und Technik nichts miteinander zu tun hätten, Auftrieb und führte dazu, daß höchste Zweckmäßigkeit zum Schönheitsideal erhoben wurde. Dem stellte Peter Behrens, der ein frühes Mitglied des Werkbundes war und in dessen Atelier später u. a. Le Corbusier und Mies van der Rohe arbeiteten, seinen Grundsatz entgegen, daß eine technische Aufgabenstellung erst dann vollständig gelöst sei, wenn sie auch dem ästhetischen Empfinden der Menschen gerecht werde. Dabei sah er es als grundlegend wichtig an, nicht die künstlerischen und technischen Elemente möglichst organisch zu verbinden, sondern aus dem Material und den Eigenheiten der Technik heraus neue Kunstformen und eine dem technischen Zeitalter angemessene Formsprache zu entwickeln.

Peter Behrens entwarf in den Jahren 1909 bis 1915 für das Gelände in Hennigsdorf neue Gebäude für eine Porzellan- und eine Lack- und Isolierstoffabrik, eine Lokomotivfabrik und Hallen für die neue flugtechnische Abteilung. Daneben veränderte er durch weitere Umbauten der bestehenden Anlagen das Gesamtbild der AEG-Fabriken grundlegend. 1909 errichtete die AEG nach seinen Entwürfen auf dem Gelände der Turbinenfabrik eine neue Montagehalle und 1911 auf angrenzenden Grundstücken in der Hussitenstraße eine Montagehalle für den Großmaschinenbau, die noch Jahrzehnte später den wachsenden und sich verändernden Ansprüchen industrieller Großproduktion gerecht werden konnte.

232 Peter Behrens (1866–1940), war von 1907 bis 1914 als Architekt, Designer und Werbegraphiker für die AEG tätig. Er prägte nicht nur die Gestalt der AEG Fabriken, sondern auch die Form ihrer Produkte und wirkte mit seinen Entwürfen richtungweisend für Industriearchitektur und -design. (Gemälde von Max Liebermann).

233 Zur Aufnahme der expandierenden Produktion errichtete Peter Behrens eine ganze Anzahl von Fabrikneubauten für die AEG. Modell des Fabrikkomplexes in der Brunnenstraße.

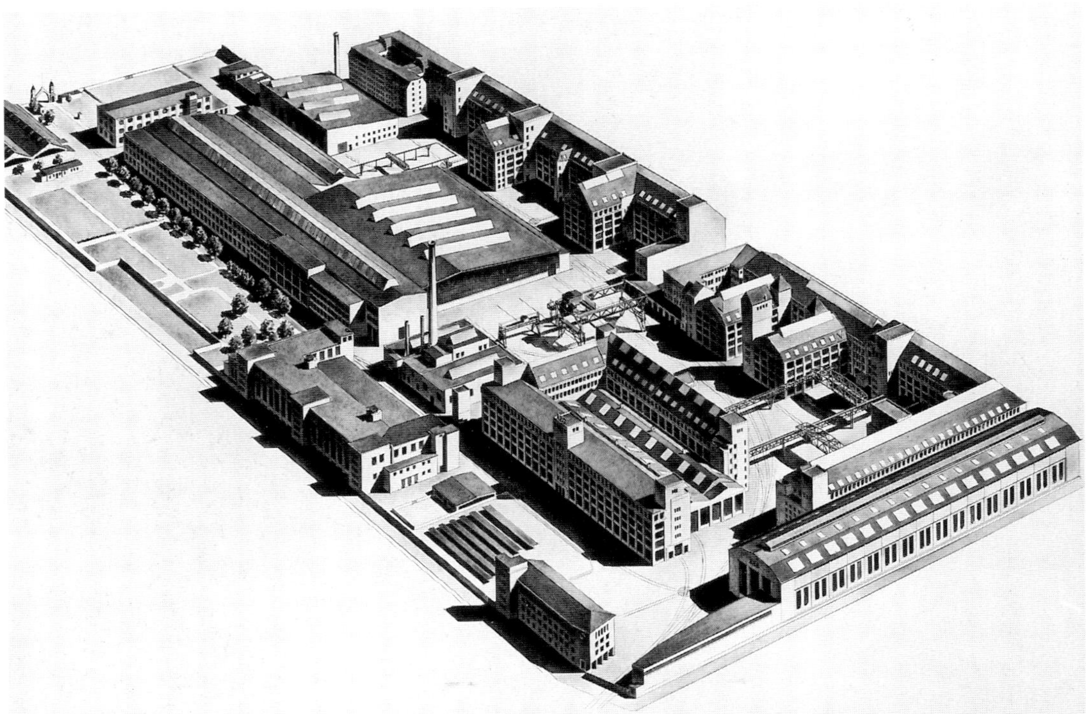

234 Turbinenfabrik der AEG, erbaut nach den Plänen von Peter Behrens, in Berlin Ecke Hutten- und Berlichingerstraße.

235 Montagehalle der Großmaschinenfabrik an der Hussitenstraße 1912 erbaut nach Entwürfen von Peter Behrens.

236 Fabrikkomplex Brunnenstraße um 1914.

237 Montage in der AEG Großmaschinenfabrik um 1900.

238 Prüffeld der AEG Großmaschinenfabrik um 1900.

Auf dem Gelände der Maschinenfabrik Brunnenstraße wurde ein fünfstöckiger Etagenbau mit U-förmigem Grundriß hochgezogen, der eine große Versandhalle einschloß. In der Voltastraße entstand 1909 eine auf hinzugekauften Grundstücken errichtete neue Kleinmotorenfabrik. Auch die Gebäude für die Herstellung von Bahnmaterial in der Voltastraße wurden neu gestaltet, und das Kabelwerk erhielt einen Erweiterungsbau, um den Platzbedarf bei der Kabelmontage zu befriedigen. Auf dem Dach der Maschinenfabrik in der Brunnenstraße legte Peter Behrens zu Repräsentationszwecken einen Dachgarten an. Seine Entwürfe für eine große Arbeitersiedlung auf dem Henningsdorfer Gelände kamen nur in Teilen zur Ausführung. Die weiträumigen und zweckmäßigen neuen Fabrikgebäude erlaubten die weitere rationelle und systematische Zuordnung der Werkstätten und die planmäßige Organisation der Arbeitsgänge, um so Transportwege abzukürzen und den Produktionsablauf zu beschleunigen. Die Neubauten in Henningsdorf wurden bis 1915 noch um eine Heizapparatefabrik erweitert. Neben der Arbeit an den später zu Klassikern der Industriearchitektur avancierten Zweckbauten nahm Peter Behrens auch maßgeblichen Einfluß auf die künstlerische Gestaltung und Formgebung der Erzeugnisse und Werbemittel der AEG und wirkte damit richtungweisend auf dem Gebiet des Industriedesign und der Werbegraphik.
Peter Behrens war mit dem kunstinteressierten Walther Rathenau befreundet, verdankte seine Berufung zum künstlerischen Beirat der AEG jedoch Paul Jordan, Vorstandsmitglied und einer der ältesten und engsten Mitarbeiter von Emil Rathenau. Rathenaus Einstellung zur Verpflichtung namhafter Künstler und Architekten – vor Peter Behrens lieferte Franz Schwechten die Entwürfe für wichtige Fabrikneubauten, so u. a. das Tor zum Komplex Brunnenstraße – ist nicht dokumentiert und damit kaum greifbar. Er hat deren Heranziehung aber offenbar toleriert und wenig Einfluß auf ihre Arbeit genommen. Sowohl Emil wie Walther Rathenau ließen ihre eigenen Häuser allerdings von anderen Architekten planen und bauen.

Die Produktions- und Organisationsstruktur der AEG hatte nach 1900 eine solide Grundlage erreicht, die nicht länger zahlreichen sprunghaften

239 Spulenwickelei in der AEG Großmaschinenfabrik um 1900.

240 Massenfabrikation in der neuen Kleinmotorenfabrik um die Jahrhundertwende.

241 Versandlager in der Kleinmotorenfabrik um 1900.

242 Kleinmotorenfabrik, erbaut 1910 bis 1912 nach Entwürfen von Peter Behrens anstelle der alten Kleinmotorenfabrik.

243 Blick über das Dach der Maschinenfabrik zum Humboldhain und auf der linken Seite zur Hochspannungsfabrik, die ebenso wie der Dachgarten im Vordergrund von Peter Behrens gestaltet wurde, um 1913.

244 Teilansicht des 1911 erbauten und zu repräsentativen Zwecken dienenden Dachgartens.

245 Luftaufnahme der von Peter Behrens gestalteten Arbeitersiedlung in Hennigsdorf aus den späten 20er Jahren.

246 Häuserzeiler auf dem Hennigsdorfer Gelände.

247 Blick durch eine der Straßen in der Arbeitersiedlung in Hennigsdorf.

248 Tor 1, der sogenannte »Beamteneingang« zu den Fabrikanlagen in der Brunnenstraße, erbaut 1896 nach einem Entwurf von Franz Schwechten.

249 Paul Jordan (1854–1937) gehörte zu den ältesten Mitarbeitern Emil Rathenaus. 1883 war er in das Unternehmen eingetreten, ab 1889 gehörte er dem Vorstand an. Er leitete zunächst das AEG Patentbüro, später die Fabriken. Ihm hatte Peter Behrens seine Stellung als »Hausarchitekt und -designer« zu verdanken.

250 AEG Tischventilatoren, links Vorläufermodell, rechts zwei von Peter Behrens gestaltete Modelle.

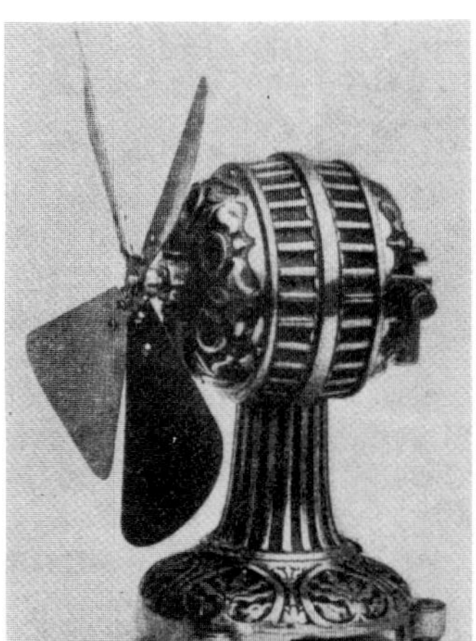

251 AEG Sparbogenlampe, hergestellt nach einem Entwurf von Peter Behrens im Jahre 1907.

Weiterentwicklungen oder Veränderungen unterworfen war, sondern nun sowohl auf fabrikatorischem wie organisatorischem Gebiet ausgestaltet und systematisiert wurde. Im Bereich der Glühlampenfabrikation hatte mit ihrer fortschreitenden Verbesserung die Metallfadenlampe, die immer größere Lichtstärken bei stetig reduziertem Stromverbrauch pro Lichteinheit produzierte, nach und nach eine marktbeherrschende Stellung erreicht. Die Nernstlampe, deren Herstellung sich zunächst erfolgversprechend entwickelt hatte, erhielt von der ab 1906 qualitativ gleichwertigen, jedoch bedeutend billigeren Metallfadenlampe, so große Konkurrenz, daß ihre Produktion bald eingestellt wurde. Auch die Bogenlampe wurde von der Metallfadenlampe mehr und mehr verdrängt. Mit der Entwicklung der »Nitralampe«, einer mit Stickstoff gefüllten Metallfadenlampe, die 600 bis 3000 Kerzenstärken erreichte, verschwand auch die Bogenlampe, die sich nur aufgrund ihrer Lichtstärke hatte halten können, bald vom Markt. Für Spezialbeleuchtungen, die wegen des kleinen Kundenkreises den produzierenden Firmen einen Zusammenschluß nahelegten, gründete die AEG 1905 mit Siemens-Schukkert u. a. die »Gesellschaft für elektrische Zugbeleuchtung mbh« und 1906 mit Heraeus die »Quarzlampen GmbH«.

Insgesamt gesehen entwickelte sich das Glühlampengeschäft ausgezeichnet. Es erhielt besonderen Auftrieb durch das Ende 1903 nach jahrelangen Verhandlungen abgeschlossene Glühlampenkartell. In diesem Kartell hatten sich die deutschen und österreichischen Glühlampenhersteller zusammengeschlossen, um ihre Produktion zu einheitlichen Bedingungen über eine eigens zu diesem Zweck gegründete Verkaufsstelle abzusetzen. Dieses Kartell beschränkte zwar die gegenseitige Konkurrenz der Produzenten und verhinderte einen harten Preiskampf, konnte aber einen generellen Nachfragerückgang im Jahre 1912 nicht aufhalten. Die Glühlampenfabrikation mußte gedrosselt werden, und um weitere Einbrüche zu vermeiden, schlossen die AEG, Siemens & Halske und die Auer-Gesellschaft eine Interessengemeinschaft für die Herstellung und den Verkauf der Glühlampen. Auch im Bereich der Installationsartikel war man bemüht, den Wettbewerb durch gegenseitige Absprachen einzuschränken. Mit Ausnahme der Glühlampen verzeichnete die AEG bis 1914 in allen Bereichen

252 Verschiedene Arten von Glühlampen für unterschiedliche Zwecke.

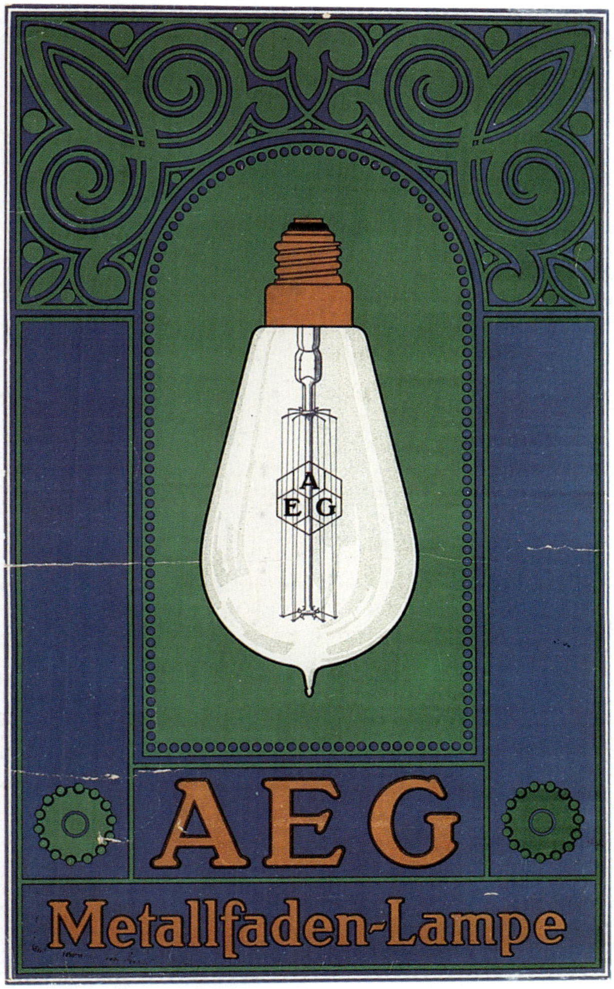

253 Werbeplakat für die AEG Metallfadenlampe nach einem Entwurf von Peter Behrens, 1907.

254 Werbeplakat für die AEG Metallfadenlampe nach einem Entwurf von Peter Behrens, 1911.

SIEMENS & HALSKE
AKTIENGESELLSCHAFT.
CHARLOTTENBURGER WERK.

TELEGRAMM-ADRESSE:
WERNERWERK CHARLOTTENBURG.

Reichsbank-Giro-Conto.

Charlottenburg, den 23.Juni 1900.
Franklin-Strasse No. 29.
J. No. .... Abth. ....
In der Antwort wird die Angabe vorstehenden Aktenzeichens erbeten.

Herrn Wilhelm von Siemens.

B e r l i n.
-.-.-.-.-

Ich habe mit Herrn Mamroth über die Frage des Glühlampencartells gesprochen und erlaube mir, Ihnen das Ergebnis schriftlich mitzuteilen.

Im Gegensatz zu dem, was aus der Besprechung zwischen Herrn Dr.Rathenau und Dr.Berliner hervorzugehen schien, erklärte sich Mamroth durchaus gegen ein Glühlampencartell und begründete seinen Standpunkt wie folgt:

"Den Preis der Glühlampen hinaufzutreiben, hat entschiedenes Interesse für die kleinen Leute, welche blos Glühlampen fabrizieren; ganz anders aber steht es bei uns grossen Firmen, da für uns der Verdienst an der Glühlampenfabrikation eine Nebensache ist und die Hauptbedeutung der Glühlampen auf anderem Gebiete liegt. Wenn die Glühlampen recht billig sind, so machen die Leute viele elektrische Lichtanlagen, und wir verdienen dann an diesen Anlagen. Der direkte Nachteil, den die billigen Glühlampenpreise bringen, wird demnach mehr als aufgewogen durch den indirekten Vorteil, welchen die Fabrikation von Starkstrommaschinen und allem anderen, was zu Starkstromanlagen gehört, daraus zieht. Wenn wir uns vereinigen, um die Lampenpreise in die Höhe zu setzen, so leidet unsere Gesamtfabrikation eher Schaden als Nutzen, und gestärkt werden nur die kleinen Lampenfabrikanten. Eine unliebsame Vermehrung der letzteren würde die weitere Folge eines solchen Vorgehens sein."

So Herr Mamroth, dessen Aeusserung ich Ihnen dem Inhalt nach einfach wiedergebe.

Mit vorzüglicher Hochachtung

255 Obwohl einige Argumente gegen den Abschluß eines Glühlampenkartells sprachen, kamen die deutschen und österreichischen Glühlampenhersteller Ende 1903 überein, ihre Produktion zu einheitlichen Bedingungen über eine zu diesem Zweck zu errichtende Verkaufsstelle abzusetzen.

256 AEG Einzeluhren, Vorläufermodelle.

257 Eintaster-Schreibmaschine, Modell Mignon, Baujahr 1913, konstruiert von Friedrich von Hefner-Alteneck, lange Jahre leitender Ingenieur bei Siemens & Halske und seit 1897 im Aufsichtsrat der AEG vertreten.

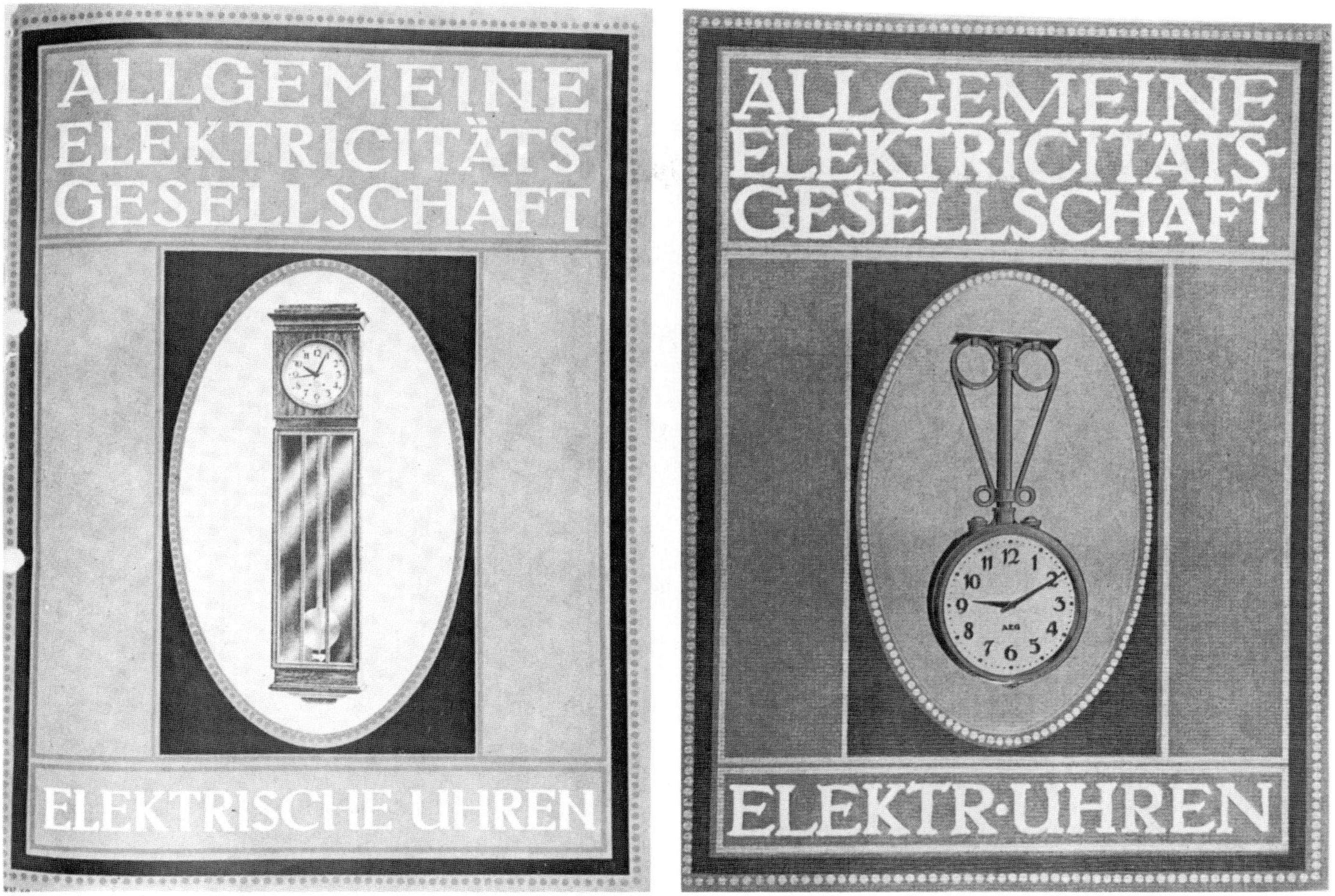

258 Flugblatt und Prospekt als Werbemittel für Elektrische Uhren nach Entwürfen von Peter Behrens.

starke Produktionszunahmen. Neue Waren in der vielseitigen Fertigungspalette der AEG waren u. a. elektrische Uhren und Schreibmaschinen.
Im Bahnbau trat das Straßenbahngeschäft in den Hintergrund. Dies wurde durch die beginnende Elektrifizierung der Staatsbahnen sowie den 1912 schließlich doch durchgesetzten Bau der ersten U-Bahn-Linie in Berlin und 1913 auch in Buenos Aires ausgeglichen. Die erst einige Jahre zuvor aufgenommene Automobilherstellung wurde ausgeweitet und mußte 1905 aus dem Kabelwerk ausgegliedert und in neuerrichteten eigenen Fabrikgebäuden auf einem benachbarten Gelände untergebracht werden. Eine kurzzeitige Flaute im Jahr 1900 hatte die AEG durch die Aufnahme der Herstellung bzw. Elektrifizierung von Motorbooten überwunden. Die Produktionsbereiche Bahnbau und Funkentelegraphie umfaßten ständig größer werdende Fertigungsprogramme, da sie kontinuierlich auf alle hierfür benötigten Teile, Gerätschaften und Apparate ausgedehnt wurden. 1903 stellte ein von der AEG im Auftrag der Studiengesellschaft für elektrische Schnellbahnen gebauter Drehstrom-Triebwagen auf der Versuchsstrecke der Militäreisenbahn Marienfelde-Zossen bei Berlin mit 210,2 km/h einen Geschwindigkeitsweltrekord auf, der erst Anfang der dreißiger Jahre gebrochen werden konnte.
Auf dem Gebiet der Funkentelegraphie hatte die AEG einmal mehr mit starker Konkurrenz zu kämpfen und traf im Bereich der Militärfunkerei auf

259 Am 28. Oktober 1903 stellte der von der AEG im Auftrag der Studiengesellschaft für elektrische Schnellbahnen gebaute Drehstrom-Triebwagen auf der Versuchsstrecke der Militäreisenbahn Marienfelde-Zossen bei Berlin mit 210,2 km/h einen Geschwindigkeitsweltrekord auf, der erst Anfang der dreißiger Jahre gebrochen werden konnte.

Siemens & Halske. Während Siemens & Halske alleiniger Lieferant der deutschen Heeresverwaltung war, gelang es der AEG, den Auftrag für die Errichtung sämtlicher Landstationen der Reichsmarine an der deutschen Ostsee- und Nordseeküste zu erhalten. Dies hatte zur Folge, daß innerhalb des deutschen Militärs nach unterschiedlichen Systemen gearbeitet wurde. Die Funkentelegraphen von Siemens & Halske basierten nämlich auf den Patenten von Karl Ferdinand Braun und die der AEG auf den Patenten von Adolf Slaby und Graf von Arco. Für die Verwertung dieser Patente hatte Siemens eine eigene Firma, die »Gesellschaft für drahtlose Telegraphie, System Prof. Braun, S & H« gegründet.
Unter staatlichem Einfluß – der Kaiser selbst soll den Befehl gegeben haben – und um der unerquicklichen Konkurrenzsituation ein Ende zu bereiten, kam es 1903 zum Abschluß eines Vertrages über eine Zusammenarbeit in Forschung, Produktion und Vertrieb in diesem Geschäftszweig und damit zur Vereinigung der Systeme Slaby-Arco und Braun.
Am 27. Mai 1903 errichteten die AEG und Siemens & Halske die »Gesellschaft für drahtlose Telegraphie mit beschränkter Haftung«. Das Grundkapital der Firma wurde auf 300 000 Mark festgesetzt und je zur Hälfte von den beiden Gründergesellschaften übernommen. Geschäftsführer und Technischer Direktor war Georg Graf von Arco, der seit ihrer Einrichtung im Jahr 1899 die Funkentelegraphische Abteilung der AEG geleitet hatte.
Die Gesellschaft hatte ihren Sitz in Berlin und bezog ihre ersten Geschäftsräume in der Besselstraße 21, verlegte sie jedoch schon im Oktober desselben Jahres in wesentlich repräsentativere Räume in der Lindenstraße 3. Schriftzug und Warenzeichen der Telefunken Gesellschaft ließ das neue Unternehmen ebenfalls 1903 eintragen. Ihre Geschäftsentwicklung nahm einen so posiviten Verlauf, daß ihr Kapital schon 1906 auf eine Mio. Mark erhöht werden mußte. Die Reichweite der produzierten Funksender nahm ständig zu und erreichte 1905 1 500 km, 1912 4 000 km und konnte 1913 durch den Einsatz

260 1903 gründeten AEG und Siemens & Halske gemeinsam die Telefunken-Gesellschaft und faßten hierin ihre jeweiligen Tochtergesellschaften für Funkentelegraphie, die nach unterschiedlichen Patenten gearbeitet und sich harte Konkurrenzkämpfe geliefert hatten, zusammen (vollständige Transkription im Anhang, S. 265).

261 Georg Graf von Arco (1869–1940) hatte zusammen mit Adolf Slaby die Patente für die funkentelegraphischen Geräte der AEG entwickelt und war seit 1899 Leiter der Funkentelegraphischen Abteilung der AEG. 1903 wechselte er als technischer Direktor und Geschäftsführer zur Telefunken-Gesellschaft.

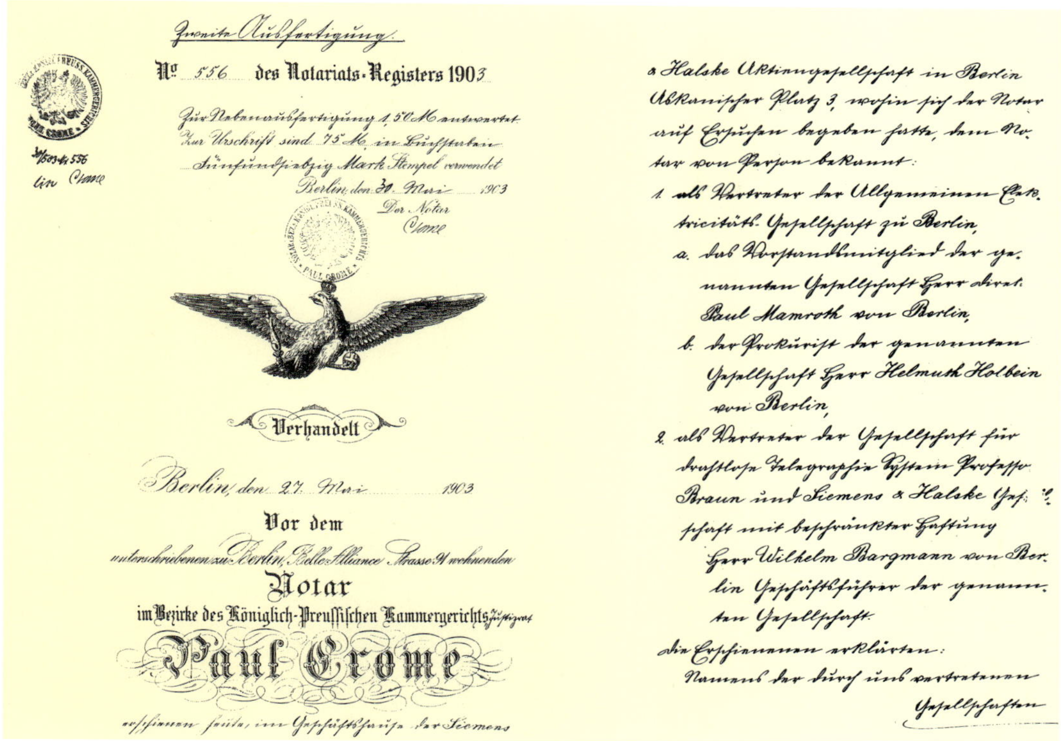

Zweite Ausfertigung.

No 556 des Notariats-Registers 1903

Für Nebenausfertigung 1,50 M. entwertet. Zur Urschrift sind 75 M. in Buchstaben Fünfundsiebzig Mark Stempel verwendet

Berlin, den 30. Mai 1903
Der Notar
Crome

Verhandelt

Berlin, den 27. Mai 1903

Vor dem
unterschriebenen zu Berlin, Belle-Alliance Strasse 91 wohnenden
Notar
im Bezirke des Königlich-Preussischen Kammergerichts Justizrat
Paul Crome

erschienen heute, im Geschäftshause der Siemens & Halske Aktiengesellschaft in Berlin Askanischer Platz 3, wohin sich der Notar auf Ersuchen begeben hatte, dem Notar von Person bekannt:

1. als Vertreter der Allgemeinen Elektricitäts-Gesellschaft zu Berlin
 a. das Vorstandsmitglied der genannten Gesellschaft Herr Direkt. Paul Mamroth von Berlin,
 b. der Prokurist der genannten Gesellschaft Herr Helmuth Holbein von Berlin,
2. als Vertreter der Gesellschaft für drahtlose Telegraphie System Professor Braun und Siemens & Halske Gesellschaft mit beschränkter Haftung Herr Wilhelm Bargmann von Berlin Geschäftsführer der genannten Gesellschaft.

Die Erschienenen erklärten:
Namens der durch uns vertretenen Gesellschaften

von Verstärkerröhren, entwickelt von Robert von Lieben, mit dem 1912 ein Lizenzvertrag abgeschlossen worden war, auf 6000 km gesteigert werden. 1907 begann der Bau eines deutschen Küstenfunknetzes und auch international, u. a. in Amerika, Nordafrika und Australien, errichtete Telefunken bis 1914 Stationsnetze. In Togo, Deutsch-Südwestafrika, den deutschen Südseekolonien und Japan baute sie Großfunkstellen.

Zwar baute die AEG auch ihre Vertriebsorganisation entsprechend den Erfordernissen weiter aus, doch waren keine grundlegenden Änderungen mehr zu verzeichnen. Gleiches gilt für die Reihe der Finanzierungsgesellschaften, die zwar in einigen Punkten umstrukturiert und an veränderte Gegebenheiten angepaßt wurden, im ganzen gesehen mit der bestehenden Struktur jedoch die an sie gerichteten Anforderungen erfüllen konnten.

Die Ausdehnung und systematisch-rationelle Ausgestaltung bestehender Geschäftsbereiche und die Erschließung neuer Arbeitsgebiete hatten nicht nur

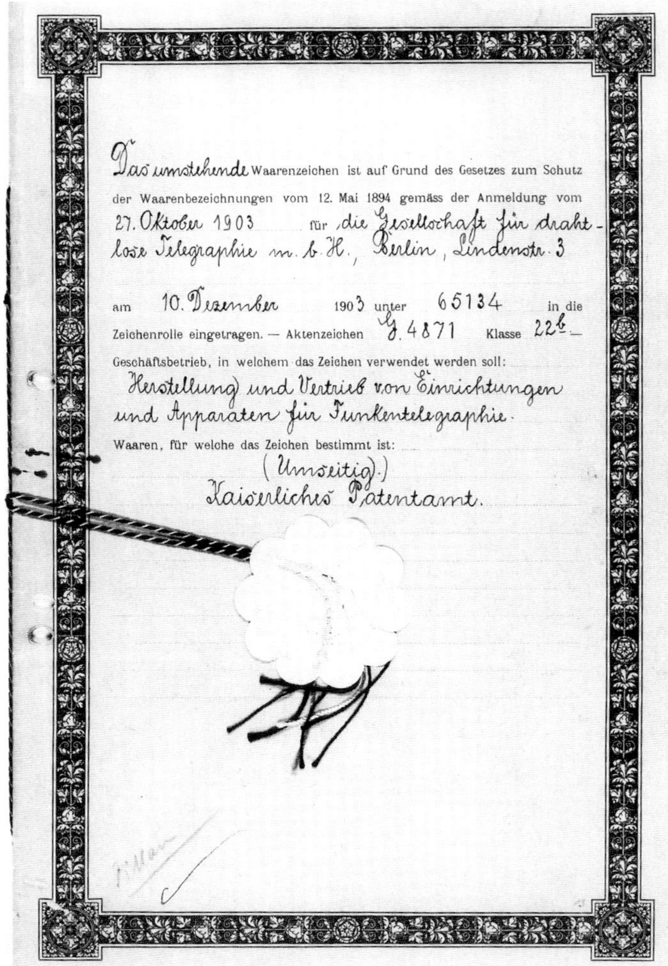

Das umstehende Waarenzeichen ist auf Grund des Gesetzes zum Schutz der Waarenbezeichnungen vom 12. Mai 1894 gemäss der Anmeldung vom 27. Oktober 1903 für die Gesellschaft für drahtlose Telegraphie m. b. H., Berlin, Lindenstr. 3

am 10. Dezember 1903 unter 65134 in die Zeichenrolle eingetragen. — Aktenzeichen G. 4871 Klasse 22b.

Geschäftsbetrieb, in welchem das Zeichen verwendet werden soll:
Herstellung und Vertrieb von Einrichtungen und Apparaten für Funkentelegraphie.

Waaren, für welche das Zeichen bestimmt ist:
(Umseitig.)

Kaiserliches Patentamt.

262 Die Eintragung des Warenzeichens und des Schriftzuges der Telefunken-Gesellschaft in die Zeichenrolle erfolgte am 10. Dezember 1903.

263 Seit dem 1. Oktober 1903 befanden sich die Räume der Telefunken-Gesellschaft in der Lindenstraße 3 in Berlin.

die Produktionsanlagen in räumliche Bedrängnis geraten, sondern auch die Zentralverwaltung ständig anwachsen lassen, so daß die Räumlichkeiten am Schiffbauerdamm bald nicht mehr ausreichten und Erweiterungsmöglichkeiten gefunden werden mußten. Auf lange Sicht erwies sich jedoch der Bau eines größeren Verwaltungsgebäudes als notwendig. Auf dem zu diesem Zweck erworbenen Grundstück Friedrich-Karl-Ufer 2–4 begannen 1905 die Bauarbeiten und im folgenden Jahr konnte das neue Verwaltungsgebäude eingeweiht werden.

264 Robert von Lieben (1878–1913) entwickelte die seit 1912 von der AEG in Lizenz gebauten Verstärkerröhren, die die Reichweite der Funksender stark vergrößerten.

265 Die Lieben-Röhre, die erste deutsche Verstärkerröhre und Vorläuferin der Rundfunkröhren, wurde von 1912 bis 1917 gefertigt. Zunächst wurde diese Elektronen-Verstärkerröhre als Zwischenverstärker in Telefonleitungen benutzt.

266 Da die allgemeine Expansion der AEG auch die Zentralverwaltung wachsen ließ, ließ die AEG am Friedrich-Karl-Ufer in Berlin in den Jahren 1905 und 1906 ein neues Verwaltungsgebäude errichten.

1913/1914, im letzten Geschäftsjahr vor dem Ausbruch des Ersten Weltkrieges, besaß die AEG ein Aktienkapital von 155 Mio. Mark und hatte für rund 108 Mio. Mark Obligationen ausgegeben. Der Gesamtumsatz belief sich auf 453 Mio. Mark, von denen über 20 Prozent im Ausland erzielt worden waren. 1912 umfaßte die Gesamtbelegschaft des Unternehmens mehr als 66 500 Beschäftigte. Davon waren etwa 61 000–50 000 als Arbeiter und 11 000 als Angestellte – Mitarbeiter der deutschen Muttergesellschaft. In den inländischen Fabriken arbeiteten ca. 46 000, in der Zentralverwaltung 2300, in den in- und ausländischen Installations- und Montageabteilungen fast 13 000 und in den ausländischen Fabriken etwa 5400 Menschen.

Schon 1888, fünf Jahre nach Gründung der Gesellschaft und ein Jahr vor der Einführung der gesetzlichen Altersversicherung für Arbeiter im Rahmen der deutschen Sozialversicherungsgesetzgebung, begann die AEG mit der Schaffung von Sozialeinrichtungen, indem sie einen Pensionsfonds für Angestellte einrichtete. Diese Unterstützungskasse, der fast in jedem Jahr namhafte Beträge überwiesen wurden, half den Angestellten (später auch den Arbeitern) und ihren Angehörigen in unverschuldeten Notfällen. Anfang der 90er Jahre gründete das Unternehmen darüber hinaus einen Konsumverein, der den Arbeitnehmern den Einkauf von verbilligten Lebensmitteln und Waren ermöglichen sollte.

267 1892 wurde die Mathilde-Rathenau-Stiftung gegründet, eine Stiftung mit der Aufgabe, weiblichen Belegschaftsmitgliedern oder den Ehefrauen und Kindern der Mitarbeiter der AEG und der Berliner Elektrizitätswerke im Krankheitsfall Unterstützung zu gewähren (vollständige Transkription im Anhang, S. 267).

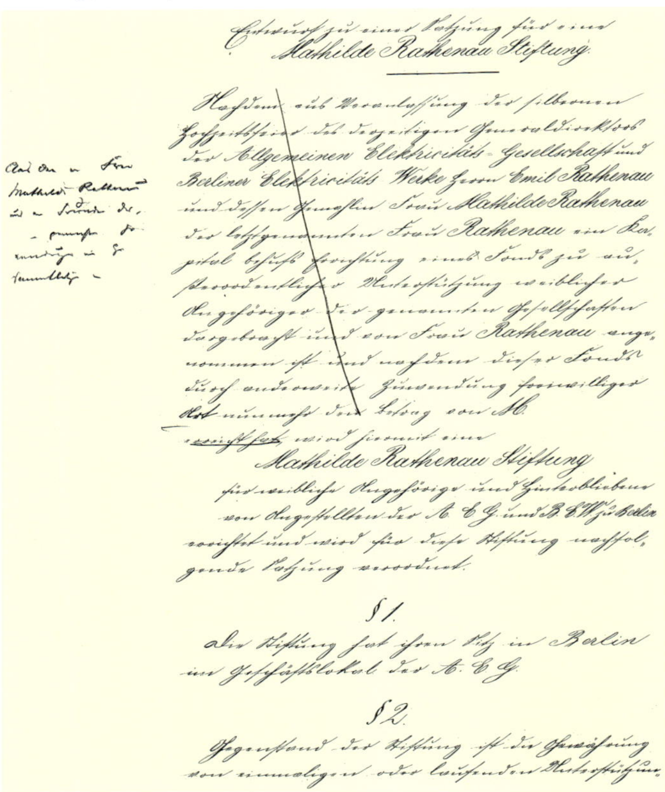
Mathilde Rathenau Stiftung

Mathilde Rathenau Stiftung

§1.

§2.

268 Anlaß für die Einrichtung der Stiftung war die Silberhochzeit von Mathilde und Emil Rathenau.

Aus Anlaß der Silberhochzeit von Emil und Mathilde Rathenau wurde 1892 auf Anregung von Georg von Siemens die Mathilde-Rathenau-Stiftung, eine Stiftung für weibliche Angehörige und Hinterbliebene von Angestellten der AEG und der Berliner Elektricitäts-Werke eingerichtet. Die Stiftung, deren Verwaltung ein Kuratorium unter Vorsitz von Mathilde Rathenau übernahm, hatte die Aufgabe, weiblichen Belegschaftsmitgliedern der AEG sowie den Ehefrauen und Kindern aller Beschäftigten im Krankheitsfall freie ärztliche Behandlung, freie Medizin, Stärkungsmittel und bare Unterstützung zukommen zu lassen. Außerdem übernahm die Stiftung jedes Jahr die Kosten für den Aufenthalt einer größeren Zahl erholungsbedürftiger Kinder von Angestellten im Alter von 7 bis 14 Jahren in Ferienkolonien am Meer. Das Stiftungsvermögen betrug anfänglich 16 000 Mark und wurde in den folgenden Jahren regelmäßig aufgestockt (u. a. aus dem Privatvermögen der Rathenaus) und von der AEG verzinst, so daß es sich am 30. Juni 1915 auf mehr als 1,7 Mio. Mark belief.

Eine zum Gedächtnis des 1903 verstorbenen Erich Rathenau geschaffene Stiftung vergab Stipendien zur Förderung der technischen Aus- und Weiterbildung besonders begabter Angestellter der AEG sowie deren Töchter und Söhne. Zum 25jährigen Firmenjubiläum im Jahre 1908 schuf die Gesell-

269 Die Anregung zur Einrichtung der Mathilde-Rathenau Stiftung hatte Georg von Siemens gegeben.

Mathilde Rathenau an Georg von Siemens, 7. Februar 1893

Verehrter Herr Doctor,
Mit dem lebhaften Gefühl aufrichtigen Dankes nehme ich die kunstvoll ausgestaltete Mappe mit dem werthvollen Inhalt in Empfang, welche Sie und die übrigen Herrn Aufsichtsrathsmitglieder der Allgemeinen Elektricitäts-Gesellschaft mir überreichen ließen. Es gereicht mir zur hohen Ehre, daß Sie meinen Namen an die Spitze einer durch Ihre Hochherzigkeit begründeten Stiftung gestellt haben und indem Sie dieselbe mit dem Tage unsrer silbernen Hochzeit verknüpften, haben Sie mir die theuerste Erinnerung an jene Feier gegeben.
Ich werde mich bemühen die Stiftung ganz in Ihrem Sinne zu verwalten und bitte nur um Ihre Unterstützung, verehrter Herr Doctor, wenn mir die Erfahrung fehlt.
Den übrigen Herrn, die sich in so hervorragender Weise an diesem schönen Werke betheiligten, bitte ich meinen herzlichen Dank zu übermitteln. Ihnen aber, geehrter Herr Doctor, der Sie die Anregung gegeben, die Ausführung übernommen, gebührt mein wärmster Dank u. ich verbinde denselben mit dem Wunsche daß Sie in dem Gedeihen Ihres Werkes und dem Segen den es spenden wird, Ihren schönsten Lohn finden mögen.

Mit ergebenen Grüßen
Mathilde Rathenau

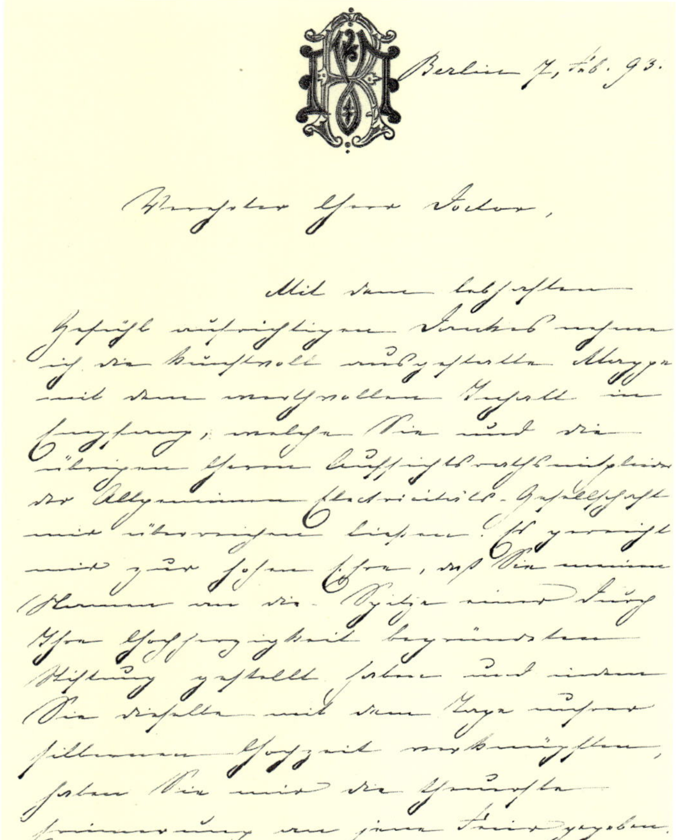

schaft eine Ruhegehalts-Einrichtung, die allen Angestellten, die nach mindestens 10jähriger Tätigkeit im Konzern arbeitsunfähig wurden oder das 65. Lebensjahr überschritten, Anspruch auf Ruhegehalt einräumte und ihren Hinterbliebenen Witwen- und Waisengeld sicherte, wobei als höchster pensionsfähiger Gehaltsteil 30 000 Mark galten. Die Kasse finanzierte ihre Leistungen nicht aus Beiträgen der Angestellten, sondern aus jährlichen Zuwendungen des Unternehmens. Im selben Jahr beschloß die Generalversammlung, die Vermögen der einzelnen Wohlfahrtseinrichtungen in Zukunft mit dem halben Dividendensatz, mindestens jedoch mit 5 Prozent zu verzinsen. Über die Jahre gesehen stockte die AEG das Vermögen der verschiedenen Unterstützungseinrichtungen durch jährlich steigende Zuweisungen immer weiter auf, so daß sich diese 1915 auf Millionenbeträge beliefen.
Hilfeleistungen der AEG an Außenstehende waren offenbar nur in sehr engen Grenzen möglich. Eine von Emil Rathenau 1891 Opfern einer Überschwemmung zur Verfügung gestellte Spende von 100 Mark stieß auf die Kritik des Aufsichtsratsvorsitzenden Georg von Siemens. Er vertrat die Ansicht, daß es den Aufsichtsrats- oder Vorstandsmitgliedern als Ehrenaufgabe zufiele, aus ihren Tantiemebezügen solche »Anstands- und Klugheits-Ausgaben« zu bestreiten und schlug vor, ihn mit der Spende zu belasten.
In den ersten Jahren des 20. Jahrhunderts hatte die AEG eine Reihe von tiefgreifenden personellen Änderungen in ihrer Führungsspitze zu verzeichnen. 1902 verließ Walther Rathenau weniger wegen des Vorwurfs, daß sich in der Leitung des Unternehmens eine Dynastie Rathenau abzeichne, als vielmehr aufgrund des Scheiterns der insbesondere von ihm betriebenen Fusion AEG-Schuckert die AEG und trat in die Geschäftsleitung der Berliner Handels-Gesellschaft ein. Sein Nachfolger als Leiter der Abteilung Zentralstationen wurde Georg Klingenberg. Nach dem Tod des jüngeren Bruders Erich im Jahre 1903 stellte sich Walther Rathenau jedoch wieder an die Seite seines Vaters. Emil Rathenau

Wohlfahrts-Einrichtungen.

1. Unterstützungsfonds.

Vermögen am 1. Juli 1914		M. 6 871 941,21
Zuweisungen der Generalversammlung und Verzinsung durch die AEG mit 5 %		„ 1 096 513,27
		M. 7 968 454,48
davon abgesondert:		
a) Beiträge zur Ruhegehaltseinrichtung	M. 1 088 266,55	
b) Unterstützungen	„ 215 787,26	
c) Verwaltungskosten	„ 5 814,48	M. 1 309 868,29
Stand am 30. Juni 1915		M. 6 658 586,19

2. Ruhegehaltseinrichtung.

Vermögen am 1. Juli 1914	M. 5 093 374,78
Beitrag der AEG im Geschäftsjahr 1914/15	„ 1 088 266,55
Zugang aus Zinsen	„ 270 845,18
	M. 6 452 486,51
Aufwendungen im Geschäftsjahr 1914/15	„ 31 099,69
Stand am 30. Juni 1915	M. 6 421 386,82

3. M. R.-Stiftung.

Vermögen am 1. Juli 1914		M. 1 700 664,85
Zuwendungs-Konto der Familie Rathenau		„ 50 000,—
Zuweisungen durch die AEG und BEW aus 1913/14		„ 60 709,88
Verzinsung durch die AEG mit 5 %		„ 86 843,71
Stand am 30. Juni 1915		M. 1 898 218,44
Aufwendungen:		
a) ärztlicher Beistand an Angehörige, Hauspflege und Unterstützungen in bar und Stärkungsmitteln usw.	M. 127 615,59	
b) Entsendung von 250 Kindern in Ferien-Kolonien	„ 14 255,—	M. 141 870,59
Stand am 30. Juni 1915		M. 1 756 347,85

270 Im Geschäftsjahr 1914/15 hatten die im Geschäftsbericht ausgewiesenen Zahlen für die verschiedenen Unterstützungs- und Hilfsfonds der AEG eine beachtliche Höhe erreicht.

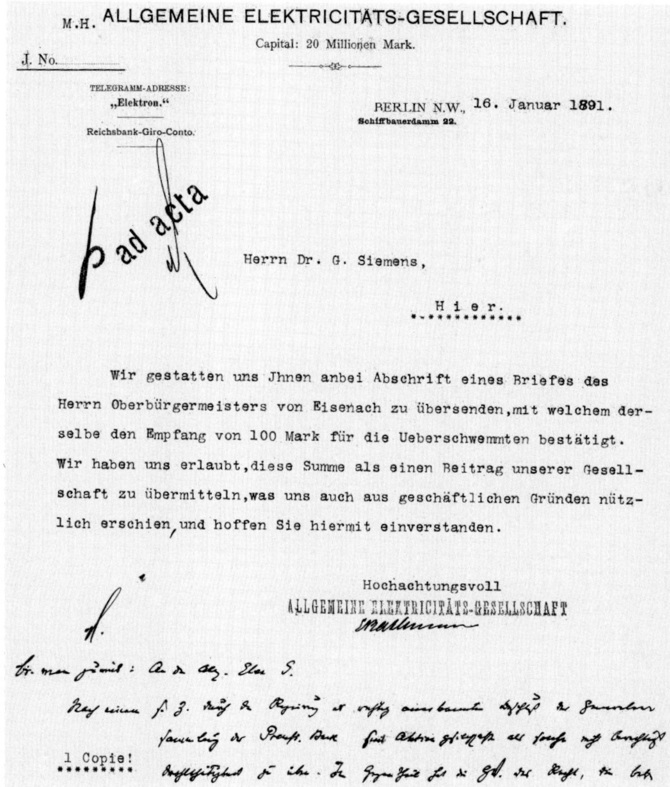

M.H. ALLGEMEINE ELEKTRICITÄTS-GESELLSCHAFT.
Capital: 20 Millionen Mark.

J. No.

TELEGRAMM-ADRESSE: „Elektron."
Reichsbank-Giro-Conto.

BERLIN N.W., 16. Januar 1891.
Schiffbauerdamm 22.

ad acta

Herrn Dr. G. Siemens,

Hier.

Wir gestatten uns Jhnen anbei Abschrift eines Briefes des Herrn Oberbürgermeisters von Eisenach zu übersenden, mit welchem derselbe den Empfang von 100 Mark für die Ueberschwemmten bestätigt. Wir haben uns erlaubt, diese Summe als einen Beitrag unserer Gesellschaft zu übermitteln, was uns auch aus geschäftlichen Gründen nützlich erschien, und hoffen Sie hiermit einverstanden.

Hochachtungsvoll
ALLGEMEINE ELEKTRICITÄTS-GESELLSCHAFT

1 Copie!

Br. [. . .] zurück: An die Allg. Elec. G.
Nach einem s. Z. durch die Regierung als richtig anerkannten Beschluß der Generalversammlung der Preuß. Bank sind Aktiengesellschaft als solche nicht berechtigt, Wohlthätigkeit zu üben. Im Gegentheil hat die GV das Recht, die betr. Vorstands- und Aufsichtsrathsmitglieder dafür verantwortlich zu machen u. das Geld von denselben zurückzufordern.
Dieses theoretische Bedenken hat freilich keine materielle Bedeutung: Immerhin wäre es vielleicht besser gewesen, in der Weise zu praktiziren, wie wir verabredet hatten.
Es scheint mir, daß die Tantièmengewährung an Aufsichtsrath u. Vorstand denselben das nobile officium auferlegt, für dergl. Anstands- u. Klugheits-Ausgaben ex propius aufzukommen. Andernfalls wäre die Tantièmengewährung, namentlich diejenige an Aufsichtsrathsmitglieder, nur ein Geschenk, welches keine innere Rechtfertigung hat.
Vielleicht empfiehlt es sich, daß die AEG mich nachträglich für diesen Betrag belastet.

B. 17./1.91 — G. Siemens

271 Hilfeleistungen der AEG an Außenstehende waren nur in sehr begrenztem Maße möglich. Georg von Siemens vertrat die Ansicht, daß kleinere Spenden von den Aufsichtsrats- oder Vorstandsmitgliedern aus ihren Tantiemen bezahlt werden sollten.

war durch den Tod des Sohnes so tief getroffen, daß er vorübergehend kaum in der Lage war, die Geschäfte der AEG zu führen und viel von seiner Energie und Schaffenskraft verlor. Letztlich erholte er sich bis zu seinem Tode nicht mehr völlig von diesem Schock.

Walther Rathenau unterstützte seinen Vater in den folgenden Jahren bei der Erledigung seiner vielen Aufgaben und Pflichten, wurde 1904 in den Aufsichtsrat der AEG gewählt und übernahm bald die Leitung der finanziellen Angelegenheiten der Gesellschaft. Bei der Fusion mit der Union und 1910 mit Felten Guilleaume-Lahmeyer besaß er maßgeblichen Einfluß. In Anerkennung seiner Leistungen und seines großen Einflusses wurde er 1910 zum stellvertretenden Vorsitzenden des Aufsichtsrats und Mitglied des Aufsichtsrats-Ausschusses gewählt, der damit aus dem Aufsichtsratsvorsitzenden Friedrich von Hollmann sowie aus Carl Fürstenberg und Walther Rathenau bestand.

Emil Rathenau, der bis zu seinem Tode Vorstandsvorsitzender der AEG blieb, zog sich 1912 wegen einer Erkrankung, in deren Verlauf ihm ein Fuß abgenommen werden mußte, zeitweise aus der Führung der Geschäfte zurück. Er wurde in seiner Abwesenheit von seinem Sohn Walther im Vorstand vertreten. Obwohl Emil Rathenau sich von dieser schweren Krankheit wieder erholte, stellte sich seit 1912 die Frage seiner Nachfolge immer dringender und wurde teilweise sehr heftig diskutiert. Emil Rathenau, der aus einem jüdisch-patriarchalischen Familiengeist heraus und im Gegensatz zur familienunabhängigen Hierarchiebildung in einer anonymen Aktiengesellschaft schon mit der Aufnahme der Söhne in die AEG und in deren Führungsspitze deutlich gemacht hatte, daß er seine Nachfolge innerhalb der eigenen Familie geregelt sehen wollte, konnte sich mit seinen Plänen schließlich nur teilweise durchsetzen. Sein Nachfolger im Amt des Vorstandsvorsitzenden der AEG wurde Felix Deutsch, der seit der Gründung der Deutschen Edision Gesellschaft der engste Mitarbeiter Emil Rathenaus gewesen war und der den Aufbau und

die Entwicklung des Unternehmens maßgeblich mitgestaltet hatte. Walther Rathenau wurde zum Aufsichtsratsvorsitzenden der AEG gewählt und erhielt besondere Leitungsbefugnisse, die durch den Titel »Präsident« auch nach außen dokumentiert wurden. Außerdem übernahm er Büro und Sekretariat seines Vaters.
Der Ausbruch des Ersten Weltkrieges brachte für die AEG dieselben Probleme wie für andere deutsche Unternehmen auch: Umstellung auf Kriegsproduktion, Ausfall bzw. Einschränkung der Produktion für ausländische oder private Abnehmer, Unterbrechung der Rohstoffversorgung durch die Wirtschaftsblockade der Entente-Mächte, Abbruch oder zumindest Erschwerung der Geschäftsbeziehungen zu den ausländischen Tochtergesellschaften. So befand sich das Unternehmen in einer schwierigen Lage, als Emil Rathenau 1915 starb. Der Mann, der ausgehend von der Erfindung der Glühbirne die elektrische Beleuchtung in Deutschland durchgesetzt hatte, der die AEG von der Vertretergesellschaft für ein fremdes Produkt zu einem diversifizierten, alle Bereiche der Starkstromtechnik umfassenden Fabrikationsunternehmen und zum größten deutschen Elektro-Unternehmen mit weltweitem Absatzgebiet aufgebaut hatte, konnte seiner Firma über diese Krise nicht mehr hinweghelfen.

272 Felix Deutsch (1858–1928) folgte Emil Rathenau nach dessen Tod im Amt des Vorstandsvorsitzenden und leitete das Unternehmen, das er mit Rathenau zusammen aufgebaut hatte, bis 1928.

Die Persönlichkeit

Vita motu constat
Das Leben besteht in der Bewegung
Aristoteles

Die Persönlichkeit Emil Rathenaus gibt viele Rätsel auf; dennoch ergibt sich bei genauer Betrachtung und Durchleuchtung ein gewisses Bild dieses Unternehmers. Sein geistiges, inneres Leben verlangte stets nach Beschäftigung, Beschäftigung durch in die Zukunft gerichtetes Tun oder Denken. Unaufhörliche Bewegung kennzeichnete seinen Tagesablauf. Sein Dasein war rastlos, Untätigkeit war ihm unerträglich, Langeweile haßte er. Für ihn war Tätigkeit, etwas treiben, etwas auf den Weg bringen, oder zumindest etwas Neues lernen, zu seinem Glück oder wenigstens zu seiner Zufriedenheit unerläßlich. Daß er sein Werk von Tag zu Tag wachsen sah, die ständige Bewegung der Dinge hin zu einer gewaltigen Organisationsstruktur, gleichsam zu ihrer Vollendung, streben sah, befriedigte Emil Rathenau unmittelbar. Er war ein hochbegabter Organisator, der die Fähigkeit besaß, bedeutsame, große und zusammenhängende Werke hervorzubringen. Für ihn besaß das Leben und die Welt neben den allem gemeinsamen materiellen noch ein zweites weitaus höheres, ein formelles Interesse, das alle anderen beinhaltete: das Unternehmen AEG. Ihm galt seine totale Hinwendung, sein Engagement, sein Schaffen und Denken. Emil Rathenau bewegte nicht nur sich selbst, er bewegte ein Unternehmen hin zu einer fast vollendeten Struktur, er bewegte eine Branche, die Elektroindustrie, die scheinbar schon von anderen dominiert wurde, und er veränderte die Lebensweise der Menschen.

In diesem Umfeld ist seine Persönlichkeit, sein Handeln und Denken angesiedelt und hier muß derjenige, der Emil Rathenau aufspüren will, zu suchen beginnen.

Er hatte seinen Wünschen ein Ziel gesteckt, hatte es zweimal nicht erreichen können, einmal mit einem durchschnittlichen Unternehmen des Maschinenbaus und zum anderen mit einer der größten Erfindungen der Geschichte, dem Telefon, und fand dann in einer nicht weniger zukunftsentscheidenden Erfindung, der Glühbirne Edisons, die Basis zu geahnten Ufern. Zu Leitmotiven seiner Bestrebungen nahm er nicht Bilder der Phantasie, sondern deutlich gedachte Begriffe, die er zwar nicht selber erfunden hatte, die er aber dem Menschen begreifbar machte und als unabdingbar zuführte. Hierin lag seine Unternehmensphilosophie, letztlich auch der Grund seines Erfolges.

Darüber hinaus ergeben sich nur wenige Ansatzpunkte, die die Denk- und Lebensweise des Emil Rathenau enthüllen. In seinem alltäglichen Leben war er offenbar eher bescheiden als verschwenderisch, in seinem Unternehmen in Kleinigkeiten knauserig, im Großen aber finanziell äußerst freizügig, was der Ausspruch von Carl Fürstenberg, mit Emil Rathenau ließe sich über Geld nur bis zu dem Betrag von 3 Mark und dann wieder ab 3 Millionen reden, bestätigt.

Über die Beziehung zu seiner Ehefrau und seiner Tochter ist wenig bekannt, während die Beziehungen zu den beiden Söhnen Erich und Walther äußerst unterschiedlich waren. Er stand dem jüngeren Sohn Erich, der ihm offenbar wesensverwandt war, sehr viel näher als dem Erstgeborenen Wal-

273 Emil Rathenau am Schreibtisch in seinem fast spartanisch einfach eingerichteten Büro.

274 Visitenkarte Emil Rathenaus.

ther, zu dessen schöngeistiger Veranlagung er wenig Zugang fand. Erst nach dem Tod des seit seiner Kindheit kränkelnden Erich im Jahre 1903 während einer Erholungsreise nach Ägypten wandte er sich verstärkt Walther zu, und erst ab dieser Zeit kann von einem engen, wenn auch oft zwiespältigen Verhältnis zwischen Vater und Sohn gesprochen werden.

Als Mäzen hat sich Emil Rathenau kaum betätigt. Er war weder ein Musik- noch ein Kunstliebhaber. Auch ist nicht bekannt, daß er Interesse an schöngeistiger Literatur zeigte oder Kontakte zu Künstlerkreisen pflegte. Dies überließ er seiner Frau und seinem Sohn Walther. Einer der wenigen Hinweise auf eine Auseinandersetzung mit Künstlern sind die Aufträge an die Architekten Peter Behrens und

275 Emil Rathenau, einer der aktivsten und erfolgreichsten Unternehmer seiner Zeit.

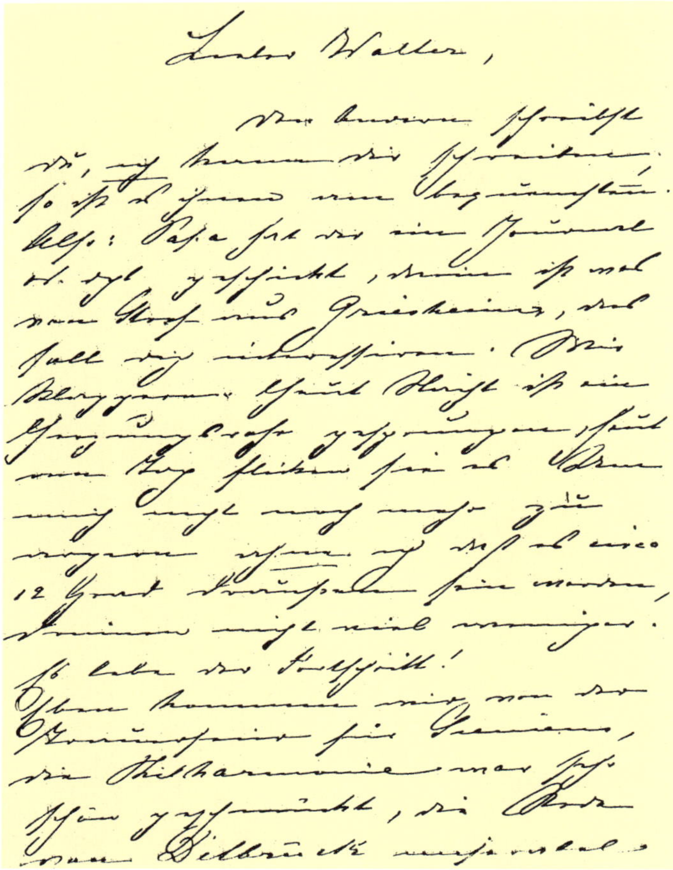

Mathilde Rathenau an Walther Rathenau, [16. Januar 1893]

Lieber Walter,
den Andern schreibst Du, *ich* kann dir schreiben, so ist es ihnen am bequemsten. Also: Papa hat Dir ein Journal od. dgl. geschickt, darin ist was von Stoof aus Griesheim, das soll Dich interessiren. Wir klappern. Heut Nacht ist ein Heizungsrohr gesprungen, heut am Tag flicken sie es. Um mich nicht noch mehr zu ärgern *ahne* ich daß es circa 12 Grad draußen sein werden, drinnen nicht viel weniger.
Es lebe der Fortschritt!
Eben kommen wir von der Trauerfeier für Siemens, die Philharmonie war sehr schön geschmückt, die Rede von Delbrück miserabel. Zum Einschlafen. Herleihern von Allem was er gemacht hat, ohne jeden Schwung u. Begeisterung, wie ein eingetheilter Schulaufsatz. – Der Kaiser war nicht da, aber die Kaiserin u. die Kaiserin Friedrich, die die ganze Gesellschaft über eine Stunde auf ihr Erscheinen warten ließen. Gestern besuchten wir die alte Siemens u. Willy, die Alle sehr, sehr ruhig sind; es scheint, sie wußten schon seit einem Jahr wie es mit ihm stand. Ich hoffe Du vergißt nicht, Edith zu ihrem Geburtstag zu gratuliren, ich habe ein Buch für Dich gekauft. Kannst Du dich denn gegen die Kälte schützen?, ich denke mit Schaudern daran. Du wirst doch nicht allenfalls *jetzt* noch Nachts arbeiten!
Sonnabend haben wir nun die Elektrotechniker hier, u. wozu? Für Slaby. Es werden 30–40 Mann sein. Wenige darunter die Einen interessiren. Dann geht Papa wieder einmal nach Paris. Sonst ist es sehr still, selbst Erich geht nicht zu viel aus. Der Schnee liegt fußhoch u. dabei wirbelt er immer weiter herunter u. P. berechnet die Kosten die daraus erwachsen. Deine Rede ist umgearbeitet, es hat sich fast für jedes Wort ein anderes finden lassen. Wär' sie nur schon gehalten!
Jetzt wär es einmal Zeit für Dich uns auch zu schreiben. Was meinst Du?

Grüße M.

276 Während Emil Rathenau sich stärker mit seinem Sohn Erich verbunden fühlte, hatte Mathilde Rathenau ein enges Verhältnis zu ihrem Sohn Walther.

277 Mathilde Rathenau mit den Söhnen Walter (links) und Erich (rechts).

Mathilde Rathenau an Thomas Alva Edison,
28. Februar [ohne Jahr]

22, Schiffbauerdamm
Berlin 28th February

Dear Mr. Edison,

I really do not know how to thank you for the most kind, charming and interesting present you sent me. I thought you would have long forgotten your promise and myself, for I know that you have got your mind always full with new thoughts and experiments and that you do not care very much for »old things« (So you said).
The more I was surprised and happy when your phonograph arrived. But although you dedicated it to me personally I must confess that until now everyone wants to have a part of it and that the poor instrument must work hard to content all the listeners. My youngest son Erich (whom you thought so fit for an engineer) keeps it admirably in order, it works to perfection especially distincts when he uses a long tube he constructed for it. The only thing I still wished to have is a roll with your own voice, if some day you are in *very* good spirits please speak one for me!
We heard from Mr. Seubel that you would perhaps come to Europe again, I need not say that we should be delighted if it were so and that we hope you will this time begin with Berlin.
I beg to give my love to Mrs. Edison and to Marion, whose answer to my last letter I hope to have very soon.
My husband and my sons beg to be kindly remembered to you and I remain, Sir,

Your very faithfully
Mathilda Rathenau

278 Emil Rathenau, der ganz in seinen Geschäften aufging, überließ gesellschaftliche und kulturelle Aktivitäten gern seiner Frau. Mathilde Rathenau unterstützte ihren Mann indem sie für seine Geschäftspartner und -freunde ein offenes Haus führte. Aus diesen Zusammentreffen erwuchsen manchmal freundschaftliche Beziehungen, wie im Fall von Thomas Alva Edison, der nach einem Besuch in Deutschland Mathilde Rathenau einen seiner Phonographen schickte.

279 Schriftliche Äußerungen Emil Rathenaus finden sich nur als Geschäftsbriefe oder als Stellungnahmen zu technischen Fragen.

Die Organisation
technisch-wissenschaftlicher Forschungsarbeiten.

Zu diesem Thema sind noch einige weitere Ansichten geäußert worden, die wir als Nachtrag hier wiedergeben. D. S.
Geh. Baurat Dr. Dr.-Ing. E. Rathenau: Die Anregung zu einer Organisation der technisch-wissenschaftlichen Forschungstätigkeit ist an sich als berechtigt anzusehen. Der durch den bisherigen Zustand verursachten Verschwendung von Zeit und Geld könnten dadurch in der Tat gewisse Grenzen gezogen werden. Es kommt hinzu, daß sich manchen Privatlaboratorien, auf die heute solche Untersuchungen angewiesen sind, der Vorwurf nicht ersparen läßt, daß es bei ihnen auf geschäftliche Ausbeutung abgesehen ist, während die Erfindungen und Neuerungen, die aus der neuen Organisation hervorgingen, öffentliches Eigentum würden. Indessen würde sich zweierlei empfehlen. Einmal sollte die neue Organisation nach Möglichkeit keinen staatlichen und auch nicht den gemischtstaatlichen Charakter an sich tragen, der in der hier in Frage stehenden Anregung vorgeschlagen wird. Eine solche Institution würde langsamer arbeiten als eine private. Ferner würden ihren Mitteln vermutlich engere Schranken gezogen und die Geschäftsführung vielleicht zu bureaukratisch sein.
Deshalb erschiene es angebracht, daß die Organisation von privaten Interessenten geschaffen wird, die ausreichende Mittel dafür bereitstellen und die Arbeiten durch ihre eigenen Sachverständigen überwachen lassen. Ebenso empfiehlt es sich, die Schwerfälligkeit, der die Arbeitsleistung einer generellen Organisation unterworfen wäre, zu vermeiden, indem viellmehr von Fall zu Fall spezialisierte Organisationen für einen bestimmten Zweck gebildet würden. Die generelle Organisation hätte auch den Nachteil, daß bei ihr die zu lösenden Aufgaben weniger scharf umgrenzt und mehr der eigenen Auswahl seitens der Organisation anheimgestellt wären, ferner die für den jedesmaligen Zweck wünschenswerten Fachleute nicht so leicht zur Verfügung ständen, als wenn Spezialinstitutionen geschaffen würden.
Um ein Beispiel dafür anzuführen, daß für Gelegenheiten zu zweckmäßiger Betätigung einer solchen Organisation der technisch-wissenschaftlichen Untersuchungen gesorgt wäre, sei auf die Herstellung von künstlichem Gummi verwiesen, die ein sehr geeignetes Substrat einer Studiengesellschaft bilden, im Falle der Lösung des Problems die Beteiligten für ihre Aufwendungen reich entschädigen und zu neuen Aufgaben ähnlicher Art ermutigen würde.
Unbedingt muß aber gefordert werden, daß, wenn es jetzt schon die selbstverständliche Aufgabe jedes und namentlich jedes großen industriellen Unternehmens ist, den technischen Fortschritt mit allen Mitteln zu fördern, eine gemeinsame Organisation der technisch-wissenschaftlichen Forschungstätigkeit nur geschaffen werden sollte, wenn sie die Aufgabe, die bisher dem Einzelnen zufiel, in vollkommenerer Weise lösen hilft.

Berlin, 14. II. 1911. Dr. E. Rathenau

280 Emil und Erich Rathenau in Ägypten. Während dieser vor allem für den schon lange kränkelnden Sohn unternommenen Erholungsreise starb Erich am 19. Januar 1903 in Assuan.

Alfred Messel sowie an den Bildhauer Hermann Hahn, der eine Porträtstatue Emil Rathenaus, eine Doppelbüste des Ehepaars Rathenau sowie das Familiengrab entwarf und ausführte. Emil Rathenaus nüchterne und ganz auf seine Arbeit konzentrierte Art zeigte sich auch in der Auswahl seines Lesestoffs: Er beschränkte sich auf technische Bücher und Geschäftsunterlagen, und in seinen Briefen und Abhandlungen zu Fragen der Elektrotechnik schrieb er einen klaren und sachlichen Stil (s. Anhang, S. 269). Hierin lag seine Homogenität, die in seinem Werk, der AEG, rasch zur Harmonie zusammenfloß. Er überwand alle privaten Interessen und wandte sich in absoluter Konsequenz seinem Lebenswerk als universeller Einheit zu.

Was seine soziale Haltung anging, so unterschied er sich wesentlich von bedeutenden Unternehmern der ersten Gründergeneration. Alfred Krupp, Werner von Siemens und später Robert Bosch verkörperten im positiven Sinn den Typus des patriarchalischen Unternehmers, der zwar seinen Arbeitern und Angestellten gegenüber bis in das Privatleben reichende Weisungsbefugnisse beanspruchte, gleichzeitig aber soziale Verantwortung fühlte und entsprechend handelte. Nachfolgende Unternehmergenerationen verloren mit der wachsenden Größe der Firmen schnell den persönlichen Kontakt und damit das Gefühl der sozialen Verpflichtung. Zudem nahm die staatliche Sozialgesetzgebung der 80er und 90er Jahre dem Unternehmer einen Teil der sozialen Aufgaben ab. Auch in der AEG wurden eine Unterstützungskasse und ein Pensionsfonds gegründet, wurden Arbeitsschutzmaßnahmen getroffen und medizinische Einrichtungen geschaffen, doch deutet nichts darauf hin, daß die Initiative hierzu von Emil Rathenau ausging. Sein Denken und Fühlen scheint fast ausschließlich auf den Auf- und Ausbau seines Lebenswerkes, der AEG, gerichtet zu sein.

Aus dieser Beziehung zwischen Person und Werk lassen sich die Persönlichkeitsmerkmale von Emil Rathenau am ehesten ableiten. Die ersten zehn Jahre seiner Tätigkeit in der Edision-Gesellschaft und der AEG sind geprägt von den Auseinandersetzungen um die Patente von Thomas Alva Edison, sowie die Aufteilung der Arbeitsgebiete mit der Firma Siemens & Halske. Nach der Auflösung der Verträge zwischen der AEG und Siemens & Halske im Jahre 1894 stand Emil Rathenau auf dem Höhe-

281 Doppelbüste des Ehepaares Rathenau in Bronze, entworfen im Jahre 1898 von Hermann Hahn aus Anlaß des 60. Geburtstages von Emil Rathenau.

282 Grabstätte der Familie Rathenau auf dem Friedhof in Berlin, entworfen von Alfred Messel und Hermann Hahn nach dem Tod von Erich Rathenau.

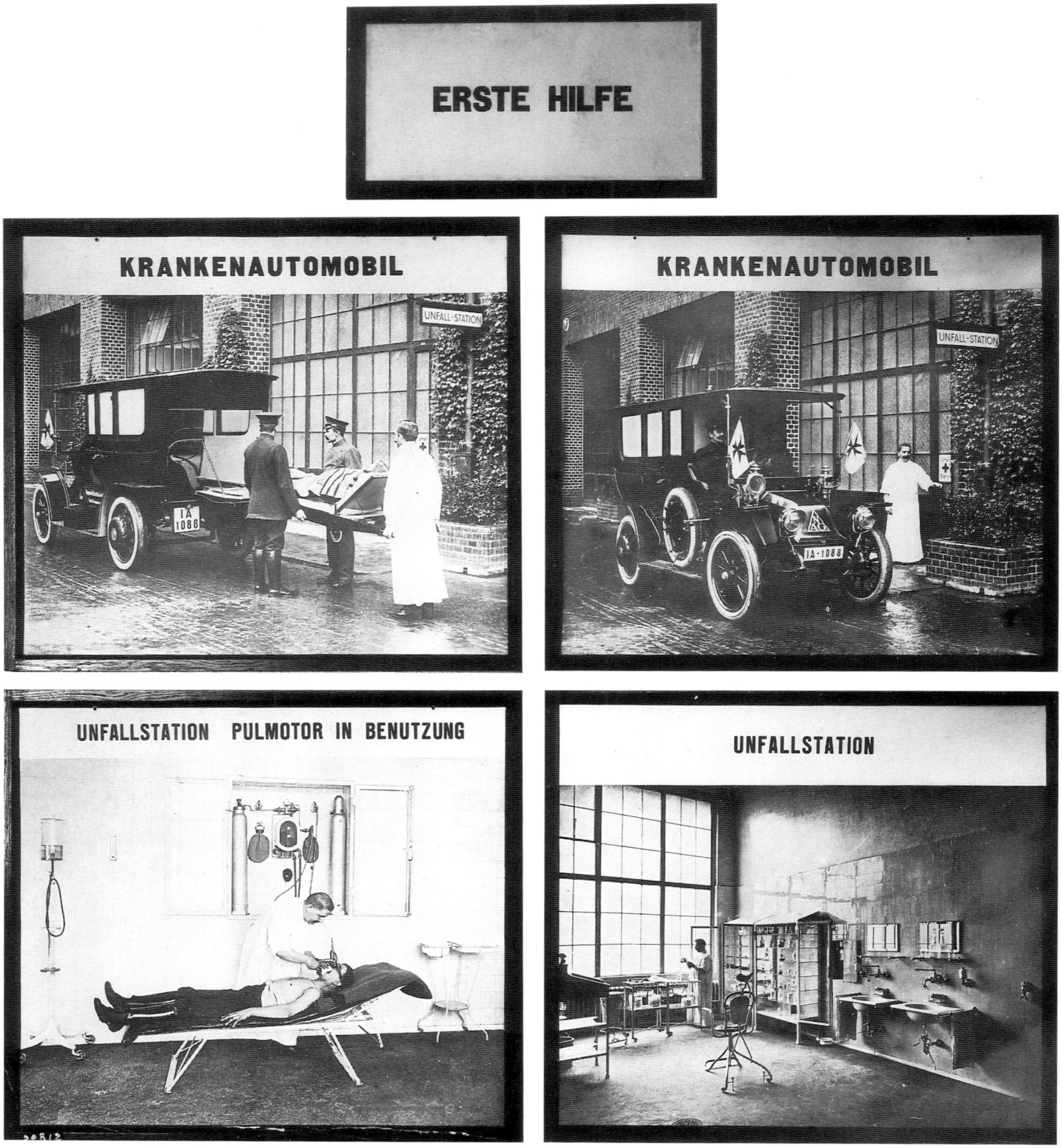

283 Neben einer Reihe von Unterstützungs- und Hilfsfonds schuf die AEG in ihren Betrieben auch Erste Hilfe-Einrichtungen und ergriff Sicherheitsmaßnahmen für die Beschäftigten durch die Installation von Schutzvorrichtungen an den Maschinen und die Ausgabe von Schutzkleidung.

punkt seiner unternehmerischen Macht. Er hatte ein hohes Maß an Leistung erbringen müssen, um die AEG in den Stand zu versetzen, die Verträge mit Siemens & Halske zu lösen. Es kann mit Sicherheit angenommen werden, daß Emil Rathenau von Anfang an danach gestrebt hat, in jeder Beziehung, sowohl von den Banken wie auch von anderen Unternehmen, unabhängig zu werden. Dies gelang ihm jedoch nur teilweise, da er bis 1887 wesentlich von den Bankhäusern Landau und Gebr. Sulzbach, bis 1894 von der Deutschen Bank und anschließend von der Berliner Handels-Gesellschaft in finanziellen Dingen beraten wurde und hier ein gewisses Abhängigkeitsverhältnis bestand.

Emil Rathenau mußte rasch Goethes Ausspruch in Tasso erkennen: »Die Gegenwart ist eine mächtige Göttin.« Daß es ihm dennoch gelang, die Zukunft nach seinen Ideen zu gestalten, lag in seiner charakteristischen Art, die Gegebenheiten des Heute zu lösen, ohne die Planung der Zukunft aus dem Auge zu verlieren. Unter diesem Aspekt sind vor allem die Auseinandersetzungen mit Siemens zu sehen, die Tag für Tag seine Kraft und Konzentration beanspruchten.

Der schnelle Aufstieg der AEG läßt sich nicht zuletzt auf unterschiedliche Auffassungen und Arbeitsweisen der führenden Persönlichkeiten dieser beider Unternehmen zurückführen. Werner von Siemens wollte über empirische Versuchs- und Entwicklungsarbeit zu einer Erfindung kommen und diese dann fabrizieren und verkaufen, während Emil Rathenau mehr als Organisator und Manager agierte. Aus diesem Geschäftsverhalten heraus ist es verständlich, daß viele damalige Zeitgenossen erstaunt reagierten, wenn sie hörten, daß Emil Rathenau von seiner Ausbildung und seinem beruflichen Werdegang her eigentlich Ingenieur war. Die Zeit mit ihren neuen Strukturen und Entwicklungen hatte Werner von Siemens überholt und neuen Ideen, die sein Konkurrent einbrachte, Platz gemacht.

Emil Rathenau beobachtete den damaligen Ideen-Markt sehr genau und wählte jene Ideen aus, die ihm vielversprechend schienen und die er dann nach seinen Plänen umarbeitete. So führte er z. B. auf der Frankfurter Ausstellung von 1891 einen Wasserfall vor, wie er bereits auf der Münchner Ausstellung 1882, also 9 Jahre vorher, gezeigt worden war. Auch die Gründung der Züricher Elektrobank basierte letztlich auf einer Idee von Isidor Loewe, der ein Jahr zuvor ein ähnliches Institut gegründet hatte. Während Emil Rathenau es verstand, zukunftsorientierte Produkte aufzukaufen und sie nach den Regeln des Managements zu vermarkten, setzte Werner von Siemens andere Schwerpunkte: Obwohl er durchaus unternehmerische Chancen zu nutzen verstand, wollte er nicht in erster Linie Fabrikant sein. Ihn reizte auch die Lösung technischer Probleme. 1882 schrieb er an seinen Bruder Karl: »Unsere grosse Aufgabe ist es uns an der Spitze der Electrotechnik zu halten und das heisst heute wo alle Welt Electrotechnik treibt und ganz fidel auf unseren Schultern steht – keine Kleinigkeit! . . . Es gehören da Erfindungen zu Dutzenden dazu und die wollen gemacht und durchgearbeitet werden!« Hiermit war ein Unternehmen, dessen Organisationsstrukturen stark auf eine einzelne Familie abgestimmt waren und dessen Leiter alle wichtigen Fragen selbst entscheiden wollte, überfordert. Während Werner von Siemens sich auf vielen Gebieten mit Neuerungen befaßte und Gefahr lief, sich zu verzetteln, hatte Rathenau sich von Anfang an spezialisiert und verwandte wenig Energie, Zeit und Geld auf die Weiterentwicklung der Technik.
In den harten Auseinandersetzungen zwischen von Siemens und Rathenau spielte Georg von Siemens von der Deutschen Bank eine wichtige Rolle. Er half der neugegründeten AEG, nach 1887 zum führenden Unternehmen der Elektroindustrie aufzusteigen. Nach seinem Ausscheiden aus dem Aufsichtsrat der AEG und der Zuwendung der Deutschen Bank zum Siemens-Konzern versuchten er und seine Nachfolger, Siemens bei der Rückgewinnung der führenden Stellung in der Elektroindustrie

zu helfen. Es war spätestens seit den Verhandlungen um die Gründung der AEG vorauszusehen, daß zwei Unternehmen wie die AEG und Siemens sich auf die Dauer nicht in einer engen vertraglichen Bindung mit klar abgegrenzten Arbeitsgebieten entwickeln konnten. Die zähen Auseinandersetzungen zwischen 1887 und 1894 waren die logische Folge aus Vertragsbedingungen, die zwei Unternehmen in ihrer Entwicklung einschränkten, ohne ihnen ausreichende Vorteile aus dieser Beschränkung zu bringen. Nach der Auflösung des Vertrages 1894 unterhielten beide Unternehmen normale Geschäftsverbindungen.

Die Zeit von 1894 bis zum Jahre 1903, dem Todesjahr seines Sohnes Erich, kann als die Periode angesehen werden, in der Emil Rathenau relativ frei von äußeren Zwängen seine Ideen und Pläne durchsetzen und gleichzeitig ohne jede familiäre Belastung die Zukunft des Unternehmens planen konnte. Mit dem Tod seines Sohnes erlitt er dann einen schweren persönlichen Rückschlag, und es dauerte lange, bis er sich den Geschäften der AEG wieder in vollem Umfang widmen konnte. In der Intensität seiner Arbeit ist aber seit diesem Zeitpunkt eine entscheidende Veränderung festzustellen. Er ließ seinen Vorstandskollegen und vor allem seinem Sohn Walther erheblich mehr Freiheit und akzeptierte Entscheidungen, die Jahre zuvor undenkbar gewesen wären. So war es auch möglich, daß Peter Behrens die architektonisch fortschrittlichen und für viele richtungweisenden Gebäude und Hallen der AEG errichten konnte. Auch im privaten Leben ließ Emil Rathenau seiner Familie mehr Freiheiten, sowohl in bezug auf das gesellschaftliche Leben wie auch das Leben in der Familie selbst. So wurde im Jahre 1912 ein neues prachtvolles Stadthaus bezogen, das auch den damaligen gesellschaftlichen Ansprüchen entsprechend eingerichtet war. Krankheit und innere Querelen um die Nachfolge im Vorstand beeinträchtigten die letzten zehn Jahre seiner Tätigkeit in der AEG doch erheblich. Dennoch blieb Emil Rathenau in der AEG die bestimmende und nach außen hin führende Persönlichkeit. Bis zu seinem Tod im Jahre 1915 unterschrieb er den Geschäftsbericht allein, danach zeichnete der Gesamtvorstand verantwortlich.

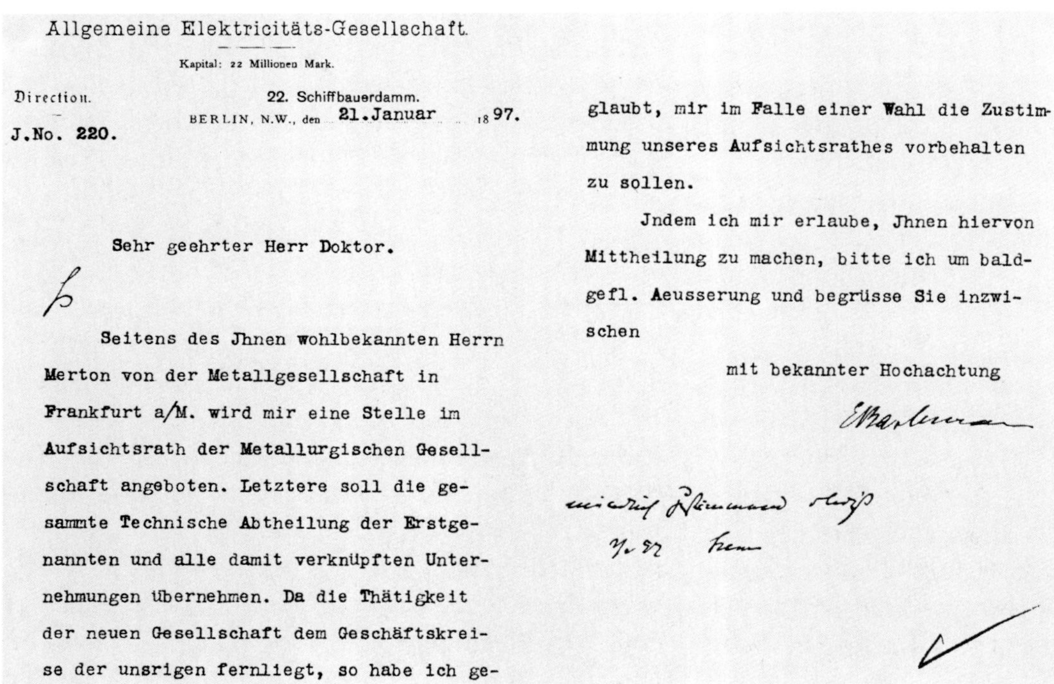
Allgemeine Elektricitäts-Gesellschaft.

Kapital: 22 Millionen Mark.

Direction. 22. Schiffbauerdamm.

BERLIN, N.W., den 21.Januar 1897.

J.No. 220.

Sehr geehrter Herr Doktor.

Seitens des Jhnen wohlbekannten Herrn Merton von der Metallgesellschaft in Frankfurt a/M. wird mir eine Stelle im Aufsichtsrath der Metallurgischen Gesellschaft angeboten. Letztere soll die gesammte Technische Abtheilung der Erstgenannten und alle damit verknüpften Unternehmungen übernehmen. Da die Thätigkeit der neuen Gesellschaft dem Geschäftskreise der unsrigen fernliegt, so habe ich geglaubt, mir im Falle einer Wahl die Zustimmung unseres Aufsichtsrathes vorbehalten zu sollen.

Jndem ich mir erlaube, Jhnen hiervon Mittheilung zu machen, bitte ich um baldgefl. Aeusserung und begrüsse Sie inzwischen

mit bekannter Hochachtung

284 Der vorliegende Brief macht das enge Verhältnis zwischen dem Vorstandsvorsitzenden der AEG und seinem Aufsichtsratsvorsitzenden deutlich (Handschriftliche Bemerkung von Georg von Siemens: mündlich Anstimmen erledigt).

Unbestritten ist, daß Emil Rathenau nach dem Tode von Werner von Siemens im Jahre 1892 der führende Vertreter der deutschen Elektroindustrie und eine der bedeutendsten Persönlichkeiten des Berliner Wirtschaftslebens war. Er befürwortete die Schaffung einer Interessenvertretung der Elektrotechniker und trat nach der Gründung des Verbandes Deutscher Elektrotechniker 1893 in dessen Vorstand ein. Auch die Errichtung des Deutschen Museums in München fand seine Unterstützung. Zahlreiche Auszeichnungen zeigen, daß die hervorragende Stellung Emil Rathenaus von allen Seiten anerkannt wurde. So wurde er zum Dr. phil. h. c., Dr. techn. h. c. und Dr.-Ing. E. h. ernannt. Im Jahre 1900 verlieh ihm Kaiser Wilhelm II. den Titel eines Geheimen Baurats. Orden und Gedenkmünzen erhielt Emil Rathenau nicht nur vom deutschen Kaiser, sondern auch vom österreichischen Kaiser sowie vom belgischen König und von der französischen Republik. Aus Anlaß seines 70. Geburtstages stifteten die Aufsichtsräte der AEG und der Berliner Elektricitäts-Werke eine von dem Bildhauer Hermann Hahn entworfene Medaille für alle verdienten Beamten und Arbeiter der AEG und der Berliner Elektricitäts-Werke.

Emil Rathenau war ein Unternehmer, der ein Fingerspitzengefühl für zukünftige Entwicklungen bereits in einem Stadium hatte, wo andere bedeutende Zeitgenossen wichtigen Erfindungen nur kleine Entwicklungschancen einräumten. Rathenau erkannte die Neugierde und Bequemlichkeit der Konsumenten, deren Bedürfnis nach Neuerungen nur geweckt werden mußte. So war es bei der Einführung des Telefons und so war es auch bei der Installation des elektrischen Lichts. Rathenau sah nicht nur in einem halben Jahrhundert die öffentlichen Betriebe und privaten Unternehmen sowie die reichen Haushalte mit eigenen Telefonen ausgerüstet. Er sah bereits ein national und international verzweigtes Telefonnetz, von dem alle profitierten und das zudem noch äußerst gewinnbringend arbeitete. Als Slaby die ersten von Rathenau installierten Kraftwerke in

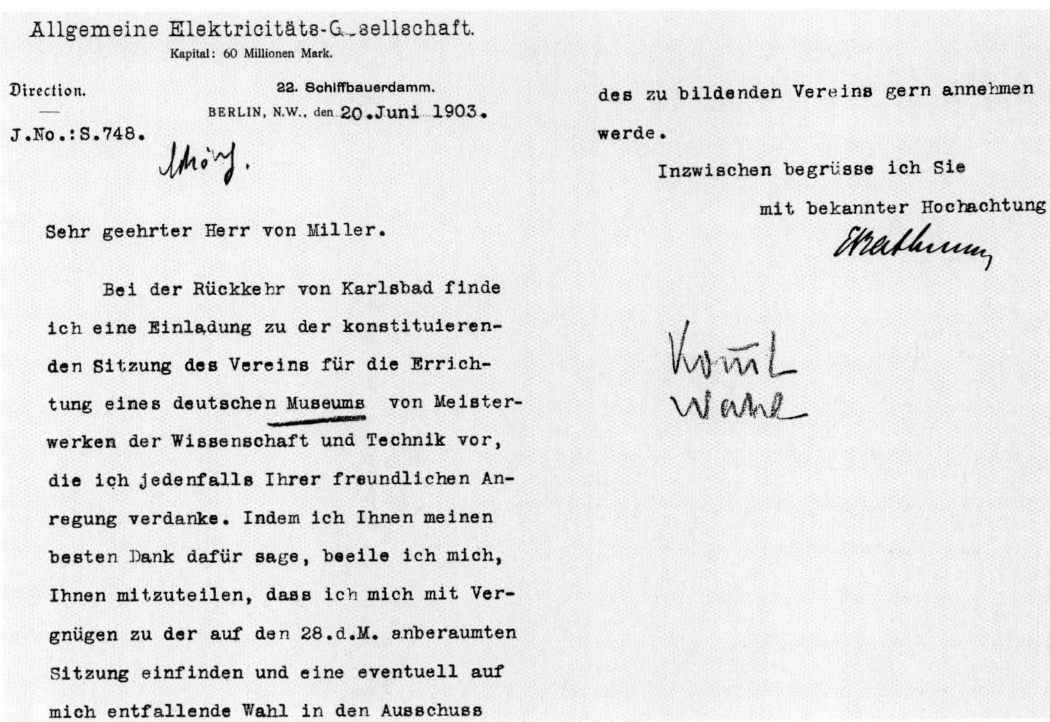
Allgemeine Elektricitäts-Gesellschaft.
Kapital: 60 Millionen Mark.

Direction. 22. Schiffbauerdamm.
BERLIN, N.W., den 20.Juni 1903.
J.No.:S.748.

Sehr geehrter Herr von Miller.

Bei der Rückkehr von Karlsbad finde ich eine Einladung zu der konstituierenden Sitzung des Vereins für die Errichtung eines deutschen Museums von Meisterwerken der Wissenschaft und Technik vor, die ich jedenfalls Ihrer freundlichen Anregung verdanke. Indem ich Ihnen meinen besten Dank dafür sage, beeile ich mich, Ihnen mitzuteilen, dass ich mich mit Vergnügen zu der auf den 28.d.M. anberaumten Sitzung einfinden und eine eventuell auf mich entfallende Wahl in den Ausschuss des zu bildenden Vereins gern annehmen werde.

Inzwischen begrüsse ich Sie
mit bekannter Hochachtung
ERathenau

285 Emil Rathenau befürwortete die Schaffung von technisch-wissenschaftlichen Einrichtungen. Auch die Gründung des Deutschen Museums in München fand seine Unterstützung.

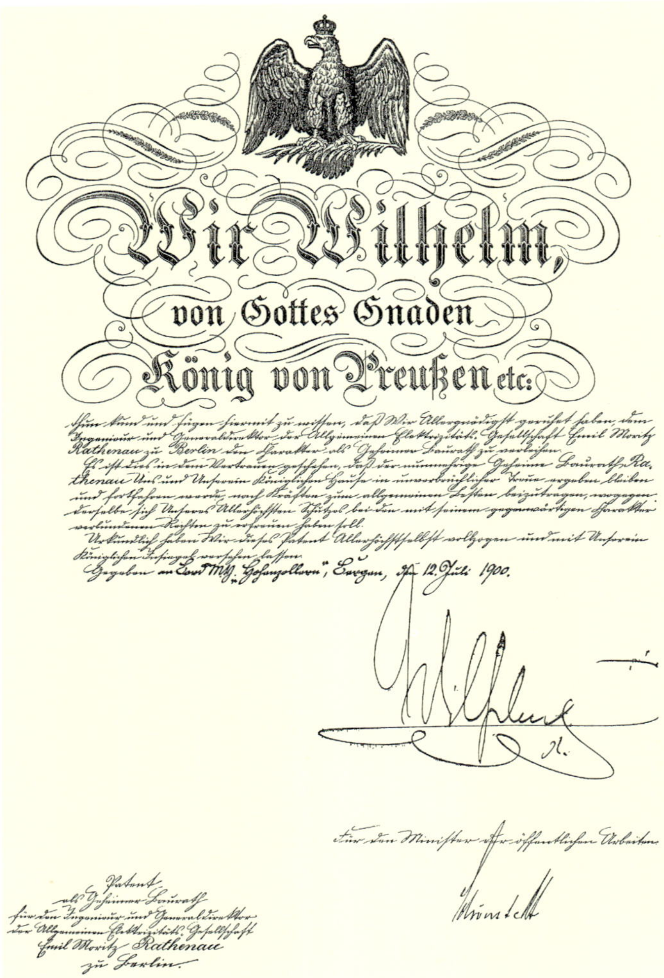
Wir Wilhelm,
von Gottes Gnaden
König von Preußen etc.

286 1900 wurde Emil Rathenau zum Geheimen Baurat ernannt.

287 Kaiser Wilhelm II. im Gespräch mit Emil Rathenau.

Emil Rathenau-Medaille.

Die Medaille, die der Aufsichtsrat der AEG und der Aufsichtsrat der BEW im Jahre 1908 aus Anlaß des siebzigsten Geburtstags des General-Direktors der beiden Gesellschaften, Geheimrat Dr. Ing. Emil Rathenau, gestiftet, ist — in Gold ausgeführt — außer Herrn Emil Rathenau inzwischen auch den ordentlichen Vorstandsmitgliedern der AEG und der BEW, sowie dem Vorsitzenden des Aufsichtsrates der AEG und dem der BEW, ferner den dem Ausschuß des Aufsichtsrates der AEG angehörenden Persönlichkeiten verliehen worden. Die Medaille in Silber erhielten die sonstigen Mitglieder des Aufsichtsrates beider Gesellschaften und die stellvertretenden Mitglieder des Vorstandes, die stellvertretenden Direktoren, die Fabrikdirektoren, sowie eine Reihe anderer Angestellter und Arbeiter beider Gesellschaften zur Anerkennung ihrer Tätigkeit. Die von Professor H. Hahn entworfene Medaille, die wir hier im Bild vorführen, wurde von den Aufsichtsräten der beiden Gesellschaften »für alle verdienten Beamten und Arbeiter der Allgemeinen Elektricitäts-Gesellschaft und Berliner Elektricitäts-Werke, die sich durch treue Arbeit und Pflichterfüllung im Dienste der Gesellschaft betätigen« bestimmt.

288 Zur Ernennung Emil Rathenaus an dessen 70. Geburtstag im Jahre 1908 stiftete der Aufsichtsrat der AEG eine von Hermann Hahn entworfene Emil Rathenau-Medaille.

289 Festtafel während des Banketts aus Anlaß des 70. Geburtstages von Emil Rathenau (von links nach rechts: Staatsminister von Möller, Präsident Dr. Schulz, Frau Andreae, Staatsminister Dr. von Studt, Staatssekretär a. D. von Hollmann, Emil Rathenau, Kriegsminister von Einem, Staatssekretär Dernburg, Mathilde Rathenau, Handelsminister Delbrück).

290 Die Leistungen Emil Rathenaus wurden auch durch die Verleihung von Orden und Ehrenzeichen gewürdigt.
Emil Rathenau trägt folgende Orden:
Halsorden (von oben nach unten):
Roter Adlerorden, 2. Kl., mit Eichenlaub
Kreuz 2. Kl. des Kronenordens
Kommandeurkreuz des Belgischen Leopoldordens
Ordensschnalle (von rechts nach links):
China-Gedenkmünze, Zentenar-Medaille, Österreichischer Orden der Eisernen Krone, 3. Kl.,
Offizierskreuz des Französischen Ordens der Ehrenlegion.

291 1907 verlieh der Verein der Deutschen Ingenieure Emil Rathenau in Anerkennung seiner Verdienste um die deutsche Elektrotechnik die Grashof-Gedenkmünze.

Berlin besuchte, die Blockstationen mit vergleichsweise kleinen Maschinen, die nur für wenige Häuser Strom lieferten, soll er ausgerufen haben: »Die Lichtzentrale des kommenden Jahrhunderts!« Rathenau erwiderte ihm in seiner bestimmten zukunftsorientierten Art: »Nein, wie verkennen Sie den unersättlichen Elektrizitätshunger der Menschheit, der in wenigen Jahren sich einstellen wird. Statt dieser Kellerräume mit ihrem ohrenbetäubenden Lärm sehe ich hohe luftige Riesenhallen und vieltausendpferdige Maschinen, die automatisch und geräuschlos die Millionenstadt mit Licht und Kraft versorgen.« Eine Vision, die von den meisten hingenommen, aber zu diesem Zeitpunkt noch nicht geglaubt wurde.

Walther Rathenau kennzeichnete den Vater in seiner Gedächtnisrede (s. Anhang, S. 274) als Genius, ausgestattet mit dessen vier charakteristischen Gaben: der Gabe der Einfalt, die ihm alles neu, staunenswert, ehrfurchtgebietend und echt erscheinen ließ; der Gabe der Wahrheit, die ihn bis zum Kern der Dinge und des Lebens dringen ließ; die Gabe des Schauens, die ihn die Geheimnisse des Äußeren, der Welt erkennen ließ; und die Gabe der Liebe, die alle, die er liebte zu sich emporzog und in ihnen Liebe entfachte. »Auch vor ihm gab es in Deutschland eine große, bewundernswerte Technik, auch vor ihm gab es einen emsigen Kaufmannsstand von Ehrenhaftigkeit, Größe und Weitsichtigkeit, auch vor ihm gab es eine Wirtschaftskunst, welche die goldenen Ströme des

Landes zusammenfaßte, um sie dahin zu leiten, wo das Bedürfnis sie forderte. Aber mit drei Griffen, die der dreifachen Natur seines Intellekts entsprangen, diese Kräfte zu sammeln, sie auf ein Ziel zu lenken, eine Einheit zu schaffen von Technik und Finanzkraft, Finanzkraft und Kaufmannsgenie: das ist sein Werk. Und das ist nach ihm vorhanden, vorher war es nicht da. Denn nur Der konnte es machen, der gleichzeitig ein Denker und ein Empfindender, ein Rechnender und ein Enthusiast, ein Mann der Wissenschaft und der Technik war.«

Emil Rathenau – Eine Herausforderung

Am 150. Geburtstag von Emil Rathenau ist seine Allgemeine Elektricitäts-Gesellschaft als AEG Aktiengesellschaft Geschäftsbereich und Teil des Daimler-Benz Konzerns, des größten deutschen Unternehmens. Was hätte Emil Rathenau zu dieser Entwicklung gesagt? Hätte er kopfschüttelnd den Verlust der Selbständigkeit bedauert, oder hätte er den Ideen der Männer zugestimmt, die 1985 beschlossen, das Automobilunternehmen Daimler-Benz zu erweitern, es auf eine breitere Basis zu stellen und damit auf eine veränderte Welt einzurichten? Ich bin sicher, daß Emil Rathenau sich für die Vision zur Zukunft entschieden hätte. Er würde sich für sein unternehmerisches Handeln vermutlich das Wort eines Zeitgenossen, des englischen Dramatikers Oscar Wilde, zu eigen gemacht haben: »Fortschritt ist die Verwirklichung von Utopien.«
Denn Utopien im fruchtbaren Sinne, nicht Fantastereien, waren das, was ihn von den allermeisten seiner Kollegen positiv abhob. Er dachte ganzheitlich. Ein Produkt war für Emil Rathenau nicht einfach ein Produkt. Es mußte ein Bedürfnis befriedigen und zudem noch in einen wirtschaftlichen Gesamtzusammenhang passen. So schrieb er beispielsweise 1910 über die Einführung der Straßenbeleuchtung: »Aber es muß vorbehaltlos jeder zugestehen, daß ein wirksameres Mittel zur Hebung der Mieten, besonders der Ladenmieten, kaum existiert, und diese bestimmen ja die Rente der Häuser und den Bodenwert.«
Oder, von welchem Mut zum Fortschritt im Sinne Oscar Wildes zeugt es, wenn Emil Rathenau nach den ersten erfolgreichen Versuchen mit elektrischen Schnellbahnen auf der Strecke Berlin–Zossen im erwähnten Aufsatz schreibt: »Bei einer Geschwindigkeit von 200 Kilometern würde der Geschäftsmann die Strecke Berlin–Hamburg gewissermaßen ohne jeden Zeitverlust zurücklegen. Morgens könnte er seine Post erledigen, bei einer Abreise um 10 Uhr vormittags nähme er unterwegs sein Frühstück ein, könnte einige Stunden den Angelegenheiten auswärts widmen, gegebenenfalls an der Börse mit einer ganzen Anzahl Parteien verhandeln, um 4 Uhr wieder zurück sein und den Nachmittag und Abend für die Korrespondenz und seine sonstige Tätigkeit zur Verfügung haben. Kaum, daß man den Seinigen noch von einer solchen Reise erst Kenntnis zu geben brauchte.«
Haben wir heute ein Recht, nachsichtig darüber zu lächeln? Erinnern wir uns, wie wenige Jahre erst vergangen sind, daß auch die letzte wichtige Bundesbahnstrecke elektrifiziert wurde; auf wie wenigen Bahnstrecken Tempo 200 möglich ist und daß wir 20 Jahre gesucht und geforscht haben, um ein Nahverkehrssystem zu entwickeln, das den Anforderungen des Jahres 2000 gerecht wird, wenn mehr als 60 Prozent der Weltbevölkerung in den städtischen Ballungsräumen leben werden. Wir in der AEG sind stolz darauf, mit der M-Bahn ein den Gesichtspunkten des Umweltschutzes und des sparsamen Energieverbrauchs gerecht werdendes System erarbeitet zu haben. Aber erst, wer sich den langen Entwicklungszeitraum vor Augen führt, den wir brauchten, bis jetzt in Berlin und demnächst in Las Vegas die ersten M-Bahnen fahren, wer sich vor Augen führt, über welche beträchtlichen Hilfsmittel bei Prognostik und Forschung wir heute im Gegensatz zur Zeit Rathenaus verfügen, kann die immense Vorstellungskraft des Gründervaters der AEG ermessen.
Dieser Unternehmer Emil Rathenau würde, wenn man ihn von vier Jahren hätte fragen können, zuge-

raten haben, seine AEG mit Daimler-Benz zu verbinden. Denn auch er hätte die neuen Herausforderungen, die neuen Dimensionen der Weltwirtschaft erkannt. Für ihn war schon damals die Welt in erster Linie ein Markt. Er dachte in Markt, wie man heute zu sagen pflegt. Und: Er wußte, daß sich Märkte verändern, und daß es die Aufgabe von Unternehmern ist, ihre Tätigkeit auf diese veränderten Märkte einzurichten.

Emil Rathenau ist für mich einer der ersten, wenn nicht der erste deutsche Unternehmer überhaupt gewesen, der in voller Konsequenz so dachte und handelte. Für ihn war Markt nicht ein Platz, auf dem man eben mal was verkaufte, sondern er wußte, daß dieses Verkaufen nur Teil eines gesamtunternehmerischen Handelns ist. Untrennbar damit verbunden war bei ihm die Art, wie er seine Geschäfte finanzierte und die Um- und Vorsicht, mit der er dabei zu Werke ging.

Emil Rathenau wäre vermutlich nie auf den Gedanken gekommen, eine Unternehmung als »gesellschaftliche Veranstaltung« zu kennzeichnen. Und doch hat er sich genau so verhalten, als sei dies seine Prämisse. Deshalb bin ich überzeugt davon, in seiner Tradition zu stehen, wenn wir die AEG nicht als eine Veranstaltung verstehen, um auf die Schnelle möglichst viel Geld zu verdienen, sondern als eine auf Dauer angelegte, solide Arbeit mit Verantwortung in der Gesellschaft und für die Gesellschaft. Darunter verstehen wir, daß es unsere Aufgabe ist, die Gesellschaft mit Gütern und Dienstleistungen zu versorgen, dabei darauf zu achten, daß eine angemessene Dividende erwirtschaftet wird und die Arbeitsplätze im Unternehmen so sicher und langfristig als eben möglich angelegt sind. Diese drei Fixpunkte sind nichts weniger als die gesellschaftliche Verantwortung eines Unternehmens und derer, die darin herausgehobene Verantwortung tragen. Daraus leite ich den Begriff »gesellschaftliche Veranstaltung« für ein Unternehmen ab. Emil Rathenau hat sicher zu seiner Zeit den einen oder anderen Punkt weniger scharf gesehen und weniger bedeutungsvoll eingeordnet, als wir es heute tun. Wenn wir uns jedoch bei unserem Tun auf ihn berufen, gehört es dazu, seine Gedanken und Handlungsmaximen – soweit wir sie kennen oder erahnen – weiterzuentwickeln und den Erfordernissen unserer Zeit anzupassen. Nur dann werden wir der selbstgestellten Aufgabe gerecht, den Fortschritt und die Zukunft aus seiner Tradition heraus zu erarbeiten.

Mit gutem Grund erinnern wir in der AEG uns immer wieder, nicht nur zu Jubiläen, des Unternehmers Emil Rathenau. Die vorliegende Dokumentation zeigt in faszinierender Weise, wie er den Prozeß vom Finden eines Produkts über die Entwicklung und Herstellung bis zum Vertrieb einschließlich dem nachfolgenden Kundendienst organisierte. Und dies in bewundernswerter Konsequenz. Heute würde man sagen: Emil Rathenau ist ein Mann, der etwas von Marketing verstand. Ein solches »Den-Markt-machen« bedeutete für ihn auch, Kooperationen und Allianzen einzugehen. Seine Marktorientierung hebt ihn von seinen berühmten Zeitgenossen in der Elektroindustrie ab und gibt ihm eine Sonderstellung. Diese Pionierschritte in unternehmerisches Neuland waren nur möglich, weil die AEG sein absoluter Lebensinhalt war. Emil Rathenau war ein »Durchdrungener«, wie der Dramatiker Botho Strauß formulierte, kein »Durchblicker«, der für alles und jedes eine schnelle Analyse zur Hand hat.

Wir wissen von keinen nennenswerten politischen oder gesellschaftspolitischen Aktivitäten von Emil Rathenau. Die Frage danach, warum das so ist, führt ins Reich der Spekulation. Daran will ich mich nicht beteiligen. Das mögen andere tun. Aber es mußte Emil Rathenau klar sein, und ich bin sicher, es ist ihm auch bewußt gewesen, daß seine Arbeit von erheblicher politischer Bedeutung war. Wenn sein älterer – und berühmterer – Sohn Walther später einmal konstatierte: »Die Wirtschaft ist unser Schicksal«, sehe ich darin die logische Ableitung aus dem Tun des Vaters.

Ohnehin scheint mir, daß Walther Rathenau später manches formulierte, das auf die Arbeit des Vaters und die Erkenntnisse, die der Sohn dort gewinnen konnte, zurückgeht. Aber im Gegensatz zum Gründer sah der Sohn die Notwendigkeit, seine Gedanken mitzuteilen, sich als Unternehmer auch intellektuell in den Dienst der Gesellschaft zu stellen. Walther Rathenau war eine Generation jünger und entwickelte aus seinen Erfahrungen in und mit der AEG grundsätzliche wirtschafts- und industriepolitische Thesen, die im Kern bis heute nichts von ihrer Richtigkeit verloren haben. Deshalb beziehe ich in meine AEG-Grundphilosophie »Fortschritt aus der Tradition Emil Rathenaus« immer auch Walther mit ein. Das gilt etwa für jenen Teil meiner Verantwortung als Unternehmer, der von mir argumentative Einmischung in die Diskussion um die wirtschafts- und industriepolitische Zukunft unserer Gesellschaft verlangt. Wenn ich darauf hinweise, daß wir dabei sind, mit den Ressourcen unseres Landes in verschwenderischer Weise umzugehen, weil wir keine »koordinierte Industriepolitik« haben, wenn ich bemängele, daß unsere Gesellschaft die Fähigkeit zum Konsens verloren hat, wenn ich fordere, daß wir zu einer »Konzentration der Kräfte« und einer »Optimierung der Konzepte« kommen müssen, um den Strukturwandel und die technologische Herausforderung bestehen zu können, dann weiß ich mich in der Tradition von Emil und Walther Rathenau.

In seiner Schrift »Die neue Wirtschaft« schrieb Walther Rathenau 1919: »Daß auch sie (die Wirtschaft, d. Verf.) der planvollen Ordnung, der bewußten Organisation, der wissenschaftlichen Durchdringung und der solidarischen Verantwortung fähig ist, daß sie unter diesen ordnenden Kräften und Gesetzen das Vielfache von dem zu leisten vermag, was heute der ungeregelte Kampf aller gegen alle erpreßt, daß sie reibungslos und frei von giftigen Konflikten, ohne Spekulation auf törichte Instinkte und ohne Belohnung für Gerissenheit sich auf das Wichtige und Notwendige zu konzentrieren lernt, daß sie den unteren Schichten nicht ewige Fehde, sondern freie Mitarbeit zu bieten hat, das wird die Betrachtung des neuen Aufbaus erweisen.«

Gewiß, im Detail scheint manches überholt, was Rathenau verlangt. Aber die Kernforderung, sich zu besinnen auf das Gemeinsame, einen nationalen wirtschaftlichen Konsens zu schaffen, die scheint mir heute so aktuell wie damals. Und wer wollte dem folgenden Zitat aus der gleichen Abhandlung seine Bedeutung für die heutige Zeit absprechen: »Wehe dem, der das Mißgeschick hat, die vermeintlichen Interessen einer Interessengruppe in Wort oder Schrift zu verletzen, und wäre es um der höchsten Ziele willen; da aber jeder Schritt zu allgemeinen Zielen Sonderwünsche stört, Einzelrechte gefährdet, so besteht die grundsätzliche Gefahr aller neuzeitlichen Politik im Zickzack, im Kompromiß und in der Wurstelei.«

So gradlinig, zuweilen verletzend, der Sohn formulierte, so konsequent dachte und handelte der Vater. Emil Rathenau hatte, wie andere Unternehmer jener Zeit auch, bereits eine Diskussion über, in der Sprache der Betriebswirte, »Rationalisierungseffekte« zu bestehen. Das muß nicht überraschen, denn der technologische Sprung zur Elektrizität war für die damalige Zeit sicherlich von ähnlicher Bedeutung wie die technologischen Herausforderungen unseres Elektronikzeitalters. Mag uns das damalige Geschehen rückblickend auch eher konservativ und als vernünftige Entscheidung in Folge einer technischen Entwicklung erscheinen – die in diesem Buch abgedruckten Dokumente belegen eher das Gegenteil.

Ich weiß nicht, ob Emil Rathenau jemals intensiv darüber nachgedacht hat, welche gesellschaftlichen Veränderungen technische Entwicklungen hervorbringen, welche gesellschaftlichen Strömungen mit welchen Zielen versuchen könnten, die Folgen der »Rationalisierungseffekte« zu nutzen. Ich weiß aber aus seinem Aufsatz von 1910 über die »Aufgaben der Elektrizitätsindustrie«, daß er unerschütterlich an den Fortschritt glaubte. Selbst das Thema »Billig-Importe« stand in dem Zusammenhang bereits damals auf der Tagesordnung. Rathenau, obwohl von der Ausbildung Techniker, dennoch hervorragender Kaufmann, faßte die Konsequenzen so treffend zusammen, daß man sie in ihrer Essenz getrost heute noch verwenden darf: »Die elektrische Pferdekraft ersetzt acht fleißige Arbeiter, kostet weniger als den zwanzigsten Teil der für diese erforderlichen Aufwendungen und leistet ihren Dienst Tag und Nacht – natürlich bei wechselnder Bedienung – ohne Ermüdung. Wir fürchten die Überschwemmung mit Produkten, die im fernen Osten für ein geringes Geld hergestellt werden, und können sie bei richtiger Organisation der Arbeit ebenso billig wie jene Länder erzeugen. In den vierziger Jahren verbrannten unerfahrene Leute in unseligem Wahne Fabriken und zerstörten Werkzeugmaschinen, weil diese angeblich Arbeitskräfte entbehrlich machen. Heute herrscht die Erkenntnis, daß mit Verbilligung der Arbeitsmethoden und Produkte die Nachfrage in rascher Progression steigt und zu vermehrter Verwendung von Arbeitskräften Gelegenheit geboten wird.«

Leben wir heute nicht in einer ähnlichen Situation? Wissenschaftler und Techniker sagen uns, wir seien auf dem Sprung in die Informationsgesellschaft. Das ist im Prinzip sicher richtig. Trotzdem wird die Bundesrepublik niemals ein reiner »Blau-Pausen-Produzent« werden. Aber ebenso sicher werden wir noch viele alte Arbeitsplätze verlieren, weil moderne, elektronisch gesteuerte Fertigungsautomaten die Arbeit billiger erledigen. Natürlich sind wir in der AEG stolz darauf, und wer das gerade Zitierte erinnert, in der Tradition von Emil Rathenau bei der Fabrikautomation zur Weltspitze zu gehören. Und gehören nicht Stichworte wie »Maschinenlaufzeiten«, »Flexibilisierung der Arbeitszeit«, »Weiterbildung« und andere mehr in den Sinnzusammenhang dessen, was Rathenau vor nunmehr 78 Jahren geschrieben hat? Diskutieren wir nicht seit Jahren über Kostensenkungen und darüber, wie der Industriestandort Bundesrepublik wieder attraktiver gemacht werden kann? Machen wir uns nicht auch Gedanken, wie wir international mit den Schwellenländern, beispielsweise im pazifischen Raum, auf bestimmten Märkten konkurrieren können? Vielleicht lohnt es, immer mal wieder sich der schnörkellosen Gedanken von Männern wie Rathenau zu erinnern. Dabei will ich ausdrücklich hinzufügen, daß ich mir den Strukturwandel nicht, wie seinerzeit offenbar Rathenau, ohne sorgfältige Berücksichtigung der sozialen Dimension vorstellen kann. Allerdings kann es nicht so sein, daß die soziale Verantwortung, die Verantwortung für die vom Strukturwandel betroffenen Menschen, ausschließlich bei den Unternehmen liegt, weil die letztendlich über Betriebsschließungen oder Arbeitsplatzabbau zu entscheiden haben. Zu dem in den vergangenen Monaten so gern gebrauchten Wort von den »unternehmenden Unternehmern«, die erwünscht seien, gehört zwangsläufig das Wort von »unterlassenden Politikern«. Ich will damit darauf hinweisen, daß auch die Politik dadurch, daß sie bestimmte Dinge nicht rechtzeitig tut, also »unterläßt«, Arbeitsplätze bereits im Vorfeld gefährden kann.

Wir müssen wieder lernen, wie schon im Zusammenhang mit dem Zitat von Walther Rathenau erwähnt, ein gemeinsames Ziel, eine gemeinsame Zukunftsvorstellung zu entwickeln und anzustreben. Denn in jedem Strukturwandel steckt doch eine berechtigte Hoffnung. Mehr noch: Dahinter verbergen sich neue, langfristig sichere und qualifizierte Arbeitsplätze. Wir bei der AEG versuchen, und da unterscheide ich mich vielleicht von dem Emil Rathenau der Jahrhundertwende, den Umbruch möglichst ohne Arbeitsplatzeinbußen zu schaffen. Wir haben die unternehmerische Tradition, in der wir mit voller Überzeugung stehen, um eine soziale, gesellschaftspolitische Komponente erweitert. Ich bin übrigens, deshalb eben die zeitliche Einschränkung, der festen Überzeugung, Emil Rathenau würde heute ebenso handeln.

Ich will in diesem Zusammenhang noch einmal auf Emil Rathenau und seine Marktorientierung zurückkommen. Für ihn war der Markt nicht nur der vor seiner Haustüre, nicht einmal nur der deutsche oder europäische Markt, sondern er dachte weltweit. Emil Rathenau war schon damals ein »One-World-Operator«.

Vor diesem Hintergrund ist Emil Rathenau als Unternehmer auch heute noch ein Vorbild. Gerade wir, die wir oft zu sehr ins Produkt verliebt sind, die Technik um ihrer selbst willen erforschen und entwickeln und deshalb manchmal die Bedürfnisse des Marktes nicht richtig einschätzen, können immer noch viel von ihm lernen. Die Abhängigkeit der Technik vom Markt und des Marktes von der Technik hat in einer Zeit, in der Fragen des Umweltschutzes die bestimmenden Themen sind, eine große Bedeutung. Eine Bedeutung, der sich in Ansätzen auch Emil Rathenau schon bewußt war, als er schrieb: »Die hohen Schornsteine müssen allmählich verschwinden, nicht allein wegen der belästigenden und gesundheitsschädigenden Wirkungen der Rauchplage, sondern mehr noch, weil die Dampferzeugung in zahllosen kleinen Betrieben eine Vergeudung des Volksvermögens darstellt, die wir auf die Dauer nicht zu bestehen vermögen.« Ich frage mich, was würde er wohl sagen, wenn er heute durch die Forschungslabors und Produktionsstätten der AEG gehen und sehen würde, daß wir ohne technische Probleme Kühlschränke mit Sonnensegeln betreiben können und Weltspitze bei der Erforschung und Entwicklung der Solarenergie im industriellen Maßstab sind. Er würde vermutlich der gleichen Faszination erliegen wie wir, die wir uns in diesem Spannungsverhältnis der wechselseitigen Abhängigkeiten von Markt und Technik wiederfinden und auch in diesem Spannungsverhältnis leben.

In einem allerdings würde er sich wohl auch heute treu bleiben: Emil Rathenau war kein Mann der Public Relations, besser gesagt, der Public Relations für sich. Im gleichen Maße, in dem er als glänzender Marketing-Mann und Werbestratege seine Produkte in den Markt »boxte«, im gleichen Maße übte er, wenn es um seine Person ging, Verzicht auf Öffentlichkeit. Er posierte nicht als sein eigener Prophet, wie Popper sagt, sondern tat das, was er für sich und die ihm anvertrauten Menschen für richtig hielt. Sein Verantwortungsbewußtsein zeigte sich in seiner kaufmännischen Vorsicht und Sorgfalt. Studieren wir das, was Emil Rathenau in den vierzig Jahren seiner Arbeit für die Allgemeine Elektricitäts-Gesellschaft verwirklicht hat. Wir können auch heute noch viel von ihm lernen. Wir in der AEG. Und alle im großen Daimler-Benz Konzern.

Heinz Dürr

Dokument 1

Neuerungen an telephonischen Apparaten

Diese Neuerungen beziehen sich auf Apparate, die beim Fernsprechen in Anwendung kommen; und zwar stellt Figur 1 Blatt 1 einen

1, Anruf- und Signal-Apparat

dar, welcher entweder allein, oder mit anderen zu einem Tableau vereinigt, Beginn oder Ende der telephonischen Unterhaltung anzeigt. Derselbe besteht aus einem in der Zeichnung halbhufeisenförmig dargestellten Magnet A, dessen einer Schenkel den Kern der Rolle B von isolirtem Kupferdraht, einen Cylinder aus weichem Eisen, trägt, während der andere zu einem Charnier für einen Anker gebildet ist, der unter dem Einflusse von Gewichten oder Federn die Dehnung um den Charnierzapfen zu vollziehen strebt. So lange die Anziehungskraft des Magneten jenen Kräften das Gleichgewicht hält, bleibt derselbe in seiner vertikalen Stellung; tritt aber ein elektrischer Strom in bestimmter Richtung durch die Windungen der Rolle, so ändert sich die Polarität des Kernes, und der Anker fällt in Folge der verringerten Tragkraft in die punktirte Lage. Im Fallen wird der Anker von einer isolirten Säule P aufgefangen, welche mit einer elektrischen Stromquelle in Verbindung ist, und da der Magnet mit einem Läutwerk kommunizirt, so stellt sich ein Kontakt her, welcher die Glocke in Thätigkeit setzt und erhält, bis der Anker seine frühere Stellung wieder einnimmt. Das isolirte Säulchen kann durch elastische Federn, Stangen u. s. w. ersetzt und der Anruf, statt durch das erwähnte Signal unter direkter Benutzung der durch den Fall erzeugten Schwingungen bewirkt werden.

2, Der Umschalter

für Telefone verschiedener Systeme (Fig. 2)
soll entweder den Anruf der Glocke in einem mehr oder weniger vom Apparate entfernten Raume vernehmbar machen, oder mehrere Telephone mittels einer Leitung dergestalt verbinden, daß man ohne Manipulation der übrigen mittels jedes derselben rufen und sprechen kann. Zu dem Zweck befindet sich um einen Zapfen auf dem Brettchen AA von isolirendem Material drehbar der mit der Leitung L verbundene Hebel C, welchen die Feder R stets in die punktirte Lage zurückzuführen strebt, sobald er solche verläßt. In derselben ist nämlich die leitende Verbindung mit dem Telephon durch einen Aufschlag-Kontakt M hergestellt. Wird aber an das Ende des Hebels ein schweres Gewicht gehängt, so sinkt der Hebel auf den Kontakt S und stellt dadurch die Verbindung mit dem Läutewerk oder einen zweiten Umschalter her, welcher letztere für ein weiteres mit Glocke versehenes Telephon vorhanden ist. Wie ersichtlich, kann bei dieser Disposition zwar jedes der beiden Telephone mit demjenigen am entgegengesetzten Ende der Leitung sprechen, aber sie können nicht gegenseitig miteinander verkehren. Zur Erreichung dieses Zweckes bedarf es eines doppelten Umschalters (Fig. 3), bei welchem alle Theile in symmetrischer Anordnung und doppelt vorhanden sind.

Abgesehen von der Beschränkung, daß beim letzten Telephon allein der Anruf durch Glocke erfolgen kann, ist die Einschaltung beliebig vieler Fernsprech-Apparate bei den beschriebenen Einrichtungen zulässig; übrigens aber vermag man von jedem Telephon nach dem am Ende der Leitung befindlichen zu rufen und zu sprechen.

3, Der Umschalter,

welcher die Verbindung zweier Drähte einer doppelten telephonischen Leitung mit zweien anderen einer gleichfalls doppelten durch eine einzige Manipulation herstellen soll, ist nebst Zubehör in den Figuren 4, 5, 6, 7, 8, 9, 10, 11 und 12, Blatt 2, veranschaulicht: In ein Brettchen A (Fig. 4) sind paarweise parallele Messingschienen B C und b c, und zwar auf der hinteren in horizontaler Richtung, eingelassen. Während die Hinleitungen an den Vertikalschienen B münden, werden die Rückleitungen an den parallelen C angeschlossen.
Wie bei Umschaltern dieser Art üblich, bedient man sich zur Herstellung der Verbindung eines Stöpsels, welcher aber in dem vorliegenden Falle folgende eigenthümliche Einrichtung erhält.

(Fig. 7, 8, 9, 10, 11.) Der eigentliche Kern M des Körpers (Fig. 8) ist aus isolirendem Material hergestellt, und zwei gleichfalls von einander isolirte Metallplättchen R und S, so zugeschnitten, dass sie eine Schraubenlinie auf einer Viertels-Umdrehung bilden, sind mit einem ihrer Enden an diesem Kern befestigt. (Fig. 7 veranschaulicht detaillirt die Anordnung.) Die Platte selbst ist von solcher Dicke, dass die Vertikalschienen B mit der horizontalen b, und die vertikalen C mit den horizontalen c in metallische Berührung gerathen, wenn der Stöpsel bis an den Kopf in die Öffnung gesenkt ist und die Achse dieses Kopfes in vertikaler Ebene mit den Schienen sich befindet. Zur Sicherung dieser Stellung ist eine Nase g angebracht. Denselben Zweck erreicht man, wenn man die elastischen Plättchen der Erzeugenden des Kernes gemäß so anordnet, und die Nase auch dementsprechend anbringt, dass bei eingesenktem Stöpsel die Metallplättchen unter einem Winkel von 45 Grad mit der Achse der leitenden Schienen dieselben berühren. Diese Anordnung zeigt Fig. 12.

Als Patent wird beansprucht
1, ein telephonischer Ruf- und Anzeige-Apparat, in welchem ein um den Schenkel eines Magnets drehbarer Anker, durch die Anziehungskraft desselben in bestimmter Lage erhalten, durch einen elektrischen Strom dergestalt ausgelöst wird, dass der Anker durch den Fall das in einem elektrischen Stromkreis eingeschaltete Läutewerk in Thätigkeit setzt, oder den Anruf durch Benutzung der dabei erzeugten Vibrationen direkt bewirkt;
2, ein Umschalter für Telephone verschiedener Systeme, bei welchen durch Einstellung eines Hebels zwischen zwei am Endpunkt von Leitungen befindlichen Anschlagkontakten
   a, der Anruf in beliebiger Entfernung vom Empfangstelephon vernehmbar gemacht wird,
   b, mehrere Telephone mittels einer Leitung verbunden werden, so dass sie die Endstationen rufen und sprechen können,
   c, durch Verdoppelung der Theile in symmetrischer Anordnung der wechselseitige Verkehr zwischen den Stationen bewirkt werden kann;

3, ein Umschalter, welcher die Verbindung zweier Drähte einer doppelten telephonischen Leitung mit zweien anderen ebenfalls doppelten Leitungen durch eine einzige Manipulation dadurch gestattet, dass ein mit elastischen Metallplättchen schraubenförmig belegter Stöpsel den Kontakt eines Leitungsschienen-Paares mit einem anderen gleichzeitig vermittelt;

4, die Konstruktion der Apparate, wie beschrieben.

Quelle: AEG Firmenarchiv

Dokument 2

PATENTSCHRIFT

1879. – N° 12174 – Klasse 21.

THOMAS ALVA EDISON IN MENLO PARK
(NEW-JERSEY, V. S. A.).
Neuerungen an elektrischen Lampen.
Patentirt im Deutschen Reiche vom 27. November 1879 ab.

Gegenstand der vorliegenden Erfindung ist die Herstellung einer elektrischen Lampe, in der das Licht durch einen weißglühenden Körper erzeugt wird, und welche Lampe großen Widerstand darbietet und deshalb die Theilung des elektrischen Lichts in Wirklichkeit gestattet.

Die Erfindung besteht in einem Licht gebenden Körper aus Kohlendraht oder aus Blättern, welche in Form von Rollen verwendet werden oder in anderer Weise angeordnet sind, so daß für den durchgehenden Strom ein großer Widerstand beschafft und gleichzeitig nur eine geringe Oberfläche vorhanden ist, von welcher eine Ausstrahlung stattfinden kann.

Die Erfindung besteht ferner darin, einen solchen Brenner von großem Widerstande in einem fast vollständigem Vacuum unterzubringen, um Oxydation und Beschädigung des Conductors durch atmosphärische Luft zu verhindern.

Der Strom wird durch Platindrähte, die in das Glas geschmolzen sind, in die Vacuumkugel zugeführt.

Die Erfindung besteht ferner in einer Herstellungsweise von Stromableitern aus Kohle, welche einen so großen Widerstand besitzen, daß sie sich zum Lichtgeben durch Weißglühen eignen, und in der Art und Weise, wie ein vollkommener Contact zwischen den metallischen Leitern oder Leitungsdrähten und dem Kohlenleiter sicher hergestellt wird.

Erfinder hat beobachtet, daß ein gehörig carbonisirter Baumwollfaden, der in eine verschlossene und bis auf eine Millionstel-Atmosphäre ausgesogene Glaskugel geleitet wird, dem Durchgange des Stromes einen Widerstand von 100 bis 500 Ohm bietet und daß derselbe selbst bei sehr hoher Temperatur sich absolut unverändert erhält; daß ferner, wenn dieser Faden zu einer Spirale gewickelt und carbonisirt wird, oder wenn irgend eine faserige vegetabilische Substanz, welche nach ihrer Erhitzung in einem geschlossenen Gefäße einen Kohlenrückstand hinterläßt, derartig gewickelt wird, ein Widerstand von 2000 Ohm erzielt wird, ohne daß sie eine größere ausstrahlende Oberfläche als 5 mm darbietet, und daß schließlich, wenn solches faserige Material mit einem aus Lampenruß und Theer zusammengesetzten Teig eingerieben wird, der Widerstand desselben je nach der Menge auf ihm abgelagerten Lampenrußes groß oder klein gemacht werden kann.

Diese Kohlenfaser kann aus einer Mischung von Theer und Lampenruß hergestellt werden, von denen letzterer in einem geschlossenen Tiegel während einiger Stunden geglüht und dann angefeuchtet und geknetet wird, bis er die Consistenz von dickem Kitt erhält.

Kleine Stücke dieses Materials können zu Drähten von 1/10 mm Durchmesser und über 30 mm Länge ausgerollt und diese dann mit einer nichtleitenden, nichtcarbonisirenden Substanz überzogen werden; sie werden dann auf eine Spule oder zu einer

Spirale gewickelt, und nun wird der Theer in einem geschlossenen Gefäß hoher Hitze ausgesetzt und carbonisirt, worauf die Spirale nach der Carbonisation ihre Form behält. Alle diese Formen sind jedoch zerbrechlich und können nicht hinreichend fest mit den Leitungsdrähten verbunden werden, so daß durch die Verbindung kein guter Contact gesichert und die Erhitzung nicht verhindert wird.

Wenn Platindrähte verwendet werden und das plastische, aus Lampenruß und Theer bestehende Material um diese herumgeformt wird, dann wird beim Carbonisiren eine innige Vereinigung durch Verbindung und Druck zwischen der Kohle und dem Platin und fast vollkommener Contact erreicht, ohne daß Klammern zur Verwendung kommen, so daß auf diese Weise der Brenner und die Leitungsdrähte so mit der Kohle verbunden sind, daß sie in eine Vacuumkugel eingesetzt werden können.

Kommt faseriges Material zur Verwendung, so wird der Kitt aus Lampenruß und Theer dazu verwendet, das Material mit dem Platin vor der Carbonisirung zu verbinden.

Durch Verwenden des Kohlendrahtes von so großem Widerstande ist man in den Stand gesetzt, feine Platindrähte als Leitungsdrähte zu verwenden, da sie nur einen geringen Widerstand im Vergleich mit dem Brenner haben und daher auch die geschlossene Vacuumkugel nicht erhitzen und zersprengen werden. Es kann nur Platin verwendet werden, da seine Ausdehnung fast die nämliche wie die des Glases ist. Bei Verwendung einer beträchtlichen Länge Kohlendraht, und wenn derselbe so aufgewickelt wird, daß nur ein kleiner Theil seiner gesammten Oberfläche Licht ausstrahlt, kann man die specifische Hitze des gesammten Drahtes erhöhen und auf diese Weise das plötzliche Auftreten oder das plötzliche Verschwinden des Lichtes verhindern, was bei geradem Draht störend ist, da sich bei ihm die geringsten Schwankungen im Strom durch Flackern des Lichtes kund geben.

Erfinder hat Baumwollen- und Leinenfaden, Holzsplitter, Papier carbonisirt und in verschiedener Weise gerollt oder gewickelt verwendet; ferner Lampenschwarz, Graphit und Kohle in verschiedenen Formen mit Theer vermischt und so geknetet, daß Drähte von verschiedenen Durchmessern und Längen aus dem Teige ausgerollt werden können, wobei allerdings jeder Draht durchweg von einerlei Durchmesser sein muß.

Wenn während der Carbonisation eine Verdrehung des Kohlendrahtes zu befürchten ist, so muß er zwischen eine Kupferdrahtspirale aufgewickelt werden. Die Enden der Kohle oder Faser werden durch plastisches, carbonisirbares Material an die Platinleitungsdrähte befestigt und das Ganze in eine Carbonisirkammer gebracht.

Den Kupferdraht, welcher dazu gedient hat, die Verdrehung des Kohlendrahtes zu verhindern, löst man nachher durch Salpetersäure auf. Die Spiralwindung wird dann in Wasser gethan, nachher getrocknet auf den gläsernen Träger aufgesetzt und dann über das Ganze eine Glaskugel geblasen, die mit einem Zweigrohr zur Luftaussaugung mittelst einer Quecksilberpumpe versehen wird. Dieses Rohr wird, wenn höchstmögliche Luftleere erreicht worden ist, hermetisch zugeschmolzen.

Wenn solche Substanzen zur Anwendung gelangen, die beim Carbonisiren einer Verdrehung nicht sehr ausgesetzt sind, so können dieselben mit einem nichtleitenden, nichtcarbonisirbaren Material überzogen werden, welches gestattet, daß jede Lage der Windungen der Kohle auf der anderen aufliegt und von ihr getragen wird.

Fig. 1 zeigt den Längenschnitt einer Lampe. *a* ist die Kohlenspirale oder der Kohlenfaden. $c\ c^1$ sind die verstärkten Enden der Spirale, die aus dem aus Lampenruß und Theer zusammengesetzten Teige gebildet sind. $d\ d^1$ sind die Platindrähte. *hh* sind die Klammern, welche dazu dienen, die Platindrähte, die in der Kohle befestigt sind, mit den Leitungsdrähten *x x* zu verbinden; letztere sind in der gläsernen Vacuumkugel eingeschmolzen. *e e* sind Kupferdrähte, welche gleich außerhalb der Kugel mit den Drähten *x x* verbunden sind. *m* ist ein Rohr (in punktirten Linien angegeben), das zur Vacuumpumpe hinführt und das nach Herstellung des Vacuums zugeschmolzen, das vorstehende aber entfernt wird.

Fig. 2 zeigt das plastische Material vor dessen Aufwickelung in Spiralform.

Fig. 3 zeigt die Spirale nach ihrer Carbonisirung, über welche nur die Glaskugel geblasen zu werden braucht.

PATENT-ANSPRÜCHE:

1. Eine elektrische Lampe, die durch Weißglühen Licht giebt und in der Hauptsache aus Kohlenfaser von großem Widerstande besteht, welche wie beschrieben hergestellt und mit den metallischen Drähten verbunden ist.
2. Ein Faden oder Streifen aus Kohlenfasern, welcher in solcher Weise in Spiralform gewunden ist, daß nur ein Theil der Oberfläche dieses Kohlenleiters Licht ausstrahlt.
3. Die oben beschriebene Methode, die Platincontactdrähte an den Kohlenfaden zu befestigen und das Ganze in einem geschlossenen Gefäß zu carbonisiren, wie auseinandergesetzt worden ist.

Quelle: AEG Firmenarchiv

Dokument 3

Protokoll der Übereinkunft zur Gründung einer Gelegenheitsgesellschaft, 22. April 1882

Protocoll

Die Unterzeichneten und Herr

Das Bankhaus Gebr. Sulzbach, Herr P. Engelhorn; die Nationalbank für Deutschland und das Bankhaus Jacob Landau haben heute mit den die Edison'schen Patentrechte vertretenden französischen Actiengesellschaften einen Vertrag abgeschlossen, durch welchen dieselben

1. definitiv eine Gelegenheitsgesellschaft (Société d'Etude) errichten und
2. ein Optionsrecht auf Erwerbung verschiedener Rechte und dagegen aufzuwendender Pflichten erlangt haben.

Außerdem stehen die Herren Gebr. Sulzbach und Engelhorn mit dem Civil-Ingenieuren H. Moehring in Unterhandlung, behufs Commanditirung eines Fabrikgeschäftes, dessen Zweck die Exploitation und Fabrication solcher Maschinen und Apparate ist, welche im Allgemeinen die Anwendung der Electricität in Industrie und Gewerbe ermöglichen, bezw. nutzbar machen. Die Contrahenten sind nun dahin übereingekommen, daß sie

1. die Société d'Etude gemeinschaftlich in der Weise leiten, daß für Süd-Deutschland dem Herrn Moehring, für Nord-Deutschland dem Herrn Emil Rathenau, oder beiden gemeinschaftlich die Vertretung der Interessen in der Weise übertragen wird, daß diese Herren befugt sein sollen im Bereich der ihnen von den Contrahenten von Fall zu Fall zu bewilligenden Geldmittel den Zweck der Gelegenheitsgesellschaft, die Demonstrirung des electrischen Lichtes zu erfüllen. Die Rechnung der Gelegenheitsgesellschaft, sowie die Correspondenz mit den Contrahenten wird der Nationalbank für Deutschland übertragen. Jedenfalls sollen bis zum 30. November sich die Contrahenten unter sich erklären müssen, ob sie die in dem Edison'schen Vertrage erworbenen Rechte und Pflichten ausüben wollen, und soll jeder befugt sein, bis zu diesem Datum von dem Vertrage zurückzutreten und soll es den Verbleibenden überlassen sein, in seine Teile mit einzutreten, ohne daß dafür dem Renoncirenden irgendwelche Vergütung von dem Anderen zufällt. Und er bleibt an den Verpflichtungen der Gelegenheitsgesellschaft bezw. am Gewinn und Verlust in gleicher Weise wie früher betheiligt.
2. Für den Fall der Ausübung der Option werden die verbleibenden Mitglieder unter sich einen Syndicatsvertrag behufs Verwerthung der Actien und Organisation der zu bildenden Fabriks- und Exploitations-Gesellschaft vereinbaren, gleichzeitig auch einen Consortial-Vertrag über das in dem Edison'schen Vertrag vorgesehene Syndicat für Centraleinrichtungen verabreden. Es wird jedoch schon jetzt bestimmt, daß in diesem Syndicat Ausgaben über den total Betrag von M 150.000.– nur mit Einstimmigkeit der verbleibenden Mitglieder geschlossen werden dürfen.
3. Die Herren Gebr. Sulzbach und Engelhorn ertheilen dem Herrn Jacob Landau und der Nationalbank für Deutschland das Recht innerhalb 3 Wochen von heute ab in den event. von Ihnen mit Herrn Moehring event. abzuschließenden Commanditirungs-Vertrag sich mit Antheil mit gleichen Rechten und Pflichten zu betheiligen. Sie verpflichten sich ferner mit Herrn Moehring nur einen solchen Commanditirungs-Vertrag abzuschließen, welcher ihm das Recht wahrt falls die von der Edison'schen Compagnie eingeräumte oben erwähnte Option unter Zustimmung der Herren Gebr. Sulzbach gekündigt wird, die zu errichtende Fabrik mit dem 31. Dezember als Filiale der Fabrikationsgesellschaft inferiren zu können, und daß das weitere Verhältniß in welchem Herr Moehring zu der Edison'schen Fabrikationsgesellschaft tritt schon vorher geregelt ist.
4. Die Contrahenten verpflichten sich bis zum 31. Dezember keine wie immer geartete in das [sic!] Bereich der angewandten Electricität einschlagende Geschäfte zu entriren, ohne den übrigen Contrahenten das Mitgehen bezw. eine Mitbetheiligung zu gleichen Theilen zu reserviren, bezw. anzubieten. Die Nationalbank für Deutschland und Herr Landau werden mit Herrn Rathenau über dessen Verhältniß sowohl zur Gelegenheitsgesellschaft, wie zur späteren Fabrikationsgesellschaft eine Vereinbarung treffen. Der Vertrag mit der Edison'schen Gesellschaft soll erst dann definitiv von den Contrahenten ratifizirt werden, wenn
   a. das Verhältniß des Herrn Moehring
   b. das Verhältniß des Herrn Rathenau definitiv geregelt sein wird.

Frankfurt a. M., den 22. April 1882

Quelle: AEG Firmenarchiv

Dokument 4

Vertrag.

Folgender Vertrag wird zwischen

A

dem Bankhause GEBR. SULZBACH zu Frankfurt a./M.,
dem Bankhause JACOB LANDAU zu Berlin
und der NATIONALBANK FÜR DEUTSCHLAND
ebendaselbst einerseits, und

B

der COMPAGNIE CONTINENTALE EDISON und der SOCIÉTÉ ÉLECTRIQUE EDISON, vertreten durch Herrn **Joshua F. Bailey** kraft Vollmacht der genannten Gesellschaften de dato Paris 23. Februar, ausgefertigt 26. Februar 1883, welche Vollmacht bei Herrn Rechts-Anwalt **A. Simson** in Berlin hinterlegt ist, unter Mitwirkung und Zustimmung des Herrn **Thomas Alva Edison** und der **Edison Electric-Light-Company of Europe Lim.** zu Newyork, beide vertreten durch den vorgenannten Herrn **Bailey**

andererseits

hiermit geschlossen:

§ 1.

Vorauszuschicken ist, dass zwischen den Contrahenten des gegenwärtigen Vertrages bereits zwei Verträge geschlossen worden sind, welche Seitens der Contrahenten ad B unter dem 15. Juli vorigen Jahres zu Paris unterzeichnet wurden, während die Unterzeichnung seitens der Contrahenten ad A zu verschiedenen Zeitpunkten in Berlin und Frankfurt a. M. stattgefunden hat. Laut dieser Verträge haben sich die Contrahenten ad A verpflichtet, eine Société d'Etudes zu begründen, welche die Aufgabe haben sollte, den Werth des electrischen Lichts dem Publicum in einzelnen Einrichtungen vor Augen zu führen. Die Begründung dieser Société d'Etudes unter gewissen, in dem einen Vertrage näher bezeichneten und thatsächlich erfüllten Conditionen gewährt den Contrahenten ad A das Recht, innerhalb eines gewissen Zeitraumes eine Fabrikationsgesellschaft zu errichten, wie sie in dem einen der beiden Verträge (dem Fabrikationsvertrage) näher beschrieben ist, so nämlich, dass eintretenden Falles seitens der Contrahenten ad B dieser neu begründeten Gesellschaft eine Reihe von näher bezeichneten Rechten übertragen werden sollte. Die Befugniss zur Errichtung dieser Fabrikationsgesellschaft ist aber laut Inhalt der Verträge ferner combinirt mit der Befugniss alle diejenigen Rechte in Anspruch zu

1

nehmen und diejenigen Pflichten zu übernehmen, welche hinsichtlich einer künftigen Begründung von sogenannten Centralstationen in dem zweiten Vertrage (dem Centralstationenvertrage) festgesetzt sind. In jedem der beiden Verträge ist festgesetzt, dass die den Contrahenten ad A in beiden eingeräumten Optionen nur zusammen ausgeübt werden können. Die Optionsfrist ist von den Contrahenten ad B successive zuletzt bis zum *vierzehnten März cr.* verlängert worden.

§ 2.

Die Contrahenten ad A sind nun mit den Contrahenten ad B übereingekommen, die in § 1 gedachten Verträge in mehrfachen Beziehungen zu ändern. Die beabsichtigten Aenderungen betreffen die Höhe des Grundcapitals, die den Contrahenten ad B zu gewährenden Vortheile, die Hereinbeziehung von Elsass-Lothringen in den Bereich der Licenzberechtigungen, die Vereinigung der Zwecke der Fabrikationsgesellschaft und der Central-Stationen in der Hand einer einzigen Fabrikations- und Beleuchtungs-Gesellschaft, und viele andere einzelne Bestimmungen.

§ 3.

Behufs Ausführung dieser Aenderungen bei Begründung der projectirten Fabrikations- und Beleuchtungs-Gesellschaft haben die Contrahenten ad A das von ihnen unterzeichnete, dem gegenwärtigen Vertrage annectirte Statut projectirt, welches der unter der Firma „**Deutsche Edison-Gesellschaft für angewandte Elektricität**" zu begründenden Gesellschaft als Statut dienen soll. Hinsichtlich des Grund-Capitals dieser Gesellschaft ist bestimmt, dass die darauf bis zum Ablauf des Jahres 1883 thatsächlich geleisteten Einzahlungen den Betrag von mindestens vier Millionen Mark erreicht haben müssen.

Ohne nun an der Begründung dieser Gesellschaft Antheil zu nehmen, erkennen die Contrahenten ad B hiermit an, dass dieses Statut genau die Vereinbarungen enthält, welche mit den Contrahenten ad A über die zu errichtende Gesellschaft getroffen worden sind, genehmigen auch obige Bestimmung über die Einzahlungen auf das Grundcapital; sie acceptiren alle ihnen darin zugewendeten Vermögensvortheile und bestätigen den Contrahenten ad A, dass durch Begründung der gedachten Gesellschaft auf dieser Basis diejenigen Verpflichtungen als erfüllt gelten sollen, welche sich die Contrahenten ad A und ad B bezüglich der im § 1 gedachten Verträge und der hinsichtlich der letzteren vereinbarten Abänderungen gegenseitig auferlegt haben. Ebenso übernehmen die Contrahenten ad B die ihnen laut des anliegenden Statutenentwurfs zufallenden Verpflichtungen, und werden dieselben gegenüber der neuen Gesellschaft nach deren Eintragung in das Handelsregister nochmals ausdrücklich bestätigen.

§ 4.

Durch die Unterzeichnung des gegenwärtigen Vertrages werden die Rechte der Contrahenten ad A, welche ihnen in den im § 1 erwähnten beiden Frankfurter Verträgen wegen Errichtung einer Fabrikationsgesellschaft und wegen Bildung eines Consortiums für Centralstationen seitens der Contrahenten ad B mit der Zeitgrenze bis zum 14 März 1883 eingeräumt worden sind, gegenstandslos.

Herr **Joshua F. Bailey** erklärt hiermit, dass er von Herrn **Thomas Alva Edison** und der **Edison Electric Light Company Limited** zu New-York autorisirt ist, deren Genehmigung zu gegenwärtigem Vertrage und zu demjenigen, was zu Gunsten der **Deutschen Edison-Gesellschaft für angewandte Electricität** in dem angehefteten Statut bestimmt ist, zu ertheilen, worüber er sich auch durch eine ihm von New-York zugegangene Depesche des Herrn **Edison** und der **Electric Light Company of Europe Lim.**, welche Depesche er bei dem genannten Herrn RechtsAnwalt **Simson** hinterlegt hat, ausweist und macht sich stark für seine Bevollmächtigung von Seiten der gedachten Interessenten. In Anbetracht der ausserordentlichen Bedeutung gegenwärtigen Vertrages aber verpflichtet derselbe sich hiermit, innerhalb einer Frist von 30 Tagen die Mitunterzeichnung dieses Vertrages sowie der übrigen in § 13 gedachten Verträge von Seiten des Herrn **Th. A. Edison** und der **Edison Electric Light Company of Europe lim.**, in der Weise zu bewirken, dass die Unterschriften der beiden Letzteren einem denselben von ihm zuzustellenden Exemplare gegenwärtigen Vertrages oder mehreren Exemplaren aufgeschrieben und ordnungsmässig, insbesondere von dem Deutschen Consulate beglaubigt werden. Das resp. ein mit der gedachten Unterschrift versehenes Exemplar ist dem mehrgedachten Herrn Rechts-Anwalt **Simson** für sämmtliche Contrahenten zuzustellen, um dasselbe nach Herstellung von beglaubigten Abschriften für jeden der Contrahenten der künftigen Deutschen Edison-Gesellschaft zu behändigen.

Zur Wahrung der Frist genügt es, wenn innerhalb derselben von Seiten des Deutschen Consulats durch telegraphische oder briefliche Mittheilung die erfolgte, ordnungsmässige Ertheilung der Unterschriften der genannten Interessenten dem Herrn Rechtsanwalt **Simson** angezeigt wird, von welcher Anzeige Letzterer den Contrahenten alsbald brieflich Kenntniss geben soll.

Falls die rechtzeitige Mitunterschrift unterbleiben sollte, ist Jeder der Contrahenten ad A, unbeschadet des Rechts derselben auf Erfüllung zu bestehen, befugt, statt dessen durch eine gemäss § 13 zu ertheilende schriftliche Anzeige von dem Vertrage zurückzutreten und zwar innerhalb 14 Tagen vom Ablauf der 30tägigen Frist an. Wird von dieser Rücktrittsbefugniss Gebrauch gemacht, so wird der Vertrag auch für die übrigen ad A bezeichneten Contrahenten unverbindlich, auch lebt im Falle solchen Rücktritts die Optionsbefugniss aus den im § 1 gedachten früheren Verträgen wieder auf und zwar in der Weise, dass die Frist zur Ausübung dieser Option für solchen Fall auf zwei Monate vom Ablauf der gedachten 30tägigen Frist hiermit bestimmt wird.

Nach rechtzeitigem Eingang der mehrgedachten Vertrags-Genehmigungen von New-York sind dagegen die Contrahenten ad A verpflichtet, den gegenwärtigen Vertrag sofort durch Errichtung der deutschen Edison-Gesellschaft für angewandte Elektricität zu erfüllen und zu bewirken, dass die gedachte Gesellschaft binnen 4 Wochen nach ihrer Eintragung in das Handelsregister die ihr gemäss ihrem erwähnten Statut gegenüber der **Compagnie Continentale Edison** zu Paris obliegenden Verpflichtungen durch eine an die Letztere abzugebende schriftliche Erklärung bestätigen.

§ 5.

Zur Verwerthung der Actien erster Emission wird ein Syndicat gebildet, über welches folgende Bestimmungen gelten:

a. Die Dauer desselben beträgt ein Jahr, vom Tage der Eintragung der Gesellschaft in das Handelsregister an gerechnet.

b. Die Leitung übernehmen gemeinschaftlich die Nationalbank für Deutschland zu Berlin, das Bankhaus Jacob Landau ebendaselbst, das Bankhaus Gebrüder Sulzbach zu Frankfurt a. M.; Herrn C. Porges zu Paris wird der Eintritt in die Syndicatsleitung vorbehalten. Die Rechnung und Correspondenz wird seitens der Nationalbank für Deutschland geführt, welche auch die Mitglieder der Leitung zu den erforderlichen Conferenzen einberuft.

c. Die Abstimmungen erfolgen durch Majorität nach Köpfen, jedoch dürfen Verkäufe mit Schaden gegen den Willen eines einzigen Theilnehmers an der Syndicatsleitung nicht stattfinden.

d. Rückkäufe sind bis zur Hälfte der jeweilig bereits per Saldo verkauften Stücke gestattet.

e. Sofort nach Verkauf sämmtlicher Actien wird das Syndicat aufgelöst, und jedem Interessenten binnen vier Wochen Abrechnung gegeben.

§. 6.

Ueber die Vertheilung des aus dem Verkauf der Actien nach Abrechnung aller Emissionskosten resultirenden Nutzens wird Folgendes bestimmt:

a. Zunächst werden davon die durch die Gelegenheitsgesellschaft verursachten Unkosten (einschliesslich der den Contrahenten ad B zur Last fallenden, zu welchen letzteren auch das von den Contrahenten ad A u. B den Rechtsanwälten, Justizrath Dr. Fuld in Frankfurt a. M. und Dr. Goldschmidt in Berlin zu zahlende Honorar gehört) gedeckt.

b. Von dem Ueberrest erhalten die Contrahenten ad B zehn Procent. Nach diesem Abzug fliesst der Nutzen den Contrahenten ad A zu, welche denselben unter sich nach ihren besonderen Vereinbarungen vertheilen.

§ 7.

Von der im vorstehenden Paragraphen ad a getroffenen Bestimmung abgesehen, werden die über die Auflösung und Liquidation der Gelegenheitsgesellschaft (Société d'Etudes) geltenden Vereinbarungen durch den gegenwärtigen Vertrag nicht berührt. Auch wird ausdrücklich festgesetzt, dass, soweit nicht aus dem bis zur Auflösung des Syndicats auf die Actien sich ergebenden Nutzen eine Tilgung der Unkosten der Gelegenheitsgesellschaft erfolgen kann, diese seitens der Contrahenten ad A und B ohne Rücksicht auf einen späteren Werth der Actien so zu erfolgen hat, wie dies schon bisher unter ihnen laut der bestehenden Verträge vereinbart ist.

§ 8.

Uebrigens wird auf den Fall, dass die Actien erster Emission bis zur Auflösung des Syndicats nicht sämmtlich veräussert sein sollten, den Contrahenten ad B seitens der Contrahenten ad A hiermit das Recht eingeräumt, den zehnten Theil der nicht veräusserten Actien zum Selbstkostenpreise, d. h. zum Paricourse zuzüglich der auf sie entfallenden Emissionskostenquote, zu übernehmen. Dieses Recht erlischt, wenn die Contrahenten ad B dasselbe nicht binnen vierzehn Tagen nach der von der Syndicatsleitung ihnen zugegangenen Benachrichtigung über die Anzahl der nicht verkauften Stücke durch eine an die letztere zu Händen der Nationalbank für Deutschland gerichtete schriftliche Erklärung unter gleichzeitiger Einzahlung des ausmachenden Betrages ausgeübt haben.

§ 9.

Die Contrahenten ad A werden der **Deutschen Edison-Gesellschaft** offeriren:

a. in das wegen der Erleuchtung des Münchener Residenztheaters bestehende Vertragsverhältniss einzutreten;

b. die seither von den Contrahenten ad B in Elsass angestellten Agenten zu übernehmen, nämlich: die Herren Ungerer & Schulze zu Strassburg i. E. deren Rechtsverhältniss zu den Contrahenten ad B durch Vertrag vom 29 July 1882 normirt ist, von welchem Vertrage eine Abschrift in die Hände des Herrn Rechtsanwalt Simson hinterlegt ist.

c. In denjenigen Vertrag einzutreten, welcher zwischen der Firma Siemens & Halske in Berlin einerseits und den Contrahenten ad A, der Compagnie Continentale Edison zu Paris, dem Herrn Thomas Alva Edison in New-York und der Edison Electric Light Co. of Europe Lim. zu New-York andererseits abgeschlossen ist und welcher die Licenzberechtigung der Firma Siemens & Halske an den Patenten einerseits (vergl. § 35 des Statutenentwurfs), sowie die hierfür zu Gunsten der Deutschen Edison-Gesellschaft für angewandte Elektricität und zu Lasten der Firma Siemens & Halske zu vereinbarenden Prästationen andererseits zum Gegenstande hat.

Die Contrahenten ad A machen sich gegenüber den Contrahenten ad B stark dafür, dass die Deutsche Edison-Gesellschaft diese Offerten sämmtlich acceptiren wird. Die Contrahenten ad B erklären, dass ein Agentur-Vertrag zwischen ihnen und Herrn H. G. Möhring in Frankfurt a. M. nicht abgeschlossen worden und das thatsächliche Verhältniss zu demselben gelöst sei.

§ 10.

Die Contrahenten ad B sind befugt, für den ersten Aufsichtsrath der Deutschen Edison-Gesellschaft drei Mitglieder zu nominiren, welche statutenmässig qualificirt sein müssen; es dürfen jedoch während der Amtsdauer derselben die statutenmässigen Commissare der Contrahenten ad B keine von diesen Aufsichtsrathsmitgliedern verschiedenen Personen sein.

§ 11.

Mit Unterzeichnung des gegenwärtigen Vertrages scheidet die Société électrique aus dem Rechtsverhältniss gegenüber den Contrahenten ad A aus, indem sie alle ihre bisher erworbenen Rechte gegenüber den Contrahenten ad A auf die Compagnie Continentale überträgt. Insoweit in Zukunft bei Erfüllung der gegenseitigen Rechte und Pflichten solche in Frage kommen sollten, welche von der Société électrique gegenüber den Contrahenten ad A oder gegenüber der Deutschen Edison-Gesellschaft zu erfüllen sind, erkennt die Société électrique alle bezüglichen Dispositionen der Compagnie Continentale als für sich verbindlich an.

§ 12.

Sollte der in § 49 des Statuts vorgesehene Fall eintreten, so verpflichten sich die Contrahenten ad A, die von dem Handelsrichter begehrten Modificationen erst dann und nur dann vorzunehmen, wenn ihnen die Compagnie Continentale zu Paris oder ein in Berlin wohnhafter Bevollmächtigter derselben die Genehmigung dazu ertheilt hat. Diese Genehmigung muss ertheilt werden, wenn die Aenderungen nicht die materiellen Rechtsverhältnisse berühren.

§ 13.

Der gegenwärtige Vertrag steht mit den nachbezeichneten weiteren Verträgen, nämlich

1) dem in § 9 erwähnten Vertrage mit den Herren **Siemens & Halske** zu Berlin und

2) dem Zusatz-Vertrage zu dem ad 1 bezeichneten Contracte betreffend die Agenten **Ungerer & Schulze** zu Strassburg

in wesentlichem Zusammenhang und die Contrahenten gegenwärtigen Vertrages erkennen hiermit an, dass die Nicht-Unterzeichnung eines der gedachten drei Verträge von Seiten einer der dabei betheiligten Parteien innerhalb vier Tagen vom heutigen Tage ab auch jeden der Contrahenten dieses Vertrages berechtigt, von demselben zurückzutreten und zwar durch unverzügliche schriftliche Anzeige an den von sämmtlichen Contrahenten hiermit zur Entgegennahme etwaiger solcher Erklärungen beauftragten Herrn Rechtsanwalt **A. Simson** zu Berlin.

§ 14.

Die Vertragschliessenden nehmen alle vorstehenden Erklärungen gegenseitig an.

§ 15.

Gegenwärtiger Vertrag wurde in einem Haupt-Exemplar und neun Neben-Exemplaren ausgefertigt; es wurden behändigt: das Haupt-Exemplar der **Nationalbank für Deutschland,** fünf Neben-Exemplare dem Herrn **Bailey,** nämlich je eines für jeden ad B bezeichneten Contrahenten, eins behufs Einholung der schriftlichen Bestätigung von New-York (§ 4), eins zur Ueberlassung an die Interessenten in New-York und eins zur Auslieferung an die Herren **Siemens & Halske,** vier andere Neben-Exemplare den Bankhäusern **Gebr. Sulzbach** und **Jacob Landau,** welche eines derselben der **Deutschen Edison-Gesellschaft** zustellen und eines vorsorglich gleichfalls behufs Einholung der Mitunterzeichnung gemäss § 4 nach New-York versenden werden.

Berlin, den 13ten März 1883.

N° 204 des Not. Reg. pro 1883.

Vorstehende eigenhändige Unterschriften
a, des Herrn geheimen Regierungsrath Dr. Werner Siemens wohnhaft zu Berlin
b, des Bevollmächtigten Herrn Joshua Franklin Bailey wohnhaft zu Paris
c, des Procuristen Herrn Hermann Koehler wohnhaft zu Frankfurt am Main
d, des Banquiers Herrn Ludwig von Kaufmann
e, des Bankdirektors Herrn Doctor juris Hermann Loewenfeld
f, des Procuristen Herrn Alexander Voigt
ad d), e) und f) wohnhaft zu Berlin,
welche mir sämmtlich bekannt und verfügungsfähig sind, werden hierdurch mit dem Bemerken beglaubigt, daß der ad a) Genannte die Zeichnung der Firma Siemens & Halske, der ad c) Genannte die Zeichnung der Firma Gebr. Sulzbach der ad d) Genannte die Zeichnung der Firma Jacob Landau und die beiden ad e) und f) Genannten gemeinschaftlich die Firma der Nationalbank für Deutschland eigenhändig vollzogen haben.

Berlin, den 16. März 1883.

Notar im Bezirke des Königl. Preuß. Kammergerichts.

Neben-Exemplar No. 5.

Zwischen

1. der offenen Handelsgesellschaft in Firma **Siemens & Halske** zu Berlin einerseits, und

2. dem Herrn **Thomas Alva Edison** zu New-York, vertreten durch Herrn **Joshua F. Bailey**, wohnhaft zu Paris, zur Zeit hier,

3. der **Edison Electric Light Company of Europe limited** zu New-York, vertreten durch denselben,

4. der Aktien-Gesellschaft in Firma **Compagnie Continentale Edison** zu Paris, vertreten durch denselben,

5. dem Bankhause in Firma **Gebrüder Sulzbach** zu Frankfurt a. M.,

6. dem Bankhause in Firma **Jacob Landau** zu Berlin,

7. der Aktien-Gesellschaft in Firma **Nationalbank für Deutschland** zu Berlin andererseits

ist zusätzlich zu dem zwischen den genannten Contrahenten abgeschlossenen Hauptvertrage vom heutigen Tage das Folgende vereinbart worden:

§ 1.

Die Herren Siemens & Halske haben, wie sie anerkennen, Kenntniss genommen von dem Vertrage, welcher am 29. Juli 1882 zwischen der **Société Electrique Edison** zu Paris (vertreten durch ihre administrateurs délégués, die Herren J. F. Bailey und L. Rau) einerseits und den Herren **Ungerer & Schulze** zu Strassburg i./Elsass in Betreff der Stellung und der Rechte der letzteren als ausschliessliche Repräsentanten der Société Electrique Edison für das Gebiet des Elsass, d. i. des vormaligen Departements Haut-Rhin und Bas-Rhin, abgeschlossen worden ist.

Die Herren Siemens & Halske haben ferner, wie sie anerkennen, Kenntniss davon genommen, dass die Contrahenten ad 5) bis 7) gemäss ihren Vereinbarungen mit den Contrahenten ad 2) bis 4) verpflichtet sind, die aus dem obigen Vertrage sich ergebenden Rechte und Verbindlichkeiten gegenüber den Herren Ungerer & Schulze zu übernehmen, beziehungsweise zu erfüllen.

§ 2.

Die hier Contrahirenden erkennen allerseits an, dass die Erfüllung des in § 1 erwähnten Vertrages der Société Electrique Edison mit den Herren Ungerer & Schulze durch Herrn Edison und seine Rechtsnachfolger nach keiner Richtung als eine Zuwiderhandlung gegen den heutigen Hauptvertrag der Contrahenten des gegenwärtigen Abkommens angesehen werden soll, sowie ferner, dass die den Herren Ungerer & Schulze gemäss ihrem vorgedachten Vertrage mit der Société Electrique Edison zu gewährenden Preise und Begünstigungen ohne Einfluss auf diejenigen Preise und Begünstigungen sein sollen, welche die hier Contrahirenden in ihrem heutigen Hauptvertrage und nach Massgabe desselben einander eingeräumt beziehungsweise einzuräumen haben. Indessen vereinbaren die Contrahenten, dass der Vertrag vom 29. Juli 1882 die Herren Ungerer & Schulze nicht hindern soll, im Interesse der Herren Siemens & Halske auch innerhalb des Elsass thätig zu sein.

§ 3.

Würde von Seiten der Société Electrique Edison zu Paris oder derjenigen, welche für sie in die Rechte und Pflichten des Vertrages vom 29. Juli 1882 eintreten, gemäss Artikel 6 Absatz 2 des Vertrages eine Vereinbarung über eine Modification der im Artikel 2 des Vertrages normirten Preise oder der im Artikel 6 desselben festgesetzten Provision mit den Herren Ungerer & Schulze ohne besondere Zustimmung der Herren Siemens & Halske getroffen, so kommen die den Herren Ungerer & Schulze durch solche Vereinbarungen gewährten Begünstigungen bei Bemessung der nach dem heutigen Hauptvertrage den Herren Siemens & Halske zukommenden Rabatte und Preissätze in Berücksichtigung.

§ 4.

Die Contrahenten zu 2), 3) und 4) verpflichten sich, die Kündigung des in § 1 gedachten Vertrages herbeizuführen, sobald dies nach Inhalt des letzteren zulässig ist, auch ihre Bemühungen dahin zu richten, dass eine frühere als die vertragsmässig zulässige Lösung des Vertrages erreicht wird.

§ 5.

Die Contrahenten ad 2) bis 4) verpflichten sich zu bewirken und herbeizuführen, dass nach Begründung der Deutschen Edison-Gesellschaft und sobald nach § 8 des heutigen Hauptvertrages die Lieferungsverpflichtung, bezw. Lieferungs-Berechtigung der Herren Siemens & Halske eingetreten ist alle von Seiten der Herren Ungerer & Schulze auf Grund des Vertrages vom 29. Juli [redacted] 1882 bei der Société Electrique Edison zu Paris gemachten oder derselben übermittelten und noch nicht in Ausführung genommenen Bestellungen von der letzteren der künftigen Deutschen Edison Gesellschaft zur Ausführung übertragen werden.

Herr Bailey macht sich in seiner Eigenschaft als Bevollmächtigter der Société Electrique Edison stark dafür, dass diese Verpflichtung erfüllt wird.

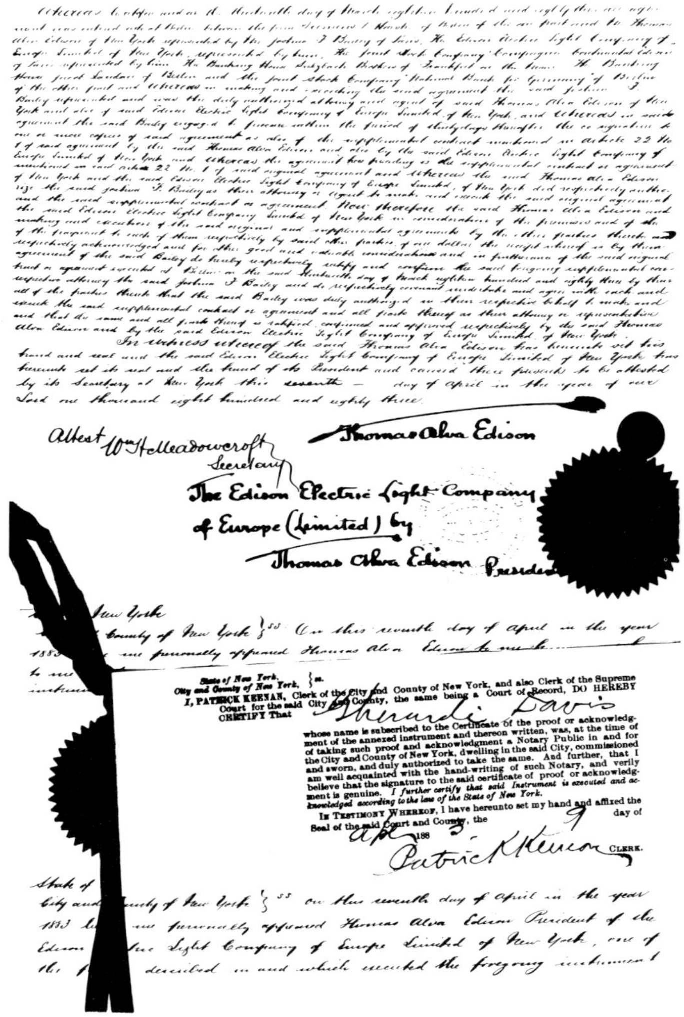

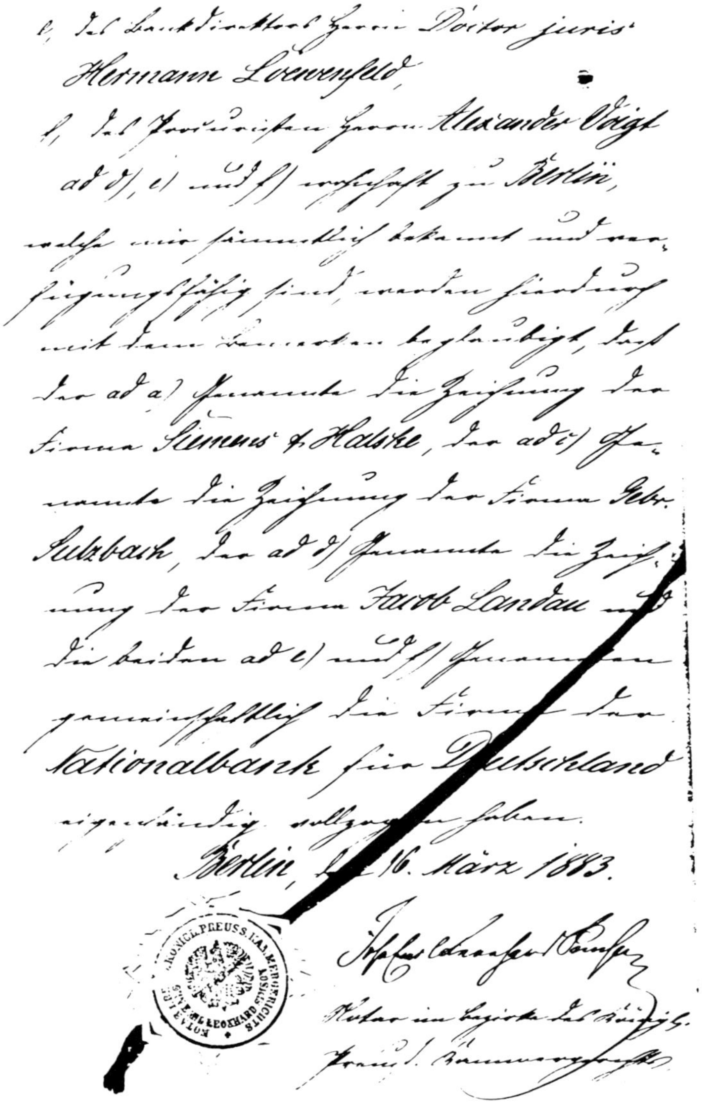

Quelle: Siemens Museum München, SAA 23/Lh 747

Dokument 5

Zwischen der Deutschen Edison-Gesellschaft für angewandte Electricität, Actien-Gesellschaft, zu Berlin, einerseits
und
dem Ingenieur Herrn Emil Rathenau zu Berlin, andrerseits, ist der nachfolgende
Anstellungs-Vertrag
verabredet und geschlossen worden.

§ 1.

Nach dem der Aufsichtsrath der Deutschen Edison-Gesellschaft für angewandte Elektricität laut notariellem Protokoll vom 19. April 1883 den Herrn Emil Rathenau zum Mitgliede des Vorstandes der Gesellschaft erwählt und Herr Rathenau diese Wahl angenommen hat, verpflichtet der letztere sich hierdurch, die Geschäfte eines Vorstandsmitgliedes nach Maßgabe der gesetzlichen Bestimmungen des Gesellschaftsstatuts und der zufolge des § 16 dieses Statuts zu erlassenden Instructionen des Aufsichtsrathes, beziehungsweise des Ausschusses der Gesellschaft zu führen.

§ 2.

Herr Rathenau ist verpflichtet, seine Thätigkeit der Gesellschaft ausschließlich zu widmen. Besoldete Nebenbeschäftigungen darf Herr Rathenau nicht ohne ausdrückliche schriftliche Genehmigung des Aufsichtsraths übernehmen. Auch verzichtet er auf das Recht, sich in irgend einer Weise – sei es als öffentlicher Gesellschafter, stiller Gesellschafter, Kommanditist, Vorstands- oder Aufsichtsraths-Mitglied – an irgend einem gewerblichen Unternehmen zu betheiligen, dessen Interessen nach der allein entscheidenden Erklärung des Aufsichtsraths der Deutschen Edison-Gesellschaft mit denjenigen dieser Gesellschaft konkurriren.

§ 3.

Sofern der Aufsichtsrath beschließen sollte, den Vorstand der Gesellschaft aus einer Mehrzahl von Directionsmitgliedern bestehen zu lassen, ist der Aufsichtsrath verpflichtet, Herrn Rathenau für die Dauer dieses Vertrages gemäß § 2 der Instruktion für den Vorstand die Funktion des vorsitzenden Directors zu übertragen, es sei denn daß Herr Rathenau der Uebertragung dieser Funktion auf ein anderes Direktionsmitglied ausdrücklich zustimmt.

§ 4.

Als Entgelt für seine der Gesellschaft geleisteten Dienste empfängt Herr Rathenau
1, ein in vierteljährlichen Raten postnumerando zahlbares Jahresgehalt von zwanzigtausend Mark;
2, eine Tantieme.
Diese Tantieme wird festgesetzt auf zwei Prozent des bilanzmäßigen Reingewinnes, nachdem von diesem Reingewinn sechs Prozent des jeweilig eingezahlten Aktienkapitals zur Vertheilung an die Aktionäre und von dem alsdann verbleibenden Ueberschuß fünf und dreißig Prozent zur Zahlung an die Inhaber der Genußscheine tantiemefrei verwandt worden sind. Die Tantieme gelangt nach Feststellung der Gewinnvertheilung zur Zahlung.

§ 5.

Für Geschäftsreisen, welche Herr Rathenau im Interesse der Gesellschaft ausführt, empfängt derselbe seine baaren Auslagen.

§ 6.

Dieser Vertrag wird zunächst auf die Zeit bis zum 1. April 1888 geschlossen und verlängert sich stets stillschweigend auf eine fernere Periode von einem Jahr, falls er nicht spätestens sechs Monate vor seinem Ablauf von einem oder dem anderen Theil mittels eingeschriebenen Briefes gekündigt wird.
Herrn Rathenau steht es aber auch während der Dauer des Vertrages jederzeit frei, denselben mit einer Frist von wenigstens sechs Monaten durch eingeschriebenen Brief aufzukündigen.

§ 7.

Den zu diesem Vertrage, welcher von den Contrahenten – namens der Gesellschaft von dem Aufsichtsrathe – in doppelter Ausfertigung vollzogen und ausgewechselt ist, erforderlichen Stempel trägt die Gesellschaft.

Berlin, den 24. Mai 1883.

Paraphiert zum Protokolle des Aufsichtsraths vom 24. Mai 1883.

Quelle: AEG Firmenarchiv

Dokument 6

Copie!

VERTRAG

zwischen der Stadtgemeinde Berlin vertreten durch deren Magistrat und der unter N° 8630 des Gesellschafts-Registers des Königl. Amtgericht Berlin I eingetragenen Deutschen Edison-Gesellschaft für angewandte Electricität ist folgender Vertrag geschlossen.

§ 1

Die Stadtgemeinde Berlin gestattet der Deutschen Edison-Gesellschaft für angewandte Electricität, in den Straßen des auf dem anliegenden Plan von Berlin mit rother Farbe umschriebenen Gebietes Leitungen zur Fortführung electrischer Ströme von einer oder mehreren Central-Stationen aus anzulegen und zur Anlage dieser Leitungen und der accessorischen Theile derselben die Straßendämme oder die Bürgersteige zu benutzen. Ein ausschließliches Recht zu solcher Benutzung der Straßen des gedachten Stadttheiles wird dadurch der Deutschen Edison-Gesellschaft nicht bewilligt.

§ 2

Für die Benutzung der in dem § 1 bezeichneten Stadttheil belegenen Straßen, Brücken u. Plätze zu dem im § 1 angegebenen Zwecke hat die Deutsche Edison-Gesellschaft der Stadtgemeinde Berlin eine jährliche Abgabe zu entrichten.
Diese Abgabe soll jedenfalls 10 p. Ct. der Brutto-Einnahme betragen, welche die Deutsche Edison-Gesellschaft aus dem, in Gemäßheit des § 1 auszuführenden gewerblichen Unternehmen der Lieferung electrischen Lichtes u. electrischer Kraft erzielen wird.
Für die Jahre, in welchem der Reinertrag des Unternehmens 6 p. Ct. des dazu angelegten Kapitals übersteigt, sind außer der Absatz 2 dieses Paragraphen gedachten Abgabe noch 25 p. Ct. von dem 6 p. Ct. des vorerwähnten Kapitals übersteigenden Ertrage an die Stadtgemeinde zu zahlen.
Nach dem Uebergange der Rechte und Pflichten aus diesem Vertrage auf eine zu bildende neue Actien-Gesellschaft (§ 26) hat diese letztere außer der vorstehend im Absatz 2 gedachten Abgabe noch 25 p. Ct. desjenigen Reinertrages, welcher nach Vertheilung einer Dividende von 6 p. Ct. des Actienkapitals an die Aktionäre dieser Gesellschaft zur Repartition übrig bleibt, an die Stadtgemeinde Berlin abzuführen.
Die rechnungsmäßige Feststellung der im Absatz 2 normirten Abgabe erfolgt halbjährlich am 30. Juni und 31. Dezember, die Zahlung am 15. Februar bezw. 15 August jeden Jahres. Nur von den bis zum Zahlungstage thatsächlich vereinnahmten Summen wird die Abgabe fällig.
Die Zahlung des an die Stadtgemeinde abzuführenden Gewinnantheils (Absatz 3 bezw. 4) erfolgt sechs Wochen nach definitiver Feststellung der Bilanz, spätestens jedoch sechs Monate nach Ablauf des Betriebsjahres.
Etwaige durch diese Zahlungen entstehende Kosten trägt die Deutsche Edison-Gesellschaft.
Im Falle des Verzuges hat die Deutsche Edison-Gesellschaft die Rückstände mit 6 p. Ct. vom Verfalltage ab zu verzinsen.

§ 3

Bei Berechnung der im § 2 bestimmten Abgaben werden auch diejenigen Einnahmen berücksichtigt, welche die Gesellschaft aus Strom-Lieferungs-Verträgen bezieht, die sie für einzelne Grundsätze oder Grundstückscomplex in dem § 1 bezeichneten Stadtteile oder im sonstigen Gebiete der Stadt abgeschlossen hat oder abschließen wird, ohne Rücksicht darauf, ob sie eine Benutzung des Straßenterrains bedarf.
Ausgeschlossen bleiben hiervon die Einnahmen, welche die Gesellschaft aus den in Betreff der Häuser des Unions-Klubs, der kaufmännischen Ressource und des Aquariums abgeschlossenen Lieferungs-Verträgen bezieht.

§ 4

In Betreff der Ausführung der im § 1 gedachten Anlagen unterwirft sich die Deutsche Edison-Gesellschaft nachstehenden Bestimmungen:

A. Abgesehen von der Einholung der Genehmigungen derjenigen Behörden, welche zu dem von der Gesellschaft beabsichtigten Unternehmen gesetzlich erforderlich sind und welche nachzusuchen Sache der Gesellschaft ist, hat dieselbe vor Beginn des Unternehmens dem Magistrat genaue und detaillirte Pläne, aus denen die beabsichtigte Anlage sowohl im Ganzen, als auch in allen einzelnen Theilen ersichtlich ist, zur Genehmigung einzureichen. Vor Ertheilung dieser Genehmigung darf sie mit der Ausführung des beabsichtigten Unternehmens nicht beginnen. Will die Gesellschaft nach Vollendung und Inbetriebsetzung der ersten Anlagen eine Straße, in welcher noch keine Leitungen liegen, mit solchen Leitungen versehen, so muß dazu ebenfalls die Genehmigung des Magistrats nachgesucht werden und darf vor Ertheilung derselben mit den betreffenden Arbeiten nicht begonnen werden.
   Die vorstehend getroffenen Bestimmungen finden auf die Einrichtung im Innern der Häuser keine Anwendung.
B. Die Deutsche Edison-Gesellschaft hat die von ihr zu den § 1 gedachten Anlagen benutzten Straßendämme, Bürgersteige, Brücken etc. auf ihre Kosten ordentlich u. gut wieder herzustellen. Sie leistet hierfür auf einen Zeitraum von fünf Jahren nach der seitens des Magistrats erfolgten Abnahme Gewähr.
   Bei der Ausführung solcher Arbeiten sind sowohl in Betreff des zu verwendenden Materials, als der Behandlung desselben die Anordnungen der städtischen Bau-Deputation bezw. der von dieser Behörde mit der Aufsicht über die betreffenden Arbeiten betrauten Beamten zu beachten.

Fühlt die Gesellschaft sich durch solche Anordnungen beschwert, so steht ihr die Beschwerde an den Magistrat zu; sie verzichtet aber ausdrücklich darauf, die Entscheidungen desselben im Rechts- oder Verwaltungswege anzufechten.

§ 5

Für jede Verletzung der im § 4 sub A von der Deutschen Edison-Gesellschaft übernommenen Verpflichtungen unterwirft sich dieselbe, indem sie einem aus § 307 I. 5. A. T. R. herzuleitenden Einwande entsagt, einer Konventionalstrafe von dreitausend Reichsmark.
Ueberall, wo die Gesellschaft in diesem Vertrage sich sonst noch einer Konventionalstrafe unterwirft, verzichtet sie ausdrücklich gleichfalls auf den vorstehend bezeichneten Einwand (§§ 7, 11, 14, 19, 28).
Bei Nichterfolgung der im § 4 sub B. getroffenen Bestimmun-

gen ist der Magistrat befugt, die im Widerspruch mit den von seinen Organen getroffenen Anordnungen ausgeführten Reparaturen beseitigen und dieselben anderweits selbst für Rechnung der Gesellschaft ausführen zu lassen.

§ 6

Die Deutsche Edison-Gesellschaft räumt dem Magistrat das Recht ein, nach Inbetriebsetzung ihres Unternehmens die Lieferung electrischen Lichtes für alle oder einzelnen Straßen oder Straßentheile des im § 1 bezeichneten Stadttheils unter folgenden Bedingungen zu verlangen:

a, Jede der auf diesen Straßen u. Stadttheilen an den vom Magistrat zu bestimmenden Stellen und an den von ihm aufgestellten Beleuchtungsträgern anzubringenden Lampen soll nach Wahl des Magistrats entweder ein Edison'sches Glühlicht oder ein electrisches Bogenlicht sein.

b, Die vom Magistrat für jedes 16kerzige Glühlicht zu leistende Vergütung soll 120 Mark jährlich betragen und es soll die Deutsche Edison-Gesellschaft verpflichtet sein, für diesen Preis die Lampe bis zu 4400 Stunden jährlich brennen zu lassen. Eine kürzere Brennzeit ist ohne Einfluß auf den Preis. Für jede zur Anwendung kommende größere Glühlampe oder für eine 4400 Stunden jährlich überschreitenden Brennzeit steigt der jährliche Entgelt in arithmetischer Proportion der geleisteten Lichtstärke und Brenndauer. Für jedes electrische Bogenlicht von 800 Normalkerzen, unter einem Winkel von 30 Grad gemessen, – wobei der Magistrat sich zu einer Minimalvergütung von mindestens 2000 Brennstunden pro Lampe verpflichtet, – sollen für die Brennstunde 40 Pf vergütet werden.

Mit diesen Preisen soll Alles ohne Ausnahme abgegolten sein, namentlich also die Lieferung der Lampe und der Electricität, sowie die Benutzung der Lampe. Auch ist jede unbrauchbar gewordene Lampe sofort unentgeltlich durch eine neue von der Deutschen Edison-Gesellschaft zu ersetzen.

Sobald der Magistrat erklärt hat, das er die Beleuchtung von Straßen oder Straßentheilen verlange, hat die Gesellschaft binnen drei Monaten die Beleuchtung zu bewirken. Sie unterwirft sich für jeden Tag der Verzögerung einer Konventionalstrafe von 500 Mark. –

§ 7

Die Deutsche Edison-Gesellschaft räumt dem Magistrat ferner das Recht ein, nach Inbetriebsetzung ihres Unternehmens die electrische Beleuchtung aller oder einzelner der in dem § 1 bezeichneten Stadtgebiet belegenen städtischen Gebäude gegen Vergütung zu verlangen. Diese Vergütung soll nach dem Tarife (§ 9) mit einem Rabatt von 10 p. Ct gegen den Tarifsatz festgestellt werden, bei den Materiallieferungen jedoch nur insoweit, als nicht die Selbstkostenpreise der Gesellschaft hierdurch unterboten werden.

Macht der Magistrat von dieser Befugniß Gebrauch, so hat die Gesellschaft 6 Monate nach der erfolgten Aufforderung die Einrichtungen für das betreffende Gebäude betriebsfähig zu übergeben. Sie unterwirft sich für jeden Tag der Verzögerung einer Conventionalstrafe von M. 500.–

§ 8

Die in den §§ 6 und 7 vorgeschriebenen Fristen laufen von dem Tage ab, an welchem die Gesellschaft im Besitz sämmtlicher zu der verlangten Anlage erforderlichen behördlichen Genehmigungen ist.

§ 9

An andere Behörden und an Privatpersonen welche die Zuführung electrischer Ströme zum Zweck der Glühlichtbeleuchtung begehren, hat die Deutsche Edison-Gesellschaft die Lieferung derselben nach dem diesem Vertrage angehängten Tarife und den zu demselben gehörigen Tarifbestimmungen zu bewirken. Bedingungen über Lieferung von Strömen zu anderen als den obigen Zwecken, hat die Gesellschaft mit den betreffenden Konsumenten jedesmal besonders zu vereinbaren.

Abänderungen des Tarifs und der Tarifbestimmungen bedürfen der Genehmigung des Magistrats. Die Gesellschaft darf nur mit ausdrücklicher Genehmigung des Magistrats Strom-Lieferungsverträge auf längerer Dauer als fünf Jahre abschließen u. Tarifänderungen in einzelnen Fällen ebenfalls nur mit dieser Genehmigung vornehmen.

§ 10

Die Deutsche Edison-Gesellschaft ist verpflichtet innerhalb des im § 1 beschriebenen Stadtgebietes und insoweit es die jeweilig vorhandenen Anlagen nach dem Ermessen des Magistrats gestatten, unter den Bedingungen und zu den Sätzen des von dem Magistrat genehmigten Tarifs die Electricität Jedem, der sich zur tarifmäßigen Abnahme auf mindestens drei Jahre verpflichtet, diesen Strom so lange zu liefern, als er die übernommenen Zahlungsverpflichtungen pünctlich erfüllt. Die Gesellschaft behält sich jedoch im Hinblick auf die Nothwendigkeit sach- und vorschriftsmäßiger Installation der electrischen Leitungen das Recht vor, nur denjenigen Konsumenten Electricität zu liefern, welche die innere Einrichtung sowie die Kraftlegung, jedoch mit Ausschluß der Dekorationsstücke, durch sie oder durch die von ihr kontrolirten Personen bewerkstelligen lassen; diese Arbeiten dürfen aber nur auf Grund einer vom Magistrat alljährlich vor Beginn jedes Betriebsjahres zu genehmigenden Preisliste ausgeführt werden; die bestehende Preisliste bleibt jedoch stets bis zur Genehmigung der neuen in Kraft.

§ 11

Werden die in den §§ 9 und 10 getroffenen Bestimmungen von der Gesellschaft oder von den mit Installations-Arbeiten von ihr beauftragten dritten Person verletzt, so hat die Gesellschaft für jeden Contraventionsfall dem Magistrat eine Konventionalstrafe von Eintausend Mark zu entrichten.

§ 12

Die Deutsche Edison-Gesellschaft verpflichtet sich ihre Anlage dauernd betriebsfähig zu erhalten und den Betrieb nicht ohne Genehmigung des Magistrats einzustellen, es sei denn, daß der Betrieb von Staats- oder Reichsbehörden untersagt würde und die gegen ein solches Verbot gesetzlich zulässigen Mittel erfolglos blieben oder daß Naturereignisse, Krieg oder Aufstand den Betrieb unmöglich machten.

§ 13

Verletzt die Gesellschaft die in § 12 übernommene Verpflichtung, so ist der Magistrat zum Rücktritt von diesem Vertrage berechtigt.

§ 14

Die Bestimmungen der §§ 12 und 13 sollen sich nicht auf diejenigen Fälle beziehen in welchen die Gesellschaft durch momentane Störungen bei dem maschinellen Betriebe oder bei den Leitungen sich in der Nothwendigkeit befindet, für einzelne

Häuser oder Häusercomplexe die Lieferung des electrischen Stromes zu unterbrechen. Sie hat aber hiervon den Magistrat unter Angabe der veranlassenden Umstände unverzüglich Anzeige zu machen. Unterläßt sie diese Anzeige oder nimmt sie nicht sofort nach Beseitigung der Hindernisse, den Betrieb wieder auf, so hat sie für je zehn unversorgt gebliebene Lampen pro Tag M. 10,00 Konventionalstrafe zu entrichten.

§ 15

Für alle Schäden, welche in Folge der Legung der electrischen Drähte, der Installation derselben oder durch den Betrieb des Unternehmens irgend einem Dritten zugefügt werden möchten, haftet die Deutsche Edison Gesellschaft. Für etwaige an den Magistrat dieserhalb gemachte Schadensansprüche hat dieselbe dem Magistrat Gewähr zu leisten, auf dessen Aufforderung die betreffenden Prozesse zu übernehmen, und dem Magistrat die durch solche Prozesse etwa entstandenen Kosten zu ersetzen.

§ 16

Für Nachtheile, welche im Betrieb des Unternehmens dadurch entstehen, daß auf den Straßen zufolge Anordnung der Reichsstadt – oder der städtischen Behörden Arbeiten veranlaßt werden, kann die Deutsche Edison-Gesellschaft Schadloshaltung vom Magistrat nicht verlangen, ebenso wenig für Anforderungen oder Einsprüche, welche von Reichs- oder Staatsbehörden gegen die Gesellschaft erhoben werden möchten.

§ 17

Die Gesellschaft verpflichtet sich, behufs der Verwendung für die nothwendig werdenden Erneuerungen bestehender Anlagen einen Erneuerungsfonds zu bilden, welcher auf 20 p. Ct. des in die Anlagen investirten Kapitals gebracht und auf dieser Höhe erhalten werden soll.
Solange der Erneuerungsfonds diesen Betrag nicht erreicht hat bezw. bis er auf denselben wieder ergänzt worden ist, sind zu demselben von den Brutto-Einnahmen jeden Betriebsjahres zwei Prozent abzuführen.
Die für den Erneuerungsfonds bestimmten Beträge sind in Berliner Stadtanleihescheinen, deren Zinsen die Gesellschaft bezieht, bei der Haupt-Stiftungskasse des Magistrats zu hinterlegen.

§ 18

Will die Gesellschaft über den Erneuerungsfonds verfügen, so hat sie unter Angabe der Verwendungszwecke die Genehmigung des Magistrats nachzusuchen.
Der Magistrat ist verpflichtet, diese Genehmigung zu ertheilen, wenn der angegebene Verwendungszweck der Bestimmung des Erneuerungsfonds (§ 17) entspricht.
Als dieser Bestimmung entsprechend sind Reparaturen, sowie die Neubeschaffung von Lampen nicht anzusehen.
Hat die Gesellschaft ohne die vom Magistrat ertheilte oder richterlich ergänzte Genehmigung über den Erneuerungsfonds verfügt, so ist der dadurch dem Erneuerungsfonds entzogene Betrag aus der dem Magistrat von der Gesellschaft bestellten Caution (§ 20) zu ersetzen.

§ 19

Abgesehen von den Strom-Lieferungs-Verträgen verpflichtet sich die Deutsche Edison Gesellschaft, solche auf das im § 1 bezeichnete Unternehmen bezügliche Verträge, welche eine länger als zwei Jahre dauernde Verpflichtung begründen, nicht ohne Genehmigung des Magistrats abzuschließen.
Jedoch können Miethsverträge u. Verträge über das Engagement von Vorstandsmitgliedern und Beamten bis zur Dauer von fünf Jahren ohne Genehmigung des Magistrats abgeschlossen werden.
Die Gesellschaft ist verpflichtet, einem hierzu bevollmächtigten Kommissarius des Magistrats auf eine 24 Stunden vorhergegangenen Benachrichtigung ihres Vorstandes alle auf das Unternehmen bezüglichen Bücher, Dokumente, Pläne und Papiere aller Art zur Einsicht offen zu legen und demselben eine Revision der Anlagen u. aller darauf bezüglichen Einrichtungen zu gestatten.
Verletzt die Gesellschaft die vorstehend in Absatz 1 u. 2 übernommenen Verpflichtungen, so hat sie für jeden einzelnen Kontraventionsfall eine Konventionalstrafe von M. 1000.– zu entrichten.

§ 20

Die Deutsche Edison Gesellschaft bestellt zur Sicherheit für die Erfüllung der von ihr durch diesen Vertrag übernommenen Verpflichtungen dem Magistrat bei Vollziehung dieses Vertrages eine Kaution von M. 150 000.– welche sich bei jedesmaliger Kapital-Aufwendung für das Unternehmen um 10 Prozent des neu aufgewendeten Kapitals erhöht.
Diese Kaution wird in Berliner Stadtanleihescheinen bestellt, beim Magistrat deponirt und ist, falls sie vom Magistrat wegen Nichterfüllung der der Deutschen Edison-Gesellschaft obliegenden Verpflichtungen in Anspruch genommen sein sollte, binnen 3 Monaten auf die vorige Höhe zu bringen, widrigenfalls der Magistrat zur Aufhebung des Vertrages berechtigt ist.
Die Zinsen dieser Kaution bezieht die Deutsche Edison-Gesellschaft.

§ 21

Sofern nicht ein Rücktritt der Stadtgemeinde von diesem Vertrage kraft der dem Magistrat in den § 13 u. 20 eingeräumten Befugnisse stattfindet, soll das durch denselben zwischen den Kontrahenten begründete Rechtsverhältniß dreissig Jahre vom Tage der Betriebseröffnung gerechnet dauern.

§ 22

Sollte der Magistrat kraft der ihm in den § 13 u. 20 eingeräumten Befugnisse von dem Vertrage zurücktreten, so ist er berechtigt, die Uebereignung der gesamten Anlagen gegen Zahlung des Taxwerthes zu verlangen. Ob er von diesem Rechte Gebrauch machen will, hat er bei Verlust desselben binnen 8 Wochen, nachdem er den Rücktritt erklärt hat, der Gesellschaft mitzutheilen.
Macht er von demselben keinen Gebrauch, so ist die Gesellschaft verpflichtet binnen Jahresfrist nach der Rücktrittserklärung des Magistrats die Leitungen auf ihre Kosten wieder zu entfernen, und nachdem dies geschehen die in Betracht kommenden Straßendämme, Bürgersteige, Brücken und alles sonstige städtische Eigenthum auf ihre Kosten ordentlich und gut wiederherzustellen und finden in Betreff dieser Wiederherstellung die Bestimmungen im § 4 B und § 5 Absatz 2 dieses Vertrages Anwendung.
Die Gesellschaft soll indessen von dieser Verpflichtung befreit sein, wenn sie sich bereit erklärt die Leitungen ganz oder theilweise in den Straßen zu belassen und dieselben soweit sie sie in den Straßen beläßt, der Stadtgemeinde übereignet.

Macht dagegen der Magistrat von dem Rechte, die Uebereignung der gesammten Anlagen gegen Zahlung des Taxwerthes zu verlangen, rechtzeitig Gebrauch, so sind behufs der Abschätzung des Werthes der gesammten Anlagen zwei Sachverständige zu berufen, von denen jeder Kontrahent Einen zu ernennen hat. Bei der Abschätzung sind die Anlagen als ein zusammenhängendes betriebsfähiges Werk zu taxiren, jedoch ohne Berücksichtigung des Ertragswerthes.
Verzögert ein Kontrahent trotz schriftlicher Aufforderung die Ernennung des Sachverständigen länger als 14 Tage, so ist der andere Kontrahent berechtigt beide Sachverständige zu ernennen. Weigert der eine der ernannten Sachverständigen ausdrücklich oder stillschweigend seine Mitwirkung, so hat der Ernennende binnen 8 Tagen nach geschehener Aufforderung einen andern Sachverständigen zu ernennen, unterläßt er dies, so ernennt der andere Kontrahent den Ersatzmann.
Können die beiden Sachverständigen zu einer Einigung über die Feststellung des Werthes nicht gelangen, so erfolgt dieselbe durch einen von diesen Sachverständigen zu bestimmenden Obmann.
Können die Sachverständigen sich über die Person des Obmannes nicht einigen, so erfolgt die Ernennung desselben durch den Rector der technischen Hochschule zu Charlottenburg.
Beide Contrahenten unterwerfen sich der Entscheidung dieser Sachverständigen als Schiedsrichter unbedingt unter Verzichtleistung auf jedes Rechtsmittel.

§ 23

Läuft dieser Vertrag, ohne daß der § 22 vorgesehene Fall eintritt, nach der § 21 bestimmten Zeit ab, so finden die Bestimmungen des § 22 analoge Anwendung.

§ 24

Auch wenn der im § 22 vorgesehene Fall nicht eintritt, kann der Magistrat, jedoch nicht früher als nach 10 Jahren vom Beginne des Betriebes des Unternehmens ab gerechnet, von der Deutschen Edison-Gesellschaft die Uebertragung des Eigenthums der ganzen Anlage und die Abtretung der Rechte aus allen auf diese Anlage sich beziehenden Verträgen verlangen.
Macht er von dieser Befugniß Gebrauch so sollen für die Auseinandersetzung mit der Deutschen Edison-Gesellschaft folgende Bestimmungen gelten.

a, Die Grundlage für dieselbe bildet eine nach den Bestimmungen des § 22 aufzunehmende Lage, welcher der Zeitpunct der Uebernahme als derjenige der Werthschätzung zu Grunde zu legen ist.
b, Wenn die Deutsche Edison-Gesellschaft zur Zeit der Auseinandersetzung bereits 15 Jahre im Betriebe des Unternehmens belassen war, werden dem Taxwerth 50 p Ct. desselben hinzugerechnet.
c, Für jedes Jahr eines kürzeren Betriebes treten der nach a u. b ermittelten Summe 3⅓ p. Ct des Taxwerthes hinzu.
d, Für jedes Jahr eines längeren Betriebes werden von der nach a u. b ermittelten Summe 3⅓ p. Ct des Taxwerthes abgerechnet.

§ 25

Erfolgt in Gemäßheit der Bestimmungen des § 22, 23 oder 24 die Uebernahme der Anlage durch den Magistrat, so geht auch das Eigenthum des Erneuerungsfonds (§ 17) ohne daß dafür der Gesellschaft eine besondere Entschädigung zu zahlen ist, auf die Stadtgemeinde über.

§ 26

Die Deutsche Edison-Gesellschaft ist die aus diesem Vertrage entspringenden Rechte und Pflichten nur auf eine Gesellschaft zu übertragen befugt, welche mit einem Grund-Kapital von mindestens drei Millionen Mark voll eingezahlter Actien ins Leben gerufen wird und sich auf Grund eines von dem anliegenden Entwurfe in keinem wesentlichen Punkte abweichenden Statuts constituirt. Die im § 19 dem Commissar des Magistrats eingeräumten Befugnisse gelten auch der zu gründenden Actiengesellschaft gegenüber im vollen Umfange.
Die Deutsche Edison-Gesellschaft soll ihren Verpflichtungen aus dem gegenwärtigen Vertrage erst dann enthoben sein, wenn

1, die neue Gesellschaft in rechtsverbindlicher Form die sämmtlichen der Deutschen Edison-Gesellschaft nach dem gegenwärthigen Vertrage obliegenden Verpflichtungen im vollen Umfang zu übernehmen sich verpflichtet hat.
2, in einem dem Magistrat genügenden Dokument der Nachweis erbracht ist, daß das Recht auf gewerbliche Mit-Ausnutzung aller von der Deutschen Edison-Gesellschaft erworbenen und noch zu erwerbenden, auf die Anwendung der Electricität sich beziehenden Patente auf die neue Gesellschaft übergegangen ist, in dem Umfange, wie dieses Recht zum Betriebe des Unternehmens der neuen Gesellschaft erfordert wird, jedoch mit der Beschränkung, daß alle Maschinen u. Betriebs-Vorrichtungen von der Deutschen Edison-Gesellschaft ausschließlich bezogen werden.
   Die von der Deutschen Edison-Gesellschaft bestellte Kaution (§ 20) geht in das Eigenthum der zu errichtenden Actien-Gesellschaft über.

§ 27

Dieser Vertrag gilt als aufgehoben, wenn es der Deutschen Edison-Gesellschaft nicht gelingt, binnen drei Jahren nach Vollziehung desselben zu dem von ihr beabsichtigten Unternehmen die Genehmigung der zuständigen Staatsbehörden zu erlangen.

§ 28

Tritt die in § 27 ausgesprochene Resolutiv-Bedingung nicht ein, so ist die gesammte Anlage innerhalb zweier Jahre nach Ertheilung sämmtlicher erforderlicher Genehmigungen betriebsfähig herzustellen.
Für jeden Tag der nicht durch höhere Gewalt veranlaßten Verzögerung hat die Deutsche Edison-Gesellschaft dem Magistrat eine Konventionalstrafe von M 300.– zu entrichten. Der Deutschen Edison-Gesellschaft sollen hierbei Arbeitseinstellungen seitens der bei der Ausführung des Unternehmens beschäftigten Arbeiter u. Gehülfen aller Art, mögen dieselben direct von der Deutschen Edison-Gesellschaft oder von ihren Entrepreneuren angenommen sein, sowie die Nichteinhaltung der Lieferungsfristen seitens ihrer Lieferanten nicht zu Statten kommen.

§ 29

Die Kosten und Stempel dieses in zwei Exemplaren angefertigten Vertrages trägt die Deutsche Edison-Gesellschaft. –

Berlin, 6. Februar 1884. (LS)
Magistrat hiesiger Königl.
Haupt. u. Residenzstadt
(gez.) Forchenbeck
(gez.) Dunker

Berlin, den 19. Februar 1884.
Deutsche Edison-Gesellschaft für angewandte Electricität
(gez.) E. Rathenau
(gez.) Osk. v. Miller

Quelle: AEG Firmenarchiv

Dokument 7

Siemens & Halske an C. Krimping, 20. März 1883

Im Verfolge unseres Schreibens J. N° 5696 vom 14ten d. Mts. theilen wir Ihnen nunmehr bezüglich des zwischen den Inhabern der deutschen Edison-Patente und uns unterm 13ten d. Mts. getroffenen Abkommens das Nachstehende ergebenst mit.
Der Vertrag ist abgeschlossen mit den nachgenannten Gesellschaften und Personen:
1.) dem Herrn Thomas Alva Edison in New York
2.) der Edison Electric light Company of Europe limited zu New York
3.) der Compagnie Continentale Edison in Paris
4.) dem Bankhause Gebrüder Sulzbach zu Frankfurt a. M.
5.) Jacob Landau " Berlin
6.) der Nationalbank für Deutschland " Berlin.
Die sub 4, 5 und 6 aufgeführten Bankfirmen haben sich kontraktlich verpflichtet, vorläufig mit einem Capital von 5 Millionen Mark eine Kapitalgesellschaft unverzüglich ins Leben zu rufen, auf welche die von diesen drei Firmen erworbenen Rechte der gewerbsmäßigen Ausnutzung der oben bezeichneten Patente im Gebiete des Deutschen Reiches übergehen sollen.

Für die Dauer unseres Vertragsverhältnisses zu den oben ad 1–6 aufgeführten Gegenkontrahenten haben wir die folgenden Rechte und Pflichten erworben resp. übernommen.

1. Haben wir uns verpflichtet, die dem Herrn Edison im Deutschen Reiche ertheilten Glühlicht-Patente während der Vertragsdauer unangefochten zu lassen; dagegen finden
2. diese Patente auf uns keine Anwendung.
3. Als Entgelt für das Zugeständniß ad 2., sowie für weitere durch den Vertrag uns zufallende Rechte haben wir uns verpflichtet, an Herrn Edison resp. an die in seine Rechte eintretende »Deutsche Edisongesellschaft für angewandte Electricität« eine Abgabe
   a. für die Verwendung der Glühlampen und ihrer accessorischen Theile zur Beleuchtung,
   b. für von uns verkaufte Glühlampen zu entrichten.

   Den § 4 des Vertrages, welcher die Art der Erhebung der Abgabe ad a.) behandelt, theilen wir ihnen zur Kenntnißnahme und Berücksichtigung bei ihren Verkäufen und Offerten, in der Anlage, seinem vollen Wortlaute nach mit; ebenso den § 5.) durch welchen wir auf die Uebernahme von Lichtlieferungs-Geschäften (für Glühlicht <u>und</u> für Bogenlicht) zu Gunsten der Deutschen Edisongesellschaft verzichten.
4. Wir sind berechtigt, Glühlampen beliebiger Systeme anzufertigen und zu verkaufen. Die Abgabe auf solche Lampen wird in unserem jeweiligen Lampenpreise inbegriffen sein. Die Lampen der Edisongesellschaft werden uns mit entsprechendem Rabatt von dieser Gesellschaft auf Anfordern geliefert.
5. Die Deutsche Edisongesellschaft verzichtet im Hinblick auf unsere kontaktlichen Gegenleistungen unter bestimmten Modalitäten zu unseren Gunsten auf das Recht der Fabrikation der zu ihren Anlagen und Verkäufen zu verwendenden Maschinen, Apparate und Materialien. Ausgenommen sind nur die Glühlampen, die Lampenhalter, die Sicherheitsausschalter und die Umschalter, sowie alle solche Theile, welche nicht Gegenstand unserer Fabrikation sind, wie z. B. blanke Drähte, Lüster, Kandelaber, Dampfmaschinen und dergl.
   Nur, wenn wir auf die Fabrikation der Dynamomaschinen verzichten sollten, ist die Deutsche Edisongesellschaft zum Bezuge derselben aus außerdeutschen Fabriken der Edisongesellschaften oder zur Selbstanfertigung in eigenen deutschen Werkstätten berechtigt; sie hat uns aber in einem oder dem anderen Falle eine Abgabe zu entrichten, welche 5% des seither an uns bezahlten Kaufpreises betragen soll.
6. Bezüglich der beiderseitigen Verkaufspreise wird eine Verständigung angestrebt werden. Solange eine solche nicht erzielt ist, sollen bestimmte Grundsätze für die beiderseitigen Verkaufs-Bedingungen gelten. Das nähere hierüber wollen Sie aus dem Wortlaute des in der Anlage mitgetheilten § 10 des Vertrages ersehen.
7. Die Deutsche Edisongesellschaft wird sich bis auf Weiteres bei vorkommenden Bogenlichtanlagen nur unserer Maschinen und Apparate bedienen, resp. nur solche Maschinen und Apparate liefern und anwenden, die von uns angefertigt worden sind.
8. Wenn die Deutsche Edisongesellschaft Dritten Patentlicenzen ertheilt, so sollen die von solchen Licenzinhabern an sie zu zahlenden Abgaben in keinem Falle geringer sein, als diejenigen, welche wir nach dem vorliegenden Vertrage zu zahlen haben werden.
9. Den § 16 des Vertrages, welcher die den Vertretern zu gebende Instruction behandelt, theilen wir Ihnen zur strikten Nachachtung in der Anlage in seinem Wortlaute mit.
10. Den § 18 des Vertrages, welcher von der Dauer desselben, sowie von den Bedingungen handelt, unter welchen uns ein Rücktrittsrecht vor Ablauf desselben zusteht, theilen wir Ihnen gleichfalls anliegend vollinhaltlich mit.
11. Wir sind gehalten, der Deutschen Edisongesellschaft auch unsere eigenen Specialconstructionen zu Beleuchtungszwecken zu liefern und zwar zu Vorzugspreisen, derart, daß die Gesellschaft jeweils einen bis zu 5% höheren Rabatt genießen soll, als alle unsere übrigen Abnehmer, Vertreter oder Agenten, einzeln oder zusammengenommen.
12. Die Rechtswirkungen der außerdeutschen Patente des Herrn Edison und der Electric light Cie in New York werden durch den Vertrag nicht berührt.

Was nun die durch die vorliegende Thatsache nöthig werdenden Modificationen des zwischen Ihnen und uns seither bestandenen Vertreter-Abkommens betrifft, so theilen wir Ihnen darauf bezüglich das Nachstehende ergebenst mit.
Für die <u>Bogenlichtbeleuchtung</u> wird eine Aenderung der bestehenden Bestimmungen nur insoweit nöthig werden, als dies für die Erfüllung der vorliegenden Vertrags-Bestimmung geboten erscheint.
Zunächst ist es deshalb erforderlich, daß Sie, nachdem wir zu Gunsten der Deutschen Edisongesellschaft auf die in § 5 des Vertrages erwähnten Unternehmungen, die wir übrigens auch seither nicht in dem Bereich unserer Geschäftsthätigkeit gezogen haben, verzichten, Sich auch Ihrerseits dieser Verzichtleistung anschließen müssen.
Die Provisionssätze für die durch Ihre Vermittelung zu Stande gekommenen Verkäufe von Maschinen, Apparaten und Materialien zur Bogenlichtbeleuchtung sollen bis auf Weiteres 10% des jeweiligen Preiscourants-Preises betragen. Sie sind dabei

verpflichtet, zu den in diesem Preiscouranten enthaltenden Preisen zu verkaufen, und nur berechtigt, die thatsächlich entstehenden Verpackungs- und Frachtspesen zuzuschlagen.
Das Recht der Lieferung von Gegenständen für Beleuchtungsanlagen mit Bogenlicht, in Deutschland, auch außerhalb Ihres durch unser früheres Abkommen fixirten Vertreter-Bezirkes lassen wir bis auf Weiteres fortbestehen. Wir können Ihnen jedoch im Hinblick auf die vorstehend sub pos. 11 erwähnten, der Deutschen Edisongesellschaft zu gewährenden Vorzugspreise, bis auf Weiteres nur eine Provision von fünf Procent der Preiscourants-Preise auf die bei solchen Geschäften in Betracht kommenden Maschinen, Apparate und Materialien zu Gute kommen lassen. Die Vergütung von 5% des Preises der von uns bezogenen Maschinen, Apparate und Materialien zur Bogenlichtbeleuchtung, welche ohne Ihre Mitwirkung in Ihrem Vertreter-Bezirke zur dauernden Verwendung gelangen, lassen wir bis auf Weiteres fortbestehen, für solche Gegenstände, welche entweder durch einen unserer übrigen Vertreter oder von uns bezogen worden sind. In letzterem Falle jedoch mit dem Vorbehalte, daß wir uns nach wir vor das Recht wahren, Lieferungen an Staats- und städtische oder sonstige öffentliche Behörden ohne Sie direct auszuführen, in welchem Falle es uns überlassen bleibt zu bestimmen, ob und in wie weit wir Ihre Mitwirkung dabei in Anspruch nehmen und honoriren wollen.
Für Maschinen und Apparate – aber nicht für Materialien – zu Bogenlichtbeleuchtungen, welche die Deutsche Edisongesellschaft in Ihrem Vertreterbezirke mit oder ohne Ihre Mitwirkung errichtet, können wir Ihnen in Anbetracht der vorstehenden pos. 11 bis auf Weiteres 2½% des in Betracht kommenden Preiscourantspreises vergüten; wir geben Ihnen jedoch anheim, Sich nach Maaßgabe des § 12 des Vertrags, dessen Wortlaut Sie in der Anlage finden, mit der Edisongesellschaft wegen Uebernahme deren Vertretung zu verständigen, und behalten uns nur vor, daß Sie uns den mit der Gesellschaft zu vereinbarenden Vertrag vor Abschluß zur Genehmigung vorlegen. In Fällen, in denen die Deutsche Edisongesellschaft Anlagen auf Grund des § 5 des Vertrages errichtet, kommt die Vergütung von 2½% durch uns an Sie in Wegfall.
Was die Geschäfte in Glühlichtbeleuchtungen betrifft, so bewilligen wir Ihnen, nachdem das Abkommen mit der Edisongesellschaft vorliegt, eine Provision nur noch auf solche Lieferungen, welche thatsächlich mit direct von uns durch Sie oder durch Ihre Vermittelung bezogenen Maschinen, Apparaten und Materialien ausgeführt werden, und bestimmen dabei noch ausdrücklich, daß Sie Sich bei Ihrer Thätigkeit in dieser Branche ausschließlich auf den Ihnen überwiesenen Vertreter-Bezirk zu beschränken haben.
Wir werden Ihnen Anfragen, welche aus Ihrem Bezirke an uns gelangen und die wir nicht selbst weiter behandeln wollen oder der Deutschen Edisongesellschaft direct zu überweisen veranlaßt sind, zur weiteren Behandlung übergeben und überlassen Ihnen ferner, Sich auch wegen der Vertretung für den Vertrieb der Edison'schen Glühlicht-Beleuchtung, unter den oben bereits erwähnten Vorbehalten, mit der Deutschen Edisongesellschaft unter Berufung auf uns zu verständigen.
Die Provision, welche wir Ihnen für die nach Maaßgabe des Vorstehenden hierhergehörigen Geschäfte mit unseren Maschinen, Apparaten und Materialien für die Glühlichtbeleuchtung bis auf Weiteres auf unsere jeweils gültigen Preiscourantspreise vergüten, wird betragen:
10% für Maschinen und Apparate,
10% für Glühlampen nach unserem eigenen oder nach den Systemen der Herren Gebr. Siemens & Co. oder des Herrn Edison,
10% für schwächeres Leitungsmaterial, wie solches seither für die Glühlichtbeleuchtungsanlagen von uns geliefert wurde;
5% für Leitungsmaterial stärkeren Calibers, welches wir in unseren Preiscouranten und bei Preisaufgaben als solches besonders bezeichnen werden.
Um Ihre Beziehungen zu uns, bei dem nebenhergehenden Verhältniß zu der Deutschen Edisongesellschaft, möglichst einfach zu gestalten und Ihnen keinen Zweifel über Ihr Verhalten in einzelnen Fällen zu lassen, bestimmen wir bis auf Weiteres, daß die Ihnen zugehenden Bestellungen auf Maschinen, Apparate und Materialien zu Bogenlicht-Beleuchtungen und solche, welche zu gemischten (Bogen- und Glühlicht-) Beleuchtungen dienen sollen, nach wie vor uns zu überschreiben sind; wogegen wir Ihnen gestatten, Sich über reine Glühlichtbeleuchtungen direct mit der Deutschen Edisongesellschaft in Verbindung zu setzen, wenn Sie in ein Vertretungsverhältniß mit derselben eingetreten sein werden. In Fällen, in denen Sie in Zweifel sind, wem Sie die betreffende Bestellung zu überschreiben haben, werden Sie unsere Entscheidung einholen und befolgen.
Wir überlassen Ihnen nach wie vor die Installation der durch Ihre Vermittelung von uns bezogenen Maschinen pp. in eigener Regie zu angemessenen Preisen zu übernehmen, behalten uns jedoch vor, auf Wunsch der Besteller oder bei einlaufenden Klagen über mangelhafte Leistung einer Anlage, durch eigene Beamte oder Monteure eine Revision derselben auf Ihre Kosten vorzunehmen, mit dem Anheimgeben, diese Kosten dem Besteller ohne Aufschlag in Anrechnung zu bringen. Wir behalten uns ferner vor, in besonderen Fällen zur Leitung der Installation einen eigenen Beamten oder Monteur zu entsenden, dessen Kosten Sie dem Besteller in Rechnung zu stellen haben.

Ueber den Modus der Erhebung der in § 4 des Vertrages stipulirten Abgabe auf die in den Lampen verbrauchten Pferdekräfte werden wir Ihnen eine Instruction übergeben; so lange eine solche nicht vorliegt, wird die Bemessung der Höhe derselben in jedem einzelnen Falle durch uns geschehen.
Im Uebrigen sind Sie als unser Vertreter nach Lage des Vertrages (§ 16) gehalten, die von uns der Edisongesellschaft gegenüber eingegangenen Verbindlichkeiten unter allen Umständen auch als die Ihrigen anzusehen. Die Edisongesellschaft wird aufgrund ihrer deutschen Patent-Rechte verhindern, daß andere Lieferanten als sie und wir Glühlichtbeleuchtungen in Deutschland einrichten, ohne vorher Patent-Licenzen für die Anlage von ihr erworben zu haben. Es liegt demgemäß in unserem und auch in Ihrem Interesse, daß Glühlichtbeleuchtungsanlagen, für die eine Abgabe nicht entrichtet worden ist, möglichst verhindert werden. Wir machen es Ihnen daher zur Pflicht, auf das Gebahren der Concurrenz und der Inhaber von Glühlichtbeleuchtungen überhaupt, in Ihrem Bezirk ein wachsames Auge zu haben und uns von allen thatsächlichen oder vermutheten Zuwiderhandlungen gegen die Edison'schen Patentrechte unverzüglich Kenntniß zu geben. Auch solche Anlagen würden hierher zu zählen sein, bei welchen die Maschinen und Apparate von uns oder durch Sie bezogen sind, und für welche die Abgabe entweder gar nicht oder nicht bei Vermehrung der Lampenzahl im vollen Umfange ordnungsmäßig entrichtet ist.
Was das durch den gegenwärtigen Vertrag veränderte Verhältniß zwischen den Inhabern der deutschen Edisonpatente und uns betrifft, so dürfen wir es wohl ganz Ihrem Tactgefühle

überlassen, in welcher Weise Sie dieser Veränderung auch Ihrerseits in der Folge Rechnung tragen werden. Besondere Vorschriften lassen sich ohnedem in dieser Beziehung nur schwer formuliren, nur möchten wir Ihnen anheimgeben, etwaige Differenzen mit Agenten der Edisongesellschaft nicht direct in schroffer Weise zum Austrag zu bringen; wogegen wir uns bereit erklären, entstandene Streitpunkte durch directes Benehmen mit den Organen der Edisongesellschaft auszugleichen.
Wir hoffen, daß Sie erkennen werden, daß wir unter den vorliegenden Verhältnissen auch Ihren Interessen, soviel es uns möglich war, Rechnung getragen haben, und dürfen wohl annehmen, daß Sie mit den Ihnen gemachten Vorschlägen einverstanden sein werden. Ist dies der Fall, so bitten wir Sie, das beigefügte Duplicat mit dem Vermerke Ihres Einverständnisses zu versehen und uns baldigst zurückzugeben. Jedenfalls erwarten wir aber möglichst umgehend Ihre gefällige Rückäußerung,

Mit bestem Gruß
Siemens & Halske

Mit Obigem einverstanden
C. Krimping

Breslau 23/3. 83

Quelle: Siemens Museum München, SAA 23/Lh 689/1

Dokument 8

DEUTSCHE EDISON GESELLSCHAFT

FÜR ANGEWANDTE ELEKTRICITÄT

(VOLLEINGEZAHLTES CAPITAL: 5.000,000 MARK.)

Telegramm-Adresse: **Edison Berlin.**

BERLIN W.
96. Leipziger Strasse 96.

Telegramm-Adresse: **Edison Berlin.**

EHREN-DIPLOM
PARIS 1881.

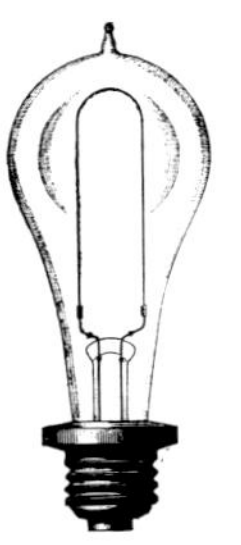

GOLDENE MEDAILLE
LONDON 1882.

ELEKTRISCHE BELEUCHTUNG

von

Städten, Strassen, öffentlichen und Privat-Gebäuden,

Theatern, Concertsälen, Waarenhäusern, Werkstätten, Bergwerken, submarinen Bauten, Bahnhöfen, Hôtels, Cafés, Krankenhäusern, Häfen, Leuchtthürmen, Werften, Schiffen u. s. w.

EINRICHTUNG
VON CENTRALSTELLEN ZUR LIEFERUNG VON ELEKTRISCHEM LICHT.

ELEKTRISCHE KRAFTÜBERTRAGUNG.

Betrieb von landwirthschaftlichen und Werkzeugmaschinen, Ventilatoren, Hämmern, Aufzügen, Krahnen, Pumpen u. s. w. Maschinen und Apparate für elektrische Eisenbahnen.

NUTZBARMACHUNG VON WASSERKRÄFTEN.

EDISON hat zuerst eine praktisch brauchbare Glühlampe hergestellt. Allein damit war noch nicht viel gethan; es galt ein ganzes elektrisches, für alle Zwecke des häuslichen und gewerblichen Lebens geeignetes Beleuchtungssystem zu schaffen, d. h. die zum Betriebe der Glühlampen nothwendigen Maschinen, Leitungen, Stromvertheilungs- und Regulirungsvorrichtungen, Fassungen für die Lampen, Beleuchtungskörper, Messapparate u. s. w. zu construiren. Die Lösung dieser schwierigen Aufgabe ist **EDISON** glänzend gelungen, wie die zahlreichen, nach seinem Systeme ausgeführten Anlagen beweisen.

Bei Construction seiner Lampen nahm **EDISON** — entgegen früheren Bestrebungen, die bisherigen Lichtquellen durch überwiegende Intensität des elektrischen Lichtes zu verdrängen — die dem Auge angenehme Leuchtkraft der Gasflammen zur Grundlage. Nachdem es ihm gelungen war, mit der sechszehnkerzigen (A-) Lampe die Stärke einer hellleuchtenden Strassenflamme zu erzeugen, construirte er in seiner B-Lampe eine solche von 8 Kerzen, die der in Wohnräumen gebräuchlichen Gasflamme ungefähr entspricht. Nur für specielle Zwecke, insbesondere für Beleuchtung von Strassen und Plätzen, stellte er Lampen von 32, 100 und mehr Kerzen Leuchtkraft her.

EDISON's Glühlampe besteht aus einer hermetisch verschlossenen luftleeren Glasglocke, welche im Innern einen mit den Stromzuleitungsdrähten verbundenen Bügel aus dünner, verkohlter Bambusfaser enthält; letzterer erglüht in Folge des Widerstandes, welchen er dem Durchgange des elektrischen Stromes entgegensetzt, und strahlt dadurch ruhiges, mildes und dem Auge wohlthuendes Licht aus.

Der mit Gewinde versehene Lampensockel wird in die Fassung geschraubt, welche die Verbindung der von der Elektricitätsquelle kommenden Drähte mit denen der Lampe direct oder unter Vermittelung eines Umschalters herstellt. Mit Hülfe des letzteren kann jede Lampe, wie durch Drehung eines Hahnes, entzündet oder verlöscht werden. Ebenso können statt einzelner Lampen eine beliebige Zahl derselben gleichzeitig durch ähnliche Handhabungen in und ausser Betrieb gesetzt werden.

Jede A-Lampe, bez. jedes B-Lampenpaar — statt ersterer können nämlich stets zwei B-Lampen und umgekehrt in den Stromkreis geschaltet werden — erfordert nicht ganz den achten Theil einer Pferdestärke zur Erzeugung der normalen Leuchtkraft und erreicht eine durchschnittliche Brenndauer von über 800 Stunden.

EDISON's Stromerzeugungsmaschine, welche eine verbesserte dynamo-elektrische Maschine von **SIEMENS & HALSKE** ist, beruht darauf, dass in geschlossenen, zwischen Magnetpolen rotirenden Leitern Inductionsströme erzeugt werden, deren Intensität mit der Geschwindigkeit der Bewegung und Stärke des magnetischen Feldes zunimmt. Zur Erregung der Elektromagnete, welche die permanenten Magnete vortheilhaft ersetzen, dient ein geringer Theil des in der Maschine erzeugten Stromes; letzterer wird durch Bürsten aus Kupferdraht, welche auf dem Commutator des rotirenden Ankers schleifen, von diesem durch die Leitungen zur Verwendungsstelle geführt. Der zur Regulirung des Erregungsstromes dienende Apparat, durch welchen Widerstände in den Stromkreis der Elektromagnete nach Belieben eingeschaltet werden können, gestattet die Stromintensität dem jederzeitigen Bedürfnisse genau anzupassen und mehr oder weniger Lampen, ohne Gefährdung irgend welcher Theile der Anlage, unter entsprechender Abänderung des Arbeitsverbrauches, in oder ausser Betrieb zu setzen.

EDISON's Beleuchtungssystem besitzt alle Vorzüge der vorhandenen Beleuchtungsarten in höchstem Maasse, ist aber frei von den jenen anhaftenden Fehlern und Mängeln. Die Lichtwirkung der Glühlampen ist eine ausserordentlich glänzende; sie strahlen ein ruhigeres und dem Auge wohlthuenderes Licht aus als Gas und verändern die Farben weniger als dieses; ihre Wärmeentwicklung ist so gering, dass nach Einführung der elektrischen Beleuchtung unter sonst gleichen Verhältnissen eine Temperaturverminderung von 8° C. beobachtet worden ist. Eine Verschlechterung der Luft bei Anwendung der Glühlichtbeleuchtung ist naturgemäss gänzlich ausgeschlossen, und deshalb erfüllt dieselbe eine wichtige hygienische Aufgabe. Da bei den Glühlampen der leuchtende, glühende Körper von einer Glaskugel rings umschlossen ist, so lassen sich dieselben geschmackvoller als andere Beleuchtungskörper anordnen; sie können versteckt zwischen Gardinen, Draperien, Blumendecorationen u. s. w. oder zur Erzielung hübscher Lichteffecte unter Wasser angebracht werden. Auch werden Decorationen und Malereien, welche durch die Ausscheidungsproducte des Gases schnell unansehnlich oder selbst gänzlich verdorben werden, länger erhalten bleiben. Ein wesentlicher Vorzug von **EDISON**'s System vor sämmtlichen sonstigen Beleuchtungsarten, einschliesslich aller übrigen elektrischen, ist aber seine vollständige Gefahrlosigkeit. Die bei demselben zur Anwendung kommenden Ströme haben so geringe Spannung, dass man Leitungen, welche hunderte von Pferdestärken übertragen, ohne einen merklichen Schlag zu erhalten, berühren kann. Ebenso ist die Feuersicherheit dieses Beleuchtungssystems eine vollkommene, da eine gefahrbringende Erhitzung der Leitungen durch Einschaltung von **EDISON**'s Sicherheitsvorrichtungen in dieselben ausgeschlossen ist, und durch die Lampen selbst Feuer überhaupt nicht entstehen kann. Zerbricht die Glasglocke, so erlischt die Lampe infolge Verbrennens des Kohlenbügels so rasch, dass eine Entzündung leicht brennbarer Körper selbst in diesem Falle, wie Versuche gezeigt haben, nicht eintritt.

Der Raum gestattet nicht, hier ausführlich die Vorzüge der elektrischen Glühlichtbeleuchtung zu erörtern, so viel dürfte aber aus dem Gesagten hervorgehen, dass dieselbe allen anderen Beleuchtungsarten hinsichtlich ihrer Eigenschaften überlegen ist. Und gerade die letzteren sollten bei der Beurtheilung der Kostenfrage in erster Linie in Berücksichtigung gezogen werden. Die Kosten der Glühlichtbeleuchtung sind bei einer grösseren Anlage und bei einer längeren Brenndauer der Lampen nicht wesentlich verschieden von denen einer gleichen Gasbeleuchtung und werden noch bedeutend herabgedrückt werden, sobald man die Betriebsdauer einer Anlage dadurch verlängert, dass man abends den Strom für die Beleuchtung, am Tage für Kraftübertragungszwecke verwendet.

Welche Anerkennung sich das **EDISON**'sche Beleuchtungssystem in Amerika und Europa bereits verschafft hat, beweist die grosse Zahl von Theatern, Concertsälen, Museen, Waarenhäusern, Webereien, Papier-, Zucker- und anderen Fabriken, Brauereien, Druckereien, Bahnhöfen, Hôtels,

Cafés, Krankenhäusern, Schiffen u. s. w., welche nach diesem System beleuchtet werden. Von bedeutenden Anlagen führen wir hier besonders die grosse, im Oktober 1882 in Betrieb gesetzte Central-Station in New-York an, von welcher 15000 Lampen zu vollster Zufriedenheit aller Betheiligten ununterbrochen gespeist werden. Die zweite Central-Station ist seit längerer Zeit in London im Betriebe, und die dritte ist soeben in Mailand errichtet worden. Letztere umfasst vorläufig 3600 A-Lampen, soll aber später bis auf 10000 Lampen erweitert werden. Von elektrisch beleuchteten Theatern möge das Brünner Stadt-Theater mit 1400 Lampen und das Kgl. Residenz-Theater in München mit 800 Lampen erwähnt werden. Demnächst werden auch die Innenräume und Hallen des neuen Bahnhofes in Strassburg nach **EDISON**'s System beleuchtet werden. Die Generaldirection der Reichseisenbahnen hat sich nach langen und ausgedehnten Versuchen mit verschiedenen Systemen für das von **EDISON** entschieden, ein neuer Beweis für die Vortrefflichkeit desselben.

Andererseits darf nicht verkannt werden, dass dort, wo eine weitgehende Theilung des Lichtes nicht erforderlich ist, vielmehr sehr grosse Räume von einem oder wenigen Punkten aus beleuchtet werden sollen, zweckmässigerweise das Bogenlicht in Anwendung kommt. Wie denn überhaupt Glüh- und Bogenlicht so verschiedenen Zwecken dienen, dass sie sich gewissermassen ergänzen. Das Glühlicht wird seine Stelle stets zur Beleuchtung von geschlossenen Räumen, bei denen es besonders auf eine angenehme und wirksame Beleuchtung und möglichste Theilung des Lichtes ankommt, finden, das Bogenlicht, weil es billig grosse Lichtquellen liefert, zur Beleuchtung von freien Plätzen, Bahnhofshallen, grossen Fabrikräumen u. dergl. dienen.

In gebührender Würdigung dieser Verhätnisse hat die **Deutsche Edison Gesellschaft**, um allen an sie herantretenden Anforderungen gerecht werden zu können, mit den Herren **SIEMENS & HALSKE** einen Vertrag abgeschlossen, durch den ihr die Veräusserung der von dieser Firma hergestellten Differentiallampe, welche von den Fachleuten des In- und Auslandes als die beste Bogenlichtlampe angesehen wird, zu Fabrikpreisen ermöglicht ist. Auch die dynamo-elektrischen Maschinen nach **EDISON**'s System werden in den bewährten Werkstätten der Herren **SIEMENS & HALSKE** gebaut werden, worin eine Gewähr für die Güte der Ausführung liegt. Die Glühlampen hingegen werden in einer von der **Deutschen Edison Gesellschaft** hierselbst angelegten Fabrik angefertigt.

Bei der hohen Bedeutung der elektrischen Kraftübertragung für Industrie und Gewerbe wird **die Deutsche Edison-Gesellschaft** auch diesem Zweige der Elektrotechnik besondere Aufmerksamkeit widmen. Die **elektrischen Eisenbahnen, elektrisch betriebenen Ventilatoren, Krahne, Aufzüge** u. s. w. liefern den Beweis, dass sich mechanische Arbeit durch Elektricität auf bedeutende Entfernungen mit günstigerem Nutzeffect als durch alle übrigen Transmissionsmittel übertragen lässt; desshalb erlangt die elektrische Kraftübertragung besondere Wichtigkeit in Fällen, in denen es sich um die Nutzbarmachung von Wasserkräften handelt.

Gestützt auf die Erfindungen und Erfahrungen von **EDISON** und **SIEMENS**, wird die **Deutsche Edison Gesellschaft** ihre Anlagen für jeden Zweck und in der höchsten Vollkommenheit ausführen; sie wird sich indessen nicht allein auf deren Einrichtung, bezw. auf die Lieferung von Maschinen und Apparaten beschränken, sondern in geeigneten Fällen auch Anlagen für eigene Rechnung ausführen und den elektrischen Strom für Beleuchtungs- und Kraftübertragungszwecke, in ähnlicher Weise, **wie dies bisher mit Gas und Wasser** geschieht, **abgeben.**

Mit Rücksicht auf bereits vorhandene Nachahmungen von **EDISON**'s Erfindungen machen wir kraft der uns seitens des Herrn **THOMAS ALVA EDISON** und der **EDISON ELECTRIC LIGHT COMPANY OF EUROPE LIM.** ertheilten Vollmachten hierdurch bekannt, dass wir gegen diejenigen, welche Glühlampen oder andere unter den Schutz der in obiger Erklärung gedachten Patente fallende zur Glühlichtbeleuchtung gehörende Erfindungen anders als von der **COMPAGNIE CONTINENTALE EDISON** oder der **SOCIÉTE ÉLECTRIQUE EDISON** zu Paris, bezw. deren Agenten oder der Firma **SIEMENS & HALSKE**, bezw. deren Agenten bezogen und in Benutzung genommen haben oder künftig ohne eine von uns oder von dieser Firma ertheilte Legitimation in Benutzung nehmen, auf Grund des deutschen Patentgesetzes vorgehen werden.

Für die von anderen als den vorgenannten Firmen angelegten Glühlichtbeleuchtungen, welche bisher in Betrieb genommen sind, werden wir nachträglich die Erlaubniss ertheilen, wenn uns binnen vier Wochen Mittheilung von dem Bestehen der Anlage und der Zahl der dabei verwendeten Lampen gemacht wird.

Gleichzeitig erklären wir allen Fabrikanten, dass wir die Anfertigung der vorgedachten Gegenstände und deren Veräusserung zum Zwecke der Anwendung auf Grund des Patentgesetzes zu inhibiren beabsichtigen, insoweit nicht eine Verständigung über eine unsrerseits zu ertheilende Licenz stattfindet.

Berlin, im Mai 1883.

Deutsche Edison Gesellschaft
für angewandte Elektricität.

PREISLISTE.

I. VOLLSTÄNDIGE BELEUCHTUNGSANLAGE.

Zu einer vollständigen **Edison**-Beleuchtung gehören, ausser den dynamoelektrischen Maschinen mit ihren Regulatoren und den Lampen mit ihren Fassungen, die Bleieinschaltungen, welche die Erwärmung der Leitungen automatisch verhüten, die Leitungsdrähte mit nicht brennbarer, isolirender Umhüllung, die Drahtklemmen zur Befestigung der Drähte, das mit einer eigenthümlich zusammengesetzten Isolationsmasse getränkte Isolirband zur Bekleidung der Löthstellen und ein Satz Reservebürsten, welche die Ströme an der Maschine aufnehmen, um sie den Leitungen zu übermitteln.

Da räumliche Ausdehnung die Menge des Leitungsmaterials bedingt so konnte in folgender Tabelle nur der Näherungswerth der Kosten verschiedener elektrischer Beleuchtungs-Anlagen gegeben werden; genaue Ermittelungen lassen sich jedoch mit Hilfe der Einheitspreise bewirken.

Bezeichnung der dynamoelektrischen Maschine.	*E*			*Z*			*L*			*K*		
Arbeitsverbrauch in Pferdestärken.	2,5			8			18			32		
Preis der Maschine.	1100 Mk.			3175 Mk.			6100 Mk.			8500 Mk.		
Preis der Regulatoren.	100 Mk.			120 Mk.			220 Mk.			220 Mk.		
Zahl der Lampen, welche von der Maschine gespeist werden.	17 A	34 B	11 A und 12 B	60 A	120 B	40 A und 40 B	150 A	300 B	100 A und 100 B	250 A	500 B	166 A und 168 B
Ungefährer Preis der vollständigen Anlage Mk.	1550	1850	1650	4400	5250	4800	9000	11250	10000	13250	17000	14600

II. PREISE EINZELNER APPARATE ETC.

	Mark.		*Mark.*
16 kerzige (A-)Lampe	5.—	*Bleieinschaltung für Zweigleitungen ohne Deckel*	2.—
8 kerzige (B-)Lampe	5.—	*Bleieinschaltung mit Deckel*	2.—
10 kerzige (C-)Lampe	6.—	*Drahtklemmen (kl. Modell) je 100*	4.—
*32 kerzige Lampe**	6.—	*Drahtklemmen (gr. Modell) je 100*	5.—
Fassung ohne Hahnschlüssel	3.—	*Klemmschraube*	—.75
Fassung mit Hahnschlüssel	5.50	*Heftnägel das Kilogramm*	3.—
Schaltvorrichtung für 1—3 Lampen	7.50	*Isolirter feuersicherer Leitungsdraht das Kilogr.*	6.—
Schaltvorrichtung für 3—8 Lampen	16.—	*Isolirband das Kilogramm*	4.—
Schaltvorrichtung für 8—30 Lampen	30.—	*Reservebürste für die E-Maschine*	1.50
Schaltvorrichtung für 30—80 Lampen	40.—	*Reservebürste für die Z-Maschine*	3.—
Bleiverbindung	—.50	*Reservebürste für die L- oder K-Maschine*	7.50
Bleieinschaltung für Hauptleitungen	5.—		

* Die Lampen von verschiedenen Lichtstärken brennen in demselben Stromkreise und können gegen einander ausgewechselt werden — ausgenommen die B-Lampen, von denen je zwei hintereinander geschaltet werden müssen.

In diesen Preisen, welche sich frei ab Berlin einschliesslich der Verpackung verstehen, ist die Patentgebühr enthalten, welche Herr Edison auf Grund seiner Patente in Anspruch nimmt, dahingegen sind die Anlagekosten für die Betriebskraft und die Beleuchtungskörper, wie Kronen, Wandarme u. s. w., sowie die Kosten für die Installation nicht einbegriffen.

Deutsche Edison Gesellschaft
für angewandte Elektricität.

Quelle: Siemens Museum München, SAA 23/Lh 689/1

Dokument 9

Deutsche Edison Gesellschaft an Thomas Alva Edison,
13. Oktober 1883

Berlin 13th Oktober 1883

Thos. A. Edison
65 Fifth Avenue
New York

Dear Sir

We have your favour of the 28th Septr. and hope to receive the blue prints of the 100 light machine in die course of a day or two, and those of the »H« machine as promised, soon.
We further beg to confirm the following cable correspondence between us: from us:
»Telegraph price 10000 A. lamps 10000 B lamps different volts earliest delivery.«
Your reply:
Can deliver lamps immediately terms according my letter twelfth to Paris Company.
From ourselves 4th October:
»Ship Hamburg 10000 B lamps 15000 A lamps.
From you: 7th October:
»Arrange payment here shipment lamps against documents.«
From us 9th Inst:
»Have arranged payment lamps against documents.«
From you: 9th Inst:
Through whom payment arranged?
From us 11th Inst:
»Speyer Company have instructions by letter.«
From you: 12th Inst:
Lamps shipped Suevia eighth instruct Speyer by cable.
In consequence we have requested our Francfort bankers Mess. Gebr. Sulzbach to open the required credit with Mess. Speyer & Co. *by telegraph,* and hope now that the shipments will arrive in quick succession.
Regarding our business in general, we cannot help telling you, that yourself and our Paris friends have got us into a very sad dilemma out of which we at present see no way at all as matters are going.
We had hoped to make the German business one which ought to have taken the lead on this continent. Everyone was well disposed towards the undertaking and the soil was carefully and with circumspection cultivated by us to receive the grain we meant to sow. As it is now, we have great difficulty in doing anything at all, and we are left far behind in the electric race which undoubtedly does take place in Europe.
In consequence of the information Mr. Bailey had given us on the new H Machine, and your assertion that it would run 500 lamps, we passed Mess. Siemens & Halske an order for fifteen machines of this type. Before the trial of the machine took place, they gave us to understand that in *their* opinion it could not run more than 400 lamps. The trial took place, and you have been informed that the armature was burnt through the first day and Mess. Siemens & Halskes prediction proved true, and it is not at all to be wondered that they look upon this failure with a considerable amount of satisfaction now! Upon your assurance that the H machine would work 500 lamps we sold this in several cases and now have to make up the difference out of our pockets. We cannot help saying, but that we have been misled for in our letter of the 28th September last you yourself call the H machine a 400 light one only.
The new 100 light machine also which Siemens & Halske have to deliver at American prices are too dear and we cannot compete with their own types or Mr. Schuckert's.
The price of the Z machine is too dear and noone will have it, but the greatest difficulty of all is the circumstance that we have no machine of between 17 and 100 lamps.
These are the typs most in request, and as we can not furnish them, all the orders go to the competition. Many weeks ago we were promised the drawings or models of the new 25 and 50 light machines, but as yet there is no trace of them. All this is very discouraging to us, and the uncertainty existing as to your new types creates a want of confidence, which we are unable to counteract. At the same time, that you advise us of having mailed us the prints of the 100 light machine, you testify to their being obsolete by stating that you are thinking of using only one pair of cores. Can we as sensible men set to work now to build the »T« machine under these circumstances? We think not!
While we are spending enormous amounts on advertising the Edison light and spare no expense in promoting our mutal interest, we have to look on how our competitors get the orders as we have no machines suitable to the demand.
We therefore earnestly request you to make an effort and see that this unbearable state of affairs is brought to a speedy end. Almost all what we have said above refers also to Paris, whence we get scarcely any help and that little so dilatorily and with so much difficulty, that we are gliding from one predicament into another constantly.
If all these evils we have complained of, are not speedily abolished, there is very little chance of our doing any business at all. We then urgently request you to do all in your power to place us in a better position for doing business by sending us more information than has been the case so far.

We are Dear Sir, Yours truly
DEUTSCHE EDISON-
GESELLSCHAFT
E. Rathenau

Quelle: Edison National Historic Site, Thomas Alva Edison Papers, Part II, 78: 136

Dokument 10

Protokoll, 22. 11. 1886

Verhandelt Berlin am 22ten November 1886 im Geschäftslocal der Deutschen Bank, Behrenstraße 9/10

Anwesend:

Herr Geh. Regierungsrath Dr. W. Siemens
" Arnold Siemens

Herr Hugo Landau von der Firma Jacob Landau hier
" Rud Sulzbach von der Firma Gebr Sulzbach
in Frankfurt a/M

Herr Direktor Emil Rathenau
" Oscar von Miller
Vorstand der Deutschen Edison-Gesellschaft

Präsident a D Paul Jonas
Dr. Georg Siemens
Vorstandsmitglieder der Deutschen Bank

Geh Commerzienrath Adelbert Delbrück
von der Firma Delbrück Leo & Co hier

Die Herren Rathenau und von Miller machten Mittheilungen über die Lage der hier unter der Firma »Städtische Electricitätswerke« bestehenden Aktiengesellschaft, wie sich solche nach sorgfältig angestellten Ermittelungen Anfang November dieses Jahres nach ihrer besten Überzeugung darstelle. Herr Hugo Landau, der Vorsitzende des Aufsichtsraths dieser Gesellschaft bestätigte die Richtigkeit der gemachten Angaben.
Nachdem von den Mittheilungen und den vorstehenden Erklärungen Kenntniß genommen und beschlossen war, eine Abschrift der vorgetragenen Exposés dieser Verhandlung beizufügen, verbanden sich die nebenstehenden Personen zu dem Zwecke: Durch Abschluß von Verträgen und Capitalbeschaffung eine Vereinigung herbeizuführen, um electrische Anlagen im In- und Auslande herzustellen, zu betreiben und zu verwerthen. Zur Erreichung dieses Zweckes wird
1, ein bereits zwischen »der Deutschen Edison-Gesellschaft für angewandte Electricität« einerseits und der hiesigen Firma Siemens & Halske andererseits bereits dem Inhalte nach vereinbarter Vertrag, durch welchen das zwischen den beiden bestehende Rechtsverhältniß anderweit geregelt und u. A. auch die Firma Siemens & Halske eine und eine halbe Million Mark neu zu creirende Aktien der »Actiengesellschaft Städtische Electricitätswerke« zu übernehmen sich verpflichtet, sofort abgeschlossen werden;
2, werden die Herren Landau und Sulzbach einen Betrag von mindestens zwei Million Mark Aktien der »Städtischen Electricitätswerke« spätestens bis zum . . . [sic] bei der Deutschen Bank hinterlegen mit der Erklärung, daß sie sich verpflichten, diese Aktien zum Paricourse abzüglich derjenigen Procentsätze, welche zur Abfindung des jetzigen Vorstandes der Städtischen Electricitätswerke erforderlich sind, an die unten erwähnte neu zu bildende Gesellschaft zu verkaufen, sobald dieselbe in das Handelsregister eingetragen sein wird;
3, Herr Hugo Landau wird die Lösung des mit dem Geh. Ober-Postrath a D. Ludewig, als dem Direktor der »städtischen Electricitätswerke«, geschlossenen Dienstvertrages, sowie den Rücktritt der zeitigen Mitglieder des Aufsichtsraths dieser Gesellschaft herbeiführen und in einer zu diesem Zwecke zu berufenden Generalversammlung, welche zu einer noch gemeinsam zu bestimmenden Zeit einzuladen ist, die Wahl der gemeinsam zu bestimmenden Personen in den Aufsichtsrath veranlassen;
4, die Anwesenden verpflichten sich unter der Voraussetzung, daß die vorstehenden Verpflichtungen erfüllt werden, zur Gründung einer neuen »Allgemeinen Electricitäts-Gesellschaft« resp. zur Betheiligung bei derselben, deren Zweck die Herstellung, der Betrieb und die Verwerthung electrischer Anlagen im In- und Auslande ist. Diese Gesellschaft soll das Recht haben, Zweigniederlassungen im In- und Auslande zu errichten, sich bei anderen Unternehmungen als Aktionär, Commanditist, stiller Gesellschafter oder in anderer zulässiger Form zu betheiligen. Sie wird die Aktien der »städtischen Electricitätswerke« erwerben resp. gegen ihre Aktien eintauschen (cf. 2) und dieses Unternehmen als ein von ihr abhängiges, wenn auch wegen des mit der Stadtgemeinde Berlin bestehenden Vertrages formell von ihr getrenntes weiterführen. Die Deutsche Edison-Gesellschaft verspricht der Stadtgemeinde gegenüber auf die Durchführung der Bestimmung des letzten Absatzes des § 30 der Statuten der »städtischen Electricitätswerke«, welche in den mit der Stadt Berlin geschlossenen Vertrag aufgenommen ist, zu verzichten und dahin zu wirken, daß die für die elektrischen Anlagen erforderlichen Maschinen, Betriebseinrichtungen, Utensilien, Lampen etc auch von der Firma Siemens & Halske bezogen werden dürfen. Sie wird ferner ihre Zustimmung dazu geben, daß eventuel diese statutarische Bestimmung durch Generalversammlungsbeschluß der »städtischen Electricitätswerke« geändert und der mit dieser geschlossene Vertrag auf eine bestimmte Zeitdauer beschränkt wird. Dagegen wird die neue Gesellschaft einen auf eine bestimmte Zeitdauer währenden Vertrag, sowohl mit der Deutschen Edison-Gesellschaft als auch mit der Firma Siemens & Halske schließen, wonach die vorgedachten Lieferungen ausschließlich von diesen Firmen bezogen und der Firma Siemens & Halske die technischen Ausführungen übertragen werden. Über den Umfang der Lieferungen, welche auf die Firmen fallen, haben sich diese vorher unter einander zu verständigen. Dagegen haben die »Deutsche Edison-Gesellschaft« und die Firma Siemens & Halske sich zu verpflichten, selbständig keine Centralstationen für eigene Rechnung anzulegen oder durch Dritte herstellen zu lassen, es sei denn, daß die neue »Allgemeine Electricitäts-Gesellschaft« ein ihr gemachtes Angebot innerhalb einer vertragsmäßig zu bestimmenden Frist ausdrücklich abgelehnt hätte. Diese Verträge, sowie der Gesellschaftsvertrag (Statut) sollen ungesäumt entworfen und genehmigt werden. Indeß soll der definitive Abschluß sowie die Bestimmung über die Höhe des Capitals ausgesetzt bleiben, bis ein Ergebniß der Verhandlungen vorliegt, welche durch die Deutsche Bank in Fortsetzung der durch Herrn Villard mit den Edison-Gesellschaften in New York und Paris mit diesen zu führen sind. In Betreff des Aktiencapitals wird schon heute bestimmt, daß von den Aktien der neu zu gründenden Gesellschaft zeichnen und übernehmen

a, die Aktionäre der »städtischen Electricitätswerke« denjenigen Betrag, welcher gegen Aktien der neuen Gesellschaft einzutauschen ist (cf. 2), in minimo M 2'000000–

b. die Firma Siemens & Halske unter Berücksichtigung der laut Vertrag (cf N° 1) zu übernehmenden 1½ Million Mark neuer Aktien der »städtischen Electricitätswerke« M 1'000000
c. die Herren Sulzbach und Genossen den Betrag, welcher nach dem eben erwähnten Vertrage an neuen Aktien der »städtischen Electricitätswerke« zu übernehmen ist. M 1'00000
d. die Deutsche Edison-Gesellschaft M 1,500,000
e. die Deutsche Bank und die Firma Delbrück Leo & Co zusammen M 3'000000
in Summa M 7'500000

Es kommen davon zur Verwendung zum Ankauf von M 2'000000 Aktien der »städtischen Electricitäts-Werke (cf N° 2) und zur Übernahme von M 3'000000 neuer Aktien dieser Gesellschaft (cf b und c) an Stelle von Siemens & Halske und Sulzbach u. Genossen also zusammen M 5'000000
sodaß für die neue Gesellschaft M 2'500000
zur Verfügung bleiben. Die Höhe des Aktiencapitals kann sich vergrößern um den Betrag, welcher von den Herren Sulzbach & Landau über M 2'000000 Aktien der »städtischen Electricitätswerke eingeliefert wird (cf. 2), und eventuel verringern, wenn der Vertrag mit der Stadt Berlin wegen Anlage neuer Centralstationen nicht zu Stande kommt. Da vorerst nur die unter N° 2 erwähnten Aktien abgenommen werden müssen, so wird eine Einzahlung von c^a^ 30% genügen.

5, falls die vorstehend erwähnten Verhandlungen mit Paris und New-York dahin führen, daß die jetzt für die hiesigen Gesellschaften bestehenden Lasten abgelöst werden (cf tit VII des Statuts der Deutschen Edison-Gesellschaft), sodaß die Freiheit der Bewegung nicht mehr gehemmt ist, so soll eine völlige Verschmelzung der Deutschen Edison-Gesellschaft mit der neu zu gründenden »Allgemeinen Electricitäts-Gesellschaft« versucht werden. Es wird anerkannt, daß eine solche Verschmelzung, deren Durchführung unter vielen Anderen auch von einem mit den Herren Siemens & Halske wegen der Lampenfabrik zu treffenden Arrangement abhängt, nützlich wäre und die Verhältnisse sehr wesentlich vereinfachen würde. Aber zugleich wird ausdrücklich ausgesprochen, daß, wenn eine solche Verschmelzung, gleichviel aus welchen Gründen nicht gelingt, die heute getroffenen Abreden in allen Punkten aufrecht erhalten werden sollen.

Es wird über diese Verhandlungen allseitig unverbrüchliches Stillschweigen versprochen, insoweit dies mit der Durchführung der verabredeten Operationen vereinbarlich ist.

Zur Abfassung des Statuts, der Verträge und der sonst erforderlichen Schriftstücke, eventuell auch der Grundzüge für eine Verschmelzung mit der Edison-Gesellschaft wird eine aus den Herren Bürgermeister Rosenthal, Rathenau und Adebert [sic] Delbrück bestehende Comission eingesetzt, welche ihre Arbeit möglichst beschleunigen und alsbald zur Genehmigung vorlegen wird.

Quelle: Deutsche Bank, Historisches Archiv, S 76

Dokument 11

Seit geraumer Zeit schweben Verhandlungen zwischen verschiedenen Bankfirmen und den Kontrahenten des nachstehenden Vertrages zum Zweck der Gründung einer Aktien-Gesellschaft, welche mit dem Sitze zu Berlin und unter der Firma »Allgemeine Elektrizitäts-Gesellschaft« den Zweck haben soll, elektrische Anlagen im In- und Auslande herzustellen, zu betreiben und zu verwerthen.

Nach Maassgabe dieser Verhandlungen, welche zuletzt an der Hand eines schriftlichen Protokoll-Entwurfes am 13. Januar d. Jahres stattfanden, sollten die Aktiva und Passiva der Deutschen Edison-Gesellschaft für angewandte Elektrizität zu Berlin von der neu zu bildenden Aktien-Gesellschaft übernommen werden und es sollte ferner durch einen vor der Bildung dieser Gesellschaft seinem Inhalte nach festgestellten und sofort nach Bildung derselben zu vollziehenden Vertrag zwischen letzterer und der Firma Siemens & Halske zu Berlin eine Vereinbarung getroffen werden, welche die geschäftlichen Beziehungen zwischen der Firma Siemens & Halske und der unter ihrer Kapitalbetheiligung zu bildenden neuen Gesellschaft regeln sollte.

Die obigen Verhandlungen gelangten bisher zu keinem Abschluss, weil eine hierzu unerlässliche Verständigung zwischen der Firma Siemens & Halske und der Deutschen Edison-Gesellschaft nicht zu erzielen war.

Nachdem diese Verständigung nunmehr erzielt wurde, ist zwischen den Unterzeichneten, nämlich:

1. der Firma Siemens & Halske zu Berlin, vertreten durch ihren Mitinhaber Herrn Geheimrath Dr. Werner Siemens,
2. der Deutschen Edison-Gesellschaft für angewandte Elektrizität zu Berlin, vertreten durch ihren Vorstand, die Herren Direktoren Emil Rathenau und Oscar von Miller

heute folgender Vertrag geschlossen worden:

§ 1.

Die vorgenannten Kontrahenten verpflichten sich, auf Grundlage der nachfolgenden Vereinbarungen sich an der Bildung der mehrerwähnten Aktien-Gesellschaft zu betheiligen. Zugleich macht sich die Firma Siemens & Halske stark, die Firma Delbrück, Leo & Comp. und die Deutsche Bank, beide zu Berlin, zum Beitritt zu dieser Gesellschaft zu vermögen, während die Deutsche Edison-Gesellschaft sich stark macht, die Firma Jacob Landau zu Berlin und die Firma Gebr. Sulzbach in Frankfurt a. M. zum Beitritt zu vermögen.

§ 2.

Die Firma Siemens & Halske verpflichtet sich:

a) für den Fall ihrer Betheiligung an der Bildung anderer Stromlieferungs-Unternehmungen, welche eine Anlage von 100 elektrischen Pferdekräften, die nach der Leistungsfähigkeit des elektrischen Theils der Maschinenanlage bestimmt werden, oder darüber, voraussetzen, während der Dauer des gegenwärtigen Vertrages diese Betheiligung unter Vorlage des gesammten in ihrem Besitz befindlichen Materials für die Beurtheilung der Rentabilität jener Unternehmungen der Allgemeinen Elektrizitäts-Gesellschaft anzubieten und
b) alle bei Abschluss dieses Vertrages in ihrem unbeschränkten Besitz befindlichen, noch nicht in Ausführung genommenen,

sowie alle während der Dauer desselben von ihr erworbenen Konzessionen für die Herstellung und Exploitation von Anlagen für elektrische Stromlieferung mit einer Betriebskraft von 100 elektrischen Pferdekräften – siehe vorstehend lit. a – und darüber ebenfalls unter Beifügung des gesammten in ihrem Besitz befindlichen Materials für die Beurtheilung der Rentabilität jener Anlagen der Allgemeinen Elektrizitäts-Gesellschaft vorzulegen.

Die Allgemeine Elektrizitäts-Gesellschaft ist berechtigt spätestens innerhalb zwei Wochen nach Vorlage des gedachten Materials in dem Falle sub a und spätestens innerhalb sechs Wochen nach Vorlage des erwähnten Materials in dem Falle sub b in alle Rechte und Pflichten der Firma Siemens & Halske unter Ersatz aller für dieselbe erwachsenen Auslagen zuzüglich 4 % Zinsen und einer Vergütung von 2 % des Kostenanschlagpreises für allgemeine Geschäftsunkosten und Projektarbeiten, falls solche ausgeführt wurden, einzutreten.

Sollte ein förmlicher Eintritt in die Rechte und Pflichten der Firma Siemens & Halske sich nicht empfehlen oder unstatthaft sein, so soll die Erklärung des Eintritts unter den Kontrahenten hinsichtlich der Abrechnung unter sich gleiche Wirkung haben, wie ein stattgehabter förmlicher Eintritt. Eine Erklärung über den Eintritt in die Rechte und Pflichten der Firma Siemens & Halske kann auch schon dann gefordert werden, wenn die Zusicherung zur Gewährung einer Konzession gemacht, aber die Ertheilung derselben noch von der Zustimmung einer Behörde oder Korporation abhängig ist.

Ist binnen den erwähnten Fristen eine schriftliche bindende Eintritts-Erklärung nicht erfolgt, so überträgt die Firma Siemens & Halske bei Uebernahme von Anlagen mit dem Zweck der Strom-Lieferung für eigene Rechnung oder Rechnung Anderer als der Allgemeinen Elektrizitäts-Gesellschaft, für welche eine Betriebskraft von 100 elektrischen Pferdekräften – siehe vorstehend lit. a – und darüber in Anwendung kommt, der Allgemeinen Elektrizitäts-Gesellschaft die Installation in den Häusern gegen eine der Firma Siemens & Halske zu vergütende Provision von 10 % der Fakturenbeträge, oder entrichtet an dieselbe, falls die Uebertragung der Installation in den Häusern aus irgend einem Grunde nicht stattfindet, eine Provision von 5 % auf die von ihr (der Firma Siemens & Halske) fabricirten Gegenstände mit Ausschluss der unterirdischen Leitungen, für welche 2½ % vergütet werden. Die Allgemeine Elektrizitäts-Gesellschaft hat das Recht, die ihr angebotene Installation innerhalb zwei Wochen nach geschehenem Angebot abzulehnen, und dafür die genannte Provision zu beanspruchen.

In den vorgedachten Installationen sind Glühlampen nicht einbegriffen. Bogen-Lampen und elektrische Motoren für diese Installationen müssen von der Firma Siemens & Halske bezogen werden.

§ 3.

Dagegen verpflichtet sich die Allgemeine Elektrizitäts-Gesellschaft der Firma Siemens & Halske auf die Dauer des Vertrages zu übertragen:

1. für alle von ihr im In- und Auslande zu errichtenden Anlagen für elektrische Beleuchtung, elektrische Kraftübertragung und sonstige elektrische Zwecke, für welche eine Betriebskraft von 100 elektrischen Pferdekräften – siehe oben § 2 lit. a – und darüber in Anwendung kommt,
   a) die ausschliessliche und vollständige Lieferung des elektrischen Theils der Anlagen, insbesondere aller isolirten unterirdischen Leitungen nebst Zubehör, – Kabel, Verbindungskasten, Transformatoren, – sowie aller Stromerzeugungs-Maschinen und Strombetriebs-Maschinen (elektrische Motoren) nebst zugehörigen Mess- und Regulirungs-Vorrichtungen u. s. w., sei es zu Beleuchtungs-, sei es zu anderen Zwecken (Kraftübertragung, Galvanoplastik u. s. w.), sowohl für sog. Central-Stationen als für sog. Einzelanlagen bis zum Elektrizitätsmesser in den Häusern einschliesslich, sofern ein solcher wie bei den sogenannten Centralstationen für elektrische Beleuchtung zur Verwendung kommt, während bei Anlagen, wo dies nicht der Fall ist, die Stelle, bis zu welcher die Herstellung der Anlage zu erfolgen hat, in analoger Weise zu bestimmen ist:
   b) alternirend auch die Anfertigung der Projekte und die vollständige Fertigstellung der Anlage bis zum Elektrizitätsmesser, einschliesslich der Lieferung und Aufstellung der Dampfkessel, Dampfmaschinen u. s. w., jedoch ausschliesslich der Beschaffung der Grundstücke und Errichtung der Gebäude in der Weise, dass die erste der für Rechnung der Allgemeinen Elektrizitäts-Gesellschaft ausserhalb Berlins zu errichtenden Anlagen vollständig, die zweite Anlage gedachter Art nur in dem Umfange, wie es unter lit. a vorgesehen ist, die dritte Anlage wieder vollständig, die vierte Anlage in dem unter lit. a vorgesehenen Umfange u. s. w. von der Firma Siemens & Halske ausgeführt wird.
   Die in der Stadt Berlin zu errichtenden Anlagen der gedachten Art werden ohne Rücksicht auf die ausserhalb dieser Stadt zu errichtenden Anlagen stets alternirend in analoger Weise ausgeführt, und zwar wird die erste daselbst zu errichtende Anlage vollständig, wie es unter lit. b vorgesehen ist, jedoch mit Ausschluss der von der Allgemeinen Elektrizitäts-Gesellschaft zu beschaffenden Grundstücke und Gebäude, die zweite Anlage gedachter Art in dem Umfange, wie es unter lit. a vorgesehen ist, die dritte Anlage wieder vollständig – nach lit. b – und sofort von der Firma Siemens & Halske hergestellt.
   Mit Rücksicht auf die in ihrer Höhe verschiedenen Herstellungswerthe der Anlagen soll eine billige Ausgleichung im Interesse beider Theile in der Weise erfolgen, dass die Reihenfolge der von der Firma Siemens & Halske in dem erweiterten – unter lit. b – vorgesehenen Umfange und der von dieser Firma in dem beschränkteren – unter lit. a vorgesehenen – Umfange herzustellenden Anlagen zu deren Ungunsten oder Gunsten unterbrochen wird, wenn der Herstellungswerth der ausgeführten Anlagen der einen und der anderen Art erheblich differirt.
   Die zum Zwecke einer solchen Verständigung vorzunehmende Vergleichung der Herstellungswerthe soll getrennt für die in der Stadt Berlin und die anderwärts zu errichtenden Anlagen erfolgen.
   c) Die ausschliessliche Lieferung der Bogenlampen nebst Kohlenstäben, letzterer jedoch nur wenn dieselben nicht höher als Erzeugnisse anderer Fabrikanten von gleicher Qualität berechnet werden.
   d) Die ausschliessliche Lieferung und Aufstellung der hinter dem Elektrizitätsmesser zur Verwendung kommenden elektrischen Motoren für solche Anlagen, welche von der Firma Siemens & Halske vollständig – nach lit. b – hergestellt wurden.

2. Für alle Anlagen ohne Rücksicht auf die zur Anwendung kommende höhere oder geringere Betriebskraft die ausschliessliche Lieferung aller isolirten unterirdischen Leitungen nebst Zubehör – Kabel, Verbindungskasten, Transformatoren –.

§ 4.

In der Ausführung von Anlagen, für welche eine Betriebskraft unter 100 elektrischen Pferdekräften – siehe oben § 2 lit. a – zur Verwendung kommt, sind, abgesehen von der Bestimmung des § 3 Nr. 2, die Allgemeine Elektrizitäts-Gesellschaft und die Firma Siemens & Halske gegenseitig unbeschränkt; selbstverständlich sind bei der Beurtheilung der Höhe der Betriebskraft zusammen gehörige oder von vorne herein auf eine Ausdehnung von 100 elektrischen Pferdekräften – siehe oben § 2 lit. a – oder darüber berechnete Anlagen als unter die Bestimmungen des § 3 Nr. 1 fallend zu erachten.
Für elektrisch betriebene Eisenbahnen und elektrolytische sog. Einzelanlagen finden die Bestimmungen des gegenwärtigen Vertrages keine Anwendung.

§ 5.

In Bezug auf die Herstellung, die Verwendung und den Verkauf der Glühlampen wird Folgendes vereinbart:

1. Die Hälfte des gesammten Glühlampen-Verbrauchs für alle von der Allgemeinen Elektrizitäts-Gesellschaft oder der Firma Siemens & Halske für die Allgemeine Elektrizitäts-Gesellschaft herzustellenden bezw. hergestellten in § 3 Nr. 1 bezeichneten Anlagen ist von der Firma Siemens & Halske zu beziehen und in diesen Anlagen zu verwenden, so lange die Allgemeine Elektrizitäts-Gesellschaft das Recht zur ausschliesslichen Lieferung der Glühlampen ausüben darf.
   Die Allgemeine Elektrizitäts-Gesellschaft und die Firma Siemens & Halske verpflichten sich gegenseitig und zwar sowohl für die Dauer dieses Vertrages, als für die Zeit, nachdem derselbe zu bestehen aufgehört hat, durch keinerlei Maassnahmen direkter oder indirekter Art die Konsumenten solcher Anlagen, für welche eine Betriebskraft von 100 elektrischen Pferdekräften – siehe oben § 2 lit. a – und darüber zur Verwendung kommt, oder im Falle einer Uebertragung des Eigenthums oder des Betriebes ihrer vorgedachten Anlagen die Eigenthümer oder Betriebsführer derselben, zum Nachtheile des anderen Kontrahenten in dem Bezuge ihrer Glühlampen zu beschränken.
2. Die Allgemeine Elektrizitäts-Gesellschaft verpflichtet sich, keine directen Glühlampenlieferungen nach Oesterreich-Ungarn und Russland zu machen. Sie verpflichtet sich ferner, alle in diesen Ländern von ihr verwendeten Glühlampen von den Firmen Siemens & Halske zu Wien beziehungsweise St. Petersburg zu beziehen, welche ihrerseits denjenigen Preis des meistbegünstigten Käufers in diesen Ländern in Anrechnung zu bringen haben, welcher der abgenommenen Quantität entspricht.

§ 6.

Die Allgemeine Elektrizitäts-Gesellschaft ist verpflichtet, während der Vertragsdauer sich der Fabrikation aller derjenigen Gegenstände zu enthalten, deren ausschliessliche Lieferung der Firma Siemens & Halske vorbehalten ist.

§ 7.

Die Firma Siemens & Halske leistet Garantie für die Güte der von ihr gelieferten Materialien sowie für die vertragsmässige Ausführung und die technische und öconomische Leistungsfähigkeit der Anlagen, soweit sie von ihr hergestellt sind.
Für die Ausarbeitung der zur Ausführung gelangenden Projecte wird der Firma Siemens & Halske eine Pauschalvergütung von zwei Procent des Anschlagspreises gewährt. Die für die Grundstücke und Gebäude in Ansatz gebrachten Beträge kommen hierbei nicht zur Berechnung.

§ 8.

Die Preisfestsetzung für die von der Firma Siemens & Halske hergestellten Anlagen und die ihr zustehenden Lieferungen erfolgt unter Zugrundelegung derjenigen Ausgangspreise derselben, welche den Meistbegünstigten, – zu denen auch Agenten und Vertreter der gedachten Firma, sowie solche Unternehmungen gehören, an welchen dieselbe betheiligt ist –, gewährt werden. Bei dieser Festsetzung sollen indess einzelne durch die Concurrenz gebotene Ausnahmefälle ausser Betracht bleiben. Solche Fälle sind der Allgemeinen Elektrizitäts-Gesellschaft anzugeben.
Die Firma Siemens & Halske ist verpflichtet, auf die Gestehungspreise der nicht von ihr fabrizirten Gegenstände keinen höheren Nutzen als 7½ pCt. für sich zu berechnen.

§ 9.

Die Allgemeine Elektrizitäts-Gesellschaft und die Firma Siemens & Halske verpflichten sich, eine Vereinbarung über die Preise der Glühlampen in Deutschland anzustreben; bis eine solche erzielt ist, gilt der Preis von Mk. 2,50 loco Berlin als Minimalpreis, welcher durch keinerlei Rabatte und Provisionen unterschritten werden darf.

§ 10.

Vorstehende Vereinbarungen finden auch auf die bereits bestehenden Anlagen der Städtischen Elekrizitätswerke zu Berlin, sowie für die zukünftigen Anlagen derselben unter Aufhebung entgegenstehender Verträge sinngemäss in allen Beziehungen Anwendung.

§ 11.

Mit der vollständigen Ausführung dieses Vertrages durch Uebertragung des gesammten Vermögens der Deutschen Edison-Gesellschaft an die Allgemeine Elektrizitäts-Gesellschaft erlischt der zwischen ersterer und der Firma Siemens & Halske geschlossene Vertrag vom 13. März 1883.

§ 12.

Ueber die beiderseitigen Lieferungen und Leistungen wird monatlich abgerechnet. Die Buchung jeder Lieferung und Leistung geschieht validirend per dato. Das Kapital-Saldo wird im Laufe des auf den Abrechnungsmonat folgendenen Monats baar beglichen. An Zinsen werden durch Conto-Corrent gegenseitig vier Procent vergütet.

§ 13.

Beide Contrahenten sind gehalten, ihre Agenten, Vertreter u. s. w. mit Instructionen zu versehen, welche diesem Vertrage entsprechen.

§ 14.

Die Dauer des Vertrages ist auf zehn Jahre vom Tage der Errichtung der Allgemeinen Elektrizitäts-Gesellschaft ab vereinbart und verlängert sich stillschweigend jedesmal um

5 Jahre, wenn nicht ein Jahr vor Ablauf der hiernach sich ergebenden Dauer seiner Geltung eine schriftliche Aufkündigung Seitens eines der Kontrahenten erfolgte.

§ 15.

Die Deutsche Edison-Gesellschaft wird behufs Constituirung der Allgemeinen Elektrizitäts-Gesellschaft sofort ihre Auflösung beschliessen, sobald die in § 1 genannten Bankhäuser sich zur Zeichnung der neuen Actien und Uebernahme der aus diesem Vertrage resultirenden Verbindlichkeiten bereit erklärt haben. Die Allgemeine Elektrizitäts-Gesellschaft übernimmt das aus der Liquidation resultirende Activ-Vermögen derselben für den Preis von Mk. 5 000 000 (Fünf Millionen Mark) mit der Verpflichtung, den Actionären der Deutschen Edison-Gesellschaft den Umtausch ihrer Actien gegen Actien der Allgemeinen Elektrizitäts-Gesellschaft im gleichen Nominalbetrage zu gestatten.

§ 16.

Die Beschaffung des Actien-Kapitals der Allgemeinen Elektrizitäts-Gesellschaft soll wie folgt erfolgen:

a) durch Umtausch gegen Edison-Actien		Mk. 5 000 000
b) durch Zeichnung der Consortialen		" 7 000 000
Von dieser Zeichnung entfällt auf die Firma Siemens & Halske	Mk. 1 000 000	
auf . . .		
auf . . .		
	Mk. 7 000 000	
Von vorstehendem Actien-Capital rund		Mk. 12 000 000

werden verwendet:

zum Erwerben des Activums der Edison-Gesellschaft		Mk. 5 000 000
zum Erwerben der Actien der Städtischen Elektrizitäts-Werke	bis "	3 000 000
zum Ausbau der neuen Centralstationen der letzteren bezw. Erwerb der neuen Actien	bis "	3 000 000
zu sonstigen Zahlungen	"	———
zum Betriebe verbleiben bis	"	———
		Mk. 12 000 000

§ 17.

Die Verzinsung derjenigen Mk. 4 000 000, um welche das projectirte Actien-Kapital der Allgemeinen Elektrizitäts-Gesellschaft, das Actien-Kapital der Deutschen Edison-Gesellschaft und der Städtischen Elektrizitäts-Werke übersteigt, soll erst dann aus den Einnahmen der Allgemeinen Elektrizitäts-Gesellschaft erfolgen, wenn die neuen Anlagen, welche aus den Mk. 4 000 000 errichtet werden, insbesondere der beiden Centralstationen in Alt-Berlin und der Dorotheenstadt, in Betrieb gesetzt sind. Sofern die Zahlung von Bauzinsen nothwendig erscheint, bleibt eine Vereinbarung darüber, wie der erforderliche Betrag unbeschadet der Verwendung der bisherigen Einnahmen der Deutschen Edison-Gesellschaft und der Städtischen Elektrizitäts-Werke für das bisherige Kapital dieser beiden Gesellschaften zu beschaffen ist, vorbehalten. In dem Statut der Allgemeinen Elektrizitäts-Gesellschaft ist hierüber Bestimmung zu treffen.

Berlin, den 23. März 1887

Quelle: Siemens Museum München, SAA 23/Lh 747

Dokument 12

Zwischen

der Deutschen Bank, Berlin
der Berliner Handels-Gesellschaft, Berlin
" Firma Delbrück, Leo & Co., Berlin
" Firma Jacob Landau, Berlin und
" Firma Gebr. Sulzbach, Frankfurt a/M.
ist heute folgender

Vertrag

verabredet und geschlossen worden.

§. 1.

Die Contrahenten haben 6.000.000 M. Actien der Allgemeinen Elektricitäts-Gesellschaft gemeinschaftlich fest übernommen.

An dem Geschäfte partizipiren

die Deutsche Bank	mit M. 1.700.000
" Berliner Handels-Gesellschaft	" M. 600.000
" Firma Delbrück, Leo & Co.	" M. 1.900.000
" Firma Jacob Landau	" M. 1.125.000
" Firma Gebrüder Sulzbach	" M. 675.000

§. 2.

Zum Zweck des gemeinschaftlichen Verkaufs der vorgenannten 6.000.000 M. vereinigen sich die Contrahenten zu einem Syndikate, für das die nachstehenden Bestimmungen gelten.

Die Führung des Syndikats übernehmen die Deutsche Bank und Delbrück, Leo & Co.; die Rechnung wird von der Deutschen Bank geführt.

§. 4.

Die in das Syndikat einzulegenden 6.000.000 M. Aktien werden für Rechnung des Syndikats bei der Deutschen Bank deponirt.

§. 5.

Die Begebung der übernommenen 6.000.000 M. Aktien erfolgt im Wege der öffentlichen Subscription. Die auflegenden Häuser erhalten gemeinschaftlich eine Provision von 1 % auf den aufgelegten Nominalbetrag, an welcher die Deutsche Bank und die Berliner Handels-Gesellschaft mit je ⅖, die Herren Delbrück, Leo & Co., Jacob Landau und Gebrüder Sulzbach mit je ⅕ partizipiren.

§. 6.

Die Deutsche Bank berechnet dem Syndikate für Guthaben 1½ % Zinsen und hat dieselbe, sobald sich das Guthaben des Syndikates auf mehr als M. 200.000 beläuft, eine Ausschüttung zu bewerkstelligen.

§. 7.

Die Syndikatsleitung hat das Recht, für Syndikatsrechnung alte Stamm-Actien der Allgemeinen Elektricitäts-Gesellschaft bis zum Betrage von 1.000.000 M. nom. zur Vorbereitung des Marktes anzukaufen und von den begebenen neuen Actien einen Betrag bis zu 1.000.000 M. nom. wiederaufzunehmen.

Die Dauer des Syndikats ist bis zum 1. Juli 1888 festgesetzt; eine frühere Auflösung muß jedenfalls innerhalb sechs Wochen, nachdem sämmtliche Actien verkauft sind, erfolgen. Die Prolongation des Syndikates bis zum 1. Januar 1889 kann von den Contrahenten beschlossen werden.

§. 9.

Bei Auflösung des Syndikats erfolgt die Schlußabrechnung wie folgt:

a., Zunächst werden die sämmtlichen Spesen, namentlich auf die durch Einführung der Actien an der Berliner und Frankfurter Börse entstandenen und discretionären Ausgaben in Anrechnung gebracht.

b., Der sich dann etwa ergebende Verlust wird pro rata der Betheiligung unter die Contrahenten vertheilt.

c., Von dem etwa verbleibenden Überschuß erhalten zunächst die das Syndikat führenden Firmen 1 % (ein Procent) Provision auf den Nominalbetrag der bei Auflösung des Syndikats verkauften Actien.
Der dann verbleibende Rest wird pro rata der Betheiligung unter die Contrahenten vertheilt.

d., Etwa unverkauft gebliebene Stücke haben die Betheiligten pro rata ihres Antheils am Consortium zu übernehmen.

Die Firmen Jacob Landau und Gebrüder Sulzbach sind berechtigt, die Schlußabrechnung zu prüfen; sobald eine dieser Firmen der Syndikatsleitung Decharge ertheilt, ist die Abrechnung unanfechtbar.

§. 10.

Die Syndikatsleitung ist verpflichtet, jedem der Contrahenten auf Verlangen Mittheilungen über den Stand des Syndikats zu machen.

Die laut §. 6. des annektirten Banquiervertrages vom heutigen Tage für Einlösung der Dividendenscheine von Actien der Allgemeinen Elektricitäts-Gesellschaft aufkommende Provision soll derartig vertheilt werden, daß auf jede Einlösestelle ein Kopftheil entfällt.

Berlin
den 30. September 1887

Frankfurt a/M

Quelle: Deutsche Bank, Historisches Archiv, S 76

Dokument 13

PROSPECT.

Subscription

auf

nom. M. 6.000.000 neue Actien

der

Allgemeinen Elektricitäts Gesellschaft.

Die **Allgemeine Elektricitäts Gesellschaft** ist aus der Deutschen Edison-Gesellschaft für angewandte Elektricität hervorgegangen, welche im Jahre 1883 mit einem Kapital von 5.000.000 Mark und mit dem Sitze in Berlin gegründet wurde, um Edison's Deutsche Reichspatente betreffend die Anwendung, Vertheilung und Messung der Elektricität für Beleuchtung und Kraftübertragung gewerblich auszunutzen. Das Recht hierzu hatte die Deutsche Edison-Gesellschaft von der Compagnie Continentale Edison in Paris gegen Zahlung gewisser Licenzgebühren erworben, welche — soweit sie sich auf die in Benutzung genommenen oder verkauften Glühlampen erstreckten — eine dauernd wiederkehrende, von Jahr zu Jahr mit dem erweiterten Absatz sich steigernde Abgabe bildeten. Auf diese Abgabe hatte die Deutsche Edison-Gesellschaft vorschussweise 350.000 M. der Compagnie Continentale Edison in Paris gezahlt und ihr ausserdem von 2500 Stück Genussscheinen 1500 Stück für die Ueberlassung obiger Rechte gewährt, während 1000 Stück den ersten Zeichnern des Aktienkapitals der Deutschen Edison-Gesellschaft zugetheilt worden waren. Die der letzteren durch das Vertragsverhältniss zu der Compagnie Continentale Edison obliegenden Lasten, welche für Mitbenutzung der Patente in entsprechend grösserer Höhe von der Firma Siemens & Halske zu tragen waren, ebenso wie die der Compagnie Continentale Edison zustehenden Untersagungsrechte wurden durch einen von der Firma Siemens & Halske mit der Compagnie Continentale Edison im Einverständniss mit der Deutschen Edison Gesellschaft abgeschlossenen Vertrag vermittelst einer Zahlung von M. 809.000 — unter Aufrechnung obigen Vorschusses, soweit derselbe noch nicht getilgt war, — abgelöst, durch welche auch die obenerwähnten Stück 1500 Genussscheine wieder in den Besitz der Deutschen Edison-Gesellschaft übergingen. Diese Zahlung wurde gemeinschaftlich übernommen von Siemens & Halske, von der Deutschen Edison-Gesellschaft, welche am 23. Mai 1887 beschloss, ihr Kapital um 7 Millionen Mark zu erhöhen und die Firma Allgemeine Elektricitäts Gesellschaft anzunehmen und die Kosten aus deren ausserordentlichen Reserven und Gewinnüberschüssen pro 1886 zu bestreiten (die Eintragung dieser Beschlüsse in das Handelsregister erfolgte am 12. Juli 1887), und endlich mit 350.000 Mark von den ersten Zeichnern der neu ausgegebenen 7 Millionen Mark Aktien der Allgemeinen Elektricitäts Gesellschaft. In letzterer Summe ist zur Deckung der Kosten für die Neuorganisation der Gesellschaft ein Beitrag von 55.666.67 Mark enthalten. Die restlichen 1000 Genussscheine wurden ebenfalls aus den vorerwähnten Mitteln der Deutschen Edison-Gesellschaft zurückerworben. Nunmehr ist die Gesellschaft frei von Abgaben für alle Patente Edisons, unbehindert in der Benutzung bezw. Erwerbung eines jeden ihr vortheilhaft erscheinenden Systems, sowie in der Ausdehnung ihres Geschäftsbetriebes auch über andere Länder und unbelastet von der in gewinnbringenden Jahren erheblichen Aufwendung für die Genussscheine. Zugleich steht der Allgemeinen Elektricitäts Gesellschaft jetzt das Miteigenthum an sämmtlichen deutschen Patenten Edisons, insbesondere die Herstellung von Glühlampen und die Vertheilung und Messung des elektrischen Stromes betreffend, für welche die Deutsche Edison-Gesellschaft nur das Ausnutzungsrecht besass, zu gleichen Rechten und Antheilen mit der Firma Siemens & Halske zu, mit welcher in Bezug auf diese Patente zum Zwecke erspriesslichen Zusammenwirkens ein Abkommen getroffen worden ist.

Der Wirkungskreis der Allgemeinen Elektricitäts Gesellschaft wird sich in Zukunft in erster Reihe auf Bau und Betrieb von Central-Stationen erstrecken, sodann auf Herstellung von isolirten Anlagen, Fabrikation von Dynamo-Maschinen, Elektromotoren, Glühlampen und Bogenlampen, sowie deren accessorischen Theilen, von Maschinen für elektrochemische und galvanoplastische Zwecke und endlich auf Construction elektrischer Eisenbahnen.

Zur Beschaffung der Mittel für die in Aussicht genommene Ausdehnung des Wirkungskreises der Gesellschaft sind auf Grund Generalversammlungsbeschlusses vom 23. Mai 1887 sieben Millionen Mark neue Actien zu je 1000 Mark ausgegeben worden, welche vom Tage der Ausgabe bis 1. Juli 1888 4 pCt. Bauzinsen geniessen und vom 1. Juli 1888 ab mit den ursprünglichen 5 Millionen Mark Aktien gleichmässig an der Dividende theilnehmen. Von diesen 7 Millionen Mark neuer Aktien haben Siemens & Halske 1 Million Mark, welche vom Verkauf ausgeschlossen sind, ein Banquier-Consortium 6 Millionen Mark übernommen.

Das Geschäftsjahr der Allgemeinen Elektricitäts Gesellschaft läuft vom 1. Juli bis 30. Juni. Ihr Vermögensstand per 1. Juli 1887 ist aus folgender Zusammenstellung ersichtlich:

Debet.

An Cassa-Conto				24.378	86
„ Effecten-Conto:					
im Besitz und als Caution depon. Staatsschuldscheine.					
Reichs-Anl. und Bayr. 4% St.-Oblig.	nom.	95.100			
Städtische Elektricitäts-Werke Aktien	„	560.000			
	nom.	655.100	Cours	647.498	35
„ Wechsel-Conto abzüglich Diskont				59.325	16
„ Inventarien-Conto:					
I. Mobilien		12.436	58		
II. Bureau-Utensilien		2.786	83		
III. Technische Instrumente, Apparate		3.837	18		
IV. Bücher, Pläne, Karten		3.667	20		
		22.727	79		
„ Modelle		7.130	49		
„ Werkzeuge		10 140	10		
„ Fabriks-Utensilien		11.648	99	51.647	37
„ Immobilien-Conto:					
a) Friedrich-Strasse 85, Grundstück-Conto	M. 235 286. 81				
Gebäude-Conto	„ 116.176. 58	351.463	39		
b) Schlegel-Strasse 26, Grundstück-Conto	M. 109.760. 76				
Gebäude-Conto	„ 371.233. 69	481.003	45	832.466	84
„ Centralstation Friedrich-Strasse 85				137.917	04
„ Schadow-Strasse 9				50.102	18
„ Patent-Conto Maxim Weston				3.996	—
„ Maschinen- und Apparate-Conto				175.500	71
„ Laboratorium-Anlage-Conto				8.865	—
„ Conto-Corrent-Conto:					
a) Banquier-Guthaben		1.781.452	59		
b) Guthaben an Forderungen in laufender Rechnung		1.198.027	32	2.979.179	91
„ Waaren-Conto				338.120	28
„ Processkosten-Conto				3.568	03
„ Fabriks-Unkosten-Conto				19.746	75
„ Werkstatt-Conto				31.944	97
„ Lohn-Conto				117	70
„ Kranken-Kasse-Conto				946	20
„ Handlungs-Unkosten-Conto				101.771	62
„ Patent-Unkosten-Conto				193	—
	M.			5.467.285	97

Credit.

Per Aktien-Capital-Conto	5.000.000	—
„ Dividenden-Conto:		
Unerhobene Dividende von 1884	220	—
„ „ „ 1885	75	—
„ „ „ 1886	27.100	—
„ Rückstellungs-Conto	45.743	15
„ Reservefonds-Conto	47.674	82
„ Conto-Corrent-Conto-Creditoren	300.737	72
„ Zinsen-Conto	22.271	45
„ Grundstücks-Ertrags-Conto	6.217	38
„ Lampenfabrikations-Conto	11.863	29
„ Montage-Conto	506	42
„ Gewinn- und Verlust-Conto	4.876	74
M.	5.467.285	97

In dem $3^1/_2$ Jahre nur wenig übersteigenden Zeitraum des bisherigen Bestehens der Gesellschaft wurden

für die Dotirung der Reserven und Rückstellungen	M.	435.374. 38
zu Abschreibungen	„	202.982. 46
für Patentabgaben, welche den ursprünglichen Betrag des Vorschuss-Conto's von M. 350.000 auf M. 177.013. 30 reducirten	„	172.986. 70
Dividenden	„	783.500. —
in Summa	M.	1.594.843. 54

gleich circa 32% des bisherigen Grundkapitals von 5 Millionen M. aus den Erträgen bestritten, obgleich ein beträchtlicher Theil des Gesellschaftsvermögens in dieser Zeit zinslos, ein noch grösserer zu geringen Zinsen angelegt war. Das Erträgniss der Jahre 1883 bis einschliesslich 1886 und die Zwecke, für welche dasselbe verwendet, ergeben sich aus der nachstehenden Zusammenstellung:

1883.

	Bruttogewinn	M. 274.577. 79
M. 98.043. 62	Handlungsunkosten und Organisationskosten	
„ 2.550. —	Abschreibung auf Inventar	
„ 133.500. —	Dividende	
„ 40.000. —	Rückstellung auf unternommene Anlagen	
„ 484. 17	Vortrag auf 1884	
		.. 274.577. 79

1884.

	Bruttogewinn	M. 481.076. 94
M. 153.100. 57	Handlungsunkosten und Organisationskosten	
„ 44.831. 98	Abschreibungen	
„ 14.157. 22	ordentliche Reserve	
„ 30.000. —	ausserordentliche Reserve	
„ 200.000. —	Dividende	
„ 32.699. 56	Rückstellung	
„ 6.287. 61	Vortrag auf 1885	
		.. 481.076. 94

1885.

	Bruttogewinn	M. 640.478. 61
M. 173.856. 03	Handlungs- und Patent-Unkosten u. Krankenkasse	
.. 86.141. 21	Abschreibungen	
.. 60.000. —	Rückstellung	
.. 50.000. —	ausserordentliche Reserve	
.. 13.524. 10	ordentliche Reserve	
.. 250.000. —	Dividende	
.. 6.957. 27	Vortrag auf 1886	
		.. 640.478. 61

1886.

	Bruttogewinn	M. 647.720. 44
M. 178.390. 93	Handlungs- und Patent-Unkosten u. Krankenkasse	
.. 69.459. 27	Abschreibungen	
.. 160.000. —	Rückstellung	
.. 15.000. —	ausserordentliche Reserve	
., 19.993. 50	ordentliche Reserve	
.. 200.000. —	Dividende	
., 4.876. 74	Vortrag auf 1887	
		., 647.720. 44

Berlin, den 1. October 1887.

Allgemeine Elektricitäts Gesellschaft.

Auf Grund vorstehenden Prospekts legen wir hierdurch

nom. M. 6.000.000

neue Aktien der

Allgemeinen Elektricitäts Gesellschaft

unter nachstehenden Bedingungen zur öffentlichen Subscription auf:

1. Die Subscription findet gleichzeitig

   in **Berlin:**
   bei der **Deutschen Bank,**
   „ „ **Berliner Handels-Gesellschaft,**
   „ den Herren **Delbrück Leo & Co.,**
   „ Herrn **Jacob Landau;**

   in **Frankfurt a. Main:**
   bei den Herren **Gebrüder Sulzbach,**
   „ der **Frankfurter Filiale der Deutschen Bank**

   Dienstag, den 25. October 1887,

   während der bei jeder Stelle üblichen Geschäftsstunden statt. Indessen bleibt jeder einzelnen Stelle das Recht vorbehalten, die Zeichnungen bei ihr schon früher zu schliessen.

2. Der Subscriptionspreis beträgt **122%**. Ausser dem Preise sind die laufenden Stückzinsen zu 4% für die Zeit vom 1. October cr. bis zum Abnahmetage zu vergüten.
3. Bei der Zeichnung ist eine Kaution von 10% des gezeichneten Betrages in baar oder solchen börsengängigen Werthpapieren, welche von der Subscriptionsstelle für zulässig erachtet werden, zu hinterlegen. Diese Kaution wird nach erfolgter vollständiger Abnahme des zugetheilten Betrages zurückgegeben bezw., falls dieselbe in baar geleistet war, auf die erste Einzahlung verrechnet.
4. Die Zeichner werden über den Erfolg ihrer Zeichnung so bald als möglich nach Schluss der Subscription schriftlich benachrichtigt. Die Berücksichtigung der einzelnen Zeichnungen unterliegt dem freien Ermessen der Stelle, bei welcher die Zeichnung eingelegt worden ist.
5. Die Abnahme der zugetheilten Stücke kann **vom 10. November d. Js.** ab gegen Zahlung des Preises (vgl. No. 2) bewirkt werden. Indessen ist der Zeichner verpflichtet,

   die Hälfte des zugetheilten Betrages
   spätestens am 30. November cr.
   und die andere Hälfte
   spätestens am 27. December cr.

   abzunehmen.

   Für zugetheilte Beträge von 10.000 M. und darunter ist keine successive Abnahme gestattet, vielmehr sind solche am 10. November cr. ungetheilt zu reguliren.

6. Die Lieferung erfolgt in effectiven Stücken zu je 1000 M., welche für die Zeit vom 1. October 1887 bis einschliesslich 30. Juni 1888 mit einem, über 30 M. lautenden Zinscoupon versehen sind, und vom 1. Juli 1888 ab gleich den alten Actien an der Dividende theilnehmen.

   Die Zinscoupons sowohl wie die Dividendenscheine sind bei

   der **Deutschen Bank**
   „ **Berliner Handels-Gesellschaft**
   den Herren **Delbrück Leo & Co.**
   dem Herrn **Jacob Landau**
   } in **Berlin,**

   den Herren **Gebrüder Sulzbach**
   der **Frankfurter Filiale der Deutschen Bank**
   } in **Frankfurt a. M.**

   zahlbar.

Berlin und Frankfurt a. M., im October 1887.

Deutsche Bank. **Berliner Handels-Gesellschaft.**
Delbrück Leo & Co. **Jacob Landau.**
Gebrüder Sulzbach.

Dokument 14

Vertrag.

Ueber die Benutzung eines Theiles der öffentlichen Straßen Berlins behufs Fortführung elektrischer Ströme von einer oder mehreren Centralstationen aus, war zwischen der Stadtgemeinde Berlin und der „Deutschen Edison-Gesellschaft für angewandte Elektricität" unterm 6./19. Februar 1884 ein Vertrag geschlossen, in welchen demnächst die gegenwärtig laut Nr. 9060 des Handelsregisters des Königlichen Amtsgerichts I hierselbst die Firma „Berliner Elektricitäts-Werke" führende Actien-Gesellschaft eingetreten ist. Verschiedene Umstände haben eine Revision beziehungsweise Abänderung der in diesem Vertrage enthaltenen Festsetzungen wünschenswerth gemacht. Auf Grund der hierüber zwischen dem Magistrat und der Actien-Gesellschaft „Berliner Elektricitäts-Werke" geführten Verhandlungen wird nunmehr unter Aufhebung des Vertrages vom 6./19. Februar 1884 folgender

neuer Vertrag

zwischen

der Stadtgemeinde Berlin, vertreten durch deren Magistrat

und

der Actien-Gesellschaft „Berliner Elektricitäts-Werke"

abgeschlossen:

§ 1.

Die Stadtgemeinde Berlin gestattet der Actien-Gesellschaft „Berliner Elektricitäts-Werke" in den Straßen des auf dem anliegenden Plane von Berlin mit grüner Farbe umschriebenen Gebietes Leitungen zur Fortführung elektrischer Ströme von einer oder mehreren Centralstationen aus anzulegen und zur Anlage dieser Leitungen und der accessorischen Theile derselben die Straßendämme oder die Bürgersteige zu benutzen.

Ein ausschließliches Recht zu solcher Benutzung der Straßen des gedachten Stadttheiles wird dadurch der gedachten Gesellschaft nicht eingeräumt.

§ 2.

Für die Benutzung der in dem § 1 bezeichneten Stadttheile belegenen Straßen, Brücken und Plätze zu dem im § 1 angegebenen Zwecke hat die Gesellschaft „Berliner Elektricitäts-Werke" der Stadtgemeinde Berlin eine jährliche Abgabe zu entrichten. Diese Abgabe soll jedenfalls 10 Procent der Brutto-Einnahme betragen, welche die Gesellschaft aus dem, in Gemäßheit des § 1 auszuführenden gewerblichen Unternehmen, der Lieferung elektrischen Lichtes und elektrischer Kraft, erzielen wird. Sie ist demnach zu entrichten:

a) von den Einnahmen aus der Stromlieferung,
b) von den Lampen-Gebühren,
c) von den Einnahmen aus Vermiethung der Elektricitätsmesser.

Von den Einnahmen der Gesellschaft aus Installationen (vom Elektricitätsmesser bis zum Beleuchtungskörper) ist vom 1. Januar 1888 ab keine Abgabe zu entrichten. (§ 14.)

§ 3.

Für die Jahre, in welchen der Reinertrag des Unternehmens 6 Procent des darin angelegten Kapitals übersteigt, sind außer der im § 2 gedachten Abgabe noch 25 Procent von dem 6 Procent des vorerwähnten Kapitals übersteigenden Ertrage an die Stadtgemeinde zu zahlen.

§ 4.

Die rechnungsmäßige Feststellung der im § 2 normirten Abgabe erfolgt halbjährlich am 30. Juni und 31. December, die Zahlung am 15. Februar bezw. 15. August jeden Jahres. Nur von den bis zum Zahlungstage thatsächlich vereinnahmten Summen wird die Abgabe fällig.

Die Zahlung des an die Stadtgemeinde abzuführenden Gewinnantheiles, § 3, erfolgt sechs Wochen nach endgültiger Feststellung der Bilanz, spätestens jedoch sechs Monate nach Ablauf des Betriebsjahres.

Etwaige durch diese Zahlungen entstehende Kosten trägt die Actien-Gesellschaft „Berliner Elektricitäts-Werke."

Im Falle des Verzuges hat die Gesellschaft die Rückstände mit 6 Procent vom Verfalltage ab zu verzinsen.

§ 5.

Bei der Berechnung der in den § 2 und 3 gedachten Abgaben werden vom 1. Januar 1888 ab auch diejenigen, § 2 sub a—c bezeichneten Einnahmen berücksichtigt, welche die Gesellschaft in Folge von Stromlieferungen bezieht, die sie ohne Benutzung des Straßenterrains bewirkt.

§ 6.

Die Gesellschaft „Berliner Elektricitäts-Werke" verpflichtet sich, außer den Centralstationen, welche sie gegenwärtig schon in Betrieb hat, für die Versorgung des im § 1 bezeichneten Stadttheiles mit elektrischem Strome noch zwei neue Centralstationen und zwar eine in der Spandauerstraße, eine zweite in der Dorotheenstadt zu errichten und in Betrieb zu halten.

Diese beiden Stationen sollen so erbaut und eingerichtet werden, daß eine jede derselben für den Dienst von 6000 gleichzeitig brennender Glühlampen von 16 Normalkerzen Leuchtkraft oder deren Aequivalent im Strom ausreicht.

Die Gesellschaft verpflichtet sich ferner:

a) die Leistungsfähigkeit der Centralstation in der Spandauerstraße innerhalb dreier Jahre, vom 1. October 1889 ab gerechnet, jährlich um 6000 Lampen, insgesammt also zu einer Leistungsfähigkeit von 24 000 Lampen und
b) die Leistungsfähigkeit der Centralstation in der Dorotheenstadt innerhalb zweier Jahre, vom 1. October 1890 ab gerechnet, jährlich um 3000 Lampen, mithin insgesammt bis zu einer Leistungsfähigkeit von 12 000 Lampen

zu erweitern.

§ 7.

Die Gesellschaft ist bei Vermeidung einer Conventionalstrafe von 300 Mark für jeden Tag der Versäumniß gehalten, die im § 6, Absatz 1 und 2 übernommenen Verpflichtungen, in der Spandauerstraße bis zum 1. October 1889, in Betreff der Station in der Dorothéenstadt bis zum 1. October 1890 zu erfüllen und verfällt derselben Conventionalstrafe von 300 Mark für jeden Tag, welchen sie über die im § 6, Absatz 3, festgesetzten Termine hinaus die Erweiterung einer der beiden Centralstationen verzögert.

Von Entrichtung dieser Strafen bleibt die Gesellschaft frei, sofern nach dem pflichtmäßigen Ermessen des Magistrats die Verzögerung ohne ihre Schuld eingetreten ist.

Arbeitseinstellungen oder Nichtinnehaltung der Lieferungsfristen sollen der Gesellschaft bei Feststellung der Conventionalstrafe nicht zu Statten kommen.

§ 8.

Der Magistrat ist berechtigt, durch einen seiner Beamten von den Bauprojecten für die im § 6 gedachten Centralstationen und von deren fortschreitender Ausführung jederzeit Kenntniß zu nehmen. Die Gesellschaft ist verpflichtet, diesem — ihr vom Magistrat zu bezeichnenden — Bevollmächtigten die Einsicht der Bauprojecte zu gewähren und ihm vor und während der Ausführung der Anlagen in Betreff der für dieselben zu verwendenden Grundstücke, der in Betrieb zu setzenden Maschinen u. s. w. jede Information zu ertheilen, welche ihm wünschenswerth sein sollte, um sich ein Urtheil über die Frage zu bilden,

ob die von der Gesellschaft getroffenen Dispositionen geeignet sind, den beiden Centralstationen die im § 6 vorgesehene actuelle, sowie die daselbst in Aussicht genommene zukünftige Leistungsfähigkeit zu sichern.

Sollte der Magistrat auf Grund der Berichte seines Bevollmächtigten zu der Ueberzeugung gelangen, daß die von der Gesellschaft getroffenen Dispositionen in dem einen oder anderen Punkte nicht geeignet seien, eine solche Leistungsfähigkeit der Stationen, wie sie im § 1 dieses Vertrages vorgesehen ist, zu verbürgen, so wird er seine desfallsigen Erinnerungen der Gesellschaft mittheilen.

Die Gesellschaft hat diese Erinnerungen zu beachten, oder, falls sie dieselben für unbegründet hält, in einer binnen 14 Tagen nach Empfang der Erinnerungen dem Magistrat einzureichenden Erklärung auf schiedsrichterliche Entscheidung anzutragen.

In diesem Falle hat jeder Theil binnen 14 Tagen, nachdem die Erklärung der Gesellschaft beim Magistrat eingegangen ist, einen Schiedsrichter zu ernennen. Die beiden ernannten Schiedsrichter werden sich über die Zuziehung eines Obmanns einigen. Gelingt eine solche Einigung nicht, so wird das Schiedsgericht aus dem Rector der technischen Hochschule zu Charlottenburg und den von den Parteien ernannten beiden Sachverständigen gebildet.

§ 9.

Die Gesellschaft hat die von ihr zu den § 1 gedachten Anlagen benutzten Straßendämme, Bürgersteige, Brücken ꝛc. auf ihre Kosten ordentlich und gut wieder herzustellen. Sie leistet hierfür auf einen Zeitraum von 5 Jahren nach der seitens des Magistrats erfolgten Abnahme Gewähr.

Bei der Ausführung solcher Arbeiten sind sowohl in Betreff des zu verwendenden Materials, als der Behandlung desselben die Anordnungen der städtischen Bau-Deputation, bezw. der von dieser Behörde mit der Aufsicht über die betreffenden Arbeiten betrauten Beamten zu beachten.

Fühlt die Gesellschaft sich durch solche Anordnungen beschwert, so steht ihr die Beschwerde an den Magistrat zu; sie verzichtet aber ausdrücklich darauf, die Entscheidungen desselben im Rechts- oder Verwaltungswege anzufechten.

Für jede Verletzung der vorstehend übernommenen Verpflichtung unterwirft sich die Gesellschaft einer Conventionalstrafe von 300 Mark.

§ 10.

Hinsichts der öffentlichen Beleuchtung mit elektrischem Licht bewendet es bei dem zwischen den Contrahenten über die Beleuchtung des Potsdamer Platzes und der Leipzigerstraße bis zur Friedrichstraße, sowie bei den über die Beleuchtung der Straße Unter den Linden und deren Fortsetzung geschlossenen Verträgen jedoch betreffs des ersteren mit der Maßgabe, daß die Gesellschaft sich verpflichtet, vom 1. Januar 1888 ab nicht nur die Lampen, sondern auch die Laternen und die Beleuchtungsträger zu unterhalten, sowie die Bedienung der Laternen auf ihre Kosten zu bewirken.

Was die öffentliche Beleuchtung in anderen Straßen des im § 1 bestimmten Stadtgebietes betrifft, so räumt die Gesellschaft dem Magistrat das Recht ein, zum Zwecke der öffentlichen Beleuchtung dieser Straßen, oder einzelner Straßen, bezw. einzelner Straßentheile, die Lieferung des elektrischen Stromes unter folgenden Bedingungen zu erlangen:

a) Jede der auf diesen Straßen und Stadttheilen an den vom Magistrat zu bestimmenden Stellen und an den von ihm aufgestellten Beleuchtungsträgern anzubringenden Lampen soll nach Wahl des Magistrats entweder ein Edison'sches Glühlicht oder ein elektrisches Bogenlicht sein.
b) Die vom Magistrat für jedes 16kerzige Glühlicht zu leistende Vergütung soll höchstens 3 Pfennig pro Stunde betragen, wobei sich der Magistrat zu einer jährlichen Minimalvergütung von 1900 Stunden pro Lampe verpflichtet. Für jede zur Anwendung kommende größere Glühlampe oder für eine 1900 Stunden jährlich überschreitende Brennzeit steigt der jährliche Entgelt im Verhältniß für geleistete Lichtstärke und Brenndauer.
c) Für jedes elektrische Bogenlicht von 12 Ampère Stromstärke — wobei der Magistrat sich zu einer Minimalvergütung von jährlich mindestens 1900 Brennstunden pro Lampe verpflichtet — soll für die Brennstunde höchstens 40 Pfennig vergütigt werden, und für jedes zur Anmeldung kommende Bogenlicht von größerer oder geringerer Stromstärke steigt bezw. fällt der jährliche Entgelt im Verhältniß der geleisteten Lichtstärke. Für eine 1900 Stunden jährlich überschreitende Brennzeit steigt der jährliche Entgelt im Verhältniß der geleisteten Brenndauer.

Mit diesen Preisen soll Alles ohne Ausnahme abgegolten sein, namentlich also die Lieferung der Lampe und der Elektricität, der Ersatz der Glühlampen und der Bogenlichtkohlen, sowie die Bedienung und Unterhaltung der Kandelaber und Laternen. Jede unbrauchbar gewordene Lampe ist sofort und unentgeltlich durch eine neue von den „Berliner Elektricitäts-Werken“ zu ersetzen.

— 4 —

Sobald der Magistrat erklärt hat, daß er die Beleuchtung von Straßen oder Straßentheilen verlange, hat die Gesellschaft binnen drei Monaten nach Aufstellung der Beleuchtungsträger die Beleuchtung zu bewirken. Sie unterwirft sich für jeden Tag der Verzögerung einer Conventionalstrafe von 500 Mark.

§ 11.

Die Gesellschaft räumt dem Magistrat ferner das Recht ein, die elektrische Beleuchtung aller oder einzelner der in dem § 1 bezeichneten Stadtgebiet belegenen städtischen Gebäude gegen Vergütung zu verlangen. Diese Vergütung soll nach dem Tarif (§ 12) mit einem Rabatt von 10 Procent gegen den Tarifsatz festgestellt werden.

Macht der Magistrat von dieser Befugniß Gebrauch, so hat die Gesellschaft sechs Monate nach der erfolgten Aufforderung die Einrichtung für das betreffende Gebäude betriebsfähig zu übergeben. Sie unterwirft sich für jeden Tag der Verzögerung einer Conventionalstrafe von 500 Mark.

§ 12.

An andere Behörden und an Privatpersonen, welche die Zuführung elektrischer Ströme zum Zwecke der Glüh- bezw. Bogenlichtbeleuchtung begehren, hat die Gesellschaft die Lieferung derselben nach dem diesem Vertrage angehängten Tarife und den zu demselben gehörigen Tarifbestimmungen zu bewirken. Bedingungen über Lieferung von Strömen zu anderen als den obigen Zwecken hat die Gesellschaft mit den betreffenden Abnehmern jedes Mal besonders zu vereinbaren.

Abänderungen des Tarifes und der Tarifbestimmungen bedürfen der Genehmigung des Magistrats.

Die Gesellschaft darf nur mit ausdrücklicher Genehmigung des Magistrats Stromlieferungs-Verträge auf längere Dauer als fünf Jahre abschließen und Tarifänderungen in einzelnen Fällen ebenfalls nur mit dieser Genehmigung vornehmen.

Werden die vorstehenden Bestimmungen von der Gesellschaft oder durch die von ihr beauftragten dritten Personen verletzt, so hat die Gesellschaft für jeden Fall der Zuwiderhandlung dem Magistrat eine Conventionalstrafe von Eintausend Mark zu entrichten.

§ 13.

Die Gesellschaft ist verpflichtet, bis zum 1. October 1892 in sämmtlichen Straßen des im § 1 bestimmten Stadtgebietes die Kabelleitungen vollständig herzustellen, soweit nicht durch Gemeindebeschluß einzelne Straßen oder Straßentheile ausgeschlossen werden. Sie unterwirft sich für jeden Tag der Säumniß in der Erfüllung dieser Verpflichtung einer Conventionalstrafe von 50 Mark. Die Gesellschaft ist ferner verpflichtet, innerhalb des vorgedachten Stadtgebietes und insoweit es die jeweilig vorhandenen Anlagen nach dem Ermessen des Magistrats gestatten, unter den diesem Vertrage beigefügten Bedingungen und zu den Sätzen des von dem Magistrat genehmigten Tarifs die Elektricität Jedem, der sich zur tarifmäßigen Abnahme auf mindestens ein Jahr verpflichtet, diesen Strom so lange zu liefern, als er die übernommenen Zahlungsverpflichtungen pünktlich erfüllt.

§ 14.

Die Ausführung der Installationsarbeiten, zu denen die Lieferung der elektrischen Lampen und Elektromotoren nicht gehört, ist der freien Concurrenz überlassen.

Die Arbeiten aber, einschließlich Reparaturen und Aenderungen bis zum Elektricitätsmesser, sowie Aufstellung desselben, dürfen nur von der Gesellschaft „Berliner Elektricitäts-Werke“ ausgeführt werden.

Die Prüfung der Projecte, die Ueberwachung der Ausführung der Installationsarbeiten und die Controllmessungen vor Anschluß der Anlagen liegen ausschließlich der genannten Gesellschaft gegen eine Vergütung von 10 Procent der thatsächlichen Kosten der Installation ob.

Die genannte Gesellschaft ist berechtigt, die Zuführung des elektrischen Stromes so lange zu verweigern, bis die von ihr verlangten Aenderungen an der Einrichtung ausgeführt und die Kosten der Prüfung und Ueberwachung gezahlt sind.

Die Prüfung der Projecte über Installationen hat die Gesellschaft innerhalb 4 Wochen nach der Einreichung zu bewirken. Die Zeit, innerhalb welcher die Aufstellung des Elektricitätsmessers, der Anschluß an die Hauptleitung und die Lieferung des elektrischen Stromes zu bewirken ist, setzt auf Erfordern der Magistrat fest. Verzögerungen über die vorstehend festgesetzten bezw. vom Magistrat festzusetzenden Fristen hinaus berechtigen den Magistrat, von der Gesellschaft eine Conventionalstrafe von 20 Mark pro Tag zu fordern.

Die Kosten für die der Gesellschaft vorbehaltenen Arbeiten werden durch einen vom Magistrat alljährlich zu genehmigenden Tarif festgesetzt.

§ 15.

Die Gesellschaft verpflichtet sich, ihre Anlage dauernd betriebsfähig zu erhalten und den Betrieb nicht ohne Genehmigung des Magistrats einzustellen, es sei denn, daß der Betrieb von Staats- oder Reichsbehörden untersagt würde und die gegen ein solches Verbot gesetzlich zulässigen Mittel erfolglos blieben, oder daß Naturereignisse, Krieg oder Aufstand den Betrieb unmöglich machten.

Verletzt die Gesellschaft die vorstehend übernommene Verpflichtung, so ist der Magistrat zum Rücktritt von diesem Vertrage binnen 8 Wochen nach erlangter glaubhafter Kenntniß von der Zuwiderhandlung berechtigt.

§ 16.

Die Bestimmungen des § 15 sollen sich nicht auf diejenigen Fälle beziehen, in welchen die Gesellschaft durch momentane Störungen bei dem maschinellen Betriebe oder bei den Leitungen sich in der Nothwendigkeit befindet, für einzelne Häuser oder Häusercomplexe die Lieferung des elektrischen Stromes zu unterbrechen. Sie hat aber hiervon dem Magistrat unter Angabe der veranlassenden Umstände unverzüglich Anzeige zu machen. Unterläßt sie diese Anzeige, oder nimmt sie nicht sofort nach Beseitigung der Hindernisse den Betrieb wieder auf, so hat sie für je zehn unversorgt gebliebene Lampen pro Tag 10 Mark Conventionalstrafe an den Magistrat zu entrichten.

§ 17.

Für alle Schäden, welche in Folge der Legung der elektrischen Drähte oder durch den Betrieb des Unternehmens irgend einem Dritten zugefügt werden möchten, haftet die Gesellschaft. Für etwaige an den Magistrat dieserhalb gemachte Schadenansprüche hat dieselbe dem Magistrat Gewähr zu leisten, auf dessen Aufforderung die betreffenden Processe zu übernehmen und dem Magistrat die durch solche Processe etwa entstandenen Kosten zu ersetzen.

§ 18.

Für Nachtheile, welche im Betriebe des Unternehmens dadurch entstehen, daß auf den Straßen zufolge Anordnung der Reichs-, Staats- oder städtischen Behörden Arbeiten veranlaßt werden, kann die Gesellschaft Schadloshaltung vom Magistrate nicht verlangen; eben so wenig für Anforderungen oder Einsprüche, welche von Reichs- oder Staats-Behörden gegen die Gesellschaft erhoben werden möchten.

§ 19.

Die Gesellschaft verpflichtet sich, behufs der Verwendung für die nothwendig werdenden Erneuerungen bestehender Anlagen einen Erneuerungs-Fond zu bilden, welcher auf 20 Procent des in die Anlagen verwendeten Kapitals gebracht und auf dieser Höhe erhalten werden soll.

So lange der Erneuerungs-Fond diesen Betrag nicht erreicht hat, bezw. bis er auf denselben wieder ergänzt worden ist, sind zu demselben von den Brutto-Einnahmen jeden Betriebsjahres zwei Procent abzuführen.

Die für den Erneuerungs-Fond bestimmten Beträge sind in Berliner Stadtanleihescheinen, deren Zinsen die Gesellschaft bezieht, bei dem Depositorium des Magistrats zu hinterlegen.

§ 20.

Will die Gesellschaft über den Erneuerungs-Fond verfügen, so hat sie unter Angabe der Verwendungszwecke die Genehmigung des Magistrats nachzusuchen.

Der Magistrat ist verpflichtet, diese Genehmigung zu ertheilen, wenn der angegebene Verwendungszweck der Bestimmung des Erneuerungs-Fonds (§ 19) entspricht.

Als dieser Bestimmung entsprechend sind Reparaturen, sowie die Neubeschaffung von Lampen und Laternen nicht anzusehen. Hat die Gesellschaft ohne die vom Magistrat ertheilte oder richterlich ergänzte Genehmigung über den Erneuerungsfond verfügt, so ist der dadurch dem Erneuerungsfond entzogene Betrag von der Gesellschaft sofort zu ergänzen und ist der Magistrat berechtigt, den Betrag aus der von der Gesellschaft bestellten Caution (§ 22) zu ersetzen.

§ 21.

Abgesehen von den Stromlieferungs-Verträgen, verpflichtet sich die Gesellschaft, solche auf das im § 1 bezeichnete Unternehmen bezügliche Verträge, welche eine länger als 2 Jahre dauernde Verpflichtung begründen, nicht ohne Genehmigung des Magistrats abzuschließen. Jedoch können Miethsverträge und Verträge über das Engagement von Vorstandsmitgliedern und Beamten bis zur Dauer von fünf Jahren ohne Genehmigung des Magistrats abgeschlossen werden.

Die Gesellschaft ist verpflichtet, einem hierzu ernannten Bevollmächtigten des Magistrats auf eine 24 Stunden vorhergegangene Benachrichtigung ihres Vorstandes alle auf das Unternehmen bezüglichen Bücher, Documente, Pläne und Papiere aller Art zur Einsicht offen zu legen und demselben eine Revision der Anlage und aller darauf bezüglichen Einrichtungen zu gestatten.

Verletzt die Gesellschaft die vorstehend Absatz 1 und 2 übernommenen Verpflichtungen, so hat sie für jeden einzelnen Fall der Zuwiderhandlung eine Conventionalstrafe von 1000 Mark zu entrichten.

§ 22.

Die Actien-Gesellschaft „Berliner Elektricitäts-Werke“ ist verpflichtet, zur Ergänzung der auf Grund des Vertrages vom 6./19. Februar 1884 bestellten Caution von 150 000 Mark bei Vollziehung dieses Vertrages noch 100 000 Mark an den Magistrat in Berliner Stadtanleihescheinen, zum Tagescourse berechnet, einzuzahlen.

Die gesammte Caution verbleibt beim Magistrate deponirt und ist, falls sie vermindert wird, binnen drei Monaten auf die vorige Höhe zu bringen, widrigenfalls der Magistrat innerhalb 8 Wochen, vom Ablauf dieser Frist an, zur Aufhebung des Vertrages berechtigt ist.

Die Zinsen dieser Caution bezieht die Gesellschaft.

§ 23.

Sofern nicht ein Rücktritt der Stadtgemeinde von diesem Vertrage kraft der dem Magistrat in den § 15 und 22 eingeräumten Befugnisse stattfindet, soll das durch denselben zwischen den Contrahenten begründete Rechtsverhältniß dreißig Jahre, vom 1. October 1885 ab gerechnet, dauern.

Erfolgt zwei Jahre vor Ablauf des Vertrages von keiner Seite eine Kündigung, so gilt der Vertrag stillschweigend jedes Mal auf je weitere zwei Jahre für verlängert.

§ 24.

Sollte der Magistrat kraft der ihm in den § 15 und 22 eingeräumten Befugnisse von dem Vertrage zurücktreten, so ist er berechtigt, die Uebereignung der gesammten Anlagen gegen Zahlung des Taxwerthes zu verlangen. Ob er von diesem Recht Gebrauch machen will, hat er bei Verlust desselben binnen drei Monaten, nachdem er den Rücktritt erklärt hat, der Gesellschaft mitzutheilen.

Macht er von demselben keinen Gebrauch, so ist die Gesellschaft verpflichtet, binnen Jahresfrist nach der Rücktritts-Erklärung des Magistrats die Leitungen auf ihre Kosten wieder zu entfernen, und, nachdem dies geschehen, die in Betracht kommenden Straßendämme, Bürgersteige, Brücken und alles sonstige städtische Eigenthum auf ihre Kosten ordentlich und gut wieder herzustellen und kommen in Betreff dieser Wiederherstellung die Bestimmungen im § 9 dieses Vertrages zur Anwendung.

Die Gesellschaft soll indessen von dieser Verpflichtung befreit sein, wenn sie sich bereit erklärt, die Leitungen ganz oder theilweise in den Straßen zu belassen und sie, soweit sie dieselben in den Straßen beläßt, der Stadtgemeinde übereignet.

Macht hingegen der Magistrat von dem Rechte, die Uebereignung der gesammten Anlagen gegen Zahlung des Taxwerthes zu verlangen, rechtzeitig Gebrauch, so sind behufs der Abschätzung des Werthes der gesammten Anlagen zwei Sachverständige zu berufen, von denen jeder Contrahent einen zu ernennen hat. Bei der Abschätzung sind die Anlagen als ein zusammenhängendes betriebsfähiges Werk nach kaufmännischen Grundsätzen zu taxiren, jedoch ohne Berücksichtigung des Ertragswerthes. Verzögert ein Contrahent trotz schriftlicher Aufforderung die Ernennung des Sachverständigen länger als 14 Tage, so ist der andere Contrahent berechtigt, beide Sachverständigen zu ernennen. Verweigert der eine der ernannten Sachverständigen ausdrücklich oder stillschweigend seine Mitwirkung, so hat der Ernennende binnen 8 Tagen nach geschehener Aufforderung einen anderen Sachverständigen zu ernennen; unterläßt er dies, so ernennt der andere Contrahent den Ersatzmann. Können die beiden Sachverständigen zu einer Einigung über die Feststellung des Werthes nicht gelangen, so erfolgt dieselbe durch einen von diesen Sachverständigen zu bestimmenden Obmann.

Können die Sachverständigen sich über die Person des Obmanns nicht einigen, so erfolgt die Ernennung desselben durch den Rector der technischen Hochschule zu Charlottenburg. Beide Contrahenten unterwerfen sich der Entscheidung dieser Sachverständigen als Schiedsrichter unbedingt, unter Verzichtleistung auf jedes Rechtsmittel.

§ 25.

Läuft dieser Vertrag, ohne daß der § 24 vorgesehene Fall eintritt, nach der § 23 bestimmten Zeit ab, so finden die Bestimmungen des § 24 analoge Anwendung.

§ 26.

Auch wenn der im § 24 vorgesehene Fall nicht eintritt, kann der Magistrat, jedoch nicht früher als am 1. October 1895, von der Gesellschaft die Uebertragung des Eigenthums der ganzen Anlage und die Abtretung der Rechte aus allen auf diese Anlage sich beziehenden Verträgen verlangen.

Macht er von dieser Befugniß Gebrauch, so sollen für die Auseinandersetzung mit der Gesellschaft folgende Bestimmungen gelten:

a) Die Grundlage für dieselbe bildet eine nach den Bestimmungen des § 24 aufzunehmende Taxe, welcher der Zeitpunkt der Uebernahme als derjenige der Werthschätzung zu Grunde zu legen ist.

b) wenn die Gesellschaft zur Zeit der Auseinandersetzung 5 Jahre über den 1. October 1895 hinaus im Betriebe des Unternehmens belassen war, werden dem Taxwerth 50 Procent desselben hinzugerechnet.

c) Für jedes Jahr eines kürzeren Betriebes treten der nach a und b ermittelten Summe $3^1/_3$ Procent des Taxwerthes hinzu.

d) Für jedes Jahr eines längeren Betriebes werden von der nach a und b ermittelten Summe $3^1/_3$ Procent des Taxwerthes abgerechnet.

§ 27.

Ob der Magistrat von der ihm nach § 26 zustehenden Befugniß Gebrauch machen will, hat er der Gesellschaft 6 Monate vor der beabsichtigten Uebernahme mitzutheilen.

§ 28.

Erfolgt in Gemäßheit der Bestimmungen der §§ 24, 25 oder 26 die Uebernahme der Anlage durch den Magistrat, so geht auch das Eigenthum des Erneuerungsfonds (§ 19) ohne daß dafür der Gesellschaft eine besondere Entschädigung zu zahlen ist, auf die Stadtgemeinde über.

§ 29.

Ueberall, wo die Gesellschaft „Berliner Elektricitäts-Werke" in diesem Vertrage sich einer Conventionalstrafe unterworfen hat, verzichtet sie auf Geltendmachung eines aus § 307, Tit. 5, Theil I, A. L. R. herzuleitenden Einwandes.

§ 30.

Die Stadtgemeinde verzichtet für die beiden Jahre vom 1. October 1889 bis 1. October 1891 bezw. für die beiden Jahre vom 1. October 1890 bis 1. October 1892 auf Erhebung der im § 2 festgesetzten 10 Procent Abgabe von den Brutto-Einnahmen, welche die Gesellschaft aus dem Betriebe der Centralstation in der Spandauerstraße, bezw. aus dem Betriebe der Centralstation in der Dorotheenstadt beziehen wird.

§ 31.

Bezüglich des zwischen den Parteien schwebenden Processes haben sich die Contrahenten

a) über die Abgabe von den Einnahmen, welche die Gesellschaft „Städtische Elektricitäts-Werke" jetzt „Berliner Elektricitäts-Werke" aus bewirkten Installationen bis zum 1. Januar 1888 bezogen hat,

b) über die Abgabe von denjenigen Einnahmen, welche die „Deutsche Edison-Gesellschaft" aus den von ihr bewirkten Stromlieferungen — abgesehen von den Lieferungen an den Unions-Club, die kaufmännische Ressource und das Aquarium — bis zum 1. Januar 1888 bezogen hat,

vergleichsweise dahin geeinigt, daß sowohl ad a wie ad b die 10procentige Abgabe und die 2procentige Abgabe zum Erneuerungsfonds (§ 19) von 50 Procent der Brutto-Einnahme entrichtet werden soll.

Die hiernach an die Stadt-Hauptkasse abzuführenden Beträge verpflichtet sich die Gesellschaft am 1. April 1888 an die genannte Kasse zu zahlen.

Der Magistrat nimmt nach Vollziehung des Vertrages die Klage zurück. Die gerichtlichen Kosten trägt jeder Theil zur Hälfte, während die einem jeden Contrahenten erwachsenen außergerichtlichen Kosten von diesem selbst getragen werden.

§ 32.

Die Kosten und Stempel dieses in zwei Exemplaren ausgefertigten Vertrages trägt die Actien-Gesellschaft „Berliner Elektricitäts-Werke."

Berlin, den 25. August 1888.	Berlin, den 25. August 1888.
Magistrat hiesiger Königlichen Haupt- und Residenzstadt.	Berliner Elektricitäts-Werke.
(gez.) von Forckenbeck. Marggraff.	(gez.) E. Rathenau. Osk. v. Miller.

Bedingungen

zur

Uebernahme der Lieferung von elektrischem Strom für Beleuchtungszwecke seitens der Städtischen Elektricitäts-Werke.

1. Die nachfolgenden Bestimmungen gelten, soweit nicht abweichende Vereinbarungen ausdrücklich und schriftlich getroffen sind.

Zeitdauer der Verträge.

2. Die Zeitdauer für die von den Städtischen Elektricitäts-Werken zu bewirkenden Stromlieferungen beträgt mindestens (3) drei Jahr vom Tage der Inbetriebsetzung (Betriebsfähigkeit) der in § 3 bezeichneten Anlage. Die Lieferung verlängert sich über die vereinbarte Zeit hinaus stillschweigend von Jahr zu Jahr, falls nicht spätestens drei Monate vor Ablauf der Lieferungszeit von einem der beiden Theile eine schriftliche Aufkündigung erfolgt. Verweigert der Abnehmer nach rechtzeitig erfolgter Kündigung und nach Ablauf der bedungenen Lieferungszeit die Herausgabe der Glühlampen an die Städtischen Elektricitäts-Werke, so hat er die unten festgesetzte jährliche Lampengebühr bis zur Herausgabe der Lampen fortzubezahlen, ohne Anspruch auf wirkliche Stromlieferung zu haben. In gleicher Weise ist bei Nichtauslieferung von Elektricitätsmessern für jedes angefangene Vierteljahr der auf das ganze Vierteljahr entfallende Miethzins zu zahlen, auch wenn eine Stromlieferung nicht erfolgt.

Herstellung der Anlagen.

3. Sämmtliche Anlagen, Einrichtungen und Arbeiten, welche zur elektrischen Beleuchtung im Anschluß an die Leitungen der Städtischen Elektricitäts-Werke erforderlich sind, dürfen nur durch das Personal der Städtischen Electricitäts-Werke beziehungsweise durch die von denselben bestellten und kontrolirten Unternehmer bewirkt werden. Diese Bestimmung gilt nicht nur für die erste Einrichtung, sondern auch für alle erforderlich werdenden Ausbesserungen, etwaigen Erweiterungen der Anlagen, sowie für die Wegnahme beziehungsweise Abtrennung der Einzelanlage von den Zuführungsleitungen der Städtischen Elektricitäts-Werke beim Ablauf der Lieferungszeit. Die zur Dekoration dienenden Beleuchtungskörper, z. B. Kronen, Kandelaber, Arme u. dergl. brauchen nicht von den Städtischen Elektricitäts-Werken bezogen zu werden, während deren An- oder Einschluß an oder in die Beleuchtungsleitung nur durch das Personal der Städtischen Elektricitäts-Werke beziehungsweise die von denselben bestellten Unternehmer bewirkt werden darf.

4. Die Entscheidung über die Punkte, an welchen der Anschluß der Einzelanlage an das allgemeine Leitungssystem und von welchen aus die Stromlieferung zu erfolgen hat sowie über die zu wählende Größe der Elektricitätsmesser für die Einzelanlage steht allein den Städtischen Elektricitäts-Werken zu.

Kosten der Anlagen.

5. Die Kosten für die in § 3 bezeichneten Arbeiten und Materialien, welche von den Städtischen Elektricitäts-Werken nach den vom Magistrate genehmigten Preislisten festgestellt werden, desgl. die für die Beschaffung der Bogenlampen hat der Abnehmer des elektrischen Stroms zu tragen. Er erwirbt dafür das Eigenthum an den lediglich seine Einzelanlage betreffenden Leitungen und an den eingerichteten Bogenlampen. Bis zur vollständigen Bezahlung der Kosten verbleiben die Einrichtungen Eigenthum der Gesellschaft und können von dieser bei nicht erfolgender Zahlung unter Inanspruchnahme des durch die Entwerthung entstandenen Schadens wieder entfernt werden. Dagegen werden die Elektricitätsmesser und Glühlampen dem Abnehmer nicht verkauft, sondern nur vermiethet und bleiben diese Eigenthum der Städtischen Elektricitäts-Werke. Der Abnehmer hat für deren Benutzung die in § 13 angegebenen Preise zu zahlen. Auf Verlangen wird dem Besteller vor der Ausführung der Arbeiten ein detaillirter Kostenanschlag aufgestellt. Die Aufstellung des Kostenanschlages erfolgt kostenfrei, wenn die Arbeiten wirklich zur Ausführung gelangen, andernfalls hat der Besteller die Kosten für die Anfertigung desselben zu tragen.

6. Von den für die Herstellung einer Einzelanlage aufkommenden Kosten ist, wenn nicht anderweite Zahlungsbedingungen ausdrücklich vereinbart worden sind, vom Abnehmer die Hälfte des durch einen Voranschlag der Städtischen Elektricitäts-Werke festzustellenden Betrages vor Inangriffnahme der betreffenden Arbeiten, der nach Aufstellung der definitiven Rechnung durch die Städtischen Elektricitäts-Werke sich ergebende Rest innerhalb 8 Tagen, nachdem die Rechnung vorgelegt ist, an die Kasse der Städtischen Elektricitäts-Werke zu bezahlen.

Erfolgt die Schlußzahlung nicht innerhalb der angegebenen Frist, so werden vom Tage des Eintritts der Zahlungsverbindlichkeit (des Ablaufs der Frist) fünf Procent Verzugszinsen berechnet.

7. Der in § 5 erwähnte Uebergang des Eigenthums der Leitung und der Bogenlampen, sofern Letztere eingerichtet sind, auf den Abnehmer, das Recht des Abnehmers auf die Benutzung der Anlage und auf Lieferung von elektrischem Strom nach Inbetriebsetzung der zugehörigen Centralstation tritt erst nach vollständiger Bezahlung der in § 5 und 6 erwähnten Kosten ein.

8. Die Wartung der Bogenlampen und ihre Versorgung mit Kohlenstiften übernimmt der Consument. Die Kohlenstifte sind ausschließlich von den Städtischen Elektricitäts-Werken zu beziehen.

9. Wird in Folge von Krieg, Aufstand, Feuersgefahr, Naturereignissen oder aus anderen Ursachen, wie augenblicklichen Störungen im Betriebe der Maschinen oder Leitungen, den Städtischen Elektricitäts-Werken die Stromlieferung ohne ihre Schuld unmöglich gemacht, so hört die Verpflichtung der Städtischen Elektricitäts-Werke zur Lieferung bis zur Beseitigung der Störungen auf. Einen Anspruch auf Entschädigung seitens der Städtischen Elektricitäts-Werke hat der Abnehmer in solchen Fällen nicht.

10. Die Feststellung der verbrauchten Strommengen nach Einheiten geschieht mittels der für die Einzelanlagen aufzustellenden Elektricitätsmesser durch die vom Magistrat verpflichteten Kontroleure der Städtischen Elektricitäts-Werke. Die Einheit der Strommenge entspricht derjenigen Menge, welche im Durchschnitt zur Unterhaltung einer Glühlampe mit einer Lichtstärke von 16 Normalkerzen auf die Dauer einer Stunde erforderlich ist; sie wird mit 4,0 Pf. berechnet. Hiernach beträgt der Preis einer zehnkerzigen Glühlampe etwa 2,5, einer sechszehnkerzigen 4,0 Pf. u. s. w. für jede Brennstunde. **Preis der Stromlieferung.**

Erreicht oder überschreitet bei dieser Berechnung der Verbrauch eines Abnehmers an Strom für Glühlampen die für 800 Brennstunden im Laufe eines Vertragsjahres für je eine Lampe von 16 Kerzen erforderliche Strommenge, so treten folgende Preisermäßigungen ein:

bei 800	Stunden	durchschnittlicher	Brennzeit	5,0 %
„ 1000	„	„	„	7,5 %
„ 1200	„	„	„	10,0 %
„ 1500	„	„	„	12,5 %
„ 2000	„	„	„	15,0 %
„ 2500	„	„	„	20,0 %
„ 3000	„	„	„	25,0 %

welche bei der letzten Kalender-Quartalszahlung in Anrechnung gebracht werden.

11. Für Bogenlicht werden die Kosten nach Wahl des Consumenten berechnet, derartig, daß entweder eine jährliche Grundtaxe von Mk. 60,00 für jede einzelne Lampe und außerdem die verbrauchte Elektricitätsmenge mit 4,0 Pf. für die Stromeinheit zu zahlen sind, oder der Consument bezahlt keine Grundtaxe, dafür aber die Strommenge mit 8,0 Pf. für jede Einheit. In diesem Falle wird die von den Bogenlampen verbrauchte Strommenge durch einen besonderen Elektricitätsmesser ermittelt.

12. An besonderen Vergütungen für Miethe, Ersatz u. s. w. sind zu zahlen:

a) für jede Glühlampe, gleichviel von welcher Lichtstärke, eine Jahresgebühr von 6 Mark;

b) für jeden Elektricitätsmesser je nach der Größe desselben eine Jahresgebühr

von 15	Mark	bei	einem	solchen	bis	zu 10	sechszehnkerzigen	Glühlampen
„ 20	„	„	„	„	„	„ 25	„	„
„ 30	„	„	„	„	„	„ 50	„	„
„ 40	„	„	„	„	„	„ 100	„	„

Für diese Vergütungen bewirken die Städtischen Elektricitäts-Werke den Ersatz der durch den gewöhnlichen Verbrauch schadhaft werdenden Glühlampen und halten die Elektricitätsmesser in Stand. Verletzungen der Elektricitätsmesser und der Glühlampen durch äußere Veranlassungen, deren Schuld nicht die Städtischen Elektricitäts-Werke trifft, werden auf Kosten des Abnehmers von den Städtischen Elektricitäts-Werken beseitigt. Der Abnehmer ist verpflichtet, die Glühlampen und Elektricitätsmesser sorgfältig zu schützen, und darf den Verschluß der letzteren nicht öffnen.

13. Die von dem Consumenten zu zahlenden Beträge für die Lieferung des Stroms, für die im § 12 bezeichneten Vergütungen und bei Bogenlampen für Grundtaxe werden vierteljährlich für jedes abgelaufene Quartal innerhalb der ersten 10 Tage des folgenden Quartals durch die Beauftragten der Städtischen Elektricitäts-Werke gegen Aushändigung einer Quittung eingezogen.

Quittungen, welche nicht den Stempel der Städtischen Elektricitäts-Werke tragen, sind ungiltig.

Bei nicht rechtzeitiger Zahlung werden 5 % Verzugszinsen berechnet.

14. Den Revisoren, Monteuren, Beamten und nach Erfordern den Arbeitern der Städtischen Elektricitäts-Werke, sofern sie sich gehörig legitimiren, jederzeit der Zutritt zu den Räumlichkeiten, in welchen sich Theile der Beleuchtungsanlage befinden, zu gestatten. Wird derselbe verweigert, so kann ohne Weiteres die Leitung abgesperrt und die Stromlieferung eingestellt werden. Dasselbe ist zulässig, wenn die laufenden Zahlungen für Stromlieferung und an Miethe nicht pünktlich bezahlt werden.

15. Von etwaigen Beschädigungen der Anlagen, welche insbesondere durch völliges oder theilweises Versagen der Lichter zu erkennen sind, hat der Abnehmer möglichst unverzüglich, spätestens aber binnen 24 Stunden die Centralstation, an welche seine Leitung angeschlossen ist, in Kenntniß zu setzen.

Anmeldung

zum Anschluß an die elektrische Beleuchtung der städtischen Elektricitäts-Werke.

Indem ich die nachfolgend abgedruckten Bedingungen anerkenne, bestelle ich den Anschluß meiner Wohnung und meines Geschäftslokals .... Str. Nr. .... in der .... Etage an die elektrische Beleuchtung der städtischen Elektricitäts-Werke.

Die Beleuchtung soll umfassen:

a) .... Glühlampen

b) .... große .... kleine Bogenlampen.

Sie wird zunächst beansprucht auf die Zeit von 3, 4, 5 Jahren.*)

Der Berechnung der Gebühren für die Bogenlampen soll

die Grundtaxe**).

der Verbrauch an Elektricität mit acht Pfennigen für jede durch besonderen Messer festzustellende Einheit**)

zu Grunde gelegt werden.

Besondere Bemerkungen.

Berlin, den .... ten 188

Unterschrift: ....

Wohnung: .... Str. Nr.

Anmerkungen.

*) Von den Zahlen 3, 4, 5 sind die nichtkonvenirenden zu streichen. Im Falle keine Streichung erfolgt, gilt die Zahl 5.

**) Wir ersuchen nach Ihrer Wahl entweder die Worte: „die Grundtaxe" oder „der Verbrauch u. s. w." zu durchstreichen, falls keine Streichung erfolgt, berechnen wir die Grundtaxe.

Quelle: Siemens Museum München, SAA 23/Lh 683

Dokument 15

Allgemeine Elektricitäts-Gesellschaft, Berlin.

Elektromotoren.

Wie grosse Dienste die Elektricität dem Verkehr, der Hygiene und vielen Zweigen des wirthschaftlichen und gewerblichen Lebens geleistet und welche Erwartungen man auf die Fortentwickelung dieser Naturkraft setzen mag, eine vornehmere Aufgabe, als die Ausgestaltung der Triebkraft wird sie schwerlich lösen.

Die Benutzung des elektrischen Stromes als treibende Kraft ist nicht neu, schon beim Telegraphen tritt sie in die Erscheinung, wenngleich dort ihre mechanische Arbeitsleistung so minutiös ist, dass sie an Zartheit nur von der im Telephon übertroffen wird. Es wäre aber ein Irrthum, wollte man diese feinen Kräfte als das eigentliche Gebiet der Elektricität und ihre Verwendung zur groben Arbeit, wie sie Dampf, Wasser und Wind bisher verrichteten, für weniger aussichtsvoll betrachten. Denn schon verwandeln Wasserkräfte, die Jahrhunderte hindurch fruchtlos geblieben waren, ihre Energie in elektrischen Strom zur Fernleitung in die Stätten des Arbeitsfleisses, ersetzen elektrische Locomotiven die Zugkraft der Pferde und des Dampfes, Fabriken, welche durch das elektrische Licht mit den vollendeten Eigenschaften der Dynamomaschinen vertraut geworden sind, die Wellenleitungen mit ihren zahllosen Rädern, Riemen, Lagern und Kuppelungen, welche nicht selten den Heerd von Störungen und Gefahren bildeten, durch Elektromotoren. Und wie bald wird die Landwirthschaft dieser Naturkräfte sich bedienen, nachdem sie die Stromerzeugungsmaschinen als Werkzeuge der Nachtarbeit sich nutzbar zu machen angefangen hat! Freilich werden die Locomobilen damit nicht verschwinden, wenn auch in vielen Fällen die müssige Dampfmaschine der Zuckerfabrik oder Brennerei, oder das Wasserrad der benachbarten Mühle die Dreschtrommel und den Pflug bewegen werden, namentlich so lange die Dynamomaschine für die künstliche Beleuchtung entbehrlich ist.

Auch dem Hause und der Familie wird die Elektricität dienstbar werden und weder Waarenpaläste noch vornehme Wohnhäuser werden auf die Annehmlichkeiten von Aufzügen für Güter oder Personen verzichten, wenn statt kostspieliger und voluminöser Maschinen der einfache automatische Elektromotor dafür Verwendung findet.

Die künstliche, bisher leider auf Restaurants, Theater- und Concertlocale beinahe ausschliesslich beschränkte Lufterneuerung, wird in comfortablen Wohnräumen ein Bedürfniss wie die Heizung werden, wenn diesen ohne Umstände für wenige Pfennige kühle und frische Luft bei Tag und Nacht zuzuführen ist.

Nirgends aber ist die elektrische Kraft mehr am Platze, als in Schächten und Bergwerken, wo die Benutzung anderer Betriebskräfte aus verschiedenen Gründen ausgeschlossen ist, sowohl zum Betriebe von Bohrmaschinen, Pumpen und Ventilatoren, als zu Förder- und anderen Transportzwecken.

Welche Dienste der kriegerischen Arbeit, in Heer und Marine, die Elektricität noch zu leisten berufen ist, muss die Erfahrung lehren, einstweilen darf man hoffen, dass die Dynamomaschine als Triebkraft nicht minder, wie zur Erzeugung des elektrischen Lichtes sich bewähren werde, das bei nächtlichen Truppeneinschiffungen und Festungsrecognoscirungen, im Hafendienst und Rettungswesen kaum noch entbehrlich ist.

Angesichts der Ausdehnung und Verwendbarkeit dieser Kraft, erscheinen die Hoffnungen derer, welche von ihr die Lösung wichtiger gesellschaftlicher Fragen erwarten, um so berechtigter, als durch das elektrische Licht in den Städten in der That jetzt Einrichtungen geschaffen werden, die sie in Hausindustrie und Handwerk einzuziehen befähigt. Denn, wie sehr die Technik seit Jahrzehnten sich bemüht, diese oder andere Wärmequellen in Heissluft, und Gasmaschinen dem Kleingewerbe dienstbar zu machen, ihre Bestrebungen hatten hauptsächlich den Erfolg, den Umfang des vorhandenen Bedürfnisses erkennen zu lassen.

Denn Handwerk und Kleingewerbe bedürfen zu ihrer gedeihlichen Existenz und als Mittel zur erfolgreichen Concurrenz mit Fabrikanten und Grossindustriellen eines billigen Ersatzes für die immer theurer werdende menschliche Arbeit, die in den Werkstätten jener schon längst durch zweckmässige und öconomische Maschinen verdrängt ist. Der Motor des Kleingewerbes muss aber noch viele Vorzüge vor den grossen Triebkräften voraus haben, wenn er in Wettbestrebung mit diesen treten soll: vor allen Dingen soll er von der Lage des aufs äusserste einzuschränkenden Raumes unabhängig und von geringem Gewicht sein, damit Wohnung, Laden und Werkstatt des Handwerkers in denselben Stockwerken bei einander Unterkunft finden, auch darf er keine Vibrationen hervorbringen, die den Bau voluminöser und theurer Fundamente erheischen; ausserdem muss seine Aufstellung wie der Antrieb der Arbeitsmaschinen leicht, rasch und ohne Anwendung irgend welcher kostspieliger Einrichtungen zu bewirken sein. Dabei darf der Betrieb weder Belästigungen durch Geräusch, Geruch oder Hitze, noch Gefahren für Leben und Eigenthum in sich schliessen; endlich sollen die geringen Unterhaltungskosten der jederzeit dienstbereiten Arbeitskraft auch bei kleinen Motoren der thatsächlichen Leistung proportional bleiben.

Wie wenig die bisherigen Motoren diesen Anforderungen entsprechen, zeigt schon ihre Abhängigkeit von einer behördlichen Concession, welche die Erfüllung gewisser feuer- und sicherheitspolizeilicher Vorschriften zur Voraussetzung hat. Aber auch hinsichtlich des Aufstellungsortes ist man bei Dampf-, Gas- und Heissluftmaschinen dadurch noch beschränkt, dass die für Massenwirkungen ausreichenden Fundamente sich schwer in höheren Stockwerken solid ausführen lassen und Wasserleitungen zum Speisen oder Kühlen wie die Abführungen des gebrauchten Dampfes oder der Verbrennungsproducte meist mit Unbequemlichkeiten verbunden sind, und welche Belästigungen ausserdem solche Betriebskräfte in Wohnhäusern verursachen, beweisen die Klagen der Nachbarn über Verunreinigungen durch Schornsteine, Schläge in Zapfen und Lagern, Geräusch des auspuffenden Dampfes, Zischen und Pfeifen aus undichten Rohrleitungen u. s. w. Wie es aber um die Gefahren für Leben und Eigenthum steht, darüber geben die Statistiken über Dampfkessel- und Gasexplosionen Aufschluss und wir dürfen uns ebensowenig hierüber wie über den öconomischen Betrieb kleiner Dampf- und Heissluftmotoren täuschen, die bekanntlich geraumer Zeit zur Anheizung bedürfen, bevor sie in Gang gesetzt werden können. Da in vielen Fällen aber die Kraft wenige Stunden und zuweilen in Zwischenpausen nur minutenlang gebraucht wird, so werden diese Vorbereitungen häufig mehr Unkosten als der Betrieb verursachen; aber selbst in continuirlichen Betrieben wird die Oeconomie nur bei normaler oder voller Beanspruchung ein den Erwartungen entsprechendes Resultat geben.

Im Gegensatze hierzu durchaus günstig gestalten sich die Umstände bei den durch Elektricität betriebenen Motoren, den berufenen Transmissionsmitteln zur weitgehenden Vertheilung mechanischer Betriebskraft, deren Verwendung allerdings nur in Betracht kommen kann, wo elektrische Ströme verfügbar sind. Die Vermehrung solcher Erzeugungsstellen, wie sie das elektrische Licht in Städten und industriellen Anlagen schafft, lässt erwarten, dass sie um so raschere Verbreitung finden werden, als die Motoren der Einführung des elektrischen Lichtes durch die Erkenntniss ihres Werthes für Handwerk und Kleingewerbe und ihrer Brauchbarkeit für Haus- und Wirthschaftszwecke Vorschub leisten müssen.

Die einer behördlichen Concession nicht unterliegende Aufstellung von Elektromotoren kann in jedem Stockwerk, vom Keller bis zum Boden, fast ohne Fundamentirung bewirkt werden; ihr Betrieb ist von Gefahren und Belästigungen frei. Dabei beanspruchen sie geringen Raum und bei gleichmässigem Gange auch unter verschiedenartigen Belastungen unwesentliche Bedienung; der Aufwand an Schmiermaterial und ihr Verschleiss sind gering. Der leise Druck auf einen Hebel genügt, die stets dienstbereite Maschine in Thätigkeit zu setzen, die ihren Stromverbrauch, und dementsprechend die Unterhaltungskosten, nach der geleisteten Arbeit selbstthätig regulirt.

Unter Berücksichtigung der verschiedenen Bedürfnisse, welche der Betrieb der Elektromotoren von Centralstationen aus erfordert, haben wir eine Reihe von dynamo-elektrischen Maschinen construirt, welche vornehmlich für Zwecke der Kraftübertragung bestimmt, hinsichtlich der technischen Vollendung wohl kaum etwas zu wünschen übrig lassen dürften.

Neben einem geringen Raumerforderniss, das mehr oder weniger auch anderen Elektromotoren eigen ist, zeichnen sie sich durch präcise Regulirung aus und ändern auch bei sehr variabler Belastung ihre Tourenzahl so wenig, dass eine Regulirung von Hand erübrigt. Auch ist ihre Tourenzahl niedriger als gewöhnlich bemessen, theils um den Verschleiss und Oelverbrauch auf ein Minimum zu reduciren, theils um mit Beseitigung aller Zwischenmaschinen einen directen Antrieb allerwärts zu ermöglichen.

Mit Ausnahme des kleinsten Modells, das bei einer Leistung von $^1/_{15}$ HP zum Betriebe von Nähmaschinen und Maschinen des häuslichen Gebrauchs bestimmt ist, sind die Elektromotoren vielpolig und in ihrer magnetischen Disposition unseren bewährten grösseren Dynamomaschinen ähnlich construirt, und wie bei diesen ragen vom inneren Umfang des Polgehäuses die Elektromagnetschenkel nach der Armatur, die bei den Elektromotoren als Cylinderring gewickelt ist. Auf Verlangen werden die Elektromotoren mit Umsteuerung zum Vor- und Rückwärtslaufen hergestellt.

Unser hauptsächliches Augenmerk der Construction dieser Maschinen musste auf Erzielung eines hohen Nutzeffectes schon deshalb gerichtet bleiben, weil der relativ kostspielige Strom der Centralstationen den Elektromotoren andernfalls eine nur unbedeutende Rolle im Wirthschaftsleben zuweisen kann. Die von uns angestellten Versuche ergeben, dass unsere Bemühungen auch nach dieser Richtung Erfolg hatten, denn die vortheilhaften Vertheilungen und Abmessungen der Eisenmassen einerseits, die rationelle Construction und Wickelung des Ankers andererseits verleiht unseren Elektromotoren, trotz ihrer niedrigen Tourenzahl, einen unvergleichlich hohen Nutzeffect.

Die Elektromotoren werden in nachfolgenden Grössen für die üblichen Spannungen von 65 oder 110 Volt vorräthig gehalten, können jedoch auch für jede andere Spannung hergestellt werden.

Zu ihrer Ausrüstung gehört ein Regulator mit Sicherheits- und Umschalter und ev. ein Strommesser.

Modell	Leistung in Pferdestärken	Kraftverbrauch in V. A.	Touren pro Minute	Preis ℳ
G R 1	$^1/_{15}$	100	2500	140
G R 3	$^1/_4$	300	1200	250
G R 5	$^1/_2$	550	1000	380
G R 10	1	990	800	550
G R 20	2	1880	650	850
G R 30	3	2800	520	1100
G R 50	5	4600	400	1500
G R 75	8	7200	320	2100
G R 100	12	10000	250	2800

Die Elektromotoren werden gewöhnlich mit Nebenschlusswickelung der Elektromagneten versehen und sind dann nahezu selbstregulirend; in Fällen, wo nur ganz geringe Schwankungen der Tourenzahl bei variabeler Belastung vorkommen dürfen, erhalten die Magnete eine Compoundwickelung, was auf Wunsch ausgeführt wird, ohne dass damit eine Preiserhöhung des Elektromotors verbunden wäre. Die Preise für die vereinigten Anlass- und Regulirwiderstände beziffern sich je nach Grösse des Motors auf 75—600 Mark.

Allgemeine Elektricitäts-Gesellschaft, Berlin.

Elektrische Ventilatoren.

Die künstliche Lufterneuerung, welche sich bisher ausschliesslich auf Räume beschränkt hat, in deren unmittelbarer Nähe Elementarkräfte zur Bewegung von Ventilatoren vorhanden waren, gewinnt durch die elektrische Kraftübertragung eine Bedeutung, für die wir ihr vom Standpunkt der Hygiene nicht dankbar genug sein können. Und diese Thatsache allein bürgt

dafür, dass der Ventilator, dessen Wirkungsgebiet auch in dicht bebauten Städten sich höchstens auf Theater, Säle oder Räumlichkeiten erstreckte, in denen die Vereinigung vieler Menschen die Zuführung frischer Luft zu einer unabweislichen Nothwendigkeit macht, bald ein unentbehrliches Geräth jeden Wohnhauses sein werde. Unsere Nachkommen werden kaum begreifen, wie wir, noch dazu bei einer die Luft im wahren Sinne des Wortes verpestenden Beleuchtung, in unseren Wohn- und Schlafzimmern, Krankenstuben, Bädern, Tanzsälen, Bureaux, Fabriken, Geschäfts- und Wirthschaftsräumen im Stande waren, auf das hauptsächliche Erforderniss des menschlichen Organismus, den Athmungsprocess, so geringen Werth zu legen, wie es noch jetzt geschieht, indem wir durch zeitweiliges Oeffnen von Fenstern und Thüren der Luft den spärlichen Zutritt dahin gestatten. Freilich muss die Kunst der Lüftung wie die der Heizung bekannt sein, wenn man nicht durch die Beseitigung eines Uebels ein anderes schaffen will, und wir sind weit davon entfernt, Lehren zu ertheilen, wie dieselbe im Sommer und Winter unter dem Einfluss der klimatischen Verhältnisse bewirkt werden solle. Unsere Aufgabe war es, Hindernisse zu beseitigen, welche sich der allgemeinen Verbreitung des nützlichen Werkzeuges entgegenstellen, indem wir Motoren schaffen, die Kühlung und frische Luft in beliebigen Mengen für wenige Pfennige stündlich Tag und Nacht zuführen, und dass wir die Maschinen nicht in Betracht ziehen durften, deren Wartung in die Hände eines geschickten Personals zu legen war, verstand sich nach dem Zweck derselben von selbst. Unter Berücksichtigung dieser Umstände entstand unser elektrischer Ventilator. Derselbe besteht aus einem Flügelrad einfachster Art, dessen Welle direct mit der des treibenden Elektromotors gekuppelt ist. Der Anschluss an eine elektrische Stromanlage erfolgt entweder ohne weitere Nebenapparate, wie der einer Glühlampe, oder wenn die Luftzufuhr veränderlich gemacht werden soll, unter Beigabe eines zur Regulirung der Geschwindigkeit, wie auch zum Ein- und Ausschalten dienenden Widerstandes.

Bei geringem Raumerforderniss, bequemer, einfacher und überall zulässiger Anbringung zeichnen sich diese Apparate durch ihre geräuschlose Arbeit und ausserordentliche Wirksamkeit aus. Das Anlassen und Abstellen erfolgt momentan von jeder beliebigen Stelle aus, und die nicht häufige Controlle beschränkt sich auf die Thätigkeit der Bürsten und Schmierapparate, welche letzteren die Schmierung übrigens selbstthätig besorgen und tagelang ohne Erneuerung vorhalten.

Wir bauen elektrische Ventilatoren und Exhaustoren jeder Grösse, von den kleinsten für Wohn- und Schlafräume bis zu den grössten zum Betriebe von Schmiedefeuern, Schmelzöfen, Dampfkesselfeuerungen oder Grubenschächten und Hallen. Von kleineren Modellen halten wir meist eine grössere Zahl vorräthig.

Der kleinste Ventilator, der besonders für Benutzung in Wohn- und Schlafzimmern construirt ist, hat einen Durchmesser von 200 mm macht 2000—2500 Umdrehungen pro Minute und schafft ein Luftquantum von ca. 400 cbm pro Stunde.

Das nächst grössere Modell eignet sich für Restaurationsräume, die in Folge des Tabakrauches schon einer kräftigeren Ventilation bedürfen. Es ist mit einem Elektromotor von $^1/_4$ HP ausgerüstet und befördert bei ca. 1800 Umdrehungen pro Minute 1000—1200 cbm Luft pro Stunde.

Grössere Apparate, deren Verhältnisse in jedem einzelnen Falle besonders zu bestimmen sind, können ebenfalls in kurzer Zeit stets geliefert werden.

Preise:

Elektrische Nähmaschine.

Unter dieser Bezeichnung führen wir eine Nähmaschine beliebigen Systems ein, welche mittelst eines kleinen, an die Leitung einer elektrischen Stromanlage anzuschliessenden Elektromotors an Stelle der bisher üblichen Menschenkraft den mechanischen Theil der Näharbeit verrichtet. Welchen erheblichen Dienst diese Neuerung den Näherinnen leistet, werden am besten diejenigen ermessen, welche die gesundheitschädlichen Wirkungen der Arbeit mit der Nähmaschine aus eigener Erfahrung kennen. Aber auch sonst sind die Vortheile einleuchtend, wenn man bedenkt, wie erheblich die Arbeitsleistung gesteigert und die Güte der Näharbeit dadurch verbessert wird, dass die Arbeiterinnen, der ermüdenden Thätigkeit des Tretens überhoben, ihre Aufmerksamkeit und Geschicklichkeit ausschliesslich dem Gegenstande ihres Fleisses zuwenden können. Der kleine unter dem Tisch der Maschine angebrachte Motor, der die Nähterin in keiner Weise belästigt, überträgt seine Bewegung durch eine Lederschnur, wie gewöhnlich, auf die Welle der Nähmaschine, an deren Construction im Uebrigen nichts geändert zu werden braucht, um sie für die elektrische Kraftübertragung einzurichten. Nur um die Maschine den Bedürfnissen der Arbeit und des Stoffes besser als beim Fussbetrieb anzupassen, ist ebenfalls unter dem Tische und wie der Elektromotor in einem Schutzkasten, der Regulirapparat befestigt, der je nach der Stellung des Fusstrittes die Geschwindigkeit der Nähmaschine in weiten Grenzen veränderlich macht.

Sobald die Nähmaschine in Thätigkeit gesetzt werden soll, drückt die Nähterin den Tritt, der ihrem Fuss während der Arbeit als Stütze oder Ruhepunkt dient, durch Senken der Fussspitze ein wenig herab, und wenn die Arbeit beendet ist, schaltet sich die Maschine aus dem Stromkreise aus, indem die Nähterin die Ferse des Fusses senkt, weshalb durchaus keine Arbeit verloren geht.

Da die Nähterin somit nur das Auflegen und Verschieben des Stoffes besorgt, so verrichtet sie bei der gesteigerten Geschwindigkeit der Maschine leicht das Doppelte der gewöhnlichen Näharbeit und dabei um Vieles sorgfältiger, da sie, in der Bewegung völlig ungehindert, sich ihrem Werk weit besser widmen kann.

Der Anschluss der elektrischen Nähmaschine an das Netz einer elektrischen Stromerzeugungsanlage erfolgt in derselben Weise, wie der einer Glühlampe, und die für diese benutzten Einrichtungen und Drähte genügen für jene. Dabei stellt sich nach Erfahrungen, soweit solche bisher vorliegen, der Stromconsum einer Schneidernähmaschine für starke Stoffe im Anschluss an das Netz der Berliner Elektricitäts-Werke auf etwa 5 Pfg. stündlich, eine Ausgabe, welche nicht ins Gewicht fällt, wenn man die durch diese Einrichtung gesteigerte Productionsfähigkeit der Nähmaschine allein in Betracht zieht und von den übrigen Vortheilen dieses Betriebes absieht.

Dass die Maschinen mit Benutzung des Regulirapparates ihren Stromverbrauch ganz nach der zu leistenden Arbeit, also entweder bei gleichbleibender Geschwindigkeit der Maschine nach der Stärke des zu nähenden Stoffes oder bei demselben Stoffe nach der Grösse der gewählten Geschwindigkeit richten und momentan in und ausser Thätigkeit zu setzen sind, darf auch nicht übersehen werden, da hieraus für leichtere Stoffe der Stromconsum sich noch geringer, also billiger stellt.

Reparaturen werden bei guter Behandlung der Maschine selten eintreten, denn die zeitweilig nothwendige Erneuerung der Stromzuführungsbürsten, deren Abnützung überdies nur eine geringe ist, darf wohl füglich nicht als solche bezeichnet werden, und der Verbrauch an Schmiermaterial, in dem einzigen vorhandenen Lager verdient kaum der Erwähnung.

Natürlich wird der Stromconsum noch geringer, wenn mehrere Nähmaschinen gleichzeitig durch einen Motor von entsprechender Stärke angetrieben werden; in diesem Falle bedient man sich zweckmässig einer Transmission zur Kraftübertragung von geeigneter Construction, um wie bei der Einzelanlage jede Maschine unabhängig von der anderen momentan ein- und auszuschalten.

Die elektrische Nähmaschine wird bald ebenso nützlich und unentbehrlich für den häuslichen Gebrauch, wie für Gewerbe und Industrie, Schneider, Schuhmacher, Sattler, Handschuhmacher u. s. w. sich erweisen, und schon gegenwärtig sprechen namentlich die Consumenten der Berliner Elektricitäts-Werke, die sich derselben bedienen, übereinstimmend ihre Zufriedenheit mit derselben nach jeder Richtung hin aus.

Wir werden bemüht bleiben, eine Reihe solcher Maschinen stets vorräthig zu halten, damit der Anschluss, insbesondere auch an das Netz der Berliner Elektricitäts-Werke, jederzeit sofort erfolgen kann. Auch vorhandene Maschinen können wir mit den erforderlichen Einrichtungen für den elektrischen Betrieb ausrüsten; die Kosten hierfür schwanken je nach der Grösse und dem Zweck der Maschine zwischen M. 220—300.

Quelle: Deutsche Bank, Historisches Archiv, S 76

Dokument 16

Berlin 28/6 1894.

Zwischen

der Kommanditgesellschaft in Firma Siemens & Halske

zu Berlin

und

der Aktiengesellschaft Allgemeine Elektricitäts-Gesellschaft zu Berlin

ist heute das folgende Abkommen getroffen:

1.

Der Vertrag vom 23.März/7.April 1887 wird mit dem 1.April 1894 aufgehoben;beide Theile verzichten auf Geltendmachung irgend welcher Rechte gegen einander aus diesem Vertragsverhaltniss.

2.

Siemens & Halske verpflichten sich,die gegen die Allgemeine Elektricitäts-Gesellschaft beim Königlichen Landgericht I zu Berlin erhobene Klage zurückzunehmen. Die gerichtlichen Kosten der Klage tragen die Vertragschliessenden je zur Hälfte,die aussergerichtlichen jeder Theil für sich.

3.

Die Allgemeine Elektricitäts-Gesellschaft verpflichtet sich,14 Tage nach Perfektion dieses Vertrages diejenigen ℳ 108922,33 an Siemens & Halske zurückzuzahlen,welche diese als Abgabe für Centralen mit ℳ 7877.75 am 31.December 1888 und mit ℳ 101044,58 am 22.Juli 1892 an die Allgemeine Elektricitäts-Gesellschaft gezahlt hat. Die Allgemeine Elektricitäts-Gesellschaft hat an Siemens & Halske auf diese Beträge 4% Zinsen je vom Tage der Zahlung zu vergüten.

4.

Die Allgemeine Elektricitäts-Gesellschaft verpflichtet sich,als Abfindung für die vorzeitige Auflösung des Vertrages vom 23.März/7.April 1887 an Siemens & Halske vom 1.April 1894 bis 31.März 1900,also durch sechs Jahre,jährlich postnumerando ℳ 130000.-zu zahlen. Der Allgemeinen Elektricitäts-Gesellschaft steht das Recht zu,die ganze in den sechs Jahren fällige Summe von zusammen ℳ 780000.- 14 Tage nach Perfektion dieses Vertrages unter Abzug von 4% Zinsen für jede einzelne Rate an Siemens & Halske zu zahlen.

5.

Die Allgemeine Elektricitäts-Gesellschaft hat das Recht,während dieser 6 Jahre Kabel und Dynamomaschinen sowie Elektromotoren von 100 P.S.aufwärts der Firma Siemens & Halske bis zum Gesammtbetrage von 6 Millionen Mark von dieser zu denjenigen Preisen zu beziehen,welche Siemens & Halske ihren meistbegünstigten Abnehmern gewähren. Für die Bestimmung des jeweils geltenden Meistbegünstigungspreises ist Mangels besonderer Abrede der Tag der jedesmaligen Bestellung maassgebend.

Zu den meistbegünstigten Abnehmern werden nicht gerechnet die eigenen Organe und verwandten Firmen der Firma Siemens & Halske. Jndess wird der Begriff Meistbegünstigungspreise dahin verstanden,dass auch diejenigen Mindestpreise zu Gunsten der Allgemeinen Elektricitäts-Gesellschaft gelten,welche die eigenen Organe und verwandten Firmen der Firma Siemens & Halske ihren Abnehmern für derartige Fabrikate der Firma Siemens & Halske jeweils offeriren beziehungsweise berechnen.

Jn einzelnen besonders schwierigen Ausnahmefällen ist die Firma Siemens & Halske berechtigt,bei Konkurrenzen für Kabellieferungen Ausnahmspreise zu offeriren,welche für die Berechnung der der Allgemeinen Elektricitäts-Gesellschaft zu gewährenden Meistbegünstigungspreise nicht maassgebend sein sollen. Macht die Firma von diesem Recht Gebrauch,so ist sie verpflichtet,diese Preise der Allgemeinen Elektricitäts-Gesellschaft umgehend mitzutheilen. Für den jeweils vorliegenden Ausnahmefall ist die Allgemeine Elektricitäts-Gesellschaft berechtigt,die seitens der Firma Siemens & Halske offerirten Preise auch für sich in Anspruch zu nehmen. Die Allgemeine Elektricitäts-Gesellschaft ist dann verpflichtet,auch ihrerseits die von ihr angesetzten Kabelpreise umgehend zur Kenntniss der Firma Siemens & Halske zu bringen.

Die Entnahmen der Allgemeinen Elektricitäts-Gesellschaft sollen möglichst gleichmässig auf die 6 Jahre vertheilt werden.

Die Allgemeine Elektricitäts-Gesellschaft darf diese Fabrikate der Firma Siemens & Halske nicht unter den ihr nach diesem Vertrage zustehenden Bezugspreisen verkaufen.

6.

Auf die in Gemässheit der Bestimmungen ad 5 der Allgemeinen Elektricitäts-Gesellschaft ertheilten Facturen -unter Absetzung der nicht für reine Waarenlieferung berechneten Beträge, insbesondere der Beträge für Verpackung, Fracht, Zoll und dergleichen- erhält die Allgemeine Elektricitäts-Gesellschaft am Schlusse eines jeden Jahres, d.i. zuerst am 31. März 1895 seitens der Firma Siemens & Halske den Betrag von 13% vergütet. Uebersteigt die danach auf die Bezugspreise zu gewährende Vergütung in einem Jahre M. 130000, so werden an dem Mehrbetrag 4% Zinsen bis zu den für die Allgemeine Elektricitäts-Gesellschaft unter No. 4 bestimmten Zahlungsterminen gekürzt.

7.

Innerhalb ihres Geschäftsrayons sind Siemens & Halske verpflichtet, Bestellungen der Allgemeinen Elektricitäts-Gesellschaft anzunehmen, vorausgesetzt, dass sie sich auf solche Kabel und auf solche Dynamomaschinen sowie Elektromotoren von 100 HP aufwärts beziehen, welche die Firma Siemens & Halske zur Zeit der Bestellung courant führt oder herstellt, und dass seitens der Allgemeinen Elektricitäts-Gesellschaft eine angemessene Lieferfrist gewährt wird.

8.

Werden Bestellungen der Allgemeinen Elektricitäts-Gesellschaft auf andere Waaren seitens Siemens & Halske angenommen, so ist der Preis besonders zu vereinbaren; auf den vereinbarten Preis finden die wegen Vergütung von 13% getroffenen Bestimmungen Anwendung.

9.

Die Allgemeine Elektricitäts-Gesellschaft verpflichtet sich, vor dem 31. December 1897 weder selbst in die Fabrikation von Starkstromkabeln einzutreten, noch sich selbst oder durch verwandte Firmen an Unternehmungen zu betheiligen, deren Hauptzweck Fabrikation von Starkstromkabeln ist.

10.

Dieses Abkommen wird perfekt auf Seiten der Allgemeinen Elektricitäts-Gesellschaft durch Zustimmung des Aufsichtsrathes dieser Gesellschaft; der mitunterzeichnete Herr Emil Rathenau macht sich jedoch stark dafür, dass der Aufsichtsrath diese Genehmigung ertheilen wird.

B e r l i n, den 20. Juni 1894.

Quelle: AEG Firmenarchiv

Dokument 17

Verhandelt Berlin, den 9. Dezember 1896 im Lokale der Deutschen Bank

anwesend die Herren

Baurath Lent und Dr. Salomonson	für	die Direktion der Disconto-Gesellschaft
Isidor Loewe	„	Ludw. Loewe & Co Act. Ges.
Director Fürstenberg	„	Die Berliner Handel-Gesellschaft
S. Born	„	Born & Busse
Konsul Gutmann Geh. Rath. Müller	„	die Dresdner Bank
Kommerzienrath H. Landau	„	Jacob Landau
Director Peter	„	die Nationalbank für Deutschland
Justizrath Braun	„	Gesellschaft für elektr. Unternehmungen
R. Imelmann	„	S. Bleichröder
Director Michelet	„	Bank für Handel und Industrie
Generaldirector Rathenau	„	Allgemeine Elektricitäts-Gesellschaft
Dr. G. Siemens Director A. Gwinner	„	Deutsche Bank

Herr Dr. Siemens referirt über die stattgefundenen Besprechungen, welche eine Vereinigung und Arbeitstheilung der Allgemeinen Elektricitäts-Gesellschaft und der Actien-Gesellschaft Ludw. Loewe & Co auf 25 Jahre bezwecken.
Herr Loewe bemerkt, daß die Union E. G. bis auf Weiteres und solange die A. E. G. es für nützlich erachte, als Acquisiteur bestehen bleiben solle. Die Abschreibungen sollen bei beiden Gesellschaften in maximo 27½ % betragen.
Die Kapitalveränderungen, bezw. Erhöhungen soll entweder das Verhältniß von 10½ zu 25 aufrecht erhalten, oder der Theilungsschlüssel von 50 zu 50 % für jede Gesellschaft entsprechend geändert werden.
Herr Born behält Verständigung über das Stimmrecht auf die neuen 3 Millionen Loewe-Actien, sowie die eventuelle Liquidation der Union E. Ges. vor.
Herr Dr. Siemens referirt über die Vertheilung der Quoten bei künftigen gemeinsamen Finanzgeschäften; es soll erhalten

Die Allgem. Elektricitäts-Gesellschaft	10 %
Die Finanzgruppe Loewe's	32½ %
„ „ der A. E. G.	32½ %
„ Gesellschaft für elektr. Unternehmungen	25 %

Für die Überlassung dieser letzteren Quote an die G. E. U. überläßt die Finanzgruppe Loewe's dem Konsortium der A. E. G. M. 2.500.000 Actien der G. E. U. al pari.
Die Theilnehmer des neuen Finanzkonsortiums verzichten vorbehaltlich näherer Formulierung darauf, während der Dauer des Konsortial-Vertrages, ohne Zustimmung der A. E. G. elektrische Geschäfte außerhalb des Konsortiums zu machen; ausgenommen die schon bestehenden Verpflichtungen betr. Popp, die Berliner Elektr. Hochbahn und die Tramways in der Stadt Mexico.

Der Konsortial-Vertrag soll auf zehn Jahre mit der Maßgabe abgeschlossen werden, daß jeder einzelne Theilnehmer mit sechsmonatiger Kündigung austreten kann, und daß drei Viertheile aller Konsortien (nach Köpfen gezählt) die vorzeitige Aufhebung des Vertrages beschließen können. Betreffs Führung der Konsortialgeschäfte und Rechnungen soll der seitherige Besitzstand gewahrt bleiben.
Herr Justizrath Winterfeld soll ersucht werden, einen Syndikatsvertrag zu entwerfen und einer engeren Kommission bestehend aus den Herren Rathenau, Loewe, Dr. Siemens und Baurath Lent vorzulegen; alsdann soll das Konsortium von der Deutschen Bank einberufen werden, um über den Vertragsentwurf zu beschließen. – Man beschließt eine Veröffentlichung in Wolff's Telegr. Bureau. gez.
E. Rathenau. Loewe. G. Siemens. Eugen Gutmann. Born. J. Peter. Michelet. Braun. Müller. Imelmann. Dr. Salomonsohn. Lent. Hugo Landau. Fürstenberg. A. Gwinner

Quelle: Deutsche Bank, Historisches Archiv, S 79

Dokument 18

Bank für Electrische Unternehmungen

Protokoll
einer am 15. April 1895 in Luzern abgehaltenen Konferenz, an welcher teilgenommen haben:

Herr Rathenau, Generaldirektor der Allgem. Electricitätsgesellschaft, Berlin;
" Präsident Abegg-Arther, Schweiz. Kreditanstalt, Zürich;
" Direktor Th. Spühler, Schweiz. Kreditanstalt, Zürich;
" Dr. Jul. Frey, Schweiz. Kreditanstalt, Zürich;
" Präsident J. J. Schuster-Burckhardt, Basler Bankverein, Basel;
" Hermann La Roche-Burckhardt, Basler Bankverein, Basel;
" J. J. Schuster jr., Basel.

Herr Präsident Abegg-Arter nimmt Bezug auf bisherige Verhandlungen zwischen den Herren Rathenau, Dr. Siemens & Abegg und auf Korrespondenzen zwischen der Deutschen Bank und der Schweiz. Kreditanstalt, welche zur Aufstellung eines Statuten-Entwurfes für eine Bank für Electrische Unternehmungen geführt haben. Diese Bank soll eine sogenannte Trustgesellschaft sein, in welcher die Werte electrischer Unternehmungen (Aktien & eventuell auch Obligationen) so lange untergebracht würden, bis sie mit Erfolg emittirt werden könnten. Die Idee einer solchen Bank resp. Trustgesellschaft sei von der Schweiz. Kreditanstalt & dem Basler Bankverein sympathisch aufgenommen worden. Bevor man jedoch in Sachen weiter gehen könne, müsse man wissen, welche ersten Geschäfte die Grundlage eines solchen Trust bilden sollen. Darum habe er Herrn Generaldirektor Rathenau ersucht, auf seiner Durchreise durch die Schweiz uns hierüber einen vorläufigen mündlichen Bericht zu erstatten.

Herr Generaldirektor Rathenau ersucht im Eingange seines Referates um diskrete Behandlung seiner Mittheilungen, da einzelne derselben sich auf noch nicht fertige Geschäftsabschlüsse beziehen, welche durch irgendwelche Veröffentlichungen geschädigt werden könnten. Sodann macht Herr Generaldirektor Rathenau ungefähr folgende Mittheilungen: Seine Gesellschaft werde durch ein unter Führung der Deutschen Bank & der Berliner Handelsgesellschaft stehendes starkes Finanz-Konsortium unterstützt. Mit dessen Hülfe habe sie seit 1887 für ca. 150 Mill. Mark electrische Unternehmungen ins Leben gerufen; zur Zeit sei sie mit Aufträgen im Betrage von total über 50 Millionen Mark für 2 Jahre versehen und beabsichtige, ihre Fabriken zu erweitern und ihre Arbeiterzahl bedeutend zu vergrössern. Infolge dieser gewaltigen Ausdehnung ihrer Geschäfte sehe sie sich veranlasst, im Einverständniss mit ihren bisherigen finanziellen deutschen Freunden die Kreirung einer festern Finanz-Organisation in Aussicht zu nehmen, welche gestatten würde, ihre grössern auswärtigen Geschäft zu finanziren und [da]durch weit lukrativer zu gestalten, dass die Emission der bezüglichen Werte auf so lange verschoben werde, bis die Unternehmungen eine Zeit lang im Betriebe gestanden und so Beweise ihrer Rendite abgelegt haben würden. Sie würde selbst bei dieser finanziellen Kombination bedeutend interessirt bleiben. Als Objekte kämen in erster Linie Unternehmungen in Italien, in der Schweiz, eventuell auch in Spanien & Oesterreich in Betracht.

Als erstes Objekt, welches dem Trust einverleibt werden könnte, biete sich ein dreifaches electrisches Unternehmen in *Genua* dar. a) Die Allg. Electrizitätsgesellschaft habe von der Firma Bucher & Durrer sämmtliche Aktien der Ferrovie elettriche e funicolari in Genua gekauft. Diese Gesellschaft besitze eine wertvolle Konzession für Strassen- & Seilbahnen in Genua, welche theilweise bereits erstellt, teilweise im Bau begriffen seien. b) Von einer weitern, in Händen der Herren Piaggio & Biccio befindlichen Konzession für eine der erstere ergänzende und verbindende electrische Strassenbahn mit Abzweigung bis Nervi habe die Allg. Electrizitätsgesellschaft sich ebenfalls ein Interesse bis zur Hälfte gesichert und endlich habe sie c) die Konzession für die *electrische Beleuchtung* von Genua erlangt und zu deren Realisirung in den letzten Tagen eine besondere Gesellschaft mit 3 Millionen Lire Kapital gegründet.

Diese 3 Unternehmungen liessen sich eventuell fusioniren oder doch gemeinschaftlich betreiben und eventuell liesse sich denselben noch eine weitere angliedern, wenn es gelänge, die zur Zeit im Besitze einer französischen Gesellschaft befindliche Pferdetrambahn nach Pegli zu erwerben und in eine electrische Bahn umzuwandeln. Die Rentabilitätsaussichten für dieses Genueser Geschäft seien sehr günstige.

Weitere wichtige Geschäfte stehen in *Mailand* in Aussicht bezw. in Vorbereitung, wo es sich darum handeln würde, die bestehende Edisongesellschaft finanziell und intellektuell auf eine höhere Stufe der Leistungsfähigkeit zu heben und sich alsdann dieser italienischen und darum im Lande beliebtern Gesellschaft zur Durchführung einer Reihe von wichtigen und aussichtsreichen Geschäften zu bedienen.

Auch in *Neapel* handle es sich um den Bau von Strassenbahnen und Einrichtung electrischer Beleuchtung, ebenso in einer ganzen Reihe anderer italienischer Städte.

Daneben seien z. Z. wichtige und hochinteressante electrolythische Versuche im Gange, die baldigen Erfolg versprechen und Aussichten auf eine ganze Reihe neuer industrieller Gründungen eröffnen.

Aber selbst abgesehen hievon, werden die gewöhnlichen Verwendungsarten der Electrizität für Beleuchtung und Kraftübertragung sowie speziell für den Bau (speziell die Umwandlung bestehender Pferdebahnen) und für den Betrieb electr. Strassenbahnen Alimente genug für eine lukrative Verwendung auch grösserer Kapitalien liefern, namentlich wenn man die Regel befolge, die Werte solcher Unternehmungen nicht eher direkt ans Publikum abzugeben, als bis genügend sichere Resultate vorliegen. Für die Bau- & erste Betriebsperiode müsse eben der Trust mit den von ihm ausgegebenen Obligationen in den Riss treten. Der Nutzen für die electrischen Geschäfte liege weniger in der Fabrikation, als in der Finanzirung; man werde immer gut tun, mehr Unternehmer als Fabrikant zu sein d. h. sich für den Bau der am Orte der Unternehmung gelegenen Kräfte zu bedienen und sich so auch im Auslande die nationale Industrie zu Freunden statt zu Gegnern zu machen.

Herr Rathenau verspricht, der Schweizerischen Kreditanstalt zu Handen der schweizerischen Interessenten bis in einigen Wochen eine einlässliche Vorlage über die Baukosten und die Rentabilitätsaussichten der erwähnten Genueser Unternehmungen zu unterbreiten.

Diese Mittheilungen werden Herrn Generaldirektor Rathenau von den übrigen Anwesenden bestens verdankt. Unter Vorbehalt der vorherigen Prüfung der von Herrn Rathenau in Aus-

sicht gestellten Vorlagen wird in Aussicht genommen, alsdann eine Konferenz mit den Anteilhabern am deutschen, für die Finanzirung der Geschäfte der Allgem. Electrizitätsgesellschaft bestehenden Konsortium abzuhalten und alsdann eventuell den Trust einstweilen auf Grundlage dieses Genueser Geschäftes zu konstituiren.
Dabei wird immerhin seitens der Vertreter der Schweiz. Kreditanstalt hervorgehoben, dass der Trust, schon aus gewissen nationalen Rücksichten, nicht ausschliesslich für die Finanzirung von Geschäften und Unternehmungen der Allgem. Electrizitätsgesellschaft gegründet werden könne, sondern dass eventuell auch Vorlagen von befreundeten schweizerischen, auf diesem Gebiete tätigen Firmen, wie der Maschinenfabrik Oerlikon und der Maschinenfabrik von Escher Wyss & Co., in Berücksichtigung zu ziehen seien. Herr Rathenau erklärt sich hiemit einverstanden. Ebenso einigt man sich dahin, den Wirkungskreis der Trustgesellschaft in den Statuten nicht auf bestimmte Länder zu beschränken, wenn man auch einverstanden ist, dass in erster Linie Geschäfte in Italien und der Schweiz, eventuell auch Deutschland, Spanien & Oesterreich in Betracht fallen sollen, während Russland & Türkei ausser dem Bereich der Tätigkeit der Gesellschaft bleiben sollen. Endlich wird als selbstverständlich erklärt, dass die Bank jeweilen nicht etwa blos die Obligationen sondern stets auch wenigstens zu einem grössern Teile, die Aktien der selbständig zu gründenden electrischen Unternehmungen in sich aufnehmen und bis zu dem für die Emission günstigen Zeitpunkte in ihrem Portefeuille behalten solle, dass aber der Finanzirung jedes einzelnen Geschäftes eine genaue Prüfung desselben vorausgehen müsse und die Bank volle Freiheit haben müsse auf ein einzelnes Geschäft einzutreten oder nicht, wie anderseits auch seitens der Allgem. Electrizitätsgesellschaft eine Verpflichtung nicht übernommen wurde, *alle* ihre Unternehmungen dem Trust zur Finanzirung anzubieten; vielmehr solle auch sie diesfalls grundsätzlich freie Hand haben.
Für sinngetreue Protokollirung.

gez. Dr. Frey

Quelle: AEG Firmenarchiv, JB 15–1

Dokument 19

Protokoll.

Frankfurt a/M, den 29. Juli 1895.

Anwesend:
seitens der Schweizerischen Kredit-Anstalt die Herren: Abegg-Arter, Director Spühler, Dr. Frey,
seitens der Allgem: Electr: Gesellschaft und deren Consortium die Herren E. Rathenau, Dr. Siemens, Director Gwinner, E. Kolle, Fürstenberg.

1) Es wird beschlossen unter der Firma ›*Bank für electrische Unternehmungen*‹ eine Gesellschaft mit dem Sitz in Zürich zu etabliren, deren Actien-Capital fs 30 Millionen mit 25 % Einzahlung betragen soll. Die Gesellschaft kann bis zur Höhe des Actien-Capitals, also bis 30 Millionen Francs Obligationen ausgeben. Ueber den Zinslauf dieser Obligationen und deren Amortisation bleibt Verständigung bis nach der Constituirung der Gesellschaft vorbehalten.
Der Verwaltungsrath dieser Gesellschaft soll aus höchstens 15 Personen bestehen, wovon mindestens 5 Personen Schweizer Bürger sein müssen. –
Die zu schaffenden 30 Millionen 25 % Actien sollen mit Ausschluß der Solidarität von folgenden Firmen übernommen resp. gezeichnet werden:

a) von der Schweizerischen Kreditanstalt und deren Züricher Gruppe	fs 4,000,000.–
b) von der Banca Commerciale	fs 1,500,000.–
c) von dem Credito Italiano und dessen Gruppe	fs 1,200,000.–
d) von dem Bankhause Rob. Warschauer & Co.	fs 600,000.–
e) von der Allg. Electr. Gesellschaft und deren Gruppe restliche	fs 22,700,000.–

und haben die genannten Firmen eventl. ratirlich an der Uebernahme der auszugebenden Obligationen theilzunehmen. Zu letzterem Punkt wird bemerkt, daß bis zum Schluß des Jahres 1896 voraussichtlich ein Betrag von Lire 15 Millionen zur Ausgabe gelangen dürfte, deren Unterbringung an den Schweizer Börsen in Aussicht genommen wird.
Die genannten Firmen werden sich zu einem Syndikat vereinigen, dessen Leitung der Schweiz: Creditanstalt, der Deutschen Bank und der Berliner Handelsgesellschaft übertragen werden soll.
3) Die Allg: Electr: Gesellschaft und deren Gruppe stellt der Schweiz. Credtianstalt für eventl. Betheiligungen anderer schweizerischer Plätze einen Betrag von fs 2,700,000.– zur Verfügung und erklärt sich zur nominat. Aufnahme der evtl. hinzutretenden Schweizer Firmen bereit.
4) Es wurden seitens der Allg. Electr. Gesellschaft, resp: Deutsche Bank folgende 4 Genueser Geschäfte vorgelegt und der Bank für electr: Unternehmungen zum Erwerb angeboten:
a) Società di Ferrovie Elettriche,
b) " dei Tramways Orientali
c) Comp. Gén. Francese di Tramways
d) Officine Elettriche
und erklärten die Anwesenden, daß sie den Erwerb, vorbehaltlich der Nachprüfung der Details zu genehmigen bereit sein würden.
5) Für den Fall des Erwerbes vorgenannter 4 Unternehmungen wird in Aussicht genommen, jede dieser Gesellschaften mit einem Actiencapital von circa 30 % auszurüsten und den Rest des erforderlichen Capitals dieser vier Gesellschaften in Form eines Credits zur Verfügung zu stellen. Ueber die Sicherstellung des zu gewährenden Credits bleibt Verständigung vorbehalten.
6) Von den seitens der vorgenannten vier Gesellschaften auszugebenden Actien sollen 60 % der Bank für electrische Unternehmungen und 40 % dem Syndicat der Allgem: Electr: Gesellschaft zur Verfügung gestellt werden.
7) Der Bank für electrische Unternehmungen soll, sofern nach den italienischen Gesetzen dem Verfahren nichts entgegensteht, das Recht eingeräumt werden, bis zur Höhe von 30 % des vorschußweise gegebenen Credits dadurch zurückzufordern, daß jede der vorgenannten 4 Genueser Gesellschaften gehalten sein soll, diesen Betrag in Actien auszustellen und al pari der Gesellschaft für electrische Unternehmungen zu überlassen. Hierauf soll in der Fassung der Statuten mehrfach genannter 4 Genueser Gesellschaften Rücksicht genommen werden.

gez. Fürstenberg
Abegg-Arter
E. Rathenau
Th. Spühler
Dr. Frey
A. Gwinner

Quelle: AEG Firmenarchiv, JB 15–1

Dokument 20

Syndicats-Vertrag

Die unterzeichneten Firmen werden in Zürich eine Actiengesellschaft unter der Firma

Bank für elektrische Unternehmungen

mit einem Actienkapital von 30 Millionen Francs, auf welches 25 % einzuzahlen sind, gründen und in Actien al pari zeichnen und übernehmen.
Behufs Verwerthung dieser Actien vereinigen sich die unterzeichneten Firmen zu einem Syndikat, für welches nachstehende Bestimmungen gelten:

§ 1.

Die Führung des Syndikats besorgt ein aus
der Schweizerischen Kreditanstalt in Zürich,
" Deutschen Bank in Berlin und
" Berliner Handels-Gesellschaft in Berlin
bestehender Ausschuß, der mit verbindlicher Kraft für sämmtliche Betheiligte alle im Interesse des Syndikats erforderlichen Maßnahmen, insbesondere Ort und Zeit der Begebung, sowie die Subscriptions- und Verkaufsbedingungen festsetzt.

§ 2.

Die Ausführung der Beschlüsse des Syndikats-Ausschusses liegt in der Schweiz der Schweizerischen Kreditanstalt und in Deutschland der Deutschen Bank ob. Insbesondere gilt dies von der Vertretung des Syndikats an der Börse, wobei die genannten Institute nach bestem Ermessen verfahren. Rückkäufe für Syndikatsrechnung sind indessen nur bis zu 25 % des Gesammtbetrages zulässig.

§ 3.

Falls eine Emission von Actien im Wege der öffentlichen Subscription erfolgt, erhalten die auflegenden Häuser insgesammt 1 % Provision vom Nominalbetrage der aufgelegten Stücke und zwar im Verhältniß ihrer Syndikats-Betheiligungen.

§ 4.

Sämmtliche Syndikatstheilnehmer hinterlegen ihre Stücke bei der Schweizerischen Kreditanstalt in Zürich, welche dieselben für Rechnung des Syndikats in Verwahrung nimmt.

§ 5.

An der Uebernahme der von der Bank für elektrische Unternehmungen auszugebenden Obligationen participirt jeder Syndikatstheilnehmer im Verhältniß seiner Actienbetheiligung. Im übrigen bleibt für den Fall einer solchen Uebernahme die Vereinbarung eines besonderen Syndikats-Vertrages vorbehalten.

§ 6.

Die Syndikatsrechnung wird, soweit es sich um Operationen in der Schweiz handelt, von der Schweizerischen Kreditanstalt, soweit es sich um Operationen in Deutschland handelt, von der Deutschen Bank geführt.
Sobald sich aus Verkäufen ein Betrag von Fcs. 100.000. resp. 80.000 Mk angesammelt hat, ist derselbe unter die Syndikatsmithglieder zu vertheilen; Zwischenzinsen werden nicht vergütet.

§ 7.

Das Syndikat endigt spätestens am 31. December 1899.

§ 8.

Nach Abwicklung der Syndikatsgeschäfte bezw. nach Ablauf der Syndikatsdauer legen die Schweizerische Kreditanstalt resp. die Deutsche Bank die Schlußrechnung vor. Bei Aufstellung derselben werden zunächst die Spesen und nützlichen Ausgaben sowie die im §. 3 erwähnte Provision berücksichtigt. Von einem alsdann etwa verbleibenden Ueberschusse erhalten vorweg die führenden Firmen (Schweizerische Kreditanstalt, Deutsche Bank, Berliner Handels-Gesellschaft) im Verhältniß ihrer Syndikatsbetheiligungen 1 % Commission auf den Nominalbetrag der bei Auflösung des Syndikats verkauften Actien. Der Restgewinn wird unter sämmtlichen Syndikatsmitglieder ratirlich vertheilt. Die Schlußrechnung wird von dem Syndikatsausschusse geprüft und das geprüfte Rechnungsergebniß ist für alle Betheiligten bindend.

Quelle: AEG Firmenarchiv, JB 15–1

Prospect

über Mark 15 000 000 4½ %ige Theilschuldverschreibungen

der

Actiengesellschaft
Allgemeine Elektricitäts-Gesellschaft
zu Berlin

eingetheilt in 15 000 Stück à Mark 1000, No. 7001–22000.

Die durch das Statut vom 19. April 1883 unter der Firma **„Deutsche Edison-Gesellschaft für angewandte Elektricität"** begründete und am 5. Mai 1883 in das Handelsregister eingetragene Actiengesellschaft hat laut Beschluss der Generalversammlung vom 23. Mai 1887, der am 12. Juli 1887 in das Handelsregister eingetragen worden ist, die jetzige Firma **„Allgemeine Elektricitäts-Gesellschaft"** angenommen. Das jetzt gültige Statut beruht auf den Beschlüssen der Generalversammlungen vom 23. Mai 1887, 25. Juli 1888, 6. April 1889, 28. Juli 1890, 29. November 1890, 29. November 1894, 30. April 1895, 28. Mai 1896, 29. März 1897, 6. December 1897, 10. Mai und 30. November 1899.

Der Sitz der Gesellschaft ist Berlin. Dieselbe kann ihren Sitz an einen anderen Ort des Inlandes verlegen und ist berechtigt, Zweigniederlassungen, Commanditen und Agenturen im In- und Auslande zu errichten und sich bei anderen Unternehmungen als Actionär, Commanditist, stiller Gesellschafter zu betheiligen oder auf andere Art in eine Societätsverbindung einzutreten.

Zweck der Gesellschaft ist jede Art gewerblicher Ausnutzung der Elektrotechnik, insbesondere die Einrichtung, der Betrieb und die Verwerthung elektrischer Anlagen und die Herstellung, sowie der Vertrieb der dazu dienenden Maschinen, Apparate und Utensilien.

Die Dauer der Gesellschaft ist auf eine bestimmte Zeit nicht beschränkt.

Das ursprüngliche Grundcapital betrug ℳ 5 000 000,— und wurde erhöht durch Beschluss der Generalversammlungen vom

23. Mai 1887	auf	ℳ 12 000 000,—
6. April 1889	„	ℳ 16 000 000,—
28. Juli 1890	„	ℳ 20 000 000,—
30. April 1895	„	ℳ 22 000 000,—
28. Mai 1896	„	ℳ 25 000 000,—
29. März 1897	„	ℳ 35 000 000,—
6. December 1897	„	ℳ 47 000 000,—
10. Mai 1899	„	ℳ 60 000 000,—

Das Actien-Capital der Gesellschaft beträgt nunmehr ℳ 60 000 000,—, eingetheilt in 10 000 Stücke à ℳ 500,— und 55 000 Stücke à ℳ 1000,— auf den Inhaber lautende Actien. Die Actien sind voll eingezahlt.

Reservefonds und Rückstellungsconto betrugen am 30. Juni 1900 zusammen ℳ 27 027 621,97.

Die Einladungen zu den Generalversammlungen geschehen durch einmalige Bekanntmachung, welche mindestens neunzehn Tage vor dem Versammlungstermin erfolgen und die zur Verhandlung bestimmten Gegenstände ankündigen muss. Je ℳ 500,— Actienbesitz gewähren eine Stimme. Die Hinterlegung von Actien behufs Vertretung in den Generalversammlungen kann in Berlin und Frankfurt a. M. kostenfrei erfolgen.

Das Geschäftsjahr läuft vom 1. Juli des einen bis zum 30. Juni des darauf folgenden Jahres.

Die Aufstellung der Bilanz erfolgt nach Maassgabe der Vorschriften des Handelsgesetzbuches. Ausserdem bestimmt § 33 der Statuten über die Bilanzirung und die Gewinn-Vertheilung Folgendes:

„Der Ueberschuss sämmtlicher Activa über die Passiva, einschliesslich des Grundcapitals und der Reserve-„fonds, bildet den Reingewinn des Geschäftsjahres.

„Von dem aus der Bilanz sich ergebenden Reingewinn sind zunächst der zwanzigste Theil zu dem gesetzlich „vorgeschriebenen Reservefonds abzuführen, solange dieser den zehnten Theil des Gesammtcapitals nicht über-„schreitet, sowie diejenigen Reserven zu bilden, welche der Aufsichtsrath beschliesst.

„Ueber die Bildung sonstiger Rücklagen, die Höhe des Gewinnantheils, die Aufwendungen für Wohlfahrts-„einrichtungen, sowie über die Höhe des Vortrages auf neue Rechnung beschliesst die Generalversammlung.

„Der Aufsichtsrath erhält als Antheil am Reingewinn im Ganzen 5 % vom Reingewinn nach Absetzung „sämmtlicher Abschreibungen und Rücklagen, sowie eines für die Actionäre bestimmten Betrages von 4 % des eingezahlten Grundcapitals."

Die Bekanntmachungen der Gesellschaft erfolgen laut Statut durch einmalige Anzeige im Deutschen Reichs-Anzeiger und werden ausserdem noch in der Berliner Börsenzeitung, in dem Berliner Börsen-Courier und in der Frankfurter Zeitung veröffentlicht.

Der Grundbesitz der Gesellschaft in Berlin und Umgebung beträgt:

Schlegelstrasse 26/27	5 676 qm
Ackerstrasse 71/76 (Hussitenstrasse, Hermsdorferstrasse)	12 665 „
Brunnenstrasse 107a (Voltastrasse), Lagerhof	99 239 „
Oberschöneweide (Kabelwerk)	104 219 „
	221 799 qm

Auf denselben lasten folgende Hypotheken:

Schlegelstrasse ℳ 200 000,—, verzinslich zu 4 %, rückzahlbar nicht vor dem 1. October 1904 nach sechsmonatlicher Kündigung,

Kabelwerk ℳ 580 000,—, verzinslich zu 4 %, rückzahlbar nicht vor dem 1. April 1901 nach sechsmonatlicher Kündigung,

Brunnenstrasse eine Caution für die Stadt Berlin für Strassenbaulasten etc. (grösstentheils erledigt).

Die Gesellschaft ist laut §§ 11 bis 14 ihres Statuts berechtigt, bis zur Höhe ihres jeweiligen Actien-Capitals Schuldverschreibungen (Obligationen) auszugeben. Auf Grund dieser statutarischen Befugniss hat die Gesellschaft zufolge der Aufsichtsrathsbeschlüsse

vom 6. November 1890	nom. ℳ 5 000 000,—	4 % Schuldverschreibungen Serie I
vom 21. Januar 1896	nom. ℳ 5 000 000,—	4 % Schuldverschreibungen Serie II
vom 12. December 1896	nom. ℳ 5 000 000,—	4 % Schuldverschreibungen Serie III
zusammen	nom. ℳ 15 000 000,—	

ausgegeben.

Die Schuldverschreibungen lauten auf den Namen der Deutschen Bank in Berlin, sind durch Blanco-Indossament übertragbar und der Kündigung seitens der Gesellschaft unterworfen. Sie werden mit jährlich 4 % in halbjährlichen, am 1. April und 1. October jeden Jahres fälligen Terminen verzinst und mit jährlich 1 % des ursprünglichen Gesammtcapitals jeder Serie zuzüglich der durch die Tilgung ersparten Zinsen zum Nennwerthe im Wege jährlicher Auslosungen zurückgezahlt.

Von den Theilschuldverschreibungen im ursprünglichen Gesammtbetrage von ℳ 15 000 000 stehen zur Zeit noch aus ℳ 14 046 500 und zwar

ℳ 4 470 500 der Serie I,
ℳ 4 788 000 der Serie II,
ℳ 4 788 000 der Serie III.

Die Schuldverschreibungen sind nicht hypothekarisch eingetragen. Die durch Giro legitimirten Inhaber der einzelnen Schuldverschreibungen können ihre Rechte gegen die Gesellschaft selbstständig geltend machen. Die Gesellschaft ist nicht berechtigt, vor Tilgung der Anleihen eine neue Anleihe aufzunehmen, welche deren Inhabern ein besseres Recht auf das Vermögen der Gesellschaft als den Inhabern von Theilschuldverschreibungen der Serien I, II, III einräumt.

Die Bilanz nebst Gewinn- und Verlust-Conto pro 30. Juni 1900 ist vom Aufsichtsrath genehmigt und von den Revisoren geprüft; sie bedarf noch der Genehmigung durch die auf den 6. December einberufene ordentliche Generalversammlung. Die Bilanz nebst Gewinn- und Verlust-Conto lautet wie folgt:

Bilanz pro 30. Juni 1900.

Activa.

Activa	ℳ	ℳ
An Cassa-Conto		101 118,01
„ Cautions-Conto		1 008 975,45
„ Effecten-Conto		20 984 364,47
„ Conto für Actien der Bank für elektr. Unternehmungen (Elektrobank)		11 395 290,85
„ Consortial-Conto		4 837 794,80
„ Wechsel-Conto		1 402 175,11
„ Effecten und Hypotheken des Beamten-Pensions- und Unterstützungsfonds		578 675,45
„ Inventarien Conto		1,—
„ Glühlampen-Fabrik:		
Grundstücks-Conto	461 403,76	
Gebäude-Conto ℳ 825 860,46, ab 2 % Abschreibung „ 16 517,46 = ℳ 809 343,—, ab Extra-Abschreibung „ 59 343,—	750 000,—	
Maschinen-Conto	1,—	
Werkzeug-Conto	1,—	
Rohmaterialien und Halbfabrikate	211 790,05	1 423 195,81
„ Maschinen-Fabrik:		
Grundstücks-Conto	3 261 631,41	
Gebäude-Conto ℳ 3 357 484,21, ab 2 % Abschreibung „ 67 149,21 = ℳ 3 290 335,—, ab Extra-Abschreibung „ 190 335,—	3 100 000,—	
Maschinen-Conto	1,—	
Werkzeug-Conto	1,—	
Modell-Conto	1,—	
Versicherungs-Conto ℳ 10 387,35, ab 20 % Abschreibung „ 2 077,35	8 310,—	
Rohmaterialien	1 807 840,68	
Halbfabrikate	3 511 316,83	11 689 101,92
„ Apparate Fabrik:		
Grundstücks-Conto	650 545,47	
Gebäude-Conto ℳ 2 451 991,85, ab 2 % Abschreibung „ 49 039,85 = ℳ 2 402 952,—, ab Extra-Abschreibung „ 152 952,—	2 250 000,—	
Maschinen-Conto	1,—	
Werkzeug-Conto	1,—	
Modell-Conto	1,—	
Rohmaterialien	984 821,11	
Halbfabrikate	2 151 214,82	6 036 584,40
„ Kabel-Fabrik:		
Grundstücks-Conto	1 149 893,78	
Gebäude-Conto ℳ 2 801 884,49, ab 2 % Abschreibung „ 56 037,49 = ℳ 2 745 847,—, ab Extra-Abschreibung „ 145 847,—	2 600 000,—	
Maschinen-Conto	1,—	
Versicherungs-Conto ℳ 52 531,50, ab 20 % Abschreibung „ 10 506,50	42 025,—	
Rohmaterialien	2 399 034,79	
Halbfabrikate	909 030,21	7 099 984,78
„ Hypotheken-Conto Friedrichstr. 85		50 000,—
„ Patent-Conto		1,—
„ Versicherungs-Conto	56 697,85	
ab 20 % Abschreibung	11 339,85	45 358,—
„ Conto-Corrent-Conto:		
Guthaben bei den Banken	15 620 344,33	
„ „ unseren Filialen	13 968 881,01	
„ in laufender Rechnung	14 353 516,96	
Installationen	280 860,96	
Centralen und Bahnen in eigenem Betrieb	2 814 293,57	47 037 896,83
„ Waaren-Conto:		
Inventur:		
Fertige Waaren	11 365 000,93	
Anlagen in Arbeit:		
Centralen	1 827 238,78	
Bahnen	5 116 752,57	
Installationen	1 920 513,72	19 729 506,—
		133 420 023,88

Passiva.

Passiva	ℳ	ℳ
Per Actien-Capital-Conto		60 000 000,—
„ Obligationen-Conto		14 046 500,—
„ Rückstellungs-Conto		5 000 000,—
„ Reservefonds-Conto		22 027 621,97
„ Beamten-Pensions- und Unterstützungsfonds-Conto		1 321 637,50
„ Hypotheken-Conto:		
a. Glühlampen-Fabrik	200 000,—	
b. Kabel-Fabrik	580 000,—	
c. Lausitzer Elektricitäts-Werke	27 000,—	807 000,—
„ Dividenden-Conto: nicht abgehobene Dividenden:		
1894/95	110,—	
1895/96	390,—	
1896/97	1 800,—	
1897/98	1 275,—	
1898/99	11 325,—	14 900,—
„ Obligations-Zinsen-Conto:		
per 1. 4. 95	10,—	
„ 1. 4. 1900	3 090,—	
Theilbetrag der per 1. 10. fälligen Coupons	140 465,—	143 565,—
„ Obligationen-Einlösungs-Conto: nicht abgehobene		
per 1. 4. 1894	500,—	
„ 1. 4. 1896	1 000,—	
„ 1. 4. 1897	2 500,—	
„ 1. 4. 1898	5 000,—	
„ 1. 4. 1899	12 500,—	
„ 1. 4. 1900	20 500,—	42 000,—
„ Conto-Corrent-Conto:		
Diverse Conti	13 278 140,49	
Guthaben der Bank für elektrische Unternehmungen Zürich	6 023 438,92	19 301 579,41
„ Gewinn- und Verlust-Conto:		
Reingewinn		10 715 220,—
Hiervon:		
15 % Dividende auf ℳ 47 000 000,—	7 050 000,—	
7½ % Dividende auf ℳ 13 000 000,—	975 000,—	
Rückstellung	1 500 000,—	
Gratificationen und Wohlfahrtseinrichtungen	300 000,—	
Pensions- und Unterstützungsfonds	300 000,—	
Tantième für den Aufsichtsrath	304 662,—	
Vortrag 1900/1901	285 558,—	
	10 715 220,—	
		133 420 023,88

Passiva.

Gewinn- und Verlust-Conto pro 30. Juni 1900.

Debet.

Debet	ℳ	ℳ
An Handlungs-Unkosten-Conto:		
Geschäftsunkosten pro 1899/1900	953 948,26	
abzüglich des von den Berliner Elektricitäts-Werken empfangenen Verwaltungsbeitrages	359 012,37	594 935,89
„ Steuern-Conto:		
Abgaben an Staat und Commune		400 019,65
„ Abschreibungen:		
a. Glühlampen-Fabrik:		
Gebäude-Conto, Abschreibung	16 517,46	
Gebäude-Conto, Extra-Abschreib.	59 343,—	75 860,46
b. Maschinen-Fabrik:		
Gebäude-Conto, Abschreibung	67 149,21	
Gebäude-Conto, Extra-Abschreib.	190 335,—	257 484,21
Versicherungs-Conto, Abschreibung		2 077,35
c. Apparate-Fabrik:		
Gebäude-Conto, Abschreibung	49 039,85	
Gebäude-Conto, Extra-Abschreibung	152 952,—	201 991,85
d. Kabel-Fabrik:		
Gebäude-Conto, Abschreibung	56 037,49	
Gebäude-Conto, Extra-Abschreibung	145 847,—	201 884,49
Versicherungs-Conto		10 506,50
Umzugs-Conto		29 852,83
„ Versicherungs-Conto		11 339,85
„ Bilanz-Conto:		
Reingewinn		10 715 220,—
		12 501 173,08

Credit.

Credit	ℳ	ℳ
Per Bilanz-Conto:		
Vortrag pro 1898/99		186 751,53
„ Geschäftsgewinn pro 1899/1900		12 314 421,55
		12 501 173,08

Das Consortial-Conto weist unsere Betheiligung an nachfolgenden Geschäften aus: Kraftübertragungswerke Rheinfelden, Gesellschaft für Bau von Untergrundbahnen, Berlin, Compania Barcelonesa de Electricidad, Deutsch-Ueberseeische Elektricitäts-Gesellschaft, Berlin, Unione Italiana Tramways Elettrici, Genua, Syndicat für elektrische Unternehmungen, Genua, Compania Vizcaina de Electricidad, Bilbao, Actien-Gesellschaft „Elektricität", Warschau, Deutsche Niles Werkzeugmaschinen-Fabrik, Russische Strassenbahnen, Elektrische Kraft, Baku, Schantung Eisenbahn- u. Bergbau-Gesellschaft, Studiengesellschaft für elektrische Schnellbahnen, Stadtbahn Halle, Tempelhofer Industriegelände, Maschinenfabrik Oerlikon.

Auf Effecten-Conto waren verbucht ausser unseren Beständen an deutschen und ausländischen Staatsanleihen u. A. die Actien, Antheile und Obligationen der Berliner Elektricitäts-Werke, Elektricitäts-Lieferungs-Gesellschaft, Elektrochemische Werke

Bitterfeld, Elektrochemische Werke Rheinfelden, Riedler Express-Pumpen-Gesellschaft mit beschränkter Haftung, Abwärmekraftmaschinen-Gesellschaft mit beschränkter Haftung, sowie die Actien bezw. Antheile unserer Zweigniederlassungen, für welche die Form der Actien-Gesellschaft bezw. Gesellschaft mit beschränkter Haftung besteht.

Für die letztverflossenen 5 Jahre wurden folgende Dividenden vertheilt:

1894/5:	11 %	auf	20 000 000 ℳ	Capital
1895/6:	13 %	„	22 000 000 ℳ	„
1896/7:	15 %	„	25 000 000 ℳ	„
1897/8:	15 %	„	25 000 000 ℳ	„
	7½ %	„	10 000 000 ℳ	„
1898/9:	15 %	„	47 000 000 ℳ	„
für 1899/1900 ist vorgeschlagen:	15 %	„	47 000 000 ℳ	„
	7½ %	„	13 000 000 ℳ	„

Der Vorstand besteht aus einem Director oder mehreren Directionsmitgliedern oder stellvertretenden Directionsmitgliedern, welche vom Aufsichtsrath zu notariellem Protokoll ernannt werden. Gegenwärtig bilden den Vorstand die Herren Geheimer Baurath Emil Rathenau als Generaldirektor, Felix Deutsch, Bauinspector a. D. Richard Kolle, Paul Jordan, Paul Mamroth, Dr. Walther Rathenau als Directoren.

Der Aufsichtsrath besteht aus 7—15 Mitgliedern, welche aus der Zahl der Actionäre durch die Generalversammlung auf 4 Jahre gewählt werden. Gegenwärtig besteht der Aufsichtsrath aus den Herren Banquier Rudolf Sulzbach in Frankfurt a. M. und Carl Fürstenberg, Geschäftsinhaber der Berliner Handels-Gesellschaft in Berlin, stellvertretende Vorsitzende, Banquier Ludwig Delbrück, Commerzienrath P. G. Friedenthal, Eisenbahn-Directions-Präsident a. D. Jonas, Ingenieur Dr F. von Hefner-Alteneck, Commerzienrath Hugo Landau, Regierungsrath a. D. Dr. Ernst Magnus, Director der Nationalbank für Deutschland, Justizrath Maximilian Kempner, Rechtsanwalt und Notar, letztere sämmtlich in Berlin. Der Vorsitzende, Staatsminister Herrfurth, ist durch Tod ausgeschieden; die Neuwahl steht bevor.

Auf Grund ihrer statutarischen Befugniss emittirt die Gesellschaft jetzt gemäss Beschluss des Aufsichtsraths vom 1. November 1900 zur weiteren Verstärkung ihrer Betriebsmittel

M. 15 000 000 4½ procentige Schuldverschreibungen Serie IV von 1900

unter folgenden Anleihebedingungen:

§ 1. Die Theilschuldverschreibungen lauten auf den Namen der Berliner Handels-Gesellschaft in Berlin, sind aber durch Blancoindossament übertragbar.

Die Anleihe zerfällt in 15 000 Stück No. 7001 bis 22 000 über je ℳ 1000,—.

§ 2. Die Theilschuldverschreibungen werden mit jährlich 4½ vom Hundert in halbjährlichen Zielen am 2. Januar und 1. Juli jeden Jahres verzinst, und sollen die Zinsen gegen Einlieferung der den Schuldverschreibungen beigefügten Zinsscheine ausser bei der Gesellschaftskasse

in Berlin	bei der	Berliner Handels-Gesellschaft,
„ „	„ „	Deutschen Bank,
„ „	„ „	Nationalbank für Deutschland,
„ „	„ dem	Bankhause Delbrück, Leo & Co.,
„ Frankfurt a/M.	„ „ „	Gebrüder Sulzbach,
„ „ „	„ der	Frankfurter Filiale der Deutschen Bank,
„ Leipzig	„ „	Allgemeinen Deutschen Credit-Anstalt,
„ Breslau	„ dem	Bankhause E. Heimann,
„ Aachen	„ der	Aachener Disconto-Gesellschaft,
„ München	„ „	Bayerischen Filiale der Deutschen Bank,
„ Zürich	„ „	Schweizerischen Kredit-Anstalt

zahlbar gestellt werden.

§ 3. Jeder Theilschuldverschreibung sind zwanzig halbjährliche Zinsscheine und ein Erneuerungsschein beigegeben. Die Ausgabe einer ferneren Reihe Zinsscheine erfolgt gegen Einreichung des betreffenden Erneuerungsscheines.

§ 4. Die Zinsscheine verjähren in 4 Jahren, vom 31. December desjenigen Jahres ab, in welchem sie fällig geworden sind. Die Kraftloserklärung abhanden gekommener oder vernichteter Theilschuldverschreibungen erfolgt nach den gesetzlichen Bestimmungen. Eine gesonderte Kraftloserklärung der Zins- und Erneuerungsscheine ist nicht zulässig.

§ 5. Die Verzinsung der Theilschuldverschreibungen hört an dem Tage auf, an welchem dieselben zur Rückzahlung fällig werden. Mit den fälligen Theilschuldverschreibungen nebst Erneuerungsschein müssen zugleich die nach dem Rückzahlungstage fälligen Zinsscheine eingeliefert werden, widrigenfalls der Betrag der fehlenden Scheine behufs deren demnächstiger Einlösung vom Capitalsbetrage gekürzt wird.

§ 6. Die Tilgung der Theilschuldverschreibungen erfolgt zum Nennwerthe durch jährliche Ausloosungen; die erste Rückzahlung erfolgt am 2. Januar 1906. Zu dieser Tilgung wird jedesmal ein Procent des ursprünglichen Anleihebetrages zuzüglich der ersparten Zinsen verwendet. Der Allgemeinen Elektricitäts-Gesellschaft steht es frei, vom 2. Januar 1906 ab die Tilgung zu verstärken oder auch sämmtliche Theilschuldverschreibungen mit sechsmonatiger Frist zur Rückzahlung auf einen Zinstermin zu kündigen.

Die durch vorzeitige Rückzahlung über das Maass der vorgeschriebenen Tilgung hinaus ersparten Zinsen brauchen zur Tilgung nicht mit verwendet zu werden.

Am 5. Juli jeden Jahres, zuerst am 5. Juli 1905, findet in Berlin in Anwesenheit eines Vertreters der Berliner Handels-Gesellschaft die Ziehung der am 2. Januar des nächsten Jahres, zuerst am 2. Januar 1906 zur Rückzahlung gelangenden Theilschuldverschreibungen statt. Ueber den Hergang ist eine öffentliche Urkunde aufzunehmen.

Fällt der Ziehungstag auf einen Sonntag oder gesetzlichen Feiertag, so wird die betreffende Ziehung an dem nächstfolgenden Werktage vorgenommen. Die gezogenen Nummern werden alsbald von der Allgemeinen Elektricitäts-Gesellschaft durch dreimaligen Abdruck im Deutschen Reichsanzeiger, in der Berliner Börsen-Zeitung und im Berliner Börsen-Courier veröffentlicht. Geht eines dieser Blätter ein, oder wird dasselbe sonst unzugänglich, so bestimmt der Aufsichtsrath der Allgemeinen Elektricitäts-Gesellschaft an Stelle des betreffenden Blattes ein anderes.

§ 7. Die Rückzahlung der ausgeloosten Theilschuldverschreibungen erfolgt gegen Einlieferung derselben bei den in § 2 bezeichneten Stellen.

§ 8. Kündigungen und sonstige Bekanntmachungen an die Besitzer der Theilschuldverschreibungen erfolgen mit rechtlicher Wirkung durch einmalige Veröffentlichung in dem Deutschen Reichs-Anzeiger und mindestens noch sechs Blättern, und zwar in zwei Berliner Blättern, einem Kölner Blatt, einem Frankfurter, einem Leipziger und einem Breslauer Blatt.

§ 9. Nach jedesmaliger Einlösung von Theilschuldverschreibungen, sei es infolge regelmässiger Ausloosung, sei es infolge vorzeitiger Rückzahlung durch die Allgemeine Elektricitäts-Gesellschaft, sind die getilgten Theilschuldverschreibungen zu vernichten, und ist über den Hergang eine öffentliche Urkunde aufzunehmen.

§ 10. Die durch Giro legitimirten Inhaber der einzelnen Theilschuldverschreibungen können ihre Rechte gegen die Allgemeine Elektricitäts-Gesellschaft selbstständig geltend machen. Die Berliner Handels-Gesellschaft wird den Inhabern aus den Theilschuldverschreibungen nicht verhaftet.

§ 11. Die Theilschuldverschreibungen werden mit der rechtsverbindlichen Unterschrift der Gesellschaft und der facsimilirten Unterschrift eines Mitgliedes des Aufsichtsrathes versehen. (§ 12 der Statuten der Allgemeinen Elektricitäts-Gesellschaft.)

§ 12. Die Allgemeine Elektricitäts-Gesellschaft ist nicht berechtigt, vor Tilgung dieser Anleihe Serie IV eine neue Anleihe aufzunehmen, welche deren Inhabern ein besseres Recht auf das Vermögen der Gesellschaft als den Inhabern von Theilschuldverschreibungen dieser Serie IV einräumt.

Die Anleihe dient dem Zweck, die Betriebsmittel zu vergrössern und den Berliner Elektricitäts-Werken, welche von der Vermehrung ihres Capitals einstweilen Abstand genommen haben, die für den Ausbau ihrer Anlagen nöthigen Beträge vorschiessen zu können.

Die Schuldverschreibungen sind mit den früher ausgegebenen gleichberechtigt und nicht hypothekarisch eingetragen.

Berlin, im November 1900.

Allgemeine Elektricitäts-Gesellschaft.

Auf Grund des vorstehenden Prospectes sind zum Handel und zur Notiz an der Berliner Börse zugelassen und werden von uns in den Verkehr gebracht

nom. M. 15 000 000,— 4½% Theilschuldverschreibungen
der
Allgemeinen Elektricitäts-Gesellschaft,

wovon

nom. M. 10 000 000,—

unter nachstehenden Bedingungen von uns zur öffentlichen Subscription aufgelegt werden:

1) Die Zeichnung findet

Donnerstag, den 6. December 1900

gleichzeitig bei den nachgenannten Stellen und zwar:

in Berlin	bei der	Berliner Handels-Gesellschaft,
	„ „	Deutschen Bank,
	„ „	Nationalbank für Deutschland,
	„ dem	Bankhause Delbrück Leo & Co.,
„ Aachen	„ der	Aachener Disconto-Gesellschaft,
„ Breslau	„ dem	Bankhause E. Heimann,
„ Frankfurt a. M.	„ „ „	Gebr. Sulzbach,
	„ der	Frankfurter Filiale der Deutschen Bank,
„ Leipzig	„ „	Allgemeinen Deutschen Credit-Anstalt,
„ München	„ „	Bayerischen Filiale der Deutschen Bank

während der bei jeder Stelle üblichen Geschäftsstunden auf Grund des zu diesem Prospecte gehörigen Anmeldeformulars statt.

2) Einer jeden Anmeldestelle ist die Befugniss vorbehalten, die Subscription auch schon vor Ablauf des hierfür festgesetzten Termins zu schliessen und nach ihrem Ermessen die Höhe des Betrages jeder einzelnen Zutheilung zu bestimmen.

3) Der Subscriptionspreis beträgt **99½%** unter Verrechnung der vom 1. Januar 1901 ab laufenden Stückzinsen bis zum Abnahmetage.

4) Bei der Zeichnung ist auf Verlangen der Subscriptionsstelle eine Caution von 5% des gezeichneten Betrages in baar oder börsengängigen, von der betreffenden Stelle für zulässig erachteten Werthpapieren zu hinterlegen. Jeder Zeichner wird sobald als möglich nach Schluss der Zeichnung schriftlich benachrichtigt, ob und in welchem Umfange seine Anmeldung Berücksichtigung gefunden hat. Im Falle die Zutheilung weniger als die Anmeldung beträgt, wird die überschiessende Caution unverzüglich zurückgegeben.

5) Die Abnahme der zugetheilten Originalstücke kann gegen Zahlung des Preises (vgl. No. 3) vom 20. December 1900 ab stattfinden und muss spätestens am 15. Januar 1901 erfolgen. Beträge bis zu ℳ 5000,— sind ungetheilt am 20. December cr. abzunehmen.

Berlin, Aachen, Breslau, Frankfurt a. M., Leipzig, München, im November 1900.

Berliner Handels-Gesellschaft. Deutsche Bank. Nationalbank für Deutschland.
Delbrück Leo & Co. Aachener Disconto-Gesellschaft.
E. Heimann. Gebr. Sulzbach. Allgemeine Deutsche Credit-Anstalt.

Subscriptions-Anmeldung.

4½%ige Theilschuldverschreibungen der Allgemeinen Elektricitäts-Gesellschaft.

Subscription auf Nominal Mark 10 000 000.

№ ....

An Delbrück Leo & Co.

Auf Grund der Bedingungen des ausgegebenen Prospects subscribir.... d.... Unterzeichnete von den zur Subscription aufgelegten **4½%igen Theilschuldverschreibungen der** ***Allgemeinen Elektricitäts-Gesellschaft***

Mark .... Nominal

und verpflichte.... sich demgemäss zu deren Abnahme oder zur Abnahme des auf Grund dieser Anmeldung zuzutheilenden geringeren Betrages.

.........................., den .... 1900.

Name: ....

Wohnort: ....

Dokument 22

Emil Rathenau an Georg von Siemens, 26. März 1893

Berlin, N. W., den 26. 3. 1893

Sehr geehrter Herr Doctor!
Aus den Correspondenzen von Altgelt ist ersichtlich, daß er es mit der Sanierung der Electricitäts Gesellschaft in Buenos Aires sehr ernst nimmt, und daß ein derartiges Unternehmen gute Chancen bietet. Aber was würden unsere Actionäre dazu sagen, wenn wir unsere Geschäfte in der Weise über Süd-Amerika ausdehnen? Wir wollen dorthin Fabrikate gern liefern, und wenn es sich darum handelt, einen Theil des Kaufpreises zu creditieren, so ließe man es sich gefallen, aber den Augiasstall aufzuräumen, der eine Ablage der amerikanischen Edison Gesellschaft Erzeugnisse geworden zu sein scheint und Summen dort zu begraben, die bestenfalls in Jahren erst wieder zum Vorschein gelangen, scheint ein Experiment, zu dem wir uns nicht hergeben können, so lange wir noch näher liegende Aufgaben (Madrid) zu erfüllen haben.
Wenn es gelingen sollte, unter Führung potenter dort ansäßiger Firmen, eine Gesellschaft ins Leben zu rufen, die Rechtsverhältnisse betr. der Concession und der amerikanischen Gesellschaft zu ordnen, welche letztere ihren berühmten Patentlicenzvertrag mit der Sociedad Anonyma Luz Electrica Edison of the city of B. A. geschlossen hat, und einen vernünftigen Contract mit der bestehenden Concurrenz-Gesellschaft zu schließen, dann könnten wir uns vielleicht dazu verstehen, an ein jungfäuliches Werk zu gehen, aber die jetzige Erbschaft anzutreten, widerspricht meinem Gefühl, weil ich weiß, daß es doch nur Flickwerk wird und mehr als eine moderne technisch vollkommene Anlage zuletzt kostet. Auch ist die Einrichtung auf den großen Styl nicht zugeschnitten, der der Bedeutung einer solchen Stadt entspricht.
Bei dieser Gelegenheit möchte ich aber einen anderen Gegenstand, der mich seit einiger Zeit beschäftigt, zu Ihrer gefl Kenntniß bringen. Der Helios in Köln ist ihnen bekannt, er vegetiert seit Jahren, und hat bisher nur zwei größere Aufgaben vollendet: die Centralstation seiner Vaterstadt und die von Amsterdam. Erstere habe ich kürzlich besucht, sie ist ein gelungenes Werk, das jetzt in Frankfurt nachgeahmt werden soll. Der Helios besitzt die Patente von Ganz und Tesla für Wechsel- und Drehstrom. Über die Bedeutung derselben sind die Ansichten getheilt, aber man darf annehmen, daß sie in einer Hand vereinigt, einen gewissen Werth haben, das Kapital des Helios besteht aus 2,2 Millionen, die Hälfte Stamm, die Hälfte Prioritätsactien. Die Fortführung der Geschäfte wird der Gesellschaft, die schon große fremde Mittel in Anspruch genommen hat, schwer, sie muß sich also entweder mit einem bestehenden Unternehmen fusionnieren, d. h. der Zeitströmung folgen, oder ihr Kapital erhöhen oder liquidieren. Letztere Alternative würde die Concurrenz am meisten befriedigen, aber sie ist unwahrscheinlich, weil dabei Nichts herauskommt, und Eltzbacher, Schöller, Bicheroux, Schmalbein, in deren Besitz die Actien sind, zu reich sind, um die Flinte ins Korn zu werfen; sie werden sich leichter entschließen, was sie übrigens schon häufiger gethan haben, trotz Unterbilanzen, neue Mittel aufzubringen. Das wäre für uns, die wir der Städtebeleuchtung unfreiwillig entsagt haben, weniger unangenehm als für S & H. und Schuckert, aber umgekehrt wären wir eine Größe mit der sie zu rechnen hätten, wenn wir die Actien des H. besäßen. Aber darauf lege ich weniger Werth, als auf die herrschende Tendenz, deren alleiniger Vertreter und Verfechter H. seit Jahren ist, die Hochspannung. Mit dem Moment, wo wir uns hierin mit ihm vereinigen, werden wir nicht nur in die el. Städtebeleuchtung sondern namentlich auch in die Kraftübertragung eindringen und der absterbenden Gesellschaft und der unserigen frisches Blut zuführen.
Angenommen, das 2 Actien Helios gegen eine der A. E. G. umgetauscht werden, so könnte letztere den Bestand an Actien der Electra in Höhe von ca. 1,160 000 Mk zum Course von 60 % übernehmen und mit dem Erlös die Creditoren, wahrscheinlich die Cölner Bankiers bis auf 630 000 Mk befriedigen. Da an Vorräthen 746 000 nach billiger und gewissenhafter Schätzung und an Debitoren 686 000 Mk vorhanden sein sollen, so ließe sich bei der Capitalsreduction außer dem Verlust aus 1891/92 noch das Conto für Patente und Licenzen abschreiben, und es bliebe nur noch ein dunkler Punct, nämlich die noch nicht fälligen Licenzen in Höhe von 280 000 Mk bestehen.
Nun wären aber Eltzbacher bereit, die Actien der holländischen Gesellschaft Electra, an der hervorragende Firmen in Amsterdam betheiligt sind, zu Pari zu übernehmen, und es wäre deshalb zu untersuchen, wieweit diese Schätzung berechtigt ist, u. ob man einen so hohen Preis für die Actien gewähren kann, daß die Last der zukünftig an Ganz noch zu zahlenden Licenzen verschwindet.
Wenn Sie die Güte hätten, an der Hand des beifolgenden Berichts, sich mit der Sache zu beschäftigen, so bitte ich zu weiteren Aufklärungen hierüber mir eine Zeit zu bestimmen, wann ich Sie besuchen darf, vorausgesetzt, daß Sie die Frage für diskutierbar erachten.

Mit freundlichem Gruß
Hochachtungsvoll
E. Rathenau

Quelle: Deutsche Bank, Historisches Archiv, S 79

Dokument 23

Abkommen.

zwischen der Siemens & Halske, Aktiengesellschaft einerseits und der Allgemeinen Elektricitäts-Gesellschaft andererseits.

1.

Das vorliegende Abkommen bezweckt die Regelung einer gemeinschaftlichen Behandlung der grösseren selbstständigen elektrischen Unternehmungen in Südamerika. Dasselbe bezieht sich zunächst auf die unter 2 genannten Städte. Es werden jedoch beide Gesellschaften, sobald andere südamerikanische Unternehmungen ähnlicher Art in Frage kommen, versuchen, auch diesbezüglich ein Abkommen zu schliessen, bevor sie in Konkurrenzbestrebungen eintreten.

2.

Zunächst wird nachrichtlich bemerkt, dass der Allgemeinen Elektricitäts-Gesellschaft die Beleuchtungs- und Trambahn-Unternehmungen der Chilian Elektric Tramway and Light Comp. in Santiago de Chile und ferner die der Deutsch-Ueberseeischen Elektricitäts-Gesellschaft in Buenos-Aires auf Grund bestehender Verträge ausschliesslich reserviert bleiben. Zu den Unternehmungen der Deutsch-Ueberseeischen Elektricitäts-Gesellschaft gehört die Centrale für Licht- und Kraftabgabe und die Tranvia Metropolitana mit ihren gegenwärtig in Betrieb befindlichen und den bereits konzessionierten bezw. zur Konzession angemeldeten neuen Linien.

Der Siemens & Halske, Aktiengesellschaft bleiben reserviert die elektrischen Unternehmungen in Rio de Janeiro.

Die Allgemeine Elektricitäts-Gesellschaft wird keine elektrischen Geschäfte in Bahia verfolgen, vielmehr dieses Gebiet der Siemens & Halske Aktiengesellschaft allein überlassen, wohingegen Siemens & Halske Aktiengesellschaft der Allgemeinen Elektricitäts-Gesellschaft in Valparaiso freie Hand lässt.

Die elektrischen Unternehmungen in St. Paulo, Santos, Lima und Buenos-Aires, in letzterer Stadt mit Ausnahme der vorhin erwähnten elektrischen Unternehmungen der Deutsch-Ueberseeischen Elektricitäts-Gesellschaft werden von beiden Gesellschaften gemeinschaftlich verfolgt und gegebenen Falles unter gleicher Beteiligung zu gleichen Teilen durchgeführt und ausgenützt.

Bei jeder dieser Unternehmungen übernimmt einer der beiden Gesellschaften nach vorheriger Vereinbarung die Führung. Grundsätzlich gilt, dass die von jeder der beiden Gesellschaften geführten einzelnen Unternehmungen annähernd in Bezug auf die Kapitalshöhe gleichwertig sein sollen.

3.

Jede der beiden Gesellschaften verpflichtet sich, die gemeinschaftlichen Angelegenheiten nach bestem Wissen und

[. . .]

Gesellschaft von alledem Mitteilung zu machen, was dieser bei der Ausführung ihrer Pläne förderlich sein könnte.

4.

Als Grundsatz für die gemeinschaftliche Verfolgung und Durchführung der erwähnten Geschäfte gilt, dass alle Rechte und Pflichten aus jeder einzelnen der gemeinschaftlichen Unternehmungen, sowohl bezüglich der Projekte, der erstmaligen Bauausführung, als auch der späteren Nachlieferungen jeder der beiden Gesellschaften zur Hälfte zufallen, dergestalt, dass die daraus sich ergebenden Gewinne und Verluste von jeder der beiden Gesellschaften zur Hälfte getragen werden. Insbesondere sollen die allgemeinen Unkosten und Auslagen für Konzessionserlangung, Bauausführung und Abrechnung von beiden Gesellschaften zu gleichen Teilen getragen werden. Die von jeder der beiden Gesellschaften hierbei ausbezahlten Beträge oder übernommenen Zahlungsverpflichtungen sind regelmässig vierteljährlich der anderen Gesellschaft mitzuteilen.

Die Lieferung von eigenen Fabrikaten der beiden Gesellschaften und die zugehörigen Montagearbeiten sollen bei den gemeinschaftlich durchzuführenden Unternehmungen in natura zu möglichst gleichen Teilen unter beiden Gesellschaften verteilt werden. Dasselbe gilt von Lieferungen und Arbeiten Dritter, welche in direktem Zusammenhange mit den eigenen Fabrikaten zur Verwendung kommen. Sonstige Lieferungen und Arbeiten Dritter sollen in der Regel von der führenden Gesellschaft beschafft bezw. veranlasst werden, welche dafür ihre Selbstkosten der gemeinschaftlichen Abrechnung zu belasten hat, während der daran erzielte Gewinn zu gleichen Teilen geteilt wird.

5.

Für die Verrechnung der beiden Teilen zufallenden Unkosten und Gewinne sollen folgende Grundsätze maassgebend sein:

a. Die Unkosten der Bureaus und Bearbeitung der Entwürfe, etwaige Beträge zwecks Ankaufs bestehender Unternehmungen oder Konzessionen, etwa zu hinterlegende Kautionen, erforderliche Provisionen und nützliche Ausgaben und dergleichen werden nach bestem Wissen und Können festgestellt und mit 5%iger Verzinsung ohne weiteren Gewinnaufschlag in Rechnung gestellt.

b. Diejenigen Lieferungen, welche eigene Erzeugnisse der beiden Firmen sind, werden mit Listenpreisen, vermindert um 10 % oder mit Preisen, welche diesen Sätzen entsprechen, berechnet. Auf dieser Basis muss in jedem Falle eine Verständigung über die zu berechnenden Preise zwischen den Contrahenten im Voraus erfolgen. Für eigene Arbeiten, Montage und dergleichen werden die Selbstkosten vermehrt um 10 % in Rechnung gestellt.

c. Die Zahlungen für Arbeiten Dritter sind unter Anrechnung aller von solchen Dritten der Gesellschaft eingeräumten Vorteile ohne Zuschlag in Rechnung zu stellen, desgleichen die Auslagen für Zoll, Fracht und Verpackung.

d. Der hiernach an der erstmaligen Bauausführung oder späteren Nachlieferungen etwa noch verbleibende Gewinn fällt beiden Gesellschaften zur Hälfte zu.

6.

Ueber die Art des Vorgehens bei der Durchführung der einzelnen Unternehmungen, namentlich in Bezug auf die bei Ausführung und dem Betrieb hierbei in Ansatz zu bringenden Gewinnaufschläge, ferner in Bezug auf Finanzierung und Ausnutzung der erworbenen Rechte, soll zwischen den beteiligten Gesellschaften von Fall zu Fall eine Verständigung erfolgen, welche rechtzeitig von der das Unternehmen führenden Gesellschaft herbeizuführen ist. Dieser Gesellschaft liegt es ob, entsprechende Vorschläge für die Durchführung zu machen und die zur

Erledigung der letzteren erforderlichen Grundsätze aufzustellen und vorzulegen. Es ist Pflicht der führenden Gesellschaft für eine glatte Abwickelung der übernommenen Geschäfte Sorge zu tragen, sich über alle Vorgänge unterrichtet zu halten und alle zu unternehmenden Schritte rechtzeitig vorzubereiten. Die dazu erforderlichen Behelfe der anderen Gesellschaft sind ihr von dieser zur Verfügung zu stellen.

7.

Sobald von der die Geschäfte führenden Gesellschaft der Gesammtentwurf eines Unternehmens aufgestellt und der Kostenanschlag abgeschlossen ist, wird hierüber, sowie über die etwa erforderliche Geldbeschaffung, die Festsetzung des Bauprogrammes, die Art der Ausführung und die Wahl des Bauleitenden eine Verständigung herbeigeführt. Alsdann übernimmt jeder der Gesellschaften die Ausführung ihres Teiles und die Verantwortung für eine ordnungsmässige Vollendung desselben, während die allgemeine Leitung der Geschäfte der führenden Gesellschaft verbleibt.

Dem Bauleitenden der führenden Gesellschaft sind alle bei der Bauausführung thätigen Beamten beider Gesellschaften unterstellt, soweit es sich um Fragen allgemeiner Natur und nicht um Einzelheiten der Bauausführung der einzelnen Firma handelt.

8.

Für alle Schäden, welche aus einer mangelhaften Anlage oder Lieferung entstehen, hat diejenige Gesellschaft aufzukommen, welche die betreffende Anlage oder Lieferung ausführt. Zu jeder wesentlichen Aenderung des Bau- und Betriebsprogramms ist die Zustimmung beider Gesellschaften erforderlich. Unwesentliche Aenderungen darf die führende Gesellschaft vornehmen.

Wenn nichts anderes festgesetzt wird, übernimmt jede Gesellschaft eine zweijährige Haft für sämmtliche Teile der von ihr übernommenen Bauarbeiten und Lieferungen und ersetzt sofort alles kostenlos, was in Folge fehlerhafter Konstruktion oder Ausführung schadhaft werden sollte.

9.

Die mit der Leitung des Betriebes beauftragten Direktoren, ersten Ingenieure und Buchhalter der gemeinschaftlichen Unternehmungen werden gemeinschaftlich ernannt, die übrigen Beamten von der den Betrieb führenden Gesellschaft.

10.

In allen Fällen, wo eine Vereinbarung zwischen den beiden Gesellschaften nicht zu erzielen ist, soll unter Ausschluss des Rechtsweges ein Schiedsgericht entscheiden, zu welchem jeder der beiden Vertragschliessenden einen Schiedsrichter ernennt, welche sich vor Eintritt in die Verhandlungen über einen Obmann zu einigen haben. Dieser Obmann tritt indess nur in Thätigkeit, wenn die beiden Schiedsrichter sich nicht unter sich einigen können. Im Uebrigen kommen für das schiedsrichterliche Verfahren die Bestimmungen der Deutschen Civilprozessordnung in Anwendung.

11.

Dieses Abkommen erlischt, wenn diejenigen Unternehmungen, welche laut Punkt 2 von beiden Gesellschaften gemeinschaftlich verfolgt werden sollen, entweder vollständig durchgeführt und erledigt sind, oder zur Durchführung überhaupt nicht gelangen.

Dieses Abkommen ist in zwei gleichlautenden Exemplaren ausgefertigt und jeder der Parteien ist ein Exemplar ausgehändigt.

Berlin, den 9. Juli 1898.

Siemens & Halske
Aktiengesellschaft.

gez. Schwieger. gez. Budde.

Allgemeine Elektricitäts-Gesellschaft
gez. E. Rathenau.

Quelle: Siemens Museum München, SAA 23/Li 747

PROSPEKT

über

Rubel 7000000.– auf den Inhaber lautende Aktien

mit Dividendenberechtigung von 1911 ab, Stück 28000 à Rubel 250.— Nr. 1—28000

Rubel 1000000.– auf den Inhaber lautende Aktien

mit Dividendenberechtigung von 1912 ab, Stück 4000 à Rubel 250.— Nr. 28001—32000

und über

Rubel 1768500.— 5%ige Obligationen

(ursprünglicher Betrag Rubel 2000000.—, nämlich 1000 Stück Nr. 1—1000 über je Rubel 500.—; 1050 Stück Nr. 1—1050 über je Rubel 1000.—; 300 Stück Nr. 1—300 über je Rubel 1500.—)

Gesamtkündigung jederzeit zulässig

der

Russischen Aktiengesellschaft:

Russische Gesellschaft „Allgemeine Elektricitäts-Gesellschaft"

in St. Petersburg.

Die Russische Aktiengesellschaft **Russische Gesellschaft „Allgemeine Elektricitäts-Gesellschaft"** in St. Petersburg ist am 30. Oktober 1901 errichtet worden und übernahm per 1. Januar 1902 die sämtlichen Aktiven und Passiven der gleichzeitig in Liquidation tretenden „Allgemeinen Elektricitäts-Gesellschaft in St. Petersburg" zu Berlin.

Zweck der Gesellschaft ist die Errichtung und der Betrieb elektrischer Anlagen, der Verkauf von Maschinen, Apparaten und sämtlichen Zubehörteilen auf dem Gebiet der elektrischen Energie sowie überhaupt die Ausbeutung sämtlicher Unternehmungen, die auf Verwendung der elektrischen Energie beruhen.

Das **Grundkapital** der Gesellschaft betrug ursprünglich Rbl. 1000000.— und wurde im Jahre 1905 zwecks Uebernahme des größten Teiles der Aktiven der Russischen Elektricitäts-Gesellschaft „Union" auf Rbl. 6000000.—, im Jahre 1909 auf Rbl. 7000000.— erhöht. Die Generalversammlung vom 6./19. Juli 1911 hat beschlossen, das Aktienkapital behufs Ausdehnung des Unternehmens um weitere Rbl. 1000000.— zu erhöhen durch Ausgabe von 4000 Stück neuen Aktien à Rbl. 250.— mit Dividendenberechtigung vom 1. Januar 1912 ab. Die ministerielle Genehmigung der Kapitalserhöhung ist am 12. November 1911 erfolgt. Die neuen Aktien sind den alten Aktionären zum Kurse von 110% angeboten und von diesen bezogen worden. Das erzielte Agio wird abzüglich Spesen und Kosten mit Rbl. 93000.— dem Reservefonds zugeführt werden. Das Grundkapital besteht demnach zurzeit aus Rbl. 8000000.— vollgezahlten, auf den Inhaber lautenden Aktien, 32000 Stück Nr. 1—32000 à Rbl. 250.—, von denen Rbl. 7000000.—, Nr. 1—28000, von 1911 ab und Rbl. 1000000.—, Nr. 28001—32000, von 1912 ab dividendenberechtigt sind.

Kapitalserhöhungen bedürfen der jedesmaligen Genehmigung der Regierung.

Die ersten Erwerber einer jeden neu ausgegebenen Aktie haben außer dem Nominalwerte noch eine gewisse Prämie zu entrichten, welche mindestens dem nach der letzten Bilanz auf jede Aktie der vorherigen Emission entfallenden Teile des Reservefonds gleich ist, wobei die auf diesem Wege gewonnene Prämiensumme dann zur Vergrößerung dieses Reservekapitals verwendet wird. Für den Bezug von Aktien bei Neuemissionen haben die Inhaber von Aktien früherer Emissionen ein Vorzugsrecht in Höhe ihres Aktienbestandes. Die Aktien der Gesellschaft können auf Wunsch der Besitzer entweder auf den Namen oder auf den Inhaber ausgestellt werden. Gegenwärtig existieren nur Inhaber-Aktien. Die Aktien sind mit den Unterschriften von drei Mitgliedern der Verwaltung, des Buchhalters und des Kassierers sowie mit dem Siegel der Gesellschaft versehen.

Die Gesellschaft kann zwecks Vermehrung des Betriebs-Kapitals Obligationen ausgeben, deren gesamter Nominalbetrag den Wert der das Eigentum der Gesellschaft bildenden Immobilien, jedenfalls aber die Summe von Rbl. 2000000.— nicht übersteigen darf. Auf Grund des vom russischen Kaiser genehmigten Statuts sowie des Beschlusses der General-Versammlung vom 22. Dezember 1904 hat die Gesellschaft von diesem Recht im Jahre 1905 Gebrauch gemacht und eine durch Grundbuch-Eintragung zur ersten Stelle nach russischem Recht sichergestellte Obligationsanleihe im Betrage von Rubel 2000000.— aufgenommen. Die Anleihe ist mit 5% verzinslich und vom Jahre 1908 ab in Teilraten bis zum Jahre 1932 zu pari rückzahlbar. Es sind einschließlich 1. Januar 1912 von der Anleihe Rbl. 231500.— getilgt bezw. verlost.

Die **Verwaltung** der Gesellschaft besteht zurzeit aus den Herren: Hofrat E. Schaikewitsch, Direktor der Internationalen Handelsbank, Vorsitzender, St. Petersburg; Geh. Kommerzienrat F. Deutsch, Direktor der Allgemeinen Elektricitäts-Gesellschaft, Berlin; Baurat P. Jordan, Direktor der Allgemeinen Elektricitäts-Gesellschaft, Berlin; Geh. Oberfinanzrat W. Mueller, Direktor der Dresdner Bank, Berlin; L. Goldsztaub, Ingenieur, St. Petersburg; B. Sokolowsky, Ingenieur, St. Petersburg; Wirklicher Staatsrat A. von Dreyer, Ingenieur, St. Petersburg; Wirklicher Staatsrat N. Kokscharow, Bergingenieur, St. Petersburg. Aus der Verwaltung scheidet alljährlich ein Direktor, und zwar jeweilig der älteste nach der Dauer der Amtstätigkeit aus; die ausgetretenen Mitglieder können wiedergewählt werden. Die Mitglieder der Verwaltung können für ihre Tätigkeit im Interesse der Gesellschaft neben der Tantieme vom Reingewinn ein bestimmtes von der Generalversammlung festgesetztes Gehalt beziehen.

Für die unmittelbare Leitung des Betriebes der Gesellschaft kann die Verwaltung mit Genehmigung der General-Versammlung einen oder mehrere geschäftsführende Direktoren mit von der Generalversammlung zu bestimmenden Gehältern erwählen. Geschäftsführender Direktor ist zurzeit Ingenieur L. Goldstaub, St. Petersburg.

Das **Geschäftsjahr** der Gesellschaft ist das russische Kalenderjahr.

Die **ordentlichen Generalversammlungen** werden seitens der Verwaltung jährlich einmal, spätestens im Mai, einberufen zwecks Prüfung und Genehmigung des Geschäftsberichtes und der Bilanz für das verflossene Jahr, des Etats und Arbeitsplanes für das laufende Jahr sowie ferner zwecks Wahl der Mitglieder der Verwaltung und der Revisionskommission.

Von dem Tage und dem Ort der Generalversammlung werden die Aktionäre mindestens drei Wochen vorher durch öffentliche Bekanntmachung in Kenntnis gesetzt.

An den Generalversammlungen nehmen die Aktionäre entweder persönlich oder durch ihre Bevollmächtigten teil, in welchem letzteren Falle die Verwaltung hiervon schriftlich benachrichtigt sein muß. Als Bevollmächtigte dürfen nur Aktionäre fungieren und niemand außer seiner eigenen Stimme mehr als zwei Mandate auf sich nehmen.

An den Beschlüssen der Generalversammlung nehmen nur diejenigen Aktionäre teil, welche ein **Stimmrecht** besitzen. Je zehn Aktien geben eine Stimme; jedoch darf ein Aktionär für seine Aktien nicht mehr Stimmen haben, als dem Besitz von Aktien für den zehnten Teil des Grundkapitals entspricht, wobei eine Stimme auf je zehn Aktien gerechnet wird.

Aktionäre mit einem Besitze von weniger als zehn Aktien können durch eine Generalvollmacht ihre Aktien zwecks Erlangung des Stimmrechts für eine oder mehr Stimmen bis zu dem oben angegebenen Höchstbetrage vereinigen.

Zwecks Erlangung der Berechtigung zur Teilnahme an der Generalversammlung und zur Abgabe von Stimmen in derselben haben die Besitzer von auf den Inhaber lautenden Aktien spätestens sieben Tage vor der Generalversammlung der Verwaltung entweder ihre Aktien oder statutarisch vorgeschriebene Hinterlegungs-Bescheinigungen vorzustellen.

Alle von der Gesellschaft ausgehenden **öffentlichen Bekanntmachungen** erfolgen in den statutarisch vorgeschriebenen russischen Blättern. Solange ihre Aktien und Obligationen an der Berliner Börse amtlich notiert werden, mindestens aber für die Dauer von 5 Jahren, verpflichtet sich die Gesellschaft, die Bilanz sowie das Gewinn- und Verlust-Konto im Deutschen Reichsanzeiger sowie in zwei anderen Berliner Zeitungen zu veröffentlichen, als welche von der Zulassungsstelle zurzeit der Berliner Börsen-Courier und die Vossische Zeitung bestimmt sind.

Ueber die **Gewinnverteilung** bestimmt das Statut folgendes:

Von der nach Deckung aller Unkosten und Verluste sowie nach Auszahlung der für die Obligationsanleihe fälligen Zinsen und Amortisationsbeträge noch übrigbleibenden Summe wird ein Abzug von mindestens 5% für den Reservefonds gemacht, sowie ferner von dem ursprünglichen Werte der Steinbauten bis zu 5% und von dem der übrigen liegenden und beweglichen Güter der Gesellschaft bis zu 10% alljährlich, bis zur völligen Tilgung dieses Wertes, abgeschrieben. Falls dann die nach Abrechnung der Vergütungen des Vorstandes und der Angestellten noch übrigbleibende Summe den Betrag von 5% des Grundkapitals der Gesellschaft nicht übersteigt, wird sie als Dividende verteilt; ist die Summe jedoch höher als die vorerwähnten 5%, so wird der diese 5% übersteigende Betrag nach Bestimmung der Generalversammlung verteilt.

Die zur Bildung des **Reservefonds** gesetzlich gebotene Zurücklegung hat zu erfolgen, bis letzterer die Höhe des dritten Teiles des Grundkapitals erreicht hat, und wird diese Zurückstellung sofort wieder obligatorisch, sobald der Reservefonds in Anspruch genommen worden ist.

Das Reservekapital hat die ausschließliche Bestimmung, den Betrag an Zinsen und Obligationentilgungen, welcher infolge unzureichender Einnahmen der Gesellschaft nicht ausgezahlt werden könnte, zu decken sowie zu unvorhergesehenen Ausgaben verwandt zu werden. Eine Inanspruchnahme des Reservekapitals für diesen letzteren Bedarf erfolgt nur auf Grund der von der Generalversammlung gefaßten Beschlüsse, und zwar nur in dem Falle, wenn die Zinszahlungen und Obligationentilgungen durch die Einnahmen der Gesellschaft vollständig gesichert sind.

Als **Zahlstelle** für die Auszahlung der Dividende fungieren außer der Gesellschaftskasse in St. Petersburg die Dresdner Bank, die Bank für Handel und Industrie, die Direction der Disconto-Gesellschaft, die Nationalbank für Deutschland sowie das Bankhaus S. Bleichröder in Berlin; die Auszahlung erfolgt kostenlos und steuerfrei zum Tageskurse für Rubelnoten. Bei denselben Stellen können auch kostenfrei Bezugsrechte ausgeübt, Aktien zur Teilnahme an den Generalversammlungen hinterlegt sowie alle sonstigen die Aktienurkunden betreffenden Maßnahmen bewirkt werden. Ebenda erfolgt auch die kostenfreie Auszahlung von Zinsen und Kapital der vorerwähnten Rbl. 2000000.— Obligationen-Anleihe der Gesellschaft. Insbesondere hat sich die Gesellschaft verpflichtet, die russische Kapitalrentensteuer zu tragen. Ferner können durch die genannten Stellen ohne Anrechnung von Kosten oder russischen Gebühren auch neue Zins- und Dividendenscheinbogen bezogen werden.

Aktiendividenden, welche im Laufe von 10 Jahren nicht eingefordert sind, verfallen zugunsten der Gesellschaft. Gesetzliche Vorschriften bei Verlust von Wertpapieren (Aufgebotsverfahren) gibt es in Rußland nicht.

Die **Fabrikanlage** der Gesellschaft in Riga besteht aus einem an der Petersburger Chaussee, der Verlängerung einer der Hauptstraßen in Riga, nächst der Stadt gelegenen Grundstück mit einer Oberfläche von 62000 qm, von denen 20126 qm bebaut sind. Die Fabrik besitzt ein direktes Anschlußgleis zur Station Alexander-Pforte, der ersten Station der Nordwest-Bahnen auf der Linie Riga-Petersburg. Die Gebäude mit der Hauptfront nach der Petersburger Chaussee zu gelegen bestehen aus dem Gebäude für die Fabrikverwaltung und Kontorräume, einem großen, massiven, zweistöckigen Steinbau und aus der 210 m langen und 30 m breiten Hauptmaschinenhalle aus Stein, Eisenkonstruktion und Glas mit fünf angebauten ebenso ausgeführten ein- bis dreistöckigen Seitenflügeln. Die elektrische Zentralstation befindet sich in einem gesondert gelegenen massiven Steingebäude; Modelltischlerei, Schmiede, Gelbgießerei und Lager für Rohmaterial sind in besonderen Gebäuden untergebracht. Sämtliche Gebäude sind außer mit den gewöhnlichen Feuerschutzvorrichtungen in Gestalt von Anschlußkränen an die Wasserleitung mit automatischer Schutzvorrichtung gegen Feuer nach dem System „Grinnel-Sprinkler" ausgerüstet. Die Zahl der auf der Fabrik beschäftigten Arbeiter beträgt zurzeit 1360 Personen.

Die Gesellschaft besitzt zurzeit **Installationsbureaux** in St. Petersburg, Moskau (mit Unterbureaux in Omsk, Irkutsk und Taschkent), Samara, Wladiwostok, Riga, Odessa, Charkow (mit Unterbureaux in Jekaterinoslaw, Rostow a. Don), Jekaterinburg, Sosnowice, Kiew, Warschau und Lodz.

Die Gesellschaft hat in den letzten 5 Jahren folgende **Dividenden** verteilt: 1906: 3 %, 1907: 4 %, 1908: 6 % auf je Rbl. 6 000 000.—, 1909: 6 % und 1910: 7 % auf je Rbl. 7 000 000.— Aktienkapital.

Die **Umsätze** betrugen 1906: Rbl. 6 356 510.—, 1907: Rbl. 7 057 113.—, 1908: Rbl. 9 666 635.—, 1909: Rbl. 9 620 631.60, 1910: Rbl. 10 399 587.68.

Die **Bilanz** und die Gewinn- und Verlustrechnung für das Geschäftsjahr 1910 lautet:

Bilanz per 31. Dezember 1910

Aktiva	Rbl.	Kop.	Passiva	Rbl.	Kop.
Grundstück, Fabrikgebäude, Maschinen und Fabrikeinrichtung in Riga	3 231 081	93 [1]	Aktien-Kapital	7 000 000	—
Rohmaterialien und Halbfabrikate	896 609	74	Obligationen . . . . . Rbl. 2 000 000.— davon ausgelost . . . „ 132 000.—	1 868 000	—
Kasse	141 322	39	Reserve-Kapital	157 843	67
Waren	1 656 421	43	Amortisation der Fabrikanlage	853 922	30
Debitoren	5 625 185	36 [2]	Depots der Verwaltungsmitglieder	45 000	—
Inventar	61 844	75	Kreditoren	3 010 923	92
Wechsel	344 662	36	Aval-Konto	216 598	—
Depots der Verwaltungsmitglieder	45 000	—	Gewinn	829 042	28
Kautionen	135 325	09	Verteilung: 5% statutengemäss in den Reservefonds . . . Rbl. 41 453.— Zuweisung an das Amortisationskapital der Fabrikanlage und Einrichtung . . . „ 200 347.21 Abschreibung auf Inventar-Kto. „ 6 184.57 Rückstellung für Steuern . . . „ 50 000.— Tantième an die Mitglieder der Verwaltung . . . „ 33 000.— 7% Dividende auf 7 Millionen Rubel . . . „ 490 000.— Vortrag für 1911 . . . „ 8 057.50 Rbl. 829 042.28		
Effekten	1 627 279	12 [3]			
Aval-Konto	216 598	—			
	13 981 330	17		13 981 330	17

1) Grundstück . . . . . . Rbl. 235 787.69
Gebäude . . . . „ 1 891 798 35
Maschinen . . . . . . „ 638 867 23
Werkzeuge . . . . . . „ 279 622.10
Utensilien . . . . . . „ 92 245.49
Modelle . . . . „ 92 761 07
Rbl. 3 231 081.93

2) Darunter ein Posten von Rbl. 421 000.—
ein Posten von „ 290 000.—
ein Posten von „ 190 000.—
ein Posten von „ 135 000.—
vier Posten von 50—90 000.—
Der Rest setzt sich aus kleineren Beträgen zusammen, die inzwischen Eingang gefunden haben.

3) Davon Rbl. 1 600 000.— Aktien der „Aktiengesellschaft Vereinigte Kabelwerke".

Gewinn- und Verlust-Konto per 31. Dezember 1910

Debet	Rbl.	Kop.	Kredit	Rbl.	Kop.
Handlungsunkosten	762 805	76	Gewinn-Vortrag aus 1909	5 639	08
Obligationszinsen	93 400	—	Nutzen auf Waren-Konto	1 679 608	96
Gewinn	829 042	28			
	1 685 248	04		1 685 248	04

Die Bilanz per Ende 1911 wird wesentliche Differenzen gegenüber der vorstehenden Bilanz per Ende 1910 nicht aufweisen.

Im Jahre 1906 hat die Gesellschaft gemeinschaftlich mit der „Aktiengesellschaft Russische Elektrotechnische Werke, Siemens & Halske" zu St. Petersburg sowie der „Aktiengesellschaft Felten & Guilleaume-Lahmeyerwerke" zu Mülheim a. Rh. die „Aktiengesellschaft Vereinigte Kabelwerke" in St. Petersburg mit einem Aktienkapital von Rbl. 4 800 000,— errichtet und sich an dieser Gesellschaft mit Rbl. 1 600 000,— beleiligt.

Die Bilanz sowie das Gewinn- und Verlustkonto der „Aktiengesellschaft Vereinigte Kabelwerke" in St. Petersburg per 31. Dezember 1910 lautet:

Bilanz am 31. Dezember 1910

Aktiva	Rbl.	Kop.	Passiva	Rbl.	Kop.
Grundstücke, Gebäude, Maschinen und Einrichtungen	3 092 823	23	Aktienkapital	4 800 000	—
Rohstoffe, Halbfabrikate, fertige Waren	1 171 863	25	Reservekapital	95 525	62
Kassabestand und Bankguthaben	916 453	96	Amortisationskapital	534 468	28
Wertpapiere	129 994	91	Kreditoren	719 818	08
Wechsel	120 667	76	Kautionen der Verwaltungsmitglieder und leitenden Direktoren	110 000	—
Debitoren	1 534 616	29	Aval-Konto	57 170	52
Kautionen der Verwaltungsmitglieder und leitenden Direktoren	110 000	—	Gewinn- und Verlust-Konto	761 436	90
Aval-Konto	2 000	—			
	7 078 419	40		7 078 419	40

Gewinn- und Verlust-Konto am 31. Dezember 1910

Debet	Rbl.	Kop.	Kredit	Rbl.	Kop.
Geschäftsunkosten	263 102	66	Gewinn-Vortrag aus 1909	58 899	83
Zweifelhafte Schuldner	4 988	52	Bruttonutzen	970 628	25
Gewinn	761 436	90			
	1 029 528	08		1 029 528	08

Die „Aktiengesellschaft Vereinigte Kabelwerke" in St. Petersburg verteilte in den Jahren 1906 bis 1910 nacheinander 4 %, 5 %, 7 %, 7 %, 8 % Dividende auf Rbl. 4 800 000,— Aktienkapital.

Die **Bedingungen** für die Rbl. 2 000 000.— Obligationen der Russischen Gesellschaft „Allgemeine Elektricitäts-Gesellschaft" lauten wie folgt:

§ 1.

Auf Grund des § 16 der am 30. Oktober 1901 Allerhöchst bestätigten und laut dem am 10. Juli 1905 Allerhöchst bestätigten Gutachten des Minister-Komitees geänderten und ergänzten Statuten der Russischen Gesellschaft „Allgemeine Elektricitäts-Gesellschaft" emittiert diese Gesellschaft Obligationen auf ein Nominalkapital von zwei Millionen Rubel.

§ 2.

Die Obligationen lauten auf den Inhaber und werden in Stücken von 500, 1000 und 1500 Rubel emittiert.

§ 3.

Bei jeder Obligation befindet sich ein Kuponbogen zum Empfange der halbjährlichen Zinsen im Laufe von 10 Jahren und ein Talon zum Empfange eines neuen Kuponbogens für die folgenden 10 Jahre. Dieser Talon ist während 18 Monaten gültig, vom Fälligkeitstermin des letzten Kupons an gerechnet; nach Ablauf dieses Zeitraumes wird der neue Kuponbogen nur gegen Vorweisung der Obligation selbst ausgeliefert.

§ 4.

Jede Obligation ist mit dem Faksimile der Unterschriften von 3 Direktoren der Verwaltung und mit den eigenhändigen Unterschriften des Kassierers und des Buchhalters der Gesellschaft versehen.

§ 5.

Die Obligationen tragen, vom 1. Juli 1906 an, einen Jahreszins von **5 %**, was für eine jede Obligation von 500 Rubel = 25 Rubel, von 1000 Rubel = 50 Rubel und von 1500 Rubel = 75 Rubel ausmacht. Diese Zinsen werden, nach Abzug der Steuer von Einkünften aus Geldkapitalien,**) halbjährlich, am 2. Januar und 1. Juli eines jeden Jahres, in der Verwaltung der Gesellschaft in St. Petersburg oder an den Stellen, welche von der Verwaltung, vor dem Eintritt des Zahlungstermins der Kupons, in den im § 8 dieser Bedingungen namhaft gemachten Blättern genannt werden, ausgezahlt.

§ 6.

Die Obligationen werden im Laufe von 25 Jahren, vom 2. Januar 1908 ab, amortisiert. Zur Tilgung der Obligationen in dem angegebenen Zeitraum sind, laut dem auf einer jeden Obligation abgedruckten Amortisationsplane, jährlich bestimmt: a) 2,5 % vom Nominalbetrage des Obligationskapitals und b) die Totalsumme der Zinsen (5 %) auf das bereits getilgte Kapital.

Anmerkung: Die Gesellschaft behält sich das Recht des Rückkaufes der Obligationen, vor dem in diesem Paragraphen festgesetzten 25jährigen Termin, vor, sowohl mittels verstärkter Amortisation ausser den festgesetzten Auslosungen, als auch auf dem Wege einer einmaligen Amortisation der gesamten, zurzeit vorhandenen Obligationsschuld, wobei in beiden Fällen die Inhaber der Obligationen 3 Monate vor dem Termin, welcher für einen derartigen Rückkauf festgesetzt wird, davon in Kenntnis gesetzt werden müssen.

*) Sie sollen ferner einschliesslich der Restanten jeweils in zwei Berliner Tageszeitungen veröffentlicht werden.
**) Diese Steuer trägt die Gesellschaft.

§ 7.

Die Amortisation der Obligationen geschieht vermittelst Auslosungen, welche einmal jährlich, am 2. Oktober, angefangen vom Jahre 1907, in der Verwaltung der Gesellschaft stattfinden. Die ausgelosten Obligationen werden zur Vernichtung in die Expedition zur Anfertigung der Staatspapiere übergeben, und die über die Vernichtung aufgenommenen Protokolle werden der Kredit-Kanzlei des Finanzministeriums zugestellt. Die Inhaber der Obligationen sind berechtigt, sowohl den Ziehungen der Obligationen als auch deren Vernichtung beizuwohnen.

§ 8.

Die Nummern der gezogenen Obligationen werden jedesmal, sofort nach der Ziehung, in dem „Regierungsanzeiger“, in den „Wiedomosti“ beider Residenzen, im „Anzeiger für Finanz-, Industrie- und Handelsnachrichten“, wie auch in den örtlichen „Gouvernements-Wiedomostie“ veröffentlicht.*)

§ 9.

Das Nominalkapital der gezogenen Obligationen wird von der Verwaltung der Gesellschaft, drei Monate nach erfolgter Ziehung und zwar vom 2. Januar eines jeden Jahres an, bei denselben Stellen, an welchen die Zahlung der Obligationszinsen stattfindet (§ 5 dieser Bedingungen) ausgezahlt.

§ 10.

Die Verzinsung der ausgelosten Obligationen hört mit dem zur Auszahlung des Kapitals derselben festgesetzten Termin auf. Falls bei den zur Zahlung vorgestellten ausgelosten Obligationen nicht alle Kupons vorhanden sind, welche nach dem zur Einlösung der Obligationen festgesetzten Termin fällig sind, so wird der Betrag der fehlenden Kupons, nach Abzug der Steuer von Einkünften aus Geldkapitalien, vom Kapital der Obligation abgezogen, um später dem Inhaber dieser Kupons ausgezahlt zu werden.

§ 11.

Zur Zahlung der Zinsen auf die Obligationen, sowie zur Tilgung der letzteren müssen alljährlich (§ 41 der Statuten) die erforderlichen Summen von den Einkünften der Gesellschaft abgeschrieben werden, und zwar bevor sonstige Abschreibungen für Tilgung des Wertes des Eigentums der Gesellschaft, für das Reservekapital und für die Dividendenzahlung auf die Aktien vorgenommen werden.

§ 12.

Die Kupons und die gezogenen Obligationen sind im Laufe von zehn Jahren von ihren Zahlungsterminen an (§§ 5 und 9) gültig und werden alsdann als wertlos angesehen. Die Summen, welche zur Zahlung der verjährten Kupons und Obligationen bestimmt waren, werden Eigentum der Gesellschaft, mit Ausnahme der Fälle, wo die Verjährungsfrist dem Gesetze nach als unterbrochen gilt. In solchen Fällen ist mit allen erwähnten Summen gemäss der richterlichen Entscheidung oder der Verfügung der Vormundschaftsbehörden zu verfahren. Auf alle obengenannten Summen, welche nicht zum Termin gefordert wurden und in der Kasse der Verwaltung aufbewahrt werden, werden keine Zinsen ausgezahlt.

§ 13.

Die regelmässige Zahlung der Zinsen und der Amortisation der Obligationen wird vor allen anderen Schulden der Gesellschaft, laut § 16 der Statuten der Gesellschaft, sichergestellt: a) durch alle Einkünfte der Gesellschaft, b) durch das Reservekapital und c) durch das ganze bewegliche und unbewegliche Vermögen der Gesellschaft, sowohl dasjenige, welches bei der Begründung der Gesellschaft von dieser erworben wurde, als auch dasjenige, welches noch in Zukunft erworben werden könnte. Demgemäss erfolgt die Emission der Obligationen nach Eintragung der Obligationsschuld der Gesellschaft im vollen Nominalbetrage der zu emittierenden Obligationen in die Grundbücher (Krepostbücher), mit dem Rechte der ersten Hypothek, wobei gleich bei der Emission der Obligationen sämtliche auf dem Vermögen der Gesellschaft lastenden Schulden getilgt werden müssen. Gleichzeitig hat sich die Gesellschaft, in der Person ihrer Direktion, schriftlich verpflichtet, von jedem von der Gesellschaft neuerworbenen Besitztum dem Finanzministerium unverzüglich Mitteilung zu machen, unter Vorlegung einer Bescheinigung über dessen Eintragung in die Grundbücher (Krepostbücher) und des erfolgten Vermerks betreffs der Belastung desselben zu Gunsten der Obligationsschuld in Form einer ersten Hypothek.

§ 14.

Die Gesellschaft darf nach Emission der Obligationen das derselben gehörige Besitztum mit keinen anderen Pfandverschreibungen belasten, bevor die Obligationsschuld vollkommen getilgt ist.

§ 15.

Falls die Einnahmen der Gesellschaft in irgend einem Jahre zur Zahlung der Zinsen und Amortisation der Obligationen nicht ausreichen sollten und die fehlende Summe aus dem vorhandenen Reservekapital oder anderweitigen Quellen nicht gedeckt werden kann, gelangt zuerst das bewegliche und sodann das unbewegliche Vermögen der Gesellschaft behufs Bezahlung der gesamten Obligationsschuld zum Verkauf.

§ 16.

Im Falle der Zahlungsunfähigkeit der Gesellschaft und der Liquidation der Geschäfte derselben (§§ 16 und 61 der Statuten) werden die Inhaber der Obligationen vorzugsweise vor den übrigen Gläubigern der Gesellschaft befriedigt, mit Ausnahme derjenigen Schulden, welche nach Art. 36 der Beilage zum Art. 1899 der Zivilprozessordnung (Ausg. 1892) zur ersten Kategorie gehören.

Der **Geschäftsgang** der Gesellschaft im abgelaufenen Jahre weist an Absatz und Auftragsbestand wesentlich höhere Ziffern aus, als im Vorjahre, so daß für das abgelaufene Jahr mit einer Dividende von mindestens der gleichen Höhe wie im vergangenen Jahre gerechnet werden darf.

St. Petersburg, im Januar 1912.

Russische Gesellschaft „Allgemeine Elektricitäts-Gesellschaft“.

Auf Grund vorstehenden Prospektes sind

Rubel 7 000 000.— auf den Inhaber lautende Aktien
mit Dividendenberechtigung von 1911 ab, Stück 28000 à Rubel 250.— No. 1—28000

Rubel 1 000 000.— auf den Inhaber lautende Aktien
mit Dividendenberechtigung von 1912 ab, Stück 4000 à Rubel 250.— Nr. 28 001—32 000

und

Rubel 1 768 500.— 5% ige Obligationen
(ursprünglicher Betrag Rubel 2 000 000.—, nämlich 1000 Stück Nr. 1—1000 über je Rubel 500.—; 1050 Stück Nr. 1—1050 über je Rubel 1000.—; 300 Stück Nr. 1—300 über je Rubel 1500.—)
Gesamtkündigung jederzeit zulässig

der

Russischen Aktiengesellschaft

Russische Gesellschaft „Allgemeine Elektricitäts-Gesellschaft“
in St. Petersburg

zum Handel an der Berliner Börse zugelassen. Der Umrechnungskurs ist für den Rubel mit M. 2.16 festgesetzt worden.

Wir legen hiervon

Rbl. 4 000 000.— Aktien
mit Dividendenberechtigung für 1911 und ff.
sowie ferner

Rbl. 1 250 000.— Obligationen

unter nachstehenden Bedingungen zur öffentlichen Zeichnung auf:

1. Die Zeichnung findet statt am

Dienstag, den 6. Februar 1912,

gleichzeitig während der üblichen Geschäftsstunden in **Berlin**
bei der **Dresdner Bank,**
„ „ **Bank für Handel und Industrie,**
„ dem Bankhause **S. Bleichröder,**
„ der **Direction der Disconto-Gesellschaft,**
„ „ **Nationalbank für Deutschland**
sowie den übrigen Niederlassungen der genannten Banken. Früherer Schluß der Zeichnung ist dem Ermessen jeder einzelnen Stelle vorbehalten.

2. Der Zeichnungspreis beträgt
   a) für die **Aktien 135%** zuzüglich 4% Stückzinsen vom 1. Januar 1911,
   b) für die **Obligationen 97%** zuzüglich 5% Stückzinsen vom 1. Januar 1912.
3. Bei der Zeichnung ist auf Verlangen der Zeichnungsstelle eine Kaution von 5% des gezeichneten Betrages in bar oder in börsengängigen, von der Zeichnungsstelle für zulässig erachteten Wertpapieren zu hinterlegen.
4. Die Zuteilung, welche sobald als möglich nach Schluß der Zeichnung durch schriftliche Benachrichtigung der Zeichner erfolgt, unterliegt dem freien Ermessen jeder einzelnen Zeichnungsstelle. Der Schlußnotenstempel geht zu Lasten des Käufers.
5. Die zugeteilten Stücke sind gegen Zahlung des Betrages bei derjenigen Stelle, bei der die Anmeldung erfolgt ist, in der Zeit vom **12. bis 23. Februar cr.** einschließlich abzunehmen.

Berlin, im Februar 1912.

Dresdner Bank. **Bank für Handel und Industrie.**
S. Bleichröder. **Direction der Disconto-Gesellschaft.**
Nationalbank für Deutschland.

Dokument 25

Zweite Ausfertigung

N° 556 des Notariats-Registers 1903

Zur Nebenausfertigung 1,50 entwertet. Zur Urschrift sind 75 M. in Buchstaben fünfundsiebzig Mark Stempel verwendet
Berlin, den 30. Mai 1903
Der Notar
Crome

Verhandelt
Berlin, den 27. Mai 1903
Vor dem
unterschriebenen zu Berlin, Belle-Alliance Strasse 91
wohnenden Notar
im Bezirke des Königlich-Preussischen Kammergerichts,
Justizrat Paul Crome

erschienen heute, im Geschäftshause der Siemens & Halske Aktiengesellschaft in Berlin Askanischer Platz 3, wohin sich der Notar auf Ersuchen begeben hat, dem Notar von Person bekannt:

1. als Vertreter der Allgemeinen Elektricitäts-Gesellschaft zu Berlin,
   a) das Vorstandsmitglied der genannten Gesellschaft Herr Direktor Paul Mamroth von Berlin,
   b) der Prokurist der genannten Gesellschaft Herr Helmuth Holbein von Berlin,
2. als Vertreter der Gesellschaft für drahtlose Telegraphie System Professor Braun und Siemens & Halske Gesellschaft mit beschränkter Haftung
   Herr Wilhelm Bargmann von Berlin Geschäftsführer der genannten Gesellschaft.

Die Erschienenen erklärten:
Namens der durch uns vertretenen Gesellschaften schließen wir hiermit einen Gesellschaftsvertrag mit folgenden

Satzungen

§ 1.

Die Allgemeine Elektricitäts-Gesellschaft zu Berlin
und
die Gesellschaft für drahtlose Telegraphie System Professor Braun und Siemens & Halske Gesellschaft mit beschränkter Haftung zu Berlin
errichten eine Gesellschaft mit beschränkter Haftung, welche ihren Sitz in Berlin hat, unter der Firma:
»Gesellschaft für drahtlose Telegraphie mit beschränkter Haftung.«

§ 2.

Den Gegenstand des Unternehmens bildet die Vereinigung der bisher von beiden Gesellschaftern getrennt gemachten Versuche auf dem Gebiete der drahtlosen Wellentelegraphie und die geschäftliche Betätigung auf diesem Gebiete, namentlich durch den Vertrieb von Apparaten, sowie durch Uebernahme von ganzen Einrichtungen für drahtlose Telegraphie zu Wasser und zu Lande.

§ 3.

Das Stammkapital beträgt M 300000.– dasselbe in von den den Vertrag schließenden Gesellschaftern dahin übernommen worden, daß gezeichnet haben

1) die Allgemeine Elektrizitäts-Ges. M 150000.–
2) die Gesellschaft für drahtlose Telegraphie System Prof. Braun und Siemens & Halske m. b. H. " 150000.–

zusammen M 300000.–

Solange die gesamten Stammeinlagen nicht mindestens 1 Million betragen, sind die Gesellschafter im Verhältnis ihrer Stammeinlagen zu Nachschüssen von im ganzen M 700000.– verpflichtet.
Jeder Gesellschafter hat vor der Anmeldung der Gesellschaft zum Handelsregister 25 % seiner Stammeinlage an die Geschäftsführer zur Einzahlung zu bringen. Weitere Einzahlungen werden nach Bedarf eingefordert.
Beide Gesellschafter bringen ohne Festsetzung eines Wertes oder Entgeltes für dieses Einbringen in die Gesellschaft ein: Die sämtlichen ihnen auf dem Gebiete der drahtlosen Telegraphie zustehenden Patente, Patentanmeldungen und Musterschutzrechte, und die Gesellschaft übernimmt lediglich die Verpflichtung, von dem Tage der Eintragung in's Handelsregister ab die fällig werdenden Kosten für Aufrechterhaltung der Patent- und Musterschutzrechte, sowie die weiter entstehenden Kosten für die Durchführung der Anmeldungen ihrerseits zu tragen. Auf Verlangen der Gesellschaft sind die einbringenden Gesellschafter verpflichtet, ihr die zur Uebertragung der eingebrachten Rechte erforderlichen Urkunden auszuhändigen. Die Kosten der Uebertragungsurkunden und der Umschreibung der Schutzrechte trägt die Gesellschaft.

§ 4.

Die Gesellschaft beginnt mit dem Tage der Eintragung in das Handelsregister. Das Geschäftsjahr läuft vom 1. Oktober eines jeden Jahres bis zum 30. September des darauffolgenden.
Das erste Geschäftsjahr läuft vom Tage der Eintragung bis zum 30. September 1903.
Die Dauer der Gesellschaft wird auf die Zeit bis zum 30. September 1923 festgesetzt und gilt mit diesem Tage als aufgelöst, falls nicht vorher eine Verlängerung beschlossen worden ist.

§ 5.

Für die Veräußerung eines Geschäftsanteiles oder von Teilen eines Geschäftsanteiles ist außer der Genehmigung der Gesellschaft auch die Zustimmung der Mehrheit der Geschäftsanteile erforderlich. Teile von Geschäftsanteilen dürfen nur im Betrage von M 10000.– oder einem Mehrfachen dieses Betrages abgetreten werden.

§ 6.

Die Organe der Gesellschaft sind:

1) die Geschäftsführer,
2) die Gesellschafter.

§ 7.

Die Gesellschaft wird durch einen oder mehrere Geschäftsführer vertreten.
Rechtsverbindliche Erklärungen der Gesellschaft werden abgegeben, entweder von einem zur selbständigen Vertretung der Gesellschaft ausdrücklich ermächtigten Geschäftsführer oder von zwei Geschäftsführern oder von einem Geschäftsführer in Gemeinschaft mit einem Prokuristen oder von zwei Prokuristen.

§ 8.

Zu ihrer Vertretung gegenüber den Geschäftsführern ernennen die Gesellschafter eine gerade Anzahl von Delegierten, und zwar ein jeder der Gesellschafter die Hälfte von ihnen. Die Zahl der Delegierten wird zunächst auf im ganzen zwei festgesetzt. Im Falle der Abtretung von Teilen eines Geschäftsanteiles verbleibt das Recht zur Ernennung der Delegierten mangels anderweiter Vereinbarungen zwischen dem abtretenden und dem neuen Gesellschafter bei dem abtretenden Gesellschafter.
Die Delegierten sind berechtigt, den Geschäftsführern Instruktionen zu erteilen und den gesamten Geschäftsbetrieb zu beaufsichtigen.

9. [sic]

Die Beschlußfassungen der Gesellschafter erfolgen durch Briefwechsel oder in gemeinschaftlichen ohne besondere Förmlichkeiten einzuberufenden Konferenzen. Das Ergebnis mündlicher Verhandlungen ist in einem Protokoll niederzulegen.

§ 10.

Der jedesmaligen Vereinbarungen der Gesellschafter bleiben vorbehalten:

1. die Ernennung und Abberufung von Geschäftsführern,
2. die Abänderung oder Ergänzung des vorliegenden Gesellschaftsvertrages,
3. die Erhöhung oder Herabsetzung des Stammkapitals,
4. die Feststellung der Jahresbilanz und die Verteilung des sich ergebenden Reingewinnes,
5. die Einforderung von Einzahlungen auf die Stammeinlagen,
6. alle sonstigen Gegenstände, welche die Geschäftsführung oder die Delegierten der Beschlußfassung der Gesellschafter unterbreiten,
7. die Liquidation der Gesellschaft.

Bei Beschlüssen und Abstimmungen gewährt der Besitz von je M 10000.– Stammeinlage eine Stimme. Einfache Stimmenmehrheit entscheidet, soweit das Gesetz nicht etwas anderes vorschreibt.

§ 11.

Im Falle der Liquidation der Gesellschaft fungieren die Geschäftsführer als Liquidatoren, falls nicht die Gesellschafter etwas anderes vereinbaren.

§ 12.

Etwaige Bekanntmachungen der Gesellschaft erfolgen durch den Reichsanzeiger.

§ 13.

Die Kosten der Errichtung der Gesellschaft übernehmen die Gesellschafter je zur Hälfte.

In Ausführung obiger Statuten ernennen wir zu Geschäftsführern der Gesellschaft

1. Herrn Ingenieur Georg Graf von Arco zu Berlin, Karlsbad 1[b],
2. Herrn Kaufmann Wilhelm Bargmann zu Berlin, Yorkstr. 15.

Wir beantragen uns vier Ausfertigungen dieser Verhandlungen zu erteilen.
Das Protokoll ist in Gegenwart des Notars vorgelesen, von den

Beteiligten genehmigt und von ihnen eigenhändig, wie folgt, unterschrieben:

Paul Mamroth
Helmut Holbein
Wilhelm Bargmann
Der Notar
Crome

Vorstehendes Protokoll wird ausgefertigt und diese Ausfertigung der Gesellschaft für drahtlose Telegraphie mit beschränkter Haftung in Berlin ausgehändigt.
Berlin, den 27. Mai 1903
Der Notar
Crome

Quelle: AEG Firmenarchiv

Dokument 26

Entwurf zu einer Satzung für eine Mathilde Rathenau Stiftung

Nachdem aus Veranlassung der silbernen Hochzeitsfeier des derzeitigen Generaldirektors der Allgemeinen Elektricitäts-Gesellschaft und Berliner Elektricitäts-Werke Herrn Emil Rathenau und dessen Gemahlin Frau Mathilde Rathenau der letztgenannten Frau Rathenau ein Kapital behufs Errichtung eines Fonds zu außerordentlicher Unterstützung weiblicher Angehöriger der genannten Gesellschaften dargebracht und von Frau Rathenau angenommen ist und nachdem dieser Fonds durch anderweite Zuwendung freiwilliger Art nunmehr den Betrag von M. . . . erreicht hat, wird hiermit eine

Mathilde Rathenau Stiftung
für weibliche Angehörige und Hinterbliebene von
Angestellten der A. E. G. und B. E. W. zu Berlin

errichtet und wird für diese Stiftung nachfolgende Satzung verordnet.

§ 1.

Die Stiftung hat ihren Sitz in Berlin im Geschäftslokal der A. E. G.

§ 2.

Gegenstand der Stiftung ist die Gewährung von einmaligen oder laufenden Unterstützungen an weibliche Angehörige und Hinterbliebene von Angestellten der A. E. G. und B. E. W. in Berlin in Krankheitsfällen.

§ 3.

Das Vermögen der Stiftung besteht:

a) aus dem gegenwärtig ihr zugewendeten Kapital von M. . . .
b) aus den auflaufenden nicht zur Verwendung gelangenden Zinsen
c) aus Zuwendungen, welche dieser Stiftung in Zukunft gemacht werden mit der ausdrücklichen Bestimmung, daß diese Zuwendungen im Sinne und nach Maßgabe vorliegender Satzung verwendet werden sollen.

§ 4.

Die Verwaltung der Stiftung erfolgt durch ein Kuratorium unter dem Ehrenvorsitze der Frau Mathilde Rathenau.
Das Kuratorium besteht:

1. aus der Ehefrau eines technischen Beamten der beiden Gesellschaften
2. aus der Ehefrau eines kaufmännischen Beamten
3. aus der Ehefrau eines Monteurs oder Arbeiters
4. aus einem Schriftführer
5. aus einem Schatzmeister

Die Ernennungen in das Kuratorium erfolgen durch die Ehrenvorsitzende auf Vorschlag der Vorstände der beiden Gesellschaften. Der Schriftführer und Schatzmeister müssen Vorstandsmitglieder oder Angestellte der Gesellschaften sein.

§ 5.

Die Anlegung des Vermögens der Stiftung erfolgt nach den Vorschriften über Anlegung von Mündelgeldern oder in Obliga-

tionen / börsengängige Schuldverschreibungen der Gesellschaften. /
Die Kassenverwaltung erfolgt unentgeltlich durch die Hauptkasse der A. E. G., bei welcher auch flüssige Gelder bis zur Anlegung oder Verwendung eingezahlt u. verwaltet werden.

§ 6.

Das Kuratorium ist befugt zum Zwecke der Beratung der einzelnen Fälle, in welchen Unterstützungen erteilt werden sollen, sich durch Wahl von Angestellten oder Ehegattinnen von Angestellten zu cooptiren und Deputationen zur Prüfung u. zum Bericht über einzelne Unterstützungsfälle sowie zur Beaufsichtigung der dauernd bewilligten Unterstützungen zu bilden.

§ 7.

Solche Deputationen bestehen aus mindestens drei Personen und mindestens der Vorsitzenden. Die Vorsitzende der Deputation muß dem Kuratorium als ordentliches Mitglied angehören.
Die Funktionen der Mitglieder erlöschen mit dem Ausscheiden derselben bzw. deren Ehegatten aus ihrem Anstellungsverhältnis bei den Gesellschaften. An Stelle der Ausgeschiedenen ernennt die Ehrenvorsitzende die neuen Mitglieder nach Anhörung der Vorstände der beiden Gesellschaften.

§ 8.

Die Vertretung der Ehrenvorsitzenden erfolgt durch den Schriftführer.

§ 9.

Für den Fall längerer Behinderung eines Mitglieds des Kuratoriums kann die Ehrenvorsitzende für dasselbe einen Stellvertreter einberufen.

§ 10.

Für den Fall des Ausscheidens der derzeitigen Ehrenvorsitzenden wählen die Vorstände der beiden Gesellschaften gemeinschaftlich eine neue Vorsitzende.

§ 11.

Die Unterstützungen können einmalige oder dauernde sein. Dauernde Unterstützungen dürfen nur höchstens bis zu dem Betrag bewilligt werden, daß dadurch 9/10 der einlaufenden Zinsen oder sonstigen Erträgnisse des Fonds nicht überschritten werden. In außergewöhnlichen Fällen darf bei einmaligen Unterstützungen auch das Stiftungskapital in Angriff genommen werden.

§ 12.

Die Bewilligung von Unterstützungen erfolgt auf Antrag der Angestellten selbst oder Hinterbliebener von Angestellten oder auf Vorschlag der Direktionen der Gesellschaften.
Nach Eingang des Vorschlags oder Antrags erfolgt eine Prüfung desselben entweder in dem Kuratorium sofort, oder Ueberweisung an eine Deputation, oder an ein Mitglied des Kuratoriums zur Vorbereitung und Prüfung der Angelegenheit.

§ 13

Die Beschlüsse des Kuratoriums erfolgen nach Stimmenmehrheit. Bei Stimmengleichheit der Anwesenden giebt die Stimme der Vorsitzenden den Ausschlag.

§ 14.

Im übrigen bestimmt das Kuratorium seine Geschäftsordnung selbst, namentlich auch soweit es sich um die Zuziehung der Cooptirten zu den Sitzungen mit beratender Stimme handelt.

§ 15

Für den Fall der Auflösung einer der beiden Gesellschaften verbleibt die Stiftung zur Nutzung der übrig bleibenden Gesellschaft soweit es sich nicht um bereits bewilligte dauernde Unterstützungen an Mitglieder der aufgelösten Gesellschaft handelt.
Für den Fall der Auflösung beider Gesellschaften wird das Stiftungsvermögen zunächst zur Anlegung der noch zur Zeit bei Auflösung vorhandenen Unterstützungsgesuche sowie der bereits bewilligten dauernden Unterstützung verwendet, der Ueberrest fällt etwa noch vorhandenen Wohlfahrtseinrichtungen für Angestellte der beiden Gesellschaften zu und in Ermangelung solcher Fonds an die Stadtgemeinde Berlin zur Unterstützung weiblicher Angehörigen oder Hinterbliebenen von Elektrotechnikern.

§ 16

Alle von der Stiftung zu leistenden Ausgaben erfolgen auf Grund von Zahlungsanweisungen, welche von der Vorsitzenden oder ihrem Stellvertreter, vom Schatzmeister und einem weiteren Mitgliede des Kuratoriums gezeichnet sein müssen. In allen Anweisungen über einmalige oder dauernde Unterstützung ist ausdrücklich festzustellen, daß durch die Erteilung dieser Anweisung ein Rechtsanspruch der Unterstützten auf Zahlung des Betrages nicht begründet wird, daß sich auch das Kuratorium ausdrücklich vorbehalte, die Unterstützung zurückzuziehen oder die Zahlung zu verweigern, namentlich, falls die Empfängerin der Anweisung einer Unterstützung unwürdig geworden, oder falls die Anweisung an Dritte übergegangen oder redirt oder gerichtlich gepfändet oder anderweit beschlagnahmt worden ist.

§ 17.

Das gleiche Recht der Zurücknahme von Unterstützungsanweisungen ist vorbehalten, falls Angehörige der zu Unterstützenden vorsätzlich einer der Gesellschaften Schaden oder Nachteil zufügten.

§ 18

Abänderungen dieser Satzung erfolgen durch Beschluß des Kuratoriums und Zustimmung der Mehrheit der Vorstandsmitglieder der A. E. G. und B. E. W.

Quelle: Deutsche Bank, Historisches Archiv, S 78

Dokument 27

Aufgaben der Elektrizitätsindustrie

Eine Veröffentlichung von Emil Rathenau aus dem Jahre 1910

Nachdem der erste Bedarf an elektrischem Material für Beleuchtung und Kraftübertragung, zum Betrieb für Straßenbahnen sowie für chemische und metallurgische Zwecke mehr oder weniger gedeckt ist, rückt die Zeit heran, in der die abgenutzten oder veralteten Konstruktionen durch verbesserte und zeitgemäßere zu ersetzen sind. Die bestehenden Elektrizitätswerke und elektrischen Bahnen müssen auf den weiteren Ausbau ihrer Anlagen bedacht sein, wenn sie die bisherige Rente erhalten oder gar erhöhen wollen; denn die vorherrschende Tendenz zwingt zu Herabsetzungen der Tarife, wenigstens bei den Kraftzentralen, während bei den Bahnen allerdings eher umgekehrt eine Tendenz zur Erhöhung vorwaltet.

Die Erkenntnis, daß es wirtschaftlicher ist, die Intensität der elektrischen Lichtquellen zu verstärken und sich die hieraus erzielbaren Vorteile zu verschaffen, als unter Erhaltung der weniger intensiven Lichteinheiten um Ersparnis bemüht zu sein – diese Erkenntnis dringt wohl allmählich durch; indem aber einstweilen immer noch in großem Umfange die älteren Leuchtmittel angewendet werden, die einer früheren Kulturperiode angehörend erscheinen, und indem die Fortschritte der Technik auf diesem Gebiete nur in beschränktem Maßstab verwertet werden, sind wir von dem erstrebenswerten Ziel einer ausreichenden Beleuchtung der öffentlichen Straßen und Häuser noch weit entfernt.

Als die Bogenlampe vor einem Vierteljahrhundert in die Leipziger Straße der Reichshauptstadt einzog, stiegen die Grundstückswerte in dem Grade, daß die Bewohner der Straße Unter den Linden, die die Überflügelung der via triumphalis besorgten, die Einführung des elektrischen Lichtes bei der Stadt beantragten, die diese Gesuche auch erfüllte. Und welchen Aufschwung hat die Straße Unter den Linden seitdem genommen! Es gibt weder Wertmesser noch Formeln, aus denen die Preissteigerung von Grund und Boden im Verhältnis zur Intensität der Beleuchtung ermittelt werden kann. Aber es muß vorbehaltlos jeder zugestehen, daß ein wirksameres Mittel zur Hebung der Mieten, besonders der Ladenmieten, kaum existiert, und diese bestimmen ja die Rente der Häuser und den Bodenwert. Man kehrt mit Unbehagen aus hellbeleuchteten Straßen in die anstoßenden dunklen Gegenden zurück, und da das Licht eine große Zugkraft auf das Publikum ausübt, so erscheint es fast als ein Mangel an Solidarität, wenn sich Hausbesitzer und Mieter in altmodisch beleuchteten Straßen nicht durch Selbsthilfe dem trüben Schein der Laternen entziehen; denn die Dunkelheit lähmt die Kaufkraft des Publikums, gefährdet die öffentliche Sicherheit und drückt Straßenzüge, die bei besserer Beleuchtung eine große Rolle spielen könnten, zu Stadtbezirken zweiter Klasse herunter.

Für die Beleuchtung der Straßen bleibt noch viel, sehr viel zu leisten. Als ich vor etwa fünfzig Jahren in einer mittleren deutschen Residenzstadt lebte, verschaffte sich, wer des Abends das Theater verließ, seine eigene Beleuchtung, indem er eine Laterne voraustragen ließ. Das mutet uns wie eine Erinnerung aus längst verschollener Zeit an. Sind wir aber wirklich schon gar so viel weiter? Heute ist die Beleuchtung der Straßen des Abends doch noch immer so unzureichend, daß jeder einzelne Wagen eines eigenen Lichtes bedarf, und so hat sich in diesem Punkte der Zustand gegen früher nur insofern geändert, als wir damals unser Licht zu Fuß trugen, jetzt das Licht vom Wagen fahren lassen. Erst wenn die Straßen so beleuchtet werden, daß die Fuhrwerke eigenen Lichtes nicht mehr bedürften, wäre darin das Kriterium für ihre ausreichende Beleuchtung gegeben.

Es gibt nun noch immer Leute, die das Märchen von der Kostspieligkeit der elektrischen Beleuchtung verbreiten und die Ausgaben für sie als luxeriös hinstellen. Und doch ist bei richtiger Wahl, geeigneter Verteilung der Lichtquellen und bei vernünftigen Strompreisen, deren Bedeutung die Zentralen noch immer nicht gehörig würdigen, gerade die Elektrizität – auch trotz Petroleum – die Lampe des armen Mannes mit dem Augenblick, in dem die Leiter der Elektrizitätswerke auch die Frage der Installation glücklich zu lösen verstehen. Diese Bestrebungen werden auch für die Elektrizitätswerke erfolgreicher sein, als phantastisch hohe Tarife, die zwar vorübergehend die Rente steigern mögen, für die Dauer aber die natürliche Ausdehnung der Werke und die rationelle Elektrizitätserzeugung beeinträchtigen. Übermäßige Tarife ermutigen Großverbraucher zur Errichtung von eigenen konkurrierenden Unternehmungen, so daß einerseits die bestehenden Werke durch den Ausfall des Bedarfs ihrer früheren Stromabnehmer geschädigt werden, andererseits Mißmut unter denjenigen Verbrauchern hervorgerufen wird, die sich auf das hohe Tarife fordernde Elektrizitätswerk angewiesen sehen, weil die Behörde mit ihrer Herrschaft über die öffentlichen Straßen den Anschluß an das mit niedrigerem Tarif arbeitende Werk behindert, von dem die durch ihre Lage begünstigten Nachbarn den Strom beziehen. Die Erhebung hoher Tarife für Kraftzwecke ist geradezu gleichbedeutend mit der Einführung von industriefeindlichen Auflagen, wie sie in manchen Städten bestehen, die damit die Unternehmungen in Vororte treiben, in denen sich mehr Verständnis für die Förderung des Gewerbes findet.

Die Arbeitskraft ist das Fundament und die Seele der industriellen Tätigkeit, und Gemeinden, die auf die Förderung von Handel und Gewerbe Wert legen oder gar angewiesen sind – und ihre Zahl vermehrt sich zusehends – sollten in erster Linie auf Beschaffung wohlfeiler Energie sinnen, denn diese Form der Kraftübertragung von den kleinsten bis zu den gewaltigsten Leistungen ist von unbegrenzter Bedeutung. Das Wort des Dichters: »Kannst du selber kein Ganzes werden, als dienendes Glied schließ an ein Ganzes dich an«, läßt sich für den Bau und Betrieb von Kraftwerken ganz besonders zutreffend zitieren. Daß kleine Werke dieser Art sich im Wettbewerb mit größeren dauernd nicht erhalten, beweisen einfache technische und kaufmännische Erwägungen, und es ist daher nicht zu verstehen, wie Gemeinden große Kapitalien noch immer auf Errichtung derartiger Anlagen verwenden, während sie Strom aus geeigneteren Quellen vorteilhafter beziehen würden. Ihr Bestreben erinnert an die Zeit des Eisenbahnbaues, in der ein Landesfürst durchaus seine eigene Bahn besitzen wollte, wenn sie selbst tausend Taler – diese Summe entsprach der Naivität der damaligen Verhältnisse – kosten würde. Das Geheimnis der Rentabilität elektrischer Anlagen liegt in dem Grad ihrer Ausnutzung, indem die hauptsächlichsten Kosten der Erzeugung nicht von dem Betrieb allein abhängig sind, sondern in festen Lasten für Gehälter, Zinsen, Erneuerungen und Abschreibungen liegen, die das Unternehmen, unabhängig von seiner Ausnutzung, tragen muß. Die in einem Jahr erreichbare Ausnutzung des Werkes läßt sich durch die Größe der Anlage in

Pferdekräften oder Kilowatt multipliziert mit der Stundenzahl eines Jahres ausdrücken. Ihr Verhältnis zu der tatsächlich erreichten Leistung in Stunden nennt man Ausnutzungsfaktor. In Stationen, die im wesentlichen der Lichtversorgung dienen, ist dieser Faktor sehr klein. In solchen, die die Elektrizität für gewerbliche Arbeit und Straßenbahnen erzeugen, ist er um vieles größer. Seinen größten Wert erreicht er bei Versorgung von Betrieben, die, wie Mühlen, chemische Fabriken und Metallgewinnungsprozesse, ununterbrochen Tag und Nacht tätig sind. Je größere Flächen das Leitungsnetz umspannt, desto verschiedenere Zweige des gewerblichen Lebens wird es aufnehmen und damit den Ausnutzungsfaktor verbessern. Von nicht zu unterschätzendem Einfluß auf diesen ist der mit dem Umfang des Gebietes sich steigernde Ausgleich sogenannter intermittierender Betriebe. Versorgt eine Kraftstation zum Beispiel eine Eisenbahn mit Strom, die wenige Züge täglich fährt, so wird ein größeres Quantum Strom zu gewissen Zeiten beansprucht, während zu anderen Zeiten die Maschinen teilweise oder ganz leer laufen; sind jedoch zahlreiche Unternehmungen dieser oder ähnlicher Art an die weitverzweigten Leitungen angeschlossen, so würden nur in Ausnahmefällen die maximalen Beanspruchungen zeitlich zusammenfallen. Dazu kommt, daß die Nutzeffekte kleinerer Maschinen geringer sind und Anlagen von mäßigem Umfange vergleichsweise größere Aufwendungen für Wartung und andere Unkosten verursachen. Hieraus erklärt sich die Tatsache, daß ein leistungsfähiges Werk elektrischen Strom mit Gewinn noch zu Preisen abgeben kann, bei denen ihn ein solches mit beschränkter Leistung und weniger günstigem Ausnutzungsfaktor nicht herzustellen vermag. Die billige Erzeugung der Elektrizität hängt also ebenso sehr von den niedrigen Preisen der Betriebsmaterialien wie von der Größe der Anlage und des Ausnutzungsfaktors, das heißt der Zahl der Stunden, ab, in denen die Einrichtungen des Werkes voll ausgenutzt werden. Könnten die großen Wasserkräfte der Erde auf die gesamte Arbeit aller Länder verteilt werden, so würde man den idealen Zustand der Krafterzeugung erreichen; solange dieses Ideal nicht erreichbar ist, muß man sich bescheiden, ihm möglichst nahe zu kommen.

Als Berlin zuerst mit Elektrizität versorgt wurde, erachtete man das Gebiet von 800 Meter Radius um das Rathaus für die Versorgung von einer Stelle ausreichend. Heute bietet es der Technik keine Schwierigkeit, einen Bezirk von hundertfacher Ausdehnung von einer einzigen Stelle zu speisen. Wenn es nun technisch möglich und wirtschaftlich nötig ist, große Anlagen mit weitverbreiteten Netzen zu errichten, sollte vernünftiger Weise das bisherige System, nach dem jede Stadt, jedes Dorf den Strom selbst für den eigenen Zweck erzeugt, zugunsten leistungsfähiger Krafterzeugungsstellen aufgegeben und sollten umfangreiche Bezirke zum Bau von Großstationen vereinigt werden, die den Strom an günstig gelegenen Stellen erzeugen und zu billigen Tarifen an die Gemeinden abgeben. Diese bewahren hierbei trotzdem ihre Selbständigkeit, weil sie die eigenen Leitungsnetze in ihren Ortschaften herstellen und nach ihrem Ermessen die Sätze für die Abgabe der Elektrizität an die Einwohner gestalten. Einen großen Teil der Anlagekosten, der für das eigene Werk aufzuwenden wäre, würden sie als Betrag zu den Herstellungskosten der Kraftwerke für die Großstationen erübrigen, die unter Umständen für Rechnung der Abnehmer nach genossenschaftlichem Prinzip erbaut und betrieben werden könnten.

Es würde den Rahmen dieser Ausführungen überschreiten, sollten die Vorteile eines solchen Betriebes hier aufgezählt werden, aber einige zu dieser Frage gehörende Erwägungen mögen hier noch ihren Platz finden.

Die Ausnutzung der Naturkräfte für die Elektrizität macht sich bereits in großem Umfange geltend, wo Energiemengen vorhanden sind, sucht man sie zu verwerten. Geschieht dies ohne geographische Abgrenzung und Verteilung, so kann daraus ruinöse Konkurrenz entstehen.

Zur Verteilung der Energie bedarf es der Leitungen und diese können organisch nur gestaltet werden, wenn wir Wegerechte hierfür erlangen. Sache der Gesetzgebung wäre es, sie zu schaffen.

Wie heute Bahnen nur konzessioniert werden, wenn ein Bedürfnis hierfür vorliegt, muß die Bedürfnisfrage auch bei Erteilung einer Konzession für ein Elektrizitätswerk geprüft und damit zugleich die Leistungsfähigkeit der Energiequellen festgestellt werden.

Welche Stellung die Regierung zur Tariffrage einnehmen wird, bleibt abzuwarten, aber mit Wahrscheinlichkeit läßt sich vorhersagen, daß sie mit Rücksicht auf ein etwa zu gewährendes Privileg nicht nur die Interessen der staatlichen Einrichtungen, namentlich der Bahnen, sondern auch die der sonstigen Abnehmer im Auge behalten wird. Diese Kraftstationen, von denen die einen Länder, andere Provinzen, noch andere kleinere oder größere Kreise mit Elektrizität versorgen, werden nach den Erzeugungskosten ihren Tarif aufstellen und ihr Produkt verkaufen. Wenigen Gemeinden wird es gelingen, mit diesen Tarifen erfolgreich in Wettbewerb zu treten. Sie werden vielmehr gezwungen sein, die eigenen Werke außer Dienst zu stellen und den Strom zur Veräußerung gegen Entgelt zu beziehen. Können sich die Gemeinden zu dem Verlust des Anlagekapitals der Werke nicht entschließen und glauben sie bei dem Eigenbetriebe verharren zu dürfen, weil sie das Monopol in ihren Straßen ausüben und die Preise beliebig regeln können, so werden die Großstationen ihre Leitungen bis in die Vororte vorschieben und die Industrie in diese hinausziehen, eine Maßregel, die den Gemeinden verhängnisvoll werden müßte. Abwenden können sie diese Gefahr entweder durch Verträge, die ihnen ein Vorrecht des Bezuges für gewisse Bezirke sichern, oder durch billige Wiederverkaufspreise.

Das Vordringen der Großkraftwerke fördert die Interessen der Gemeinden in mancher Beziehung. Die Straßenbeleuchtung und der Straßenbahnbetrieb mittels Elektrizität werden selbst in kleineren Städten bei niedrigen Strompreisen zur Regel werden. Die hohen Schornsteine müssen allmählich verschwinden, nicht allein wegen der belästigenden und gesundheitsschädigenden Wirkungen der Rauchplage, sondern mehr noch, weil die Dampferzeugung in zahllosen kleinen Betrieben eine Vergeudung des Volksvermögens darstellt, die wir auf die Dauer nicht zu bestehen vermögen.

Die Versuche mit Fernheizungen haben große Erfolge noch nicht gezeitigt, aber die Erzeugung von Wärme durch eigens dafür hergestellte Gase wird ebensowenig wie ihre Fortleitung mittels dafür geeigneter Medien von der Tagesordnung verschwinden. Ob die Verwendung von Dampf hierzu zu rechnen ist, muß mit Rücksicht auf die Wärmeverluste, Undichtigkeiten usw. bezweifelt werden, aber heißes Druckwasser kann zur Verteilung auf große Entfernungen wie Leuchtgas und Elektrizität verwendet werden. Ich rege diesen Gedanken hier nur an, weil er für die Verbreitung der Elektrizität von Bedeutung ist.

Mit einer billigen Wärmeversorgung wird die elektrische Kraftübertragung Gemeingut. Noch sind die meisten Unternehmen beim Heizen, Kochen, Trocknen, Verdampfen auf Dampferzeugung angewiesen. Sie fangen aber schon an, mit ihr eine wohlfeile Gewinnung von Energie zu verbinden, Bestrebungen, die sie einstellen würden, wenn sie Wärme in dieser oder anderer Form von anderer Seite geliefert erhielten. Mit welcher Zähigkeit hat die Elektrotechnik von Anfang an darauf hingewiesen, daß die Gasindustrie sich auf die ihr unbestrittene Domäne der Heizung zurückziehen sollte, aber die Gasindustrie wollte der jüngeren Schwester das Terrain freiwillig nicht abtreten, obwohl sie dauernde Einbußen dadurch kaum erlitten hätte. Ihr Ehrgeiz hat freilich schöne Früchte getragen. Sie hat Wirkungen durch das Gas erreicht, die ihm unter gewissen Umständen eine Gleichberechtigung mit der elektrischen Beleuchtung einräumen. Aber die Elektrizität hat immer wieder neue Vorsprünge gewonnen, und in Jahrzehnten wird vielleicht die Überlegenheit der Elektrizität wie für das Innere der Häuser auch für Straßen und Plätze von niemand mehr geleugnet werden.

Es ist eine schwere Aufgabe, dem Publikum klar zu machen, eine wie bereitwillige Dienerin die Elektrizität ist, und wie wenige es verstehen, sich diese Dienste nutzbar zu machen. Welche Arbeitsmengen werden in der Stadt der Intelligenz noch von teuren Kräften geleistet, die die Elektrizität besser und billiger verrichten würde! Ein Blick in die großen Werke der Reichshauptstadt sollte Großgewerbe und Handwerk lehren, welche Summen sie jahrein, jahraus zum Fenster hinauswerfen. Man würde mich vielleicht der Übertreibung zeihen, wenn ich Zahlen hierfür anführen wollte oder behauptete, daß Arbeiten, bei denen früher weder der Unternehmer, noch der Arbeiter das Salz zum Brot verdienten, Arbeiten, die aus den Städten hätten auswandern müssen, heute mit Hilfe der Elektrizität, ohne entfernt die physischen Anstrengungen der früheren Verfahren zu verursachen, befriedigenden Gewinn für beide Teile abwerfen. Und woraus erklärt sich dieses Wunder? Die elektrische Pferdekraft ersetzt acht fleißige Arbeiter, kostet weniger als den zwanzigsten Teil der für diese erforderlichen Aufwendungen und leistet ihren Dienst Tag und Nacht – natürlich bei wechselnder Bedienung – ohne Ermüdung. Wir fürchten die Überschwemmung mit Produkten, die im fernen Osten für ein geringes Geld hergestellt werden, und können sie bei richtiger Organisation der Arbeit ebenso billig wie jene Länder erzeugen. In den vierziger Jahren verbrannten unerfahrene Leute in unseligem Wahne Fabriken und zerstörten Werkzeugmaschinen, weil diese angeblich Arbeitskräfte entbehrlich machen. Heute herrscht die Erkenntnis, daß mit Verbilligung der Arbeitsmethoden und Produkte die Nachfrage in rascher Progression steigt und zu vermehrter Verwendung von Arbeitskräften Gelegenheit geboten wird.

Wenn ich auf die verschiedenen Verwendungszwecke der Elektrizität im häuslichen und gewerblichen Leben hier eingehen wollte, würde dies zu weit führen.

Für die Heizung kommt die Elektrizität nur unter bestimmten Voraussetzungen in Betracht. In diesen Fällen aber steht sie wegen ihrer Sauberkeit, Dienstbereitschaft, einfachen Fortleitung und vieler anderer Vorzüge unerreicht da. Sie ist bei mäßigem Tarif ein ökonomischer Ersatz des Spiritus, bei intermittierender Verrichtung konkuriert sie auch mit dem Leuchtgase wirtschaftlich und ist zum Schmelzen edler Metalle, zum Löten, Schweißen, Bügeln, im Laboratorium des Chemikers nicht minder als in dem Zimmer der Hausfrau verwendbar, wie der Elektromotor im Haushalt zur Bewegung von Personen- und Tafelaufzügen, zum Messer- und Stiefelputzen, zum Ventilieren der Wohnungen, zum Staubsaugen, zur Ozonbereitung usw. Es ist nun geradezu befremdend, wie langsam sich diese Betriebsbereitschaft Eingang verschafft, obgleich ihre Herstellung und Unterhaltung die vergleichsweise geringsten Kosten verursacht.

Bei Umwandlung der kleinen Elektrizitätswerke in Großstationen, die den von ihnen erzeugten Strom auch der Landwirtschaft zu Preisen liefern würden, für die die sogenannten Überlandzentralen ihn nur in seltenen Fällen abgeben können, darf man die enormen Strommengen nicht unberücksichtigt lassen, die die Eisenbahnen in Zukunft, und zwar zu sehr niedrigen Tarifen beanspruchen werden. Die Werke werden scharf rechnen müssen, wenn sie diese wertvolle Kundschaft erwerben wollen, für die Bruchteile von Pfennigen von ausschlaggebender Bedeutung sein werden, ob die Selbsterzeugung dem Bezuge aus fremden Werken vorzuziehen sei. Bei dem Bahnbetriebe kommen ungezählte Millionen von Kilowatt in Betracht, und nicht selten wird die Höhe des Strompreises entscheidend dafür sein, ob sich aus dem elektrischen Betriebe Ersparnisse erzielen lassen, die die Kosten für die Umwandlung des Dampfbetriebes in elektrischen Betrieb lohnen. Für Neuanlagen von Bahnen ist diese Frage weniger kritisch. Aber die Eisenbahnverwaltungen werden sich hierbei schwer auf die Auseinanderhaltung von neuen und alten Bahnen einlassen und vielleicht sogar das Verlangen stellen, daß sämtliche Bedürfnisse der Eisenbahnen aus derselben Stromquelle und zu dem gleichen Preise befriedigt werden.

Einstweilen beschränkt sich die elektrische Beleuchtung auf große Bahnhofsanlagen und kleinere Eisenbahnstationen, wenn ihnen Strom unter angemessenen Bedingungen zur Verfügung steht. Das ist aber nur ein geringer Teil der gesamten Beleuchtung, deren Umfang und Kosten im Etat der Bahnen eine nicht zu unterschätzende Rolle spielen. Was die Innenbeleuchtung der Wagen angeht, wäre es schon an der Zeit, mit der bisherigen Beleuchtungsmethode zu brechen. Der preußische Finanzminister würde seine Freude an der Einführung der Elektrizität an Stelle des Fettgases haben, aber man grault die Behörden mit den Kosten, die sich allerdings auf mehr als 100 Millionen Mark belaufen würden. Die Mittel dafür brauchte jedoch nicht der Fiskus aufzubringen. Er würde vielmehr lediglich die Ersparnisse einkassieren oder noch besser die hierdurch freiwerdende Summe auf eine zeitgemäßere Beleuchtung verwenden.

Gerade auf dem Gebiete der Eisenbahnbeleuchtung sind der Elektrizität noch große Aufgaben vorbehalten. Trotz der tausend und abertausend sich auf den Gleisen auf weite Entfernungen hinaus erstreckenden Lampen – vorwiegend Gaslampen – sind die Eisenbahnzüge mit ihren Insassen des Nachts allen Gefahren der Finsternis ausgesetzt. Für die sämtlichen Eisenbahnstrecken in ihrer ganzen Ausdehnung eine eigene ausreichende Beleuchtung herzustellen, muß aber für absehbare Zeit schon aus finanziellen Gründen als ausgeschlossen gelten. Die Frage wird vielmehr nur in Verbindung mit der Elektrifizierung der Bahnen gelöst werden. Bei elektrischem Betriebe könnten die Züge ohne erhebliche Kosten vor- und rückwärts mit einer Beleuchtung versehen werden, die weithin auch auf die Strecke ausreichendes Licht wirft. Es kommt hierbei noch besonders in Betracht, daß die schnellfahrenden elektrischen Züge Kurven zur Voraussetzung hätten, die bedeutend flacher als die bei den gegenwärtigen Bahnanlagen wären. Bei diesen flachen Kurven wäre es aber den Zügen soviel eher als bei scharfen Kurven möglich, die Strecke auf weite Entfernungen zu beleuchten. Die hiermit für die Bahnbeleuchtung gegebene Anregung knüpft an Versuche an, die bereits vor Jahren mit Scheinwerfern gemacht

wurden. Was der damaligen mangelhaften Technik nicht gelingen wollte, vermöchte die Elektrizität heute mit aller Zuverlässigkeit zu leisten. Schienen und Weichen wären in voller Helligkeit beleuchtet und das Signalwesen erführe eine Verbesserung, die die heute durch das Dunkel der Nacht verursachten Gefahren und Unglücksfälle wirksam verhütete.
Es ist hier die geeignete Stelle, auch wieder einmal von den Vorzügen der elektrischen Schnellfahrten zu sprechen. Die Versuche, die auf der Strecke Berlin–Zossen mit einer Schnelligkeit von mehr als 200 Kilometern die Stunde gemacht wurden, sollten nicht länger unverwertet bleiben. Die Steigerung, die der Verkehr dadurch erführe, würde gewiß selbst die kühnsten Erwartungen übertreffen. Man denke nur an die Entwicklung, die das Bahnwesen seit seinen Anfängen genommen! Die ersten Eisenbahnen waren überhaupt nicht für den Personenverkehr bestimmt, und als in den dreißiger Jahren des vorigen Jahrhunderts die Strecke Leipzig–Dresden gebaut wurde, fragte man, was denn eigentlich der Leipziger in Dresden, was der Dresdener in Leipzig zu suchen habe. Zunächst war der Verkehr noch gering geblieben, bald aber wuchs er zu einer sehr ansehnlichen Höhe. Das Verkehrsbedürfnis war eben tatsächlich vorhanden gewesen, nur fehlte ihm die Gelegenheit, in die Erscheinung zu treten. Seitdem sind die Ansprüche an das, was die Verkehrsmittel uns bieten sollen, außerordentlich gestiegen, und hinter diesen Ansprüchen bleiben die Bahnen in ihrer gegenwärtigen Verfassung so zurück, daß die meisten eine Bahnreise als eine Beschwerlichkeit ansehen, die sie nach Möglichkeit zu vermeiden suchen. Reisen kostet Geld und Zeit und ist dazu unangenehm – in diesen Satz fassen viele ihr Urteil über das Reisen zusammen. Nun wird das elektrische Fahren allerdings ebenfalls Geld kosten, aber für die Dauer nicht mehr, sondern eher weniger, als das Fahren mit einer Dampfbahn, namentlich wenn in Anschlag gebracht wird, daß auf den elektrischen Bahnen erheblich an Zeit gespart würde. Jedenfalls aber wäre das elektrische Fahren nicht bloß schneller, sondern viel angenehmer. Die Erschütterungen, der Rauch und Staub, denen wir jetzt ausgesetzt sind, ließen sich vermeiden. Der Reiseverkehr wüchse hiernach nicht bloß in dem Verhältnis, in dem die zukünftige größere Schnelligkeit zu der heutigen stände. Genau läßt sich das Verhältnis ja natürlich nicht feststellen, aber begründete Vermutungen gehen dahin, daß der Verkehr etwa in dem Maße wüchse, als er durch den Übergang von der Postkutsche zur Eisenbahn gehoben wurde. Bei einer Geschwindigkeit von 200 Kilometern würde der Geschäftsmann die Strecke Berlin–Hamburg gewissermaßen ohne jeden Zeitverlust zurücklegen. Morgens könnte er seine Post erledigen, bei einer Abreise um 10 Uhr vormittags nähme er unterwegs sein Frühstück ein, könnte einige Stunden den Angelegenheiten auswärts widmen, gegebenenfalls an der Börse mit einer ganzen Anzahl Parteien verhandeln, um 4 Uhr wieder zurück sein und den Nachmittag und Abend für die Korrespondenz und seine sonstige Tätigkeit zur Verfügung haben. Kaum, daß man den Seinigen noch von einer solchen Reise erst Kenntnis zu geben brauchte. Welchen Wert aber hätte es, wenn durch so schnelles Reisen direkte mündliche Verhandlung zwischen Bewohnern zweier Orte in diesem Grade erleichtert wären, da, wo brieflicher, telegraphischer oder telephonischer Verkehr für die gegenseitige Verständigung nicht ausreicht.
Wenn es manchem nützlich schien, daß ein Verbraucher wie der Eisenbahnfiskus elektrische Leitungen ähnlich wie Schienennetze über das Land und eigene Kraftwerke anlegen müsse, so weisen doch die knappen Geldmittel des Staates und das mit allen Unternehmen verbundene Wagnis darauf hin, daß sich bis auf weiteres der Strombezug aus den Werken der Privatindustrie empfiehlt. Der elektrische Strom ist eine andere Form der Kohle, und wie sich deren Ankauf aus privater Hand als richtiges Prinzip durch Jahrzehnte bewährte, so wird auch der Bezug von elektrischer Energie aus privaten Werken viele Vorteile vor der Selbsterzeugung gewähren. Durch Milliarden von Kilowattstunden, die die Eisenbahnen beanspruchen, würde die Produktion dergestalt gesteigert, daß die Elektrizität außer den Bahnen auch den übrigen Verbrauchern der Großindustrie, dem Handwerk, der Landwirtschaft für wenige Pfennige pro Kilowattstunde überlassen werden könnte. Freilich werden die Elektrizitätswerke mit einem bescheidenen Nutzen rechnen müssen. Das können sie auch, denn die elektrische Stromlieferung im großen ist ein sicheres, weder Mode, noch Konjunktur, noch Risiken anderer Art ausgesetztes Unternehmen, für das Geldgeber gegen landesübliche Verzinsung Mittel bereitstellen, wenn Verträge und Konzessionen die Sicherheit gewährleisten. Mit dem Gesetze der Wegebenutzung wäre eine einheitliche Regelung sowohl der Konzessionsfristen als auch der übrigen Konzessionsbedingungen zu erwarten, denn es kann nicht von Laune und Willkür der Gemeinden abhängen, wie sie den größten Kulturfaktor der modernen Entwicklung zu behandeln gedenken.
Ob mit Tausenden von Pferdestärken arbeitende Werke den Strom noch mit Vorteil von Großkraftstationen beziehen können, oder ob sie ihn aus wirtschaftlichen Rücksichten in eigenen Anlagen erzeugen müssen, wird im Einzelfalle besonderer Prüfung zu überlassen sein. Unbedingt ergänzen Großkraftstationen die Selbsterzeugung in Perioden mit schwachem Betriebe, zum Beispiel nachts oder in den Pausen, in denen nur einzelne Werkstätten tätig sind, und besonders bei Betriebsunterbrechungen. Häufig dürften sich aber auch Vereinbarungen unter den Produzenten dahin treffen lassen, daß gegen mäßige Jahresprämien die Elektrizität im Notfalle zur Verfügung gestellt wird. Diese Art der Versicherung würde schon lohnen, weil die einzelnen Produzenten hierbei auf Reserveanlagen verzichten und damit beträchtliche Kosten sparen könnten. Andernfalls sind solche Reserven unerläßlich und jetzt noch unentbehrlicher als früher, weil in unseren Tagen für nicht pünktliche Innehaltung der Liefertermine infolge von Betriebsstörungen, die früher gewissermaßen als höhere Gewalt behandelt zu werden pflegten, scharfe Verzugsstrafen üblich sind. In früheren Zeiten ließ der Kunde das Versagen der Maschine einer Fabrik als ausreichende Entschuldigung für die Verzögerung der Lieferung gelten. Auch verzichtete der Arbeiter auf Lohn, wenn aus diesem Grunde die Fabrik zur Unterbrechung der Arbeit genötigt war. Heute legen die Abnehmer einer Fabrik in solchen Fällen Verzugsstrafen auf, indem sie sich darauf berufen, die Technik sei so weit vorgeschritten, daß das Versagen einer Maschine nicht mehr als Entschuldigung für verzögerte Lieferung hingenommen zu werden brauchte. Und ebenso sind die heutigen Arbeitsbedingungen derart, daß der Arbeiter zuweilen auch bei solchen Störungen seinen Lohn fordert. Vorsichtigerweise darf deshalb ein Werk heute nicht arbeiten, ohne daß es über eigene Reserveanlagen verfügt oder ohne daß es – was noch geeigneter ist – für Re[se]rven an anderer Stelle sorgt.
In diesem Zusammenhang kommt in Betracht, daß Industrielle unter Umständen Großzentralen von vornherein in der Weise und in der Absicht ins Leben rufen werden, daß sie den Überfluß an billig gewonnener Elektrizität an Dritte abgeben: Kohlenproduzenten, die minderwertiges Material auf weite Entfer-

nungen nicht transportieren möchten, könnten es an der Gewinnstelle in die gewichtslose Energie umformen und diese durch den Draht beliebig fortleiten; ebenso Wasserwerke, die die verfügbare Kraft durch Sammelbecken oder andere Akkumulierung über den Eigenverbrauch erhöhen; am wirksamsten aber würden zur Versorgung mit Elektrizität Werke beitragen, die abgehende Gase und Wärmemengen für eigenen Bedarf nicht verwenden können, ja es ist nicht ausgeschlossen, daß Betriebe lediglich deshalb übersiedeln werden, weil sich dort günstige Chancen für die Verwertung von Abgasen bieten.
So werden Erzeugungsstellen in beträchtlicher Zahl entstehen, die Elektrizität den Verbrauchern zu ungewöhnlich niedrigen Sätzen zuführen, wenn Verbrauch und Erzeugung in zweckentsprechender Weise geregelt werden. Theoretisch begegnet dieses Problem keinen unüberwindlichen Schwierigkeiten. Seine Durchführung hängt indessen von Bedingungen und Vorschriften ab, deren Erlaß und Beachtung ohne den Beistand der Gesetzgebung kaum erzwungen werden kann. Ohne auf das Wesen dieser Stromversorgung hier näher einzugehen, will ich nur andeuten, daß ein über das Land verteiltes Leitungsnetz als Reservoir dienen müßte, in das die Elektrizität je nach den Anforderungen des Verbrauches an den beliebig verteilten Erzeugungsstellen hineingepumpt wird.
Bei Errichtung der ersten großen Zentralstationen war der Wechselstrom schon bekannt. Aber weder Bogenlampe noch Motor standen damals auf der Höhe der mit Gleichstrom betriebenen Anlagen, und da die Glühlampe meist für niedrige Spannungen hergestellt wurde, entschied man sich beim Bau von Kraftstationen zuerst fast ausschließlich für solche Systeme der Stromverteilung. Als sich später ergab, wie gewaltige Kupferquerschnitte hierfür erforderlich waren und welche enormen Aufwendungen solche Leitungen verschlingen, gingen zuerst die Elektrizitätswerke, deren Netze hierfür geeignet waren, zu höheren Spannungen über. Straßenbahnen hatten von vornherein mit höheren Spannungen, meist unter Einschaltung von Pufferbatterien, ihre Linien betrieben, aber auch der Licht- und Kraftversorgung bot das Gleichstromsystem Gelegenheit, Akkumulatoren zu verwenden und hierdurch Sicherheit und Wirtschaftlichkeit der Betriebe zu vermehren.
Die Erfindung des Drehstrom- und des Einphasenmotors, der direkte Antrieb der Dynamos, die Einführung der Dampfturbine, gut funktionierende Bogenlampen sowie die mit sehr hohen Spannungen gemachten günstigen Erfahrungen rückten den Wechselstrom für Übertragungen auf lange Entfernungen in den Vordergrund. Die Versorgung von Städten mit dichter Bevölkerung, chemische und metallurgische Prozesse, Akkumulatorenbetriebe und gewisse Spezialgebiete werden voraussichtlich auch zukünftig Domänen des Gleichstroms bleiben, während Straßenbahnen bei Erweiterung ihrer Netze, zu der die Mehrzahl über kurz oder lang sich im Interesse der Rentabilität wird entschließen müssen, die Frage des Überganges zu einer anderen Stromart sich zuweilen wohl zu überlegen haben werden.
Heiße Kämpfe um die Stromart, wie wir sie erlebt haben, als die Mittelstädte Anstalten zum Bau von Elektrizitätswerken trafen, werden bei der Elektrifizierung von Eisenbahnen nicht wieder auftreten, weil maßgebliche Verwaltungen eine grundsätzliche Entscheidung zugunsten des Einphasenstromes bereits getroffen zu haben scheinen. Und die Begeisterung in einigen Ländern für den Drehstrom, der sich bei den Schnellbahnversuchen allerdings vortrefflich bewährt hat, wird sich bei Ausführung der komplizierten Leitungen, die sich nur schwer betriebssicher erhalten lassen, rasch verflüchtigen. Wenn dem Einphasensystem wegen seiner Einfachheit, Zuverlässigkeit und Wirtschaftlichkeit auf Vollbahnen auch die Zukunft gehören sollte – auf Vorortstrecken und städtischen Ringbahnen bis zu gewissen Entfernungen wird dem Gleichstrom von hoher Spannung ein weites Arbeitsfeld verbleiben.
Die Umwandlung der Stromart kann mittels Elektromotor und Dynamo erfolgen. Diese Einrichtungen sind mehr oder weniger voluminös und dementsprechend kostspielig; sie erfordern besondere Wartung und Unterhaltung. Die dabei erzielten Wirkungsgrade sind mäßig, weil sowohl der Motor als auch die Stromerzeugungsmaschinen, die entweder miteinander gekuppelt oder als einheitliches Aggregat konstruiert werden, Verluste mit sich bringen. Diese treten in weit geringerem Maße bei Spannungsänderungen des Wechselstromes auf. Die hierzu benutzten Transformatoren arbeiten ohne bewegliche Elemente, bedürfen keiner ständigen Wartung und haben einen hohen Nutzeffekt.
Aus dem Vorstehenden ergibt sich, daß eine Stromverwertung über große Gebiete (zum Beispiel das Deutsche Reich) eine einheitliche Stromart, und zwar Wechselstrom von hoher Spannung zu liefern hätte, die je nach Bedürfnis direkt in der abgegebenen Form benutzt oder in die für jeden Verbraucher geeignete Form umzuwandeln wäre. Eine Verständigung über gewisse im Belieben der Stromerzeuger liegende Konstruktionswerte müßte im Interesse des Ganzen getroffen werden.
Ich möchte diese Betrachtungen nicht schließen, ohne auf die aussichtsvollen Gebiete hinzuweisen, auf denen die Elektrizität bisher eine geringe Verwertung gefunden, deren sie sich aber bei ökonomischer Erzeugung bemächtigen würde. Die Elektrochemie und Elektrometallurgie sind bisher fast ausschließlich auf Benutzung von Wasserkräften angewiesen, gegen die die Heizmaterialien allenfalls nur bei bisher ungekannt niedrigen Preisen erfolgreich in Wettbewerb treten könnten. Da die Gewinnung der Kohle es den Zechen unmöglich macht, ihre Förderung unter gewissen Preisen abzugeben, muß man andere Wege einschlagen, um billige Elektrizität herzustellen. Diese Aufgabe ist nicht neu. Die Gasanstalten würden das Leuchtgas den Verbrauchern zu den Preisen nicht liefern, in denen sie es in zahlreichen Städten abgeben, wenn sie nicht der Kohle vor der Verbrennung kostbare Produkte entzögen, die zu hohen Preisen verwertet werden. Leider hat man dieser Verwertung bei der Verbrennung der Kohle unter dem Dampfkessel oder in anderen Feuerungsanlagen bisher nicht die nötige Beachtung geschenkt. Die Vergeudung gewaltiger Mengen von wertvollen Stoffen würde uns andernfalls als Vandalismus im Haushalt der Technik anmuten. Die Gewinnung der in der Stein- und Braunkohle sowie auch im Torf enthaltenen, zur Abgabe von Wärme minder geeigneten oder hierfür zu kostspieligen Bestandteile lohnt wirtschaftlich indes wohl nur in großen Betrieben, wie sie mit Errichtung von Großstationen entstehen, nicht aber auch in Anlagen geringen Umfanges, da die dafür erforderlichen chemischen Fabriken sehr erhebliche Mengen Brennmaterial ununterbrochen konsumieren, bedeutende Einrichtungskosten verursachen und eine verzweigte Organisation unter Mitwirkung wissenschaftlich gebildeter Kräfte voraussetzen.
Gelingt es nun, in derartigen Anlagen die Kosten des Heizmaterials durch Verwendung der aus ihm gewonnenen Nebenprodukte ganz oder zum größeren Teil zu decken, so wäre hiermit ein Problem gelöst, das unser Erwerbs- und Wirtschaftsleben umgestalten und das Volksvermögen auf eine ungeahnte Höhe heben, zugleich auch der Elektrizität die Rolle zuweisen würde,

die sie als Förderer moderner Kultur in Anspruch zu nehmen berufen erscheint. Da die Herstellung von Wasserkraftanlagen meist mit höheren Aufwendungen als die von Dampfwerken großen Stils verknüpft ist und die Wartung dieser die Stromerzeugung wenig belastet, auch die Ausgaben für Bedienung von Dampfturbinen und Dampfkesseln mit automatischer Feuerung die der Wasserkraftanlagen kaum übersteigen, so wäre hiermit eine mit den Wasserkräften erfolgreich in Wettbewerb tretende Energiequelle erschlossen.
Wir würden mit Elektrizität leuchten, heizen und kochen, Personen und Güter bewegen, Erze verhütten und den Ackerboden düngen, die Landwirtschaft befruchten und tausende Arbeiten verrichten, von denen wir uns heute nur eine dunkle Vorstellung machen. Freilich, die Natur will die Bäume nicht in den Himmel wachsen lassen. Und so könnte die Möglichkeit, die aus den Kohlen gewonnenen, jetzt wertvollen Produkte abzusetzen, ihre Grenze finden, und durch das alsdann beginnende Sinken der Preise für die Nebenprodukte die billige Abgabe der Kohle selbst wieder verhindert werden. Würden damit unsere schönen Träume von den zukünftigen Entwicklungsmöglichkeiten des wirtschaftlichen Lebens und der Elektrizitätsindustrie im besondern vernichtet? Wir brauchen das nicht ohne weiteres zu besorgen. Denn wer will ermessen, bis zu welchen, über alle unsere heutigen Begriffe hinausgehenden Dimensionen der Bedarf der Menschen und auch ihre Nachfrage nach jenen wertvollen Nebenprodukten der Kohle dereinst noch steigen wird, und wer will heute ahnen, welche neuen Naturschätze sich in der Zukunft der Elektrizitätsindustrie als Hilfsstoffe darbieten mögen!

Quelle: AEG Firmenarchiv

Dokument 28

Gedächtnisrede
von Dr. Walther Rathenau

Hochverehrte Freunde!
Wehren Sie dem einzigen überlebenden Sohne nicht, wenn er es wagt, an der Bahre des Vaters zu sprechen. Diese Stunde gehört nicht dem Herkommen, sie gehört dem tiefsten Menschlichen, das in unserem Herzen lebt, und sie gehört der inneren Freiheit. Die Freiheit aber und den Mut, vor Sie hinzutreten, nehme ich von ihm, von seiner Liebe, von seinem Vertrauen und von seinem Wort.
Ich bitte Sie: Lassen Sie uns unsere Herzen fassen und festhalten; nicht weiche Wehmut und verzagte Klage soll uns erfüllen, sondern Erinnerung und Andacht, Dankbarkeit und Glaube.
Das Denkmal meines Vaters steht in Ihren Herzen, und ich kann keinen Stein hinzufügen und es nicht verschönern. Aber ich kann ihm eine Inschrift geben, und diese Inschrift wird in Ihren Herzen dauern, weil sie geschrieben ist mit dem Griffel der Wahrheit und der Liebe.
In jener rätselvollen Nacht, als Einer, der ein Großer genannt wurde in Israel, zu seinem Meister kam, da sprachen sie von den letzten Dingen des Daseins, von Leben und Wiedergeburt, vom Stirb und Werde. Da sagte Jesus: Der Geist wehet, wo er will und du hörst sein Sausen. Aber du weißt nicht, von wannen er kommt und wohin er fährt. Also ist Jeglicher, der vom Geiste geboren ist.
Das verstand Nikodemus nicht, und er fragte. Der Meister wies nach oben und deutete auf das göttliche Geheimnis.
Wir aber, die wir nach Jahrtausenden diese Worte hören, wir vernehmen das Rauschen des Flügelschlages und den Atem des Geistes, und leise in Ehrfurcht sprechen wir das Wort: Genius.
Dieser Flügelschlag weht um den Sarg in unserer Mitte, und dieser Hauch des Geistes berührt uns; der Hauch des Genius, der von unbekannten Höhen hernieder- und emporströmt.
Vierfach sind die Gaben, die höchsten, die der ewige Geist den Menschen spendet, die er liebt, die er mit Leiden segnet, und denen aufs Haupt er die Verantwortung der Welt bürdet; vierfach herrlich, vierfach widersprechend und vierfach geheimnisvoll:
die erste Gabe ist die Gabe der Einfalt, die andere ist die Gabe der Wahrheit, die dritte ist die Gabe des Schauens, die höchste aber ist die Gabe der Liebe.
Einfalt, kindlicher Glaube! In den Kämpfen des Lebens, im Ringen der Geister, im Bauen der Jahrhunderte, wie kann die Einfalt Macht haben?
Und doch, so ist es. Dieser Mann hatte die Einfalt und die Kindlichkeit und die Reinheit des Herzens; mit dieser Einfalt ergriff er alles Irdische, das ihm entgegentrat, und jede Erscheinung war ihm neu und war ihm staunenswert und ehrfurchtgebietend und echt. Mit Staunen stand er der Welt gegenüber und mit Staunen den Menschen. Er hat Menschen bekämpft, wenn er glaubte, daß sie das Falsche taten oder dachten. Aber er hat nie einen Menschen verachtet in seinem Leben, er hat die menschliche Gestalt geehrt und das menschliche Antlitz für das Abbild des göttlichen gehalten, denn er war einfach und rein.
Einst sprach man im Kreise seiner Freunde von dem vermeintli-

chen Rätsel seiner Erfolge, und alles wurde herbeigezogen, um das zu erklären. Der Eine sagte: die Kraft, der Andere: die Zähigkeit, und der Dritte und Vierte manches verschiedene. Aber Einer sagte: »Das ist es nicht; es ist die Kraft, die er hat, daß er nur das Einfache begreift.« Und nur das begriff er. Welche Frage an ihn herantrat, er faßte sie nicht leicht, er wälzte sie mit sich, und er trug sie auf sein Lager, er lebte und kämpfte mit ihr: und langsam wich das Verworrene, das Vielfältige und Vielspältige, und es trat hervor die Einfachheit, die nicht in den Dingen lag, sondern die in dem reinsten Geist lag, der sie betrachtete: und dann stand die Lösung da, unerwartet, wie von der Natur geboren, wie von einem Gott gesprochen, selbstverständlich und doch vorher nicht gefunden. Denn alles Echte ist einfach und kindlichem Geist erschlossen.
Die zweite Gabe aber ist die Gabe der Wahrheit.
Wie verträgt sich das? Wie kann kindliche, naive Anschauung eindringen bis zum Kern der Dinge? Wie kann sie die Hülle herunterreißen von der Erscheinung? Wie kann sie die letzte nackte Gestalt des Wesens enthüllen? Ist sie nicht allzu vertrauensvoll und allzu leicht zu täuschen?
Sie ist leicht zu täuschen für den Augenblick, und so konnte ihn täuschen wer wollte; denn er glaubte, was man ihm sagte; jedes gesprochene Wort war für ihn ein echtes Zeugnis, so wie das seine. Aber die Täuschung konnte nicht halten vor diesem reinen Blick, der in die Tiefe und in die Ferne drang.
Es ist eine kühne Frage, und sie darf gestellt werden: Wer, Freunde, unter Ihnen hat je aus seinem Munde ein doppelsinniges, ein vieldeutiges Wort gehört? Und doch war das nicht die ganze Wahrheit, wie er sie verstand.
Auch das war nicht die ganze Wahrheit, daß er kein Geheimnis haben konnte. Oft haben seine Freunde geklagt, er sei kein guter Verhändler, er könne nicht die Dinge weise abwägen, sie nach und nach zur Geltung bringen, sie vorsichtig und diplomatisch in Verhandlungen verwenden. Nein, das konnte er nicht. Sah er einen Menschen, so brach die ganze Wahrheit aus ihm hervor, und da gingen tausend Dinge in Brüche und Scherben, und tausend Dinge waren nicht mehr zu binden und zu leimen. Dann aber, wenn sie dennoch hielten, wenn sie die Kraft und die Wucht der Wahrheit getragen hatten, dann waren sie unzerbrechlich, dann waren sie die Bausteine seines Werkes geworden, und diese Festigkeit, diese Härte seiner granitenen Mauer, das ist die Stärke der unzerbrechlichen Wahrheit.
Aber auch das ist nicht das letzte. Sein letzter Wahrheitswille drang tiefer, er drang in den Kern des Lebens, in den Kern der Dinge: da fiel der Schleier der Maja, und es trat hervor das Wesen. Und so wendete er sich gegen sich selbst, so zerriß er in den Augenblicken des Zweifels, des Ungenügens und der Bedrängnis sein eigenes Werk, wenn er es nicht für würdig und nicht für echt hielt; so blickte er dem Gorgonenhaupte ins Antlitz und übte diese Kraft, die ewig nottut: die Kraft, der strengsten Wahrheit Rede und Antwort zu stehen. Gott gebe, daß diese große Zeit, die alles in uns erneuert und reinigt, auch uns diese Kraft und Kühnheit des Blicks in die Augen der Wahrheit beschert.
Aber diese ist die dritte Gabe: das Schauen. Und das Schauen ist innere Schöpfung und geistige Vision. Das ist das Unbeschreibliche und das ist das Unbegreifliche.
Wir wissen, daß es geweihten Menschen gegeben ist, auch das zu erblicken, was verhüllt ist von Nacht, was verhüllt ist vom Dämmer der Vergangenheit und dem Schleier der Zukunft. Nicht Zauberkraft ist es, nicht dunkle Mystik: es ist das Wesen des Menschen, in dem die Welt als Mikrokosmos zum zweitenmal lebt und von neuem sich schafft, es ist das Wesen des Menschen, in dem sich die Erscheinung abbildet wie in einem lebendigen Spiegel, vereinfacht, aber von den gleichen Gesetzen bewegt. Und indem er sein Inneres befragt, erblickt und erkennt er die Geheimnisse des Äußeren, die Geheimnisse der Welt.
Man sagt, meines Vaters Werk sei mit ihm gewachsen. Nein, das ist es nicht. Nicht mit ihm ist es gewachsen, aus ihm, aus seinem Geiste, aus der Kraft des Schauens ist es hervorgebrochen wie eine Naturkraft. Wer ihm nahegestanden hat – und ich rufe Sie zu Zeugen auf –, der weiß es, wie erschütternd es war, wenn er in seiner einfachen Sprache von Dingen erzählte, die ihm selbstverständlich schienen; aber diese Dinge waren nicht selbstverständlich, denn es waren keine Erinnerungen und es war keine Gegenwart. Was er erzählte und was er schilderte, das war die Zukunft, und in dieser Zukunft sah er so klar wie wir sehen in unserer Zeit und in dem, was wir von der Vergangenheit wissen. So kamen die Menschen von weither und fragten ihn: was wird aus dieser Technik, was wird aus jenem Verkehr, was wird aus dieser Wirtschaftsform und was wird aus jener Entwicklung? Und dann gab er ihnen stille Antwort und wunderte sich nur über das Eine, daß der Andere nicht als ein Selbstverständliches schmähte, was er ihm aussprach.
Und so haben wir seine Werke entstehen sehen, das eine nach dem anderen. Als er zum erstenmal diese kleine Birne leuchten sah, da sah sein Auge die Erde umspannt mit kupfernen Netzen, da sah sein inneres Auge den Strom rinnen von Land zu Land, und es genügte ihm nicht, daß er nur Licht spenden sollte, er wollte ihn zum Träger haben der Kraft, der Lebenskraft der Wirtschaft, er sollte bewegen und er sollte befruchten. So sah er veränderte Gestaltungen der Massenbewegung vor seinem Blick, als der Verkehr die neuen Formen gewinnen sollte, die er noch jetzt nicht gewonnen hat; so sah sein Auge in die Zukunft, als er es für möglich hielt, aus den Flanken der Erde Metalle und seltene Stoffe zu reißen mit der Gewalt dieses Stromes, dem er sein Leben gewidmet hatte; so sah er viele Dinge, die heute unerfüllt sind und die einst der Erfüllung entgegensehen. Das war die Gabe seines Schauens.
Wie ist es nun möglich, daß ein Mensch, kindlich und einfach, und dennoch der Wahrheit vermählt, und dennoch mit dem Blicke begnadet, der das Dunkle durchdringt, wie kann er noch der höchsten Gabe gewürdigt werden, ohne die es kein ewiges Schaffen, ohne die es keine ewige Menschheit und ohne die es kein ewiges Leben gibt: die Gabe der Liebe?
Und Sie wissen, daß er sie besaß! Sie wissen, wie mit Feuerarmen er ergriff, was ihm beschieden war als Aufgabe, als Rohstoff, als zu Gestaltendes. Und dennoch: wie schwer ist es, dieses Wirken der letzten und höchsten Kraft dem Auge zu klären.
Als ich in dem Schmerze dieser Abende ein Buch öffnete, da fand ich einen Satz, der hat mich getröstet, und ich brauchte nicht weiter zu lesen. Es war das 96. Stück im dritten Abschnitt von Goethes »Maximen und Reflexionen«. Da heißt es: Das Wahre ist gottähnlich. Es erscheint nicht unmittelbar, wir müssen es aus seinen Manifestationen erraten. Aus ihren Verkörperungen dürfen wir seine waltende Liebe ermessen; diese Manifestationen dürfen wir schauen und fassen.
Wo stehen wir? Auf dem rauchenden Boden der Arbeit. Lassen Sie vor den Augen des Geistes diese Wände hinwegsinken; blicken Sie in die Ferne, blicken Sie hinweg über diese nächste Stätte der Werktätigkeit, lassen Sie Ihr Auge schweifen über die Länder und Zonen, und Sie sehen das rastlose Weben der

Werke, Sie hören das Stampfen der Kolben, das Donnern der Schienen und das Rauschen der gebändigten Wasserläufe, die ihre Kraft in den Dienst der Menschheit zwingen.
Diese Manifestationen der Liebe sehen Sie und hören Sie, und wie Homer erzählt vom Bau der Mauern von Troja, die aufstiegen unter den Saitenklängen Apolls, so stieg sein Lebenswerk empor unter den Klängen der Liebe und unter der Leier des Gottes.
Das war seine Liebe zu den Dingen.
Seine Liebe zum Menschen war stark, aber sie war nicht sanft; sie war nicht hingebend und sie war nicht weich; aber sie umfaßte Den, den sie liebte, und sie zog ihn zu sich empor, und der Mensch, der ihm nahestand, der fühlte die Läuterung seines Atems. Und das stärkste, was starke Liebe wirken kann, das wirkte sie: sie entfachte Liebe. Diese Liebe ist entfacht und glüht in Tausenden von Herzen, und diese Liebe lebt und überlebt ihn.
So haben die vier großen Gaben des ewigen Geistes sich auf sein Haupt gesenkt; deshalb fühlen wir das Rauschen und das Brausen des Flügelschlages, und ahnen den Sonnenhauch des Genius, der von höchsten Welten herabdringt, zu ihnen in heiliger Wechselwirkung emporsteigt.
So war das Werk, so war der Mensch, und deshalb war so sein Leben und so sein Tod. Denn eines kann niemals täuschen. Täuschen kann der Mund des Menschen und sein Blick, seine Schrift und sein Wort; aber nie kann eines täuschen und blenden, eines ist verfallen dem unerbittlichen Richterstuhle der Wahrheit: das ist die Gesamtheit eines Menschenlebens. Und auch der Tod ist ein starker Zeuge dessen, war wir sind.
Sein Leben liegt vor uns offen wie ein aufgeschlagenes Buch. Wir blättern darin und finden die Seiten der köstlichen Mühsal, die Seiten der Verzweiflung und der Leidenschaft, und die wenigen Zeilen der glücklichen Augenblicke, des vollendeten Schaffens. In diesem Buche ist auch verzeichnet die Summe der Werke seines äußeren Lebens, und diese Summe ist einfach und kurz. Kurz und einfach wie alles Echte und wie alles Große.
Auch vor ihm gab es in Deutschland eine große, bewundernswerte Technik, auch vor ihm gab es einen emsigen Kaufmannsstand von Ehrenhaftigkeit, Größe und Weitsichtigkeit; auch vor ihm gab es eine Wirtschaftskunst, welche die goldenen Ströme des Landes zusammenfaßte, um sie dahin zu leiten, wo das Bedürfnis sie forderte. Aber mit drei Griffen, die der dreifachen Natur seines Intellekts entsprangen, diese Kräfte zu sammeln, sie auf ein Ziel zu lenken, eine Einheit zu schaffen von Technik und Finanzkraft, Finanzkraft und Kaufmannsgenie: das ist sein Werk. Und das ist nach ihm vorhanden, vorher war es nicht da. Denn nur Der konnte es machen, der gleichzeitig ein Denker und ein Empfindender, ein Rechnender und ein Enthusiast, ein Mann der Wissenschaft und der Technik war.
Mit diesem dreifach wuchtenden Hammer hat er mitgeschmiedet an der dritten Waffe, die heute in den Händen des Reiches unseren Feinden furchtbar ist. Neben der Waffe des Heeres und der Waffe der Flotte ist diese dritte Waffe die Waffe der Wirtschaft.
So zeugt sein Leben und so sein Tod. Wie an dem Junisonntage seines Todes das Jahr auf seinem Sonnengipfel harrte, so war der Zenith seines Lebens nicht überschritten, und er stand in der Kraft seines Geistes. Er starb ungebrochen, inmitten der Arbeit, die von neuem heranbrandete von allen Seiten, da es hieß, Vorsorge zu treffen für die Wiedergeburt unserer Wirtschaft nach dem Kriege. Von ferne erblickte er die dämmernden Gipfel der neuen Friedenswelt, die sich uns auftun wird, und die, so Gott will, größer, schöner und reiner sein wird als die vergangene; sie zu betreten war ihm nicht beschieden.
In diesem Augenblick des Schauens ist er gestorben. Gestorben in den Armen meiner lieben Mutter, an einem hellen, glücklichen Tage, an dem zu ihm herüberrauschten aus der Ferne die wehenden Fahnen und die Fanfarenklänge unserer siegreichen Heere.
Nun bestatten wir ihn an diesem strahlenden Tage, der abermals einen herrlichen Sieg gebracht hat, so wie sein Vater bestattet wurde unter den Trompetenklängen des Einzuges im Jahre 1871.
Vater, lebe wohl! Lebe wohl, denn wir bestatten Deinen Leib zur Erde. Wir bestatten zur Erde diese reine Stirn, hinter der die hohen Gedanken keimten, und die nun ruht von Sorgen und Mühen.
Wir bestatten Deine tiefen und wahrhaften Augen, die wir geliebt und die uns geleuchtet haben.
Wir bestatten zur Erde Deine reinen Hände, die Segen gebracht haben allem, was sie berührten.
Zur Erde bestatten wir Dich, die in diesem Jahr so viel Opfer empfängt der Tränen und des Blutes und der Leiber, die reine Saat, aus der das Reich keimen wird, das Reich des Geistes und der Macht, das Reich des Glaubens und der Seele. So Gott es will! Lebe wohl, Vater, aus tiefem Herzen lebe wohl!
Wir bestatten Deinen Leib, aber wir bestatten nicht Deinen Geist. Der steigt empor mit der Kraft, die ihm die Sonne verliehen hat, empor zu den Höhen, von denen er gekommen ist und zu denen er heimkehrt. Aber Dein Leben lebst Du jetzt wahrhaftig. Bei Gott, Du lebst es wahrhaftig, Du lebst es lebender als wir, die wir lebendig sind und gegen Dich nur Schatten. Und an Deinem Leben laß uns, Vater, unsere Lebensfackel entzünden, an Deiner Wahrheit unser Irren erleuchten, laß uns aus Deiner Kraft unsere Kraft schöpfen und unseren Glauben aus Deinem Glauben: zur Arbeit an unserem heiligen deutschen Lande und zur Arbeit im Dienste des ewigen Geistes!
Und nun, Vater, grüße ich Dich, in tiefer Ehrfurcht, mit dem Segensgruß Deiner und meiner Väter, mit dem Segen Mosis, der zum Segen geworden ist aller Menschenvölker und aller Geschlechter.

Quelle: AEG Firmenarchiv

Literatur

Adler, H. G.: Die Juden in Deutschland. Von der Aufklärung bis zum Nationalsozialismus, München 1960

AEG (Hrsg.): Elektrische Straßenbahnen, Berlin 1900

AEG (Hrsg.): AEG 1883–1923, o. O., o. J. [Berlin 1924]

AEG (Hrsg.): 50 Jahre AEG (als Manuskript gedruckt), Berlin 1956

AEG (Hrsg.): 75 Jahre AEG, Berlin/Frankfurt 1958

Der AEG-Konzern 1928. Aufbau, Werke und Arbeitsgebiete der AEG, ihrer Holding-Gesellschaften und Beteiligungen, o. O., o. J. [Berlin 1928]

Der AEG-Konzern 1930. Aufbau, Werke und Arbeitsgebiete des AEG-Konzerns. Holdinggesellschaften und Beteiligungen, Berlin 1930

Bauert-Keetman, Ingrid: Deutsche Industriepioniere, Tübingen 1966.

BEWAG AG (Hrsg.): 100 Jahre Strom für Berlin. Ein Streifzug durch unsere Geschichte in Wort und Bild 1884–1984, Berlin 1984

Berlin – gesammelt, Katalog der Ausstellung zum 750. Geburtstag der Stadt Berlin, Bad Homburg v. d. H. 1987

Bücher, Herrmann: Beitrag zur wirtschaftlichen Geschichte der AEG, Berlin 1942

Buddensieg, Tilmann: Industriekultur. Peter Behrens und die AEG 1907–1914, Berlin 1979

Czada, Peter: Die Berliner Elektroindustrie in der Weimarer Zeit. Eine regionalstatistisch-wirtschaftshistorische Untersuchung [Einzelveröffentlichungen der Historischen Kommission zu Berlin, Bd. 4], Berlin 1969

Czepuck, Harri: Ein Symbol zerbricht. Zur Geschichte und Politik der AEG, Berlin 1983

Deutsch, Felix: Erinnerungen (unveröffentlichtes Manuskript)

Fasolt, Friedrich: Die sieben größten deutschen Elektrizitäts-Gesellschaften, ihre Entwicklung und Unternehmertätigkeit [Mitteilungen der Gesellschaft für wirtschaftliche Ausbildung, Heft 2], Dresden 1904

Fuchs, Konrad: Lebensbilder vergessener Mainzer Persönlichkeiten, Mainz 1984

Fürst, Artur: Emil Rathenau. Der Mann und sein Werk, Berlin 1915

Fürstenberg, Hans: Carl Fürstenberg. Die Lebensgeschichte eines deutschen Bankiers, Wiesbaden 1961

Fürstenberg, Hans: Erinnerungen. Mein Weg als Bankier und Carl Fürstenbergs Altersjahre, Wiesbaden 1965

Goetzeler, Herbert/Schoen, Lothar: Wilhelm und Carl Friedrich von Siemens. Die zweite Unternehmergeneration, Wiesbaden 1986

Grosse, Oscar: Emil Rathenau und die Einführung des Fernsprechers in Deutschland [Forschungen zur Judenfrage, Bd. 5], 2. Aufl., Hamburg 1943

Grosse, Oscar: 40 Jahre Fernsprecher, Stephan – Siemens – Rathenau, Berlin 1917

Hasse, Hermann: Die Allgemeine Elektrizitäts-Gesellschaft und ihre wirtschaftliche Bedeutung. Monografie eines technischen Großbetriebes, Diss. Heidelberg 1902

Hautsch, Gert: Das Imperium AEG-Telefunken. Ein multinationaler Konzern [Marxistische Paperbacks 88], Frankfurt 1979

Heide, Karl: Wasserkraftwerke, in: Forschen und Schaffen. Beiträge der AEG zur Entwicklung der Elektrotechnik bis zum Wiederaufbau nach dem zweiten Weltkrieg, Bd. 1, Berlin 1965, S. 74–77

Heilmeyer, Alexander: Die moderne Plastik in Deutschland, Leipzig/Bielefeld 1903

Helfferich, Karl: Georg von Siemens. Ein Lebensbild aus Deutschlands großer Zeit, Krefeld 1956

Henninger, Gerd: Die Bedeutung der Internationalen Ausstellung 1891 in Frankfurt/M. für die Weiterentwicklung der Elektrotechnik, in: Technik und Technikwissenschaften in der Geschichte. Proceedings of the ICOHTEC-Symposium Dresden, 25.–29. August 1986, Berlin 1987, S. 105–108

Henninger, Gerd: Berlin und die Elektroindustrie. Bemerkungen zu den Anfängen der Elektrifizierung in Berlin, in: Beiträge und Mitteilungen, hrsg. vom Museum für Deutsche Geschichte, Heft 13, Berlin 1987, S. 26–34

Henninger, Gerd: Die Elektrifizierung der deutschen Industrie vor 1914, ihr Umfang und ihre Konsequenzen, in: Ein Jahrhundert industrieller Elektromaschinenbau, Internationale Wissenschaftlich-Technische Tagung, 7.–9. Juni in Dresden, Berlin 1988

Hillebrand, Franz: Einleitung, in: Forschen und Schaffen. Beiträge der AEG zur Entwicklung der Elektrotechnik bis zum Wiederaufbau nach dem zweiten Weltkrieg, Bd. 1, Berlin 1965 S. 244–246

Hoeber, Fritz: Peter Behrens, München 1913

Jacob-Wendler, Gerhart: Deutsche Elektroindustrie in Lateinamerika. Siemens und AEG (1890–1914) [Beiträge zur Wirtschaftsgeschichte, Bd. 16], Stuttgart 1982

Jolles, Leo (i. e. Ladon): AEG, in: Die Zukunft, Bd. 63, 30. 5. 1908, S. 337–340

Jolles, Leo (i. e. Ladon): Elektrotrust, in: Die Zukunft, Bd. 68, 1. 10. 1910, S. 25–27

Jolles, Leo: Emil Rathenau, in: Die Zukunft, Bd. 65, 12. 12. 1908, S. 431–436

Jolles, Leo: Im Reich des Geldes, 4. bis 5. Aufl., Berlin/Leipzig 1915

Josephson, Matthew: Thomas Alva Edison, Icking/München 1959

Kaelble, Hartmut: Berliner Unternehmer während der frühen Industrialisierung. Herkunft, sozialer Status und politischer Einfluß [Veröffentlichungen der Historischen Kommission zu Berlin, Bd. 40], Berlin 1972

Kessler, Harry Graf: Walther Rathenau. Sein Leben und sein Werk [ders.: Gesammelte Schriften in drei Bänden, Bd. III], Frankfurt 1988

Kocka, Jürgen: Unternehmer in der deutschen Industrialisierung, Göttingen 1975

Kocka, Jürgen: Siemens und der aufhaltsame Aufstieg der AEG, in: Tradition, Zeitschrift für Firmengeschichte und Unternehmerbiographie, 1972, H. 3/4, S. 125–142

Ladon s. Jolles, Leo

Lerner, Franz: Bestand im Wandel, Frankfurt 1956

Liefmann, Robert: Beteiligungs- und Finanzierungsgesellschaften. Eine Studie über den modernen Kapitalismus und das Effektenwesen in Deutschland, den Vereinigten Staaten, der Schweiz, England, Frankreich und Belgien, 2. Aufl., Jena 1913

Loewe, Josef: Die elektrotechnische Industrie, in: Die Störungen im deutschen Wirtschaftsleben während der Jahre 1900ff., Bd. 3 [Schriften des Vereins für Socialpolitik, Bd. 107], Leipzig 1903, S. 75–155

Mangoldt, Ursula von: Auf der Schwelle zwischen Gestern und Morgen. Begegnungen und Erlebnisse, Weilheim/Oberbayern 1963

Matschoß, Conrad: Werner Siemens. Ein kurzgefaßtes Lebensbild nebst einer Auswahl seiner Briefe, 2 Bde., Berlin 1916

Mauthner, Johann: Der klare Blick für die Zukunft. Portrait von Emil Rathenau: Gründer der AEG und Telefunken, in: Jüdische Rundschau, Nr. 36, 9. 9. 1982, S. 5

Pinner, Felix: Emil Rathenau und das elektrische Zeitalter [Große Männer. Studien zur Biologie des Genies, Bd. 6], Leipzig 1918

Pinner, Felix (i. e. Faßland, Frank): Deutsche Wirtschaftsführer, Berlin/Charlottenburg 1925

Pinner, Felix: Rathenau, Emil, in: Deutsches Biographisches Jahrbuch, Überleitungsband I: 1914–1916, Berlin 1925, S. 158–167

Pogge von Strandmann, Hartmut (Hrsg.): Walther Rathenau. Industrialist, Banker, Intellectual and Politician. Notes and Diaries 1907–1922, Oxford 1985

Prinz, Arthur: Juden im Deutschen Wirtschaftsleben 1850–1914. Soziale und wirtschaftliche Struktur im Wandel 1850–1914 [Schriftenreihe Wissenschaftlicher Abhandlungen des Leo Baeck Instituts Bd. 43], Tübingen 1984

Pritzkoleit, Kurt: Männer, Mächte, Monopole, Düsseldorf 1960

Rathenau, Emil: Erinnerung, in: Die Zukunft, Bd. 65, 19. 12. 1908, S. 448f.

Riezler, Kurt: Rathenau, Walter, in: Deutsches Biographisches Jahrbuch, Band IV., Das Jahr 1922, Berlin 1929, S. 218–223

Rathenau, Walther: Briefe, 2 Bde., Dresden 1929

Redlich, Fritz: Der Unternehmer, Wirtschafts- und Sozialgeschichte Studien, Göttingen 1964

Riedler, Alois: Emil Rathenau und das Werden der Großwirtschaft, Berlin 1916

Rotth, August: Siemens, Wilhelm, in: Deutsches Biographisches Jahrbuch, Überleitungsband II: 1917–1920, Berlin 1928, S. 467–475,

Schulin, Ernst: Walther Rathenau. Repräsentant, Kritiker und Opfer seiner Zeit [Persönlichkeit und Geschichte Bd. 104/104 a], Göttingen 1979

Schulin, Ernst: Die Rathenaus. Zwei Generationen jüdischen Anteils an der industriellen Entwicklung Deutschlands, in: Juden im Wilhelminischen Deutschland 1890–1914 [Schriftenreihe Wissenschaftlicher Abhandlungen des Leo Baeck Instituts, 33], Tübingen 1976, S. 115–142

Telefunken Gesellschaft (Hrsg.): Festschrift zum 50jährigen Jubiläum der Telefunken Gesellschaft für drahtlose Telegraphie m. b. H. Gleichzeitig als 100. Ausgabe der Telefunken Zeitung, Berlin 1953

Ufermann, Paul/Hüglin, Carl: Die AEG. Eine Darstellung des Konzerns der Allgemeinen Elektricitäts-Gesellschaft, Berlin 1922

Volwahsen, Andrea: Der Bildhauer Hermann Hahn (1868–1945), [tuduv-Studien, Reihe Kunstgeschichte, Bd. 23], München 1987

Weiher, Sigfrid von: Werner von Siemens. Ein Leben für Wissenschaft, Technik und Wirtschaft [Persönlichkeit und Geschichte, Bd. 56], 2. Aufl., Göttingen 1974

Wiedner, Wolfgang/Schallenberger, E. Horst: Ein Gestalter der Zeit, die noch nachwirkt. Emil Rathenau, Preuße und Jude, Schöpfer der AEG, in: Tribüne. Zeitschrift zum Verständnis des Judentums, 22. Jg. (1983) Heft 86, S. 127–138

Wile, Frederic Willi: Men around the Kaiser, London 1913

Wilhelm, Karl: Die AEG [Stätten Deutscher Arbeit, Bd. 3], Berlin 1931

Wilke, Arthur: Die Berliner Elektrizitäts-Werke. Eine Beschreibung ihrer Entwicklung und Einrichtung, Heft 1, Berlin 1890

Wolff, Siegfried: Das Gründungsgeschäft im deutschen Bankgewerbe, Stuttgart/Berlin 1915

Zielenziger, Kurt: Juden in der Deutschen Wirtschaft, Berlin 1930

Verzeichnis der Archive und Bilderdienste

- AEG Firmenarchiv, Frankfurt am Main
- Siemens Museum München, München
- Deutsche Bank, Historisches Archiv, Frankfurt am Main
- BEWAG-Archiv (Berliner Kraft- und Licht- (Bewag) Aktiengesellschaft), Berlin
- Edison National Historic Site, West Orange, New Jersey
- Walther-Rathenau-Gesellschaft, Bad Homburg
- Bildarchiv Preußischer Kulturbesitz, Berlin
- Deutsches Museum, München
- Institut zur Erforschung Historischer Führungsschichten, Bensheim
- Jüdische National- und Universitäts-Bibliothek, Jerusalem
- Kunsthistorisches Museum, Wien
- Landesbildstelle, Berlin
- Landesarchiv Berlin, Berlin
- Staatliche Museen zu Berlin DDR, Nationalgalerie, Berlin/DDR
- Staatliche Museen Preußischer Kulturbesitz Kunstbibliothek, Berlin
- Staatsbibliothek Preußischer Kulturbesitz, Kartenabteilung, Berlin
- Ullstein Bilderdienst, Berlin

Personen- und Firmenregister

Quellennachweis

AEG Firmenarchiv: Alle nicht anders ausgewiesenen Belege
AEG Firmenarchiv (Emil Rathenau und die Einführung des Telefons) 8, 10, 11, 14
AEG Firmenarchiv (Privatkorrespondenz Emil Rathenau) 111
AEG Firmenarchiv (Emil Rathenau Korrespondenz mit Siemens) 117–122, 142, 147, 271
AEG Firmenarchiv (Emil Rathenau, Diverse Korrespondenz) 135, 136 a, b
AEG Firmenarchiv (Elektrische Straßenbahnen) 127, 128, 133, 134, 145, 198, 202

BEWAG Archiv, Berlin 45, 46, 50, 210, 268
Bildarchiv Preußischer Kulturbesitz 1, 2, 3, 9, 15, 19, 27, 47, 48, 94, 161, 176, 177, 178, 179, 181, 217, 237, 238, 239, 241, 266
Buddensiek/Rogge, Industriekultur 249, 258

Deutsche Bank, Historisches Archiv 185, 270
Deutsche Bank, Historisches Archiv (S 76) 57, 59, 60, 61, 66, 68, 70–72, 73 a, b, 76, 78, 79, 80, 81, 82, 83, 85, 91, 151/152, 274
Deutsche Bank, Historisches Archiv (S 77) 86, 146, 153
Deutsche Bank, Historisches Archiv (S 78) 112, 115, 140, 143, 154, 155, 193, 194, 267, 269
Deutsche Bank, Historisches Archiv (S 79) 156, 157/158, 159, 182, 183, 186, 201, 209, 211, 215, 284
Deutsche Bank, Historisches Archiv (S 664) 125/126, 129, 130, 131
Deutsche Bank, Historisches Archiv (S 1209) 196, 197
Deutsche Bank, Historisches Archiv (S 1210) 200
Deutsche Bank, Historisches Archiv (S 1212) 199
Deutsche Bank, Historisches Archiv (A 354) 144
Deutsche Bank, Historisches Archiv (Or 1640) 203–205, 206
Deutsches Museum München 23, 31, 32, 105, 285

Edison National Historic Site, Thomas Alva Edison Papers 26, 56, 64
Die elektrotechnische Industrie (S. 142f.) 224

Elektrotechnische Zeitschrift (Nr. 9 vom 2. März 1911) 279

Frankfurter Zeitung vom 23. Oktober 1887 (Morgenblatt) 84
Frankfurter Zeitung vom 3. Januar 1890 (Abendblatt) 139
Frankfurter Zeitung vom 13. Dezember 1901 192

Heilmeyer, Moderne Plastik (S. 15) 281
Historisches Museum, Frankfurt a. M. 102

Jüdische National- und Universitäts-Bibliothek, Jerusalem 276

Kunsthistorisches Museum Wien 7

Landesbildstelle Berlin 163, 164, 223
Lerner, Bestand im Wandel, (S. 81) 40

v. Mangoldt, Auf der Schwelle zwischen Gestern und Morgen 286, 287

Nationalgalerie Ostberlin 149

Ringwald, Basel Umschlag, 14

Siemens Museum München 58, 123, 124, 150
Siemens Museum München (Briefwechsel der Brüder Siemens) 67
Siemens Museum München (SAA 4/Lk 113) 225
Siemens Museum München (SAA 23/Lh 747) 12, 16 a–c, 33, 34, 62/63, 69, 167, 168, 191, 214
Siemens Museum München (SAA 23/Lk 683) 87
Siemens Museum München (SAA 23/Lh 689/1) 52, 53, 54, 65, 148
Siemens Museum München (SAA Li 556, 1856–1889) 18
Staatliche Museen Preußischer Kulturbesitz, Kunstbibliothek Berlin 254

Ullstein Bilderdienst, Berlin 39, 273